D1751078

GELEITET UND GETRÖSTET
SIEBENBÜRGISCHES ANDACHTSBUCH

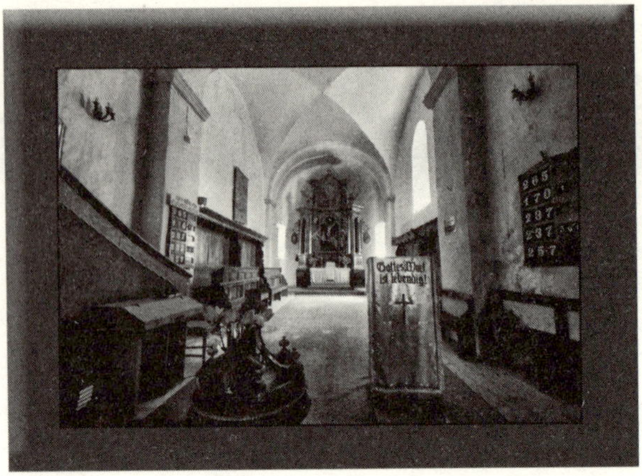

GELEITET UND GETRÖSTET

SIEBENBÜRGISCHES ANDACHTSBUCH

gesammelte Monatssprüche von
Karl-Heinz Galter

SCHILLER VERLAG
Hermannstadt – Bonn

Redaktion: Heinz-Dietrich Galter
Mitarbeit: Sunhild Galter

Umschlaggestaltung und -foto: Anselm Roth

© 2011 K.-H. Galter / Landeskonsistorium der
Ev. Kirche A.B. in Rumänien / SV & A. Roth

Schiller Verlag
Hermannstadt – Bonn
www.schiller.ro   verlag@schiller.ro

ISBN 978-3-941271-60-9

ZUM GELEIT

Wer dieses Andachtsbuch zur Hand nimmt, erhält damit ein kostbares Geschenk. Sein Inhalt ist der Ertrag vieler Jahre treuen Verkündigungsdienstes in der Form kurzer Meditationen, die der Verfasser Monat für Monat in den *Kirchlichen Blättern*, der neuen Folge der Monatsschrift der Evangelischen Kirche A.B. in Rumänien, seit 1980 veröffentlicht hat. Dieses Buch lädt zur Andacht ein, es will die Gedanken und Gefühle des Lesers auf das ausrichten, was ewig ist und unserem Leben Sinn und Zielrichtung gibt.

Wie alles haben auch Wörter ihre Geschichte. Der Begriff „Andacht" im heutigen Sinne ist ziemlich neu. In der Luther-Bibel kommt er nicht vor, nur an einer einzigen Stelle ist von „andächtigen" Frauen die Rede, wobei aber ein fehlgeleiteter religiöser Eifer gemeint ist (Apg. 13,50). Luther bezeichnet auch die ekstatische Verzückung der Baalspriester (1 Kön. 18,21) mit diesem Wort. Später bekam der Ausdruck „Andacht" einen positiven Sinn, der uns geläufig ist als Bezeichnung eines kurzen Gebetsgottesdienstes oder überhaupt des Zustandes innerer Versunkenheit und einer feierlichen Stimmung. Was auf den Seiten dieses Buches steht, soll den Leser zu innerer Sammlung und zu andächtigem Lauschen auf den Ruf Gottes führen, der ihm Mut und Trost zusprechen will.

Es sind die Monatssprüche, die Pfarrer Karl-Heinz Galter in langer Folge für die Leser der *Kirchlichen Blätter* ausgelegt hat. Das Wort Gottes will täglich zu uns sprechen. In den Herrenhuter Losungen ist für jeden Tag des Jahres ein alttestamentlicher Kernspruch als Losungswort und dazu ein neutestamentlicher Lehrtext ausgewählt. Innerhalb des Kirchenjahres hat jede Woche ihren Wochenspruch, der von der Evangelienlesung des Sonntags bestimmt ist und der der Woche mit ihren täglichen Lesungen das geistliche Gepräge geben will. Darüber hinaus stellt die Gemeinschaft evangelischer Kirchen durch einen gemeinsamen Ausschuss für jedes Jahr eine fortlaufende tägliche Bibelleseordnung zusammen und legt für jeden Monat einen Leitspruch und für das ganze Kalenderjahr eine Jahreslosung fest.

Die evangelische Kirche will eine „Kirche des Wortes" sein. Das Wort Gottes soll jeden Tag, jede Woche, jeden Monat und das ganze Jahr „regieren". Der reiche Segen des Wortes will zu allen Zeiten fruchtbar werden. Die Ordnung der Wochen- und Monatssprüche ist relativ neu, erst in der Zeit nach dem Ersten Weltkrieg wurde sie üblich und hat sich als sinnvoll und hilfreich erwiesen. Es wird dem Christen darin bewusst, dass seine Zeit in Gottes Händen steht (Ps. 31,16). Wochen- und Monatssprüche sind gleichsam Markierungen auf dem Wanderweg des Lebens.

Liest man die Meditationen zu den Monatssprüchen in diesem Buch, lässt sich ein ganzer langer Weg zurückverfolgen. Es spiegelt sich darin eine bewegte Zeit, in der jeder kleine Abschnitt seine besondere Herausforderung hat, aber auch die besondere Zuwendung Gottes und sein immer neues Weggeleit aufweist. Der Verfasser ist dabei in erster Reihe selbst ein wacher Hörer auf Gottes Anruf, den er aufnimmt und in geistliche Besinnung umsetzt, die er an seine Leser weitergibt. Dabei schöpft er aus einer reichen Erfahrung, die Frucht eines durch viele Prüfungen gereiften geistlichen Lebens ist. Durch die ständige Aktualisierung, durch das Hineinsprechen in eine bestimmte einmalige Situation erhält dieses Andachtsbuch eine „siebenbürgische Note", es ist Ausdruck einer ganz bestimmten, typischen Frömmigkeit, die Gottes Wort auf ihre Weise vernimmt und weitergibt.

Was den Leser wohl besonders anrührt, ist nicht nur die Vielfalt der Form – von der Wortmeditation und der poetisch-literarischen Gestalt bis hin zum theologisch-gedanklichen Essay –, sondern vor allem die spürbare Treue des Verfassers, der in seinem Ruferdienst nicht ermüdet. Es ist gerade die Frucht solcher Treue, die wir in diesem Buch vor uns haben. Und wahrlich, das Jesuswort gilt: „Es ist ein großes Ding um einen treuen und klugen Haushalter." (Luk. 12,42, ältere Fassung). Und ebenso das Wort des Apostels Paulus: „Dafür halte uns jedermann: für Christi Diener und Haushalter über Gottes Geheimnisse. Nun sucht man nicht mehr an den Haushaltern, denn dass sie treu erfunden werden." (1. Kor. 4,1-2).

Der Reichtum der Gedanken, die ansprechende Sprachgestalt und besonders die Treue, die sich mit Treuherzigkeit verbindet, machen dieses Buch zu einem wertvollen Geschenk. Es liegen in ihm Betrachtungen vor, die auf viele Jahre verstreut in Einzelausgaben der *Kirchlichen Blätter* veröffentlicht wurden und ihre treuen Leser fanden.

Nun, zur Vollendung des 85. Lebensjahrs des Verfassers Karl-Heinz Galter, erscheinen diese Texte als Andachtsbuch, ein Geschenk gleichermaßen an den Autor wie an seine Leser. Mögen sie auch in dieser neuen, gesammelten Form viele aufmerksame Leser erhalten; und mögen diese darin einen neuen, inneren Gewinn erfahren.

Hermannstadt, im August 2011 *Dr. Hermann Pitters*

Der Herr behüte deinen Ausgang und Eingang von nun an bis in Ewigkeit!

Ps. 121,8

Sie waren bei der alten Mutter zu Besuch gewesen. Nach langer Zeit hatten die Geschwister wieder einmal das Neujahrsfest zusammen im Elternhaus gefeiert. Es war schön gewesen. Und die Mutter hatte sich sehr gefreut, alle Kinder um sich zu haben. Doch nun schlug die Stunde des Abschieds. Die Mutter stand in der Haustür. Als das Letzte ihr die Hand gab, sagte sie laut: „Gott behüte euch, ihr Kinder!"

„Gott behüt' dich!" – Das ist ein Gruß, den man in Siebenbürgen noch hören kann. So sagt vielleicht die Mutter, wenn die Kinder am Morgen den Schulweg antreten, und so sagt vielleicht auch die Frau, wenn der Mann mit dem Vater ins Auto steigt.

Man könnte freilich denken: Kann denn der Mensch nicht allein sorgen? Kann er selbst nicht genug aufpassen beim Überqueren der Straße und auf den Wegen seines Lebens? Sicher kann er das. Und er soll es auch! Dennoch: Die Gefahren sind gewachsen. Neulich wurde eine Frau angefahren. Hinterher fragte man sich: Wie konnte das nur geschehen? Aber so fragt man sich immer wieder. Offenbar reicht unsere Sorge nicht aus.

Gott behüte dich! – Das ist mehr als ein frommer Wunsch für eine Reise. Das ist ein Segenswort! Der Segen aber ist eine wirkliche Gabe, eine Zuwendung, die im Glauben aufgenommen werden will. Wo ein Segen gesagt wird, etwa auch am Schluss des Gottesdienstes, da tritt Gott selbst als der Handelnde auf. Da geschieht etwas von Gott her: Wir werden von seiner Allmacht umfangen, getragen und behütet. So ist es gemeint, wenn die Mutter über ihren scheidenden Kindern spricht: „Gott behüte euch!" Sie sollen im Segen Gottes diesen Weg antreten; der Herr selbst soll ihren Ausgang und Eingang behüten.

So aber haben es auch die Psalmensänger gemeint, wenn sie einander am Schluss eines Wallfahrtsliedes zuriefen: „Der Herr behüte deinen Ausgang und Eingang von nun an bis in Ewigkeit."

Ausgang und Eingang ist unser ganzes Leben? Ausgang und Eingang bestimmen unsere Tage und Jahre. Immer, wenn wir aus etwas heraustreten, treten wir *zugleich* in etwas Neues hinein; Ausgang und Eingang ist der Übergang vom Morgen zum Tag, von der Arbeit zur Ruhe, vom Tag zur Nacht. Ausgang und Eingang umschließen alles Wachsen und Reifen, alles Werden und Wirken.

Wir haben ein Jahr beschlossen und sind in ein neues Jahr eingetreten. Auch das war ein Ausgang und Eingang. Was wird dies Jahr uns bringen? Gerne wüssten wir das. Sicher aber manchen „Ausgang und Eingang". Aber vielleicht kommt es nicht darauf an, was für „Aus- und Eingänge" es werden, sondern nur darauf, dass sie in Gottes Hut geschehen! Dass der Herr in seiner Allmacht alle unsere Aus- und Eingänge behütet. Davon hängt viel ab. Nicht nur die Dinge dieses Lebens. Bestimmt auch der letzte Ausgang aus dieser Welt.

Wir wollen den ganzen 121. Psalm an den Beginn dieses Jahres setzen. Der Beter fragt: „Woher kommt mir Hilfe?" Doch er darf sich trösten: „Meine Hilfe kommt von dem Herrn! Von dem, der unsern Ausgang und Eingang behütet bis in Ewigkeit!"

Wer sich so in Gottes Hut geborgen weiß, der schreitet getrost durch die Tage des Jahres.

Ki. Bl., Jan. 1982

Ich schäme mich des Evangeliums nicht: Es ist eine Kraft Gottes, die jeden rettet, der glaubt.

Röm. 1,16

Von einem General wird Folgendes erzählt: Als er einmal an der Spitze seiner siegreichen Truppen heimkehrte und von einer Menschenmenge jubelnd begrüßt wurde, soll er darin sein altes Mütterlein erblickt haben. Daraufhin habe er angehalten, sei vom Pferd gestiegen und habe sein Mütterlein begrüßt und vor allem Volk umarmt. Erst dann sei er weiter geritten, um dem wartenden König zu berichten. Dieser Mann hat sich der Liebe zu seiner alten Mutter nicht geschämt. Es könnte aber sein, dass wir uns manchmal wegen eines Zustandes oder auch wegen eines uns nahestehenden Menschen schämen müssen. Da hatte ein Sohn etwas Böses getan. Nun stand er vor dem Richter. Seine Mutter sagte: „Ach, ich schäme mich, mein Sohn soll verurteilt werden. Dass ich diese Schande erleben muss!" — Es ist natürlich möglich, dass wir es so weit bringen, dass sich andere für uns schämen müssen — und wir sollten es niemals so weit kommen lassen!

Der Apostel Paulus schreibt im ersten Kapitel seines Briefes an die Christen in Rom: „Ich schäme mich des Evangeliums nicht." – Ist denn das Evangelium eine Sache zum Schämen? – Ich denke an eine Schar junger Leute. Die Unterhaltung und die Stimmung waren gut. Als aber Fragen des christlichen Glaubens berührt wurden und einer sagte, der Glaube sei keine Sache für Männer, da erhob sich ein anderer und sagte: „Dann bin ich eben auch kein Mann." Sprach es und verließ die Runde. Er hat sich seines Gottvertrauens nicht geschämt.

Man kann hier auch an den denken, der sich in der Nacht der Kreuzigung schämte, vor einer Magd zu bekennen, dass er zu Christus gehöre. Dennoch ist auch Petrus ein Apostel geworden und hat später furchtlos und frei das Evangelium weitergesagt. Aber nur weil die Kraft Gottes sein Herz erfüllte. Ohne sie wäre er ein Versager geblieben.

Das Evangelium ist eine Kraft Gottes. Das haben viele an sich oder auch an anderen erfahren. Im Urtext steht für „Kraft" das Wort „*dynamis*". Dieses Wort kennen wir vom Dynamo an unserem Fahrrad. Wenn er eingeschaltet ist, gibt er elektrische Kraft ab, die dem Radler den Weg erleuchtet und ihn vor Gefahren warnt. So ist auch das Evangelium eine Kraft, die dem Menschen Licht auf dem Weg schenkt.

Aber sie will noch mehr: Sie will retten. Den retten, der glaubt. Denn mit dem Evangelium ist es wie mit jeder anderen Kraft: Sie wirkt nur, wenn wir Verbindung mit ihm haben. Jesus Christus hat die Verbindung zu unserem himmlischen Vater wieder hergestellt Darum ist das Evangelium eine rettende Gotteskraft. Sie will nicht mit den Kräften dieser Welt konkurrieren. Das Evangelium erweist seine Kraft an dem, der sich seiner Wirkung aussetzt. Vielleicht nicht gleich. Vielleicht müssen wir auch eine längere Wartezeit in Kauf nehmen, aber eines Tages wird es soweit sein. Dann merken wir: Diese Kraft hat auch mich ergriffen. Ich werde nun nicht mehr abseits stehen, sondern immer neu den Anschluss suchen; nun kann es mir nicht mehr nebensächlich sein, dass die Glocken rufen, nun wird diese Kraft mich treiben, auch anderen etwas davon zu sagen und mitzuteilen, so wie es Paulus und die anderen Apostel auch taten.

Ki. Bl., Jan. 1983

**Gott sah an alles,
was er gemacht hatte,
und siehe, es war sehr gut.**

1. Mo. 1,31

Ein Wort zum Nachdenken!
Denn: Gleich siebenmal steht
im ersten Kapitel unserer Bibel
dieser Satz: „Gott sah, dass es gut war!"
Nachdenklich stimmt mich das!
Was aus den Händen Gottes kommt,
was Gott gemacht hat, durch ihn geschieht,
ist alles gut!
Gut – das ist eine Benotung!
Manchmal sagt eine Lehrerin:
„Das war eine sehr gute Antwort!"
Das ist hohes Lob und bringt eine gute Note.
Nun, wir Menschen haben uns gewöhnt,
Gottes gute Schöpfung zu „klassifizieren".
Wir sprechen von dem „Un-Kraut"
und meinen damit ein Gewächs,
das wir nicht gerne in unserem Garten sehen!
Wir nennen auch vielleicht den Hund
von unserm Nachbarn ein „Untier",
weil er die Vorübergehenden ankläfft,
sie vielleicht sogar anfällt.
Für den Nachbarn ist das „Untier"
der allerbeste Hund!
Aber so sind wir Menschen:

Wir sehen nur das als gut an,
was uns gut und nützlich ist!
Gott aber sieht alles, wirklich alles,
was ER gemacht hat, als gut an.
Denn wir Menschen können auch manches tun:
Ein schönes Auto bauen,
das freilich auch giftige Abgase erzeugt!

Wir leben im industriellen Fortschritt,
der viele Arbeiter arbeitslos macht!
Auch unser Tun hat eine Kehrseite!
Gottes Tun ist gut, immer gut!

Du, Herr, siehst alles für gut an!
Auch alles, was uns auf dem Weg
dieses Monates und dieses Jahres begegnen wird!
Das muss ich ein wenig durchkauen!
Vielleicht sollte ich mich mehr bemühen,
deine Blickrichtung zu bekommen,
es lernen, in deiner Blickrichtung zu sehen
und nicht vorschnell abzuurteilen.

Denn – und das muss ich auch in Betracht ziehen –
ich falle auch unter dein Urteil, Herr!
Denn DU hast auch mich gemacht und bedacht.

*Und wenn das so ist, hast Du mich zum Guten bestimmt!
Dass ich gut sei, an jedem Tag dieses Monats,
dieses Jahres – das hilf mir dabei, lieber Herr!*

Ki. Bl. Jan. 1999

3. JANUAR

Einen anderen Grund kann niemand legen als den, der gelegt ist: Jesus Christus.
1. Kor. 3,11

Oft schon haben wir Bilder des berühmten Schiefen Turmes von Pisa gesehen. Wieso steht der immer noch? Eigentlich hätte er schon längst in sich zusammenfallen müssen. Offenbar hat er ein wunderbares Fundament. Auch in zwei Gemeinden unserer Landeskirche stehen schiefe Türme: Der Reußner Turm steht an einem „gleitenden" Berghang. Aber weil er nicht sehr hoch ist, steht er trotzdem fest. Auch beim Mediascher Turm besteht keine Gefahr, obschon er zu unseren höchsten Kirchtürmen gehört: Man hat das Fundament verstärkt.

Mir fielen die schiefen Türme ein, als ich das Bibelwort las, das uns durch den ersten Monat des Jahres 1988 geleiten soll. Da spricht Paulus von einem „Grund" und meint offenbar ein ganz festes Fundament, auf das man ein Bauwerk sicher aufsetzen kann. Vom Fundament her ist die Ausrichtung und Gestalt des Bauwerkes bestimmt. Einmal war ich dabei, als ein Haus „angelegt" wurde. Der Baumeister maß die Grundfläche aus und bestimmte nacheinander die vier Ecken. Nachdem sie ausgepflockt waren, maß er nochmals nach. „Hier kann man nicht genau genug sein", sagte er, „von hier aus ist die Gestalt des Hauses bestimmt."

Vor uns liegen 12 Monate, das sind 52 Wochen oder 366 Tage. Wir werden schaffen und arbeiten, uns mühen und plagen, und es wird manches entstehen in dieser langen Zeit. Aber es muss doch eine Ausrichtung haben! Unser Mühen muss doch ein Ziel haben. Wohin zielt die Ausrichtung unseres Lebens? Das sollten wir uns am Beginn eines neuen Jahres fragen.

Aber nun ist ein Grund gelegt: Jesus Christus. Sein Leben hatte nur eine Zielrichtung: Rettung für die Verlorenen. Dafür hat er sein Leben dahingegeben am Kreuz. Sein eigenes Leben hätte er leicht retten können, spätestens in Gethsemane. Aber er hat es nicht getan. Er hat nicht an sich selbst gedacht. So ist er der Rettungsgrund geworden für die Welt.

Das Fundament, das die Festigkeit eines Baus bestimmt, ist meist in der Erde, unsichtbar für den Betrachter; aber in Ausnahmesituationen, etwa bei einem Erdbeben, erweist sich seine Wichtigkeit. – Ob es in unserem Leben nicht auch so ist? Plötzlich geschieht es, dass alles „bebt". Eine vom Arzt gestellte Diagnose hat schon manchen umgeworfen. Oder die Verzweiflung. Wer das einmal mitgemacht hat, weiß, wie das ein Leben verbittert! Trauer und Hoffnungslosigkeit können so belasten, dass es zu übereilten oder sinnlosen Entscheidungen kommt, die ein Leben auf die schiefe Bahn bringen. Da brauchen wir den festen, den ewigen Grund! Sehr treffend heißt es im Hebräerbrief: „Es ist ein köstlich Ding, dass das Herz fest werde, welches geschieht durch Gnade." (Hebr. 13,9). Diese Gnade ist der Welt gegeben in Jesus Christus. Nicht nur das Herz kann er fest machen, so dass es nicht mehr bangt und zagt; er kann einem ganzen Leben Festigkeit und getrostes Vertrauen schenken. Und das werden wir nicht nur im ersten, sondern in allen Monaten des Jahres 1988 brauchen, auch wenn es jetzt noch gar nicht klar ist, wohin der Weg unseres Lebens führt.

Rechte Ausrichtung und gute Festigkeit aber kommen von Christus her in mein Leben. Ich muss nur auf ihn bauen!

Ki. Bl., Januar 1988

4. JANUAR

**Jesus Christus spricht:
Der Mensch lebt nicht nur vom Brot.**
Lk. 4,4

Was alles zum Leben des Menschen gehört oder gehören muss, darüber sind zu jeder Zeit die Ansichten auseinander gegangen. Natürlich braucht der Mensch Brot zum Leben. Er benötigt aber auch gute Kleidung und ein warmes Zimmer, er braucht das geordnete Zusammenleben in der Familie, den Frieden, die Gesundheit und noch viel, viel mehr.

Martin Luther hat schon recht, wenn er uns ermahnt, bei der Brotbitte im Vaterunser an „alles" im umfassenden Sinn zu denken.

Das Wort Jesu, welches uns als Vers geleiten soll, steht in einem ganz bestimmten Zusammenhang. Es hatte sich der Versucher an den Heiland herangemacht, und zwar gerade in dem Augenblick, wo es ihm an allem, was zum Leben gehört, mangelte: Weder hatte er etwas zu essen, noch hatte er menschliche Gemeinschaft, die sich oft genug als das Nötigste erweist. Und in dieser Lage raunte ihm der Versucher zu: „Du bist doch Gottes Sohn! Sprich nur ein Wort! Auch Steine werden sich in Brot verwandeln!" Es geht hier darum, dass der Gottessohn der Einflüsterung des Verführers ausgesetzt ist. Die Mangelsituation als Einfallstor für den Versucher – das ist die Lage. Aber der Heiland bemerkt die List:

„Der Mensch lebt nicht nur vom Brot!"

Man kann mit diesem Wort in ein neues Jahr hineingehen. Denn wir werden sicher auch in diesem Jahr „Brot" und alles, was dazu gehört, nötig haben. Und wir werden dankbar sein, wenn der Herr uns an jedem Tag das tägliche Brot gibt. Denn wir haben es wohl inzwischen gelernt: Das Brot ist eine Gabe Gottes.

Aber wir wollen uns einprägen: „Der Mensch lebt nicht nur vom Brot!" Gerade Mangelsituationen könnten uns meinen lassen: Brot ist das Wichtigste! Wenn das da ist, dann ist alles da! Und glücklich ist der dran, der eben „Brot" in Fülle hat, der die Güter dieser Welt zur Genüge sein eigen nennen kann. Und es sind nicht wenig Menschen, die das auch ernstlich glauben.

Doch die Wirklichkeit kann uns eines Besseren belehren. Da war eine Mutter: Zeitlebens hatte sie für ihre Kinder gesorgt. Nun waren sie eigene Wege gegangen. Die Mutter blieb allein und bekam einen Platz im Altenheim. Die Kinder brachten ihr Bücher, Platten, einen Fernsehapparat. „Damit du keinen Mangel hast", sagten sie. Dennoch starb die Mutter an gebrochenem Herzen. Die Kinder meinten, die Mutter lebe gut im Heim. Aber in Wirklichkeit brauchte sie die Gemeinschaft ihrer Kinder. – „Nicht vom Brot allein!" –

Mir kommt da noch ein anderes Wort Jesu in den Sinn: „Ich bin das Brot des Lebens!" Das täglich Nötige ist gewiss das Brot, aber nun auch das „Brot" im übertragenen Sinn: alles, was uns an geistlichen Gaben durch den Heiland zuteil wird – sein Wort, sein Trost, seine Vergebung. Denn das kann der Mensch nicht schaffen! Es muss uns zuwachsen, eben wie das Brot auf dem Feld. Und es wird uns geschenkt werden, auch in diesem Monat und auch in diesem Jahr. Darauf dürfen wir vertrauen. Der Heiland selbst bietet uns dafür die rechte Gewähr.

Ki. Bl., Januar 1985

5. JANUAR

**Der Herr wurde mein Halt.
Er führte mich hinaus ins Weite.**
Ps. 18,19

Glatteis ist eine gefährliche Sache. Wer am Morgen, wenn die Straßen und Gehsteige mit spiegelblankem Eis bedeckt sind, unvorbereitet hinaustritt, wird haltlos hin und her schlittern, wir wissen, dass es bei Glatteis die meisten Knochenbrüche gibt. Glatteis ist eine gefährliche Sache, für Menschen und Fahrzeuge.

Haltlosigkeit gibt es aber nicht nur bei Glatteis. Vielleicht kennen wir das: Da war ein ganz normaler Mensch – bis er plötzlich den Halt verlor, den inneren Halt. Irgendetwas war in ihm ins Gleiten gekommen. Und nun war alle Gradlinigkeit in seinem Leben dahin. Er war wie auf einer Taumelstraße. Zwar suchte er Halt, hier und dort, aber da war kein Halt.

Die Krankheit der Frau, die Probleme mit dem Kind, das nagende Gefühl der Hilflosigkeit – es war, als sei alles ins Gleiten gekommen! Und der Umgang mit den Freunden, die dem „sanften Tröster" huldigten, machte alles noch schlimmer!

Es ist schlimm, wenn Menschen den inneren Halt verlieren. Das ist nicht nur Charakterschwäche. Das ist Sache des Gottvertrauens. Davon konnte der Beter des 18. Psalmes ein Lied singen. Er hatte etwas von den Stricken des Todes gespürt, die ihn fangen wollten, von den Fluten des Verderbens, die an seiner Lebensinsel nagten, er hat die Grundlagen seines Lebens beben und wanken gefühlt, und wo er Licht erwartete, da breitete sich Dunkel aus! Es gab eigentlich gar nichts Festes, Vertrauenswürdiges und Zuverlässiges mehr. Doch dann spürte er: „Der Herr wurde mein Halt." Da, wo alles wanken und brechen wollte, war ein Halt! Es war plötzlich etwas zum Festhalten da, und darum kann er nichts anderes sagen als: „Du, Herr, wurdest mein Halt!"

Was für ein Weg wird uns im neuen Jahr erwarten? Werden wir manchmal wie auf einer vereisten, spiegelglatten Straße dastehen? Wird es Tage geben, wo wir ausgleiten oder fallen? Tage, an denen unser Herz nach einem Halt ruft und unsere Hände nach etwas greifen, an dem wir uns festhalten können? „Der Herr wurde mein Halt!" – Wirklich! Er wurde es, indem er mich annahm in der heiligen Taufe! Der Herr wurde mein Halt, weil ich mich zu ihm bekannt habe in der Konfirmation! Der Herr wurde mein Halt, auch da, wo ich es vielleicht gar nicht bemerkt habe!

„Der Herr wurde mein Halt" – davon wissen die Menschen der Bibel zu erzählen. Man kann ihre Schicksale lesen und daraus selbst Halt gewinnen! Aber wir dürfen uns auch an den halten, dem der Herr Kraft gab, im Gehorsam zu bleiben bis zum Tod am Kreuz. Er ist ja der Lebendige, der, dem Gott alle Macht gegeben hat, im Himmel und auf Erden, der alle Tage bei uns sein möchte, bis ans Ende der Erde! Er ist bestimmt der beste Halt, nicht nur in den Tagen dieses Jahres, sondern auch über den Tod hinaus.

*Und wollte alles wanken und bräche alles ein,
so sollen dein Gedanken in ihm verwurzelt sein.
Wenn auch von deinen Wänden der letzte Pfeiler fällt:
Er hat dich doch in Händen, der alle Himmel hält.*

Gustav Schüler (EG Nr. 652)

Ki. Bl., Jan. 1989

---

6. JANUAR

Jesus Christus spricht: „Ich bin gekommen, die Sünder zu rufen und nicht die Gerechten."
Mk. 2,17

Dein Ruf, o Herr, geht durch unsere Welt!
Aber wer hört ihn schon, Deinen Ruf?
Die Stimmen der Welt sind so laut geworden.
Sie schreien uns an aus dem Radio, aus dem Fernsehen,
aus den Zeitungen, aus Versammlungen;
die Stimmen der Welt haben Macht bekommen über uns;
Reklamen laden uns zum Kaufen ein,
Meinungen werden uns als Wahrheit präsentiert,
Agitatoren möchten uns gewinnen – lauter Stimmen,
Stimmen der Welt, die uns viel versprechen.

Und zwischen diesen vielen Stimmen DEIN Ruf, Herr,
wie der Ruf einer Mutter an die gefährdete Tochter,
wie der Ruf eines Vaters an den verlorenen Sohn!
„Ich bin gekommen, die Sünder zu rufen!"
DEIN Ruf an mich – den Sünder.

Denn nur durch DEINEN Ruf, Herr, weiß ich,
wie weit ich mich entfernt habe vom Vater,
in meinem Denken, in meinem Trachten und Wollen. –
Durch DEINEN Ruf, Herr, weiß ich,
wie weit ich mich von DIR entfernt habe!

Doch nun trifft mich DEIN Ruf heute, hier, jetzt,
in meiner Einsamkeit, in meiner Verlorenheit .
Dank DIR, dass DU die Sünder rufst – ich gehöre dazu –
Dank Herr, für DEINE Liebe.

Ki. Bl., Jan. 1992

7. JANUAR

Meine Hilfe kommt vom Herrn, der Himmel und Erde gemacht hat.

Ps. 121, 2

Wir sind wieder einmal in ein neues Jahr hineingeschritten. Was es jedem von uns bringen wird? Keiner weiß es! Aber eines wird sicher sein: Keiner wird ohne Hilfe auskommen. Wir sind alle miteinander auf Hilfe angewiesen.

Hilfe können Menschen einander in reichem Maße gewähren: in der Familie, bei der Arbeit, im sozialen Leben. – So soll es auch sein, sonst muss Gemeinschaft auseinanderbrechen. Dennoch kennen wir auch Lagen, wo Menschen kaum helfen können. Ich denke an die Kranken, die es dem Arzt ansehen, dass er wenig Hoffnung für sie hat; oder an die Mutter, die um die Wege ihrer Kinder bangt. Oder auch an den Mann, der eine Entscheidung für seine Familie treffen soll und keinen Rat weiß. Wir werden Hilfe brauchen, auch in diesem Jahr.

Unser Psalmvers möchte uns großes Vertrauen schenken: „Meine Hilfe kommt von dem Herrn", – so betet der Psalmist. Er weiß: Die Hilfe Gottes kommt ganz gewiss. Vielleicht nicht so, wie er es sich vorgestellt hat; aber sie kommt! Offenbar hat dieser Mensch es erfahren: Menschen können helfen, Hilfe kann uns zufallen, aber immer ist es der Herr, der dahintersteht. Alle Hilfe kommt vom Herrn. Und er weiß auch: Diesem Herrn ist nichts unmöglich! Er hat Himmel und Erde gemacht! Man muss doch nur einmal aufblicken zu den gewaltigen Felsentürmen der Berge, zu dem Gewoge der Meereswellen oder zu den Millionen Sternen um zu erkennen: Dem Herrn ist nichts unmöglich! Darum vertraut der Beter: Er wird meinen Fuß nicht gleiten lassen und er wird mich behüten, auch wenn ich schlafe. Seine Hand ist wie mein Schatten, der nicht von meiner Seite weicht. Er wird meinen Ausgang und meinen Eingang in seine Hut nehmen.

Wir wissen heute etwas mehr als der Beter des Alten Testaments. Wir wissen davon, dass der Herr das Höchste getan hat, um für uns, seine Kinder, zu sorgen: Er hat Jesus Christus in unser Fleisch und Blut gesandt, um uns zu helfen und uns zu retten. Denn es geht ja nicht nur um Hilfe für dieses Leben. Das wäre etwas zu wenig. Gott will gerade dort helfen, wo wir uns auf gar keinen Fall selbst helfen können: in unserer Sündhaftigkeit. Er möchte uns zurückholen aus unserer Gottferne und aller Sünde, damit wir seine lieben Kinder sind und in seiner Gemeinschaft bleiben, „hier zeitlich und dort ewiglich!" Das ist sein guter gnädiger Wille! Er bietet uns seine Hilfe an in den Versuchungen, die auf uns zukommen, und dann, wenn die Verzweiflung an unserm Herzen nagt und wir Trost brauchen. Er möchte uns den rechten Weg zeigen in den Wirrnissen dieser Zeit. Das kann der Herr aber nur, wenn wir für seine Hilfe offen sind. Und vielleicht müssen wir auch offenere Augen haben für das, was der Herr schon bisher an uns getan hat.

„Meine Hilfe kommt vom Herrn" – wer mit diesem Vertrauen in ein neues Jahr hineinschreitet, wird an jedem Tag etwas von der Hilfe Gottes spüren. Und er wird es nicht unterlassen können, täglich dafür zu danken!

Ki. Bl., Jan. 1984

8. JANUAR

**Jesus Christus spricht:
Wie ihr wollt, dass euch die Leute tun sollen,
so tut ihnen auch.**
Lk. 6,31

Am Beginn des neuen, des dritten Jahrtausends, kommen wir zu Dir, Herr! Zunächst einmal mit unserem Dank: Denn wir danken es Deiner Gnade, dass wir diese Schwelle überschreiten dürfen. Doch nicht nur Dank und Freude bewegen an diesem Neubeginn unsere Herzen. Die Sorge ist groß geworden – ein globales Phänomen, das bis in mein Herz hineinreicht. Die Sorge, die in der Macht und Ohnmacht allen menschlichen Könnens gründet. Denn die Macht zum Zerstören ist ins Übernatürliche gewachsen. Und unsere Ohnmacht zeigt sich nicht nur bei einer neuen Grippewelle, sondern viel, viel mehr in der Gewalttätigkeit des Menschen gegen den Menschen.

Aber nun zeigst Du, Herr, uns eine Möglichkeit, einen Ausweg, einen Weg zum Frieden; nicht einen Weg des geschenkten Friedens, sondern des erarbeiteten Friedens. Du sprichst unser Tun an: „(…) so tut ihnen auch!" So, wie ich das Verhalten anderer gegen mich erwarte, so soll auch ich mich verhalten. So einfach lautet Deine „goldene Regel", Herr!

Du setzt nicht auf eine neue Regierung, auch nicht auf ein besseres Parteiprogramm, nicht auf Währungsunion und Abkommen. Deine Welt-Ordnung, Herr, beginnt bei mir, bei meinem Tun. „Wie ihr wollt, dass euch die Leute tun sollen, so tut ihnen auch!"

Da erinnere ich mich an den Spruch: „Was du nicht willst, dass man dir tu, das füg auch keinem anderen zu!" So lehrte mich mein seliger Großvater. Heute nun weiß ich: Ein Menschenleben reicht nicht zum Erlernen dieser Wahrheit! Unsere Willenskraft ist zu schwach zur Verwirklichung Deiner „goldenen Regel".

Nur Du, Herr, hast das gekonnt: Du hast nicht gescholten, als man dich schalt, Du hast geschwiegen, als man Dich beschuldigte, geduldet, als man Dich schlug, und mit Deinem Sterben hast Du Dein Wort erfüllt. Du konntest das, weil Du in Verbindung mit dem himmlischen Vater lebtest. Ja, darum! – Und hier beginnen auch unsere Möglichkeiten, hier tut sich die Türe auf für alles rechte und gute Tun, ja für alles, was wir zu tun haben auf dem weiteren Weg der Tage, die wir aus Deiner Hand noch nehmen dürfen!

Darum meine Bitte für heute und alle Tage: Lass mich freundlich sein, weil ich Freundlichkeit erwarte; lass mich helfen weil ich Hilfe erwarte; lass mich geduldig sein, weil ich Geduld erwarte; gib mir auch täglich die Kraft, es zu tun, dies selbst und zuerst zu tun! Amen.

Kl. Bl. Jan. 2001

9. JANUAR

**Gott spricht:
Solange die Erde steht, soll nicht aufhören
Saat und Ernte, Frost und Hitze, Sommer
und Winter, Tag und Nacht.**
1. Mo. 8,22

So ein Versprechen, Herr, für den Weg dieses Jahres!
Gewiss,
es wird manches aufhören in diesem Jahr,
und es wird sich vieles verändern.
Aber dies unabänderliche Versprechen, Herr,
Dein Versprechen, nehmen wir mit auf den Weg!
Vor Jahrhunderten gegeben,
hat es seine Gültigkeit bewahrt bis heute!

Darum werden wir säen im Vertrauen,
dass DU die Ernte gibst!
Darum sind wir gewiss,
dass auf den Winter wieder der Sommer folgt.
Darum werden wir froh darüber,
dass nach der Nacht wieder ein Morgen kommt!
Dieser Wechsel, von DIR gegeben,
bestimmt und bedingt unser Dasein,
erhält das Leben!
Daran erkennen wir DEINE Liebe,
deine Treue und Gnade mit unserer Welt.

Darum machen wir uns getrost auf den Weg.
Wir haben ja dein Versprechen – das ist genug!

Ki. Bl., Jan. 1991

---

10. JANUAR

Der Herr, dein Gott, ist ein barmherziger Gott. Er lässt dich nicht fallen und gibt dich nicht dem Verderben preis.

5. Mo. 4,31

Ein gutes Wort für einen Jahresbeginn,
eine Zusicherung für eine kommende Zeit,
ein Zuspruch für einen unbekannten Weg,
ein Versprechen für treue Begleitung:
„Der Herr, dein Gott, lässt dich nicht fallen
und gibt dich nicht dem Verderben preis!"
Denn: „Der Herr ist ein barmherziger Gott."
Er hat ein Herz für dich und hat dir dieses Herz in Liebe zugewandt!

Sicher: Wir haben alle viele offene Fragen
an die kommenden Tage, Wochen, Monate.
Wir haben auch offene Fragen
für unsere Gemeinden, unser Volk,
unser persönliches Schicksal
und das unserer Lieben in der Ferne.
Wir haben auch offene Fragen
in Bezug auf das Weltgeschehen,
die Weltentwicklung und die Weltprobleme.
Fast ist es uns manchmal, als sollten wir resignieren,
zweifeln oder gar verzweifeln! –
Und nun dieses Wort: „Dein Gott
hat ein dir zugewandtes Herz,
und er lässt dich nicht fallen!"
So oder so ähnlich hat es einst
der Gottesknecht Mose seinem Volk zugerufen.
Das „dich" meint eine Gemeinschaft,
ein Volk, zusammengehörende Menschen.
Sprache und Glauben verbinden sie.
Darin ist das Schicksal des Einzelnen eingebunden,
zugleich aber auch mit Gott verbunden.
Und das Volk damals stand auch vor einer
unbekannten Zukunft, einem unbekannten Land, einer
unbekannten Geschichte.

Und nun dies: Dein Herr, dein Gott geht doch mit dir!
Wenn du fällst, richtet er dich auf;
wenn dich Verderben bedroht – er ist stärker;
wenn dich Menschen verlassen – er tut das nicht;
er kann den Bund nicht vergessen,
denn dieser trägt ein Siegel:
Jesus Christus, seinen Sohn!
Er trug alles, was menschliches Elend
und menschliches Leid bewirken kann,
an seinem Leib aufs Kreuz. Darum gilt es für uns und für mich:

Wir haben einen barmherzigen Gott.
Er lässt uns nicht fallen,
er lässt uns nicht verderben,
er kann uns nicht vergessen,
an keinem Tag dieses begonnenen Jahres.
Welch ein Trost!

Ki. Bl., Jan. 1994

11. JANUAR

> **Jesus Christus spricht:
> Seid barmherzig,
> wie auch euer Vater
> barmherzig ist.**
> Lk. 6,36

Nun sind wir im neuen Jahr,
erst seit einigen Tagen.
Und nun hören wir ein Wort vom Sohn
über den Vater, über unser aller Vater:
„Seid – ihr alle – barmherzig,
wie euer Vater barmherzig ist!"
Das ist ein gutes Wort
für den Lauf eines Jahres;
ein forderndes Wort,
für die Wochen vor uns:
Seid barmherzig!

„Barmherzig" – dieses Wort
gibt mir zu denken,
ich muss darüber still werden.
„Barmherzig" – es klingt
wie „warmherzig";
Herzlichkeit, Freundlichkeit,
Vergebungsbereitschaft und Milde,
Zuwendung und Offenherzigkeit.
Dies alles und noch viel mehr,
schwingen mit in diesem Wort:
barmherzig.

Doch nun muss ich
an meinen Vater denken:
Damals, als ich ein Kind war,
hatte ich Strafe verdient
und auch erwartet.
Doch der Vater war „mein Vater",
er war barmherzig –
die Strafe blieb aus.
Statt Strafe – neue, unverdiente Liebe!
Das heißt barmherzig sein:
Liebe schenken,
Güte verströmen,
Vergebung zeigen,
das Herz neu öffnen –
das alles könnte das Wort beinhalten:
„Seid barmherzig!"

Weil ich einen barmherzigen Vater hatte,
weiß ich, was es heißt: „Barmherzig sein."
Von ihm habe ich es gesehen und gelernt.
Wie aber, wenn einer ohne barmherzigen Vater
den Weg ins Leben nahm?
Wie aber, wenn ein Mädchen
der Liebe und Wärme des Mutterherzes entbehrte?
Grausam, ein Leben ohne Barmherzigkeit,
schrecklich, Tage ohne Güte und Liebe;
eisig, unter Menschen zu leben,
die kein offenes Herz haben!

„Euer Vater im Himmel ist barmherzig!"
So ruft es uns der Sohn am Beginn
des neuen Jahres zu!
In diesem Jahr will der Vater
euch sein Herz zuwenden,
sein Herz auftun,
seine Liebe euch zeigen
auch dann, wenn ihr meint,
unter der Schwere der täglichen Last umzusinken.

Denn auch das ist ein Stück
seiner Barmherzigkeit:
Zur Last schenkt er die Kraft,
zur Niedergeschlagenheit den Mut,
zur Trauer die Hoffnung
und zum Alleinsein den Nächsten.
Das alles ist – zeichenhaft –
etwas von seiner Barmherzigkeit.

Und darum sind wir gerufen barmherzig zu sein,
heute und morgen, in diesem Monat
und auch in allen folgenden,
bis wir einmal ganz von der Barmherzigkeit
des himmlischen Vaters umfangen werden ...

Ki. Bl., Jan. 1997

---

12. JANUAR

**Gott sprach:
Meinen Bogen setze ich in die Wolken;
er soll das Bundeszeichen sein
zwischen mir und der Erde.**
1. Mo. 9,13

Auf der Heimfahrt war es, in Süddeutschland: Wir fuhren im Schein der Abendsonne, doch im Osten stand eine schwarze Wolkenwand; ein Gewitter war vorübergegangen. Und dann sahen wir plötzlich den Regenbogen, farbenfroh und leuchtend stand er da. Als wir anhielten, das herrliche Bild zu betrachten, sahen wir darunter und auch darüber noch je einen zarten Bogen am Himmel. Beeindruckend war es! Ein Himmelsbogen für uns!

Zwar weiß ich es aus der Schule: Ein Regenbogen entsteht, wenn sich die Sonnenstrahlen in den Wassertröpfchen der Atmosphäre brechen. Aber kann ein Regenbogen nicht mehr sein?

„Meinen Bogen setze ich in die Wolken", sprach Gott vor langer Zeit zu einem, der wie ein Wunder aus der großen Flut gerettet worden war. „Das ist das Bundeszeichen zwischen mir und der Erde!"

Ein Bundeszeichen unter Menschen ist zum Beispiel der Ehering: ein einfacher Goldreif, jedoch mit einer tieferen Bedeutung. Da haben sich zwei Menschen verbunden, um Wohl und Wehe ihres Menschenlebens miteinander zu tragen und zu teilen. Der Ehering – ein Bundeszeichen für eine Verbindung, die bleiben soll, zum Besten derer, die das Zeichen tragen. Gott, der Herr, setzte ein Bundeszeichen. Und unter diesem Zeichen steht zunächst einmal alles Lebendige, die Pflanzenwelt und die Tierwelt, die vielfältige Welt der Völker in allen Ausprägungen. „Ich", spricht der Schöpfer-Gott, „ich, der Lebendige, verbinde mich mit allem Lebendigen!" Das kann uns bewusst werden, wenn wir einen Regenbogen sehen.

Mir jedoch bedeutet es mehr. Ich darf es persönlich nehmen: Der lebendige Gott verbindet sich mit mir! Sein Bund gilt mir, seinem Geschöpf. Und dieser Bund wurde noch einmal ganz sichtbar und konkret für mich erneuert, damals, als ich die heilige Taufe empfing. Das ist nun das erneuerte Bundeszeichen für mich und mein Leben. Damals ist aus dem Schöpfer-Gott mein Vater-Gott geworden! Und das ist nun das Entscheidende: Ich darf im Bewusstsein dieses Bundes mein Leben leben, meine Arbeit tun, meine Gedanken bewegen und mein Wollen ausrichten; alles, was auf mich zukommt, alles, was ich beginne und tue, alles, was mich betrifft und ich erleide, alles geschieht unter dem Bundeszeichen Gottes. Und das macht mich getrost, gerade am Jahresbeginn.

Ki. Bl., Jan. 2003

**Vergesst nicht, Gutes zu tun und mit anderen zu teilen,
denn an solchen Opfern hat Gott Gefallen.**
Hebr. 13,16

Vergiss nicht, mit anderen zu teilen,
die Freude, den Rock und das Brot,
des Leidenden Wunden zu heilen,
dem Armen zu Hilfe zu eilen.
Wir haben vom Herrn dies Gebot!

Vergiss nicht, den anderen zu lieben,
ihm hilfreich zu reichen die Hand
von herzlichem Mitleid getrieben.
Wir sollen ja keinen betrüben,
den Gott schon mit Namen genannt.

Herr Jesu, dein liebend Erbarmen
es schließt auch mein Leben mit ein.
So lass denn mein Herz für die Armen
sich allezeit hilfreich erbarmen.
Herr, lass mich dein Mithelfer sein!

Ki. Bl., Jan. 1981

Das Reich Gottes ist nahe!
Mt. 4,17

Mit diesem Ruf begann Jesus seine Wirksamkeit.
Und für uns steht dieses Heilandswort
als Losung über dem ersten Monat dieses Jahres.
Man darf sich über diese Aussage freuen,
denn manchmal möchte es uns scheinen,
als sei Gott weit, sehr weit.
So weit, dass er unser Rufen nicht hört
und unser Seufzen nicht vernimmt.
Manchmal haben wir den Eindruck,
als wären wir ganz verlassen,
nicht nur von Menschen,
sondern auch von Gott.

Solchen Gefühlen und Eindrücken
darf man sich nicht hingeben.
Der Heiland sagt: „Gottes Reich ist nahe!"
Durch ihn ist es nahe herbeigekommen.
Nun ist er Herr geworden
über Traurigkeit und Verzweiflung,
über alle Einsamkeit und Not,
über alles Elend und alle Sorge.
Alles, was uns bedrücken und betrüben kann,
muss weichen vor dem,
dem Gott alle Gewalt gegeben hat
im Himmel und auf Erden.

Luther sagt in der Erklärung zur zweiten Bitte:
„Wir bitten in diesem Gebet,
dass Gottes Reich auch zu uns komme."
Und das soll doch auch heißen,
dass wir nicht außerhalb des
Herrschaftsbereiches Jesu Christi bleiben.
Sonst werden uns nämlich
andere Mächte beherrschen,
und das wäre zu unserem Verderben.

Aber nun ist Gottes Herrschaft nahe.
Wohl uns, wenn wir darauf vertrauen,
uns darein fügen
und uns darüber freuen.

Ki. Bl., Jan. 1980

15. JANUAR

**Ich schäme mich des Evangeliums nicht:
Es ist eine Kraft Gottes, die jeden rettet, der glaubt.**
Röm. 1,16

„Ich schäme mich des Evangeliums nicht!"
So ruft uns der Apostel zu,
am Beginn des ersten Monates
eines neuen Jahres.
Und er fährt fort:
„Denn für mich ist das Evangelium eine Kraft,
eine Gottes- und Himmelskraft,
die Glaubende rettet!"

Große Worte sind das.
Fast scheuen wir uns, sie nachzusprechen.
Denn manchmal schämen wir uns des Evangeliums!
Wer war denn noch nie in der Lage,
dass in seiner Gegenwart über „die Kirche"
hergezogen wurde?
Und wir haben geschwiegen.
Mit dem Namen Gottes wurde geflucht,
und wir haben bloß weggeblickt,
uns nur stumm abgewendet.
Es ist heute nicht mehr gefährlich,
sich zum Evangelium zu bekennen.
Unsere Zeit hat dieses, wie vieles andere,
ins persönliche Belieben gestellt.

Doch wird dabei meist übersehen,
was Paulus besonders betont:
Das Evangelium ist eine rettende Macht,
eine seligmachende Kraft!
Ihm war es zur rettenden Kraft geworden,
zu einer Kraft, die sein Leben hielt und trug,
wie der Fallschirm die rettende Kraft
für den Fallenden ist.
Wenn du aus dem Flugzeug fällst,
dann gibt es kein „Belieben" oder „Meinen",
sondern nur noch eines:
Sich an die rettende Kraft halten,
sich fest an sie klammern, sonst bist du verloren.

Das meint der Apostel:
Diese Gotteskraft trägt mein Leben,
an sie ist mein Leben gekettet,
von der komme ich nicht mehr los.
Darum brauche ich mich nicht zu fürchten,
darum bin ich getrost und freudig,
darum, nur darum schäme ich mich nicht,
diese Frohbotschaft weiter zu sagen,
damit auch andere Anteil bekommen
an dieser rettenden Gotteskraft,
und so – jetzt schon – froh werden!

Ki. Bl., Jan. 1995

16. JANUAR

Treu ist Gott, durch den ihr berufen worden seid zur Gemeinschaft mit seinem Sohn Jesus Christus, unserm Herrn.

1. Kor. 1,9

Sicherlich ist es sinnvoll, am Beginn eines neuen Jahres an die unwandelbare Treue Gottes erinnert zu werden. Denn von dieser feststehenden Treue Gottes leben wir Menschen alle, wer immer wir sind und wo immer wir uns befinden. Und wenn Paulus nicht an sich selbst diese Tatsache erlebt hätte, würde er auch nicht so bestimmt schreiben: „Gott ist treu." Und man möchte ein klares Ausrufezeichen dahinter setzen. Aber nun steht hier ein Komma, und das heißt: Wir müssen weiter denken.

Mitten in unserem Vers steht das Wort „Gemeinschaft". Gemeinschaft ist so etwas wie eine (Über-)Lebensstrategie. Ein allein stehender Wolf, um ein Beispiel anzuführen, ist unweigerlich zum Hungertod verurteilt, denn Wölfe können nur im Rudel, also gemeinsam, Beute machen. Zugvögel machen sich gemeinsam, in großen Schwärmen auf den Weg nach Süden. Auch unsere einstmals in sich geschlossenen siebenbürgischen Kirchengemeinden waren eigentlich „Lebensgemeinschaften", in denen jede Person und jede Profession ihre ganz bestimmten Aufgaben erfüllte.

Paulus jedoch spricht hier von der „Gemeinschaft mit Jesus Christus, unserem Herrn". Damit geht er einen Schritt über das rein Kreatürliche hinaus. Die Gemeinschaft mit dem Gottessohn hat Paulus bei seinem Bekehrungserlebnis erfahren, und in der Taufe wurde sie für ihn zur Gemeinschaft mit dem Leib Christi, mit der Christengemeinde. „Auch ihr seid berufen worden" – durch eure Taufe – „zur Gemeinschaft mit Jesus Christus." „Der wird euch auch fest erhalten bis ans Ende."

So verstanden wird dieser Vers zu einem echten Trostwort. Zwar weiß niemand, ob die kommenden Tage dunkle oder heitere Stunden für uns bereithalten. Doch an der Treue Gottes, des himmlischen Vaters, dürfen wir keinen Augenblick zweifeln; und dies umso weniger, als wir ja durch unsere Taufe zur oder in die Gemeinschaft mit dem Lebendigen, unserem Herrn Jesus Christus, berufen sind.

Wir werden in den kommenden Tagen und Wochen immer wieder mit der Sünde, dem Tod und dem Teufel zu tun haben und ihre Macht zu spüren bekommen. Aber der, in dessen Gemeinschaft wir leben, wird in uns, neben uns, über uns und um uns sein.

Danke, Herr, dass dies Apostelwort mich an Deine Treue und an die tröstliche Gemeinschaft mit Dir erinnert. Lass mich das auf dem langen Weg dieses Jahres niemals vergessen.

Ki. Bl., Jan. 1995

**Gott spricht: Ich lasse dich nicht fallen
und verlasse dich nicht.
Sei mutig und stark!**

Jos. 1,5.6

Das ist ein persönlicher Zuspruch, Herr, von dir für mich, an der Schwelle eines langen Jahres, eine Zusage deines Geleites und deiner Gegenwart. Solcher Zuspruch kann Zuversicht schenken, dann, wenn sie am nötigsten ist! Und der, zu dem du, Herr, einmal so sagtest, hatte Trost, Mut und Zuversicht nötig.

Er stand als neu gewählter Vorsteher eines Volkes an der Schwelle eines Landes, von dem er wusste, dass dort feindlich gesinnte Menschen wohnten! Und er war dabei gewesen, als das Volk vor dieser Schwelle aus großer Angst kehrt machte! Er hatte es miterlebt, wie die verzagten Menschen deiner Zusage, Gott, nicht trauten!

Doch nun war eine neue Generation herangewachsen, junge Menschen mit Initiative, die versprechen konnten: „Wir wollen dir gehorsam sein; nur dass der Herr mit dir sei!" Mit diesem Gelöbnis begann einmal der Einzug Israels in das verheißene Land! Wir heute, nach fast 3000 Jahren, sind in ein neues Kalenderjahr eingetreten. Und wir haben dein Wort, Herr, vom ersten Tage an: „Ich lasse dich nicht fallen und verlasse dich nicht. Sei mutig und stark!"

Zunächst bin ich darüber glücklich, dass du mich persönlich ansprichst, dass du mich des „DU" würdigst: „Ich lasse dich nicht fallen!"

Das könnte mir schon genügen! Denn ich weiß eines jetzt schon: Jeder Tag bringt mir auch Stolpersteine, jede Minute kann eine Fallgrube vor mir sein, aus der ich keinen Ausweg finde!

Denn auch der bisherige Weg meines Lebens war keine glatte, gefahrlose Straße; nein, es gab gefährliche Hindernisse, tückische Versuchungen und dunkle Abgründe! Und auf dem kommenden Wegabschnitt wird es mir nicht anders gehen!

Darum macht mich deine Zusage glücklich, Herr: „Ich lasse dich nicht fallen ...!"

Denn jetzt bin ich getrost: Du bist an meiner Seite, du schenkst mir Mut und Kraft, du hältst mich fest, auch wenn ich aus dem Gleichgewicht gerate!

Aber um eines bitte ich noch: Lass mich anderen, die mit mir auf dem Wege sind, eine Stütze sein!

Lass mich anderen Mut zusprechen, die dabei sind, den Mut zu verlieren; lass mich anderen aufhelfen, die gestrauchelt und gefallen sind; vor allem: Lass mich keinen Menschen fallen lassen! Lass dieses Jahr mir ein Übungsfeld sein, deine Liebe, Herr, an anderen zu üben, wie es dein Sohn tat, an mir und an vielen – einst und heute und ewig.

Ki. Bl., Jan. 1995

Christus spricht:
Warum siehst du den Splitter im Auge deines Bruders, aber den Balken in deinem eigenen Auge bemerkst du nicht?

Lk. 6,41

So ist es mir ergangen: An einem Sonntag, im Gottesdienst, bemerkte ich plötzlich die beiden Engelfiguren oben am Altar: Der eine hält die Zehn Gebote, der andere ein Buch, wohl die Bibel, in der Hand.

Sieh an, dachte ich bei mir, so oft hast du schon den Altar gesehen, aber diese beiden Engel hast du noch nie bemerkt!

Oft geht es uns wohl allen so: Wir sehen Vieles, bemerken aber nur Weniges!

Bemerken ist mehr als Sehen!

Sehen ist Sache der Augen, Bemerken ist Sache der Erkenntnis; Sehen ist unpersönliche Betroffenheit.

Jesus wusste das!

Im ersten Monat dieses Jahres ermahnt er uns: Bemühe dich, das an dir zu bemerken, was den anderen stört, hindert, bedrängt; merke zuerst auf deine Fehler, die der anderen kennst du gut genug; prüfe, ob das, was du am anderen auszusetzen hast, sich bei dir nicht auch findet!

Sicher: Splitter haben Ecken zum An-Ecken; sie haben scharfe Kanten, die schneiden – vielleicht mich mehr als den anderen. Splitter sind lebensgefährlich, wenn sie drin bleiben! Splitter entfernen ist ein wichtiger Liebesdienst, eine Lebenshilfe!

Weh tut es immer! Dem anderen! Wie viel weher tut es, mit dem eigenen Balken fertig zu werden, ja ihn überhaupt zu bemerken?

Herr, unsere Balken sind DIR zum Kreuz geworden!

Vergib uns – immer wieder –, damit auch wir Geduld und Vergebung lernen!

Ki. Bl., Jan. 1993

> **Gott sah an alles,
> was er gemacht hatte,
> und siehe, es war sehr gut.**
> *1. Mo. 1,31*

Im Spruch des ersten Monats in diesem Jahr lesen wir ein Wort aus der Schöpfungsgeschichte, wie sie uns auf den ersten Seiten der Bibel überliefert ist. Gott hat nacheinander alles werden lassen: das Licht und die Welt, den Himmel und die Erde, das Meer und das Trockene, die Pflanzen und die Fische, die Vögel und die Landtiere und schließlich den Menschen als sein Gegenüber. Und sechsmal steht da: „Und Gott sah, dass es gut war." Als nun alles vollendet ist, „sah Gott an alles, was er gemacht hatte, und siehe, es war sehr gut!"

Unsere Welt ist wunderschön. Das kann man erleben, wenn man an einem hellen Januarmorgen durch einen verschneiten Wald schreitet und das Funkeln der Lichtstrahlen in den Schneekristallen beobachtet; das kann man erkennen, wenn man einen Bildband mit Pflanzen- und Tieraufnahmen durchblättert. Unsere Welt ist auch wunderbar geordnet: Wasser dehnt sich beim Gefrieren wieder aus, darum schwimmt das Eis. Wäre das nicht so, würde alles Leben im Wasser erfrieren. Dass unsere Welt wunderbar geordnet ist, weiß der Wissenschaftler, der die geheimen Zusammenhänge im Mikro- und Makrokosmos erforscht und kennt. Denn genau diese Zusammenhänge ermöglichen das Leben. Alle Störungen in den atomaren und genetischen Zusammenhängen können für unsere Welt und für das Leben katastrophale Folgen haben.

„Gott sah an alles, was er gemacht hatte, und siehe, es war sehr gut!" Es ist nichts in unserer Welt, das nicht lebenswert wäre, keine Raupe, kein Virus, kein Unkraut und kein Raubfisch, es hat alles seinen Platz in Gottes Schöpfung. Es ist alles sehr gut! Nur wir Menschen denken nicht immer so. Wir meinen, Unkraut müsse mit Gift vernichtet werden, und sehen kaum noch, wie viel Leben mit vernichtet wird. Manchmal gleicht der Mensch einem Jungen, der seiner guten Uhr mit einem Taschenmesser zu Leibe rückt. Das Ergebnis: die Uhr ist bald dahin. So geht auch der Mensch daran, schwerwiegende und nicht wieder gutzumachende Eingriffe in Gottes gute Schöpfung vorzunehmen. Ob das einmal gut enden kann?

Freilich, man könnte sagen: Wenn alles, was Gott gemacht hat, sehr gut ist, warum gibt es Krankheiten, die Menschen und Tiere unter unsäglichen Qualen sterben lassen? Warum gibt es auch böse Menschen, die anderen schaden? Ist ein behindertes Kind vielleicht etwas „sehr Gutes"? Dazu ist zu sagen: Das Leid gehört in unsere Welt und in unser Leben! Keiner kann daran vorbei. Leid, Schmerzen und Lasten sind Teil des Lebens. Gott hat sich selbst aus der Gemeinschaft der Leidenden nicht ausgeschlossen, dadurch, dass er seinen Sohn am Kreuz leiden und sterben ließ. Durch Jesus Christus kann alle Welt wieder sehr gut werden, dann, wenn wir zum Ursprung, zu unserm Schöpfer zurückfinden. Denn einmal wird der Herr die Welt ganz erneuern und sie wieder „sehr gut" werden lassen.

Ki. Bl., Jan. 1986

**Gott hat uns nicht gegeben den Geist der Furcht,
sondern der Kraft und der Liebe
und der Besonnenheit.**

2. Tim. 1,7

Kraft – wir wünschen sie uns alle!
Nicht nur die Kraft der Muskeln,
die Leibeskraft, die verbunden ist
mit der körperlichen Gesundheit!
Manchmal brauchen
wir mehr die innere Kraft, die unsere
niedersinkende Seele wieder aufrichtet,
uns Mut schenkt und Zuversicht
gegen Zweifel und Verzweiflung,
gegen Trauer und Traurigkeit,
gegen Mut- und Hoffnungslosigkeit!
Um solche Kraft bitten wir!

Liebe – auch um sie bitten wir!
Dass die Liebe nicht ersticke
unter der Last von Hass und Neid,
Unfrieden und Krieg,
Trennung und Ausgrenzung!
Dass Ungeliebte wieder Liebe erfahren,
dass Verzweifelte Zuwendung finden
und Geplagte liebevolle Helfer –
um solche Liebe bitten wir!

Besonnenheit – schenke sie uns, Herr!
Martin Luther hat dieses Wort
mit „Zucht" übersetzt.
Sicher ist es nötig, dass es in
allen Lebensbereichen zuchtvoll zugehe.
Doch „Besonnenheit"
ist ein besseres Wort.
Besonnen leben,
das könnte für mich heißen:
Dass ich mich besinne auf das Wichtige,
dass ich in allem Geschehen
nach einem letzten, gültigen Sinn suche;
und dass meine Besonnenheit
mich leitet zu dem,
der allem einen Sinn geben kann,
weil Er es gut meint und uns
in Jesus Christus
seine ganze Liebe zuwandte!
Um solche Besonnenheit bitten wir!

Eines aber macht mich zuversichtlich:
„Gegeben" schreibt der Apostel.
„Gott hat uns gegeben" – mir und dir,
lieber junger Freund Timotheus,
und nicht nur uns beiden.
Groß ist die Schar, die heute
und alle Tage bekennen darf:
„Gott hat uns gegeben
den Geist der Kraft,
der Liebe und der Besonnenheit!"

Und wenn ich diesen Geist
einmal nicht spüre,
wenn ich tieftraurig oder verzweifelt bin,
dann gehe ich zum Gottesdienst,
dann nehme ich die Bibel
oder das Gesangbuch,
oder dann gehe ich zu einem Menschen,
der es schwerer hat als ich,
und dann weiß ich es wieder:
„Der gütige Gott hat uns gegeben Kraft,
Liebe, Besonnenheit";
und er schenkt sie auch weiterhin.

Das gibt mir Mut und Trost
auf meinem Weg
durch das begonnene Jahr!

Ki. Bl., Jan. 2000

**Weise mir, Herr, deinen Weg;
ich will ihn gehen
in Treue zu dir.**

Ps. 86,11

Ja, Herr, darum bitten wir im ersten Monat des Jahres: Weise mir deinen Weg! Denn dieses Jahr liegt vor uns wie eine Strecke, die noch unbekannt, unbegangen und unerforscht ist. Und wir gehen diesen Weg alle: Froh oder traurig, hoffnungsvoll oder verzagt, getrost oder widerwillig – wir gehen durch dieses Jahr – ein Stück weit sind wir schon gegangen …

Doch nun sollen wir bitten: Herr, zeige mir deinen Weg. Ganz gewiss ist jeder Weg DEIN Weg! Ob er unwegsam scheint oder ausweglos oder durchwegs ärgerlich – jeder Weg ist dein Weg für mich!

So jedenfalls wissen es die Menschen der Bibel. Darum konnten sie auch in Bedrängnis bitten: „Herr, mach mich doch dessen gewiss, dass dies Dein Weg ist für mich!"

Aber die Ungewissheit macht mir zu schaffen, dass ich nicht sicher bin: Ist das jetzt dein Weg mit mir? Liegt meine jetzige Entscheidung auf dem rechten Weg, und wenn ich anders entscheide, verlasse ich dann DEINEN WEG?

Dein Sohn, Herr, kannte deinen Weg!

Ihn konnte niemand von dem Weg zum Kreuz abbringen, auch der Versucher nicht!

Fest und entschieden ging ER ihn, uns zum Heil! Er konnte das, denn er war eins mit Dir.

Wir aber bleiben versuchbare Menschen und gehen lieber den leichteren, einsichtigeren, menschlich überschaubareren Weg! Verzeih uns diese Schwäche!

Ach, gib doch jeden Tag ein kleines Zeichen: Dies ist Dein Weg, Herr, mit mir. Das könnte mich zuversichtlicher, froher, freier und freundlicher machen.

Das gäbe mir mehr Gelassenheit, Dinge hinzunehmen, die ich nicht ändern kann, und auch mehr Mut, Dinge zu ändern, die ich ändern kann!

Und dann hätte ich auch mehr Zuversicht, in Treue zu dir, den Weg zu gehen durch diesen Monat, durch dieses Jahr, durch die Zeitspanne, die du mir noch geben willst auf dieser Erde.

Und in Ausweglosigkeit lass mich vertrauen:

Du weißt den Weg für mich – das ist genug!

Ki. Bl., Jan. 1996

**Jesus Christus spricht:
Wer an den Sohn glaubt,
der hat das ewige Leben.**

Joh. 3,36 a

Ein überaus geheimnisvolles Wort ist uns zum Nachdenken aufgegeben! Zwar wird es als „Christuswort" bezeichnet, doch wird aus dem Zusammenhang deutlich: Es ist der Schluss einer längeren Rede von Johannes dem Täufer über den Heiland. Und das macht diesen biblischen Satz noch geheimnisvoller. Dazu kommt noch etwas: Dieser Bibelvers hat eine Fortsetzung. Sie lautet: „Wer aber dem Sohn nicht gehorsam ist, der wird das Leben nicht sehen, sondern der Zorn Gottes bleibt über ihm." Gleich zweimal erscheint also in diesem Bibelvers das bedenkenswert Wort: Leben. Einmal als das „ewige Leben" und dann als „das Leben". Und hier setzt mein Nachsinnen an.

Wir wollen still werden und den Begriff „Leben" bedenken. So habe ich es von meinem verehrten Biologielehrer am Gymnasium gelernt. „Leben" ist Stoffwechsel, Wachstum, Bewegung, Atmung und Reizbarkeit. Wo eines dieser Phänomene aufhört, hört auch das Leben auf. Als alternder Mann weiß ich heute: Mein Leben ist ein Wunder, für das ich dankbar bin.

Doch nun erinnere ich mich an ein Gedicht der Dichterin Maria Feesehe, das meine Eltern in dem geräumigen Vorraum, schön geschrieben und eingerahmt, an der Wand zwischen zwei Fenstern hängen hatten. Aus dem Gedächtnis zitiere ich:

*Leben – einen Tag um den anderen,
immer sein Bestes der rinnenden Stunde nur geben,
das nennt man Leben?
Nein. Leben kann doch nur sein
ein festes, sicheres Vorwärtsstreben auf ein Ziel,
das jenseits der Zeit – in der Ewigkeit*

Menschliches Leben hat wohl eine biologische Seite, aber nicht nur diese. Und dies ist wohl auch die zunächst einmal ganz wichtige Aussage unseres Bibelverses. Denn unser biologisches Sein strebt nach „Dauer". Alle möchten wir möglichst gesund möglichst alt werden und tun allerlei, damit dies möglich werde.

Dennoch benötigt ein gesunder Körper auch einen „gesunden Geist", eine ausgeglichene „Seele". Ein krankes Innenleben macht den ganzen Menschen krank. Und hier setzt unser Bibelvers ein! Für mich ist das eine gewaltige Aussage. Damit könnte „das Ziel jenseits der Zeit" gemeint sein, das dem Glaubenden nach dem Sterben zuwinkt; vielleicht aber auch mehr. Ein irdisches Sein in Verbindung mit dem Ewigen, Heiligen, Allmächtigen und uns Liebenden, in dessen Hand mein Leben jetzt schon Geborgenheit finden kann wie ein Kind in den Armen seiner Mutter.

Dann spüre ich das Wirken des dreieinigen Gottes an mir, sehe mich getragen von der Gnade und suche die Verbindung mit der „Ewigkeit des Ewigen" nicht nur am Sonntag oder an den festlichen Feiertagen, die uns im Laufe eines Jahres geschenkt werden, sondern eben jeden Tag, morgens und abends und sicherlich auch bei jedem Essen, das mein biologisches Sein „am Leben" erhält.

Ja, Herr, du hast uns in Gnade über die Schwelle des Neuen Jahres treten lassen. Du schenkst uns auch weiterhin Tage, Wochen, Monate – viel Zeit, um Dir dafür zu danken. Und wir wissen es jetzt: Unser Sein ist Geschenk und unser Leben eine unverdiente Gnade. Lass uns glaubend Dir gehorsam bleiben und dankbar Dir vertrauen. Lass uns nicht verzweifeln an dem Unrecht dieser Welt, sondern Deinen Willen tun, an jedem Tag auch in diesem, uns geschenkten Jahr.

Ki. Bl., Jan. 2006

23. JANUAR

> **Du hast mich durch
> deine Taten froh gemacht;
> Herr, ich will jubeln
> über die Werke deiner Hände.**
>
> *Ps. 92,5*

Glücklich der Mensch, der mit einem frohen Herzen den Tag beginnen kann; der ganze Tag hat ein anderes Gesicht, das Reden wird freundlicher, und es ist, als ob die Sonne schiene, wenngleich finstere Schneewolken den Himmel bedecken.

Glücklich, wer den Tag mit frohen Herzen beginnen darf. Noch glücklicher aber der, der ein neues Jahr mit einem frohen Herzen beginnen darf! Damit meine ich nicht die Fröhlichkeit, die in einer gemütlichen Festlichkeit ihren Ursprung hat; auch nicht die Freude, die wir bei einem Zusammensein mit den liebsten Menschen empfinden.

Das Psalmwort, mit dem wir das Jahr 2002 beginnen dürfen, sagt es ganz deutlich: „Du, Herr, hast mich durch deine Taten froh gemacht"; oder, wie Luther den hebräischen Text übersetzt: „Herr, du lässest mich fröhlich singen von deinen Werken."

Nun, manchmal können das auch Menschen: mein Herz froh und glücklich machen. Am besten wissen das die Verliebten. Und ein Kind, das sich in der Mutterliebe geborgen weiß, singt unbeschwert beim Spielen; nur eben – die Mutter muss nahe sein.

Der 92. Psalm ist ein Sabbat-Lied, ein Feiertagslied. Mir fällt „Schäfers Sonntagslied" ein: Der Schäfer kann nicht zur Kirche gehen, weil er die Schafe hüten muss. Aber er lauscht dem Klang der Glocken, erkennt in der Natur die Werke des Schöpfers, und sein Herz jubelt Gott zu, so wie die Lerche, die mit einem Morgenlied in den Himmel steigt.

Ja, – glücklich der Mensch, der am Morgen die „Taten Gottes" erkennt; noch glücklicher der Mensch, der beim Überschreiten der Schwelle zu einem neuen Jahr im Rückblick die Taten Gottes im eigenen Leben und im Walten der Geschichte erkennt.

Vielleicht kann ich nur auf diese Weise bewahrt werden vor bangem Fragen oder verzweifelter Resignation. Vielleicht kann ich so zu einem getrosten Vorwärtsschreiten ermutigt werden, weil ich weiß: Alles hat seinen Ursprung in einem väterlichen Plan!

Ja, Herr, darum „will ich jubeln über die Werke deiner Hände, denn du hast mich durch deine Taten froh gemacht!" Denn ich weiß schon, was der Prophet nur zeichenhaft erahnte: Du hast Dich aufgemacht in unsere Welt; Du hast im heute umkämpften Bethlehem Deine erste Wohnung genommen; Du hast mit Deinen Füßen die Erde des Heiligen Landes, die in späteren Jahren viel Menschenblut trinken sollte, als armer Wandersmann berührt; und Du hast die Menschen Deiner Zeit durch Deine Gegenwart getröstet und erfreut, geheilt und gewandelt. Dein Wirken und Handeln ist weiter gegangen, hat auch mich erreicht und ich darf es immer wieder spüren: Du bist nahe. Deine Gnade ist auf dem Weg mit mir! Ja, Dank, dass das so ist.

Ki. Bl., Jan. 2002

**Jesus Christus spricht:
Ich bin das Licht der Welt!
Wer mir nachfolgt, der wird nicht wandeln
in der Finsternis.**
Joh. 8,12

Dunkel liegt es vor uns –
das Jahr, seine Tage und Wochen.
Wer kann schon etwas sehen,
von dem, was auf uns zukommt?

Abschiede werden auf uns warten,
Leid wird uns streifen,
Tränen werden Augen verdunkeln,
der Tod wird uns begleiten.

Dunkel wird es sein an manchem hellen Morgen.
Gewiss, dass wir das Licht brauchen,
das alle Menschen erleuchten kann,
das aufging, als Christus geboren wurde,
als Christus den Todesweg ging,
als Christus auferstand, ich weiß,
dass dieses Licht immer noch leuchtet,
auch mir auf den Wegen des kommenden Jahres.

Dank, Herr für dies Licht!
Lass mich es sehen – täglich!
Lass mich ihm folgen – täglich!
Lass mich dir danken – täglich!
So komm, du ewiges Licht in mein Leben,
in das Leben meiner Nächsten!

Dank, o Herr!

Ki. Bl., Jan. 1990

> **In Frieden lege ich mich nieder
> und schlafe ein;
> denn Du allein, Herr,
> lässt mich sorglos ruhen.**
>
> *Ps. 4,9*

Darüber freue ich mich, dass der Spruch für den ersten Monat des Jahres 2005 vom Niederlegen und Einschlafen im Frieden spricht. Denn dieses Jahr hat, wie jedes Jahr, nicht nur seine Anzahl Tage, sondern auch ebenso viele Nächte, in denen wir, hoffentlich, in Frieden ruhen.

Irgendwo las ich einmal dies: Der Verbrauch an Schlafmitteln steigt, und die Zahl der Menschen, die mit dem Einschlafen Probleme haben, ist im Wachsen. Die Folgen dieses Phänomens zeigen sich auf allen Gebieten des menschlichen Zusammenlebens. Offenbar sind die Zeiten vorbei, wo die Menschen sich nach des Tages Mühe und Plage auf die Schlafenszeit freuten; wahrscheinlich gibt es heute viele Menschen, die sich vor der „Ruhe der Nacht" fürchten, weil die Unruhe und die Geschäftigkeit des Tages ihre Seelen so beanspruchten und ihre Kräfte so verpulverten, dass sie Schlafmittel brauchen, um die innere Unruhe zu betäuben.

So ist eigentlich der zu beneiden, der so sagen und schreiben konnte: „In Frieden lege ich mich nieder und schlafe ein; denn Du allein, Herr, lässt mich sorglos ruhen."

Sorglos ruhen – ein Traum für Viele!

Denn – gerade wenn wir abends im Bett liegen, dann erwachen die Sorgen. Sie sprechen laut und vernehmlich: von der Unsicherheit des Arbeitsplatzes, von der Krankheit des Ehegatten, von den Schulproblemen und der Zukunft unserer Kinder und Enkelkinder, von dem Unfrieden, der vielerorts in der Welt sich breit macht und Menschen hungern oder flüchten lässt, von meiner kleinen Kraft, die nicht fertig wird mit den zunehmenden Problemen des Alltags – und noch von vielem, vielem Anderen.

Und dann, Herr, drehe ich mich von einer Seite auf die andere, dann mahlen die Gedanken, angetrieben durch die innere Unruhe, wie unermüdliche Mühlsteine und zermartern mein Hirn. Ja, glücklich der, der sagen kann: „In Frieden lege ich mich nieder und schlafe ein; denn Du allein, Herr, lässt mich sorglos ruhen." Darf nicht auch ich so sprechen, Herr?

„Meinen Frieden lasse ich euch, und meinen Frieden gebe ich euch!" So hast Du den Jüngern und uns allen verheißen. Und so darf ich es nachsprechen, Herr, nicht nur jeden Abend dieses Monats, nein, an jedem Abend meines Lebens. Dann kann ich wirklich sorglos ruhen; ja, nicht nur sorglos ruhen und einschlafen, sondern auch sorglos arbeiten und schaffen, leben und fröhlich sein, denn DU bist mein Herr und schenkst mir Deinen Frieden. Dank sei Dir!

Ki. Bl., Jan. 2005

**Was bei den Menschen
unmöglich ist,
das ist bei Gott möglich.**
Lk. 18,27

Und wieder ist ein Jahr vergangen –
Und ein neues klopft an meine Tür.
Es fragt mich leis': „Wirst du sein End erlangen?
Du bist ja doch schon lange hier!"

Ich hab's erlebt: Gar vieles ist geschehn
Und kam ganz anders, als ich es mir vorgenommen!
Nur nachher konnte ich es sehn:
Gott hat es recht gefügt, zu meinem Frommen.

So wird denn auch in diesem, kaum begonn'nen Jahr
Gar manches mir unmöglich scheinen –
Doch wird's wohl täglich immer wieder wahr,
Dass vieles völlig anders sich erfüllet, als wir meinen.

So wie es ganz und gar unmöglich schien,
Dass Christus aus dem Grab wird auferstehn,
So bringt der Herr auch Totes zum Erblühn.
Denn: Auch in diesem Jahr Sein Wille wird geschehn!
Und – einmal – werd ich dankend IHN im Lichte sehn.

Ki. Bl., Jan. 2009

Jesus Christus spricht: Nicht die Gesunden brauchen den Arzt, sondern die Kranken. Ich bin gekommen, um die Sünder zu rufen, nicht die Gerechten.

Mk. 2,17

Ein Jesus-Wort für den ersten Monat eines neuen Jahres! Das allein ist schon eine Ermutigung und unsere ganze Welt hat eine solche nötig. Denn wenn wir zurückblicken: Hat die Zufriedenheit im Jahr 2007 unter den Menschen zugenommen? Wer kann „ja" antworten? Haben Kriege aufgehört, gab es mehr Verständnis zwischen Streikenden und Arbeitgebern, zwischen Regierungsparteien oder hat etwa die Bereitschaft zu Anschlägen abgenommen? Endlos könnten wir die Fragen fortsetzen und fast immer wird die Antwort lauten: „Nein, es blieb beim Alten."

Doch prüfen wir einmal unsere Neujahrswünsche. Fast immer ist der Wunsch dabei: „Vor allem die Gesundheit!" Denn wir alle wissen, dass die Gesundheit zwar nicht alles ist, doch ohne Gesundheit ist alles nichts. Und alle möchten wir gesund durch das Jahr 2008 kommen.

Doch nun spricht Jesus am Beginn dieses Jahres von Gesunden und Kranken. „Die Gesunden brauchen keinen Arzt." Das ist sehr wahr. Wenn einem nichts weh tut und nichts fehlt, sucht man keinen Arzt auf. Und glücklich, wenn einer im Jahr 2008 keinen Arzt braucht. Doch: Wird es so sein? „Die Kranken brauchen einen Arzt." Dies ist eine nüchterne Feststellung. Heute sprechen die Mediziner freilich auch viel von „Früherkennung". Wird zum Beispiel der Krebs früh erkannt, ist er meist gut behandelbar.

Doch oft bleibt die Krankheit unerkannt. Eine Frau arbeitet Tag für Tag und weiß nicht, dass der Krebs in ihrem Leib auch „arbeitet", das heißt, sein böses Werk tut, heimlich und unerkannt, und wenn er sich dann zeigt, ist es oft zu spät. So kann einer völlig gesund scheinen, ist aber in Wirklichkeit schon ein schwerkranker Mensch. Auch das Umgekehrte ist verbreitet. Da scheint es einem: Du bist krank! Doch der Arzt kann beruhigen: Nein, dir fehlt nichts. Für den Hypochonder aber bleibt der Stachel: Könnte es nicht doch sein, dass sich der Arzt irrt?

Aber sollte Jesus wirklich nur leibliche oder seelische Leiden meinen, wenn er von Kranken spricht? Persönlich bin ich der Meinung: Ja. Jedoch nicht nur. Denn heute wissen die Mediziner, dass viele körperliche Leiden Ursachen haben können, die in der Seele oder im Unterbewusstsein ihren Ursprung haben. Solchen helfen Arzneien kaum. Darüber hinaus wusste Jesus auch dies: Ein gestörter Gottesbezug ist die eigentliche und schwerste „Krankheit" aller Menschen! Und eben dies nennt die Bibel „Sünde", die Absonderung von dem Herrn.

Nun aber wird auch klar, warum es im zweiten Teil des Jesus-Wortes heißt: „Ich bin gekommen die Sünder zu rufen." – Zu rufen! Die „Zöllner und Sünder" sind damals dem Ruf des Heilandes gefolgt, haben mit ihm gespeist und sind darüber froh geworden. Die Gemeinschaft mit dem Heiland war das völlige Gegenteil von dem, was ihre Mitmenschen ihnen damals antaten: totale Abweisung.

Könnte es nicht sein, das solche völlige Abweisung, das Zur-Seite-geschoben-Sein, Menschen krank machen kann? In unseren siebenbürgischen Gemeinden fand ja einstmals, immer im Januar, die große Versöhnung in den Nachbarschaften statt. Es sollte jeder und jede wissen: Keiner ist ausgeschlossen, alle nehmen sich wieder an und werden dann gemeinsam von dem Herrn des Lebens im Abendmahl angenommen. Von solchen fest gefügten Ordnungen hat die Gemeinschaft der Menschen in den sächsischen Dörfern einmal gelebt. Das war ihre gesunde innere Kraft. Und könnte es nicht sein, dass mancher ältere Vater in einem Seniorenheim an dieser Krankheit stirbt, weil er in der Gemeinschaft der Kinder, die ja alle berufstätig sind, keinen Daseinsraum mehr findet?

Ja, Herr, wir, „die Gesunden und die Kranken" sind von Dir angenommen, schon mit dem ersten Wort dieses begonnenen Jahres. Dafür können wir nur danken. Lass uns dies kostbare Geschenk an allen Sonntagen dieses Jahres ergreifen, damit wir es ins Herz fassen: Egal, ob körperlich gesund oder krank, ob seelisch leidend oder innerlich fit, ob älter oder jünger, ob fröhlich oder niedergeschlagen. Du hast uns angenommen und nimmst uns immer neu an. Und das gilt immer, für das Leben und auch für das Sterben.

Ki. Bl., Jan. 2008

Gott schuf den Menschen zu seinem Bilde, zum Bilde Gottes schuf er ihn; und schuf sie als Mann und Frau.
1. Mo. 1,27

Miteinander sind wir in das Jahr 2011 eingetreten. Und mit dem ersten Monat dieses Jahres haben wir das zweite Jahrzehnt des 21. Jahrhunderts begonnen! – Diese beiden Feststellungen sind für mich alles andere als Selbstverständlichkeiten. Denn ich sehe in diesen Tatsachen den dreieinigen Schöpfergott am Werk. Kein Mensch auf der weiten Welt hat etwas dazugetan, dass wir diese Gnade erleben. Und wir können nur bekennen: Es ist die große Gnade des Herrn, dass wir den 1. Januar 2011 erlebt haben! Denn wohl alle haben wir im Jahr 2010 Menschen dahinscheiden sehen oder auch auf den Friedhof geleitet. Du und ich, wir aber dürfen noch leben! Darin erkenne ich, dass der Schöpfer am Werk ist in meinem persönlichen Dasein! Und diese Erkenntnis kann mein Herz nur mit tiefer Dankbarkeit erfüllen!

Davon redet unser Vers: „Gott schuf den Menschen!" Das ist eine ganz grundlegende Erkenntnis des Glaubens. Es gab eine Zeit, da wurde darauf gepocht, dass Glaube und Naturwissenschaft unvereinbare Gegensätze sind. Diese Zeit ist vorbei! Heute gehören die wahren Naturwissenschaftler zu den gläubigen Mitgliedern der Kirchen. Sie kommen immer wieder darüber ins Staunen, wie doch die Werke des Herrn „so groß und viel sind"! Es werden fast täglich neue Tier- und Pflanzenarten entdeckt und ebenso verschwindet fast täglich eine unbekannte Art durch das sündhafte Treiben von profitgierigen Leuten, etwa durch das Legen von Wald- oder Prärienbränden! – Unser Schöpfer ist am Werk! Das ist auch an jedem Säugling zu sehen, der das Licht der Welt erblickt! Luthers Erklärung zum 1. Glaubensartikel stimmt schon: „Ich glaube, dass mich Gott geschaffen hat (...)" Dieser Satz gehört zum Fundament des christlichen Glaubensbekenntnisses.

Wir sind Gottes Bild. „Zum Bilde Gottes schuf er ihn." Dieser Satz von der zweiten Seite der Bibel macht mich nachdenklich! Was heißt das denn: Ich bin ein Bild Gottes? – Es ist vielleicht gut, wenn wir ermutigt werden, diese „Ebenbildlichkeit" Gottes auch zu leben! – Denn: Als Bild Gottes zu leben, zu arbeiten und zu wirken an dem eigenen Arbeitsplatz, in der eigenen Familie, als Ehefrau oder als Ehemann, das könnte unser Zusammenleben ganz grundlegend ändern! Dann müsste ich nur für meine Nächsten da sein, mich gleichsam für sie opfern, wie der Herr das für uns in seinem Sohn getan hat, und dann müsste ich bescheidener werden mit meinen Ansprüchen. Und dann... Vielleicht wäre es dann im Jahr 2010 nicht zu der schrecklichen Finanzkrise gekommen, die ganze Länder und viele Familien ins Unglück brachte! Gott möchte seine Welt zu einer guten Welt machen, er will das Leben erhalten und nicht zerstören. Und wenn er das nicht durch mich, bzw. durch uns tut, durch wen dann?

Gott schuf sie als Mann und Frau. So steht es wörtlich in unserm Vers. Heute würden wir aus Höflichkeit sagen: „als Frau und Mann!" Aber die Reihenfolge der Aufzählung ist nicht wichtig. Viel wichtiger ist die Feststellung: Gott schafft bis heute völlig verschiedene Menschen, die zwar gleichwertig, aber geschlechtsbetont verschieden sind! Das ist eine medizinische, psychologische und philosophische Erkenntnis, die langsam ihren Weg nimmt in der westlichen Welt. Doch die Bibel wusste das schon immer! Und Gott braucht beide, Frau und Mann, um weiter Menschen zu schaffen. Ihm sei Dank dafür! – Ja Herr, lass mich in diesem Monat dir täglich dafür danken, dass ich als Dein Geschöpf leben darf: Auf meinem Platz, als Frau oder Mann, in dieser Zeit und an dem Ort, auf den Du mich gestellt hast. Lass mich in diesem Jahr ein Künder Deiner Gnade sein, zu Deinem Preis und zu Deiner Ehre!

Ki. Bl., Jan. 2011

Du sollst den Herrn, deinen Gott, lieben mit ganzem Herzen, mit ganzer Seele und mit ganzer Kraft.

5. Mo. 6,5

Dieses Bibelwort aus dem Alten Testament klingt aus vergangener Zeit zu uns herüber. Ursprünglich zu einem ganzen Volk gesagt, kann es auch uns heute zum Nachdenken anregen und wie ein guter Wegweiser sein, der uns den richtigen Weg zeigt. Informationsquellen haben wir genug, doch rechte Wegweiser sind Mangelware.

Du sollst lieben! Das ist eine positive Anweisung. Negative Anweisungen hören wir täglich genug: „Das sollst du nicht! Geh nicht hin! Halt die Hände ruhig!" Im Vergleich mit den Positiven, haben die negativen Anweisungen eindeutig das Übergewicht. Hier steht: „Du sollst!" Das freut mich. Freilich, was hier als Erstes steht, ist sehr allgemein: „Du sollst Gott lieben!" Nun möchten wir fragen: „Wie macht man das?" Eine mögliche Antwort wäre: „Geh einmal jeden Sonntag dieses Jahres zum Gottesdienst!" Oder: „Versuch, jeden Morgen und jeden Abend in diesem Jahr ein Dankgebet zu sprechen!"

Gott lieben, das klingt sehr freundlich, doch das im täglichen Leben umzusetzen, erfordert schon einiges von meinem Willen, meiner Zeit, auch von meiner Kraft und meinem Denken.

Mit ganzem Herzen. Dieses „mit" macht mich nachdenklich. Luther hat „von" übersetzt. Zwar sagt ein frisch Verliebter zu seiner Freundin: „Ich liebe dich von ganzem Herzen!" Doch das „mit" an dieser Stelle ist vielleicht richtiger! Wenn ich eine Arbeit mit ganzem Herzen tue, ist das etwas anderes, als wenn ich sie mit der „linken Hand erledige". Ein mit Widerwillen gekochtes Essen schmeckt keinem aus der Familie. Aber was mit Liebe gekocht wurde, mundet allen. Jede Arbeit „mit Liebe" getan, macht mich zufrieden und auch die anderen! Denn auch sie spüren: Hier hat einer oder eine etwas „mit ganzem Herzen getan!" – Und jetzt schenkt uns Gott ein ganzes Jahr, in dem wir an jedem Tag IHN lieben dürfen und alles, was wir tun, mit ganzem Herzen ausrichten können. Was für eine Zeit des Segens kann dies Jahr werden!

Mit ganzer Seele. Im Alten Testament, das ja ursprünglich Hebräisch geschrieben war, hat das hier verwendete Wort eine dreifache Bedeutung. Zunächst wird damit „der Atem" bezeichnet, weil ja ein Mensch mit dem letzten Atemzug auch seine Seele aushaucht. So sind in dieser Sprache Seele und Atem gleichsam identisch. Doch weil der Atem auch bewegte Luft ist, wie der Wind, kann das Wort auch für Wind stehen. Demnach könnte „Gott lieben mit ganzer Seele" heißen: Solange mein Atem geht und meine Lebensfunktionen noch funktionierten, will ich Gott lieben! Das ist sicherlich eine sehr gute Deutung und ein wertvolles Vorhaben für die zwölf Monate, die vor uns liegen. Dann würde es in vielen Ländern plötzlich massenhaft Kircheneintritte statt Kirchenaustritte geben! Und dann hätten die Kirchen auch keine Finanzprobleme mehr. Vielleicht würde sich auch vieles in der großen Politik ändern und auch ein „Klimagipfel" käme rascher zu einer positiven Einigung.

Mit ganzer Kraft. Unsere Kräfte nehmen ab. Ich merke das an mir. Was ich früher leicht konnte, fällt mir jetzt schwer. Ich bin nicht mehr Vierzig, sondern doppelt so alt! Aber einiges kann ich noch, dafür reichen meine Kräfte. Auf alle Fälle reicht die Kraft, Gott zu lieben. Auch dann, wenn der Rücken schmerzt oder die Knie. Denn dem Herrn des Lebens kann auch ein Gelähmter danken. Darum dürfen wir dankbar sein für dieses wegweisende Wort zum Jahresbeginn! – Lieber Gott, lass mich den Weg dieses Jahres „mit Dir!" gehen. Schenk mir Dein gutes Geleit alle Tage, lass mich Dir täglich danken.

Ki. Bl., Jan. 2010

Du bist ein Gott, der mich sieht.
1. Mo. 16,13b

Gerne haben wir das als Kinder gespielt, wenn mehrere Freunde kamen: Verstecken! Ein Kind wurde ausgezählt und musste dann hüten, das heißt, den Kopf an einen Baum lehnen, die Augen schließen und bis 50 zählen, während sich die anderen versteckten. Hatte der Hüter ein Kind entdeckt, so rief er: „Ich seh dich! Ich seh dich!" und klopfte an den Baum. Und dann musste das zuerst entdeckte Kind hüten.

„Du bist ein Gott, der mich sieht." Das ist der Spruch für den ersten Monat des Jahres 2007. Doch dieses Bibelwort ist zugleich das Bekenntnis einer Sklavin, die wegen Unbotmäßigkeit ihrer Herrin gegenüber verstoßen wird und in die Wüste wandern muss, obgleich sie hochschwanger ist. Doch Gott, der Herr über die Herrin und die Sklavin, findet die Geflohene auch in dieser „gottverlassenen" Gegend. Und dann bekommt die Sklavin den Auftrag: „Geh zurück und demütige dich unter die Hand der Herrin!" Daraufhin sagt die Sklavin: „Du bist ein Gott, der mich sieht!" Sie benennt gleichsam den Engel, den Gottesboten, der mit ihr spricht, mit diesem Namen: „Du bist ein Gott, der mich sieht!"

Für mich heißt das zunächst einmal: Du, Gott, bist auch dort, wo normalerweise Menschen kaum hinkommen, schon gar nicht freiwillig. Du siehst und findest jeden, ob an einem freiwilligen oder auch unfreiwilligen Ort. So spricht es ja auch der Psalmist aus: „Nähme ich Flügel der Morgenröte und bliebe am äußersten Meer, ... so bist Du da."

Wir haben nun miteinander ein neues Jahr begonnen. Es weiß keiner, was es für uns bereithält, ob die Tage, durch die wir schreiten werden, hell und freundlich oder dunkel und trübselig sein werden. Vielleicht werden wir eine wunderschöne Reise machen, irgendwohin an einen hellen Strand am warmen Meer. Du, Gott, siehst mich auch da. Aber vielleicht erwarten mich auch Tage, wo ich im Krankenhaus liege, zwar leiblich wohl versorgt und dennoch innerlich allein mit meinen Sorgen, den bohrenden Fragen, gleichsam von Gott verlassen. Doch auch jetzt wird es gelten: „Du bist ein Gott, der mich sieht." Ganz wichtig wird jetzt das Wörtchen „mich". Denn wenn ich daran denke, dass ich nur einer bin unter sieben Milliarden Menschen, was zähle ich da schon? Bin ich nicht ein „Garnichts" zwischen den Millionen eines Landes? Wer achtet schon auf mich, einen alten Mann? – Keiner! Doch, einer tut es: „Du bist ein Gott, der mich sieht." Ich kann gar nicht irgendwo sein, ohne dass mich Gott sieht.

Doch aus dem Zusammenhang, in dem das Bibelwort steht, ergibt sich noch etwas ungemein Wichtiges: Die Flucht der Hagar war aus äußerer und innerer Auflehnung und Unbotmäßigkeit erwachsen. Die Sklavin Hagar wollte ihrem Dienstverhältnis, ihrer Abhängigkeit von Sara entfliehen. Doch ihr Wille und Übermut bekommen einen starken Dämpfer: „Geh zurück und demütige dich unter Saras Hand." „Du bist ein Gott, der mich sieht", heißt dann: Du bist einer, der in mich hinein und durch mich hindurch sieht. Du kennst mein Herz, weißt um meine Gedanken und weißt darum auch, dass ich an meinem Unglück die Schuld trage. Du, Gott, weißt auch das, was ich keinem zu sagen wage, dein Blick geht durch mich hindurch, wie die Röntgenstrahlen, die Krankheitsherde in meinem Leib sichtbar machen.

Die wörtliche Übersetzung des hebräischen Textes lautet: „Gott – der mich rettend angesehen hat." Du, Gott, hast mich rettend angesehen und tust es weiterhin. Das ist ein wunderbares Trostwort. Immer geht es Dir, Herr, um meine Rettung, die in Jesus Christus bestätigt und verbrieft wurde. Wie immer die Wege aussehen werden, die ich und die Meinen im Jahr 2007 geführt werden, ob froh oder traurig, schwer oder leicht, es werden Wege an der Hand dessen sein, der mich rettend angesehen hat. Und das macht mich getrost und zuversichtlich, schenkt mir Geborgenheit und Hoffnung, Mut und Vertrauen, so dass ich in allem bekenne: Du, Gott, siehst mich!

Ki. Bl., Jan. 2007

**Jesus Christus spricht:
Freut euch aber,
dass eure Namen im Himmel
geschrieben sind.**
Lk.10,20

Man kann keinem befehlen, sich zu freuen. Aber man kann einen Menschen in Freude versetzen. Da stehen Soldaten. Der diensthabende Offizier bringt eine Liste mit den Namen derer, die auf Urlaub fahren sollen. Ganz still ist es geworden, als er die Namen vorliest. Alle haben nur einen Gedanken: Wird mein Name auch auf der Liste stehen? – Und dann die Freude: Ja, mein Name ist drauf! Nun sind nur noch wenige Tage. Eine unbändige Freude wird diese Tage überglänzen! – Es könnte auch sein, dass der Name auf einer Strafliste steht, oder auf einer Krankenliste, oder ... Je nachdem, wo unser Name steht, kann das Freude oder tiefen Ernst bedeuten.

Jesus sagt: Ihr sollt euch darüber freuen, dass eure Namen im Himmel aufgeschrieben sind! Eigentlich hat der Heiland dieses zu siebzig Jüngern gesagt, die er jeweils zu zweit ausgesandt hatte, um den Menschen den Frieden zu bringen. Als sie wieder zurückkehren, sind sie voller Freude und berichten, dass sie ungeahnten Erfolg hatten. Doch Jesus dämpft ihre Freude. „Freut euch nicht über die Vollmacht, die euch gegeben ist; freut euch aber, dass eure Namen im Himmel aufgeschrieben sind!"

Unser Loben vollzieht sich unter den Augen Gottes. Wenn wir von der „Allwissenheit Gottes" sprechen, meinen wir: Gott sieht, kennt, weiß alles. Die Bibel spricht davon in zwei Bildern. Zunächst redet sie vom Buch des Gerichts. In diesem Buch wird alles aufgeschrieben, was wir tun, sagen und denken. Täglich füllen wir die Seiten dieses Buchs mit unseren Gedanken, Worten und Werken. Darin kann nichts korrigiert, verändert oder ausgelöscht werden. Dieses Buch des Gerichts wird einmal aufgetan werden (Off.20,12), damit jeder gerichtet werde nach den Werken. Jedoch spricht die Bibel auch von einem anderen Buch. Es ist das Buch des Lebens. Ob unser Name einmal in diesem Buch stehen wird? Denn auf den Seiten dieses Buchs stehen die Namen derer, die Glieder sind am Leibe Jesu Christi, die zu ihm gehören, für die er sein Leben dahingegeben hat in den Tod am Kreuz. Unbegreiflich, dass unser Name da in diesem Buch des Lebens stehen soll! Verdient haben wir das gewiss nicht. Es ist unverdiente Gnade, wenn unser Name einmal auf den Seiten des Buchs des Lebens steht. Und dass wir dessen gewiss sein dürfen, das sollte uns froh machen. Diese Zuversicht gibt uns die Taufe. Denn wer getauft ist, der ist vom Herrn angenommen, dessen Name steht nicht nur im Taufregister einer Kirchengemeinde, sondern auch im Buch des Lebens.

Nur eines sollte uns bewegen: Ob der Herr selbst unseren Namen nicht auch ausstreichen könnte? Weil wir uns dieser Gnade nicht wert erweisen? Genauso, wie vielleicht einer von der Urlaubsliste gestrichen wird, weil er sich etwas hat zuschulden kommen lassen?

Wir dürfen vertrauen, dass der Herr barmherzig, geduldig und gnädig ist. Und wir dürfen mit dem Dichter bitten:

*Schreib meinen Namen aufs beste
ins Buch des Lebens ein,
dass ich vereint bleib feste
mit den Lebendigen dein. (374,5).*

Ki. Bl., Feb. 1985

1. FEBRUAR

**Du bist mein Gott!
Meine Zeit steht
in deinen Händen.**
Ps. 31,15.16

Wir messen die Zeit sehr genau, o Herr.
Wir planen die Zeit sehr sorgfältig, o Herr.
Wir nutzen die Zeit sehr erschöpfend,
und wir schlagen sie auch manchmal tot,
die Zeit.

Und immer in der Meinung:
Meine Zeit gehört mir!
Meine Tage gehören mir, nur mir allein,
wie meine Brieftasche und wie mein Geld.

Aber manchmal habe ich Schmerzen.
Dann habe ich Zeit für den Arzt.
Manchmal muss ich ins Krankenhaus,
dann habe ich auch Zeit zum Nachdenken,
vielleicht auch Zeit zum Beten,
zum Stillesein, zum Bibellesen.

Dann wird es mir bewusst:
Meine Zeit
ist Dein Geschenk, o Herr!
Meine Zeit
hat ihren Platz in Deinem Plan, o Herr.
Meine Zeit
soll ich nutzen in Deinem Sinn.

So lerne ich es,
dankbar zu sein.
Auch für DEIN Geschenk:
Meine Zeit!

Ki. Bl., Feb. 1990

2. FEBRUAR

Alles ist mir erlaubt, aber es dient nicht alles zum Guten. Alles ist mir erlaubt, aber es soll mich nichts gefangen nehmen.

1. Kor. 6,17

Ein Siebenjähriger fragt seinen Vater: „Warum darf ich nicht auch Schnaps trinken?" Und was wird er dem Sohn antworten? Kinder lernen es oft mühsam, mit Verboten zu leben. Und es kann lebensgefährlich schlimm werden, wenn auf die Frage: „Warum darf ich das nicht?" keine einleuchtende Antwort gefunden wird.

Gleich zweimal sagt Paulus in einem Vers: „Mir ist alles erlaubt!" Gewiss, die Verbote haben sich inzwischen vervielfacht. Es ist mir nicht einmal erlaubt, über die Straße zu gehen, wo ich will. Schon das kann mein Leben kosten. Gar nicht zu reden von den Verboten im Beruf, im Gesundheitswesen, im menschlichen Miteinander. Die Sphäre des Erlaubten ist eingeengt!

Und sie wird noch viel enger, wenn die Konsequenzen bedacht werden müssen. Und genau hier setzt der Apostel ein: Auch von dem vielen Erlaubten dient nicht alles zum Guten. So meint jedenfalls der Apostel mit Recht. Er bezieht es zunächst auf seinen Körper, auf das Essen und Trinken, auf das Leben im Leib. Die Christen, die vorher Juden gewesen waren, die wussten: „Man darf nicht alles". Denn im Gesetz des Moses war sehr vieles verboten. Den Heiden aber war alles erlaubt. Und wie verhalten sich Christen? Bis heute eine brennende Frage. Darf zum Beispiel ein Christ rauchen?

Sicher, es dient nicht alles zum Guten. Auch „Passivraucher" sind krebsgefährdet. Damit ist gewiss ein wichtiges Kriterium gegeben. Was nicht dem Guten dient, auch dem Nächsten zum Guten, sollte einfach nicht geschehen.

Paulus sagt aber noch mehr: „Es soll mich nichts gefangen nehmen!" Anders gesagt: „Es soll nicht zur Sucht werden." Und der Apostel hat Recht. Denn die Sucht ist die Konkurrenz des Glaubens. Süchtige leben wie in einem ausbruchsicheren Gefängnis. Jede Sucht führt zur Zerrüttung, im persönlichen und gemeinschaftlichen Bereich. Die Drogen- oder die Spielsucht sind nur zwei Beispiele dieser tödlichen Gefahr.

Ein Christ kann wirklich so sagen: „Mir ist alles erlaubt!" Aber er wird nicht alles auch tun, sondern vielmehr immer fragen: Dient es meinen Nächsten und mir zum Guten? In aller Freiheit ist doch die Gefahr zu beachten, denn: Mir ist alles erlaubt. Nur eines nicht: Christus darf ich nicht verlieren!

Ki. Bl., Feb. 1996

**Du, Herr, wirst mich nicht
dem Tode überlassen.
Du tust mir kund den Weg zum Leben.**

Ps. 16,10f

Manchmal lesen wir in einer Todesanzeige: „Am ... hat sein irdischer Lebensweg ein unerwartetes Ende gefunden." Wie wahr ist das! – Nur ein entscheidender Unterschied besteht zwischen einem Weg und unserem Leben: Wege kann man immer wieder gehen, den Lebensweg aber nur einmal. Darum konnte die Dichterin Ina Seidel sagen:

*Es führt ein Weg durch Berg und Tal
und durch der Menschen Mitten,
den gehst du nur ein einziges Mal ...*

Unsern Lebensweg gehen wir nur einmal. Sicher, er führt über Berge und Täler, er hat liebliche und traurige Abschnitte, schwere und leichte. Aber alle sind unwiederholbar. Und wir wissen: So wie er einmal seinen Anfang nahm, so wird er auch einmal ein Ende finden, wie, wo und wann es Gott gefällt. Dann können wir eigentlich nur sagen: Unser Lebensweg ist ein Weg zum Tod. Der Tod gehört somit zu den sichersten Gegebenheiten des Lebens.

Umso mehr muss man sich wundern, wenn einer mit heiterer Zuversicht sagt: „Herr, du wirst mich nicht dem Tode überlassen. Du tust mir kund den Weg zum Leben!" Der, der diesen Ausspruch einmal tat, ist ganz sicher längst vermodert. Meint er dann mit Tod nicht unser Sterben? Und meint er mit „Leben" nicht das, was wir darunter verstehen?

Es war mitten im großen Völkermorden des 1. Weltkriegs, als Albert Schweitzer auf der Fahrt zu seinem Urwaldspital in Lambarene im Nachsinnen über den Sinn des Daseins zu dem so einfach klingenden Schluss kam: Ich bin Leben, das leben will – inmitten von Leben, das leben will. Wir wollen alle leben und wir möchten so viel wie möglich von den schönen Seiten des Lebens erhaschen. Und wir möchten mit allen Mitteln das Todesstündlein so weit wie möglich hinausschieben. Und nun sagt einer: „Du, Herr, wirst mich nicht dem Tode überlassen!"

Einen solchen Ausspruch kann man nur an einen richten, der stärker ist als der Tod, der Herr ist auch über die Gewalt, an der alle ärztliche Kunst ihren Meister findet, an den Herrn des Lebens, der da ist und der da war, und der da sein wird, der unser Leben in seiner Hand wägt und vor dem „tausend Jahre sind wie der Tag, der gestern vergangen ist". – Wer zum Herrn des Lebens gehört, wird zwar auch sterben, aber nicht im Tod bleiben, sondern ins Leben, in die Nähe des „Lebendigen" eingehen.

Darum ist die Fortsetzung des Verses so zu verstehen: Der Weg zum Leben ist nicht eine menschliche Möglichkeit, das irdische Leben zu verlängern, sondern der Weg, auf dem der lebendige Gott uns begleitet. Vielleicht kann man das am deutlichsten am Weg unseres Herrn Jesus Christus ablesen. Es war der Kreuzesweg, der eindeutig durch tiefes Leiden zum grausamen Sterben am Kreuz führte. Es war ein Weg, auf dem keiner ihn begleiten wollte, den wir keinem wünschen und den wir selbst kaum bereit sind, zu gehen. Dennoch hat es sich am Ostertag gezeigt: Es war der Weg zum Leben, zur Auferstehung, der Weg zurück in die Nähe des lebendigen Gottes.

So kann es immer wieder geschehen, dass Kummer, Leid und Not uns zunächst als ein Weg in den Tod scheinen; dass verbaute Wünsche und zerschlagene Hoffnungen unsern Lebensmut lähmen und Zweifel an Gottes Güte zeitigen. Erst lange hinterher erkennen wir vielleicht: Es war ein Weg zu neuen Erkenntnissen, zur Läuterung und zu tiefem Segen. Denn Gottes Wege sind immer Wege zum Leben!

Ki. Bl., Feb. 1989

**Jesus Christus spricht:
Selig sind,
die das Wort Gottes hören und bewahren**
Lk. 11,28

Ja, Herr, das möchten wir alle: Glücklich sein!
 Wir jagen nach dem Glück – und machen lange Reisen,
wir erstreben das Glück – und möchten geehrt sein;
wir suchen das Glück in der Liebe,
im Reichtum oder auch nur im Alleinsein!
Denn alle möchten wir nur eines: Glücklich sein!

Dein Weg, Herr, zum Glück klingt zu einfach:
„Glücklich sind, die das Wort Gottes hören und bewahren!"

„Wort Gottes" ist natürlich dein Wort
in der Bibel, in allen heiligen Schriften;
aber es ist zugleich mehr, viel, viel mehr:
Es ist das Wort,
das uns über die Kirche erreicht und anspricht,
das Wort erfahrener Christen, die es wohl meinen;
und es ist zugleich das Wort
des Nachbarn, der Nachbarin,
meines Mannes, meiner Frau,
in liebevoller Anteilnahme gesagt,
und es ist alles Reden, Herr,
in dem DU mich persönlich ansprichst.

   Für Marie im Stall war die Erzählung der Hirten von den Engeln auf dem Feld „Wort Gottes" und darum wert zum Aufbewahren im Herzen: „Maria aber behielt alle diese Worte und bewegte sie in ihrem Herzen."
   Das heißt wohl „bewahren": liebevoll bewegen, bedenken, betrachten, darüber nachsinnen, alle Tiefen ausloten, zugleich aber auch fragen: Was willst du, Herr, mir jetzt sagen, jetzt, an diesem Punkt meines Lebens? Da kann es dann wirklich sein, dass aus solchem Hören und Bewahren ungeahntes Glück erwächst, Glück, das in deiner Nähe seinen Ursprung hat; Glück, das mich dir näher bringt; Glück, das mich froh und freundlich werden lässt, weil es ein Lichtstrahl aus dem Himmel ist.

Ki. Bl., Feb. 1993

5. FEBRUAR

**Er hat seinen Engeln befohlen,
dass sie dich behüten
auf allen deinen Wegen.**
Ps. 91.11

Vielleicht geht es anderen auch so wie mir: Immer, wenn dieser Psalmvers aufklingt, ertönt in meinem Innern die unvergleichliche Melodie, die der Komponist Felix Mendelssohn-Bartholdy in ganz jungen Jahren für dieses Bibelwort geschrieben hat. Von der reinen Quint des Grundtones schwingt sich das Thema bei dem Wort „Engel" auf die reine Oktave hinauf, gleichsam in den Himmel, um dann nachher, gleichsam auf der Erde, mit den Wegen des Menschenlebens fortzufahren. Und wer einmal diese achtstimmige Motette hörte oder gar mitsang, kommt davon nicht mehr los.

Dieses Bibelwort wird oft für Taufansprachen gewählt. Es ist eine Aussage, die man einem Kind nur wünschen kann: Behütung durch die starken Engel Gottes auf allen Wegen! Man kann es sich fast bildlich vorstellen, und auch Maler haben es dargestellt, wie der Schutzengel mit sanften Händen ein Geschwisterpaar über einen gefahrvollen Steg leitet.

„Unter Gottes Schutz", so lautet die Überschrift in meiner Bibel über dem 91. Psalm, der so beginnt: „Wer unter dem Schirm des Höchsten sitzt, der spricht zu dem Herrn: Meine Zuversicht und meine Burg, mein Gott, auf den ich hoffe!" So stark, so ermutigend und so tröstlich ist und klingt das alles.

Nur manchmal scheint der Schutzengel zu „schlafen", manchmal ist er abwesend oder er hat keinen Befehl von Gott zur Behütung. Da geht die Großmutter mit ihrem Enkelsohn zur Schule. Es stürmt, und sie haben einen Schirm. Der Junge geht brav an der Hand seiner Großmutter, da reißt eine Windböe einen Ast von dem Baum am Weg. Der Ast erschlägt den Jungen. Solche Geschehnisse kommen vor – Und wo war der „Engel über dir?" Wer vermag darauf zu antworten?

Aber noch etwas gibt mir zu denken: Dieses Bibelwort erscheint noch einmal, und zwar im Neuen Testament (in Mt. 4, 6), diesmal aber im Mund des Versuchers, der Jesus auf die Mauer des Tempels stellt und dann sagt: „Bist du Gottes Sohn, so spring hinab! Gottes Engel werden dich auf den Händen tragen." Doch Jesus springt nicht. Er sagt: „Du sollst den Herrn, deinen Gott, nicht versuchen."

Kaum jemand hat die Behütung Gottes öfter erfahren als der Apostel Paulus, der schreibt: „Ich bin öfter gefangen gewesen, dreimal mit Stöcken geschlagen, einmal gesteinigt worden, dreimal habe ich Schiffbruch erlitten, einen Tag und eine Nacht trieb ich auf dem tiefen Meer. Ich war in Gefahr unter Räubern, in Wüsten, in Hunger und Durst, in Frost und Blöße." Durch diese Widrigkeiten hindurch hat er Behütung erlebt.

O ja, Herr, aus meinem persönlichen Leben weiß auch ich von solchen Behütungen. In den Jahren in Russland, im Bergwerk, auf den Straßen und in Flugzeugen – vieles könnte ich dankbar aufzählen. Und der Rat eines besorgten Vaters ist wahr: Fahr im Auto nie schneller, als dein Schutzengel fliegen kann. Alle müssen wir aufmerksam leben und sorgen. Aber das Behüten liegt allein bei Gott.

Wie gut, Herr, dass ich das weiß. Dann darf ich auch ganz vertrauen, dass Deine Engel mich behüten auf allen meinen Wegen. Denn einmal bin ich dein Kind geworden, damals, in der Taufe. Und seither steht diese Verheißung fest! Deine Engel sind eine Gegenwart in meinem Leben. Und wenn dieser Lebensweg einmal endet, werden die Hände „Deiner Engel" mich weiter halten. Ganz bestimmt!

Ki. Bl., Feb. 2004

Furcht gibt es in der Liebe nicht, sondern die vollkommene Liebe treibt die Furcht aus.

1. Joh. 4,17.18

Vielleicht das schlimmste Gefühl, welches es gibt, ist die Furcht. Wohl jeder kennt sie. Mag sein, dass wir als Kind einmal die Unwahrheit gesagt hatten und dann fürchteten wir, dass es herauskommt; vielleicht war das Zeugnis nicht so wie erwartet – oder wir hatten etwas angestellt, und darum trauten wir uns nicht vor den Vater. Furcht ist ein schlimmes Gefühl.

Sicher gibt es auch unbegründete Furcht. Kinder fürchten sich, allein in den finsteren Keller zu gehen oder am Abend den dunklen Hof zu überqueren, weil man ihnen Angst eingeredet hat. Und es gibt auch unnötige Furcht. In manchen Häusern steht noch der Stock in der Ecke. Und aus Furcht vor der Strafe nehmen sich die Kinder zusammen. Furcht kann dazu missbraucht werden, Menschen zu manipulieren.

Es gibt viel Furcht auf der Welt. Sie hat viele Gesichter. Man kann sie Sorge nennen oder Angst oder auch nur Vorsicht. Man fürchtet, den Anschluss zu verpassen, der Letzte zu sein oder allein zu bleiben. Die Furcht scheint unsere Welt zu beherrschen.

Manchmal schämen wir uns der Furcht. Keiner möchte zugeben, dass er Angst hat. Selbst unser Herr Jesus Christus hatte Furcht, als er im Garten Gethsemane betete und genau wusste, was auf ihn zukam. Und doch behielt in ihm dann nicht die Furcht, sondern die Liebe die Oberhand.

So weiß es auch der greise Apostel Johannes. Er schreibt an seine Kinder im Glauben: „Furcht ist nicht in der Liebe, sondern die völlige Liebe treibt die Furcht aus." Es gibt also etwas, das die Furcht vertreiben kann: die Liebe! Die vollkommene Liebe macht der Furcht ein Ende.

Die vollkommene Liebe – nicht die tändelnde oder gar eigennützige Liebe! Liebe, die nicht „völlig" ist, wird keine Furcht vertreiben. Nur die wahre Liebe ist stark wie der Tod. Nur diese echte Liebe kann durchhalten, hat Kraft zur Bewährung. Sie allein kann alles Persönliche hintenan stellen. Solche wahre Liebe ist aber immer auch mit einem unerschütterlichen Gottvertrauen gekoppelt. Sie geht mit dem Glauben Hand in Hand. Wahre Liebe ist mit dem Vertrauen verbunden, dass Gott der Herr meines Lebens und der Lenker der Welt ist. In Jesus Christus ist er mir nahe. Seit Jesus Christus lebte, litt, starb und auferstand, kann uns nichts mehr von ihm scheiden. Und in seine guten Hände kann ich darum mein Leben, meine Tage, mein Sein, mein Tun und Lassen stellen. Die wahre Liebe vertreibt alle Furcht aus meinem Herzen. Beweisen kann man das keinem. Aber man kann es erleben, wenn man es mit Gott wagt.

Ki. Bl., Feb. 2004

**Gott spricht:
Du hast Gnade vor meinen Augen gefunden,
und ich kenne dich mit dem Namen.**
2. Mo. 33,17

Nun sind wir schon etliche Wochen auf dem Weg des neuen Jahres gewandert. Wir haben allerlei erlebt. Haben wir aber auch etwas von der Gnade Gottes gespürt?

Manch einer wird denken: Gnade? Was ist das? Dieses Wort wird heute nur noch wenig gebraucht! Hie und da wird einer, der etwas Böses getan hat, „begnadigt". Solch eine Begnadigung bedeutet dann für den Betroffenen ein unverdientes Geschenk, Vergebung und Wohlwollen. Ein Begnadigter ist gleichsam in einen neuen Zustand hineinversetzt. Sein Leben ist nicht mehr der Strafe verhaftet, sondern die Schuld ist vergeben und er selbst wurde frei. Und in dieser neu geschenkten Freiheit kann der Begnadigte nun leben.

So ist auch unser Vers gemeint. „Du hast Gnade vor meinem Augen gefunden", sagte der Herr zu Mose. Was hatte denn dieser Mann getan? Er war schuldig geworden vor Gott, noch mehr aber sein Volk, an dessen Spitze er stand. Sie hatten sich ein goldenes Kalb anfertigen lassen und es als Götzen angebetet. Nun waren sie der Strafe Gottes verfallen. Doch Mose getraute sich, vor den Herrn zu treten und zu bitten: „Vergib ihnen doch ihre Sünde; wenn nicht, dann tilge mich aus." (2. Mose 32, 32). Und nun kommt das Unglaubliche. Gott sprach: „Du hast Gnade vor meinen Augen gefunden, und ich kenne dich mit dem Namen." Mose durfte nicht nur die Vergebung empfangen, sondern auch etwas von der Herrlichkeit des Herrn schauen.

Man kann nun fragen: Gilt dies persönlich zu Mose gesprochene Wort auch mir? Darf man ein Bibelwort so aus dem Zusammenhang herausnehmen und persönlich verstehen? – Zunächst: Gott kennt jeden! Das ist bestimmt wahr. Ihm bleibt nichts unbekannt, weder unsere Taten, noch unsere Gedanken. Gott kennt unsere Schwächen, unsere Sünde, das unheilige Wesen.

Und weiter: Dieser Gott, der uns durch und durch kennt, der uns eigentlich täglich strafen müsste, hat etwas zu unserer Rettung getan. Er hat uns Jesus Christus geschickt. Er hat ihn in unser Fleisch und Blut kommen lassen und unsere Strafe auf ihn gelegt. Darum finden wir Gnade vor den strengen Augen Gottes.

Gnade heißt folglich: Du darfst noch weiterleben. Jeder Augenblick ist ein Stückchen Gnade. Jede Freude, die dir geschenkt wird, jeder Mensch, der dir etwas Gutes tut, jeder erfüllte Wunsch und jede Genesung nach einer Krankheit ist Gnade.

Und schließlich: Gottes Gnade hat auch ein Ziel. Sie möchte uns auf den Weg bringen, anderen freundlich zu begegnen, Gutes zu tun und ihnen Geduld zu schenken. Das ist gar nicht leicht. Aber wenn wir uns an die Gnade Gottes erinnern, dann könnte es sein, dass uns die Augen aufgehen ob diesem unverdienten Geschenk.

Ki. Bl., Feb. 1984

8. FEBRUAR

**Jesus Christus spricht:
Die Ernte ist groß, aber es gibt nur wenig
Arbeiter. Bittet also den Herrn der Ernte,
Arbeiter für seine Ernte auszusenden.**
Lk. 10,2

Ein geheimnisvolles Wort hast Du, Herr,
uns zum Nachdenken aufgegeben,
für diesen Monat, da nichts zu ernten ist.
Denn dieses Jesuswort haben wir zweimal,
fast gleichlautend, in unserer Bibel,
doch jeweils in anderem Zusammenhang.
Und das ist zu bedenken:
Lukas überliefert uns diesen Aufruf zum
 Gebet in der Aussendungsrede
an die zweiundsiebzig Jünger:
„Geht in alle Städte und Orte
und wenn ihr in ein Haus kommt,
so sprecht:
Friede sei diesem Hause!"
Fast scheint es mir, als ob Jesus sage:
Indem ihr Zweiundsiebzig
– warum gerade sechs mal zwölf? –
jetzt als meine Gesandte hinaus,
zu euch völlig Unbekannten, geht
und ihnen meinen Frieden zusprecht,
seid ihr schon Gottes Erntearbeiter;
doch sind noch lange nicht genug!
Ihr müsst um weitere Arbeiter
für die große Ernte Gottes beten!
Das ist mit in eurem Arbeitsauftrag drin!

Matthäus wiederum stellt das Erntewort
in einen anderen Zusammenhang:
Jesus selbst geht in alle Städte und Dörfer,
lehrt und predigt das Evangelium
und heilt Krankheiten und Gebrechen.
Und als er das Volk sieht,
packt ihn der Jammer,
und da sagt er zu den Jüngern:
„Bittet den Herrn der Ernte,
dass er Arbeiter in seine Ernte sende!"
Beide Male gilt: „Die Ernte ist groß!"
Da, wo wirklich Kranke
und Gebrechliche sind,
und auch da, wo Jünger einfach gesandt
sind, bei ihnen gänzlich Unbekannten
einzutreten und ihnen
den Frieden Gottes zuzusprechen.

Beide Male gilt „Die Ernte ist groß!"
Nun stimmt es bestimmt, Herr:
Ein Kornfeld braucht Regen,
damit die Saat für die Ernte reifen kann;
und wir Menschen reifen
unter dem Regen
der Tränen schneller für Deine Ernte!
Und in der Not hat mancher schon
den Weg zu Dir, Herr, gefunden,
der ihm im Sonnenschein Deiner Güte
verschlossen blieb!
Darum hat einer auch gedichtet:
„… nicht nur Sonnenschein
lässt uns für die Ernte reifen.
Tränen müssen sein."

Aber ich muss noch tiefer nachdenken:
Erntezeit im Welt-Maßstab
wäre dann die Zeit seit dem Kommen
Deines Sohnes, Herr, seit Christi Geburt!
Dann wird es deutlich: Große Ernte!
Denn immer noch wissen viele nichts
von Deiner Gnadentat in Christus Jesus!
Große Ernte – denn viele mühen sich ab
mit den Lasten ihres Lebens
und es kommt keiner, der bezeugt:
„Meine Hilfe kommt von dem Herrn!"
Große Ernte –
dies Wort möchte mich froh machen,
so wie sich alle Erntearbeiter freuen,
weil die Fülle des Lebens erfahrbar wird.
Große Ernte – weil Du, Herr,
in mancher Stille etwas wachsen ließest,
das wir nicht sahen.
Große Ernte –
weil Du, Herr, die rechten Zeiten
und Zeitpunkte kennst
und weil Du Arbeiter brauchst
und weil Du noch mehr Beter brauchst.
Hab Dank, dass auch ich in dieser Zeit
beten und arbeiten darf
in Deiner und für Deine Ernte!

Ki. Bl., Feb. 1997

9. FEBRUAR

Solange die Erde steht, soll nicht aufhören Saat und Ernte, Frost und Hitze, Sommer und Winter, Tag und Nacht.

1. Mo. 8,22

Seit wann „steht" die Erde? — Seit 3000 Millionen Jahren? Seit wann gibt es Spuren von Leben auf unserem Erdball? Man nimmt an, seit etwa 1000 Millionen Jahren. Beide Zahlen übersteigen unsere Denkmöglichkeiten

Und wie lange wird die Erde noch „stehen"? Wir wissen, dass der Mensch in der Lage ist, nicht nur alles Leben auf der Erde auszulöschen, sondern auch den Erdball zu zerstören. Dazu kommen die warnenden Stimmen, die auf die Gefahren der Umweltverschmutzung, der rücksichtslosen Ausbeutung der Naturreichtümer und die bedrohte Tier- und Pflanzenwelt aufmerksam machen. So dürfen wir uns über alle Bemühungen freuen, die darauf hinzielen, das Leben auf der Erde zu erhalten, zu fördern und zu schützen.

Die Bibel gibt auf die obigen Fragen etwas andere Antworten. Sie sagt uns: Die Erde „steht", seit Gott sie gewollt hat. Sie ist dem Willen Gottes entsprungen. Und sie wird so lange „stehen", solange Gott es will. So lange wird sie ihre Bahn um die Sonne ziehen, so lange wird sie Leben entfalten und so lange wird sie ein bewohnbarer Planet bleiben. Solange Gott es will!

Darum dürfen wir von begnadeter Welt sprechen. Denn Gnade ist das unmittelbare persönliche Eingreifen Gottes. Die Bibel weiß davon, dass die Welt in Ungnade fiel und in der großen Flut fast alles Leben sein Ende fand. Da wird erzählt, wie der Herr seine Hand über Menschen hält, die seinem Willen folgen und wie mit Noah auch der Fortbestand der Tierwelt gesichert wurde. Von Noah aber berichtet die Bibel: Er opferte Gott nach der Flut. Und das heißt: Er bekennt, dass das Leben, welches er von nun an führen wird, ihm von Gott neu geschenkt worden ist. Von jetzt an lebt er ein unverdientes Leben aus der Gnade Gottes. Und der Herr bekräftigt es mit unserem Bibelvers. Der Herr gibt den Menschen ein Versprechen: Ein zweites Mal wird die Erde nicht verflucht. Solange sie steht, wird er sie mit seiner Güte und Geduld tragen.

Damit wird alles zu einem Zeichen der Gnade und Güte Gottes: Saat und Ernte – wer sät, tut einen heiligen Dienst; und wer erntet, holt in den Gaben der Felder den Segen Gottes ein, – Frost und Hitze; sie gehören zusammen. Wenn nach einem langen Winter die Sonnenstrahlen immer wärmer werden und schon hie und da grüne Spitzen sichtbar werden, so kann uns das an die Gnade des Herrn erinnern. Auch dieses Frühjahr möchte uns darauf hinweisen: Gott hält sein Versprechen! Tag und Nacht – welcher Segen liegt in beiden! Am Tage dürfen wir schaffen und in der Nacht ruhen und neue Kräfte sammeln. Und für beides dürfen wir danken, denn beide sind Zeichen dafür, dass wir in einer begnadeten Welt leben.

Freilich, der Mensch nach der Sintflut unterscheidet sich recht wenig von dem vorher. Den Menschen gibt es immer noch, der Gott beiseite schiebt und ohne ihn zu leben versucht; der den Bruder tötet oder hungern lässt, der die ihm gegebenen Mittel zur Vernichtung von Menschen und Tieren einsetzt. Es ist der Mensch, der es nicht wahrhaben möchte, dass wir aus der Gnade leben.

Dennoch geht die Geschichte weiter. „Solange die Erde steht, soll nicht aufhören ..." die Gnade des Herrn! Was für ein herrliches Versprechen! Und Gott hat auch ein Siegel daruntergesetzt: Jesus Christus! Er ist die menschgewordene Gnade. Seit er lebte, litt, starb und auferstand, braucht keiner mehr zu befürchten, dass Gott sich noch einmal abwendet, die Welt noch einmal aus der Gnade fallen kann. Menschen können Böses tun, Gott wird mit Gutem antworten. Menschen können viel vernichten, Gott wird immer wieder bauen. Und Menschen können auch Katastrophen heraufbeschwören, aber der Herr wird zu seinen Verheißungen stehen!

Dieses Vertrauen kann uns eine starke innere Ruhe und Zuversicht schenken, so dass wir frei werden von der verkrampften Angst, wir könnten und müssten allein über unsere Zukunft und die der Welt entscheiden. Und daraus kann man auch Mut bekommen zu fragen: Wo kann ich in meinem kleinen Umkreis das Leben fordern und erhalten und wie kann ich dem Herrn dafür danken, dass ich in einer begnadeten Welt leben darf? Wir leben in der Gnade — Gott sei Dank!

Ki. Bl., Feb. 1983

**Gott gebe euch erleuchtete Augen des Herzens,
damit ihr erkennt, zu welcher Hoffnung
ihr von ihm berufen seid.**

Ep. 1,18

„Mit den Augen des Herzens
sieht man alles anders!"
Irgendwo las ich dieses Wort
und seither begleitet es mich.
Denn seine Richtigkeit merkte ich
bei der jungen Mutter,
die ihr verunstaltetes Kind
mit inniger Liebe umgab;
bei dem alten Mann,
der die gelähmte Gattin mit Sorgfalt pflegte.
Mit den Augen des Herzens
kann man wesentlich mehr sehen,
und dann sehen die Welt
und die Menschen anders aus,
anders als andere sie sehen!

Freilich, die Herzensaugen
sind anatomisch nicht auszumachen;
man kann es auch nicht lernen,
mit den Augen des Herzens zu sehen.
Die Augen des Herzens tut Gott auf!
Nur so erkannten die Hirten im Kind
in der Krippe den Heiland;
nur darum konnten die Emmausjünger
zwei Stunden mit Jesus wandern,
ohne ihn zu erkennen.
Die Augen des Herzens öffnet Gott allein!

Darum schreibt der Apostel diesen Wunsch
an die Christen in Ephesus:
„Gott gebe euch erleuchtete Augen des Herzens!"
Nicht nur Herzensaugen, wie sie Verliebte
haben; nicht nur die Herzensaugen einer
jungen Mutter; auch nicht die Herzensaugen,
mit denen ein Alter
die greise Gattin anblickt!
Sondern Herzensaugen, die von dem Finger
Gottes angerührt wurden und die zum
Glauben führen!
Herzensaugen, die eine neue
Erkenntnis schaffen:

„Damit ihr erkennt, zu welcher Hoffnung
ihr von ihm berufen seid", sagt der Apostel,
und er fügt dann hinzu:
Die große Kraft Gottes
und seine überschwängliche Stärke
sollt ihr erkennen,
mit der er in Christus gewirkt hat!
Dabei ist zunächst an die Berufung der
Epheser zum Glauben, dann aber vor allem
an die Auferstehung Jesu gedacht!

Denn dieses Ereignis lässt in den Herzen
eine besondere Hoffnung aufkeimen,
eine Hoffnung mit universalem Sinn,
und eine Hoffnung,
die an menschlichen
Unzulänglichkeiten
und auch am Tod nicht zerbricht!
Von Gott erleuchtete Herzensaugen haben
einen anderen Blick, und sie haben auch
anderes im Blick!
Sie sehen, was Gott tat und tut, sie sehen,
wie Gott schafft und wirkt, und erkennen
Gottes Hand in dem, was andere einen
„glücklichen Zufall" nennen.

Um solche Herzensaugen
möchte ich bitten;
solche Herzensaugen
möchte ich vielen wünschen;
solche Herzensaugen
gebe der Herr denen,
die dieses lesen,
und vor allem allen,
die an dieser Welt und dem Leben
zu zweifeln oder zu verzweifeln beginnen.
Denn: Mit den Augen des Herzens
sieht man alles anders!

Ki. Bl., Feb. 1998

**Bei Gott allein
kommt meine Seele zur Ruhe,
von ihm kommt mir Hilfe.**

Ps. 62,2

Ein Mensch wollte Ruhe finden. Tagsüber war er unter Maschinen und Menschen, unter Befehlen und Forderungen und nachts ließ ihn der an seinem Hause vorüberfließende Verkehr nicht zu Ruhe kommen. Aus dem schwer erkämpften Schlaf riss ihn der Wecker und im Urlaub traf er überall Leute mit Kofferradios. Eines Tages lag er im Spital. „Nun habe ich endlich einige Tage Ruhe!" dachte er. Doch zitterte er innerlich vor dem Ergebnis der Untersuchungen und er erkannte: Ruhe finden wir nur, wenn wir innerlich zur Ruhe kommen, wenn die Seele Ruhe findet. Diese Ruhe aber schafft kein Bett und kein Ortswechsel. Die ist ein Geschenk Gottes.

Diese Erfahrung hat auch der Beter des 52. Psalms gemacht. Darum stellt er fest: „Bei Gott allein kommt meine Seele zur Ruhe, von ihm kommt mir Hilfe." Wer aber den ganzen Psalm liest, merkt, dass sich das Lebensgefühl seit damals kaum gewandelt hat, denn der Beter empfindet sein Leben wie das eines gehetzten Wildes: ihm ist, als müsste er unter einer überhängenden Wand hingehen, die jeden Augenblick zusammenfallen und ihn töten könnte. Darum muss er seiner vor Lebensangst zitternden Seele Mut zusprechen: „Sei stille zu Gott, meine Seele; denn er ist meine Hoffnung" (Vers 5). Auf Menschen oder Ereignisse die Hoffnung setzen, bringt meist Enttäuschung. „Bei Gott allein kommt meine Seele zur Ruhe; von ihm kommt mir Hilfe."

Wir leiden alle an Ruhelosigkeit. Nicht immer liegt es daran, dass wir nicht Zeit zur Stille hätten. Schlimm ist, dass unser innerer Mensch dadurch erdrückt wird. Er gleicht einem Blasebalg, der immer mehr zusammengepresst, aber nicht mehr auseinandergezogen wird. Unsere Seele hat das „Einatmen" verlernt. Im Ein- und Ausatmen liegt ja eine Schöpfungsordnung. Die kann niemand umstoßen. Nicht zufällig hat Gott seinem Volk einen Tag zum Ruhen gegeben. Meist aber wird das „zur Ruhe kommen" mit „Nichtstun" oder „Ausschlafen" verwechselt. Der übermüdete Körper verschafft sich sein Recht. Wenn aber unsere Seele keine Ruhe findet, wird sie von Angst, Unzufriedenheit, Hoffnungslosigkeit, oft auch von Selbstsucht oder unterdrückten Schuldgefühlen umhergetrieben. Dagegen aber kommen Ausschlafen und Urlaub nicht an.

Da müssen wir zum Arzt der Seele, zu Jesus Christus kommen. Und viele erfahren es immer wieder, wie eine kleine Zeit der Stille morgens oder abends oder zwischendurch, da wir ein Gebet sprechen oder das Losungswort lesen, in unserem Innern etwas wandelt: Die Unruhe muss einer wohltuenden Ruhe weichen. Der Aufblick zum Herrn unsers Lebens nimmt uns die Angst und schenkt Zuversicht, gibt Hoffnung und zeigt uns, wo wir hier gebraucht werden. Das aber weckt neues Zutrauen und wendet unseren Blick auf die Nöte unserer Nächsten. So wird es in getrostem Vertrauen noch ein Stückchen weiter gehen, mit Gottes Hilfe auch durch diesen Monat.

Ki. Bl., Feb. 1987

**Wir wissen,
dass Gott bei denen, die ihn lieben,
alles zum Guten führt.**

Röm. 8,28 (Einheitsübersetzung)

Vielleicht die schönste von allen Gaben, die uns Gott gegeben hat, ist die, dass wir lieben können. Wir können Dinge lieben, zum Beispiel das Motorrad. Das wird dann immer sauber und bestens instand gehalten sein. Wir können auch den Garten lieben, und das wird man ihm ansehen. Wir können auch Tiere lieben, und sie werden unsere Liebe täglich erwidern. Wir können auch Menschen lieben. Geliebte Frauen und Männer haben ein glückliches Dasein, und geliebte Kinder erhalten von den Eltern die beste Gabe für ihr weiteres Leben. Wir können lieben! Und wenn wir das tun, dann wird man es an den Geliebten merken.

Wir können auch Gott lieben, sicher. Und wenn mich jetzt jemand fragt: „Wie macht man das: Gott lieben?", dann werde ich etwas verlegen. Hiob wäre wahrscheinlich nicht verlegen. Er hätte geantwortet: Fromm und rechtschaffen leben, das Böse meiden und regelmäßig Gott Opfer bringen, das heißt Gott lieben! Ein Moslem würde auch sofort antworten: Wer täglich fünfmal betet, den Gottesdienst besucht, Almosen gibt, die Fastenzeit einhält und einmal im Leben nach Mekka pilgert, der liebt Allah! Auch der Apostel Paulus muss sich sicher gewesen sein: „Wir wissen", sagt er, „dass Gott bei denen, die ihn lieben, alles zum Guten führt", oder, wie Luther die griechischen Worte übersetzte: „Wir wissen aber, dass denen, die Gott lieben, alle Dinge zum Besten dienen." – Dieser Spruch gehört zu den Kernworten des Neuen Testaments und ist es wert, gekannt und bedacht zu werden.

Doch es wird wohl jede und jeder Gläubige daran ein Leben lang zu lernen haben. Schon dem erwähnten Hiob wollte es nicht in den Kopf, dass Gott Menschen, die ihn wirklich lieben so wie er, auch unendlich viel leiden lassen kann. Erst Menschen, die durch die „Leidensschule" gingen, wissen dies: Gott kann durch ein Herzeleid mehr sagen als durch tausend Wohltaten.

Das aber lernen wir erst in der „Schule Jesu": Wohl kein Mensch hat je gelebt, der Gott so geliebt hat wie er. Und doch hat Gott ihm mehr Leid auferlegt als je einem anderen Menschen. Der Gründonnerstag und der Karfreitag machen uns deutlich, wie bitter ernst Gott unsere Liebe zu ihm erproben kann.

Zugleich aber führt uns der Ostertag vor Augen: Gott führt alles zum Guten, aber nun wirklich alles, so dass auch Kreuz und Leiden, Tod und Sterben von Gott her einen neuen Sinn und eine rechte Erklärung finden. Freilich: Gott denkt immer „vom Ende her", das heißt, in seinem Ratschluss ist von Beginn an das Ende, und zwar das gute Ende, mit inbegriffen. Den Sinn von Leidens- und Wehmutstagen können wir – wenn überhaupt – erst nachher erkennen. Und wenn uns diese Erkenntnis geschenkt wurde, lernen wir erst, für Leiden zu danken, und das ist wohl die höchste Stufe der Erkenntnis, dass Gott alles zum Guten führt.

Ki. Bl., Feb. 2003

**In deinem Zelt
möchte ich Gast sein auf ewig,
mich bergen im Schutz deiner Flügel.**
Ps. 61,5

Einst bauten sie
für die Bundeslade die Stiftshütte,
eine Gotteshütte bei den Menschen.
Und sie waren damals gewiss:
Hier wohnt der Heilige, der Unnahbare,
ganz nahe bei den Seinen.
Dann bauten sie, später, den Tempel,
das Gotteshaus mitten in der Stadt,
zwischen den Menschenwohnungen
die Wohnung Gottes.
Es gibt sie nicht mehr,
den Tempel und die Stiftshütte.
Sie wurden zerstört,
versanken im Dunkel der Geschichte.
Nur Sehnsucht blieb:
„In deinem Zelt möchte ich wohnen ..." bleiben,
Gast sein für immer,
wie ein Küken sich birgt
unter den Flügeln der Glucke,
so sicher, so behütet, befriedet!
GOTT, dein Zelt ist unsre Welt!
Deine Gäste sind wir immer:
bei Tisch, beim Gottesdienst
oder beim Abendmahl.
Aus deiner Fülle nehmen wir
Gnade um Gnade.
DU bist uns immer nahe in Jesus,
deinem Sohn, dem Auferstandenen,
dem Lebendigen,
in dem DU zu uns kamst.
Unsere Sehnsucht hast DU erfüllt
in Christus. Hab Dank.

Ki. Bl., Feb. 1991

14. FEBRUAR

Die Gnade Gottes ist erschienen, um alle Menschen zu retten.

Tit. 2,11

Als der Riesendampfer *Titanic* am 15. April 1912 bei Neufundland sank, konnten nur wenige Menschen aus dem eisigen Wasser des Ozeans gerettet werden. Selten genug geschieht es, dass bei einer Katastrophe alle gerettet werden! Und wenn es einmal geschieht, so gleicht das einem Wunder.

Von so einem Wunder schreibt Paulus an seinen Freund Titus, den nachmaligen Bischof von Kreta, von der Rettung aller Menschen: „Es ist erschienen die Gnade Gottes, um alle Menschen zu retten!"

Allerdings stellt der Apostel dies Wort in einen Zusammenhang: „Den Sklaven sage, dass sie sich ihren Herren in allen Dingen unterordnen (...) und sich in allem als gut und treu erweisen (...) damit sie der Lehre Gottes, unseres Heilands, Ehre machen (...)" Das Leben der Sklaven gehörte völlig ihren Herrn – für uns heutige Menschen ein völlig unvorstellbarer Zustand. Gerade im besonderen Bezug auf die Sklaven, die Christen geworden waren, betont der Apostel: „Es ist erschienen die heilsame Gnade Gottes allen Menschen." Für die Sklaven der damaligen Zeit bedeutete Rettung vielleicht die Befreiung aus der totalen Gebundenheit. Brauchen wir diese Rettung? Wir sind ja keine Sklaven.

Dennoch wird unsere Gebundenheit sehr deutlich: Wir sind gebunden an unseren vielleicht kränkelnden Leib, an die Gebrechen unseres Alters, an die Umstände unseres Lebens, an die schweren Gedanken, die sich nicht verscheuchen lassen, und an noch manches andere! Keine und keiner von uns ist innerlich und äußerlich ganz frei.

Nur einer war es, Jesus Christus; und den hat man auch gebunden, vielleicht weil alle spürten: Dieser eine ist ganz frei, allein an den Willen seines Vaters gebunden, und gerade diese Bindung war seine völlige Freiheit!

Dieser eine kam uns ganz nahe, wurde in allem unser Bruder. Und er will auch dein und mein Bruder werden, um dich und mich zu retten aus der Gebundenheit dieses Lebens, aus unserer Unfreiheit, damit wir wieder den Kopf heben können und dankbare und fröhliche Menschen werden, gerettet durch Ihn!

Ki. Bl., Feb. 2000

**Gott spricht:
Ich gebiete dir und sage, dass du deine Hand auftust deinem
Bruder, der bedrängt und arm ist in deinem Lande.**
5. Mo. 15,11

Das also gebietest du mir, Herr:
dass ich meine Hand auftue
dem bedrängten und armen Bruder
in meinem Land.
Das erwartest du, Herr, von mir:
meine offene, helfende Hand
für die Schwester und den Bruder
in meinem Land!
Dazu ist eigentlich nichts mehr zu sagen,
das ist nur zu befolgen – von mir.

Verzeih mir, Herr, wenn mir dein Gebot
nicht immer leicht fällt,
dass ich nicht immer so selbstverständlich helfe,
wie der barmherzige Samariter es tat,
dass ich oft in die Rolle des Priesters
oder Leviten schlüpfe,
indem ich „vernünftig" überlege:
Was ist das für einer, dem ich helfen soll?
Verdient er es?
Warum kann er sich selbst nicht helfen?
Und wenn ich wirksam helfen soll,
geht das dann nicht über meine Kräfte?
Und schließlich:
Könnte mein Helfen nicht sogar
zu einer Bedrohung meiner Existenz werden?

Aber du, Herr, willst nicht meine Überlegungen,
sondern meine offene Hand!
Da kann ich nur bitten:
Entkrampfe sie mir, öffne sie mir,
damit meine Hand
zur Hand Jesu Christi werde,
für die Nächsten in meinem Land!

Ki. Bl., Feb. 1994

**Jesus Christus spricht:
Ich bin in die Welt gekommen als ein Licht,
damit, wer an mich glaubt,
nicht in der Finsternis bleibe.**
Joh. 12,46

Weil sich unsere Erdkugel dreht, haben wir Tag und Nacht, kennen wir Hell und Dunkel; und alle lieben das Helle viel mehr als das Dunkel.

Als wir im Bergwerk arbeiten mussten, waren wir froh, wenn das Licht des Tages uns grüßte. Aber dort, im Bergwerk, tief unter Tag, habe ich auch – und nur dort – erfahren, was Finsternis heißt, damals nämlich, als mir einmal aus Unachtsamkeit die Grubenlampe erlosch. Da war ich plötzlich so „in der Finsternis", wie es sie in der schwärzesten Nacht auf der Erde nie geben kann. Und ich empfinde es heute noch, wie die Angst in mir hochkroch: „Finde ich noch einmal zu Menschen, zum Licht?"

Im Dunkel sein müssen, wie etwa an den Augen Operierte, ist schon schlimm genug. In der Finsternis bleiben, wie Jesus sagt, muss noch schlimmer sein! Denn offenbar geht es dem Heiland nicht um Menschen mit Sehfehlern, Augenkrankheiten oder Sehstörungen. Ihm geht es um ein „Sehen", das nicht mit dem Gesichtssinn zusammenhängt. Die Bibel spricht immer wieder davon, dass unser Gesichtssinn getäuscht werden kann. Und ich denke an die Emmausjünger: Eine Stunde lang wandern sie mit ihrem Herrn und erkennen IHN nicht. Ausdrücklich vermerkt der Arzt Lukas: „Es wurden ihnen die Augen gehalten, das sie ihn nicht erkannten."

Offenbar gibt es das, Herr, in Deiner Nähe: Ein Sehen, dass mit Dir, ausschließlich mit Dir und Deiner Gegenwart zusammenhängt. Sonst wäre Dein Wort vom Licht und der Finsternis nicht zu begreifen. „Ich bin in die Welt gekommen als ein Licht", als ein Licht, für das wir keinen Schalter besitzen, um es nach Belieben an- oder ausschalten zu können, ein Licht, dessen Dasein wir meistens nicht einmal zur Kenntnis nehmen, ohne das wir aber in der „Finsternis" bleiben. Denn „Finsternis" wäre dann ein Sein im rein Irdischen, Menschlichen und Gottfernen. Das Sein in dieser Finsternis sieht nur diese Welt, kennt nur das eigene Wohl und den eigenen Nutzen und kann es nicht verstehen oder glauben, dass diese Welt Deine Welt ist, Herr, dass mein Leben Deine Gabe ist, Herr, dass mein Schicksal mich zu Dir hinführt und dass Du, Herr, Ursprung und Ziel alles Geschaffenen bist.

Darum kann und will ich nur bitten: Schenke mir Dein Licht! Tu mir die Augen auf, damit ich nicht in der Finsternis bleibe.

Ki. Bl., Feb. 2002

17. FEBRUAR

**Wenn der Herr nicht das Haus baut,
so arbeiten umsonst,
die daran bauen.**
Ps. 127,1

Ja, Herr, das Bauen haben wir gelernt!
Der Wiederaufbau nach dem Zweiten Weltkrieg
hat der Menschheit große Bauerfahrung geschenkt.
Nun wird gebaut, überall, nach Gesetzen der Statik,
im Gleitschalverfahren in Stahl und Beton,
in Stein und Glas, modern und hoch,
denn wir brauchen Wohnungen,
wir brauchen Büroräume,
wir brauchen Fabriken
und wir brauchen Kaufhäuser.
Darum das hektische Bautempo – überall.
Ja, Herr, das Bauen haben wir gelernt!

Doch Christus hat uns erzählt,
dass einer größere Scheunen bauen wollte,
nur größere Scheunen – ohne Gott,
und am Morgen war er tot;
wir wissen nicht, ob die Scheunen gebaut wurden …
Sollen wir nichts mehr bauen,
keine Wohnungen und keine Fabriken,
keine Funktürme und keine Hochhäuser mehr?

Wir müssen wieder lernen,
zuerst im Vertrauen auf den Herrn zu bauen!
Die Baugesetze würden dadurch wenig geändert
– vielleicht würde umweltfreundlicher gebaut –,
aber unser Bewusstsein würde gewandelt
vom Hochmut zur Demut,
vom Übermut zur Einfalt.
Der Turm zu Babel hatte keinen Bestand,
er war ohne Dich, Herr, gebaut.

Aber Deine Gemeinde besteht,
Herr, denn sie ist durch Deinen Geist gebaut.

Lass uns alles durch Deinen Geist
und in Deinem Geist bauen,
fröhlich und getrost, in gutem Vertrauen
auf DICH!

Ki. Bl., Feb. 1992

**Jesus Christus spricht:
Wer das Reich Gottes nicht empfängt wie ein Kind, der wird nicht hineinkommen.**

Mk. 10,15

So sind wir Menschen nun einmal: Wir möchten immer Neues hören, noch nie Dagewesenes. Sobald wir aber Bekanntes hören, schalten wir leicht ab. Nun wird uns hier aber etwas sehr Bekanntes als Begleitspruch für den Monat Februar zugemutet. Denn bei jeder Taufhandlung hören wir das sogenannte „Kinderevangelium". Als nämlich Kinder zu Jesus gebracht wurden, waren die Jünger ungehalten. Jesus aber sagte: „Lasst doch die Kinder zu mir kommen; denn solchen gehört das Reich Gottes. Wer das Reich Gottes nicht empfängt wie ein Kind, der wird nicht hineinkommen."

Hier fällt zunächst auf: Jesus spricht zu Erwachsenen. Und ein Kennzeichen des Erwachsenseins ist, dass man zu „verdienen" beginnt. Jeder kann diese Erfahrung in der eigenen Familie machen. Von dem Tag an, wo Heranwachsende ihr erstes selbstverdientes Geld in der Hand haben, verändert sich etwas in ihrem Inneren: Sie werden sich ihres Wertes, ihrer Leistung bewusst! Und dieses Bewusstsein kann sich dahin auswachsen, das einer meint: Alles ist verdienbar, der neueste Plattenspieler, das Auto oder die Eigentumswohnung. Ich muss nur genug Geduld, Ausdauer oder Sparsamkeit aufbringen. Vielleicht meint er sogar, die Gesundheit könne man „verdienen", wenn man solid lebt, viel Sport treibt oder einen guten Arzt zum Freund hat. Diese Gesinnung kann in der Feststellung gipfeln: Dem Tüchtigen stehen alle Türen offen, denn alles ist mach- oder verdienbar.

Jesus aber spricht hier von etwas, das man nur empfangen und auf keinen Fall verdienen kann: vom Reich Gottes. Man kann es nur empfangen „wie ein Kind". Kinder können sich beschenken lassen. Erwachsenen ist es peinlich, etwas geschenkt zu bekommen. Kinder sind da ganz anders: Sie leben vom Beschenktwerden! Das ist für sie das Natürlichste, so natürlich, dass sie meist gar nicht von sich aus „Danke schön" sagen. Und nun sagt Jesus: So müsst ihr euch beschenken lassen, wie ein Kind. In unserer auf Leistung angelegten Welt, wo für alles Bezahlung gefordert wird, werden die Kinder plötzlich beispielhafte Menschen. Sie leben davon, dass ihnen gegeben und auch immer wieder vergeben wird. – Sind wir Erwachsene aber nicht auch alle miteinander angewiesen auf Gottes Gaben? Wir wissen doch, was geschieht, wenn Gott einmal keinen Regen mehr gibt. Und wohin käme die Welt, wenn Gottes Geduld und Vergebung plötzlich ein Ende fände? Wir werden täglich beschenkt wie Kinder und finden so selten das „Danke" an die Adresse Gottes. Jesus sagt uns, den Erwachsenen: Tut jetzt einmal, nur einen Monat lang, die Augen auf und beobachtet die Kinder. Da könnt ihr etwas lernen. Nicht nur das Sich-beschenken-Lassen. Auch das andere: zu glauben.

Denn Kinder haben ein unbegrenztes Vertrauen. Wir Erwachsene sind oft misstrauisch. Unter dem Misstrauen aber stirbt die Liebe. Kinder vertrauen und lieben. Für sie ist die Gemeinschaft mit Vater und Mutter täglich so nötig wie die Luft zum Atmen und wichtiger als ein Pelzmantel oder ein gut belegtes Brot. Was Kinder in der Familie empfangen, können sie nirgends sonst erhalten. Denn hier lernen sie auch etwas vom Wichtigsten: auf das Wort des Vaters hören. In einer richtigen Familie hat das Wort der Eltern Geltung.

Und in der Familienordnung Gottes, in der christlichen Gemeinde, ist es nicht anders. Da hat Gottes Wort seinen Platz. Und da wird es gehört: Hier ist Gott der Herr! Da werden wir hellhörig für Gottes Liebesbeweise und vertrauen getrost seiner Führung. Und wir freuen uns, dass seine Herrschaft uns erreicht hat.

Ki. Bl., Feb. 1988

**Hoffnung lässt nicht zuschanden werden;
denn die Liebe Gottes ist ausgegossen in unsere Herzen
durch den heiligen Geist, der uns gegeben ist.**

Röm. 5,5

Hier müssen wir bitten
um rechtes Verstehen, Herr!
Denn es ist die gute Erfahrung vieler,
die in dem bekannten Liedvers steht:
„Wer auf Gott sein Hoffen setzet, der
behält ganz unverletzet einen
freien Heldenmut!"
Aber es ist auch die böse Erfahrung vieler,
die ein Sprichwort so darstellt:
„Hoffen und Harren
macht manchen zum Narren!"
Unerfüllte Hoffnungen
haben schon manchen
in eine Glaubenskrise hineingeführt!

Darum bitten wir, Herr:
Lass uns diesen Bibelspruch tief ins Herz
fassen und auch ganz richtig verstehen!
Denn für Paulus, den Apostel,
war es ganz klar geworden:
„Wir rühmen uns der Hoffnung
der zukünftigen Herrlichkeit,
die Gott geben wird."
Doch ich bin kein Apostel, Herr!
Ich bin ein Mensch der heutigen Zeit,
einer Zeit, die plant und rechnet und
einteilt, keinesfalls aber nur „hoffen" will,
dass alles noch gut wird!
Doch auch das zweite schöne Wort macht
mir einige Schwierigkeiten:
„Die Liebe Gottes ist ausgegossen
in unsere Herzen!"
Sehr viele unterschreiben das nicht!
Angesichts des Unrechts und der
tausendfachen Nöte in der Welt,
mehren sich die zweifelnden Frager:
„Wo ist denn da etwas
von der Liebe Gottes zu sehen?"
Doch der Apostel
sagt das Wichtigste am Schluss:
„Durch den heiligen Geist,
der uns gegeben ist!"
„Gegeben ist", sagt Paulus,
und nicht: „Geben wird!"

Und vielleicht beginnt
das Verstehen erst hier.
Denn dein Geist, Herr,
lässt uns deine Liebe erkennen!
Da, wo du uns etwas versagtest,
war es deine Liebe auch da,
wo etwas nicht nach unsern Wünschen ging,
und da, wo du uns etwas Geliebtes nahmst,
da war es deine Liebe.
Es war deine Liebe,
nur haben wir das nicht gemerkt
und uns in Vorwürfe gegen dich verstrickt!

Lass uns niemals an deiner Liebe zweifeln,
Herr, sondern auch
in den Bedrängnissen fest bleiben:
Ich bin Gottes geliebtes Kind!
Das wäre dann im Glauben gehofft,
in der Liebe Christi gelebt und
im heiligen Geist gedacht und geplant.

Das aber lehre mich, Herr, immer neu.

Ki. Bl., Feb. 1999

---

20. FEBRUAR

**Die den Herrn lieb haben, sollen sein,
wie die Sonne aufgeht in ihrer Pracht!**

Ri. 5,31 b

Unser Spruch ist der Schlussvers eines Siegesliedes, angestimmt von der Richterin Debora und ihrem Feldhauptmann Barak. In diesem Lied, über dessen „Schönheit" man verschiedener Meinung sein kann, wird der Sieg über die Feinde der Israeliten besungen.

Es kann sich lohnen, die Kapitel 4 und 5 nachzulesen. Jedenfalls ist der abschließende Satz das Schönste daran. Denn das 4. Kapitel beginnt so: „Die Israeliten taten, was dem HERRN missfiel…" Und am Schluss des 5. Kapitels dieses: „Die den HERRN lieb haben, sollen sein, wie die Sonne aufgeht in ihrer Pracht!"

Sonnenaufgänge aber auch Sonnenuntergänge können ein wundervolles Naturschauspiel sein, besonders über weiten, ebenen Flächen, etwa über dem Meer, über einer wüsten Fläche oder auch über einer geschlossenen Wolkendecke. Unvergesslich kann das bleiben, das Farbenspiel am Himmel über der aufgehenden Sonne! Manchmal kann man das auch an einem klaren Wintertag mit Staunen verfolgen. Es ist wirklich eine Pracht! Uns nun dieser wunderbare Vergleich: „Die den Herrn liebhaben, sollen sein wie die Sonne aufgeht in ihrer Pracht!"

Man kann still werden über diesem Bibelvers. Den Herrn „lieb haben" ist schön und einfach, wenn einem nichts weh tut, Frau und Kinder gesund sind, das Zimmer warm und gemütlich und auch der Kühlschrank voll ist. Dann ist es nicht schwer, „den HERRN lieb zu haben", dann kann man auch in einer geheizten Kirche ein frohes Danklied anstimmen, denn die eigene Welt liegt vor einem wie im Licht der aufgehenden Sonne.

Doch meistens ist es nicht so. Meist tut etwas weh oder man muss im Geldbeutel nachzählen, ob es auch weiter reicht… Und dann verbirgt sich die Sonne hinter den Wolken, blickt ins Krankenzimmer oder in das Sorgengesicht der geplagten Hausmutter, die dann auch den prachtvollen Sonnenaufgang nicht wahrnimmt. Es ist nicht immer leicht, dieses Den-Herrn-Liebhaben, wenn seine Schickungen es uns manchmal recht schwermachen.

Doch wer einmal durchgehalten hat in der Liebe zu Gott, auch in allerdunkelster Stunde, der weiß es aus eigener Erfahrung: Im Morgenrot zu leben, wenn man die kommende Sonne erst nur erahnen kann, ist schon tröstlich. Im Schein der „aufgehenden Sonne" leben heißt doch: So gewiss, wie die kommende, wärmende und erleuchtende Sonne ist, genauso gewiss ist der uns entgegenkommende Herr, der uns in Jesus Christus Herz und Hand entgegenstreckt. Und dieses kann traurige und leidende Menschen froh und zuversichtlich machen.

Freilich, an erster Stelle muss dann doch dieses stehen: „Den HERRN lieb haben." Leicht ist das nicht immer – so wie es auch nicht leicht ist, sich an einem kalten Sonntagmorgen im Winter in die kalte Kirche aufzumachen. Schon dies bedeutet oft eine persönliche Überwindung.

Ja, Herr, dich lieb zu haben sollte immerfort eine fröhliche und erhebende Sache sein, wie ein Sonnenaufgang an einem klaren Tag! Doch die Tage sind nicht alle gleich, und auch die Lebensschicksale sind verschieden. Wir aber sollen durchhalten in der Liebe zu Dir, wir sollen im Vertrauen fest bleiben und in der Zuversicht nicht nachlassen, dass dunkle Stunden uns nicht von Dir trennen! Darum bitten wir um deine Kraft, um deine Nähe und dein Geleit an jedem Tag.

Ki. Bl., Feb. 2006

21. FEBRUAR

**Bei Gott allein kommt meine Seele zur Ruhe,
von ihm allein kommt mir Hilfe**.
Ps. 62,2

Naturfilme im Fernsehen zeigen es uns:
Jungvögel trippeln umher,
laufen hierhin und dorthin
und bringen sich damit oft in Gefahr.
Doch wenn dann die Eltern heranfliegen,
die Küken füttern und sich
auf sie niederlassen,
dann verstummt das ängstliche Gepiepe
und sie kommen zur Ruhe.

Manchmal gleichen wir
diesen Jungvögeln,
die ruhelos piepsend herumlaufen!
Wir müssten es nicht,
aber wir tun es doch:
Wir haben Maschinen,
die uns die Arbeit
in Werkstatt und Küche erleichtern;
wir haben Autos, die uns
rascher reisen lassen;
wir haben Fernseher,
die uns informieren;
wir müssen nicht mehr
das Wasser im Eimer holen.
Unser Leben ist leichter geworden
und wir müssten eigentlich
mehr Ruhe haben,
auch mehr innere Ruhe!
Doch so ist es nicht!
„Unser Herz ist unruhig …",
schrieb schon der Kirchenvater
Augustin vor 1500 Jahren
und daran hat sich kaum etwas geändert.
Und wir dürfen
auch noch weiter zurückgehen
in die Zeit der Psalmen.
Auch damals schon
war es das Zeitproblem:

„Wo findet die Seele
die Heimat, die Ruh…?"
Einer wusste es:
„Bei Gott allein
kommt meine Seele zur Ruhe!"

Wie die Jungvögel in den
Daunen der Alten,
wie die Kinder im Haus der Eltern
„bei Gott allein
kommt meine Seele zur Ruhe!"
Das ist ein Satz der Erfahrung!
Viele haben diese Erfahrung gemacht,
in den Lagern in Russland,
vor vielen Jahren.
Damals war uns alles genommen;
aber das konnte uns keiner nehmen:
die tägliche Hinwendung
im Gebet zu Gott!
Das wurde vielen zur Kraftquelle,
zur Hoffnungszuversicht
und inneren Hilfe.
Denn die Hilfe des Herrn lässt sich
nicht an der Menge
der Hilfsgüter ablesen…
Manchmal merkt man sie schon daran,
dass ein Gesicht wieder lächelt,
die Augen wieder leuchten
und die Hände
wieder Nützliches schaffen.

Darum, Herr, lass unsere Seelen
an allen Tagen stille werde vor dir,
damit wir es immer wieder merken,
wie du uns hilfst!

Ki. Bl., Feb. 1995

22. FEBRUAR

**Du sollst den Herrn, deinen Gott, lieben mit ganzem Herzen
und ganzer Seele, mit all deiner Kraft und all deinen Gedanken,
und deinen Nächsten sollst du lieben wie dich selbst.**

Lk. 10,27

Das ist nicht ein Wort von Dir, Herr!
Es wurde von einem Schriftgelehrten
ausgesprochen und ist,
zumindest was die zweite Hälfte
dieses Spruches betrifft, sehr einsichtig,
auch für Menschen, die Deine
Wirklichkeit nicht bejahen.
„Den Nächsten lieben,
so wie ich mich liebe"
wenn wir das täten, wirklich täten,
ja, dann würde sich unsere
zerstrittene Welt augenblicklich ändern!

Den Nächsten lieben,
das wäre ein guter Beginn,
ein erfolgversprechendes Vornehmen
am Beginn eines neuen Jahrtausends,
aber auch ein überaus
schweres Vorhaben!
Denn mein Nächster, das kann
doch die verbitterte Nachbarin sein,
die mit jeder und jedem Streit beginnt.
Mein Nächster kann auch
mein missgünstiger Nachbar sein,
dem mein wunderbarer Apfelbaum
im Garten ein Dorn im Auge ist,
weil er seine Erdbeeren beschattet.
Und vielleicht ist sogar der Taschendieb,
der mir in der Straßenbahn
meine Brieftasche klaut, „mein Nächster",
weil er mir dabei ganz nahe ist.
Und den soll ich lieben?

Aber vielleicht hat der Gelehrte,
der Dir, Herr, einstmals
diesen wunderbaren Spruch vorsagte,
das alles auch gewusst.
Er zitiert verschiedene Texte
aus dem Alten Testament, die er durch
das kleine Wörtchen
„und" zusammenbringt.
Da er wohl wusste, wie schwer
die Sache mit dem Nächsten ist,
hat er mit dem Erhabenen begonnen:
„Du sollst den Herrn,
Deinen Gott, lieben ..."
Zunächst hat das den Anschein,
das Leichtere zu sein.
Wir können es anderen nicht ansehen,
ob sie an Dich glauben oder nicht.
Nur Du allein kannst
in die Tiefen der Seele sehen
und kennst alle Gedanken.
Aber ob einer seinen Nächsten liebt,
das kann man schon feststellen.
Du hast den durchschaut,
der Dir die Fangfrage stellt:
„Wer ist denn mein Nächster?"
Und Du hast ihm das Gleichnis
vom barmherzigen Samariter erzählt,
damit er merkt, wie er
sich selbst in der eignen Frage fängt.
Wir aber ziehen diesen Bibelspruch
als Konfirmandenlektion
durch unser Leben,
alle miteinander, und wir lernen
seinen ganzen Sinn niemals aus.

Denn: Vor Dir, Herr, wurde dies Wort
damals so ausgesprochen,
so, in dieser Reihenfolge:
„Du sollst den Herrn,
deinen Gott lieben ..." und:
„Du sollst deinen Nächsten lieben!"
Und Du, Herr, hast dazu gesagt:
„So ist es richtig; tu das,
so wirst du leben!"

Ich aber kann nur noch bitten:
Hilf mir zu den beiden Geboten.
Jeden Tag dieses: zu lieben!

Ki. Bl., Feb. 2001

23. FEBRUAR

**Freut euch aber,
dass eure Namen im Himmel
geschrieben sind.**

Lk. 10,20 b

Es ist angenehm zu hören, wenn über den vier Wochen eines Monats die Ermutigung steht: „Freut euch." Alle möchten wir mit einem erfreuten und fröhlichen Herzen durch diese Wochen gehen! Doch unsere Freude ist eine empfindliche Pflanze, ähnlich der in südlichen Gegenden wachsenden Mimose. Die Pflanze, die manchmal wie ein Strauch wird – und so einen Strauch haben wir einmal auf Malta gesehen – lässt ihre Blätter sofort hängen, wenn man sie anrührt. Ganz ähnlich ist es mit unserer Freude: Wie oft hat sie nur kurze Dauer, wie anfällig ist sie!

Nach dem Evangelisten Lukas, der uns als Einziger dieses Jesuswort überliefert hat, kamen die siebzig Jünger zu Jesus zurück, die er jeweils zu zweit ausgesandt hatte, um den Menschen die Nähe des Gottesreiches anzusagen. Diese Vielen kamen zurück voll Freude und sprachen: „Herr, auch die bösen Geister sind uns untertan in Deinem Namen!" Eine verständliche Freude. Doch der Heiland dämpft ihnen diese ein wenig: „Darüber freut euch nicht, dass euch die Geister untertan sind. Freut euch aber, dass eure Namen im Himmel geschrieben sind!"

Jesus konnte Menschen seiner Zeit diesen Zuspruch schenken: „Eure Namen sind im Himmel aufgeschrieben." Aber welcher Mensch darf das heute, so viele Jahre nach Jesus, einem anderen zusprechen: „Dein Namen steht unauslöschlich im Himmel" oder, wie es an anderen Stellen in unserer Bibel steht, „im Buch des Lebens"?

Zwar singen wir mit dem Lied 154 unseres Gesangbuches bei der Taufe von Kindern: „Nun schreib ins Buch des Lebens, Herr, ihre Namen ein, und lass sie nicht vergebens dir zugeführt sein." Und im Lied 152: „Herr, den Namen den wir geben, schreib ins Lebensbuch zum Leben." – Hier haben wir wieder dieses bildliche Wort: Gott führt gleichsam ein Buch des Lebens im Himmel, in dem die Namen der Seinen für die Ewigkeit aufgeschrieben sind – im Himmel geschrieben sind.

Können die Gedanken der Menschen des 21. Jahrhunderts da mithalten? Oder fällt es uns leichter, zu sprechen: „Gott führt im Himmel einen Zentralcomputer; ein Name, der gespeichert ist, bleibt für die Ewigkeit drin?" – Haben wir überhaupt das Recht, so menschlich von Gott zu denken?

Mir persönlich sagt dieses Heilandswort: Du wurdest einmal im Auftrag Jesu und auch im Namen Jesu getauft. Dieses Geschehen hat unumstößliche Bedeutung. Meine Zugehörigkeit zu dieser irdischen Welt bleibt zwar mit allen Bedrohungen der Seele und des Lebens bestehen, doch darüber steht zugleich meine Zugehörigkeit zur bleibenden Welt Gottes! Das ist das Geschenk Jesu Christi an mich. Dieses Geschenk kann mir niemand nehmen. Und wenn ich mich daran erinnere, kann ich froh werden, so wie Martin Luther es tat, wenn Gedanken des Zweifels und der Schwermut sein Herz bedrängten. Dann schrieb er mit Kreide auf die Tischplatte: *Baptisatus sum!* – Ich bin getauft! Dann fasste er wieder Mut, das begonnene Werk der Reformation weiterzuführen.

Ich bin getauft! – Herr, ich weiß den Ort und auch das Datum, als das geschah. Und sollte es jemand heute nicht mehr wissen, so kann er in der Taufmatrikel seiner Kirchengemeinde nachsuchen, dort steht es genau aufgeschrieben. Ich bin getauft worden, Herr, zu einer Zeit, als mir dies noch nicht bewusst war. Aber heute weiß ich es und darf meinen Eltern und meinen Paten, die alle nicht mehr leben, dafür dankbar sein. Denn getauft sein, heißt: Dir gehören, Herr. Und wer dem Ewigen gehört, darf sich freuen – nicht nur heute, sondern immer!

Ki. Bl., Feb. 2005

Jesus Christus spricht: Alles, was ihr bittet in eurem Gebet, glaubt nur, dass ihr`s empfangt, so wird`s euch zuteil werden.
Mk. 11,24

Interview mit Jesus Christus im achten Jahr des 21. Jahrhunderts

H.G.: Verehrter Meister, hätten Sie die Güte, mir eine Unterredung zu gewähren?

J. Chr.: Warum redest du so geschwollen? – Seit meiner menschlichen Geburt in Bethlehem bin ich doch euer Menschenbruder, und dies umso mehr, als du durch die Taufe zu mir gehörst.

H.G.: Das ist richtig! Erlaube mir einige Fragen zu einem Deiner wunderlichsten Worte.

J. Chr.: Wieso „wunderlich"? Sind nicht auch andere von mir überlieferte Worte für Menschen eures Jahrhunderts zum Verwundern?

H.G.: Gewiss, es gibt viele solcher Sprüche! Doch dieser Ausspruch klingt uns heute besonders schwer.

J. Chr.: Kannst du das etwas näher begründen?

H.G.: Wie Du sicher weißt, haben wir uns an einen gewissen Automatismus gewöhnt. Wir drücken auf einen Knopf, und schon wird es hell im Keller. Oder wir klappen ein Handy auf und können mit jemandem in einem anderen Land sprechen. Mit anderen Worten: Ich tue etwas, und das Richtige ist sofort da, gleichsam „automatisch". Und nun legt einem dein Wort nahe, als wäre es auch so gemeint!

J. Chr.: Was wäre falsch an dieser Meinung? Der himmlische Vater „schläft und schlummert" nicht. Er hört jedes aufrichtige Gebet.

H.G.: Davon bin ich überzeugt. Und ich habe auch nicht das gemeint; mir geht es um die sogenannte „Gebetserhörung".

J. Chr.: Ach, jetzt verstehe ich! Weil ich ganz im Willen meines Vaters lebe, darum habe ich keine Schwierigkeiten mit diesem Spruch. Ihr aber übertragt menschliche Denkweise auf Dinge des Glaubens.

H.G.: Richtig. Ich kann als Mensch nicht anders als „menschlich" denken. Das heißt im Sinne deines Spruchs: Ich bete zu Gott, dass zum Beispiel mein Knochenbruch auch ohne ärztlichen Eingriff richtig heilt (was ich aber nicht glaube) und Gott lässt dies Wunder geschehen. Oder: Ich bete neben meinem Auto, dass es wieder geht und Gott macht meinen Wagen wieder flott.

J. Chr.: Du hast jetzt zwei sehr starke Beispiele angeführt, aber bei beiden vergessen, dass für euch Menschen des 21. Jahrhunderts Gottes Hilfe immer noch durch Menschen geschieht! Und wenn der Arzt einen Knochenbruch richtig einrichtet

25. FEBRUAR

oder die Pannenhilfe kommt und den Wagen flott macht, meinst du nicht, dass auch hier unser himmlischer Vater am Werk war und ist?

H.G.: Doch. Leider vergessen viele diese Wahrheit. Gute Ärzte und rechte Helfer sind Gottes Werkzeuge, bis heute. Doch ich könnte Beispiele anführen, wo der himmlische Vater nicht half, trotz dem Gebet vieler.

J. Chr.: Wie ich sehe, kommst du sehr schwer über das automatische Denken hinweg. Es gehört ja gerade zur Allmacht Gottes, wie und wo und wann er hilft.

H.G.: Sicherlich möchte ich die Allmacht des himmlischen Vaters nicht in Frage stellen. – Aber hast du nicht gesagt: „Alles, was ihr bittet …?" Oder hat die „Gute-Nachricht-Bibel" dich besser verstanden, wenn sie übersetzt: „Wenn ihr Gott um etwas bittet und darauf vertraut, dass die Bitte erfüllt wird, dann wird sie auch erfüllt."

J. Chr.: Nun, wem diese Übersetzung mehr zusagt, der mag sich getrost an sie halten. Vielleicht messt ihr dem Sprachlichen zu viel Bedeutung bei.

H.G.: Das kann stimmen, kann man doch mit der Sprache Texte und Meinungen manipulieren. Aber da ist noch etwas: In dem Spruch steht „glaubt nur" oder auch „darauf vertraut, dass die Bitte erfüllt wird". Wird da menschlichem Glauben und Vertrauen nicht zu großes Gewicht beigemessen?

J. Chr.: Glauben und Vertrauen sind eine große Kraft. „Glauben kann Berge versetzen", sagt ihr in einem Sprichwort und wisst gar nicht, dass dies in dem Vers vor dem Monatsspruch steht. Ich habe ja zu dem Vater des besessenen Knaben gesagt: „Alle Dinge sind möglich dem, der da glaubt."

H.G.: Wie gut, dass Du dieses anführst. Also hängt dann doch wieder alles an unserem Glauben?

J. Chr.: Nun, der Vater des besessenen Knaben hat mich besser verstanden. Denn der hat gebetet: „Ich glaube; hilf meinem Unglauben!" (Markus 9,24) Er hat nicht mehr um Hilfe für sein schwerkrankes Kind gefleht.

H.G.: Jetzt ist unserem mechanistischen und automatischen Denken eine neue Spur gegeben. Und vielleicht können einige auf diesem Weg ein neues Verständnis zum himmlischen Vater und auch zu Dir finden! Und das wäre doch ein Gewinn.
Danke für das Gespräch.

(Die Fragen stellte Heinz Galter)

Ki. Bl., Feb. 2008

Auch die Schöpfung wird frei werden von der Knechtschaft der Vergänglichkeit zu der herrlichen Freiheit der Kinder Gottes.
Röm. 8,21

In dem griechischen Text steht statt dem Wort, das Luther mit „Knechtschaft" übersetzt, das Wort „Sklaverei". Was das bedeutet, haben nur wenige erlebt, etwa die, die fünf Jahre in Russland waren – und es leben nur noch ganz wenige von ihnen – oder die beim Bau des Donau-Schwarzmeer-Kanals dabei waren. Auch zur Zeit Luthers gab es keine Sklaven mehr in Deutschland. Aber was ein Knecht und eine Magd war, das wussten alle, denn fast jede Bauernwirtschaft hatte „Gesinde", so nannte man diesen Stand. Mägde und Knechte mussten tun, was die „Herrin" oder der Hausherr befahl. Taten sie das nicht, gab es Strafe! Das Gesinde war zwar verpflegt, musste aber unbedingt gehorchen!

Die Knechtschaft in der Schöpfung. „Ich möchte frei sein, wie der Vogel, der draußen fliegt!" So sagte einmal jemand zu mir. Ich frage mich: Ist der Vogel wirklich frei und kann er fliegen, wohin er will!? Fliegt er nicht, um Futter, Wasser, einen Partner oder einen Platz für ein Nest zu finden? – Muss der Storch nicht, völlig ohne Kenntnis des Kalenders, am 25. August jeden Jahres seinen Standort hier verlassen und nach Südafrika fliegen? Er hat gar nicht die Freiheit hier zu bleiben, denn das wäre sein sicherer Tod.

Und wenn wir in die Tier- und Pflanzenwelt sehen: Überall herrschen Tod und Vergänglichkeit. Kühe fressen das Gras und wir essen dann ihr Fleisch und irgendwann klopft der Tod auch bei uns an und ruft uns aus dieser Welt! Die Vergänglichkeit ist allgegenwärtig in der ganzen Schöpfung! Sie ist gleichsam die Herrin in allem, was uns umgibt und was wir sehen und erforschen können.

Auch die Astronomen sagen uns: In etlichen Millionen Jahren wird unsere liebe Sonne nicht mehr sein; sie wird sich „zerleuchtet" haben! Der Tod und mit ihm die Vergänglichkeit herrschen in unserer Welt und gegen diese Macht kommen auch die besten Ärzte nicht an! Die „Knechtschaft der Vergänglichkeit", von der Paulus vor 2000 Jahren redete und die in der Schöpfung herrscht, das ist die Wirklichkeit unserer Welt bis heute.

Die Knechtschaft in der Menschenwelt. Die Menschenwelt kennt auch echte Knechtschaft: Etwa die Abhängigkeit von der Arbeitsstelle, dem Lohn, oder viel schlimmer, von Alkohol, Nikotin oder Drogen! Die Ärzte können Romane erzählen von Frauen und Männern, die in Knechtschaft und Abhängigkeit leben oder auch verkommen. Wir Menschen sind alle der „Knechtschaft der Vergänglichkeit" unterworfen! Dieser entgeht keine und keiner! Vielleicht lohnt es sich, diesen ganzen Monat lang täglich darüber nachzudenken!

Die Freiheit der Gotteskinder. Nun kommt auch die andere Seite, die „herrliche Freiheit der Gotteskinder", zur Sprache. Denn Paulus stellt diese Freiheit der Knechtschaft der Vergänglichkeit gegenüber: die bekannte Szene, wo der gebundene Jesus als Gefangener vor Pilatus steht (Joh.18,28 – 19,16), vor einem also, der alle menschliche Macht in seiner Hand hat, dem „freien" Statthalter des Kaisers – Pontius Pilatus. Und aus dem Verhör, dem Gespräch zwischen diesen beiden wird deutlich: Der eigentlich „Freie" ist der Gottessohn und der eigentlich „Gebundene" ist Pilatus! Dieser ist gebunden an seine Stellung und durch seine Angst, beim Kaiser verklagt zu werden! Paulus ist es bis zu seiner Begegnung mit Christus nicht klar, dass er ein „Knecht" war, gebunden an die Riten seines Volkstums, an seine Religion und seine persönliche Überzeugung. Erst von dem Heiland hat er es lernen müssen, dass die „Gotteskinder" die er verfolgte, die eigentlich „Freien" waren und er der „Gebundene". Dies alles hat er erst „durch den Glauben" lernen müssen. Darum wird der Apostel nicht müde, die „Freiheit der Gotteskinder", der Getauften, immer wieder zu preisen, wie er dieses auch in unserm Vers tut.

Heiliger Dreieiniger Gott, Du hast uns mit diesen Worten eine große Aufgabe für unser Denken und auch für unsern Glauben gegeben! Wer kommt dabei bis an ein Ende? Lass mich die Gebundenheit der Schöpfung, der Menschen und auch meine eigene erkennen und hilf mir, dass jeder Tag zu einer neuen Bindung an Dich führt. Zeig mir immer wieder, was für eine herrliche Sache die „Freiheit der Gotteskinder" ist, damit ich als geduldiger, dankbarer und fröhlicher Mensch meine Jahre verbringe, durch Jesus Christus, Deinen Sohn!

Ki. Bl., Feb. 2011

Gerecht gemacht aus Glauben, haben wir Frieden mit Gott durch Jesus Christus, unsern Herrn.

Röm. 5,1

Dieses Bibelwort aus dem Römerbrief ist uns allen eine schwere Hausaufgabe. Mich aber berühren zunächst einmal die drei Wörter: „Frieden mit Gott". Man kann beruhigt und problemlos leben „in Frieden mit Gott", und sehr viele tun das auch. Sie leben ordentlich und gesittet, vernünftig und ohne Streit mit den Nachbarn, immer nach dem Grundsatz: „Tue recht und scheue niemand! – Ich lebe in Frieden mit meinem Nächsten, also muss auch Gott mit mir zufrieden sein! Mein persönlicher Frieden mit Gott macht, dass ich eigentlich Gott gar nicht benötige." Solche Menschen stellen sich nie die Frage, ob auch Gott mit ihnen zufrieden sei? Denn es könnte sein, dass unser Herrgott uns das einmal zeigt: „Lieber Freund, du denkst nur an dich, hast aber dein Leben von mir und durch mich. Wieso denkst du nicht daran?" Und dann findet unser Herrgott tausend Möglichkeiten, selbstzufriedenen und selbstgerechten Menschen Zeit zu geben, um mit den letzten Lebensfragen ins Reine zu kommen.

Unser Herr Jesus lebte unter Menschen, denen das Gesetz Gottes als Richtschnur für das Leben gegeben war und die zudem Opfer darbrachten, um Gott, sollte er etwa zornig sein, zu besänftigen. Im Evangelium des Lukas, im 18. Kapitel, ab Vers 9 erzählt der Heiland von solch einem Menschen, der nicht nur das Gesetz peinlich genau befolgte, sondern das Doppelte tat und gab von dem, was vorgeschrieben war. Bitte, lesen Sie einmal dieses Gleichnis genau, es passt auf das Leben der allermeisten. Ich bin sogar der Meinung, dass alle Religionen der Erde ihren Ursprung darin haben und ihr Bemühen darauf richten, Gott zufriedenzustellen, sei es mit papierenen Gebetsstreifen, die im Wind flattern, oder mit aufwändigen Wallfahrten und Opferfesten. Immer geht es darum: Der allmächtige Gott soll mit uns oder mit mir zufrieden sein, dann ist für uns oder für mich die Welt in Ordnung! Auch der Schreiber des Römerbriefes hatte sein halbes Leben mit dieser Überzeugung gelebt. Der Allmächtige muss doch zufrieden sein mit mir, wenn ich mich für ihn aufopfere! Doch dann wurde er dabei Zeuge, wie ein einfacher Gemeindehelfer für sein Bekenntnis zu Christus gesteinigt wurde und im Sterben ausrief: „Herr Jesus, behalte ihnen diese Sünde nicht!" Dass einer sterbend für seine Mörder betet, das hat diesem jungen Mann sehr zu denken gegeben, und als dann der lebendige Heiland in sein Leben trat, erkannte er: Frieden mit Gott haben wir nur durch Jesus Christus, unsern Herrn. Und so schreibt er es an die fernen Christen in Rom: Aus Glauben – oder deutlicher – im Glauben haben wir Frieden mit Gott, durch Jesus Christus, unsern Herrn!

Und diesen Frieden mit Gott können wir nur als Geschenk empfangen. Er kann aber auch zugesprochen werden. Darum ist es für mich der Höhepunkte einer Predigt, wenn am Schluss der Geistliche sagt: „Und der Friede Gottes, der höher ist als alle Vernunft, bewahre eure Herzen und Sinne in Jesus Christus, unserm Herrn." Denn manchmal macht uns eine Predigt unruhig, nachdenklich oder regt zum Widerspruch an. Doch der Friede Gottes, den uns Christus gebracht und den Menschen seiner Zeit immer wieder verkündigt und zugesprochen hat, kann alle unsere Fragen und Probleme bündeln und zugleich unsern Blick weiten für Gottes Handeln an uns allen.

O ja, Herr, Deinen Frieden im Herzen brauche ich, wenn die Probleme der Welt und meine persönlichen Probleme mich bedrängen, beschweren und manchmal verzweifeln lassen. Deinen Frieden brauche ich, wenn ich sehe, wie der Hass in den Herzen von Jugendlichen sich so ballt, dass sie ihre Mitschüler erschießen, oder dass junge Mütter ihre eigenen Kinder töten. Deinen Frieden, Herr, brauche ich, wenn mein Leben oder das eines geliebten Menschen existenziell bedroht ist, sei es durch Krankheit oder auch durch einen Unfall oder ein Unglück, ein Erdbeben, einen Tsunami oder einen Dauerregen. Lass mich dann Deine Hand festhalten, lass mich im Glauben bleiben, lass mich Frieden finden – vor allem am Ende.

Ki. Bl., Feb. 2007

Die Armen werden niemals ganz aus deinem Land verschwinden. Darum mache ich dir zur Pflicht: Du sollst deinem Not leidenden und armen Bruder, der in deinem Land lebt, deine Hand öffnen.

5. Mo. 15,11

Dieses Bibelwort macht mich sehr nachdenklich! Zum einen darum, weil es persönlich klingt, aber zu einem ganzen Volk gesprochen ist, zum anderen aber darum, weil hier ganz allgemein von „Armen" die Rede ist.

Der Herr nimmt ein Volk in die Pflicht. Das ist mir zunächst einmal wichtig! Auch für die Moslems ist das Geben von Almosen eine Pflicht. Doch eine Pflicht des Einzelnen. Hier wird ein Volk angesprochen. Und das scheint mir mehr zu sein. Das klingt fast so: Achtet darauf, dass es keine Armen in eurer Mitte gibt! Das ist nicht bloß eine Aufgabe der jeweiligen Regierung. Alle Bewohner sollen darauf bedacht sein, dass in dem Land, wo sie wohnen, die Zahl der Armen möglichst gering bleibt. Wahrlich, eine ganz hohe Forderung für jede und jeden Einzelnen! Und ich meine: Wenn alle Menschen diesen Grundsatz als ihre Pflicht ansehen würden, gäbe es kaum unglückliche Leute. Fast könnten auf diese Weise paradiesische Zustände auf unsern Kontinenten erreicht werden. Doch wir denken heute anders.

Wir denken heute anders. Der sogenannte „Sozialstaat", in dem wir leben, hat unter anderem auch die Aufgabe, für Renten, soziale Fürsorge, Krankenvorsorge und auch dafür Sorge zu tragen, dass alle Bewohner ihr Einkommen und Auskommen haben. Der Staat hat Aufgaben übernommen, die in früheren Zeiten ganz selbstverständlich von der Familie erfüllt wurden. Die Familie hat dafür gesorgt, dass es unter ihren Angehörigen keine Notleidenden, also keine „Armen" gab. Und in den evangelisch-sächsischen Gemeinden Siebenbürgens war es zusätzlich so, dass die ganze Nachbarschaft einsprang, wenn eine Familie versagte, denn auch das konnte ja vorkommen.

Wir Heutigen überlassen das Sorgen für die Armen der jeweiligen Regierung, denn wir zahlen ja monatlich unsere Sozialbeiträge. Das hat das Denken der Menschen völlig verändert. Nur etwas beschäftigt mich sehr: Wer oder was sind „Arme"?

Armut lässt sich heute „berechnen". Die Regierungen lassen sich am Beginn eines jeden Jahres einen „Armutsbericht" vorlegen. Wenn eine Familie eine bestimmte Einkommensgrenze unterschreitet, gilt sie als arm. Diese Berichte sind manchmal zum Erschrecken. Doch wirklich helfen kann eine Regierung nur selten. Meist bleibt es bei der statistischen Feststellung. Doch damit ist die obige Frage nicht beantwortet. Denn jede Armut hat eine persönliche Färbung: Manchmal ist der Mann ein Trinker, manchmal ist die Frau gelähmt, oft gibt es schwerbehinderte Kinder und manchmal stürzen Schulden eine Familie ins Elend. Armut hat ein jeweils anderes Gesicht. Die „Schuld" an der Armut ist sehr schwer festzustellen. Darin hat die Bibel jedoch recht: Arme wird es immer geben! Und was ist zu tun?

Armen ohne Almosen helfen. „Hilfe zur Selbsthilfe!" So nennt man das heute. So helfen, dass der Arme einen Weg aus seiner Armut findet. Für diese Möglichkeit zeigt die Bibel einen klaren Weg. Bitte lesen Sie doch das ganze 15. Kapitel! Alle sieben Jahre eine totale Streichung aller Schulden. Das könnte vielleicht auch ein Weg aus unserer misslichen Lage sein. Ich weiß es nicht. Aber eines weiß ich: Dass jede Vergebung unabsehbare positive Folgen hat! Und dazu müsste auch noch etwas kommen: Dass sich die Menschen wieder in die Gemeinschaft mit dem Dreieinigen Gott rufen lassen. Das wäre vielleicht das Allerwichtigste! Das würde die Familien stärken, es würde vielen Haltlosen wieder Halt geben und es würde allen Menschen einen Weg aus ihrer allgemeinen und persönlichen Misere zeigen!

Ja, Herr, lass mich und alle in der Gemeinschaft mit Dir bleiben, jetzt und allezeit!

Ki. Bl., Feb. 2010

**Jesus Christus spricht:
Das ist mein Gebot:
Liebt einander, so wie ich euch geliebt habe.**
Joh. 15,12

Durch dein Liebesangebot, Herr,
willst du die Welt wandeln,
immer wieder wandeln – in dein Bild!
LIEBE – das ist die große Erwartung aller!
Wir möchten geliebt sein, umfangen, getragen
und getröstet sein durch Liebe,
die unserem Leben zugute kommt.

Das aber meinst du nicht, Herr!
„... so wie ich euch geliebt habe ..."
Darauf liegt der Ton!
Du hast nicht Liebe erwartet,
sondern Liebe gelebt;
nicht Liebe empfangen, sondern geschenkt!
Dein Leben war Liebe
und auch dein Sterben war Liebe,
Liebe zu uns!
Das sollen wir am Beginn der Leidenszeit
und immer wieder, jeden Tag, erkennen
und lernen: Wir leben aus deiner Liebe,
in deiner Liebe, durch deine Liebe.

Und das will deine Liebe:
unsere schwache Liebe anfachen,
unsere kühle Liebe entflammen,
unsere ich-bezogene Liebe selbstlos machen,
damit wir nicht nur Liebe erwarten,
sondern Liebe schenken,
nicht nur Liebe empfangen, sondern geben,
nicht Liebe fordern, sondern verströmen,
damit so die Menschen und auch die Welt
verwandelt werden.

Ki. Bl., Mrz. 1992

1. MÄRZ

Ein Mensch sieht, was vor Augen ist; der Herr aber sieht das Herz an.
1. Sam. 16,7

Manchmal möchten wir einem Menschen ins Herz sehen: ein Meister etwa, der einen Burschen anstellen soll. Wie gut wäre es, wenn man Gedanken lesen, Meinungen erforschen oder den Willen prüfen könnte. Zwar haben die Menschen Testmethoden ausgeklügelt, die eine sorgfältige Auslese ermöglichen. In manchen Fällen ist das sicher auch nötig und wichtig. Aber es bleibt die Wahrheit: Wir können keinem ins Herz sehen! Schon manche Ehe ist darum schief gegangen, und mancher Meister hat sich in seinem Lehrling getäuscht. Wir können eben keinem ins Herz sehen – „Ein Mensch sieht, was vor Augen ist!"

So ist es auch dem Gottesmann Samuel ergangen, als er den ältesten Sohn des Isai sah und von seiner Erscheinung überrascht war. „Ein richtiger König", dachte der Priester. Dennoch musste er sich von Gott sagen lassen: „Sieh nicht an sein Aussehen und seinen hohen Wuchs. Ein Mensch sieht, was vor Augen ist; der Herr aber sieht das Herz an!" Auch die anderen Söhne haben Samuel beeindruckt, doch erst David durfte zum König gesalbt werden. Denn Gott hatte sein Herz angesehen. – Wir machen immer wieder die Erfahrung, dass Menschen durch Äußerlichkeiten, etwa modische Kleidung, forsches Auftreten oder geistreiche Worte auf andere Eindruck machen und sie für sich gewinnen. Aber die Wahrheit kommt ans Tageslicht. Immer. Es braucht oft nur Zeit. Denn was im Herzen lebt, kommt heraus – durch Worte, durch Gesten, durch Taten und durch Entscheidungen. Niemand kann das, was in seinem Herzen lebt, immer verdecken und überspielen. Erfahrene Menschenkenner ahnen zuweilen, wie einer denkt und was in seinem Herzen vorgeht.

„Gott aber sieht das Herz an!" Auch wir versuchen das und wenn es deutlich wird, dass der „innere Mensch" schwach, fehlerhaft, sündhaft ist, sind wir mit hartem Urteil schnell dabei. Denn wir schließen so gerne vom Äußeren auf den „inneren Menschen".

Es gibt aber auch den anderen Fall: Oft beeindruckt uns das Äußere eines Menschen nicht; doch im näheren Umgang merken wir, dass er eine gute Seele hat und wir bekommen ein neues Bild. Auch Jesaja sagt von Christus: „Da war keine Gestalt, die uns gefallen hätte ... darum haben wir ihn für nichts geachtet!" (Jes. 53,2f) Und wie wurde Jesus verspottet, als er am Kreuz hing! Menschen sehen nur, was vor Augen ist! Und doch sollten wir gerade von Jesus lernen, auf das Herz zu achten. Nicht nur auf das Herz der anderen, sondern auch auf das eigene Herz. Und es gibt wohl nichts Wichtigeres, als wenn Gott unser Herz mit Wohlgefallen anblickt. Darum wollen wir ihn bitten: „Ein reines Herz, Herr, schaff in mir, schließ zu der Sünde Tor und Tür; vertreibe sie und lass nicht zu, dass sie in meinem Herzen ruh!"

Ki. Bl., Mrz. 1987

2. MÄRZ

> **Jesus Christus spricht: Ich bin der Weg und die Wahrheit und das Leben; niemand kommt zum Vater, denn durch mich.**
> *Joh. 14,6*

Aus der Erfahrung meines Lebens
weiß ich schon, Herr, dass es
sehr verschiedene Wege gibt:
Gehwege und Fahrwege.
Waldwege und Feldwege,
Fahrradwege und Trimm-dich-Wege,
Irrwege und Schleichwege
und weitere dazu.
Und jeder dieser Wege kann gut oder
schlecht, gerade oder krumm, richtig
oder falsch, glatt oder steinig,
staubig oder morastig sein.
Die verschiedenen Wege haben es in sich!
Und auch ich habe meinen Lebens-Weg.

Doch nun kommst Du, Herr, und sagst
einfach: „Ich bin der Weg"
das macht mich nachdenklich,
denn Du ergänzt:
Der Weg zum Vater – „nur durch mich".
Zunächst ist mir das ein Trost.
Ich muss nicht mehr Konfessionen
oder Religionen ausprobieren,
ich muss auch nicht mehr
Glaubensgemeinschaften hinterfragen,
denn Du bist der Weg.
Das ist mir ein großer Trost.
Wo Du verkündigt wirst,
wo auf dich hingewiesen wird,
da ist es schon richtig.

Wo noch anderes als genauso wichtig
neben Dich gestellt wird,
da muss ich hellhörig werden.
„Allein Christus", so sagte es einst Luther,
und das war in Deinem Sinn, Herr!
Das war die *Wahrheit*!
Wir armen Menschen suchen die Wahrheit
und werfen bei diesem Suchen
Wirklichkeit und Wahrhaftigkeit durcheinander.
Doch die Wahrheit ist die Liebe des
Vaters, die Du uns gebracht und
verdeutlicht hast durch Dein Leben und
Leiden und Sterben.
Du, Herr, bist die Wahrheit!
Aus diesem Satz muss ich weiterlernen.

Noch mehr aber aus dem anderen:
„Ich bin das Leben".
Nicht nur das biologische Leben,
das eines Tages begann und eines Tages
endgültig vorbei sein wird.
Denn Du, Herr, hast ein Leben,
an dem der Tod und seine Macht
scheiterten, ein Leben, wie es
nur der Vater im Himmel hat.
Nur darum konntest Du sagen:
„Ich bin das Leben".

Durch Dich, Herr,
kann etwas von Deinem Leben
in mein Leben fließen.
Dann ahne ich etwas
von Deiner Wahrheit,
und dann bin ich auch sicher
auf dem richtigen Weg,
der an Deiner Hand jetzt schon
und einmal gewiss zum Vater führt.

Ki. Bl., Mrz. 2000

3. MÄRZ

**Steh auf, Herr!
Gott, erhebe deine Hand!
Vergiss die Elenden nicht!**
Ps. 10,12

Ach Gott, wie schnell wir vergessen!
Dabei sehen und hören wir täglich von so viel Elend:
Kriegselend – weil immer irgendwo Krieg ist;
Krankheitselend – weil immer wer krank ist;
Wirtschaftselend – weil die freie Wirtschaft
brutalen Gesetzen zu folgen scheint;
Familienelend – weil Scheidungen an der Tagesordnung sind.
Elend um und um! Wie oft vergessen wir darauf –
weil wir nicht drin stecken.

Aber das Elend umschleicht uns, wie die Schlange ihr Opfer
ganz plötzlich ist es da,
dann gehören auch wir zu den „Elenden",
zu denen, die im Elend sind;
und vielleicht können auch wir dann rufen und bitten:
„Steh auf, Herr! Gott, erhebe deine Hand!
Vergiss die Elenden nicht!"

Nothelfergebete haben ihr Gutes:
Sie wenden das Herz zu dem, der wirklich helfen kann,
sie machen vergessenes Vertrauen wieder lebendig
und lassen uns im Elend nicht ganz verzweifeln.

Denn dich, Gott, muss man nicht wecken,
zum Aufstehen ermuntern, wie einen faulen Langschläfer -
du bist immer wach und immer aufmerksam;
deine Augen stehen offen über allen Menschenkindern.

Deine Hände, Herr,
sind immer bereit zu helfen den Elenden,
nur das macht uns Not:
Du hilfst zu deiner Zeit, nicht zu unserer Zeit;
du hilfst wenn du willst, nicht wenn wir wollen;
das macht uns Not, dass der Karfreitag vergehen musste,
bis deine allmächtige Hand eingriff
und alle erkannten: Du bist der Herr!

Aber gerade darum bitten wir:
„Erhebe deine Hand! Vergiss uns nicht! Amen."

Ki. Bl., Mrz. 1993

**Jesus spricht:
Daran werden alle erkennen,
dass ihr meine Jünger seid;
wenn ihr einander liebt.**
Joh. 13,35

Einen Helden erkennt man an seiner Tapferkeit und einen Meister an seinem Können. Jeder hat so ein Erkennungszeichen. Der Volksmund sagt: „Einen wahren Freund erkennt man erst in der Not", dann nämlich, wenn es ernst wird, wenn er bereit ist, mit seinem ganzen Sein, mit seinem Gut und Leben für den Freund einzustehen.

Christenmenschen soll man an der Liebe erkennen. „Daran wird jedermann erkennen, dass ihr meine Jünger seid, so ihr Liebe untereinander habt." Das ist ein Jesuswort aus den Abschiedsreden an seine Jünger. Sie sollten sich zu Tisch setzen und mit ihrem Herrn ein Osterlamm essen. Aber keiner wollte vorher den Dienst des Fußwaschens an den anderen tun. Der Herr selbst musste ihn übernehmen.

Das kann die wahre Liebe: Den niedersten Dienst für den anderen tun. Man könnte die Liebe mit einem Fluss vergleichen, dessen Wasser zum Meer hinfließt, dabei aber Kraftwerke betreibt und Leben ermöglicht. Stehendes Wasser wird kraftlos und faulig. – So ist es auch mit der Liebe: Sie muss ein Gefälle haben zum anderen hin und sie muss in Bewegung bleiben. Wenn sie nicht mehr fließt, nicht mehr den anderen meint, hört sie auf, wahre Liebe zu sein.

Aber so, wie der Fluss aus unsichtbaren Quellen gespeist wird, so hat auch die wahre Liebe eine unsichtbare Quelle, die zum Lieben treibt. Diese Quelle ist der Herr selbst. „Seht, welch eine Liebe hat uns der Vater erzeigt!", darf Johannes ausrufen (1. Joh. 3, 1). Er hat diese auf uns gerichtete Gottesliebe nirgends deutlicher erkannt, als durch das Kreuz. Denn der Heiland ist aus Liebe zu uns den schwersten Weg gegangen, den Weg des Leidens und Sterbens. So wird das Kreuz zur ewigen Quelle der Liebe. Diese fließt und möchte alle Menschen in ihren Strom hineinnehmen. Weil Gott Liebe ist (1.Joh.4, 16), kann diese Quelle nie versiegen.

Christen soll man daran erkennen, dass sie im Strom der Gottesliebe stehen, sich von ihm stärken und treiben lassen, und dadurch selbst zu wahrer Liebe befähigt werden. Nicht nur zur Liebe „untereinander", denn die ist leicht. Seinesgleichen zu lieben fällt meist nicht schwer. Aber wie der Heiland am Kreuz für seine Peiniger und Mörder zu beten – dazu braucht es schon eine andere Kraft: die Kraft des Heiligen Geistes.

Woran erkennt man einen Christen? Gewiss auch an seiner Treue zur Kirche und ihren Ordnungen. Darüber hinaus aber wird die Liebe das unverzichtbare Erkennungszeichen sein.

Ki. Bl., Mrz. 1982

**Bei Gott allein
kommt meine Seele zur Ruhe,
von ihm kommt mir Hilfe.**

Ps. 62,2

Ort der Ruhe – so steht über dem Tor des Eingangs zum Friedhof in Neppendorf. Denn dort liegen sie alle, die vielen Toten, in langen Gräberreihen, die uns vorangingen im Tode, „zur letzten Ruhe". Wir aber, die wir immer wieder zum „Ort der Ruhe" gehen, um die Gräber unserer Lieben zu besuchen, wir leben noch in der „Un-Ruhe". Und diese „innere Unruhe" nehmen wir überallhin mit, wohin wir auch gehen, und manchmal raubt sie uns den Schlaf in der Nacht. Unsere Welt ist, vielleicht durch den zivilisatorischen Fortschritt, zusehends in den Zustand der „Un-Ruhe" hineingeraten, und je mehr wir daran teilhaben, desto mehr verlieren wir die „Ruhe der Seele".

Der Psalmensänger hat zwar in einer Zeit ohne Radio, Telefon und Fernseher, ohne Eisenbahn, Flugzeug und Internet gelebt. Dennoch gab es auch damals Dinge, die die Seele in die Unruhe drängen konnten! Man lese doch einmal den ganzen Psalm 62. Vielleicht schrieb David diesen Psalm in der Zeit, als er von Saul, seinem König, verfolgt wurde. Damals fand er keinen ruhigen Ort, unstet musste er flüchten. Doch dann singt er: „Bei Gott allein kommt meine Seele zur Ruhe, von Ihm kommt mir Hilfe!"

Martin Luther hat den hebräischen Text so übersetzt: „Meine Seele ist stille zu Gott, der mir hilft." Der Reformator ging durch viele Jahre der Anfechtung, der Lebensgefahr und der inneren Unruhe, bis er sich zu der Erfahrung des Kirchenvaters Augustin durchgerungen hatte: „Unser Herz ist unruhig, bis dass es Ruhe findet in Dir."

Ja, Herr, es ist tröstlich zu wissen: Ich muss nicht in meiner inneren Unruhe bleiben, mich damit abquälen und von ihr umgetrieben werden. Tröstlich ist es, zu wissen: Meine Seele kann stille werden zu Gott, kann bei Ihm Ruhe finden, nicht erst, wenn wir die Schwelle des Todes überschritten haben. Nein, jetzt schon kann ich bei Ihm Ruhe finden, etwa dann, wenn ich den Tag mit dem Lesen der Losung beginne oder des Kalenderzettels; wenn ich mir die Zeit nehme für die „Stille zu Gott", etwa am Sonntag im Gottesdienst, beim Lesen einer kirchlichen Zeitschrift oder beim Hören eines übertragenen Gottesdienstes. Die „Stille zu Gott" muss ich selbst suchen.

Ja, Herr, dann kann ich erfahren, was David erfahren hat: „Von Dir kommt mir Hilfe." Denn Dein Helfen, Herr, hat zwei Seiten: eine direkte, sichtbare und eine verhaltene, innere. Sie sind immer miteinander verbunden, wenn auch nicht sofort erkennbar. Die Stille ist Deine große Möglichkeit – Herr, lass mich sie oft nutzen.

Ki. Bl., Mrz. 2003

6. MÄRZ

**Jesus Christus spricht:
Sehet zu, dass euch niemand in die Irre führt!**
Mk. 13,5

Es war ein wunderschöner Morgen. Ich hatte es übernommen, eine Gruppe Jugendlicher ins Gebirge zu führen, denn den Weg war ich schon öfter gegangen. An einer bestimmten Stelle mussten wir abbiegen, dort galt es aufzupassen. Fröhlich gingen wir dahin. Der Weg war gut und schön. Doch plötzlich war er zu Ende. Nach einigem Suchen musste ich sagen: Zurück! – Wir waren in die Irre gegangen. Dieses Erlebnis fiel mir ein, als ich den Vers las. In die Irre führen bedeutet doch auf einen falschen Weg bringen, der am Ziel vorbeiführt. In die Irre gehen, heißt doch: In eine verfehlte Richtung wandern, sich etwas vornehmen, das nichts bringt, einem Vorbild folgen, das mein Leben sinnlos macht. Damals im Gebirge ging noch einmal alles gut. Wir kehrten um und hatten bald die richtige Abzweigung gefunden.

Aber gibt es nicht auch die Möglichkeit, dass ein eingeschlagener falscher Weg nicht mehr zurückgegangen werden kann? Wer kennt nicht die Selbstvorwürfe, in denen man sich sagen muss: Hätte ich nur nicht! Wie anders wäre mein Leben verlaufen! Wie schön hätte alles sein können!

Unser Herr sagt dieses Wort im Blick auf die letzten Tage, die durch sein Kommen eingeleitet werden. Es werden so manche kommen und euch versprechen, sie seien die Erlöser. Da ihr, meine Jünger, das wisst, gebt acht, dass euch niemand verführt.

Es gibt Menschen, die meinen, aus der Heiligen Schrift könne man herausfinden, wann der Heiland wiederkommt. Und nicht wenige glauben, sie hätten für das Verständnis der betreffenden Bibelstellen auch den einzig richtigen Schlüssel. Hier müssen wir uns warnen lassen: Passt auf, dass euch niemand in die Irre führt, denn Tag und Stunde weiß Gott, der Vater, allein.

Unser Leben wird ja von verschiedensten Vorbildern, Hinweisen und Möglichkeiten überflutet. Wir sehen dies oder das, es eröffnet sich eine einmalige Möglichkeit, warum sollte ich nicht? Die anderen tun es auch. Man tut das eben heute! Der Heiland möchte uns warnen: „Sehet zu, dass euch niemand verführt!»

Ein besonderes Gewicht bekommt dieses Wort, wenn wir uns selbst als Verführer ertappen oder unbewusst zu solchen werden. Das kann sehr leicht geschehen. So mancher Raucher oder Trinker hat mit Zorn bekannt: „Hätte ich damals nur nicht auf meinen Freund gehört!" Der vermeintliche Freund war in Wirklichkeit ein Verführer.

Nur: Wie kann man den rechten Weg finden? – Ich denke, da müssten wir auf den Heiland blicken. In diesem Monat treten wir in die Passionszeit ein. Jesus ist den Weg des Leidens und Sterbens gegangen, um unsere Schuld zu tragen und zu büßen. Wer bereit ist, mit ihm diesen Weg zu gehen, der geht nicht in die Irre, sondern kommt zum Vater.

Ki. Bl., Mrz. 1984

**Mein Herz ist fröhlich
in dem Herrn.**
1. Sam. 2,1

Manchmal geht es mir so: Morgens beim Aufwachen ist mein Herz froh! Dann freue ich mich am hellen Tag, an meiner Gesundheit und meiner Lebenslust. Und diesen Frohsinn des Herzens darf ich mitnehmen in den neuen Tag.

Manchmal ergeht es mir auch umgekehrt.

Beim Aufwachen ist mein Herz schwer. Dann fallen die Gedanken über mich her wie schwarze Krähen über den Kirschbaum. Und es fällt mir schwer, mit dem Missmut tagsüber fertig zu werden. Ich bin wohl nicht der einzige, dem es so oder ähnlich ergeht! Und erklären kann man das kaum.

Aber wir möchten es täglich sagen können: „Mein Herz ist fröhlich" – und dann frohgemut durch den Tag gehen. „Mein Herz ist fröhlich in dem Herrn!" Dieses Gebet einer schwergeplagten Frau möchte uns auf dem Weg durch die Tage dieses Monates geleiten.

Denn diese Frau, Hanna, war todunglücklich. Der Herr hatte ihren Leib verschlossen, sie konnte kein Kind haben und wegen dieser Tatsache wurde sie von anderen, mit Kindern gesegneten Frauen gereizt, gekränkt und geschmäht. Sie hatte keinen guten Tag seither und keinen frohen Morgen mehr.

Doch dann hielt sie eines Tages ihren eigenen Sohn im Arm: Samuel, den auf den Knien von Gott erbetenen Sohn. Jetzt konnte sie ihr Haupt erheben, jetzt konnte sich ihr Mund wieder auftun zu dankbarfrohem Lobgesang!

Denn sie wusste es und bekannte: „Es ist niemand heilig wie der Herr, es ist kein Fels so sicher, wie unser Gott. Er allein kann töten und lebendig machen, erniedrigen und wieder erhöhen, die Gedemütigten aus der Asche erheben!" So hat es Hanna erlebt!

Darum war der Frohsinn ihres Herzens nicht eine wechselnde tägliche Stimmung, sondern entquoll getrostem Gottvertrauen. Ein solches Vertrauen zum Vater, der stürzt und erhebt, tötet und lebendig macht, hat Jesus auf seinem Leidensweg begleitet.

Wir gehen mit ihm auf dem Weg der Nachfolge und bitten darum täglich: Lass unsere Herzen froh und getrost sein, Herr, an allen Tagen, nicht nur in diesem Monat!

Ki. Bl., Mrz. 1995

**Jesus Christus spricht:
Ich bin der Weinstock, ihr seid die Reben. Wer in mir bleibt und ich in ihm, der bringt viel Frucht; denn ohne mich könnt ihr nichts tun.**

Joh. 15,5

Dies Wort von dir, Herr,
gibt mir zu denken:
„Ohne mich könnt ihr nichts tun!"
Damals hast du es den Jüngern beim
Abschied gesagt mit dem Zusatz:
„Ihr sollt hingehen
und Frucht bringen, die bleibt!"
Und ich denke mir, Herr, dass du damit
das spätere Wirken der Jünger in deiner
Gemeinde gemeint hast.
Denn sie haben es am Pfingsttag erkannt:
Ohne dich und das Wirken deines Geistes
geht wirklich nichts in der Gemeinde!

Und daran hat sich bis heute überhaupt
nichts geändert!
Alle, die in deiner Gemeinde einen Dienst
haben, seien es die Pfarrer oder Helfer,
die Diakone oder Lektoren,
die Presbyter oder die Glöckner, alle
brauchen deinen Beistand,
auch wenn sie es wenig wissen oder ahnen
Denn durch allen Dienst
bist du, Herr, am Werk!
Durch jeden Dienst
handelst du an den Deinen.
Das aber macht mich zuversichtlich und froh!

Doch nun muss ich weiter nachdenken,
denn dieser Satz wird mich begleiten,
durch diesen Monat und auch weiter:
„Ohne mich könnt ihr nichts tun!"
Auch ich bin ja getauft und gehöre zu
deiner Gemeinde.
Auch bemühe ich mich, manchmal etwas
für dich zu tun, Herr.
Und ich weiß: Damit wirklich etwas wird,
ist deine Hilfe nötig, bestimmt!

Doch das Wort „Frucht" hast du auch
gesagt; und du hast es mit dem Bild von
der Rebe, die am Weinstock bleiben muss,
eindringlich verdeutlicht:

Frucht kann nur werden an einer Rebe,
die vom Lebenssaft des Weinstocks
erreicht wird. Sonst nicht!
Die Verbindung mit dem Weinstock ist
für die Rebe das Leben!

Dann bedeutet die Verbindung mit dir, Herr,
das Leben schlechthin!
Ob du nun das Gebet gemeint hast –
es bedeutet gewiss Verbindung mit dir;
oder ob du den Gottesdienst gemeint hast,
er bringt mich gewiss in Verbindung mit dir;
oder ob du dein Wort gemeint hast,
auch das verbindet mich mit dir!

Darauf also wird es ankommen dass ich
die Verbindung zu dir, Herr, suche!
Und auch darauf wird es ankommen,
dass die Verbindung zu dir nicht abreißt!

Denn auch das hast du gesagt, Herr:
Fruchtlose Reben kommen ins Feuer!
Und wenn mein Leben ohne Frucht bleibt.
Nein, nur das nicht, es wäre schrecklich!
Darum lass mich verbunden bleiben mit
dir, damit auch ich etwas tun kann
für dich…

Ki. Bl., Mrz. 1998

9. MÄRZ

**Gott spricht:
Ein Fremdling soll bei euch wohnen wie ein Einheimischer unter euch,
und du sollst ihn lieben wie dich selbst.**
3. Mo. 19,34

Ach Herr, Du machst es mir schwer mit Deinem Wort und Gebot! Denn manchmal klingt es hart, wie ein Befehl auf dem Exerzierplatz; und ein andermal weich, aber unausweichlich, wie die Verkehrsgesetze, an die wir uns halten müssen, um unser Leben nicht zu gefährden. Dir, Herr, geht es ja um unser Leben, auch in diesem schweren Wort.

„Ein Fremdling soll bei euch wohnen wie ein Einheimischer unter euch ..." – bis zu diesem Punkt lassen wir Dein Wort gelten, Herr. „Ein Fremdling", das war der ganz Andere, mit anderer Sippenzugehörigkeit, anderer Sprache, anderem Glauben. Manchmal kam er als Flüchtling, sehr oft auch als Kriegsgefangener. „Lasst ihn bei euch wohnen", sagt Du, Herr. Gewiss eine gute Anweisung für eine Zeit, da es geschlossene Sippenverbände gab und da feste Ordnungen die Menschen zusammenhielten. Dagegen kamen einzelne Fremde nicht an. Wir Siebenbürger kennen das aus unserer jahrhundertelangen Geschichte: Immer gab es „Fremde" in unseren Dorfgemeinschaften, als Hirten oder Abdecker, Schmiede oder Händler, Korbflechter oder Besenbinder. Sie wurden geduldet und gebraucht und hatten immer ihren eigenen sozialen Status.

Doch Du, Herr, gehst einen Schritt weiter: „... du sollst den Fremdling lieben wie dich selbst." Dieses, Herr, fällt mir schwer! Ist Liebe nicht die totale Zuwendung, die völlige Hingabe an den anderen, das ganze verschenkte Herz? Schon bei dem unangenehmen Nächsten fällt mir das Lieben ganz schwer – dann erst bei dem Fremden!

Doch nun muss ich hinüberblicken in das Neue Testament, zu Deinem Sohn. Er ist auch „Fremden" begegnet: zum Beispiel der Samariterin am Jakobsbrunnen. Er hat mit ihr gesprochen und ihr Deine Liebe angesagt, Und ich denke an die Frau aus Kanaan, die jahrelang an Blutfluss litt und Jesu Gewand von hinten berührte, im festen Vertrauen, gesund zu werden. Sie durfte geheilt und in Frieden weiterleben. Ich denke auch an den heidnischen, römischen Hauptmann, der als Fremdling im jüdischen Land lebte und Jesus für seinen Sklaven bat. Er hat Erhörung erfahren. Und dann erinnere ich mich auch an die Geschichte vom Samariter, der einem Fremden das Leben rettete und Jesus sagte: „Tue desgleichen!"

Wir haben noch viel zu lernen, Herr. Wir bitten Dich, uns dabei zu helfen, damit wir verstehen, was Du meinst. Denn etwas gibt mir zu denken: Der Wechsel im Spruch vom „euch" zum „du"! Das „du" aber gilt mir persönlich.

Ki. Bl., Mrz. 2001

**Jesus Christus spricht:
Ich habe für dich gebetet,
dass dein Glaube nicht erlischt.**
Lk. 22,32

Ich habe es manchmal deutlich gefühlt, dass die Gebete meiner Mutter mich begleitet haben in schweren Zeiten. Immer wieder erlebt man, dass Menschen diese Erfahrung machen: Die Gebete sind wie Schutzengel, wie gute Begleiter um uns. Sie schenken Bewahrung, Gelassenheit, Mut und halten die Hoffnung im Herzen hoch. Sie sind wie ein Schutzschild gegen die listigen Anläufe des Bösen. Denn da ist „mit unserer Macht" gar wenig getan.

Das musste selbst ein Petrus erst lernen, denn er war davon überzeugt, es aus eigener Kraft zu können: „Herr, ich bin bereit, mit dir ins Gefängnis und in den Tod zu gehen." (Lk. 22,33). Und man muss schon sagen, da stecken gewiss Mut, Entschlossenheit und Charakterfestigkeit dahinter. Aber so wertvoll diese Eigenschaften im Leben sind, in Glaubensdingen können sie uns wenig nützen. Darum sagt der Heiland: „Simon, Simon, der Satan hat euer begehrt, dass er euch möchte sichten wie den Weizen. Ich aber habe für dich gebetet, dass dein Glauben nicht aufhöre."

Solange elektrischer Strom durch eine Drahtspule fließt, ist der Eisenkern magnetisch und hält alles Eisen in seiner Nähe fest. Selbst große Kräne können nach diesem Prinzip ungeheure Lasten heben. Aber in dem Augenblick, wo der Strom aufhört zu fließen, erlischt das Kraftfeld und die Eisenstücke fallen ab. So mag man es sich vorstellen mit der Fürbitte: Der Herr selbst tritt für uns ein und sein Kraftfeld hüllt uns ein. Als Jesus in die Nähe eines Besessenen kommt, schreit dieser auf (Lk. 4,31 ff), denn der Böse spürt die Überlegenheit des Heilands. Und dann muss er dem Kraftfeld Jesu weichen und den Kranken verlassen.

„Ich habe für dich gebetet" – das sollte uns Mut machen, für andere in der Fürbitte einzutreten. Wir haben Menschen genug, die das brauchen können: Kinder und Enkelkinder, Nachbarn und Freunde, Traurige und Verbitterte. Sie alle benötigen unser Fürbittgebet. Luther hat einmal gesagt: „Wie ein Schuster einen Schuh macht und ein Schneider einen Rock, also soll ein Christ beten. Eines Christen Handwerk ist Beten." Nur eines dürfen wir nicht vergessen: Es geht beim Beten immer um den Glauben! „Dass der Glaube nicht erlischt" – denn das ist möglich. Auch das Gottvertrauen kann langsam verlöschen. Das geschieht meist dann, wenn wir vorankommen, wenn uns manches im Leben gelingt. Da kann es sein, dass wir meinen, wir würden es schon selbst schaffen, sofern wir nur gesund bleiben. Und meist merken wir gar nicht, wie der Glaube weiter rückt, wie wir aus dem Kraftfeld des Heilandes gleiten.

Aber dem Herrn stehen alle Möglichkeiten offen, uns wieder zu erreichen und zurückzuholen. Und welch ein Trost ist es, zu wissen: Er tritt selbst für uns ein. „Ich habe für dich gebetet!" Ganz persönlich dürfen wir das verstehen und annehmen. Denn in diesem Monat geleiten wir unsern Herrn auf seinem Leidensweg. Was ihn traf, was ihm Schmerzen und Qualen bereitete, ist Leiden um unsrtwillen. Ganz verstehen können wir das kaum. Aber darauf vertrauen sollten wir, dass es wahr ist:

„Deine Angst kommt uns zugut, wenn wir in Ängsten liegen;
durch deinen Todeskampf lass uns im Tode siegen." (EG 65,5)

Ki. Bl., Mrz. 1985

II. MÄRZ

**Der Herr, unser Gott, sei mit uns,
wie Er mit unseren Vätern war.
Er verlasse uns nicht und verstoße uns nicht.**
1. Kön. 8,57

Ein königliches Bitt- und Segenswort ist dieser Spruch. Es lohnt sich, in Muße und Ruhe einmal das ganze achte Kapitel im Ersten Buch der Könige nachzulesen.

Nachdem König Salomo den Tempel in Jerusalem nach der Vorstellung seines Vaters David fertig gebaut hatte, versammelte er das ganze Volk zum Fest der Einweihung. Da spricht er als König und erster Gottesdiener stellvertretend für das ganze Volk ein umfassendes Bittgebet, das in seiner Breite und Tiefe seinesgleichen sucht. Alle Bereiche des menschlichen Lebens, des Daseins als Volk und der Sündenverfallenheit werden vom König angesprochen und vor Gott ausgebreitet. Selbst die „Fremden", die aus „fernen Landen" kommen, werden mit eingeschlossen, damit die Welt Gottes Namen erkenne und Ihn fürchten lerne. So werden diese Gebetsworte zu einem das Welt- und Naturgeschehen umfassenden Bittruf. Dann tritt der Priesterkönig vor das Volk und sagt: „Der Herr, unser Gott, sei mit uns, wie Er mit den Vätern war. Er verlasse uns nicht und verstoße uns nicht. Er neige unser Herz zu ihm, dass wir wandeln in allen seinen Wegen ... und euer Herz sei ungeteilt bei dem Herrn, unserm Gott."

Mich beeindruckt und erstaunt zugleich, wie dieser König in so umfassenden Worten für sein Volk eintritt, und auch, wie diese Menschen zu ihrer Geschichte und zu dem Herrn stehen, in dessen Händen sie ihre Väter und die Geschichte ihrer Väter wissen! Dass Christen für die beten sollen, denen Gott die Regierungsgeschäfte anvertraut hat, das kennt auch das Neue Testament. Aber dass „der König" nicht nur die Aufgabe der Regierung, sondern auch die priesterliche Fürbitte für die Untertanen zu leisten hat, darüber kann man nachdenken.

„Der Herr, unser Gott, sei mit uns, wie Er mit unseren Vätern war." In diesem Gebet verbindet sich unser Leben mit all dem, was mit „unseren Vätern" zusammenhängt: Die Väter bauten Häuser, legten Felder und Gärten an, sie bauten Kirchen mit aufragenden Türmen und um diese bauten sie Burgen, um das eigene Leben und das ihrer Kinder zu schützen. Für die Kinder bauten sie Schulen und bezahlten Lehrer. Sie kamen allsonntäglich zusammen, um den Herrn zu loben, ihm zu danken und sich aus dem Wort Kraft und Trost zu holen für den Weg einer Woche. Und wenn im Ersten Weltkrieg aus fast jeder Gemeinde eine oder zwei Glocken für Kriegszwecke weggenommen wurden, so schafften die Väter nach dem Krieg neue an. Ich kann gar nicht mehr in eine siebenbürgische Kirchenburg eintreten, ohne dass in meinem Herzen das Staunen wach wird darüber, wie doch der Herr „mit unseren Vätern war". Ich bitte: Sei weiter mit uns, Herr, so wie Du mit unseren Vätern warst.

Du, Herr, hast Deine gute Hand nicht nur über Deinem erwählten Volk gehalten; in der von Kreuzesnägeln durchbohrten Hand Christi erreicht sie alle Menschen in dem Bemühen, uns alle an Dein Vaterherz zu ziehen. Und seit Christus lebte, litt, starb und auferstand, wissen wir es: Du wirst keine und keinen verlassen oder verstoßen. Seit ich dies erkannt habe und weiter wahrnehme, bin ich getröstet und zuversichtlich. Wenn ich die Vätergeschichte lese, sei es in Büchern oder in Bauwerken, werde ich dankbar und hoffnungsfroh, weil ich Deine Hand erkenne, die auch mein kleines Leben festhält.

Ki. Bl., Mrz. 2004

12. MÄRZ

Ich bin nicht gekommen, dass ich die Welt richte, sondern dass ich die Welt rette.

Joh. 12,47

In diesem Jesuswort sind zwei Wörter wichtig: richten und retten. Irgendwo gehören sie zusammen. Wer einen anderen richtet, wird nicht viel zu seiner Rettung einsetzen und wer einen rettet, hat sich für sein Leben entschieden.

Folgende Begebenheit kann das erläutern: Auf der Brücke standen viele Leute und wiesen aufgeregt ins Wasser. Dort kämpfte ein Ertrinkender um sein Leben. „Man müsste ihm ein Seil zuwerfen oder einen Balken", sagten einige, „dann könnte er sich retten". „Ach", meinten andere, „den kennen wir; jeden Abend kommt er betrunken heim und vernachlässigt seine Familie und seine Arbeit. Bestimmt ist er auch jetzt im Suff da hineingefallen". Harte, richtende Worte klangen durcheinander. Doch dann geschah etwas: Einer zog den Rock aus und sprang in die Tiefe. Rasch näherte er sich dem Ermatteten und packte ihn unter den Armen. Mit kräftigen Stößen brachte er ihn ans Ufer. Dann sah er dem Geretteten in die Augen und sagte: „Nun ist dir dein Leben neu geschenkt! Sündige hinfort nicht mehr!"

Meistens ist es wirklich unmöglich, uns selbst zu retten. Schon eine Blinddarmentzündung kann uns das Leben kosten, wenn nicht ein rettender Arzt eingreift. Aber wir meinen oft: Retten kann ich mich selbst, nur muss ich eben schwimmen lernen, nicht bloß im Wasser, sondern auch auf den Wogen des Lebens! Ich muss mich sportlich ertüchtigen, charakterlich festigen, Beziehungen knüpfen und es verstehen, mich zu drehen und zu wenden. Es sind nicht wenige, die nach diesem Rezept leben. Und oft hat es den Anschein, als würde das Leben ihnen recht geben. Doch das Heer derer, die sich selbst nicht helfen können, nimmt in der Welt zu.

Jesus meint nicht nur den hilflosen Einzelnen, er meint die Welt, ja sogar den „Kosmos", wie es im griechischen Text steht. Heute ist es keine Neuigkeit mehr, dass unsere Welt einem lecken Schiff gleicht, das dem Untergang geweiht durch den Kosmos jagt, wenn nicht Rettung kommt. Aber sie kann nur kommen, wenn sich die Menschen wandeln.

Der vom Ertrinken Gerettete kann sein altes Leben weiterführen und sich selbst und seine Angehörigen ruinieren; dann war seine Rettung keine Rettung. Aber er kann auch erkennen: „Mir ist mein Leben neu geschenkt worden, damit ich zum Segen für meine Umwelt lebe, den Meinen mit meinem Leben diene." Dieser innere Wandel kann dann seine wahre Rettung sein.

Der Heiland hätte viel an uns zu richten: unsere Lieblosigkeit, unsere Selbstsucht, unsere täglichen bewussten und unbewussten Sünden. Hingegen hat er für uns sein Leben dahingegeben in den Tod am Kreuz!

Wir sind im Richten groß und im Retten klein. Er will nicht richten – nur retten, mich und die Welt. Welch ein Trost ist das!

Ki. Bl., Mrz. 1984

**Bei Gott allein
kommt meine Seele zur Ruhe;
denn von ihm kommt meine Hoffnung.**

Ps. 62,6

Unsere Welt ist ruhelos geworden! Die Ruhelosigkeit kommt in unsere Häuser und Herzen durch das Telefon, den Fernseher, die Nachrichten, die Zeitung.

Wir saßen in der Halle und warteten auf das Flugzeug. Plötzlich stand ein Mann auf, zog sein Handy aus der Tasche, lief in einen etwas stilleren Winkel und sprach. An seinem Gesicht und den Handbewegungen konnte man sehen – er war ganz aufgeregt. Vielleicht hatte er Probleme im Betrieb, in der Familie. Neben ihm ein anderer mit dem Laptop auf den Knien, er schrieb bis zum Einsteigen, ja sogar auf der kurzen Busfahrt bis zum Flugzeug! Die Ruhelosigkeit hatte auch ihn fest im Griff. Und die Leute in unserer Stadt: Alle eilen, möchten möglichst rasch zum Betrieb oder nach Hause – die Hälfte mit dem Handy am Ohr.

Die Nachrichten aus aller Welt zeigen das gleiche Bild. Die Ruhelosigkeit hat erschreckend zugenommen! Unsere Kinder und Enkelkinder werden einfach mitgerissen. Die Folgen sind tragisch. Drogen- und Alkoholsucht unter Jugendlichen nimmt zu. Diese Gedanken begleiten mich, wenn ich den obigen Spruch lese.

„Ort der Ruhe" steht über dem Eingangstor vieler Friedhöfe. Wer hier „zur Ruhe" gebracht wird, ist von der Ruhelosigkeit dieser Welt frei geworden. Doch der Psalmist meint etwas anderes: „Bei Gott kommt meine Seele zur Ruhe." Luther hat diese Bibelstelle anders übersetzt. „Sei nur stille zu Gott, meine Seele!" – als tröstlichen Zuspruch für seine ruhelose Seele.

Offenbar ist die ruhelose Seele die Ursache aller Ruhelosigkeit. Die Menschen des Alten Testamentes hatten jedoch eine „Tag der Ruhe", den siebenten Tag der Woche. Das Sabbatgebot gehörte zu den wichtigsten, (vielleicht) weil es am leichtesten zu kontrollieren war. Und vielleicht macht sich jemand die Mühe, in den Evangelien nachzulesen, wie oft der Heiland mit den Pharisäern wegen der Einhaltung des Sabbats Streit hatte. Ich möchte auch daran erinnern, wie im dörflichen Leben in Siebenbürgen noch in jüngster Vergangenheit der Sonntag mit dem gewohnten Kirchgang der ganzen Familie zu den selbstverständlichen Gegebenheiten gehörte. Die ganze Jugend kam am Nachmittag nochmals zum Vespergottesdienst und durfte unter der Linde tanzen. Diese Menschen brauchten keinen Nervenarzt. In Ruhe und Gelassenheit konnten sie jeden Tag ihr schweres Tagewerk verrichten. Sie hatten einen Tag der Ruhe, den Sonntag, und auch einen Ort der Ruhe, das Gotteshaus.

Tag und Ort der Ruhe preisgegeben. Als ich im Januar vor vielen Jahren nach Russland gebracht wurde, fiele es mir schwer, ohne Sonntag zu leben. Jedem wurde ganz willkürlich ein Wochentag als Ruhetag zugeteilt. Und wir, die Internierten, wurden auch an diesem Tag nicht „in Ruhe" gelassen, sondern zu den verschiedensten Arbeiten im Lager herangezogen. Nur schwer haben wir uns an diese neue Ordnung gewöhnt.

Wie aber ist es heute? Der Sonntag als Tag der Erinnerung an die Auferstehung von Jesus Christus verliert immer mehr seine Sonderstellung in der Reihe der Wochentage. Mal ist „verkaufsoffener Sonntag", oft sind Läden „durchgehend geöffnet". Mit dem Sonntag und dem Gottesdienst wird auch der dreieinige Gott aus unserem Leben verdrängt. Wer aber den verliert, hat die Lebensmitte verloren, die unserem Leben Inhalt, Richtung und Sinn gibt.

Der Herr ist meine Hoffnung. Das ist tröstlich gesprochen. In Russland gab uns „allein die Hoffnung auf eine Heimkehr Kraft zum Durchhalten", so hat es eine Frau bekannt. Und von mir weiß ich es auch. „Von Gott kommt meine Hoffnung!", sagt der Psalmist. Und so ein festes und unerschütterliches Vertrauen wünsche ich mir heute und an jedem Tag. Denn wenn ich die Nachrichten sehe, die vielen Unglücksfälle, die Waldbrände und Sturmfluten, Überschwemmungen und Revolutionen, will mir manchmal die Hoffnung auf eine Besserung in der Welt schwinden. Doch dann denke ich wieder: „Du, Herr, kannst einen Weg finden und zeigen. Und wieder gutmachen, was wir verderben. Du bist und bleibst unsere Hoffnung, auch in dieser, unserer Welt. Schenke mir Ruhe in Dir, heute und an allen Tagen!" Dank für Dein tröstliches Bibelwort!

Ki. Bl., Mrz. 2011

**Jesus Christus spricht:
Wer groß sein will unter euch,
der soll euer Diener sein.**
Mk. 10,43

Als der Lehrer in der Klasse fragte, was jedes Kind einmal werden wolle, antwortete ein kleiner Junge: „Minister will ich werden!" Ob er wusste, was er sagte? Was für Vorstellungen hat er mit diesem Beruf verbunden? Denn das Wort „Minister" heißt einfach „Diener".

Jesus sagt zu seinen Jüngern: „Wer groß sein will unter euch, der sei euer Diener!" – Freilich, der Heiland sagt dies herbe Wort in einem bestimmten Zusammenhang. Zwei seiner Jünger waren zu ihm getreten mit der Bitte: „Lass uns einmal in deiner Herrlichkeit zu deiner Rechten und Linken sitzen!" Ein verständlicher Wunsch! Sie möchten im Reich Gottes ganz nahe bei Jesus sein und dann auch für alle Zeit in seiner Nähe bleiben. Der Heiland verweist sie auf den Preis: Dann müsst ihr auch den Kelch trinken und mit meiner Taufe getauft werden! Er macht einen ganz deutlichen Hinweis auf sein Leiden und Sterben am Kreuz. Und als die beiden bereit sind, auch dieses alles auf sich zu nehmen, sagt Jesus ihnen: Ihr werdet das zwar erdulden, dennoch kann ich euch nichts versprechen; die Plätze im Himmel vergibt mein Vater!

Man kann verstehen, dass die übrigen Jünger über diese beiden unwillig wurden. Darum sagt Jesus allen: Ihr wisst wie das ist bei den irdischen Herrschern. So soll es nicht sein unter euch! Wer groß sein will, der sei euer Diener, denn auch ich bin nicht gekommen, um mir dienen zu lassen, sondern selbst zu dienen und mein Leben dahinzugeben als Lösegeld für viele.

„Wer groß sein will, der sei ein Diener!" Vielleicht wollte der kleine Junge gern groß sein, Minister haben ja leitende Funktionen. Ihre verantwortungsvolle Arbeit hat weitreichende Folgen, und es kann sich schlimm auswirken, wenn ein Minister seine Aufgaben nicht ernst nimmt; wenn er nicht das Wohl aller, sondern das eigene im Blick hat.

Ihr sollt Diener sein, sagt der Heiland. Es wird wohl keiner von uns in ein Ministerium kommen, aber irgendwie sind wir von Gott zu „Ministern" eingesetzt. So dient eine Mutter mit ihren Gaben und ihrer Liebe den Kindern; ein Hausvater dient mit seiner Arbeit und seinen Fähigkeiten der Familie; ein Arbeiter dient mit seinem Wirken dem ganzen Betrieb und ein ehrenamtlicher Mitarbeiter der Kirche dient mit seinem ganzen Einsatz seiner Heimatgemeinde. Was unser Herr Jesus Christus von uns erwartet, ist: treu zu dienen!

Treuen Dienst aber können wir nur leisten, wenn wir den Blick auf den gerichtet halten, der sein Leben im Dienst verzehrte: Jesus Christus! Und Kraft zu solchem Dienen können wir uns nicht selbst geben. Die muss uns geschenkt werden. Dazu muss uns der Heilige Geist mit seinen Gaben die Augen erleuchten, damit wir auch erkennen, wo solcher Dienst, wie der Herr ihn von uns erwartet, getan werden muss. Denn für diesen Dienst können keine Dienstvorschriften ausgearbeitet werden. Was ein Diener Christi zu tun hat, lässt sich auch nicht mit Paragraphen festlegen. Hier sind wir ganz ihm selbst verantwortlich. Und dieser Dienst kann bis zur Selbstaufgabe gehen, wie unser Herr sie uns vorlebte.

Ki. Bl., Mrz. 1988

15. MÄRZ

Ja, Herr, ich glaube, dass du der Christus bist, der Sohn Gottes, der in die Welt gekommen ist.

Joh. 11,27

Zweierlei gibt mir an diesem Bibelspruch zu denken. Zunächst: Er ist das Glaubensbekenntnis einer Frau im Angesicht des Letzten und Schwersten, des Todes. Und dann: Unser Vers soll uns durch die Wochen begleiten, die wir mit Jesus auf dem Weg zum Karfreitag gehen.

Den beiden Schwestern in Bethanien, Maria und Martha, war die Stütze ihres Hauses, der geliebte Bruder Lazarus, durch einen jähen Tod entrissen worden. Nun waren schon vier Tage vergangen, seitdem sein Leichnam in ein Felsengrab gelegt worden war. Und jetzt endlich kommt Jesus. Es lohnt sich, das Gespräch zwischen Martha und dem Heiland nachzulesen, wie es uns Johannes überliefert hat. Denn unser Vers ist der Schlusssatz und zugleich der Höhepunkt dieses bemerkenswerten Dialoges, der mit der Feststellung beginnt: „Herr, wärest du hier gewesen, mein Bruder wäre nicht gestorben!" Schon aus diesem Satz, den wenig später Maria wiederholt, spricht ein felsenfestes Zutrauen zum Heiland. Doch Jesus führt Martha behutsam vom Schmerz über den toten Bruder zu dem fast klassisch formulierten Glaubensbekenntnis: Ja, Herr, ich glaube, dass du der Christus bist – der von Gott Gesalbte zum Herrn über die ganze Schöpfung.

Manchmal wünsche ich mir das: Auch so überzeugend bekennen zu können: „Ich glaube, dass Jesus der Christus ist!" Zwar spreche ich es, vielleicht an jedem Sonntag, im Glaubensbekenntnis: „(…) und an Jesus Christus, Gottes eingeborenen Sohn, unseren Herrn." Doch so, für sich genommen, ohne das verbindende „und", „Christus, mein Gott und Herr", das ist mehr! Wo Menschen das so bekennen können, wie etwa der „ungläubige Thomas" oder der Apostel Paulus, da ist etwas geschehen, eine persönliche, lebendige Begegnung hat stattgefunden, wie etwa bei Martha mit dem Heiland. Das ist ein Geschenk des Himmels.

„Ja, Herr, ich glaube, dass du der Christus bist!" Diese Zuversicht brauchen wir, wenn es bergab geht, wenn sich, wie über dem Leben Jesu, schwere Wolken der Anfeindung, der Niedertracht und des Verrates zusammenziehen, die dann im Karfreitagsgeschehen ihren Tiefpunkt erreichen. Dann zu sagen: „Ja, Herr, DU bist der Christus Gottes!", das ist mehr als ein mitgesprochenes Glaubensbekenntnis im Gottesdienst oder bei der Konfirmation am Palmsonntag.

Ja, Herr, es gibt wohl keine Leserin und auch keinen Leser dieser Zeilen, die nicht auch durch das finstere Tal der Leiden, des Abschiedsschmerzes oder der Verzweiflung gegangen sind. Aber vielleicht haben sie auch das erlebt – da war jemand, der es mir vorlebte, vorsagte oder vorglaubte: „Ja, Herr, ich glaube, dass du der Christus, der lebendige Sohn des lebendigen Gottes bist!" Und dann wurde die Seele wieder frei und fröhlich, ja, Herr, durch Dich! Denn Du hast ja den toten Lazarus aus dem Grab gerufen und es allen gezeigt: „Mir ist gegeben alle Gewalt im Himmel und auf Erden. Ich bin der Christus Gottes – auch für dich."

Ki. Bl., Mrz. 2006

16. MÄRZ

**Gott hat seinen eigenen Sohn nicht verschont,
sondern hat ihn für uns alle dahingegeben
wie sollte er uns mit ihm nicht alles schenken?**
Römer 8,32

Neulich sagte der Arzt:
Sie müssen sich schonen,
sonst wird es schlimm!

O Herr, wir schonen ja gern:
unsere Kleidung und unser Auto,
die gute Stube und unsern Geldbeutel,
unsere Kräfte und unsere Familie –
am meisten uns selbst!

Du aber, Herr, hast deine Liebe
nicht verschont, sondern eingesetzt,
für diese sündige Welt;
selbst deinen eigenen Sohn
hast du nicht verschont,
sondern in die Welt gesandt,
den Leidensweg gehen lassen,
„für uns alle dahingegeben" –
in den grausamen Kreuzestod –
schonungslos!

Wir staunen, Herr,
über so viel Liebe;
wir werden still,
über so viel
schonungslosen Einsatz;
wir lassen uns ermuntern,
zu getrostem Vertrauen
in deine Güte!

In dieser „Dahingabe"
haben wir nun
alles in IHM:
eine Liebe, deinen Frieden,
dein offenes Herz!
Habe Dank, Herr!

Ki. Bl., Mrz. 1991

17. MÄRZ

> **Es gibt keine größere Liebe, als wenn einer sein Leben für seine Freunde hingibt.**
> *Joh. 15,13*

Freundschaft ist ein großes Gut. Wirkliche Freundschaft hält durch, auch in den gefährlichsten Lagen des Lebens. – Zu Beginn dieses Jahres wurde ein amerikanischer Film ausgestrahlt: Ein Soldat kehrt aus dem grausamen Vietnam-Krieg heim. Er blieb unverletzt! Aber seine Seele ist krank, denn er musste in einer lebensgefährlichen Lage seinen schwerverletzten Freund zurücklassen, um das eigene Leben zu retten. Daran leidet er nun. Wie ein Felsbrocken lastet diese Schuld auf seinem Gemüt. Immerfort sieht er sich mit dem Hubschrauber davonfliegen, während sein bester Freund unten verblutet! Er nimmt eine schwere Arbeit im Bergwerk an. Neben ihm schaufelt ein Farbiger. Da bricht plötzlich alles ein! Ein riesiges Felsstück liegt auf dem Bein seines Arbeitskollegen. Der sagt: „Lass mich, rette dein Leben!" „Nein, ich helfe dir!" Und mit einer Brechstange gelingt es ihm, den großen Stein so zu bewegen, dass der Verletzte das Bein herausziehen kann. Doch dann brechen auf den Retter erneut die Felsen herunter. Beide werden schließlich herausgeholt. Als der Farbige ins Krankenhaus getragen wird, sagt er dem Sohn des „Freundes": „Dein Vater hat mir das Leben gerettet!" – Der Vietnamveteran stirbt kurz darauf. Doch seine Rettungstat spricht sich herum und das Zusammenleben in der Wohngemeinschaft verändert sich völlig. Selbst die Kinder lernen, friedlich miteinander zu spielen. – Mich hat der Film sehr beeindruckt. Er ist gleichsam eine Umsetzung des Verses in das tägliche Leben. Freundschaft ist ein ganz großes, ein geschenktes Gut des Himmels!

Freundschaft bewährt sich im Leben. Das haben viele erfahren. Und wer bewährte Freundschaft erlebt, wird dieses nie vergessen können. Dafür bietet die Literatur unzählige Beispiele. Das bekannteste ist wohl die Ballade „Die Bürgschaft" von Friedrich Schiller. Sie beschreibt, wie ein tyrannischer Herrscher durch die bewährte Freundschaft zweier Freunde ein völlig neuer Mensch wird. Echte Freundschaft bewährt sich im Leben, auch in den bedrohlichsten Lagen! Das ist eine Sache, die man schwer beschreiben, aber erleben kann. Einen wirklichen Freund erkennt man erst in einer Notlage. Da wird deutlich: Er hat sein Leben für mich eingesetzt!

Der Heiland nennt uns seine Freunde. So lesen wir in dem Vers, der auf unsern Vers folgt: „Ihr seid meine Freunde, wenn ihr tut, was ich euch gebiete." Wahrscheinlich hat Jesus dieses damals zu dem auserwählten Kreis seiner Jünger gesagt. Doch wir Heutigen dürfen es auch auf uns beziehen. Denn wir wurden ja im Namen des Heilands getauft und darum gehört unser Leben auch ihm! – Freilich, der Heiland erwartet auch etwas von uns; nicht mehr und nicht weniger als dies: Dass wir tun, was er uns gebietet. Denn wahre Freundschaft muss sich immer wieder im täglichen Leben beweisen!

Wer gute Freunde hat, sollte keine Gelegenheit versäumen, das auch zu zeigen: Durch einen Brief, durch einen Anruf, einen kurzen Besuch – Freundschaft macht uns immer auch ein wenig erfinderisch! Wir denken darüber nach, wie wir Freunden eine Freude bereiten können! Und vielleicht wartet auch der Heiland darauf, dass wir ihm täglich Freude bereiten!

Des Heilands Freunde sind auch unsere Freunde. Christen leben in einer Christengemeinde. Und die begeht in diesem Monat die Passionszeit, in der wir des Leidens und Sterbens des Heilands gedenken: Er hat am Karfreitag wirklich sein Leben für „seine Freunde" hingegeben und uns damit auch seine größte Liebe erwiesen. Seine Worte sind darum lebendig und kräftig, weil sein Leben und Sterben dahinter stehen! – Ja, das wollen wir dankbar erkennen und ihn dafür mit unserem Leben preisen!

Ki. Bl., Mrz. 2010

18. MÄRZ

**Jesus Christus spricht: Ich bin der Weg
und die Wahrheit und das Leben; niemand kommt zum Vater außer durch
mich.**
Joh. 14,6

Schweres ist diesmal zu lernen
im Spruch dieses Monats, Herr.
Dazu sind 31 Tage zu wenig –
vielleicht ist ein Leben zu wenig, um das auszulernen.

„ICH BIN DER WEG ...", so sagst du!
Und wir Menschen machen uns auf,
suchen nach neuen Wegen in Wissenschaft und Politik;
suchen nach Auswegen aus den Krisensituationen
der Familien, Völker und Länder;
suchen nach Wegen,
um Hilfsbedürftigen zu helfen, Kranke zu heilen,
Umweltprobleme zu meistern,
und wenn wir meinen, einen neuen,
gangbaren Weg gefunden zu haben,
wissen wir – etwas später: Es war ein Irrweg!
Du aber sagst: „ICH BIN DER WEG!"

Du sagst auch: „ICH BIN DIE WAHRHEIT!"
Und wir Menschen machen uns auf,
die Wahrheit zu suchen in Philosophie und Intellektualität.
Wir leiden an der tragischen Verwechslung von Tatsachen und Wahrheit,
denn es fällt schwer zu begreifen,
dass wir Wahrheit nur im menschlichen Gewand haben können.
Du aber sagst: „ICH BIN DIE WAHRHEIT!"
Und Du, Herr, sagst: „ICH BIN DAS LEBEN!"
Das ist die schwerste Lektion!
Denn deine-unsere Welt, Herr,
ist lebensgierig geworden.
Wir möchten das Leben trinken
wie einen übervollen Becher süßen Getränks,
genießen wie alten, berauschenden Wein;
alles Schöne der Welt auskosten, wie eine herrliche Speise.
Darum machen sich die Menschen auf,
auf die Suche nach Leben.
Doch wir haben es nicht mehr vor Augen:
Das Leben des Körpers ist nicht das Leben,
nicht das Leben, das du meinst.
Ja, Herr, wir haben viel zu lernen an dieser Lektion!
Der Monat März wird nicht ausreichen...
Aber wir bitten um deine Hilfe:
Halte uns in deiner Schule,
an deiner Hand auf dem Weg zum Vater,
auf diesem Weg, auf dem wir
miteinander immer unterwegs sind ...

Ki. Bl., Mrz. 1994

Ich bin überzeugt, dass dieser Zeit Leiden nicht ins Gewicht fallen gegenüber der Herrlichkeit, die an uns offenbart werden soll.
Röm. 8,18

Das Buch eines neueren Autors beginnt damit, dass ein erfahrener Inspektor sagt: „Ich werde sofort misstrauisch, wenn einer sagt: ‚Ich bin überzeugt, das ist der Täter!'" – Doch auch im täglichen Leben behaupten wir felsenfest: „So war es!" – Und danach erweist es sich: Es war doch anders!

In unserem Bibelspruch wird eine Überzeugung laut: Das, was wir hier durchmachen, auch wenn es noch so schwer scheint, fällt nicht ins Gewicht gegenüber der Herrlichkeit, die uns einmal umfangen wird.

Sicherlich: Eine solche Überzeugung ist beachtenswert, zumal ja der Schreiber ein gehöriges Maß an „Leiden dieser Zeit" erlitten hat: Gefangenschaft, Steinigung, Hunger, Schiffbruch auf dem Meer, Verfolgung, Auspeitschung und dazu auch ein persönliches Leiden, das er einen Pfahl im Fleisch nennt und ein Geschlagen-Werden von dem „Satans-Engel". Und nun diese Überzeugung!

Man möchte den Apostel fragen: „Ist es nicht möglich, dass du dich irrst? Denk an die bestialische Folter, wie sie vom Mittelalter an bis heute geübt wird? Denk an die unerträglichen Kopfschmerzen, die das Leben zur Hölle machen können. Denk an das Leiden der Mutter Jesu, die unter dem Kreuz des eigenen Sohnes stehen musste! Denk an die schrecklichen Dinge, die Menschen an Menschen verüben, und das alles soll nichts sein gegenüber etwas ungewissem Zukünftigen?" – „Richtig", wird der Apostel erwidern, „doch ihr sollt das 8. Kapitel zu Ende lesen. Da spreche ich anders: ‚Ich bin gewiss, dass uns nichts von der Liebe Gottes scheiden kann!' Ich bin selbst den Weg von einer Überzeugung zur Gewissheit gegangen – ein überaus schwerer und leidvoller Weg – doch jetzt bin ich gewiss, dass die Liebe Gottes, die in Jesus Christus zur Erde kam, uns in die zukünftige Herrlichkeit trägt. Diese Gewissheit hat mir der lebendige Heiland geschenkt und das ist der Grund, warum ich euch schreibe; nichts sehnlicher wünsche ich, als dass euch diese Gewissheit auch geschenkt werde."

Ja, lieber Gott, durch deinen Apostel lehrst du uns, dass Überzeugungen nur bedingten Wert haben. Denn man kann auch nur so tun, als wäre man von einer Weltanschauung „überzeugt". Aber Gewissheit kann man nicht heucheln. Die hält durch, auch durch die „Leiden dieser Zeit."

„Wir sind zwar gerettet, doch auf Hoffnung."... „Wir wissen aber, dass denen, die Gott lieben, alle Dinge zum Besten dienen."

Um solche Gewissheit bitte ich, lieber Herr, für mich und auch für die Meinen! Denn ihr Leiden ist auch meines. Doch auch für die Vielen, die Du in Leiden führst oder die sie schon tragen müssen, weil Krankheit, Kriegsnot, Hunger oder Durst, Ehezerwürfnisse oder Brutalität ihr Schicksal sind. Führe sie von der Einsicht zur Überzeugung, und von dieser zur Gewissheit, dass in Deinen guten Händen unser geplagtes Dasein liegt, so wie du ja Deinen eingeborenen Sohn durch die Passion zum Osterfest geführt hast. Durch diese Gewissheit lass mich stark werden für alles, was auf mich wartet, damit ich gewiss bleibe auf meinem Weg zu Deiner Herrlichkeit.

Ki. Bl., Mrz. 2007

**Jesus Christus spricht:
Wer bei euch groß sein will,
der soll euer Diener sein.**
Mk. 10,43

Groß sein! – Welche Aussicht, Herr, und welche Versuchung!
Heraus aus allen Niederungen und Zwängen des täglichen Lebens;
höher steigen auf der Erfolgsleiter, höher als alle andern…
Was für eine Verlockung: ganz oben zu sein!
Schon die ersten Menschen erlagen dieser Versuchung
und wollten „sein wie Gott!" Und seither
kommt keiner mehr davon los, keiner,
weder Frau noch Mann, weder Kind noch Greis,
jeder möchte „groß sein".
Ja, selbst im Jüngerkreis gab es dieses:
„Herr, lass uns einmal, im Himmel, neben dir sitzen,
einen rechts und einen links neben dir, Herr, ganz, ganz oben!"
So baten zwei Jünger den Heiland.
Und dessen Antwort: „Ihr wisst doch:
Herrscher halten ihre Völker nieder und tun ihnen Gewalt an.
So soll es nicht sein unter euch,
sondern wer bei euch groß sein will, der soll euer Diener sein!"
Und dann noch dieses:
„Denn auch ich, der Gottessohn, bin gekommen, um euch zu dienen
und mein Leben zu geben als Lösegeld für viele!"

Das also erwartest du, Herr, von uns: dass wir einander dienen,
dass unser ganzes Leben ein Dienst sei
und dass wir mit wachen Augen ausspähen,
wie, wo und wann wir andern dienen können.
So wie die aufmerksame Greisin, die vom Weg einen Splitter aufhob,
denn es könnte sich ein Hund oder ein bloßfüßiges Kind daran verletzen.
Dienen, Herr, mit unsern manchmal geringen Kräften,
mit unsern Gedanken und mit dem Mut,
uns selbst nicht zu schonen.
So dienen, dass wir nicht fragen: „Sehen es die andern?"
oder: „Was wird mir einmal dafür?" –
sondern dienen, ganz ohne Hintergedanken…
Ja, Herr, das erwartest du von uns,
die wir als Getaufte deinen Namen tragen:
DIR dienen und allen anderen.
Dann könnte sich die Erde wandeln,
in deinem Sinne neu werden, Herr.
Das wäre ein Frühlingserwachen,
das Hoffnung und Leben bringt.

Ki. Bl., Mrz. 1996

**Jesus Christus spricht:
Ihr habt nun Traurigkeit, aber ich will euch wiedersehen, und euer Herz soll sich freuen, und eure Freude soll niemand von euch nehmen.**
Joh. 16,22

„Wiedersehen macht Freude!" So sagt eine Redewendung, die wir gerne zitieren, wenn wir etwas Verlorenes wiederfinden oder einen Menschen sehen, den wir lange nicht mehr getroffen haben. „Wiedersehen macht Freude", meistens jedenfalls, denn es gibt auch Menschen, die wir lieber meiden möchten. Doch in den meisten Fällen freuen wir uns wirklich bei einem Wiedersehen.

„Ich will euch wiedersehen", sagt Jesus zu den Jüngern in den „Abschiedsreden" vor seiner Kreuzigung. Und er leitet diesen Satz mit der Feststellung ein: „Ihr habt jetzt Traurigkeit!" Das wundert uns nicht, denn er hatte sehr deutlich von seinem „Heimgang zum Vater" gesprochen. Das aber bedeutet für die Jünger auch den Abschied von ihrem Meister. Kein Wunder also, dass die Jünger traurig sind. – Wie oft haben auch wir Traurigkeit im Überfluss.

Jesus aber verspricht seinen Jüngern: „Ich will euch wiedersehen". Und dann wird eine Zeit bleibender Freude anbrechen. Wir wissen, dass es so war, dass die Apostel mit von Freude erfüllten Herzen in der nachösterlichen Zeit nicht nur die Frohbotschaft des Evangeliums weitersagten, sondern auch in der Gewissheit des Wiedersehens zuweilen den Märtyrertod erlitten.

Wo bleibende Freude ein Menschenherz erfüllt, da geschieht ein tief greifender Wandel im Denken, Wollen, Fühlen und Sprechen.

Bleibende Freude kann zu einer Lebenskraft mit positivem Vorzeichen werden. Und solange sie das bestimmende Element unseres Seins ist, wird sie auch unsere Umgebung prägen, genauso wie umgekehrt das mürrische Verhalten des Vaters oder das unduldsame Verhalten einer überforderten Mutter für die Kinder von prägendem negativem Einfluss sind. „Euer Herz soll sich freuen", sagte Jesus damals. Und er sagt es heute uns, die wir auf den Karfreitag zugehen und dann auch Ostern feiern werden. Er sagt es uns, die wir auch immer wieder an Krankenbetten oder auf den Friedhof geführt werden. Dann haben wir Traurigkeit. Und Jesus sagt es uns, die wir manchmal vor Herzweh vergehen möchten oder unter unabänderlichen Lebenslasten stöhnen. Dennoch ruft uns der Herr zu: „Euer Herz wird sich freuen!"

Ist das nur eine Vertröstung? Wie der Hinweis am Krankenbett: Es wird schon wieder gut, du brauchst nur Geduld. Ein Satz, der Kranken manchmal sehr weh tut! – Unser Heiland aber hat dies alles als ein sicheres Versprechen gemeint und gesagt: Ihr dürft immer gewiss sein, dass das auch wirklich geschieht. Denn dieses Versprechen ist nicht nur an sein Wort, sondern vielmehr an seine Gegenwart gebunden. Gemeint ist: So wie ihr, meine Jünger, jetzt froh seid, weil ich bei euch bin, so werdet ihr auch froh bleiben, weil ich dann auch wieder bei euch bin!

Und weil das nicht nur die Jünger erfuhren, sonder weil das bis heute die beglückende Erfahrung vieler ist, darum ist dieses Wort von der bleibenden Freude gleichsam ein erfülltes Versprechen, das unser Leben und Sein positiv umpolen kann: Ich komme zu dir und dann lebst du in bleibender Freude.

Ja, Herr, dieser Spruch ist ein ganz wichtiges Wort, denn es spricht von der bleibenden Freude, gebunden an die Gemeinschaft mit Dir. – Schenke auch mir diese Gnade, dass ich mich an dies Wort erinnere, wenn ich ganz traurig bin. Schenke mir die Hoffnung, dass meine Traurigkeit dann durch Dich gewandelt wird in Zuversicht und Trost. Und schenke mir auch die offene Liebe zu Dir, damit ich gewiss bleibe, dass dein Wort gilt, nicht nur bis an mein Lebensende, sondern darüber hinaus, bis du kommst, Dich als „der Herr" zu zeigen.

Ki. Bl., Mrz. 2008

**Jesus Christus spricht:
Gott ist kein Gott von Toten, sondern von Lebenden;
denn für ihn sind alle lebendig.**
Lk. 20,38

So ganz leicht ist es nicht,
Dich, Herr, zu verstehen!
Schon die Sadduzäer wussten das, als sie fragten:
Wie ist das mit der Auferstehung?
Wenn ein Witwer wieder heiratet, hat er dann
in der Auferstehung zwei Frauen?
Eine menschlich-logische Frage.
Doch Du, Herr, sagst: „Ihr irrt,
weil ihr weder die Schrift kennt,
noch die Kraft Gottes!" (Mt. 22,29).

Darum geht es: Deine Kraft, Herr, zu erkennen!
Denn: „Du bist ein Gott von Lebenden,
und für Dich sind alle lebendig!"

„Für Dich sind alle und alles lebendig!"
Diese Wahrheit muss ich immer neu lernen!
Draußen weht der Frühlingswind; er bewegt
die noch kahlen, fast toten Bäume, lässt die
Wolken am Himmel wandern,
und ich höre sein Brausen bis ins Zimmer.
Ganz sicher bist Du da, Herr, in diesem Wind,
der das Leben neu weckt, denn:
Du bist ein Gott von Lebenden!
Und ein Gott für die Lebenden!
Das wird mir zunächst einmal wichtig!
Und ich freue mich, Deine Lebendigkeit,
Herr, in allem neu zu entdecken!

Doch da sind auch die anderen, die Toten!
Sie waren auch einmal lebendig, waren uns
wert und lieb und haben durch Dich
und von Dir, Herr, gelebt.
Dann aber gingen sie von uns,
nahmst Du sie uns fort –
undenkbar, dass sie Deine Nähe verloren –
unvorstellbar für uns,
da sie uns doch nahe sind,
dass Du ihnen ferne wärest!

Doch Du warst auch Christus nicht fern,
als er sich gottverlassen wähnte am Kreuz,
als der Tod sein irdisches Leben beendte,
und das Grab seinen Körper aufnahm,
ganz sicher: Du, Herr, warst ihm nicht fern!
Darum wurde es Ostern!
Darum, damit wir Deine Kraft erkennen,
darum, damit wir es neu lernen:
Du bist ein Gott von Lebenden, für uns
Lebende, in uns Lebenden und in Allen!

Denn für Dich sind alle lebendig!
Auch die Kranken und Einsamen,
die Leidenden und Verzweifelten,
die ihr Leben wegwerfen möchten
oder den Bösen darüber verfügen
lassen; für Dich sind alle lebendig,
weil sie alle Dich brauchen
auf dem Weg ihres Lebens, ja,
aber auch nachher auf dem Weg
durch das Sterben,
denn Du bist ein Gott
von den Lebenden
und für Dich
sind alle lebendig!
Lass mich das festhalten!

Ki. Bl. Mrz. 199.

Du sollst deinen Nächsten lieben wie dich selbst; ich bin der Herr.
3. Mo. 19,18

Ein ganzes Jahr hindurch hing in unserem Vorraum ein Hundekalender. Es waren herrliche Fotos von Hunden mit passenden Sprüchen versehen. Der ihn uns schenkte, wusste, dass wir Hunde lieben. Über einem Hundebild steht der Spruch: „Der Hund ist das einzige Lebewesen auf Erden, das dich mehr liebt, als sich selbst." (Josh Billings, 1818-1885) Offenbar hat der Verfasser diese Erfahrung gemacht. Auch viele Schriftsteller haben die selbstlose Liebe von Hunden eindringlich beschrieben, am deutlichsten wohl in der Erzählung „Krambambuli". Der Jagdhund, der sich schuldig fühlt am Tod seines Herrn, verhungert auf dessen Grabhügel. So weit kann Hundeliebe gehen!

Das alles fiel mir ein, als ich den Vers las. Dies sehr bekannte Bibelwort ist aus dem Alten Testament auf uns gekommen. Die jüdischen Schriftgelehrten haben darin die Zusammenfassung aller zehn Gebote gesehen und Jesus hat das auch so bestätigt. Darum schreibt Paulus in seinem ersten Gemeindebrief: „Das ganze Gesetz ist in einem Wort erfüllt: Liebe deinen Nächsten wie dich selbst." (Gal. 5,14)

Wenn wir jetzt an das Wort von der Hunde-Liebe denken und es neben das Gebot der Nächsten-Liebe stellen, erkennen wir: Den Nächsten lieben, wie sich selbst, das kann niemand! Denn was oft Nächstenliebe scheint, ist meist etwas anderes! Wenn mir eine Frau im Bus einen Sitzplatz anbietet, ist das nicht Liebe, sondern Höflichkeit. Auch Berechnung kann hinter dem Appell an die Nächstenliebe stecken! „Bitte sagen Sie mir, wie komme ich zur Straße X?" fragte jemand sehr freundlich am Bahnhof, während sein Komplize versucht, den Koffer zu stehlen! Bettler, auch vor Kirchentüren sitzend, sprechen die Leute auf die Nächstenliebe an! Sie tun das mit großem Können und erlerntem Geschick. Meist auch mit einigem Erfolg. Denn das Gebot der Nächstenliebe ist in fast allen Konfessionen zur Pflicht des Almosengebens erhoben.

Was Nächstenliebe wirklich heißt, hat am deutlichsten Jesus im Gleichnis vom barmherzigen Samariter erzählt. (Lk.10,25 ff.) Da rettet ein Fremder einem Halbtoten das Leben. Jesus sagt damit deutlich: Den oder die Nächsten gibt dir Gott, der Herr. Die kannst du dir nicht selbst aussuchen! Die sind dir gegeben. Sicher: Zunächst sind es die, mit denen du täglich beisammen bist: der Mann, die Frau, die Kinder. Sie stehen dir am nächsten. Dennoch fällt es uns nicht immer leicht, sie „zu lieben"! Ohne es zu merken, macht man sich auch in der Familie das Leben schwer. Wenn Kinder heranwachsen, kann das Zusammenleben schwierig sein. Vielleicht wollen deshalb immer weniger Leute Kinder haben. Auch für Alleinstehende ist das Gebot der Nächstenliebe aktuell, denn schon im täglichen Berufsleben haben wir es immer mit „Nächsten" zu tun, mit den Vorgesetzten und Arbeitskollegen. Wir sind immer von „Nächsten" umgeben. Und wie schwer fällt es uns oft, diese zu lieben! – Die meisten von uns haben neue Nächste bekommen. Sie sprechen eine andere Sprache und gehören einer anderen Konfession an. Da fällt uns das „Lieben" oft noch schwerer. Doch hier steht: „Ich bin der Herr!" und damit ist Gott, der Herr gemeint! Und ER ist auch ihr Herr, nicht nur unserer. Darum sind wir vor IHM gleich. Und vor IHM spielt es keine Rolle, ob sie das Bibelwort auch kennen oder nicht.

Doch noch etwas scheint mir wichtig. Wenn das Gebot der Nächstenliebe für uns ein unerreichbares Ziel bleibt – einer hat es doch erfüllt: Das ist unser Herr Jesus Christus! Als der Mensch gewordne Gottessohn hat er alles, wirklich alles auf sich genommen, um unser Heiland und Retter zu werden. Gerade in der Passionszeit werden wir daran denken müssen. Denn seine Liebe zu uns sündigen Menschen hat ihn alles durchstehen lassen, auch die bittern Stunden des Karfreitags! So ist er uns nicht nur Vorbild im Bezug auf die Nächstenliebe geworden, sondern auch geduldiger Helfer auf unserem Lebensweg, der von der selbstlosen Nächstenliebe geprägt sein soll.

Ja, Herr, DU sprichst mich an! Nun kenne ich Dein Gebot und Deine Forderung. Ich weiß aber auch um Deine Hilfe! Du gibst mir „Nächste" in verschiedener Gestalt. Lass mich immer wieder daran denken und gib mir Kraft zum Tun Deines Willens.

Ki. Bl. Mrz. 2009

24. MÄRZ

**Jesus Christus spricht:
Euer Herz erschrecke nicht!
Glaubt an Gott und glaubt an mich!**
Joh. 14,1

Das ist ein Wort aus den Abschiedsreden Jesu, gerichtet an seine Jünger. Abschiedsworte haben immer ein besonderes Gewicht. So ist es bei uns, und so war es bei Dir, Herr! Die Jünger sollen über Dein Sterben nicht erschrecken.

Du, Herr, weißt es: Der Schrecken gehört zu unserem Dasein. Und der Schrecken hat vielerlei Gesichter. Manchmal ist es ganz harmlos. Ein großer Hund springt plötzlich hervor. Wir werden starr vor Schreck. Doch der Hund will nur spielen. – Manchmal ist der Schrecken bedrohlich: Der Sohn ruft die Mutter an: „Übermorgen muss man mich operieren!" Die Mutter muss sich setzen, vor Schrecken kann sie kaum sprechen. Sie weiß, was kommen kann. Manchmal kann der Schrecken so stark sein, dass er zur Lähmung oder zum Tod führt.

Der Schrecken wird auch das Leben der Jünger überschatten. Er wird da sein in Anfeindung, Verfolgung und Märtyrertod. Die Jünger werden für alle nur Gutes, die Rettung wollen. Und erschrecken werden sie, wenn das nicht erkannt wird. Du, Herr, sagst ihnen und zugleich auch uns: „Euer Herz erschrecke nicht!"

Nur – wie macht man das – nicht erschrecken? Denn aller Schrecken kommt unerwartet und gewaltig über uns. Der Schrecken überfällt uns wie ein Gewalttäter ein wehrloses Opfer.

Deine Aussage verbindest Du, Herr, mit einer freundlichen Einladung: „Glaubt an Gott und glaubt an mich." Vertraut auf Gott und vertraut mir, könnte das heißen. Vertraut Gott, denn Er ist mein und darum auch euer Vater. Er meint es gut, auch wenn das zunächst wenig sichtbar scheint. Vertraut mir, denn ich bin euer Bruder und allzeit bei euch. Es kann euch doch kaum Schlimmeres passieren als mir am Karfreitag. Und auch das war doch der Eingang zum Leben mit dem Vater.

Jetzt aber weiß ich es. In einer Welt, die vom Schrecken geprägt ist, in der die Menschen mit der „Macht des Schreckens" regiert und niedergehalten werden, in der der Tod seine Schreckenshände nach den Menschen ausstreckt, in der auch ich der Übermacht des Schreckens ausgesetzt bin, darf ich in innerer Freiheit mich Dir zuwenden, Herr, am Morgen schon und auch am Abend und immer dann, wenn mein Herz erschrickt, darf ich bitten: „Sei Du mir Hilfe und Trost, schenk mir Gelassenheit und die Zuversicht, dass Du der Herr bist und bleibst auch über das, was mich erschreckt."

Ki. Bl. Mrz. 2002

**Vergeltet niemand
Böses mit Bösem.**
Röm. 12,17

Die junge Frau stand am Fenster und blickte auf die Gasse. So ein schöner Morgen! Doch auf ihrem Herzen lag es wie eine erdrückende Last. Sie hatte gehört, dass die Nachbarin schwer erkrankt sei. Sie sah in Gedanken die drei kleinen Kinder... Wie würde es drüben aussehen? – Seit einem Jahr war sie nicht mehr bei den Nachbarn gewesen. Seit jenem unglückseligen Frühlingstag. Wie es dem Hahn der Nachbarn gelungen war, in ihren Garten zu kommen – wer konnte das wissen. Als sie mit einem Stein nach dem Übeltäter warf, traf sie ihn so unglücklich, dass er tot umsank. Zufällig kam gerade in dem Augenblick die Nachbarin hinzu. Den bösen Worten folgten die bösen Taten und diesen das Gericht. Es war ein böses Jahr gewesen. Aber das Schlimmste war: Sie hatte keine Nachbarn mehr! Kein Wort mehr der Begrüßung, der Hilfe, des Zuspruchs. Die Kinder durften nicht miteinander spielen, am Sonntag saß man nicht mehr zusammen und auch zum Abendmahl konnte man nicht mehr gehen. Es war zum Heulen. Und drüben lag die Nachbarin krank.

Die junge Frau sah den Nachbarn aus dem Haus treten. Jetzt, dachte sie, jetzt muss es sein. Rasch nahm sie ein wenig Kuchen und eilte mit bangem Herzen hinüber. „Herr hilf!", bat sie, ehe sie anklopfte. Einen Augenblick stand sie mit betendem Herzen in der Tür, dann eilte sie zum Bett der Nachbarin. – Was die beiden dort gesprochen haben, das weiß Gott allein. Aber sie haben einander vergeben. Zu Mittag brachte sie der Nachbarin eine kräftige Suppe. Es war wieder Frieden. Und am Sonntag konnten sie alle zum Abendmahl gehen.

„Vergeltet niemand Böses mit Bösem!" Es beginnt nicht immer mit einem Hahn oder einer bösen Tat. Meist fängt es mit bösen Gedanken an. Wer hat noch nie in einem Selbstgespräch böse Gedanken in seinem Kopf bewegt? Böse Gedanken können sich wie eine Zentnerlast auf Herz und Gemüt legen. Und sie verfinstern den Sinn und verdunkeln den Tag. Aber es steckt uns ja allen tief im Blut, Böses mit Bösem zu vergelten. „Wie du mir, so ich dir!", nach dieser Melodie geht es meist zu in der Welt. Und das nennt man dann Gerechtigkeit! „Es ist nur gerecht, wenn ihm das auch passiert, wo er doch ..." Wie oft wird so gedacht und gesprochen.

Gott versteht unter Gerechtigkeit etwas anderes. Das kann man an Christus erkennen, „welcher uns gemacht ist von Gott zur Weisheit und zur Gerechtigkeit und zur Heiligung und zur Erlösung" (1.Kor.1,30). Jesus handelte anders als wir Menschen. Wie, steht im 1. Petrusbrief: „Welcher keine Sünde getan hat... welcher nicht wieder schalt, da er gescholten ward, nicht drohte, da er litt." (2,22). Christus hat das Gesetz der Sünde durchbrochen. Es ist ihm nicht leicht geworden. Er musste sein Leben drangeben. Aber so ist ein Anfang gemacht zum Guten, zum Frieden mit Gott.

Frieden – das ist auch ein Schlagwort unserer Zeit. Den Frieden im Großen möchten alle. Aber er beginnt im Kleinen, zwischen den Arbeitskollegen, den Nachbarn, den Familienangehörigen. Eigentlich fängt er bei meinen Gedanken an.

Wir gehen in diesem Monat durch die Passionszeit. Am Gründonnerstag werden wir es neu hören: „Für euch gegeben, zur Vergebung." Durch Jesu Tod ist nicht nur das Böse überwunden. Sein Tod hat auch dem Bösen die Macht genommen. Und wer dem gekreuzigten Herrn vertraut und sich an ihn hält, der bekommt Kraft, Versöhnung anzubieten und das Böse mit Gutem zu überwinden.

Ki. Bl. Mrz. 1983

So steht's geschrieben, dass Christus leiden wird und auferstehen von den Toten am dritten Tage; und dass gepredigt wird in seinem Namen Buße zur Vergebung der Sünden unter allen Völkern. Fangt an in Jerusalem.

Lk. 24,46-47

Man sollte das ganze 24. Kapitel im Lukas-Evangelium im Zusammenhang lesen, um etwas von der Vielschichtigkeit dieses Verses zu verstehen. Denn: Nachdem der Auferstandene von sich gesprochen hat, gibt er den Jüngern den klaren Auftrag: Predigt Buße und Vergebung!

Litera scripta manet, sagt ein altes lateinisches Sprichwort. Und die Römer haben auf ihren Eroberungskriegszügen wohl auch Steine mit eingemeißelten Inschriften gefunden und eigene hinterlassen. „Der geschriebene Buchstabe bleibt." Heute noch kann man sie bewundern, die uns Kunde geben von Geschehnissen aus längst vergangenen Tagen.

„So steht's geschrieben", sagt Christus von sich selbst. Dieser Hinweis auf die Schrift ist für die neutestamentlichen Schreiber ein gewichtiges Beweismerkmal. Was vorher geschrieben ist und sich jetzt erfüllt, das muss unbedingt wahr und wirklich sein.

Wir heutigen Menschen, die wir in dem „papierenen Zeitalter" leben, haben ein etwas gebrochenes Verhältnis zu allem Geschriebenen. Nicht nur, weil wir den vergänglichen Werkstoff Papier für das Geschriebene benützen. „Papier ist geduldig", sagen wir manchmal etwas abschätzig, es schreit nicht, wenn nur die halbe Wahrheit darauf geschrieben oder gedruckt wird.

Doch der Heiland setzt das Geschriebene als erfüllte Voraussage: „Christus wird leiden, sterben und auferstehen am dritten Tag!" Und so sagen wir es bis heute in unserem Glaubensbekenntnis. Dieser Satz ist nun gleichsam die Mitte, der Angelpunkt unseres Glaubens geworden, die unverzichtbare Aussage über den Heiland der Welt und auch unseres Lebens.

Und wenn heuer auch das Osterfest in den Monat März fällt, so möchte uns das erinnern: Hier geht es um das ganz Zentrale unseres Glaubens. Doch die Jünger bekommen von dem Auferstandenen den Auftrag: „Predigt Buße zur Vergebung der Sünden unter allen Völkern!" Die Apostel haben diesen Auftrag in der Kraft des Heiligen Geistes wahrgenommen. Und der lebendige Herr hat sie begleitet und gestärkt. Jerusalem wurde der Ausgangspunkt für diesen Segensstrom, der seither rund um den Erdball fließt und aus dem wir heute noch trinken und Kraft schöpfen dürfen.

Ja, Herr, alles Predigen kann nur in Deinem Auftrag geschehen. Einige tun es, weil sie den Pfarrberuf gewählt haben, andere tun es, weil Du, Herr, sie dazu drängst, und wiederum andere „predigen", ohne sich dessen bewusst zu sein. Denn: Gute Worte, die auf Dich, Herr, hinweisen, auf Dein Leiden, Sterben und Auferstehen, auf Deinen himmlischen Vater, der der rechte Vater ist über alle seine Erdenkinder, das ist Predigt zur Buße im allerumfassendsten Sinn.

Und wenn Menschen diese „Hinwendung zu Dir", Herr, vollziehen, da geschieht das befreiende Wunder des Glaubens. Da erreicht Dein Trost ein verzagtes Herz; da wird die Hand zur Versöhnung gereicht; da werden Worte gesprochen, die Balsam für die Seele sind; und da fällt etwas von Deinem Licht, Herr, in verfinsterte Winkel. Und es könnte sogar sein, dass politische Entscheidungen über Dich, Herr, eine unerwartete Wendung zum Guten nehmen. Nur anfangen muss ich, – Dein Segen bleibt nicht aus.

Ki. Bl. Mrz. 2005

Gott hat seinen eigenen Sohn nicht verschont, sondern hat ihn für uns alle dahingegeben – wie sollte er uns mit ihm nicht alles schenken?
Röm. 8,32

Du hast deinen eigenen Sohn
nicht verschont, Herr –
über diesem Satz werde ich still!
Zum „Schonen" sind wir immer bereit!
Wir schonen das neue Auto
und legen auf die Sitze Schonbezüge!
Wir schonen auch den neuen Teppich
mit einem billigen Schon-Teppich!
Die Jäger und Fischer halten sich
an Schon-Zeiten für die Tiere
und die Förster sagen „Schonung"
zu einem geschützten Jungwald.
Der Arzt verordnet dem Operierten
eine Schonzeit, verbunden mit Schonkost,
und der geplagten Mutter raten wir:
„Sie sollten sich einmal richtig schonen!"
Auch unsere Waschmaschine
hat einen Schongang:
Wenn wir ihn einschalten,
wird die Wäsche pfleglich
und sanft gewaschen.

Ja, Herr, offenbar haben wir
das Schonen sehr gut gelernt
und vielleicht hängt das
damit zusammen, dass wir vorteilsbedacht
überlegen, denken und handeln.
Schonen bringt Vorteile,
Geschontes lebt länger.
Und wer, „schont", handelt sorgsam
und rücksichtsvoll, sanft
und sparsam und freundlich!
So meinen wir und so handeln wir!

Nur manchmal merken wir
das Umgekehrte:
Weil sich die Mutter nicht schonte,
hat das Kind überlebt!
Weil sich die Eltern nicht schonten,
wurden Kinder tüchtig.
Weil sich der Rettungsschwimmer nicht schonte,
wurde der Ertrinkende gerettet!
Oder vielleicht, Herr, –
ich wage es kaum zu denken, zu schreiben –
warst Du, Herr, da mit am Werk,
immer mit am Werk,
wo sich Menschen nicht schonten,
und das Werk gelang,
eben weil Du dabei warst –
Du hast deinen eigenen Sohn nicht verschont –
Du hast es zugelassen, dass die Menschen ihn
erst verehrten, dann aber verlachten
und verfolgten; dass sie ihn gefangen setzten
und verurteilten und qualvoll töteten,
und das sein Ruf anscheinend ungehört verhallte:
„Mein Gott, warum hast Du mich verlassen?"

So, Herr hast Du deinen Sohn,
schonungslos dahingegeben – wahr
und dennoch unbegreiflich für uns!
Und wer das im Glauben begreift, wie Paulus,
der erkennt und merkt und wird froh:
„In ihm schenkt uns der Herr alles!"
Alles – das ist das entscheidende Wort!
Alles – das bedeutet das volle und ganze
Leben, das von dir erfüllte Leben, Herr,
das dir verbunden ist, wie die Apostel es
lebten, das dir in Dankbarkeit verbunden ist,
wie die Psalmisten es uns vorsingen, das dir im
Vertrauen verbunden ist, dass Du das Endliche
ansiehst, nicht das Zeitliche,
dass deine Schonungslosigkeit
unsere Rettung im Blick hat,
die auch mir gilt!

Ki. Bl. Mrz. 1999

28. MÄRZ

**Christus spricht:
Wenn ihr betet, so vergebt!**
Mk. 11,25

Es ist schrecklich, wenn Menschen nicht mehr miteinander reden; wenn sie sich nicht mehr alles sagen und anvertrauen können. Da zerbricht alle Gemeinschaft. Noch schlimmer ist es, wenn wir nicht mehr mit Gott reden. Das Gebet ist das herrliche Vorrecht, das wir mit Gott als unserem Vater reden dürfen. Ihm dürfen wir alles sagen, was uns bewegt: die Sorge um unsere Kinder, um einen Kranken in unserem Bekanntenkreis, um einen Einsamen in unserer Nachbarschaft oder einen Leidgeprüften, der uns nahe steht. Alle Nöte, die uns bewegen, dürfen wir vor Gott ausbreiten. Sicher aber haben wir auch Ursache genug zum Danken. Der Dank kann nun einmal in keinem Gebet fehlen.

Jesus möchte uns in diesem Spruch noch auf etwas Wichtiges hinweisen: „Wenn ihr betet – so vergebt." Und er fügt hinzu: „Damit auch euer Vater im Himmel euch vergeben kann." Der Heiland ist also der Meinung, dass die Vergebung ins Gebet mit hineingehört. Sie darf da nicht fehlen.

Schon in der Bergpredigt sagt uns der Herr deutlich: Wichtiger als der Besuch des Gottesdienstes ist die Versöhnung! (Matth. 5,23). Denn wenn dir auf dem Weg zum Gottesdienst etwa einfällt, dass dein Bruder etwas wider dich hat, geh zuerst zu ihm und versöhne dich. Jesus macht die Versöhnung gleichsam zum Herzstück des Glaubens. Da dürfen wir uns auch nicht wundern, wenn sie auch in unserem Beten ihren Platz haben muss.

Nun hat schon Jesus die Bitte um Vergebung in das Vaterunser eingefügt. Aber offenbar meint er es hier anders, wenn er sagt: „Wenn ihr betet – so vergebt!" Ich könnte mir vorstellen, dass jemand darum nicht mehr beten kann, weil in seinem Herzen Hass oder Unmut schwellen. Solcher „Rauch" erstickt alle guten Gedanken und lässt die Verbindung mit Gott abreißen. Da ist gleichsam der Hauptschalter abgedreht. Nun fließt kein Strom mehr durch die Leitung, es gibt kein Licht und keine Wärme mehr und alles Hantieren an den Schaltern in den einzelnen Zimmern führt auch zu keinem Erfolg. Das Hauptübel muss beseitigt werden. Und das je schneller, umso besser. Darum gehört zum Beten auch das Vergeben.

Die ganze Tiefe des Zusammenhanges zwischen Beten und Vergeben aber hat uns Jesus in dem Gebet bei seiner Kreuzigung dargelegt: „Vater, vergib ihnen, denn sie wissen nicht, was sie tun!" (Luk. 23,34). Ähnlich hat auch Stephanus für seine Mörder gebetet: „Herr, behalte ihnen diese Sünde nicht!" (Apg. 7,59). Ob wir auch einmal so weit kommen in unserem Beten?

Diese Leidenszeit könnte uns anleiten, in unser Beten das Vergeben mit einzubeziehen.

Ki. Bl. Mrz. 1980

29. MÄRZ

Herr, stärke unseren Glauben!
Lk. 17,5

Sicher haben wir das schon mal im Film gesehen: Eine Gruppe von Bergsteigern macht sich auf, über Schneefelder und gefährliche Felswände einen Gipfel zu besteigen. Und bevor sie losziehen, seilen sie sich an. Beginnend vom Führer bis zum letzten, hängen sie alle an einem Seil. Schon mancher, der in eine Gletscherspalte stürzte, verdankt diesem Seil sein Leben. Die „Seilschaft" – wie die Bergsteiger sagen – ist eine Gemeinschaft von Menschen, die ein Ziel im Blick haben, gehalten werden und sich untereinander helfen.

An das Bild einer solchen „Seilschaft" wurde ich erinnert, als ich diesen Vers las. Wir treten ja in die Passionszeit ein, in der wir den Herrn Jesus durch alle Stationen seines Leidensweges begleiten. Und nun die Bitte der Apostel: „Herr, stärke unseren Glauben", „mehre unseren Glauben" (so Luther) oder genauer: „Verleihe uns Glauben!"

Im 17. Kapitel des Lukasevangeliums sagt Jesus im Anschluss an diese Bitte zu den Jüngern: „Wenn ihr Glauben habt so groß wie ein Senfkorn, dann könnt ihr zu diesem Maulbeerbaum sagen: Reiß dich aus und verpflanze dich ins Meer! Und er wird euch gehorchen." Und an einer anderen Stelle (Matth. 17,20) sagt der Herr: „Wahrlich, wenn ihr Glauben habt wie ein Senfkorn, so könnt ihr sagen zu diesem Berge: Hebe dich von hinnen dorthin! So wird er sich heben, und euch wird nichts unmöglich sein." Eine solche Macht und Stärke hat Christus dem Glauben zugesprochen!

Das Wort „Glauben" verwenden wir meist im Sinne von „Vertrauen". Sicherlich, die Männer einer Seilschaft müssen ihr ganzes Vertrauen auf den setzen, der ihnen vorangeht. Auch wenn sie ihn im Nebel gar nicht sehen oder ihnen der Weg allzu mühevoll und gefährlich erscheint. Sie vertrauen, dass sie trotz allem richtig geführt werden.

Es können uns die Führungen und Fügungen Gottes am unverständlichsten erscheinen, wie vielleicht dem letzten Mann der Seilschaft der eingeschlagene Weg unbegreiflich vorkommt. Das Wichtigste aber ist gar nicht sein Vertrauen, sondern, dass er am Seil bleibt und gehalten wird. Und dass er den Halt empfindet, der ihm geschenkt wird.

Die Bitte „Herr, stärke unseren Glauben" kann darum heißen: Gott, gib uns die Gewissheit, dass wir mit dir verbunden sind. Lass uns dir getrost folgen, auch auf dem Kreuzesweg. – Sie kann aber auch bedeuten: Halt uns fest in deiner Gemeinschaft, zusammen mit anderen Brüdern und Schwestern, die den gleichen Glauben bekennen und darin leben möchten. – Die Bitte um Glauben heißt aber auch: Schenke uns doch frohe und dankbare Herzen, die zuversichtlich mitgehen, auch wenn wir den Weg und seinen Ausgang nicht kennen.

Unser Glaube wird vielleicht keine Berge versetzen, aber damit wir in den Nöten, Gefahren und Abgründen unseres Lebens nicht verzweifeln, sondern gehalten werden, bitten wir: „Herr, stärke unseren Glauben!"

Ki. Bl. Mrz. 1981

**Der Name Gottes sei gepriesen
von Ewigkeit zu Ewigkeit!
Denn er hat die Weisheit und die Macht.**
Dan. 2,20

„Gelobt sei der Name Gottes zu Ewigkeit, denn ihm gehören Weisheit und Stärke!" – so übersetzt Luther diesen Bibelvers. Aber erst wenn man das ganze zweite Kapitel des Danielbuches liest, wird man die Tiefe und die Tragweite dieses Lobverses begreifen. Denn da wird uns vom König Nebukadnezar berichtet, der sich als Feldherr und Staatsmann wahrlich einen „Namen" gemacht hatte. Seinen Heeren hatte kein Land widerstehen können und seinen Befehlen musste jeder gehorchen. Und nun war der Befehl ausgegangen: „Alle Weisen zu Babel sind umzubringen!" Zu ihnen gehörte auch der fromme Daniel. Denn Nebukadnezar hatte einen Traum, der sollte ihm von den Weisen gedeutet werden. Weil das keiner konnte, sollten sie sterben. Daniel aber betete und ihm wurde es geschenkt, den Traum und die Deutung zu wissen. Daraufhin lobt er den Herrn des Himmels: „Gepriesen sei der Name Gottes von Ewigkeit zu Ewigkeit. Denn er hat die Weisheit und die Macht! Er ändert Zeit und Stunde; er setzt Könige ab und setzt Könige ein; er gibt den Weisen ihre Weisheit und den Verständigen ihren Verstand ... denn bei ihm ist lauter Licht."

Vielleicht sollte man aber auch das 3. Kapitel des Danielbuchs noch lesen. Denn König Nebukadnezar wollte seinen Namen noch höher heben. Darum ließ er ein Standbild seiner Person machen, das sollten alle anbeten, wenn der Schall der Posaunen erklinge. Doch Daniels Freunde beugten sich diesem Befehl nicht: „Dein goldenes Standbild beten wir nicht an!" – Gott hat ihre Standhaftigkeit auf wunderbare Art belohnt.

Gottes Namen preisen, ihm Loblieder singen ist nicht schwer, wenn die Gemeinde zum Gottesdienst versammelt ist. In der Gemeinschaft singt es sich leicht: „Nun danket alle Gott" oder „Großer Gott, wir loben dich". Aber mitten im Alltag, wenn es scheint, als würden die Ereignisse Gottes Macht überrollen, da braucht es mehr Mut zum Gotteslob. Wir denken etwa an die Ereignisse der Karwoche. Welchen Jüngern war zum Gotteslob zumute, als Jesus Christus in einem Schandprozess verurteilt, gepeinigt und gekreuzigt wurde? Schien es da nicht, als ob Gottes Macht sich der menschlichen Macht beugen müsste? Schien nicht irdische List über Gottes Weisheit zu triumphieren?

Daniel hat sein Todesurteil vor Augen – und lobt Gott dennoch. Paulus und Silas im Kerker in Philippi „beteten und lobten Gott". Und es geschieht ein unerwartetes Wunder!

Wo Menschen Gott loben, verändert sich etwas im Menschen selbst. Gott hat unser Lob nicht nötig, aber wir brauchen es, um gelassener, zuversichtlicher zu sein. Damit unser Herz sich wandelt und unser Vertrauen stärker wird. Es geschieht aber noch etwas: Durch das Gotteslob bekommen wir rechte Nüchternheit. Menschen können sich einen Namen machen, sei es durch Macht oder Gelehrsamkeit oder Künstlertum, und oft trübt die eigene Berühmtheit das klare Urteilsvermögen, wie bei Nebukadnezar.

Wir aber werden ermahnt, Gott zu loben und ihm die Ehre zu geben. Gleich, ob es leicht oder schwer ist. So bleiben wir nüchtern in der Beurteilung aller Ereignisse. Denn wir kommen ja von Ostern her. Da wurde ein für alle Mal deutlich: Gott behält das letzte Wort. Er behält die letzte Macht, auch über Krankheit, List, Leiden und Tod. Darum gilt es von Daniels Zeit bis heute: „Der Name Gottes sei gepriesen von Ewigkeit zu Ewigkeit! Denn ER hat die Weisheit und die Macht."

Ki. Bl. Apr. 1989

Einen anderen Grund kann niemand legen als den, der gelegt ist: Jesus Christus.

1. Kor. 3,11

Jeder weiß das: Ein Gebäude ist so gut wie sein Fundament. Dieses muss die entsprechende Tragkraft haben. Man wird zwar kaum etwas von ihm sehen. Im Gegensatz zu einer schönen Außenwand, die ins Auge springt, ist das Fundament tief im Erdreich drinnen und fällt keinem auf. Dennoch ist es der wichtigste Teil eines Gebäudes.

Jesus erzählt von einem, der auf eine gute Ernte hoffen durfte und sich nun sagte: „Ich will alles sammeln und zu meiner Seele sagen: Iss und trink und habe guten Mut, denn nun hast du einen großen Vorrat und bist wohl versorgt." – Gott aber sagte zu ihm: „Du Narr, morgen früh bist du tot!"

Offenbar hat dieser Mann sein Leben auf einen Grund stellen wollen, welcher der letzten Macht, dem Tod, nicht standhalten konnte. Er hat sich ein eigenes Lebensfundament gemacht und gemeint, auf diesen Grund könne er sein Leben stellen und erhalten.

Paulus sagt: „Gott hat selbst einen festen Grund gelegt: Jesus Christus." Dies Fundament kann niemand mehr ausgraben. Und keiner braucht sich mehr zu bemühen, seinem Leben einen selbstgelegten Grund zu geben. Gottes Grund ist gelegt. Und auf ihn dürfen wir uns getrost stellen.

Nur – ein Fundament hat eine bestimmte Form und Größe. Die hat der Baumeister festgelegt. Und im Fundament schon zeigt sich das Gebäude, das einmal darauf stehen wird.

Gott hat Jesus Christus durch Leiden zur Herrlichkeit geführt, durch den Karfreitag zum Ostersieg, durch den Tod zum Leben, durch das Sterben zur Auferstehung. Das sind die Linien seines Planes, des Grundes, der gelegt ist.

Wir sehnen uns nach einer Welt ohne Leid und Gram und Tod. Die Linien dieser Welt sind vorgezeichnet. Ihr Grund ist gelegt. In der Auferstehung Jesu Christi.

Vielleicht sehen wir noch wenig davon. Vertrauen wir aber, dass dieser Grund trägt in Zeit und Ewigkeit.

Und wollte alles wanken und bräche alles ein,
so sollen dein' Gedanken in ihm verwurzelt sein.
Wenn auch von deinen Wänden der letzte Pfeiler fällt:
Er hat dich doch in Händen, der alle Himmel hält.

Ki. Bl. April 1980

**Seid fröhlich in Hoffnung,
geduldig in Trübsal, beharrlich im Gebet.**
Röm. 12,12

Als ein Pfarrer in seine neue Gemeinde kam, hielten ihn die Leute an, den blinden Korbflechter zu besuchen. Bangen Herzens raffte er sich dazu auf. Was sollte er diesem bedauernswürdigen Menschen sagen? Als er in die Werkstatt trat, fand er einen fröhlichen Menschen vor. „Herr Pfarrer", sagte der Blinde, „wir können gleich miteinander meinen Lieblingschoral singen." Und sie sangen gemeinsam: „Befiehl du deine Wege und was dein Herz nur kränkt, der allertreusten Pflege des, der den Himmel lenkt." Es kam zu einem erfrischenden Gespräch. Der Pfarrer durfte einen starken Glaubenstrost von dem Blinden mitnehmen.

Am Schluss des Briefes an die Römer schreibt der Apostel Paulus einige Anweisungen für das Leben einer Christengemeinde. Da lesen wir auch den Vers, der uns als Spruch dieses Tages dienen soll: „Seid fröhlich in Hoffnung."

Schon jeder hat es erlebt, dass tiefe Niedergeschlagenheit sich nur dann ausbreiten kann, wenn wir die Hoffnung verloren haben. Wo einer die Hoffnung aufgibt, gibt er sich selbst auf, da machen sich Kummer und Missmut breit und beginnen das Leben zu lähmen. Wo aber die Hoffnung aufkeimt, da verwandelt sich die Welt; nein – die Welt verwandelt sich nicht, ich kann sie nur anders sehen! Die Hoffnung ist wie das Morgenrot: Da weiß ich sicher, die Sonne kommt und es wird Tag!

Hoffnung muss sich an etwas Sicheres klammern können. Unser Herr Christus hat versprochen: „Ich bin bei euch alle Tage bis an das Ende der Welt!" Er weicht nicht von unserer Seite. Er ist unsere Hoffnung im Leben und im Sterben. Sollte das nicht ausreichen, uns fröhlich zu machen?

„Geduldig in Trübsal" – wir sind nicht die Herren über Leid, Kummer, Krankheit oder über den Tod. Über Nacht, ganz plötzlich, sind sie da, diese Mächte, gegen die wir wehrlos sind. Sie werden an unserer Seelenkraft zehren, unsere Tatkraft lähmen. Wie uns da Geduld helfen kann, liest man am besten in dem Lied unseres Gesangbuches Nr. 331. Geduldig in Trübsal aber heißt: Das getrost annehmen, was Gott einem auferlegt, erdulden, was Gott schickt.

„Seid beharrlich im Gebet". In der alten Lutherbibel steht: „Haltet an am Gebet." Also: Betet immer wieder! Auch dann, wenn ihr meint, Gott würde nicht hören. Auch dann, wenn die Vernunft „nein" sagt, und auch dann, wenn es sinnlos erscheint! Beten hilft immer! Es macht ein fröhliches, hoffnungsvolles und geduldiges Herz. Brauchen wir mehr?

Ki. Bl. Mrz. 1987

Musste nicht Christus das alles erleiden und in seine Herrlichkeit eingehen?
Lk. 24,26

Es gehört viel dazu, traurige Menschen zu trösten, ihnen ein gutes Wort zu sagen. Meist sind wir Betrübten gegenüber recht hilflos. Wir stammeln etwas von Mitgefühl, aber es gelingt uns nicht recht, unser Gefühl in die richtigen Worte zu fassen. Gänzlich unpassend aber scheint es uns, traurigen Menschen Fragen zu stellen.

Nun wollen wir uns in die beiden Jünger versetzen, die am dritten Tag nach der Kreuzigung ihres Meisters aus Jerusalem aufbrechen. Sie sind traurig. Und ihre Gespräche haben nur das eine Thema: den Verlust ihres Herrn. Ganz furchtbar war sein Ende. Nicht nur die Todesart war qualvoll, er war mit zwei richtigen Verbrechern gekreuzigt worden! Und es hätte jedem klar sein müssen: Er hatte diesen Tod nicht verdient. Er hatte doch so vielen geholfen! Und das war nun der Lohn? – Aber vielleicht hat diese Beiden ein anderer Gedanke noch mehr geplagt: Warum hat Gott das zugelassen, dass sein Sohn diesen Tod starb? Warum hat der Allmächtige nicht eingegriffen und vor den Augen der Menge seine Gewalt gezeigt? Vielleicht hatten sie das erwartet. Aber Gott hat zum Frevel der Menschen geschwiegen, sodass auch Jesus nur noch fragen konnte: „Mein Gott, warum hast du mich verlassen?"

Wie oft denken wir alle so. Wir erwarten etwas von Gott und meinen, das sei die einzige Möglichkeit, zu handeln. Und wir können auch eine ganze Reihe von Gründen anführen, warum es so am allerbesten sei! Und wenn es dann nicht so kommt, begraben wir die Hoffnungen – wie die Emmausjünger: „Wir aber hofften, er würde die Erlösung bringen!" Es ist ihnen alles genommen worden. Mit leeren Herzen und Händen stehen sie da.

Dennoch aber werden sie getröstet. Und zwar durch eine Frage, die der Auferstandene an sie richtet: „Musste nicht Christus das alles erleiden?" Diesen Satz sollte man ganz langsam lesen und jedes Wort bedenken. Denn Jesus hätte nicht leiden müssen. Das hat ihm schon Petrus zugeflüstert: „Nur das nicht." (Mt.16,22 f). Und auch in Gethsemane bestand noch die Möglichkeit zur Flucht.

Und dennoch musste er leiden. Indem er sich in den Willen Gottes einordnete, stand das göttliches „Muss" über seinem Leben. Er musste den Weg der tiefsten Erniedrigung gehen. Denn Gott kann auch das: den Weg in die Tiefe führen, sodass man meint, tiefer könne es gar nicht gehen. Menschen erleben das immer wieder. Vielleicht sind wir auch einen solchen Weg geführt worden, einen Weg in die Tiefe, über dem das göttliche Muss stand. Und vielleicht haben wir auch auf einen Machterweis Gottes gewartet, oder gar die Hoffnungen begraben.

Aber wenn Gott in die Tiefe führt, so oft darum, damit er umso höher heben kann. Das hat er nie deutlicher als zu Ostern gezeigt, als Christus in Herrlichkeit auferstand. Einen größeren Erweis der Machtfülle Gottes hätte es nie geben können. Aber er war nur möglich auf dem Hintergrund des Karfreitags.

Der Vers möchte uns deutlich machen, dass es wirklich ein Leiden nach dem Willen Gottes gibt. Aber das weiß nur der, der auch bereit ist, seinen Willen dem Gotteswillen unterzuordnen. Und wer dazu bereit ist, kann dann erfahren, dass solches Leiden ein Weg zum Eingehen in die Herrlichkeit Gottes ist, den uns der Herr zu unserem Wohle führt.

Ki. Bl., April 1981

**Jesus Christus spricht:
In der Welt habt ihr Angst; aber seid getrost,
ich habe die Welt überwunden.**
Joh. 16,33

O Herr, die Angst wächst wie das Feuer im Wind.
Je stärker es stürmt, desto höher schlagen die Flammen.
Und die Angst kann vieles verbrennen:
die Lebensfreude, den Lebensmut, die Lebenshoffnung.
Und wir haben Angst – letztlich um uns selbst.

Auch DU, Herr, hattest einmal Angst – damals in Gethsemane
hattest auch DU Angst vor dem Kommenden,
hat auch Dein Herz gezittert.
Vielleicht nicht vor dem Leiden –
mehr, ob die Kraft reicht, für den Auftrag des Vaters.

Aber nun hast DU die Welt überwunden
in Deinem Leiden, Sterben und Auferstehen –
die Welt, die uns bange macht – wegen ihrem Unfrieden,
ihrer Ungerechtigkeit und wegen ihrer Unberechenbarkeit.

Darum bitten wir:
Halt uns fest an Deiner Hand wie ein Vater sein Kind,
wie ein Mann seine Frau, wie ein Bergführer seinen Gefährten.

Schenk uns Trost in Deiner Nähe.

Ki. Bl. Mrz. 1990

**Siehe,
ich habe dir geboten,
dass du getrost und unverzagt seist.**

Jos. 1,9

Es gibt unter den Menschen sogenannte „Schwarzseher". Was immer sie denken, planen oder sich vornehmen, geschieht mit einem Gefühl der Unsicherheit und des Zweifels. Sie haben immer ein „wenn" und ein „aber" und können sich nur schwer zu einem freudigen Entschluss durchringen. Solche Schwarzseherei ist manchmal ansteckend, das heißt, sie überträgt sich auf den Ehegatten, auf Berufskollegen, Freunde oder Nachbarn. Alles, was diese miteinander besprechen, geschieht dann unter einem negativen Vorzeichen. Noch ehe etwas begonnen ist, wird sein Erfolg schon angezweifelt. Und wenn es dann wirklich nicht gelingt, heißt es: „Ich habe ja gewusst, dass es so kommen wird!"

Menschen, die solch eine Ängstlichkeit im Herzen tragen, haben es im Leben schwer. Einer, der mutig alle Aufgaben anpackt, hat es viel leichter.

Josua, der Nachfolger des Mose in der Führung seines Volkes, war gewiss kein Schwächling. Auch an Mut ha es ihm wohl nicht gefehlt. Dennoch muss Gott ihm sagen: „Ich habe dir geboten, dass du getrost und unverzagt seist." Man muss sich fragen, warum dieser Gottesmann, der doch als Jüngling das Heer in der siegreichen Amalekiterschlacht angeführt hatte, eine solche Aufmunterung braucht. Josua war mit anderen Kundschaftern in dem von Gott verheißenen Land gewesen. Was er dort gesehen hatte, waren nicht nur herrliche Früchte, sondern auch starke Menschen, die das Land verteidigen konnten. Er kannte aus eigener Anschauung, was ihn und sein Volk erwartete. Ihn quälte nicht Angst vor einem blinden Schicksal. Josuas Unsicherheit gründete sich auf persönliche Anschauung. Darum musste Gott ihm einen tröstlichen Zuspruch schenken.

So ist es meistens auch in unserem Leben. Wir rechnen nur mit dem Vordergründigen, mit dem, was vor Augen ist, mit der eigenen Anschauung. Darum ist es auch so schwer, Menschen aus ihren Zweifeln herauszuführen. Das kann überhaupt erst geschehen, wenn sie ein neues Vertrauen gewinnen. Das aber kann uns nur Gott geben.

Er hat zu Josua ganz persönlich gesprochen: „Du sollst getrost und unverzagt sein, – denn ich bin bei dir." Gott selbst will mit seinem Volk in die Zukunft hineingehen, so wie er auch bisher mit ihm gegangen ist. Er wird sein Beistand sein in allen Schwierigkeiten und wird ihm helfen, die anfallenden Probleme zu bewältigen. Nur das Vertrauen in die Zusage des Herrn ist nötig.

Wir dürfen Gott bei seinem Wort nehmen. Wir dürfen sagen:

„Herr, du hast mir Mut versprochen. Nun schenke ihn mir! Du hast mir deine Nähe verheißen. Lass sie mich spüren!" Wir werden erfahren, wie der Herr zu seinem Wort steht. Ostern setzt ein Zeichen gegen allen menschlichen Augenschein, es setzt das Leben gegen den Tod, die Hoffnung gegen die Verzweiflung, den Trost gegen alle Verzagtheit, das Vertrauen gegen den Unglauben. Und der lebendige Heiland hat uns verheißen: „Ich bin bei euch alle Tage – bis an das Ende der Welt."

Darum dürfen Christen sich freudig an das Angebot halten, das uns unser Vers macht.

Ki. Bl. April 1982

5. APRIL

Gott hat den Schuldschein, der gegen uns sprach, durchgestrichen und seine Forderungen, die uns anklagten, aufgehoben.
Kol. 2,14

Fröhlichen Herzens gehen die jungen Eheleute von der Sparkasse heim. Sie haben eben einen Schuldschein unterschrieben. In fünfzehn Jahren wird die Wohnung, in der sie sich wohlfühlen, ihnen gehören. Man wird ihnen freilich monatlich einen bestimmten Betrag von ihrem Einkommen abziehen. Aber sie sind beide jung und haben gute Berufe. Wie sie es erhoffen, so kommt es auch: 15 Jahre später haben sie drei hübsche Kinder und eine eigene Wohnung. Dazu sind sie nun auch schuldenfrei. Die Frau aber sagt, als sie feiern: „Eigentlich müssen wir täglich Gott danken. Er hat uns gesund erhalten und all das geschenkt, was wir jetzt haben."

Diese wenigen Zeilen klingen wie ein Roman, der glücklich endet. Doch es gibt auch weniger glückliche Fälle. Im Fernsehen sah ich eine große Zahl provisorischer Zelte am Rand einer Stadt in den USA: Familien, die auch einen Schuldschein auf ihr Haus unterschrieben hatten, dann aber zahlungsunfähig wurden. Daraufhin hat die Bank sie auf die Straße gesetzt und ihre Häuser verkauft. Nun haben sie nichts mehr: keine Arbeit, keine Wohnung, keine Zukunft, keine Hoffnung.

Schuldscheine können ein Segen, aber auch ein Fluch werden. Wer ein solches Papier unterschreibt, wird völlig abhängig. Wer das nicht glaubt, der lese den Roman „Madame Bovary" von Gustave Flaubert. 1857 wurde die Geschichte geschrieben und sie hat heute an Lebensnähe dazu gewonnen. Denn in einer Zeit, da das Wirtschaftsleben und das Finanzwesen in einer tiefen Krise stecken, hat die Sache mit den „Schuldscheinen" eine ungeahnte Aktualität erhalten. Heute geht es nicht nur um die kleinen Schulden einzelner Familien, sondern um Milliardensummen von Schulden von armen Ländern und großen Banken und Konzernen. Diese Schuldenlasten haben unsere Welt in eine Krise gestürzt, deren Ende noch nicht abzusehen ist und deren Folgen wird alle spüren.

Man kann nun natürlich fragen: Was hat die Bibel mit der Finanzkrise zu tun? Ich antworte: Alles! Die Israeliten hatten ein Erlassjahr: „Alle sieben Jahre sollst du ein Erlassjahr halten." (5. Mose, 15) Im Erlassjahr wurden alle Schulden getilgt. Denn: „Es werden allezeit Arme sein im Land; darum gebiete ich dir und sage, dass du deine Hand auftust deinem Bruder, der bedrängt und arm ist in deinem Lande." (Vers 11) Dies Jahr hatte den Sinn, all denen, deren Leben an einem Schuldschein hing, ihr Existenzrecht wieder zurückzugeben. Und ich kann mir vorstellen, wie diese Menschen so ihr Selbstwertgefühl zurückbekamen und neuen Lebensmut schöpften.

Der obige Spruch enthält freilich nur die Hälfte von dem, was der Apostel einst schrieb. In der Lutherbibel steht dieser Vers so: „Christus hat den Schuldbrief getilgt, der mit seiner Forderung gegen uns war, und hat ihn weggetan und an das Kreuz geheftet." Hier wird unsere Schuld Gott gegenüber angesprochen. Und die konnte wirklich nur einer tilgen: der schuldlose Gottessohn, der ihn durch seinen Tod am Kreuz auslöschte! Wenn es uns vielleicht gelingt, irdische „Schuldbriefe" abzuzahlen und zu tilgen, unsere Schuld Gott gegenüber können wir weder übersehen, noch auslöschen.

Ein Dichter hat das so gesagt: „Ein jeder Tag bleibt in der Schuld. Wir bitten, lieber Gott: Geduld!" Jeder Tag unseres irdischen Lebens ist ein Geschenk der Geduld des Herrn, das wir aus der Hand Jesu Christi empfangen! „Lass ihn noch ein wenig, Herr!", so bittet der Gärtner im Gleichnis. Darum darf ich bekennen: Herr, auch meinen Schuldschein hast du am Kreuz getilgt, mit deinem Blut, mit deinem Leiden und Sterben, mit deinem Eintreten für mich. Schenke mir die Gnade, ohne irdische Schuldschein zu leben und zugleich an jedem Tag der Tilgung meines himmlischen Schuldscheines zu gedenken! In geheiligter Dankbarkeit lass mich fröhlich leben und einmal getrost auch heimgehen, zu Dir.

Ki. Bl. April 2009

**Dazu ist Christus gestorben
und wieder lebendig geworden,
dass er über Tote und Lebendige Herr sei.**
Röm. 14,9

„Wieder lebendig werden ...", – jeder hat das einmal im tiefsten Grund seines Herzens gewünscht. Vielleicht standen wir am Sarg der Mutter, des Vaters, eines Kindes! „Ach, dass dieser doch wieder lebendig werden könnte!", so hat es in uns geseufzt. Aber es war wie das Stehen vor einer verschlossenen Tür, wie das Rufen gegen eine Wand. Vielleicht haben wir uns dann getröstet: Irgendwann wird es ein Wiedersehen geben.

Nun berichtet uns die Bibel von Vorgängen, wo das Wirklichkeit wurde: „... wieder lebendig geworden." So hat der Heiland den toten Jüngling zu Nain seiner Mutter zurückgeben können; das Mädchen des Jairus durfte seine Eltern noch eine Weile erfreuen und auch dass Lazarus schon den dritten Tag begraben war, hat Jesus nicht gehindert, ihn aus dem Grab zu rufen. Wo der Heiland hinkam, wurde es Wahrheit: „Wieder lebendig!" Und dann hat es der Ostertag offenbart: An ihm, dem Gottessohn, hat der Tod seine Macht eingebüßt. Darum singt Luther: „Es war ein wunderlicher Krieg, da Tod und Leben rungen, das Leben behielt den Sieg, es hat den Tod verschlungen... Halleluja!"

Freilich, die Jesus wieder lebendig gemacht hat, sind später doch gestorben. Es war nur ein Hinausschieben des Sterbedatums. Das Sterben aber ist nun wirklich ein „*datum*", etwas uns Gegebenes. „Es ist dem Menschen gesetzt, einmal zu sterben, danach aber das Gericht." (Hebr. 9,27). An diesen Gedanken sollten wir uns gewöhnen. So, wie das Leben einmal seinen Anfang nimmt, so wird es einmal auch enden. Und zwischen Geburt und Tod vollzieht sich „das Leben", und wir sagen es so, als hätten wir die Verfügungsgewalt über unsere Tage. Der Apostel Paulus denkt auch so, bis ihm der Auferstandene selbst in den Weg tritt. Von dem Augenblick an wusste er, dass Christus der Herr über sein Leben ist. Einmal zeigt sich das ganz augenfällig: Paulus braucht im Gefängnis nur zu singen, und es tun sich nicht nur die Gefängnistüren auf, sondern auch die Herzen der Menschen.

Genau an diesem Punkt stehen wir meist ratlos. Wir sagen: Wenn Christus der Herr ist, warum dann so viel Leid, so viel schmerzliche Trennung? Genau an diesem Punkt macht der Zweifel uns unsicher. Aber hören wir, was Jesaja dazu sagt: „Weh dem, der mit seinem Schöpfer hadert, eine Scherbe unter irdenen Scherben! Spricht denn der Ton zu seinem Töpfer: Was machst du?" (Jes.45,9). Wir möchten selbst bestimmen, entscheiden, unser Leben nach eigenen Plänen entfalten. Und Gott muss uns manchmal recht bittere Wege führen, bis wir lernen, ihn als den Herrn der Lebendigen anzuerkennen.

Wenn wir es aber tun, werden wir die befreiende Feststellung machen: ER ist Herr – aber einer, dem man vertrauen kann, der es immer gut meint, der uns immer hört und mit uns geht. Mit diesem Herrn kann man getrost das oft so schwierige Leben wagen. Wer in der Gewissheit lebt, dass Christus der Herr der Lebendigen ist, vertraut darauf, dass er auch ein Herr derer ist, die uns im Tode vorangegangen sind. Wer ihm gehört, den kann nichts mehr, auch der Tod nicht, aus seiner Hand reißen.

Ki. Bl. April 1993

> **Seid stets bereit,
> jedem Rede und Antwort zu stehen,
> der nach der Hoffnung fragt,
> die euch erfüllt.**
> 1. Petr. 3, 15

Diesmal möchte ich nicht eine Auslegung schreiben, sondern aus meinem Leben erzählen. Denn als ich den Vers las, traten mir plötzlich zwei Ereignisse vor meine inneren Augen. Das erste betrifft meinen Konfirmationstag. Es war der Palmsonntag des Jahres 1942. Damals kniete ich mit einer Reihe von Großschenker Jungen vor dem Altar dieser wundervollen gotischen Kirche. Wir sind allesamt drei Jahre später in den Donbass deportiert worden. Doch das wussten wir damals nicht. Meine Mitkonfirmanden hatten alle den Unterricht bei meinem Vater gehabt, nur ich nicht, denn ich war am Lehrerseminar in Hermannstadt. Nun war der große Tag da und alle, Mädchen und Jungen, erhielten ihren Konfirmationsschein. Meiner ist ein schönes Dokument. Im Vordergrund ist das Schulgebäude zu sehen und dahinter ragt der mächtige Kirchturm auf, während sich am Himmel aufziehende Wolken zusammenballen. Darunter aber steht das Jesuswort aus Gethsemane, „Wacht und betet!", dazu mein Konfirmationsspruch: „Seid allzeit bereit zur Verantwortung jedermann", also die ersten Worte aus unserem jetzigen Vers. Warum unser Vater mir dieses Apostelwort gewählt hat, hat er mir nie gesagt. Es war damals die Zeit, in der es gefährlich war, ein offenes Bekenntnis zu Gott und der Kirche abzulegen. Die sogenannte „Volksgruppe" versuchte alle Bereiche des sächsischen Gemeinwesens in die Hand zu bekommen und außerdem tobte der Zweite Weltkrieg. Damals habe ich wenig über diesen Bibelvers nachgedacht. Ich war ja wenig gefordert, „Rede und Antwort zu stehen" über meine Glaubensüberzeugung. Doch das sollte sich bald ändern.

Im Januar 1945 wurden wir nach Russland deportiert, zum Wiederaufbau des durch den Krieg zerstörten Bergbaugebietes Donbass. Es wurden Jahre der Entbehrung, des Hungers und der Schwerstarbeit. Durch die Vermittlung eines aus Schlesien stammenden Schlossers, der mich als Gehilfen benötigte, kam ich in die *lampawaia*, die Ausgabestelle für die Bergwerkslampen. Die mussten vor Beginn jeder Schicht instand gesetzt werden. In dieser Zeit habe ich viel von der Schlosserei gelernt, wofür ich heute dankbar bin. Unser Vorgesetzter war an sich ein korrekter Mann, der uns freie Hand ließ, da er sich auf unsere Arbeit verlassen konnte. Ganz sicher hat er auch gewusst, dass ich der Sohn eines Pfarrers bin.

Und dann geschah das: In einer warmen Sommernacht, als ich nach der zweiten Schicht, nach 23 Uhr, ins Lager ging, sagte der Natschalnik: „Warte auf mich, wir gehen zusammen." Ich konnte damals schon so viel Russisch, dass eine fließende Unterhaltung möglich war. Unser Pfad führte am Ackerrain entlang und wir setzten uns. Unvermittelt sagte er. „Dein Vater ist Pfarrer! *A ti werisch?*" (Glaubst du?) Damals spürte ich: Jetzt ist der Augenblick gekommen, „Rede und Antwort zu stehen"! Ich habe „ja" gesagt, vielleicht wenig überzeugend, denn er begann als überzeugter Kommunist alle Argumente gegen den biblischen Glauben anzuführen. Und dann kam die Frage: „Wie kannst du da noch glauben?" Ich habe damals auf den gestirnten Himmel über uns gewiesen und gesagt: „Ich kann mir nicht vorstellen, dass unser ganzes Universum ‚von selbst' entstanden ist." (Damals war mir Kant noch nicht bekannt: „Zwei Dinge erfüllen das Gemüt mit immer neuer und zunehmender Bewunderung …: der bestirnte Himmel über mir und das moralische Gesetz in mir.") Dann schwiegen wir lange, zum Abschied gab er mir wortlos die Hand. Was er wirklich dachte, sagte er nicht.

Heute jedoch weiß ich: Die Hoffnung auf Heimkehr war die stärkste Kraft in den Lagern Russlands, wenngleich der Weg in die Heimat für viele ein Abenteuer wurde und auch stets in die Heimat führte. Doch unser Vers meint ja die Glaubenshoffnung. Die, so mahnt der Apostel die Christen damals in einer Zeit schwerer Verfolgung, die sollt ihr hochhalten! Und ich denke, dass wir heute, in einer Zeit zunehmender Verunsicherung, aufgerufen sind, „Rede und Antwort zu stehen". Vielleicht war die Unterredung mit dem Natschalnik in Russland ein Gottesgeschenk, das für mein späteres Leben von prägender Bedeutung wurde.

Ki. Bl. April 2008

**Das ist das ewige Leben:
Dich, den einzigen, wahren Gott,
zu erkennen und Jesus Christus,
den du gesandt hast.**
Joh. 17,3

Wandern – einen Tag um den andere, immer sein Bestes der rinnenden Stunde nur geben – das nennt man Leben?"

Die Frage, die in diesem Dichterwort steckt, wird vielleicht mancher mit einem klaren „Ja" beantworten. Denn so leben die Meisten: mit vollem Einsatz dem Augenblick. Und man kann darin gewiss Befriedigung finden, weil das Bewusstsein Freude vermittelt, dass eine Leistung vollbracht wurde.

Aber es ist auch anderes „Leben" da. Es gibt auch Menschen, die das nur in sehr begrenztem Maß können, „der rinnenden Stunde" das Beste zu geben. Sei es, dass sie durch Krankheit daran gehindert oder von Zwängen beherrscht werden, oder sei es auch, dass sie in so widrigen Umständen leben, dass eine Entfaltung kaum möglich ist. Und dann ist die Frage da: Das nennt man Leben?

Was nennt man Leben? – Auf diese Frage wird jeder eine andere Antwort bereithaben. Denn eine Mutter von 4 Kindern wird etwas anderes antworten als ein Fabrikarbeiter. Aber an der Antwort, die ein jeder auf diese Frage geben kann, hängt doch so viel. Zum Beispiel auch nur das, ob einer in seinem täglichen Tun einen Sinn und eine Erfüllung findet, oder ob es ihm eine unerträgliche Last erscheint.

In diesem Zusammenhang muss es uns wundern, dass Jesus einmal das merkwürdige Wort gesprochen hat: „Ich bin das Leben!" Mit diesem bemerkenswerten „Ich-Bin"-Wort meint Jesus offenbar mehr als das Leben, das mit der Geburt seinen Anfang nimmt und mit dem Sterben ein Ende findet. Denn wenn wir sein Leben betrachten, so muss man feststellen: Es verlief in einer ganz bestimmten Richtung; Jesus hat sein Leben im Bewusstsein gelebt, von Gott gesandt zu sein und nach Gottes Willen, d. h. auf Gott hin zu leben. Diese Erkenntnis und diese Zielrichtung haben das Leben des Heilands geprägt. Und das hat ihn zum vollen Einsatz für die Menschen befähigt. Er hat „der rinnenden Stunde" wirklich sein Bestes gegeben, indem er deutlich auf den Herrn seines Lebens hinwies. Aber nicht nur das: Er konnte auch mit vollem Einsatz für die Menschen da sein, die Hilfe und Trost brauchten. Man lese doch einmal die Evangelien.

Es hat noch keinen gegeben, der sich so für die Mitmenschen einsetzen konnte, wie der Heiland. Und dieser Einsatz ging bis zur Selbstaufgabe am Kreuz. Wir gehen in der Passionszeit mit dem leidenden Herrn über den Karfreitag zum Ostertag. Das ist ein harter und schwerer Gang. Dennoch aber ein Weg zum Leben! Vielleicht der einzige Weg zum Leben. Zu einem Leben, das sich nicht nur wie ein Kreisel um die eigene Achse dreht, solange der Schwung eben reicht, und der dann umfällt, um irgendwo liegen zu bleiben, sondern zu einem Leben, das von Gott her bestimmt wird.

Ki. Bl. April 1984

**Ob wir leben oder ob wir sterben,
wir gehören dem Herrn.**

Röm. 14, 8b

Bei jeder evangelischen Beerdigung in Siebenbürgen erklingt dieser biblische Satz in dem betreffenden Abschnitt. Doch zieht diese biblische Lesung meist unbedacht an unseren Ohren vorüber. Doch die beiden Verben „leben" und „sterben" gehen uns alle ganz persönlich an.

Bleiben wir bei „leben". Wann menschliches Leben beginnt, darüber streiten die Wissenschaftler. Ich sage: Mein Leben begann an meinem Geburtstag! Der ist bestimmt und steht in meinen Akten. Seither ist mein Leben in diese „Tätigkeit" eingebunden: Ich lebe. Freilich, dieses „ich lebe" sieht für jeden völlig anders aus: in Gesundheit oder Krankheit, in Zwängen oder Freiheit, in Arbeit oder Arbeitslosigkeit – die Gegensätze können fortgeführt werden.

Manchmal überwiegt das Negative so stark, dass einer sein Leben selbst beenden möchte. Doch: Mein Leben wurde mir geschenkt, darf ich es dann wegtun? Und dann steht da auch das andere, schwerere Wort: „sterben". Das ist der Schlusspunkt des Lebens hier, meines Daseins. Doch so wie das Leben, so ist auch das Sterben eine eigene Sache. Als meine Großmutter starb, war ich dabei. Friedlich verklang ihr Atem! Als der Onkel dem Krebs erlag, sagte er zu mir: „Ich bete nur, dass Gott mich weiter diese Schmerzen ertragen lässt!"

Und wie viele haben das schrecklichste Sterben in den großen Kriegen qualvoll erlitten? – Sterben kann qualvoller sein als Leben; und Leben kann auch schrecklicher sein als Sterben!

Doch der Mann, der dieses Wort vom Leben und Sterben niedergeschrieben hat, der hat das alles selbst durchgemacht. Für ihn war das Sterben nicht nur wie der Tod, der sich in jeder Sekunde millionenfach auf unserer Erde vollzieht; für ihn hatte das Sterben eine andere Dimension, gleichsam eine Zielrichtung: „Wir gehören dem Herrn!" Und vielleicht ergänzen wir: Wir gehören dem Herrn, der selbst durch den qualvollen Tod am Kreuz zu einem neuen Sein gelangt ist, dem Herrn Christus!

An der Begegnung mit diesem Herrn ist Paulus fast gestorben; und von dieser Begegnung lebt er seither. Darum, und nur darum konnte er verkündigen: „Ob wir leben oder ob wir sterben, wir gehören dem Herrn!" Und weil Paulus an getaufte Christen schreibt, darum hat dieses „wir" eine umfassende Bedeutung, heute sagt man eine ökumenische Bedeutung, rund um den Erdball.

Ja, Herr, der Du den Weg vom Karfreitag zum Osterfest allein gegangen bist, Du nimmst uns auch auf diesem Weg mit Dir mit. Weil ich Dir angehöre, darum sind beide, der Beginn und das Ende meines Lebens in Deiner Hand. Darum ist auch alles, mein Arbeiten und mein Schlafen, mein Tun und Lassen, mein Werken und mein Erholen in einen Sinnzusammenhang gestellt, der von Dir her seinen neuen Sinn bekommt. Weil mein Leben Dir gehört, darum helfe ich der Familie und vielleicht auch solchen, die in Not geraten sind; weil mein Leben Dir gehört, darum suche ich allsonntäglich Deine Gemeinschaft im Gottesdienst und darum muss ich auch dabei sein, wenn Abgeschiedenen der letzte Dienst erwiesen wird.

Und weil mein Leben Dir gehört, habe ich auch das abgrundtiefe Vertrauen, dass diese Gemeinschaft kein Ende haben kann, denn auch Dein Leben fand nach Deinem Sterben einen ungeahnten Fortgang in der Gemeinschaft unseres himmlischen Vaters. Und darum gilt es: Ich gehöre Dir, und dieses ist ein unverlierbares Gut, das mich mit dem Sterben meiner Lieben vertrauensvoll leben lässt, solange Du es willst.

Ki. Bl., April 2007

Der Herr ist wirklich auferstanden.
Lk. 24,34

Immer wieder kann man es bei uns erleben, dass sich unsere orthodoxen Glaubensbrüder am Ostertag mit den Worten begrüßen: „Der Herr ist auferstanden!" – „Er ist wahrhaftig auferstanden!" – Das ist gut biblisch, denn im Lukasevangelium wird uns berichtet, dass die Jünger all denen, die den lebendigen, auferstandenen Heiland nicht gesehen hatten, zurufen: „Der Herr ist wirklich auferstanden!"

Aus diesen Worten spricht zunächst eine unbändige Freude. Die Jünger hatten ja das grausige Geschehen am Karfreitag miterlebt. Sie hatten ihren Herrn qualvoll leiden und sterben gesehen. Und als sie ihn schließlich ins Grab legten, hatten sie mit ihm alle ihre Hoffnungen begraben. Für sie war mit dem Karfreitag alles aus gewesen. Aber dann begann das Unglaubliche: Der Herr war wieder da! Der Tote war wieder lebendig, der ins Grab Gelegte war auferstanden, die Hoffnung konnte neu beginnen. Aber sie hing an IHM. Nur an IHM. Der Herr schenkte ihnen einen neuen Anfang. „ER ist wahrhaftig auferstanden!" Diesen Satz kann man keinem beweisen. Wohl kann man auf den erwachenden Frühling hinweisen, der „alle Jahre wieder" die scheinbar toten Knospen zum Schwellen und Grünen bringt. Man kann auch auf die Getreidekörnchen hinweisen, die vor drei- bis viertausend Jahren in die ägyptischen Pyramiden gelegt wurden und die heute noch keimen und Frucht tragen. Aber das sind nur Zeichen für Gottes auch heute noch andauernde Schöpferkraft, etwas, das sich immer wieder ereignet.

Aber die Auferstehung Jesu ist ein einmaliges Geschehen, das man nicht beweisen, wohl aber verkündigen und im Glauben annehmen kann. Darum ist die eigentliche Botschaft, die dem Evangelium in der Welt Bahn gebrochen hat, die Verkündigung der Jünger: Der Herr ist wirklich auferstanden! Wir haben ihn gesehen und mit ihm gegessen und getrunken! – Sie wurden nicht müde, es in die Welt zu rufen: Jesus lebt! – Er ist wahrhaftig auferstanden!

Wenn es aber wahr ist, dass der Tod Jesus nicht im Grab halten konnte, wenn er wahrhaftig auferstanden ist, dann kann das für mich, den im Namen Jesu Getauften, bedeutsame Folgen haben. Für mein Leben kann das heißen: Ich bin nie mehr allein, ob mich Einsamkeit umfängt, ob mich Krankheit plagt, ob sich Hoffnungslosigkeit in meinem Herzen breitmachen, denn „Der Herr ist wahrhaftig auferstanden!" Für das Sterben aber kann es bedeuten: Dann, wenn ich alles verlassen muss, wenn ich allein durch die dunkle Pforte des Todes schreiten soll, dann reicht mir der die Hand, der vor mir den gleichen, schrecklichen Weg ging und den der Tod nicht halten konnte. So kann ich mich auch beim letzten Abschied daran halten: „Der Herr ist wirklich auferstanden!"

Ki. Bl., April 1985

> **Vergeltet nicht Böses mit Bösem oder Scheltwort mit Scheltwort, sondern segnet vielmehr, weil ihr dazu berufen seid, dass ihr den Segen ererbt.**
>
> 1. Petr. 3,9

Die ganze Verwandtschaft samt den Nichten und Neffen war zu der Testamentsverlesung erschienen. Ein älterer Onkel war kinderlos verstorben. Nun hofften alle auf ein reiches Erbe. Und dann wurde es offenbar: Der Onkel hatte eine Nichte und einen Neffen enterbt, denn deren Lebenshaltung und Lebenseinstellung hatten ihm missfallen. Wiederholt hatte er ihnen dieses auch deutlich gemacht. Geändert hatte es nichts. Nun aber fiel ihr Erbteil den anderen zu.

„Ihr seid dazu berufen, dass ihr den Segen ererbt", so mahnt der Apostel die Christen einer Gemeinde. Seit Jesu Tod und Auferstehung war schon einige Zeit vergangen, auch hatten die Christenverfolgungen an mehreren Orten ihren Anfang genommen. Darum schreibt der Apostel: „Weil nun Christus im Fleisch gelitten hat, so wappnet euch mit demselben Sinn", denn ein unvergleichliches Erbe steht aus, der Segen Gottes: „Ihr seid dazu berufen, dass ihr den Segen ererbt." Macht ihr es auch so: Segnet!

Wahrscheinlich war es im ersten Jahrhundert so wie heute. Im zwischenmenschlichen Bereich galt der Satz: Wie du mir – so ich dir! Auf ein Scheltwort folgte das andere, auf eine Drohung eine Gegendrohung, auf einen Schlag der Gegenschlag, mit einem Wort: Vergeltung. Böses wird mit Bösem vergolten. In einigen Gebieten hat die Blutrache bis heute ein gewichtiges Wort zu sagen. Besonders seit dem 11. September 2001 ist der Menschheit jedoch fraglich geworden, ob Gewalt das rechte Mittel zur Terrorbekämpfung sei.

Der Apostel gab damals einen bis heute gültigen Rat: Segnet! Und er meint damit ganz einfach: Wünscht dem, der euch Böses zufügt, den Segen Gottes. Oder deutlicher gesagt: Bittet Gott, dass er dem Bösen Gutes tue, wobei völlig offen bleibt, was unter dem Guten zu verstehen ist. Mit diesem Rat spricht der Apostel im Sinne des Heilands, der sagte: „Bittet für die, die euch beleidigen und verfolgen."

Die Karwoche zeigt uns deutlich, dass unser Herr dieses nicht nur gesagt, sondern uns auch vorgelebt hat, als er in seiner Todesstunde betete: „Vater, vergib ihnen, denn sie wissen nicht, was sie tun." –

Ja, Herr, auch wir wissen so oft nicht, was wir tun, wenn wir mit Worten oder Taten dem Gesetz der Vergeltung Folge leisten. Du, Herr, aber mahnst uns deutlich, diesen Kreislauf des Bösen mit Deiner Hilfe zu durchbrechen und Deinen Segen wirksam werden zu lassen. Damit aber muss ich selbst beginnen, alles andere bringt uns nicht weiter. Du allein, Herr, musst zuerst mein Herz wandeln, dann geschehen Deine Wunder auch in der Beziehung zu meinen Mitmenschen. Das ist Dein Weg des Segnens, der im eignen Leben beginnt und dann in der Ewigkeit seine Vollendung findet. Und dass Du, Herr, mich immer noch in Geduld und Güte ermahnst und mir zugleich auch eine weitere Frist zum Tun Deines Willens eröffnest, dafür muss ich Dir, Herr, täglich danken.

Ki. Bl. April 2004

**Jesus Christus spricht:
„Ich bin der Weg und die Wahrheit und das Leben; niemand kommt zum Vater, denn durch mich."**
Joh. 14,6

Der Weg war schön markiert. Eigentlich konnte nichts schiefgehen Und doch ging es plötzlich nicht mehr weiter. Zu beiden Seiten unwegsames Gelände. Wir mussten zurück. Und dann fanden wir die Stelle, an der wir achtlos vorübergegangen waren. Zwar war der Weg hier kaum zu sehen, aber es war doch der richtige Weg, der zum Ziel führte.

In obigem Spruch sagt uns Jesus Christus: „Ich bin der Weg (…) Niemand kommt zum Vater, denn durch mich!"

Es gibt in unserem Leben ganz verschiedene Wege. Manchmal möchten wir unsere Tage mit einem Gang durch eine blühende Wiese vergleichen und wiederum scheint es uns manchmal, als gingen wir durch eine endlose Steinwüste. Und das schwerste ist, dass wir andere auf unserem Weg nicht mitnehmen können. Ich habe es vielleicht gut und angenehm. Ich erkenne genau, wie schwer es der andere hat, aber ich kann ihn nicht auf meinen Weg herübernehmen. Am deutlichsten wird das, wenn wir an einem Krankenbett stehen. Da liegt dann einer, der um das Ende „seines Weges" bangt. Wir können ihm etwas zum Essen tragen, ein Buch vielleicht auch, mehr aber nicht. Er wird seinen Weg gehen müssen.

Aber nun kommt Jesus und sagt: „Ich bin der Weg zum Vater!" Alle Wege führen an ein Ziel. Wir aber möchten nicht an ein Ziel kommen, sondern wir möchten unser Ziel erreichen; wir möchten, dass unser Wunsch sich erfüllt, unser Wille geschieht. Wie ganz anders hat Jesus gelebt: „Mein Vater, nicht wie ich will, sondern wie DU willst! Nicht mein, sondern Dein Wille geschehe!" Er lebte in dem unerschütterlichen Vertrauen: Wie immer mein Weg aussehen wird, mein Vater ist bei mir! In dieser Zuversicht konnte er auch den schwersten Weg, den Weg zum Kreuz gehen. Seither gilt für uns dieses Jesuswort: „Ich bin der Weg."

Vielleicht könnte man es auch so sagen: „Ich bin dein Weg." Aber dann müssen wir den Mut aufbringen, ihm unseren Lebensweg anzuvertrauen. Viele haben das auch gemacht. Ihre Erfahrungen können uns helfen. Zunächst haben sie deutlich erfahren, dass der Herr einfach da ist. Denn er ist ja auferstanden, er lebt, er geht mit uns, sehr oft ganz unerkannt, wie er mit den Jüngern am Ostertag mitging.

Vor allem dürfen wir aber an einem festhalten: Christi Weg führt zu einem sicheren Ziel, zum Vater. Zum himmlischen Vater. An diesem Ziel gemessen ist auch das Sterben nur ein Nah-Ziel, auf keinen Fall das Ende. „Ich bin der Weg", sagt Jesus. Er kann auch dein Weg werden.

Danke Gott, wenn er es schon ist!

Ki. Bl., April 1986

> **Eure Rede sei allezeit freundlich und mit Salz gewürzt, sodass ihr wisst, wie ihr einem jeden antworten sollt.**
> Kol. 4,6

Es tut gut, Herr, wenn ein Brief mit einer solch positiven, aufmunternden Ermahnung schließt. Das ist dann so, als ob eine Mutter ihren Kindern ein gutes Wort gibt und dabei ganz freundlich lächelt. Und so möchte ich diesen Zuspruch aufnehmen: Als Hilfe zu einem guten Miteinander!

Denn wir sind ja immer „miteinander": in der Familie, in der Schule, beim Einkaufen, auf der Straße und in der Nachbarschaft. Und alles Miteinander berührt und bemüht auch unser Reden. Meine Worte aber haben einen Hintergrund in mir, in meinem Herzen, meinem Inneren. Und wenn ich innerlich missgelaunt bin, klingt das aus meinem Reden. Wenn mein Herz betrübt ist, sind es auch meine Worte, und wenn die Bosheit mich umtreibt, kann mein Sagen beleidigend wirken, auch wenn mir das nicht immer bewusst wird.

Umso tiefer berührt mich das Apostelwort: „Eure Rede sei allezeit freundlich..." Schon dieser eine Satz könnte genügen, weil er so ansprechend und so lieblich klingt. Nur das Wörtchen „allezeit" gibt mir zu denken. Wie mache ich das, wenn ich einmal „mit dem linken Fuß", also ganz missgelaunt aufgestanden bin? Und wo ein Ärger ist, kommt im Laufe des Tages bestimmt noch einer dazu! Da könnte ich mir die Mahnung zu Herzen nehmen: Sei doch freundlich und denk an den, „der nicht wieder schalt, als er gescholten ward", deinen Herrn, dessen Mund kein böses Wort gekannt hat. – So kann Ärger besiegt werden!

Aber da ist ja noch etwas: „Eure Rede sei allezeit ... mit Salz gewürzt." Salzlose Speisen schmecken nicht. Wir alle wissen das. Salzloses Essen ist Krankenkost, nicht die Normalität. Normal ist es, wenn die gute Hausfrau zu jedem Essen auch die richtige Würze findet. Dann gibt es bei Tisch nur fröhliche Gesichter.

Nun, einige Menschen beherrschen die Kunst, einem Gespräch die „richtige Würze" zu verleihen. Doch offenbar meint der Apostel nicht nur dieses. Er erinnert die Christen daran, dass es auch Außenstehende gibt, solche die „draußen" sind, also außerhalb der Gemeinde leben und nach der Mitte des Glaubens fragen. Sie haben – um Christi willen – ein Anrecht darauf, eine richtige Antwort zu bekommen, freundlich und allezeit mit „Salz" gewürzt, eine Antwort, die sie gern annehmen, so wie man von einer schmackhaften Speise immer wieder etwas nachbekommen möchte! Das freundliche Wort in unserem Mund ist eine von Deinen Möglichkeiten, Herr, mit denen Du Dich in unserer Welt bekannt machst! Hilf Du uns, dass wir auch in diesem Punkt Deine Helfer sind – allezeit.

Ki. Bl. April 2001

Seid stets bereit, jedem Rede und Antwort zu stehen, der nach der Hoffnung fragt, die euch erfüllt.

1. Petr. 3,15

Als Kind habe ich mit großem Eifer das Buch über Robinson gelesen, der als Schiffbrüchiger auf eine einsame Insel geworfen wird und dort sein Leben fristet. Es gelingt ihm, sich die nötigsten Dinge zu schaffen und sich am Leben zu erhalten. Tatsächlich hält ihn die Hoffnung, dass eines Tages ein Schiff kommt und ihn wieder heimbringt. Diese Erwartung beherrscht sein ganzes Sein, bestimmt all sein Tun und lenkt seinen Sinn. Jeden Tag steigt er auf seinen Ausguck und beobachtet das Meer. Eines Tages sieht er wirklich eine Rauchwolke. Ein Schiff ist in der Nähe! – Man muss nachlesen, wie die Hoffnung diesen einsamen Mann froh und stark macht!

Menschen, in denen eine starke Hoffnung lebt, haben glänzende Augen. Das kann man beobachten. Schon am Blick kann man sehen, was einen erfüllt: Hoffnung oder Mutlosigkeit, Freude und Zutrauen oder Angst und Missmut.

Denken wir uns in die Rolle der Jünger am Karfreitag. Das überaus genau geplante Unternehmen, die Gefangennahme, Verurteilung und Kreuzigung Jesu waren geglückt. Nun lag er im Grab, tot und doch streng bewacht. Kein Wunder, dass den Jüngern alles aus zu sein schien. Und wir verstehen die beiden recht gut, die einem ihnen scheinbar Unbekannten verzagt sagen: „Wir aber hofften, er sei es, der uns erlösen werde!" (Luk. 24,21).

Die Hoffnung der Jünger war im Menschlichen stecken geblieben. Menschliche Hoffnungen werden sehr oft enttäuscht und führen zu innerer Entmutigung.

Aber nun werden wir nach dem Grund der Hoffnung gefragt, die in uns lebt. Der Apostel ermahnte die Christen schon vor 1900 Jahren: „Seid bereit, immer bereit, einem jeden Rede und Antwort zu stehen (Luther übersetzt: „Rechenschaft abzulegen") über die Hoffnung, die in euch lebt!"

Denn eine Hoffnung muss ja in uns leben und sie allein kann unserem Dasein „Flügel" verleihen. Denken wir an Liebende. Sie reden von der gemeinsamen Zukunft. Sie freuen sich schon jetzt auf das, was eigentlich noch gar nicht da ist.

Aber damit haben wir schon alles Wesentliche über die Hoffnung gesagt: Sie hat etwas mit der Liebe zu tun und sie drängt zur Mitteilung; sie macht innerlich froh und beflügelt unser tägliches Tun! Liebe und Hoffnung gehören zusammen, und solange die Liebe lebt, kann die Hoffnung nicht sterben! Aber auch die Freude gehört zur Hoffnung. Wer hofft, ist froh. Und schließlich beflügelt die Hoffnung unser Tun. Sie wirkt sich bis in unsere Hände und Füße aus. Hoffnungslose legen die Hände in den Schoß. Hoffnung lässt uns fröhlich schaffen auf das Ziel hin, das uns beseelt.

Ob eine solche Hoffnung in uns lebt, uns innerlich erfüllt? Hier ist zu bedenken, dass Jesu Auferstehung den Jüngern wieder Hoffnung gab. So kommt diesem Wort in den Briefen des Neuen Testaments eine zentrale Bedeutung zu. Für Paulus ist das Wort „Hoffnung" fast gleichbedeutend mit dem Wort „Glauben". Und sie hängen auch unzertrennlich zusammen. Denn die christliche Hoffnung hängt nicht nur an dem Auferstandenen und darum gegenwärtigen Herrn. Sie blickt über alles Niederdrückende hinüber auf den zukünftigen Herrn, dem alle Macht gegeben ist. Von dieser Hoffnung sollten wir mehr reden, damit auch andere froh werden!

Ki. Bl. April 1988

15. APRIL

Was sucht ihr den Lebenden bei den Toten?
Lk. 24,5

Ja, doch, Herr! – Wir suchen bis heute immer noch unsere Toten bei den Toten. Wir gehen immer wieder auf den Friedhof zu den Gräbern unserer Lieben. Wir tragen ihnen einen Blumenstrauß, Augenblicke aus ihrem Leben kehren zurück, wir sehen uns ihr letztes Foto an, den letzten Blick auf ihren Sarg werden wir nicht los. Wir suchen unsere Toten bei den Toten.

Und so taten es auch die Frauen am ersten Ostermorgen: Sie machten sich auf zum Grab ihres geliebten Herrn. Wo sonst hätten sie ihn auch suchen sollen? Den Frauen ging es ja um IHN, um den, der mit den Dämonen fertig wurde, um den, der Leiden linderte, um den, der dem Seesturm befahl, um den, der Hungernde speiste, um den, der Krankheiten besiegte und um den, der sich sogar stärker als der Tod erwies. Doch nun war sein Leib ein Opfer des Todes geworden. Die Frauen hatten ihn sterben sehen am Kreuz, sie waren dabei gewesen, als sein Körper ins Grab gelegt worden war. Nun, am Ostermorgen suchten sie ihn dort, dort bei den Toten.

Aber inzwischen war etwas geschehen, etwas Unbegreifliches, etwas Unfassbares für das Denken, etwas Umwerfendes für unser Begreifen: Der Herr war auferstanden! Und weil die beiden Engel von diesem Geschehen wussten, fragen sie die Frauen: „Was sucht ihr den Lebenden bei den Toten?" Kein Wunder, dass sich die Frauen entsetzten.

Aber nun gilt sie, diese Frage. Und ich muss an die Mehrzahl unserer Altäre in den Kirchen denken: Da ist der sterbende Jesus am Kreuz zu sehen.

Dennoch – unter diesem Bild des Gekreuzigten feiern wir jeden Sonntag Gottesdienst, hören das Wort der Schrift und die Predigt, feiern das Abendmahl als Christusgemeinde und lassen sie wachsen durch das Sakrament der Taufe. Der Gekreuzigte ist der Auferstandene, der Lebendige! Und bei IHM geht es lebendig zu, Gott sei Dank, immer noch.

Denn wir wissen um die Gegenwart des Gekreuzigten, um die Lebendigkeit dessen, der am Kreuz starb, um die Nähe des Fernen und die Fassbarkeit des Unfassbaren im Glauben. Und wenn wir unsere Toten am Friedhof besuchen – in Dir, Herr, sind sie entschlafen, in Dir, Herr, sind sie geborgen in Zeit und Ewigkeit und wir dereinst mit ihnen, weil DU auferstanden bist, ja, darum.

Ki. Bl., April 2001

**Christus ist gestorben und lebendig geworden,
um Herr zu sein über Tote und Lebende!**
Röm. 14,9

Erst das Leben, dann der Tod!
So sagen wir und so denken wir!
Wir setzen das Leben an erste Stelle!
Es ist uns überaus wichtig!
Nach einem schönen und langen Leben –
dann der Tod.

Hier aber stehen die Toten an erster Stelle.
Gewiss: Es sind mehr Tote auf dem Friedhof,
als Lebende in der Gemeinde!
Sehr viele gingen uns voraus im Tod!
Aber auch sie haben einen Herrn,
nicht nur die Lebenden: Christus Jesus!
Den hat sich keiner ausgesucht,
den hat Gott allen bestimmt!
Er ist selbst durch den Tod gegangen.
Am Kreuz hat er seine Bitterkeit bis zur Neige erfahren.

Doch das Grab musste ihn wieder hergeben.
„Auferstanden von den Toten" – so bekennen wir.
So ist er zum Herrn geworden
über die Toten und über die Lebenden,
über Vorausgegangene und Gebliebene,
über uns, die wir meinen,
unser Leben in der Hand zu haben. –
Jesus Christus, unser aller Herr!
Es ist tröstlich, nicht dem Tod,
sondern dem Herrn über den Tod
entgegenzugehen.

Ki. Bl. April 1991

**Christus ist gestorben und lebendig geworden,
um Herr zu sein über Tote und Lebende.**
Röm. 14,9

Immer wieder, wenn wir am offenen Grab
um einen Sarg versammelt stehen,
tun wir das als Lebende um einen Toten.
Und immer wieder in solchen Augenblicken
wird uns der Trost zugesprochen:
„Unser keiner lebt sich selber,
und keiner stirbt sich selber,
Darum: Wir leben oder sterben,
so sind wir des Herrn!"
Und dann hören wir auch diesen Satz:
„Denn dazu ist Christus gestorben
und wieder lebendig geworden,
dass er über Tote und Lebende Herr sei."

Und genau diesen Zuspruch brauchen wir –
vor allem im Angesicht des Todes,
dann wenn der Tod seine volle Macht bewies,
wenn wir einen Toten vor Augen haben!
Dann ist für uns diese Aussage nötig:
Christus ist Herr über Lebende und Tote;
oder umgekehrt in der richtigen Reihenfolge:
Er bleibt Herr über Tote und Lebende!

Herr sein über die Toten – das kann nur der,
der den schmerzvollen Weg des Sterbens
nicht nur vom Zusehen,
wie ein Kinobesucher kennt;
denn da kann man es anschauen,
wie Menschen andere grausam und schmerzvoll
vom Leben zum Tode befördern.
Dem Zuschauer aber tut es nicht weh!
Jedoch selber den Todesweg gehen,
selbst die Sterbensqual durchleiden, ist mehr!
Da legen wir sehr schnell unser Herrsein ab
und wissen:

Der Schmerz ist der Herr dieses Leibes,
und seinem Bruder, dem Tod,
widerstand noch keiner –
keiner bis auf den Einen: Christus!
Zwar hat auch an ihm der bittere Tod
Karfreitag seine schreckliche Macht gezeigt,
doch dann hast Du, Herr, eingegriffen,
Du zeigtest, dass dennoch
Du der Herr bist!
Indem Du Jesus aus dem Grab führtest
am sonnendurchfluteten Ostermontag,
da wurde es klar, dass er Sieger ist,
ein Herr auch über die Toten!

Doch Christus ist Herr
auch über die Lebenden,
über die große Anzahl derer,
die heute noch mit mir zusammen
ihre Glieder arbeitsam regen
und die Kraft des Sonnenlichtes genießen!
Vergib uns, Herr, wenn wir an
deinem Herr-Sein zweifeln,
wenn wir es immer wieder versuchen,
mit Mitteln der Vernunft und der Technik,
der Ideologie und der Gewalt,
dir die Weltherrschaft, die allein dir zusteht,
zu entreißen und zu entwinden.
Vielmehr lass mich vertrauen:
Du bist und bleibst der Herr über allen.

Ki. Bl. April 1997

18. APRIL

Jesus Christus spricht:
Ich habe ihnen die Herrlichkeit gegeben,
die du mir gegeben hast,
damit sie eins seien, wie wir eins sind.
Joh. 17,22

Groß steht deine Hoffnung, Herr,
über unserer zerrissenen Welt:
„damit sie eins seien".
Darauf ist auch viel gutes Bemühen gerichtet:
„dass sie eins seien",
im Süden und im Norden, im Osten und im Westen,
in Haus und Familie, zwischen Frau und Mann,
zwischen Eltern und Kindern, Jüngeren und Älteren:
dass sie eins seien.

Wir sehen den Riss zwischen den Menschen,
wir sehen ihn, Herr, und wir leiden auch darunter,
wir alle, denn wir sind eben nicht eins,
wie du es für uns willst!
Aber deine Hoffnung steht für uns:
„damit sie eins seien",
so eins, wie du mit dem Vater. Das wäre herrlich,
herrlicher, als alles Herrliche der Welt
an dem wir uns berauschen, das wir erstreben,
weil es unsere Augen und Herzen gewinnt
und uns immer unersättlicher macht.

Deine Herrlichkeit, Herr, war eine andere:
Dein Gehorsam zum Vater, deine Geduld im Leiden,
deine Feindesliebe und dein grenzenloses Erbarmen,
deine bleibende Hoffnung für unsere Welt,
deine Herrlichkeit, wie sie aufleuchtet am Kreuz,
an deinem Kreuz, Herr.

Deine Herrlichkeit, Herr, ist wie die einer Blume,
die etwas von Gottes Lichtglanz in unser Zimmer bringt,
wie das Strahlen der Sonne, die uns freundlich bescheint,
wie der Sieg des Guten, der aufbricht aus dem Todesschatten!

Solche Herrlichkeit willst du uns geben,
solche Kräfte des Guten sollen uns zufließen,
solch ein Glanz soll unser Leben erneuern...
Das schaffen die Konferenzen nicht, auch nicht die Technik,
das schaffst du, Herr, du allein –
und dann werden wir alle eins in dir!

Ki. Bl., April 1999

Gott gebe euch erleuchtete Augen des Herzens, damit ihr erkennt, zu welcher Hoffnung ihr von ihm berufen seid.

Eph. 1,18

Gehaltene Augen. Unser Vers hat etwas mit dem Osterfest zu tun, wenngleich er nicht aus einem Osterevangelium stammt. Die Ostertexte berichten immer wieder von Menschen, die den Auferstandenen sehen und nicht erkennen. So zum Beispiel Maria Magdalena, die Jesus am Ostermorgen begegnet und meint, es sei der Gärtner. Erst als er sie anspricht, erkennt sie ihren Meister (Johannes 20,11 ff.). Ähnlich ergeht es den Jüngern, die am Ostermorgen nach Emmaus wandern. Sie treffen einen „Fremden" und klagen ihm ihr Leid. Ausdrücklich steht dann: „Ihre Augen wurden gehalten, dass sie ihn nicht erkannten." (Lukas 24,16 ff.) Erst bei dem Abendessen, als der „Fremde" das Brot bricht, „wurden ihre Augen geöffnet und sie erkannten ihn". Es gibt das wirklich: zugehaltene Augen! Die gesunden Menschenaugen sind manchmal einfach blind für Dinge, die auch zur Realität gehören. Vielleicht ist es auch einigen von uns so ergangen: Länger schon ist man mit jemandem zusammen, bis plötzlich klar wird: „Dies ist mein zukünftiger Lebensgefährte!" Und dann kann man nur danken, dass die Augen aufgetan wurden.

Sehende Augen. Sehende Augen sind ein Geschenk des Himmels. Das muss man nicht mit den vielen Blindenheilungen „beweisen", die uns in den Evangelien von Jesus berichtet werden. Auch in unserer Zeit erfolgen tagtäglich komplizierte Augenoperationen, die kranken Patienten das Augenlicht wiedergeben oder wiederherstellen. Auch mir hat der Augenarzt gesagt, in der nächsten Zeit werde ich operiert werden müssen. Sehende Augen sind eben „ein Geschenk des Himmels". Und wer gesunde Augen hat, soll Gott täglich dafür danken!

Freilich, der Unterschied bleibt: Es gibt sehende Augen und „gehaltene Augen". Niemand hat das deutlicher erlebt als der Apostel Paulus. Bis zu dem Augenblick, als der Auferstandene ihm in den Weg trat, war er ein grausamer Verfolger der Christen. Dann aber hat ihm Christus gezeigt, dass er bisher „blind" war für die Wirklichkeit des Auferstandenen. Und von diesem Augenblick an wurde er ein Apostel, ein von dem Herrn in die Welt Gesandter, der von da an sein ganzes Leben dafür einsetzte, den Menschen die Augen zu öffnen für die Realität des Dreieinigen Gottes. Darum sein Herzenswunsch: „Gott gebe euch erleuchtete Augen des Herzens!"

Erleuchtete Augen. Viele Menschen haben ein gesundes Augenlicht. Noch viel mehr aber haben kranke Augen und brauchen Brille oder eine Operation. Gesunde Augen sind ein Geschenk des Himmels, ganz gleich ob wir das anerkennen oder ablehnen. Das ist so. Für das Augenlicht kann man nicht oft genug danken! Doch wenn wir „erleuchtete Augen" haben, sollen wir noch dankbarer sein. Denn „erleuchtete Augen" können auch Blinde haben. Von einem jungen Pfarrer wird erzählt, der neu in eine Gemeinde kam und einen blinden Mann besuchte. Dieser war sehr erfreut und rief: „Kommen Sie, Herr Pfarrer, jetzt singen wir zusammen meinen Lieblingschoral!" Der blinde Mann setzte sich an sein Harmonium und gemeinsam sangen sie ein Lied. Nachher bekannte der Geistliche: „Vor diesem Besuch hatte ich Angst – nun bin ich geistig gestärkt worden."

„Erleuchtete Augen" sind „Augen des Glaubens". Antoine de Saint Exupéry, ein Schriftsteller unserer Tage, bekennt: „Man sieht nur mit dem Herzen gut, das Wesentliche ist für die Augen unsichtbar." Dieser wichtige Satz steht in dem Märchen für Erwachsene „Der kleine Prinz". Unzählige haben die Wahrheit dieses Satzes erfahren und bezeugen sie immer wieder.

Nur eines bleibt ebenso wahr: Diese Aussage ist nicht zu beweisen, genauso wie auch das Wirken des Auferstandenen durch den heiligen Geist nicht beweisbar ist. Das kann man nur dankbar bezeugen oder darum bitten, wie Paulus.

Ki. Bl. April 2010

Was sucht ihr den Lebenden bei den Toten?
Lk. 24,5

Fast eine unsinnige Frage!
Einen Lebenden sucht man nicht bei den Toten.
Und einen Toten nicht bei den Lebenden!
Das tut doch keiner.
Die Frauen suchten auch nicht einen Lebenden im Steingrab,
sondern einen Toten, ihren toten Herrn!

Doch den fanden sie nicht, nicht mehr da,
wo sie ihn hingelegt hatten.
Begraben hatten sie ihn, einen wirklich Toten,
einen Toten zu den Toten gelegt …
Und nun dieser Schrecken: Er ist nicht mehr da.
Und nun diese unsinnige Frage:
„Was sucht ihr den Lebenden bei den Toten?"

Auch mich hätte damals und dort das Entsetzen gepackt.
Vielleicht wäre auch ich fortgelaufen
vor dem Gottesboten mit seiner unsinnigen Frage:
„Was sucht ihr den Lebenden bei den Toten?"
Der „Lebende" ist der „Lebendige",
der auferstandene Herr Jesus Christus.

Seit dem ersten Ostermorgen klingt die Botschaft durch die Welt:
„Er ist auferstanden, er lebt!"
Nun ist er nicht mehr auf dem Friedhof zu finden,
nicht mehr bei den Toten, sondern eben bei den Lebenden!
Wenn wir zusammenkommen, auch nur zwei oder drei,
in seinem Namen, dann ist ER mit dabei!
Wenn wir einem Geringen etwas Gutes tun,
dann ist es, als hätten wir es IHM getan!

Seit dem ersten Ostermorgen haben wir einen lebendigen Herrn!
Ihm gehören wir, die Lebenden, und ihm gehören auch unsere Toten.
Es ist tröstlich, das zu wissen, und es ist eine Gnade, das zu glauben!
Und wer ihn heute sucht, suche ihn bei den Lebenden,
den Mühseligen und Beladenen –
dort ist er am sichersten zu finden.

Ki. Bl. April 1993

21. APRIL

Jesus Christus ist die Versöhnung für unsere Sünden, nicht allein aber für die unseren, sondern auch für die der ganzen Welt
1. Joh. 2,2

Hier steht es, dieses wichtige und große Wort: Versöhnung! Es beinhaltet das, was wir alle uns so sehr wünschen für zerstrittene Geschwister und Ehegatten, Nachbarn, Freunde und Verwandte, für Länder, Kirchen, Religionen, allen wünschen wir dies: Versöhnung! Und es ist, als müssten wir jetzt die Hände falten und bitten: „Ja, Herr, schenke uns allen die Versöhnung!"

Denn so erleben wir es immer wieder: ein unbedachtes Wort macht gute Nachbarn plötzlich zu Feinden; eine begründete Verspätung bringt Verlobte auseinander; eine Romanfigur macht, dass Meinungen sich verhärten und trennendes Unheil stiften; ein Zeitungsbericht über eine Versammlung führt plötzlich zu politischen Spaltungen ...

Jeder kann die Liste jener Gründe weiter ergänzen, die Spaltungen und Trennungen zur Folge haben und wo dann das gebraucht wird, was Versöhnung beinhaltet: Bitte um Vergebung, Ergreifen der Hände und Ausstreichen des Vorgefallenen!

Ja, wir wünschen Versöhnung unserer ganzen Welt: unserer Welt im Kleinen, im Haus und in der Nachbarschaft, in der Wohngemeinschaft, in der Stadt und im Land, und unserer Welt im Großen, zwischen den Ländern und Kirchen und Religionen. Gebe Gott allen: Versöhnung!

Versöhnung wird dort nötig, wo Zwist aufbricht, wo etwas Lebensfeindliches zwischen die Menschen tritt. – Der Arzt und der Apotheker eines Dorfes sind Freunde. Bis der Apotheker eines Tages meint: Dies Rezept ist falsch! Von jetzt an ist Feindschaft zwischen ihnen. So schnell kann Unversöhnlichkeit entstehen. Aber dann schafft der sechsjährige Arztsohn die Versöhnung, indem er eine kleine Schubkarre voller Äpfel zur Apotheke bringt – so erzählt es eine wunderbare Geschichte – womit der Kleine der kranken Apothekerfrau eine Freude machen will.

Unser Vers aber möchte ganz deutlich aufzeigen: Versöhnung hat einen geistlichen Hintergrund, hat immer etwas mit unserem Verhältnis zu Gott zu tun. Menschliche Schuld ist nur selten einsichtig nachweisbar.

Dennoch: Menschliche Schuld reicht immer bis vor Gott. Das wussten diejenigen sehr genau, die die Satzungen für die siebenbürgischen Bruder-, Schwester- und Nachbarschaften festgeschrieben haben. Da war die Versöhnung innerhalb dieser übersichtlichen Gemeinschaften nicht bloß Ehrensache, sondern Pflicht. Und sie geschah immer am Beginn eines Kalenderjahres oder aber am Bußtag in jedem dritten Monat. Unversöhnlichkeit konnte zum Ausschluss aus der Gemeinschaft führen.

Unser Vers macht eine besondere Aussage: „Jesus Christus ist die Versöhnung für unsere Sünden". Der Apostel weist uns an den, der gekreuzigt wurde, starb und auferstand und unser Fürsprecher beim Vater ist, „durch den wir die Versöhnung empfangen haben". (Römer 5,11 b)

Wir haben die Versöhnung schon empfangen – ja, Herr, das ist das Fundament meines Seins, meines Lebens. Darum darf und kann ich leben und auch vergeben; darum habe ich eine Hilfe, wenn der Zorn in mir hochsteigt; darum erhalte ich Mut, meine Schuld einzusehen, mein Versagen zu erkennen und mein Tun in deinem Licht zu sehen.

Darum möchte ich nicht, dass Menschen sich im Abseits der Sünde verlieren, sondern ich wünsche, dass sie sich für Versöhnung stark machen. Denn jetzt weiß ich es: Schuld zwischen Menschen ist immer auch Schuld vor Dir. Aber die hat Jesus Christus getilgt, ausgelöscht mit seinem Blut, und darum darf ich als Versöhnter leben und Versöhnung zum Ziel des Lebens machen! Ich weiß aber auch: Versöhnung kann nur bei mir beginnen.

Ja, Herr, Versöhnung als Dein Werk durch mich – aber für andere, zum Wohl unserer Welt.

Ki. Bl., April 2006

**Jesus Christus spricht:
Friede sei mit euch!
Wie mich der Vater gesandt hat,
so sende ich euch.**
Joh. 20,21

So unruhig, wie die Jünger damals waren,
so sind wir heute auch, Herr!
Sie waren bestürzt über die Gewalt des Todes!
Sie waren beunruhigt
über die Nacht der Ungerechtigkeit!
Sie waren verzweifelt
über die Wehmut des Alleinseins!
Genau so wie wir, wie wir alle!
Denn auch wir sehen den Tod
sein unheilvolles Werk tun.
Wir sehen
die zunehmende Ungerechtigkeit!
Wir alle leiden
unter zunehmender Vereinsamung,
so wie die Jünger,
damals am ersten Ostermorgen.

Aber dann kamst ja Du, Herr,
und tratest mitten unter sie:
„Friede sei mit euch!"
Das ist kein ausgehandelter Friede,
kein Friede dieser Welt,
das ist Dein Friede, Herr,
der im Frieden mit dem himmlischen Vater
seinen Ursprung hat;
das ist Dein Friede, Herr, der höher ist,
als alle menschliche Vernunft oder Politik.
Das ist Dein Friede, Herr,
der aus traurigen Menschen Fröhliche macht;
der Verzweifelte tröstet und Vertrauen
und Mut gibt für die nächsten Schritte!
Diesen Frieden sprichst Du zu
auch uns heute, weil Du der Lebendige bist!
Weil Du in deiner Auferstehung
Tod und Teufel überwunden hast,

weil Deine Zusage auch heute gilt:
„Ich bin bei euch alle Tage!"

Darum aber gilt auch Deine Sendung:
„Ich sende euch in die Welt,
als meine Boten, als meine Zeugen,
zwar wie Schafe unter die Wölfe,
aber meines Beistandes gewiss."

O Herr, welch ein Vertrauen
setzt Du in uns!
Welch ein Zuspruch für uns!
Vergib, wenn wir arme Boten sind,
und stärke uns,
wenn wir nicht weiter wissen.
In Deinem Frieden wollen wir gehen
heute und alle Tage,
wie Lehrjungen an der Hand des Meisters ...

Ki. Bl. April 1994

**Gastfrei zu sein, vergesst nicht;
denn dadurch haben einige
ohne ihr Wissen Engel beherbergt.**
Hebr. 13,2

Gäste kann man einladen! Oft tun wir das mit einer schönen Karte, mit gewählten Worten und auch zeitgerecht. Dann können wir uns richtig vorbereiten, und die beidseitigen Erwartungen erfüllen sich. Meistens. Manchmal aber stehen Gäste auch völlig unerwartet vor der Tür unserer Wohnung. Meist erfreut uns das wenig, denn vielleicht wollten wir gerade das Haus putzen, oder wir waren auf dem Weg zum Einkaufen – unerwartete Gäste kommen uns meist ungelegen.

Höfliche Gäste merken das und verabschieden sich bald. Andere hingegen sitzen fest und warten auf die Einladung zum Mittagessen oder zum Abendbrot.

„Gastfrei zu sein, vergesst nicht", so mahnt der Apostel die Christen einer Gemeinde zu der Zeit, als die ersten Christenverfolgungen begannen. Ihr Leben damals war völlig anders, als es unsere heutigen Gewohnheiten sind. Die Gastlichkeit gehörte früher zum Alltag. Ein Beispiel der Gastfreundschaft ist nachzulesen in 1.Mose 18, wie Abraham unerwartet wirkliche Engel zu Besuch bekam, wie er sie mit Verbeugungen empfing, in den Schatten nötigte, ein Kalb schlachtete und wie Sara, seine Frau, zur Bewirtung Kuchen buk. Diese Engel hatten einen Auftrag von ihrem Herrn auszurichten und zu erfüllen.

Engel sind Gottesboten mit bestimmtem Auftrag und besonderen Vollmachten. Davon kann man in der Bibel an vielen Stellen nachlesen. Und die Angelologie, die Lehre von den Engeln, steht in unserer Zeit wieder hoch im Ansehen. Unzählige Bücher erzählen von Engelerscheinungen und Engelerfahrungen. Forscher bemühen sich, das „Engelgeheimnis" zu ergründen.

Wir Menschen möchten gerne die Engel unserem Willen unterwerfen und unseren Wünschen dienstbar machen. Zwar sagt die Bibel ganz richtig, „Engel sind dienstbare Geister" (Hebr. 1,14). Sie stehen aber im Dienste Gottes. ER ist ihr Herr, und IHM allein dienen sie.

Und wenn dann plötzlich ein Gast vor unserer Türe steht, Einlass, Zeit und Bewirtung, vielleicht auch nur ein gutes Wort erwartet – woher weiß ich denn, ob nicht Gott mir diesen Menschen geschickt hat, uns beiden zum Segen?

„Gastfrei zu sein, vergesst nicht; denn oft schon haben Menschen ohne ihr Wissen Engel beherbergt." Ob nun geplante und formvollendet eingeladene Gäste oder ob es ganz zufällig eintreffende, unerwartete Gäste sind: „Seid gastfrei untereinander ohne Murren", schreibt der Apostel (1. Petr. 4,9).

Vielleicht gehören wir zu denen, die sich nur ungern den geplanten Tagesablauf durchkreuzen lassen; vielleicht haben wir Gäste überhaupt wenig gern, wir Menschen sind in diesem Punkt sehr verschieden – doch es gibt vielleicht kein größeres Lob für ein Haus, als wenn es von ihm heißt: Das ist ein gastfreies Haus! Da haben die Gäste, ob nun eingeladen oder ungeplant, Freude empfangen, Trost gefunden, Gemeinschaft gespürt, und dann waren wirklich „Engel" an unserem Tisch, Boten unseres gemeinsamen Herrn, die zur Stärkung und Belebung der Gemeinschaft beitrugen, zum Wohle aller.

Ki. Bl. April 2005

Gott hat Jesus Christus von den Toten auferweckt und ihm die Herrlichkeit gegeben, sodass ihr an Gott glauben und auf ihn hoffen könnt.

1. Petr. 1, 21

Manchmal kommen Menschen an den Punkt,
wo sie die Hoffnung aufgeben;
meist haben sie dann
auch den Glauben aufgegeben.
Ganz schrecklich ist das!
„Ich habe alle Hoffnung verloren", zagte
eine Frau am Tiefpunkt ihres Lebens.
Sie hatte jedoch einen Rest
Gottvertrauen bewahrt.
Und dadurch wurde sie wieder
lebensmutig und mit Glauben und
Hoffnung beschenkt.

Der Karfreitag war für die Jünger Jesu
der Tiefpunkt ihres Lebens;
„Wir hatten gehofft,
ER würde Israel erlösen!"
Und dann hing Jesus am Kreuz,
er starb, und sie begruben ihn –
und mit ihm ihr Hoffen und Glauben.
Doch dann erlebten sie Ostern:
„Gott hat ihn auferweckt",
verkündete der Engel.
„Der Herr ist auferstanden",
riefen die Frauen.
Und seither klingt es ununterbrochen weiter:
„Gott hat Jesus Christus von den Toten auferweckt!"

Mit dieser Botschaft zogen die Apostel
durch die Welt; und an dieser Botschaft
konnten auch alle Christenverfolgungen
nichts ändern.
In allen Kirchen der Welt
erklingt zu Ostern die Botschaft:
Gott hat Jesus von den Toten auferweckt,
Halleluja!
Diese gute Nachricht
kann uns völlig umändern.
Sie kann aus uns
neue Menschen machen,
Menschen, die wieder glauben und hoffen.
Das hatten die Frauen am Ostermorgen
erlebt das hatten die Jünger erfahren, das
gab den Aposteln neuen Zeugenmut und
beflügelt bis heute Frauen und Männer.
Die Osterkunde ist keine billige
Vertröstung, wie sie manchmal unter uns aufklingt:
„Du darfst die Hoffnung nicht aufgeben,
es ist halb so schlimm, und alles wird gut,
glaub nur daran!" – Nein, so nicht!
Aber so: „Gott hat Christus auferweckt.
Darum darfst du an Gott glauben, darum
darfst du auf ihn hoffen, darum, und nur darum!" –

Nun können wir arme Menschen wirklich hoffen,
nun haben wir Grund zum Glauben,
denn Ostern ist ein Wendepunkt in dieser Welt.
Und Ostern kann zum Wendepunkt
unseres Lebens werden,
der uns über den Berg von Schuld und Tod
hinüberblicken lässt in die herrliche Welt
Gottes, in die uns Jesus Christus voranging,
indem Gott ihn von den Toten auferweckte!
Ja, Halleluja!

Ki. Bl., April 1996

Stellt euch nicht dieser Welt gleich, sondern ändert euch durch die Erneuerung eures Sinnes, damit ihr prüfen könnt, was Gottes Wille ist.
Röm. 12,2

Draußen ist ein wunderschöner Märztag! Ich sehe aus dem Fenster die erwachende Natur. Lang war der Winter und manchmal kalt. Doch nun erneuert sich die Vegetation: Märzbecher blühen auf und Schneeglöckchen, der Winterling leuchtet gelb, Krokusse sind da – und die neuen Grashalme verdrängen ihre winterwelken Geschwister. Jeden Tag wird mehr von der Erneuerung der Natur sichtbar.

Erneuerung – dieses wunderbare Wort lese ich auch in dem obigen Spruch. „Erneuerung des Sinnes" – darauf will Paulus hinaus in den Kapiteln, mit denen er den großen Brief an die junge Christengemeinde in Rom schließt. Und bei dem Wort „Erneuerung" kommt mir eine Vielfalt von Gedanken. Denn „Erneuerung" ist doch das, worum es jeder neuen Regierung geht. Durch eine neue politische Ordnung soll eine Erneuerung in allen Bereichen erzielt werden. „Erneuerung" heißt doch: Das Alte muss weg, das Neue wird besser sein. So meinen wir Menschen und meinen es gewiss gut.

Doch nun sehe ich wieder aus meinem Fenster in den Garten: Da erneuert sich alles, und ich habe doch gar nichts dazu getan. Die Natur lässt sich dadurch erneuern, dass die warme Sonne sie berührt. Wo Licht- und Wärmestrahlen der Frühlingssonne hinfallen, da beginnt die große Erneuerung der Natur. Diesen Vorgang können Menschen nicht bewirken.

Manchmal möchte auch ich mich „erneuern", verändern und wandeln durch gute Vorsätze, durch Willenskraft oder ernstes Vornehmen. Hinterher aber merke ich, wie schwer es mir wurde, oder meistens, dass es unmöglich war, mich selbst aus eigener Kraft zu „erneuern".

Bestimmt hat Paulus diese Erfahrung gekannt. Aber er hat „Erneuerung seines Lebens" erfahren, damals auf dem Weg nach Damaskus, als der lebendige Christus ihm in den Weg trat; und diese Erfahrung hat sich dann fortgesetzt in seinem Leben, weil er von der Liebe Christi nicht mehr loskam. Und so meint er das wohl auch: Lasst euch durch Christus in eurem Sinn, in eurem Denken, Fühlen und Wollen verändern und erneuern! Dann könnt ihr nicht mehr das tun, was „die Welt" will, sondern dann tut ihr das, was Gottes Wille ist.

Diesen guten Rat möchte ich annehmen. Denn so kann „Erneuerung" einen Anfang nehmen: Zunächst bei mir selbst, bei meinem Denken und Tun, dann wird sie weiter wirken in meine kleine Welt hinein und vielleicht auch in die „große Welt" – wer weiß. Solche „Veränderung" ist kein politisches Programm, sondern gehört in das liebende Wirken Gottes in unserer Welt, das wir dankbar erkennen dürfen.

Ki. Bl. April 2003

**Was ihr braucht, ist Ausdauer,
damit ihr den Willen Gottes erfüllen könnt
und so das verheißene Gut erlangt.**
Hebr. 10,36

Ein Wort zum Nach-Denken, geschrieben in notvoller Zeit an eine bedrängte Gemeinde!

In der Lutherbibel lautet der Vers: „Geduld aber habt ihr nötig, damit ihr den Willen Gottes tut und das Verheißene empfangt." Und Paul Gerhardt erläutert dies Bibelwort in seiner unübertrefflichen Weise: „Geduld ist euch vonnöten, wenn Sorge, Gram und Leid, und was euch mehr will töten, euch in das Herze schneid't. O auserwählte Schar, soll euch kein Tod nicht töten, ist euch Geduld vonnöten, das ist gewisslich wahr!"

Als Kind hatte ich einmal einen bedrängenden Traum. Mir träumte, die Zimmerdecke senke sich langsam herunter. Fortlaufen konnte ich nicht und die schwere Decke kam immer näher, bald würde ihr Gewicht mich erdrücken – schon fühlte ich sie auf meinem Kopf – da gelang es mir, unter den Tisch zu schlüpfen – schon fühlte ich die Schwere auf der Tischplatte – Herr hilf, dass die dünnen Tischbeine halten – und dann wachte ich aus der Bedrängnis auf.

Doch so leicht geht es nicht immer! Viele kennen heute die Bedrängnis äußerer Not: wenn der Arbeitsplatz gekündigt wird, wenn ein Kind zum Problemkind wird, wenn Jugendliche aus der Familie ausbrechen, wenn Krankheit sich anmeldet, wenn das Haushaltsgeld nicht mehr reicht. Äußere Bedrängnis hat viele Gesichter.

Und äußere Bedrängnis führt immer zu innerer, seelischer Bedrängnis, die in der Seelentiefe die Angst weckt. Schlimm, in Bedrängnis zu leben, in notvoller Zeit!

Als ein Apostel einst den Hebräerbrief schrieb, dachte er an seine bedrängte Gemeinde. Christen wurden damals von der Staatsmacht bedrängt um ihres Glaubens willen. Wer dem Glauben absagte, wurde frei; wer bei dem Christusbekenntnis blieb, riskierte Folter oder gar einen qualvollen Tod! Darum schreibt der Apostel: „Jetzt habt ihr Ausdauer nötig, jetzt ist Geduld gefragt, jetzt geht es darum, unter dem Willen Gottes zu bleiben"(denn das heißt das griechische Wort für Geduld)!

Wenn solche Glaubensbedrängnis für uns heute auch nicht mehr so im Vordergrund steht: Jede Bedrängnis ist Anfrage an unsere Kraft, an unser Bleiben unter dem Willen Gottes!

Denn wenn kein Haar von unserem Haupt und kein Sperling vom Dach fällt, ohne den Willen Gottes, dann steht jede Bedrängnis unter der Zulassung Gottes, ähnlich dem Leiden Christi! Aber dann folgt auf den Karfreitag auch das Osterfest – bloß die „drei Tage" können für uns zur endlos scheinenden Ewigkeit werden!

Aber: Ausdauer ist gefragt, nicht nur bei dem Langstreckenlauf, beim Streckenschwimmen und bei jedem Kraftsport; Ausdauer ist gefragt für mich und dich in der täglichen Bedrängnis, Ausdauer auch im Bezug auf den, unter dessen Zulassung meine Bedrängnis geschieht, Ausdauer auch im Bezug auf mein Gebet und auf mein Vertrauen. Ja, Herr, bitte schenk mir Geduld, Ausdauer und Vertrauen, nicht nur im April dieses Jahres!

Ki. Bl., April 1997

Zieht den neuen Menschen an, der nach dem Bild Gottes geschaffen ist in wahrer Gerechtigkeit und Heiligkeit.
Eph. 4,24

Zu unserem Leben gehört das Umziehen! Manchmal kann es uns lästig werden. Einmal musste ich mich an einem Tag fünfmal umziehen: um 11 Uhr für einen Gang zum Friedhof, um 12.30 Uhr bei der Heimkehr, um 15 Uhr für einen Geburtstag, um 19 Uhr für einen Konzertbesuch und schließlich um 22 Uhr zum Schlafengehen. Das Umziehen gehört nun einmal zu unserem Leben. Die Maurer ziehen sich um, bevor sie auf das Gerüst steigen, und die Bergleute, ehe sie ins Bergwerk einfahren. Für bestimmte Arbeiten benötigen wir auch eine ganz bestimmte Kleidung.

Die Dorfbewohner in den siebenbürgischen Gemeinden hatten bis zur Ausreise das „Kirchenkleid". Nur für Anlässe im Zusammenhang mit einem Kirchgang wurde dieses Gewand angelegt. In den meisten Fällen wurden sogar die Toten mit dem „Kirchenkleid" bekleidet in den Sarg gelegt. Dieser gute und wertvolle Brauch findet sich heute noch in den Gegenden, wo Menschen ein gepflegtes und starkes Glaubensbewusstsein haben.

Auch in diesem Spruch ist vom „Umziehen" die Rede: „Zieht den neuen Menschen an", mahnt der Apostel. Aber vor allem „Anziehen" steht ja zunächst das „Ausziehen". Jetzt muss ich daran denken, wie das war, als – im Gleichnis Jesu – der „verlorene Sohn" heimkehrte: Nachdem der Vater den Verlorenen mit Freuden umarmt und wieder angenommen hat, sagt er: „Bringt schnell das beste Gewand her und zieht es ihm an ..." Der Lump darf aus seinen Lumpen kriechen und bekommt das beste Gewand angelegt. Als Zeichen der geschenkten Sohnschaft erfolgt die „Umkleidung" mit der Liebe des Vaters.

Unverdient mit Deiner Liebe „umkleidet", Herr, das wird mir jetzt zu einem Bild für meine Taufe! Erinnern kann ich mich nicht an sie. Damals war ich ein Säugling. Anders war das bei den Christen in Ephesus. Sie hatten die Taufe als Erwachsene empfangen. Darum mahnt der Apostel: „Nun dürft ihr nicht mehr so leben, wie die Heiden leben, legt von euch ab den alten Menschen mit seinem früheren Wandel und zieht den neuen Menschen an."

Der neue Mensch aber, das bist DU, Herr. Der alte Adam war dem Schöpfer nicht gehorsam. Du aber warst gehorsam bis zum Tod am Kreuz. Darum hat Dich Dein himmlischer Vater in der Auferstehung mit seiner Liebe neu umkleidet und Dir einen Namen gegeben, der über alle Namen ist.

Und nun ist Deine Liebe, Herr, wie ein „Mantel der Gerechtigkeit", wie ein makelloses „Sonntagsgewand" mir angezogen, damit ich diesem Kleid entsprechend hier mein Leben führe, als neuer Mensch „von Gott geschaffen in Gerechtigkeit und Heiligkeit". Dazu, bitte, hilf mir, von heute an, jeden Tag!

Ki. Bl. April 2002

**Wenn das Herz
uns auch verurteilt –
Gott ist größer als unser Herz.**
1. Joh. 3,20

Ja, unser Herz kann das:
laut und vernehmlich urteilen, verurteilen,
das kann unser Herz, unser Gewissen.
Etwas in uns sagt:
Das war falsch oder richtig,
das war in Ordnung oder auch bös, bös!
Und diese Stimme ist nicht
zum Schweigen zu bringen.
Sie versteht auch die Kunst,
dann zu sprechen,
wenn ich es am allerwenigsten mag!

Sage mir doch keiner:
Diese Stimme kenne ich nicht.
„Das Herz" wird mir recht geben,
auch wenn dein Mund
die unnütze Frage stellt:
„Woher weißt Du das denn so genau?"

Eins ist natürlich klar:
Die Stimme des Herzen
kann nur ich selbst hören!
Was sie sagt, gilt allein mir,
ich kann's annehmen oder verwerfen,
vielleicht gelingt es mir manchmal,
das Herz zum Verstummen zu bringen.
Doch es wird wieder reden
und noch lauter schreien!
Wie damals bei Paulus,
der drei Tage lang nichts aß
und nichts trank,
bis einer zu ihm trat und sagte:
Christus, den du verfolgt hast,
hat dir vergeben, sein Geist erfüllt dich!

Gott hat viel Geduld mit uns, viel Langmut.
„Gott ist größer als unser Herz!"
ER kann zusehen, wie wir irren,
wie wir Böses tun und Böses reden,
unserem Willen und
unseren Neigungen folgen.

Doch dann, irgendwann, geht es mir auf:
DU, Herr, bist größer!
Du hast meinen Stolz gesehen
und geschwiegen.
Dir war auch das bekannt,
was die anderen nicht wussten,
und du hast nicht gleich gestraft.

Du, Gott, bist eben größer als unser Herz.
So hat es uns Christus gezeigt!
Er nahm nach Ostern die Jünger wieder an,
die in der Nacht der Gefangennahme flohen.
Er nahm den Petrus wieder an,
der dreimal verleugnet hatte.
Von deiner Langmut lebt deine Kirche,
sie lebt, weil Du, Herr,
Menschen wieder annimmst!
Mein eigenes kleines Leben kennt es auch,
dein größeres Herz, das mich nicht verstößt.
Dass ich heute noch lebe ist ein Zeichen
von Deiner Langmut und
Deinem weiten Herzen
gegenüber all deinen Kindern.
Du, Herr,
bist größer als unser kleines Herz –
lass mich darüber froh werden!

Ki. Bl. April 1998

**Jesus Christus spricht:
In der Welt seid ihr in Bedrängnis,
aber habt Mut: Ich habe die Welt besiegt.**
Joh. 16,33

Bedrängnis – das ist so, wie wenn zwei Starke auf einen eindringen, ihn immer mehr zurückdrängen, bis er schließlich in einer Ecke steht, und ein Ausweg ist nicht in Sicht. In so einer Lage kommt dann die Angst, die ständige Begleiterin der Bedrängnis, und die drängt uns in die Verzweiflung.

So war es neulich in den Nachrichten zu hören: Ein Mann war so in Bedrängnis geraten, dass er in seiner Verzweiflung seine Frau und seine vier Kinder erschlug, als sie schliefen, und dann einen Selbstmordversuch beging. Der Grund: Arbeitslosigkeit, Geldsorgen, Mietrückstand. Furchtbar, o Herr, was die Bedrängnis in dieser Welt anrichten kann!

Doch Du, Herr, hast es Deinen Jüngern vorausgesagt. „In der Welt seid ihr in Bedrängnis und Angst." Das war noch vor Karfreitag. In der Nacht des Gründonnerstags, als die Soldaten Dich gefangen nahmen, da spürten die Jünger das Drängen der Welt, erkannten sie ihre völlige Ohnmacht, und in dieser Angst wurde selbst Petrus zu einem, der sagte: „Ich kenne ihn nicht!"

Auch heute: „Ihr seid in Bedrängnis und Angst." Wie recht Du hast. Denn die Bedrängnis ist nicht vermeidbar. Sie ist ganz plötzlich da, gleichsam wie eine Lawine mit unwiderstehlicher Gewalt abgeht und Grauen und Verwüstung hinterlässt! Manche haben das schon so erlebt. Und andere Bedrängnisse: Arbeitslosigkeit, Geldnot, Altersgebrechen, Einsamkeit, plötzliche Krankheit oder langes Leiden. Dann die größte Bedrängnis: Das Anklopfen des bitteren Todes!

Doch Du hast es selbst durchgekostet: die Bedrängnis durch mächtige Gegner, durch den listigen Teufel, durch mächtige Naturgewalten. Du bist menschlicher Bedrängnis begegnet bei den Aussätzigen, jahrelang Kranken, bei Blinden, Tauben, Gekrümmten – überall Bedrängnis.

Doch letztlich bliebst Du der Sieger, Herr. Die aufgehende Sonne am Ostermorgen war wie ein Vorbote Deines Sieges über Hölle, Tod und Teufel! Du sprichst uns zu: „Habt Mut, seid getrost und zuversichtlich!" Diese Ermutigung höre ich für mich als ein lebendiges Versprechen: „Ich bin bei dir, in deiner Bedrängnis, bei dir, wenn der Arzt bedenklich den Kopf schüttelt und bei dir, wenn der Tod sich meldet." Nur eines, eines soll ich nicht: Deine Hand loslassen, an Dir zweifeln – doch Du hältst mich auch dann. Gewiss.

Ki. Bl. April 2000

**Dienet einander,
ein jeder mit der Gabe,
die er empfangen hat.**
1. Petr. 4,10

Als ein Vater seinen Sohn fragte, was er eigentlich werden wolle, antwortete dieser: „Das ist nicht so wichtig. Hauptsache, ich verdiene dabei gut!" – Vielleicht ist eine solche Antwort ein Einzelfall und nicht die Regel. Aber so viel scheint doch wahr zu sein, dass das Verdienen in unserer Zeit großgeschrieben wird. Wer eine neue Stelle antritt, möchte zuerst erfahren, wie viel er für seine Arbeit bekommt.

Nun sind wir aber durch den obigen Spruch zum Dienen aufgerufen und damit vor die Frage gestellt, was der Unterschied zwischen Dienen und Verdienen ist. Wir müssen da gar nicht zuerst an Geld denken. Es kann zum Beispiel eine Angestellte in einem Waisenhaus den gleichen Dienst an Kindern tun wie eine Mutter und sich mit dieser Arbeit einen Lohn verdienen, während die Mutter nichts bekommt. Aber der entscheidende Unterschied liegt nicht im Geldlichen; vielmehr stehen dahinter verschiedene Haltungen.

Wer auf das Verdienen achtet, stellt seine Leistung heraus. Auch die Bibel sagt, dass „ein Arbeiter seines Lohnes wert sei", und es solle „wer nicht arbeiten will, auch nicht essen"! Daher ist es durchaus im Sinne der Heiligen Schrift, dass eine Arbeit auch ihren Lohn zu bekommen hat.

Schlimm ist es, wenn einer nur seine Ansprüche anmeldet, die Leistung aber hinter seinen Forderungen zurückbleibt; ganz böse aber ist es, wenn einer für nutzlos vertane Arbeitszeit ein Gehalt erwartet.

Im Gegensatz zum Verdienen ist das Dienen bei den heutigen Menschen wenig gefragt. Schon das Wort selbst wird wenig gebraucht. Es ist mit dem Dienen wie mit der Liebe: Nur wer liebt, kann dienen, und nur wer dient, liebt wirklich! Weil die Mutter ihr Kind liebt, kann sie Tag und Nacht für es da sein, ihren Schlaf und ihre Freizeit opfern, ja sich im Dienen für das Kind ganz verzehren.

Dem Liebenden steht nicht das Verdienen an erster Stelle, nicht das bewegt ihn, was für ihn „herausspringt", sondern die Liebe drängt ihn zum Dienst am anderen.

Auch Jesus sagt: „Des Menschen Sohn ist gekommen, (…) dass er diene." (Mt. 20,28). Sein ganzes Leben war eine ununterbrochene Kette des Dienens und erhielt seine Krönung im Leiden und Sterben am Kreuz.

Wer den Dienst Jesu Christi vor Augen hat, wird immer wieder Möglichkeiten entdecken, anderen zu dienen.

Ki. Bl. Mai 1980

Das Wort Christi wohne mit seinem ganzen Reichtum bei euch!
Kol. 3,16

Gute Einwohner sind ein Segen! Sie stören und trachten nach Frieden. Sie halten sich an die Hausordnung und helfen, wo sie können. Weil es aber schwer ist, gute Einwohner zu finden, wollen die meisten lieber allein wohnen.

Nun schreibt der Apostel an seine Gemeinde: „Das Wort Christi wohne mit seinem ganzen Reichtum bei euch." Wir denken an die ersten Christen. Wie ernst haben sie diese Mahnung genommen. Sie waren es, die uns die Jesus-Worte überliefert haben, erst mündlich, dann auch schriftlich. Das Wort Christi hatte damals Raum in den Gottesdiensten der Gemeinden, es war lebendig und erklang immer wieder. Wir wüssten ja kaum etwas von Jesus, wenn nicht sein Wort unter den Seinen lebendig gewesen wäre.

Aber wie ist es nun heute? – In Siebenbürgen war es Brauch, den Konfirmanden eine Bibel zu schenken. Das war sehr gut. Nur waren das meist Prachtbibeln. Auch in meinem Bücherregal steht noch die Konfirmationsbibel meiner Mutter. Goldschnitt und 3 Kilo schwer. Ein Dekorationsstück. Meine Mutter hatte nicht diese, sondern eine kleine, handliche auf dem Nachtkästchen liegen. Und es verging kein Tag, an dem sie nicht darin las.

Die Bibel als Dekorationsstück, eine Ikone oder ein „frommes" Bild – das gibt es alles. Aber das ist nicht gemeint. Das Wort Christi will bei uns und in uns wohnen, aber nicht nur in der guten Stube, sondern auch auf dem Küchentisch oder in der Werkstatt, in der Aktentasche, mit der wir zur Arbeit gehen oder im Handschuhfach des Autos. Das Wort Christi muss bei der Hand sein, damit es bei uns wohnen kann.

Man kann dann nämlich eine Erfahrung machen: Das Wort Christi beginnt zu wirken und zu wachsen. Wie ein Samen, der aufs Land gestreut wird, geht es auf und treibt. Es könnte sein, dass dies Wort uns ergreift und innerlich bewegt, uns nachdenklich macht, sodass uns plötzlich Dinge klar werden, die uns vorher ein Rätsel waren. Es könnte sich sogar vieles bei uns verändern: dass wir am Sonntag etwas früher aufstehen, weil wir den Gottesdienst nicht versäumen möchten, oder dass der Umgangston im Haus freundlicher wird, dass wir mehr Geduld haben mit den Kindern und plötzlich auch Zeit finden, die kranke Nachbarin zu besuchen.

Aber das Wort Christi kann nur dann bei uns wohnen, wenn wir ihm ein Plätzchen frei machen. Da muss zuerst etwas ausgeräumt werden. Sonst bleibt es draußen. Aber dann bleibt auch der Herr draußen. Und das wäre schade.

Das Wort Christi will unter uns wohnen – damit ist nicht nur das Bibelwort gemeint. Es kann auch ein Liedvers aus dem Gesangbuch sein, den wir im Herzen bewegen, das Losungswort des Tages oder ein Satz aus der Sonntagspredigt, den wir uns gemerkt und aufgeschrieben haben. Das Wort Christi ist ein guter Einwohner. Es bringt uns Segen. Darum sollten wir es bei uns wohnen lassen.

Ki. Bl., Mai 1981

Glaubet nicht jedem Geist, sondern prüfet die Geister, ob sie aus Gott sind.

1. Joh. 4,1

Als ich ein kleiner Junge war, erschien einmal gegen Abend ein Mann und wünschte meinen Vater zu sprechen. Auf meinen Bescheid, er sei nicht daheim, sagte der Fremde, dann würde er eben warten. So ließ ich ihn rein. Glücklicherweise kam mein Vater bald. Es hat sich dann herausgestellt, dass der Mann ein Betrüger war; mir aber wurde von den Eltern fest eingeschärft, keinen Unbekannten mehr einzulassen. – Kinder haben ein großes Zutrauen, oft auch zu Fremden. Erst mit den Jahren machen sie die Erfahrung, dass man nicht jedem trauen kann. Wachsam zu sein allezeit, zu prüfen und zu unterscheiden ist ein Gebot des täglichen Lebens.

Das möchte uns die Bibel in diesem Spruch vor Augen führen: „Traut nicht jedem Geist, sondern prüfet die Geister, ob sie aus Gott sind." Schon unser Herr Christus hat in der Bergpredigt vor denen gewarnt, die in Schafskleidern kommen, aber inwendig reißende Wölfe sind (Mt. 7,15). Auch er hat die Seinen zu wachsamer Unterscheidung ermahnt. – Wir dürfen auch nicht jedem „Geist" glauben und vertrauen. Es gilt zu prüfen, ob ein Geist aus Gott ist oder nicht. Mit solcher Prüfung sollte ein Christ zunächst einmal bei sich selbst beginnen. „Der Mensch prüfe aber sich selbst ...", hat Paulus gemahnt.

Zum Prüfen freilich ist ein Prüfstein nötig, etwas Handfestes, das uns zeigt, wo wir stehen. Johannes sagt das so: „Ein jeglicher Geist, der da bekennt, dass Jesus Christus ist in das Fleisch gekommen, der ist von Gott." (1.Joh.4,2). Hier wird deutlich, dass der wahre Geist, der Gottesgeist, immer etwas mit Jesus Christus zu tun hat. Nur der Heilige Geist kann zum Bekenntnis Jesu Christi führen. Damit aber haben wir die Möglichkeit, „die Geister" von „DEM Geist" zu unterscheiden.

In unserer Zeit dringen so viele Nachrichten auf uns ein. Unser Geist wird von Kind auf überschwemmt mit Informationen. Wie leicht nistet sich da ein Geist ein, der uns zuflüstert: Du bist doch ein ganz guter Christ, zahlst deine Beiträge und bist mit den kirchlichen Pflichten in Ordnung. Ob solch ein Geist aus Gott ist? Oder hat hier ein weltlicher Geist uns den Glauben als ein sanftes Ruhekissen untergeschoben? – Es könnte auch sein, dass uns zugeflüstert wird: Du kannst überall beten! Du hast die Kirche und den Gottesdienst nicht nötig. Oder: Sei nicht dumm! Andere nehmen es mit der Wahrheit, mit der Ehe, mit den kleinen Dingen nicht so genau! Überall sind „Geister" am Werk, die uns etwas einflüstern, uns beeinflussen möchten. Diesen gegenüber gilt es, auf der Hut zu sein, zu prüfen und zu unterscheiden. Sonst kann es uns gehen wie dem Autofahrer, der auf unbekannter Straße ein Schild übersah und auf falschem Weg weiterfuhr, aber nicht ans Ziel kam.

Als die Jünger zu Pfingsten den Heiligen Geist erhielten, bekam ihre Predigt nur den einen Inhalt: „Gott hat den gekreuzigten Jesus zum Herrn gemacht." (Apg. 2,36). – An Jesus lässt sich jeder Geist prüfen. Versuchen auch wir es!

Ki. Bl. Mai 1982

> **Höret das Wort nicht nur an,
> sondern handelt danach;
> sonst betrügt ihr euch selbst.**
> Jak. 1,22

Am Rande eines Waldes steht ein Kirchlein. Es ist nichts Besonderes an seinem Bau. Aber etwas fällt auf. Innen über der Eingangstür steht der Spruch: „Seid aber Täter des Wortes und nicht Hörer allein." So übersetzt nämlich Luther unseren Vers. Und vielleicht fällt der Blick des Pfarrers manchmal darauf und er muss bei der Predigt denken: Im Grunde genommen nützt die schönste Predigt nicht viel, wenn sie die Hörer nicht dazu bringt, das Gehörte auch zu tun; ich kann von der Liebe predigen, aber werden meine Hörer auch Nächstenliebe üben?

Vielleicht muss der Pfarrer auch denken: Das hast du nun gesagt, jetzt musst du es auch selbst tun. – So hat es mit diesem Spruch über der Türe schon etwas auf sich. Und wenn dann der Gottesdienst aus ist, wendet sich die Gemeinde dem Ausgang zu und mancher liest den Spruch: „Seid aber Täter des Wortes und nicht Hörer allein!"

Vielleicht bringt uns dieser Spruch zum Entschluss, das in der Predigt Gehörte zur Tat werden zu lassen. Vielleicht beunruhigt er die Gewissen und lässt uns ahnen, dass der Gottesdienst nicht in der Kirche zu Ende ist, sondern in der Familie, im Beruf und in allem Zusammenleben seine Fortsetzung finden will.

Doch zunächst einmal will Gottes Wort gehört werden. Der Monat Mai lockt uns hinaus. Wir sehnen uns nach Luft und Sonne, nach einer Wanderung im Grünen; vielleicht sind wir zu müde, am Sonntag zur Kirche zu gehen, oder wir lassen uns durch andere Dinge vom Gottesdienst abhalten. Gottes Wort hören – das ist wichtig! Das kann man durch nichts ersetzen. Der Sonntagsgottesdienst gehört zu den schönsten Gaben, die uns der Herr geschenkt hat. „Höret das Wort", so mahnt der Apostel. Diese Mahnung müssen wir in unserer Zeit neu ins Herz fassen.

Aber nicht nur hören, sondern auch tun! „Handelt auch danach", schreibt Jakobus. Und Luther übersetzt: „Seid Täter des Worts und nicht Hörer allein." Und Jesus schließt seine Bergpredigt mit den Worten: „Wer diese meine Rede hört und tut sie, der gleicht einem klugen Mann, der sein Haus auf den Felsen baute." – Hören und Tun dürfen nicht auseinanderklaffen, sondern sind zwei Seiten einer Sache. Es genügt nicht, schöne Worte zu führen und vom Bibellesen und dem sonntäglichen Kirchgang viel zu halten. Gottes Wort will uns nicht nur erfreuen und trösten, es will uns auch stark machen zum Handeln im Namen des Herrn.

„Handelt nach dem Wort des Herrn", so mahnt der Apostel. Auch das müssen wir neu lernen. Es soll aus dem Nebenmann der Nächste werden. Die meisten Menschen sehen auf sich, auf ihre Probleme und Nöte und stellen die Fragen ihres eigenen Lebens ganz in den Vordergrund. Das führt dazu, dass aus dem Nächsten der Nebenmann wurde, der zwar neben uns wohnt, arbeitet und an uns vorbeigeht, den wir aber kaum noch zur Kenntnis nehmen. Dabei weist uns der Herr genau an diesen Menschen, den er neben uns stellt. Wem kann ich der Nächste sein? Wem kann ich einen Dienst tun? Wem kann ich ein tröstendes Wort zusprechen? – So fragt der Glaube.

Es ist schwer, den Glauben zu leben. Er fordert Gehorsam, Verzicht, Opferbereitschaft und Selbstüberwindung. Selbst die Jünger waren dazu nicht imstande. Erst als ihnen Jesus die Kraft des Heiligen Geistes schenkte, konnten sie es. Gebe Gott, dass wir mit seiner Kraft zu einem Leben im Glauben kommen. Dort, wo Hören und Tun sich täglich verbindet, erfüllt sich auch die Verheißung des Heilandes: „Wenn ihr solches wisset, selig seid ihr, wenn ihr's tut!"

Ki. Bl. Mai 1983

**Vergeltet nicht Böses mit Bösem
noch Kränkung mit Kränkung!
Stattdessen segnet; denn ihr seid dazu
berufen, Segen zu erlangen!**
Petr. 3,9

Ganz zufällig kam ich vorbei, als es unter den Kindern, die in der warmen Maisonne zwischen den Wohnblocks spielten, zu einem kleinen Streit kam. Eine laute, aber wenig gefährliche Keilerei war im Gange. Dann blickten die Mütter aus den Fenstern, ein Scheltwort gab das andere, eine Kränkung wurde mit einer noch heftigeren erwidert. Schließlich wurden die Kinder getrennt und alle gingen im Zorn auseinander.

Wie oft geht es so zu. Nicht nur zwischen den Bewohnern eines Blocks, auch in einer Klasse, in der Firma oder in einer Familie. Natürlich, es sollte nicht sein.

Unser Spruch ermahnt uns: „Vergeltet nicht Böses mit Bösem oder Scheltwort mit Scheltwort, sondern segnet!" Böses mit Bösem – so machen es die Schulkinder. Das ist das Gesetz der Rache, das in uns allen steckt. „Wie du mir, so ich dir!", sagt das Sprichwort. Schrecklich, was dabei manchmal herauskommt. Denn nach dieser Formel nimmt das Böse zu wie eine Schneekugel beim Schneemannbauen. Je mehr wir sie drehen, desto mehr Schnee klebt an. Böses plus Böses ergibt zweimal Böses, eine Verdoppelung des Bösen.

So ist es auch mit einem Scheltwort oder mit einer Kränkung. Einer sagte zu mir: „Das kann ich nie vergessen, wie ich gekränkt worden bin!" Dabei sollten wir überlegen, ob die Schuld dafür nicht auch bei uns selbst liegt. Es wäre ja möglich, dass wir dem anderen den Anstoß zur Kränkung gaben. Die Ursache könnte sogar in einem Missverständnis liegen, das einfach geklärt werden müsste.

Die Bibel mahnt: „Stattdessen segnet!" Oder, wie Jesus in der Bergpredigt sagt: „Lobet eure Feinde; segnet die euch fluchen; bittet für die, so euch beleidigen und verfolgen, auf dass ihr Kinder seid eures Vaters im Himmel." (Matth. 6,44 ff). Offenbar erwartet der Heiland von denen, die zu ihm gehören, mehr als von anderen. Er möchte, dass dem Bösen auf Erden Einhalt geboten werde, dass es nicht weiter zunimmt und Unheil anrichtet. Das kann aber nur durch das Gute geschehen. Nur das Tun des Guten kann das Böse auf seinem unheilvollen Weg aufhalten und seinen Fortgang hindern.

Ganz deutlich kann man das an dem Leidensweg unseres Heilandes verfolgen. Als ihn seine Peiniger ans Kreuz schlugen, fand er Kraft zu beten: Vater, vergib ihnen! Mit solcher Kraft möchte er auch uns ausstatten, damit wir etwas von seinem Frieden in unser Zusammenleben mit den anderen hineintragen. Natürlich, so ganz einfach wird es nicht sein. Es wird uns schwerfallen, mit einem Segenswort auf eine Kränkung zu antworten. Die Folge aber wäre, dass viel Ungutes auch wirklich ungesagt und ungetan bleibt. Denn wo Böses gesagt oder getan wird, ist das immer ein Anzeichen dafür, dass mit unserer Seele etwas in Unordnung gekommen ist.

Wer das weiß, wird erfahren, wie oft mit etwas Freundlichkeit viel Böses beseitigt werden kann. Wenn geschrieben steht: Einen fröhlichen Geber hat Gott lieb, so können wir auch sagen: Einen fröhlichen Vergeber hat Gott lieb, und vergeben ist seliger als grollen!" Und das ist bestimmt wahr!

Ki. Bl. Mai 1984

**Jesus Christus spricht:
Ihr werdet die Kraft
des Heiligen Geistes empfangen
und werdet meine Zeugen sein.**
Apg. 1,8

Ganz unverhofft kann man in den Zeugenstand gerufen werden, etwa wenn man zufällig einen Unfall mit angesehen hat. Dann soll man genau sagen, wie alles war. Zeugen sollen sagen und bezeugen, was sie gesehen und erlebt haben.

Jesus selbst war ein Zeuge des Himmelreiches, der einzige, der uns „authentisch" etwas über Gott sagen konnte. Aber die Menschen haben dieses Zeugnis des Heilands nur in sehr begrenztem Maß ernst genommen. Erst die Zeichen und Wunder, die geschahen, ließen die Wahrheit seines Zeugnisses aufleuchten.

Die Jünger jedoch wurden Zeugen des Wirkens Jesu, seiner Wundertaten, seiner Heilungen und seiner vollmächtigen Predigt. Sie erlebten es fast täglich, dass in dem Handeln ihres Meisters etwas von seiner Göttlichkeit sichtbar wurde. Doch dann kam der Karfreitag, der mit seinem furchtbaren Geschehen alle bisherigen Erfahrungen auslöschte. „Wir hatten gehofft..., es erwies sich als Täuschung!" So bekannten die Jünger selbst. Mit Jesus begruben sie all ihre Hoffnungen und Erwartungen.

Aber Ostern brachte den Jüngern eine neue Erfahrung: Sie durften ihren Herrn als den Auferstandenen wiedersehen. Das war das einmalige, wunderbarste, unglaublichste Ereignis für sie. Nun konnten sie wirklich bezeugen: Wir haben ihn gesehen und gesprochen, wir haben seine Nägelmale erkannt und befühlt! Er war es selbst! Gott hat ihn auferweckt! Er lebt! Und als es dann nach 40 Tagen, am Himmelfahrtstag, wieder zum Abschied kommt, sagt ihnen Jesus: „Ihr werdet die Kraft des Heiligen Geistes empfangen und werdet meine Zeugen sein." Das Wort, welches im griechischen Text für „Zeuge" steht, lautet „Märtyrer". Ein Märtyrer findet den Mut, für sein Zeugnis ganz einzutreten, mit seinem Leben und Sterben. Martyrium ist das Erdulden eines Leidens um eines Zeugnisses willen. Der Märtyrer tritt zurück hinter dem, was er bezeugt. Nicht jeder findet die Kraft zu solchem Bekennen und Bezeugen. Petrus hat es sich zugetraut: „Auch wenn ich sterben muss, werde ich nicht lügen!" Er hat es dann doch getan. Schon mancher hat sich bei dem Zeugnis übernommen. Darum sagt der Herr: „Ihr müsst zuerst die Kraft des Heiligen Geistes empfangen." Erst der Heilige Geist schenkt uns Kraft, ein Zeuge Jesu Christi zu werden. Solches Zeugnis ist gar nicht immer eine großartige Angelegenheit.

Ein Prediger hat bekannt, seine Mutter habe ihm in unvergesslicher Art während der Arbeit im Haus die biblischen Geschichten erzählt. Dieses Zeugnis hat ihn durch sein Leben begleitet und sein ganzes Denken und Fühlen geprägt. Auch das ergebene und geduldige Einfügen in den Willen Gottes kann für Außenstehende zu einem eindrücklichen Zeugnis des Glaubens werden, auch wenn dabei kaum Worte fallen. Christus braucht Zeugen. Auch uns will er dabei haben. Gott bewahre uns davor, dass wir falsche Zeugen werden.

Ki. Bl. Mai 1985

**Jesus Christus spricht:
Mein Vater wird dadurch verherrlicht,
dass ihr reiche Frucht bringt
und meine Jünger werdet.**
Joh. 15,8

Wir haben das schon im Fernsehen verfolgt: Ein voll besetztes Stadion – Sportwettkampf – die Sieger dürfen das Podium betreten – Beifall – die Landeshymne erklingt und die Fahnen werden aufgezogen. Die Sieger werden geehrt. Aber nicht nur sie, zugleich mit ihnen auch ihre Länder. Den Sieg hat wohl einer errungen, aber geehrt werden auch die, zu denen er gehört.

In den Abschiedsreden Jesu nach Johannes steht das Wort, das uns durch den blütenreichsten Monat geleiten soll. Der Heiland leitet seine Jünger an, seinen himmlischen Vater zu verherrlichen. Die Außenstehenden sollen gleichsam an ihnen sehen und merken, was es heißt, ein Jünger zu werden.

Man kann nun sofort fragen: Waren die Angesprochenen nicht schon Jesu Jünger? Hatten sie nicht seinen Anruf vernommen und waren sie ihm nicht nachgefolgt? Wieso sagt Jesus: „Ihr sollt meine Jünger werden?" – Als einen Jünger bezeichnete man zur Zeit Jesu einen, der von einem Meister etwas lernen soll. Dabei öffneten sich die Jünger ganz ihrem Lehrmeister, ja sie lebten in voller Gemeinschaft mit ihm. Jünger zu sein hieß auch, an dem Geschick des Meisters teilhaben. Und wir wissen, dass die Jünger Jesu eigentlich erst nach dem Pfingstfest ihr Leben ganz und ungeteilt in den Dienst ihres Meisters stellten.

Jünger werden ist gewiss nicht leicht. Denn ein Jünger steht immer in der freien Entscheidung. Die hat der Herr keinem abgenommen. Er hat sie einmal gefragt: „Wollt ihr auch weggehen?", worauf Petrus antwortete: „Herr, wohin sollen wir gehen? Du bist der Heilige Gottes! Wir können von dir nicht mehr loskommen." (Joh. 6,67 ff). Und weil ein Jünger immer neu in die Entscheidung gerufen wird, ist er auch immer im Werden. Aber auch noch etwas kennzeichnet den Jünger: Er lebt vom Gespräch mit seinem Meister. Während ein Lernender heute sein Wissen auch aus Büchern schöpft, die er daheim hat oder aus einer Bücherei ausleiht, braucht der Jünger das lebendige Gespräch. In den Berichten der Evangelien finden wir sehr viele Abschnitte in denen die Jünger Jesus etwas fragen. Der Jünger braucht das Gespräch mit dem Meister.

Wer heute ein Jünger Jesu sein will, wird ohne das Gespräch mit Christus nicht auskommen. Christus vergleicht die Verbindung zwischen ihm und seinen Jüngern mit dem Bleiben einer Rebe am Weinstock. So wie eine Rebe verdorrt und keine Frucht bringen kann, wenn sie nicht in der lebendigen Verbindung mit dem Weinstock bleibt, so sind die Jünger allezeit auf die Verbindung mit ihrem Meister angewiesen. Dann werden sie auch Frucht tragen, die man sieht und die bleibt.

Jünger können ihren Meister verherrlichen, so wie Sportler für ihren Trainer und für ihr Land Ehre einlegen. Aber Jünger können dem Ansehen ihres Meisters auch schaden. – „Herr, lass mich ein Jünger sein und dich verherrlichen!"

Ki. Bl. Mai 1986

**Der Gott der Hoffnung
erfülle euch mit aller Freude
und mit allem Frieden im Glauben.**
Röm. 15,13

"Hoffen und Harren ...," – wir kennen alle die Fortsetzung dieses Sprichwortes. Vielleicht haben wir einmal stark auf etwas gehofft. Aber unsere Erwartung wurde enttäuscht. Es gibt keinen Lebensweg, dessen Straße nicht enttäuschte Hoffnungen säumen. Wenn Menschen uns enttäuschen, werden wir verbittert. Wer enttäuscht wurde, kann nicht mehr gutgläubig vertrauen.

Aber vielleicht sind wir auch von Gott enttäuscht worden. "Herr Pfarrer, damals habe ich so gebetet! Aber Gott hat mich nicht gehört. Er hat mir mein Liebstes doch genommen! Wie soll ich noch glauben? Warum musste das so kommen?" – Vielleicht kennen wir auch das! Enttäuscht von Gott! Von dem Herrn alleingelassen, in der Hoffnung betrogen!

Paulus jedoch nennt unseren himmlischen Vater den „Gott der Hoffnung". Ihm kann man vertrauen. Der Apostel hat Gott als den Gott der Hoffnung erfahren. Da steht schon am Anfang der Bibel die erschreckende Geschichte von dem Ungehorsam der Menschen. „Wenn ihr davon esst, werdet ihr sterben!" Aber Gott hat dieses letzte Gericht nicht vollzogen. Er hat dem Menschen noch einen Freiraum gelassen, noch eine Möglichkeit zur Bewährung. Mehr noch, Gott hat dem Menschen seinen heiligen Willen vor die Augen gestellt: So sollt ihr leben, ihr Menschen, dann will ich euer Gott sein. Wieder ein Freiraum, ein Raum der Hoffnung. Aber wieder haben die Menschen Gott enttäuscht! Schließlich hat Gott das Gewichtigste getan: Er sandte seinen Sohn auf die Erde. „Den sollt ihr hören!" Nicht nur hören, sondern annehmen, ihm vertrauen und ihm folgen. Und auch das ging nicht gut aus. Der Gottessohn starb am Kreuz.

Doch dann kam Ostern. Für die Jünger war es wie ein neuer Sonnenaufgang. Die ganze Welt schien in ein neues Licht getaucht. „Er lebt – Gott hat uns nicht allein gelassen!" Jubelnd haben die Jünger dies Wunder bezeugt. Froh und getrost haben sie diese unbegreifliche Kunde in die Welt getragen: „Der Herr lebt!" Nun haben die Menschen wieder einen Freiraum der Hoffnung und der Freude, nun hat uns Gott wieder seine Freundlichkeit zugewendet, nun hat der Herr wieder Frieden gemacht mit der verlorenen Welt! Und der Apostel hat es an sich selbst auch erfahren: Er hatte jahrelang die Christen verfolgt. Bis ihm der Auferstandene in den Weg trat. Das veränderte sein Leben. Er wurde selbst ein Bekenner und Zeuge. Und nun kann er den anderen nichts Besseres wünschen als dies: „Der Gott der Hoffnung erfülle euch mit aller Freude und Frieden im Glauben!"

Freude und Frieden! Zwei Schlüsselwörter unserer Zeit. In einer Welt, die alles hat und alles kann, beginnen Freude und Frieden immer mehr Mangelware zu werden. Wo aber Gott der Herr eines Lebens wird, da zieht die Freude ein. Und wer sich freut, bei dem entsteht mit einem Mal auch Frieden. Frieden und Freude gründen letztlich im Geber alles Lebens. Wo ER uns durch den Glauben erreicht, da werden wir „erfüllt" mit Freude und Frieden, da geschieht eine Wandlung unseres Lebens, weil wir zwar noch in dieser freud- und friedlosen Welt leben, dennoch aber schon angerührt sind von der ewigen Welt, die der Herr uns mit seiner Gegenwart eröffnet.

Ki. Bl. Mai 1987

8. MAI

Es ist aber der Glaube eine feste Zuversicht auf das, was man hofft, und ein Nichtzweifeln an dem, was man nicht sieht.
Hebr. 11,1

Hoffnung ist lebensnotwendig. Immer am 9. Mai erinnere ich mich an den Morgen dieses Tages im Jahren 1945. Es war gegen 5 Uhr früh im Lager Lissitschansk, als unser Leutnant, ein kleiner, krummbeiniger Tatare, in unseren Schlafraum sprang und laut rief: *„Voina kaput! Scoro domoi!"* („Der Krieg ist aus! Bald fahrt ihr heim!") An diesem Tag erwachte die Hoffnung in unseren Herzen! – Wir hatten schon zwei Monate im Kohlebergwerk gearbeitet. Wir wussten noch nicht, wie Eiseskälte und Hunger schmecken, aber wir brauchten trotzdem etwas, das uns innerlich aufrichtete. Nun war der Krieg aus! Das gab Hoffnung auf Heimkehr!

Unser Vers ist der Beginn des großen Kapitels im Hebräerbrief über den Glauben. Und es könnte sich lohnen, diesen Bibelabschnitt ganz und langsam zu lesen. Er lässt uns sehr deutlich erkennen, dass vor dem Glauben Hoffnung nötig ist. Denn Hoffnung ist lebensnotwendig! Mit jedem Saatkorn, das wir im Mai in die Erde legen, tun wir auch ein wenig Hoffnung hinein! Und jedes Kind, das geboren wird, hat die Hoffnung der Eltern als ständigen Begleiter! Und jeder blühende Baum weckt Hoffnung auf reife Früchte. – Hoffnung ist immerfort ein Teil unseres Lebens. Darum schrieb Dante über das Tor der Hölle: „Ihr, die ihr hier hindurchschreitet, lasst alle Hoffnung hinter euch."

Hoffnung schenkt Lebensmut! Lebensmut ist auch lebensnotwendig! – Wen der Lebensmut verlässt, der ist bereit zum Sterben. Von Abraham wird im 11. Kapitel des Hebräerbriefes gesagt, er sei „der Vater des Glaubens"! Denn er zog aus seiner Heimat fort und hatte nur das Versprechen Gottes auf ein wunderschönes Land. Dieses Versprechen und diese Hoffnung gaben ihm immer wieder neuen Lebensmut. – Unsere Zeit hat die Welt zu einer mobilen Welt gemacht. Viele machen sich auf den Weg in ein anderes Land, ohne zu wissen, was dort auf sie wartet. Und die Enttäuschung schlägt dann oft in maßlose Wut um. Aber sie sind ja auch ohne ein Versprechen oder einen Auftrag Gottes fortgezogen! Lediglich mit der Hoffnung auf mehr Geld und ein besseres Leben. Darum verlieren solche Auswanderer sehr schnell den Lebensmut und auch das Gottvertrauen. Ja, sie beginnen sogar an dem Sinn ihres Lebens zu zweifeln oder gar zu verzweifeln. Denn sie müssen wirklich alles begraben, was ihnen bisher wichtig war und Lebensmut schenkte. Hoffnung schenkt Lebensmut und ist darum so wichtig wie eine Krücke für einen Lahmen.

Hoffnung braucht den stärkeren Bruder: den Glauben! So wie in einem Geschwisterkreis Brüder und Schwestern zusammenhalten, so kann die Hoffnung für sich allein nicht leben. Darum kann wohl jede und jeder über begrabene oder verlorene Hoffnung aus dem eigenen Leben erzählen. Doch richtige Geschwister halten und stützen und helfen sich gegenseitig. – So ist es auch mit dem Glauben und mit der Hoffnung. Nur wo diese beiden in uns zusammen lebendig bleiben, kommt Leben zu seiner vollen Entfaltung. Und genau dieses lässt uns den Vers erst richtig verstehen. Und so hat es auch der Apostel Paulus gemeint, wenn er Glauben und Hoffnung durch die Liebe zusammenbindet und dann zu dem Schluss kommt: „Die Liebe ist größer als beide!" Denn Liebe ist das einigende Band zwischen den Wirklichkeiten, die unser Leben bestimmen: der Hoffnung und dem Glaube!

Herr, lass deine Gaben in mir lebendig bleiben, damit Glaube, Liebe und Hoffnung mir täglich Mut und Zuversicht geben, so wie du den Aposteln immer neuen Mut und gute Zuversicht durch den Auferstandenen für ihre Lebensaufgabe geschenkt hast! Das erbitte ich für mich, die Meinen, Deine Kirche und unsere ganze Welt!

Ki. Bl., Mai 2010

> **Sie blieben aber beständig in der Lehre der Apostel und in der Gemeinschaft und im Brotbrechen und im Gebet.**
>
> Apg. 2,42

Dieser Spruch lobt die Christen in Jerusalem: „Sie blieben aber beständig in der Lehre der Apostel und in der Gemeinschaft und im Brotbrechen und im Gebet." Hier sind vier Aussagen durch das immer wiederkehrende „und" geradezu innerlich verbunden. Und das Wörtchen „sie" am Beginn der Feststellung meint eine Schar von Menschen, denen kurz vorher ein Fischer mit Namen Simon Petrus eine sehr belastende Anklage zugerufen hatte: „Jesus von Nazareth, diesen Mann von Gott unter euch ausgewiesen durch Taten und Wunder und Zeichen – diesen Mann habt ihr durch die Hand der Heiden ans Kreuz geschlagen und umgebracht. – Diesen Jesus aber hat Gott auferweckt; dessen sind wir alle Zeugen." – Man muss sich wirklich wundern, dass auf diese Predigt, auf diese Anschuldigung hin, sich so viele (die Bibel sagt 3000!) Leute taufen ließen und Christen wurden. Und von diesen Menschen steht dann da: „Sie blieben beständig in der Lehre der Apostel und in der Gemeinschaft und im Brotbrechen und im Gebet".

Gewiss: Diese Menschen hatten die Belehrung der Apostel besonders nötig. Sie wussten ja kaum etwas von Jesus. Aber mit welcher Begeisterung werden sie wohl zugehört haben, wenn die Jünger aus dem Leben Jesu erzählten – da wurden Begebenheiten und Gleichnisse lebendig! Und indem die Jünger die Gemeinde lehrten, prägte sich auch ihnen alles viel besser ein. Vielleicht war das Niederschreiben der Evangelien überhaupt erst dadurch möglich geworden, dass sie „beständig in der Lehre" blieben. – Das Christentum ist zu einem Teil „Lehre", das heißt, ohne ein bestimmtes, erlernbares Wissen geht es einfach nicht darum; werden säumige Konfirmanden von der Konfirmation zurückgestellt. Das Bleiben „in der Lehre der Apostel" – und jeder Gottesdienst ist ein Stück davon – gehört zu den Wesensmerkmalen des Glaubens.

Sicher aber auch das Bleiben in der Gemeinschaft! Wie ein Kind die Familie braucht, damit es sich entwickeln kann, so hat jeder Christ die Gemeinschaft nötig. Die Gemeinschaft mit den Nächsten ist das Übungsfeld, der Ort, wo wir das Christentum zu praktizieren haben.

Das taten die Christen in Jerusalem, indem sie zusammenkamen und miteinander das „Brot brachen". Ob damit das Aufteilen des mitgebrachten Brotes gemeint ist oder die Feier des Abendmahles, ist nicht eindeutig zu bestimmen. Aber im gemeinsamen Essen haben sie wohl gespürt: Hier ist jetzt der unter uns, der von sich sagte: „Ich bin das Brot des Lebens! Wer davon isst, bleibt nicht hungrig!"

Und schließlich das Bleiben im Gebet. Für die Menschen damals nicht eine Pflicht, sondern eine Freude. Beten als Freude, das wäre wichtig. Beten mit Freude, weil man sich verbunden weiß mit demjenigen, den Gott auferweckt hat und dem Gott alle Gewalt gab.

Solches Beten ist Quelle der Kraft, der Hoffnung und des getrosten Vertrauens. Und darin bleiben – das kann Leben wandeln. Nicht nur eines einzelnen – einer ganzen Gemeinschaft!

Ki. Bl. Mai 1989

**Lasst uns wahrhaftig sein in der Liebe
und wachsen in allen Stücken zu dem hin,
der das Haupt ist, Christus.**
Eph. 4,15

HERR,
Du lässt alles wachsen
zum Licht hin.
Wachstum aber ist DEIN Geheimnis,
das Geheimnis des Lebens.
Auch uns lässt DU wachsen
an Leib und Seele,
Körper und Geist.
Auch das ist Dein Geheimnis,
an dem wir Anteil haben.
Doch die Pflanzen brauchen
zum Wachsen den Lebenssaft,
der aus der Wurzel kommt.
Ohne diesen Strom –
kein Wachstum.
Der Saft gibt Leben –
ohne ihn kein Wachstum.

Auch das ist DEIN Geheimnis.
Es gibt aber auch ein gefährliches Wachsen,
ein Wuchern, wie das der Krebszellen.
Die wachsen unkontrolliert,
sie wuchern wild, ungehemmt,
nur für sich selbst,
bis zur Selbstvernichtung.

O Herr, bewahre uns vor solchem Wachsen,
das nur für sich selbst lebt,
nur an sich selbst denkt,
nur sich selbst im Blick hat!
Das wäre ein Wachsen ohne Liebe,
ohne den Gedanken, dass eine Zelle
allein nicht mehr wachsen kann.

Bewahre uns vor solchem Wachsen,
das auf die Wurzel vergisst
und vom Licht nichts mehr weiß
und darum zum Wuchern wird.
Lass uns in der Gemeinschaft wachsen
hin zu DIR! Amen.

Ki. Bl. Mai 1990

**Gott hat Christus erhöht
und hat ihm den Namen gegeben,
der über alle Namen ist.**
Phil. 2,9

O Herr, Du allein kannst erhöhen!
 Wir versuchen, uns zu erheben
in die Stratosphären, bis zum Mond,
vielleicht auch noch höher –
doch Dich erreichen wir nicht!
Wir machen uns gerne groß vor anderen:
mit unserem Wissen, Können, unserer Technik,
mit unseren großen Luftschiffen, Tankern,
riesigen Laster oder Raumschiffen.

Doch dich beeindrucken wir damit nicht.
Du hast viel mehr getan:
Deinen Sohn gesandt in unsere Welt,
ihn leiden und sterben lassen,
ihn auferweckt aus dem Grab
und erhöht zu Deiner Rechten.
Das hast Du getan!
Das können wir nicht, werden es nie können –
soviel Gehorsam, soviel Liebe,
soviel Geduld und Vergebung
bringen wir nicht auf.

Darum ist Christi Name über alle Namen!
Darum steht sein Name über den Namen
aller Erfinder und Wissenschaftler,
über allen Großen dieser Welt.
Denn Ihn hast Du erhöht,
in Deine Nähe aufgenommen
und hast ihm alle Gewalt gegeben,
alle Gewalt im Himmel und auf Erden!
Es ist gut, das zu wissen –
es ist gut, das zu glauben –
es ist tröstlich,
vom Erhöhten getragen zu werden!

Ki. Bl. Mai 1991

**Wisst ihr nicht,
dass euer Leib ein Tempel
des Heiligen Geistes ist?**

1. Kor. 6,19

Natürlich wissen wir um die Schönheit
unseres Leibes!
Griechische Bildhauer haben sie gestaltet,
die Maler aller Zeiten gemalt,
und Regisseure zeigen uns immer neu
die Schönheit unseres Leibes!

Natürlich wissen wir um die Leistung
unseres Leibes!
Sportwettkämpfe und Olympiaden zeigen,
welche Kraft, Leistung und Ausdauer
in unserem Leib wohnen kann!

Natürlich wissen wir auch
um die geistigen Möglichkeiten,
die in unserem Leib wohnen können!
Moderne Zivilisation ist eine Leistung
menschlichen Geistes, der in uns wohnt.

Wir wissen aber auch
um die wunderbare Welt der Gefühle,
die in unserem Leib wohnt,
uns beglücken und erfreuen
und das Leben erträglich machen kann.
Und wir wissen auch dass unser Leib
vergänglich ist,
Schönheit vergeht und Leistung nachlässt
und die geistigen Qualitäten abnehmen.

Das alles wissen wir – und noch mehr:
dass nämlich im Haus unseres Leibes
der Teufel sich einnisten kann;
er macht alle Schönheit und Kraft,
unseren Geist und unseren Willen
zu seinen Dienern und uns selbst
zum Werkzeug des Bösen zum Bösen.
Auch das wissen, sehen und merken wir!

Doch nun erinnert uns der Apostel:
„Wisst ihr nicht, dass euer Leib
ein Tempel des Heiligen Geistes ist?"
Unser Leib – ein Haus des Geistes Gottes,
ein Haus in Schönheit und Kraft
von Gott geschaffen und gestaltet,
damit ein guter „Einwohner" darin wirke:
der Geist der Liebe und der Wahrheit,
der Freundlichkeit und der Geduld,
der Gemeinschaft und nicht der
Gemeinheit,
des Gehorsams und nicht der Selbstsucht,
des Heiligen Geistes, der in Christus
das Menschenbild zur Vollendung brachte,
das Gott von uns denkt –
immer noch denkt und erstrebt,
damit wir es werden,
zum Segen für unsere Welt!

Mein Leib – ein Haus für Gottes Geist –
dies zu wissen – welche Gnade!

Ki. Bl. Mai 1992

**Gott spricht:
Ich will meinen Geist ausgießen über alles Fleisch,
und eure Söhne und Töchter sollen weissagen.**
Joel 3,1

Weissagen – das möchten wir, Weises sagen,
das sagen, was im Sinne Deiner Weisheit ist, Herr.
Ja, das möchten wir; und das wünschen wir
auch unseren Söhnen und Töchtern!
Weissagen – das wäre mehr als klug reden;
Weissagen wäre mehr als eine Gesellschaft
mit Geistesblitzen zu erfreuen;
Weissagen – das wäre mehr als alles,
was auf den Schulen dieser Welt zu lernen ist!

Denn das geschieht durch Deinen Geist, Herr,
durch den Geist der Pfingsten, der von Dir
oder von Deinem Sohn ausgeht;
das geschieht durch den Geist,
ohne den sich keiner zu Dir bekennen kann,
der in Deiner Kirche wirkt und sie zusammenhält.

Den Vorvätern hast Du diesen Geist verheißen –
den Aposteln wurde er zu Pfingsten geschenkt –
und nun darf die Welt Deiner Zusage trauen:
Ich will meinen Geist ausgießen …
so wie man Wasser ausgießt über dürres Land,
und dann beginnt es zu wachsen und zu sprießen,
wie eine Wiese grünt nach einem warmen Regen –
so willst Du es tun, Herr!

Welch eine Vision für eine Welt,
die in Worten zu ersticken droht,
die heute gelten und schon morgen überholt sind;
welch eine Zusage für unsere Welt,
in der Menschengeist Unvorstellbares schuf,
aber zugleich am Geist dieser Welt leidet;
welch eine Zusage an eine Welt,
die immer noch ihren Geist
mit Deinem Geist verwechselt, Herr!

Du willst Deinen Geist ausgießen –
ja, bitte tu es, Herr. Amen.

Ki. Bl. Mai 199

**Lasst uns festhalten am Bekenntnis
der Hoffnung und nicht wanken; denn er ist
treu, der sie verheißen hat: Jesus Christus!**

Hebr. 10,23

„Festhalten am Bekenntnis!"
Das war einmal eine Parole
für kirchentreue Christen!
„Festhalten am Bekenntnis!"
So hieß es vor 60 Jahren,
in der Zeit des „Kirchenkampfes".
Damals kam auch das gemeinsam
gesprochene Glaubensbekenntnis
in den evangelischen Gottesdienst.
Es sollte jeder selbst sagen und sprechen,
was er glaubt und bekennt!

„Festhalten am Bekenntnis!"
So hieß es auch
im ausgehenden ersten Jahrhundert
für die angefochtene Christenheit!
Aber nicht so:
„Festhalten an bestimmten Glaubenssätzen",
sondern so:

„Festhalten am Bekenntnis der Hoffnung!"
Und das ist etwas ganz anderes!
Nämlich: Festhalten an einer Hoffnung,
wo eigentlich nichts mehr zu hoffen war!
So, wie am Karfreitag nachmittags
alle Hoffnung für die Jünger erlosch
vor der scheinbaren Übermacht des Todes!
Nein, am Karfreitag war wirklich
nichts mehr zu hoffen!

Erst am Ostertag gab es neue Hoffnung.
Nicht eine trügerische, menschliche,
sondern eine himmlische, unvergängliche,
und ganz und gar gebunden
an den Auferstandenen, den Lebendigen,
an die Treue des Christus zu den Menschen,
sodass es geradezu heißen kann:
„Christus ist unsere Hoffnung!" –
Festhalten am Bekenntnis der Hoffnung
heißt darum: „Festhalten an Jesus Christus!"

Mit IHM hoffen wir
für unsere arme, zerrissene Welt;
für die leidenden und zweifelnden Menschen;
für die zerstrittenen und gequälten Völker;
für die geplagten Regierungen,
die sich um Frieden und Gerechtigkeit mühen;
mit Christus hoffen wir auf eine neue Welt,
ohne Tod und ohne Tränen,
ohne Streit und ohne Krieg,
die ER einmal heraufführen wird
und die auch nur ER heraufführen kann!

Darum lasst uns festhalten
an dieser Hoffnung,
die allein an unserem lebendigen Herrn hängt,
an Jesus Christus –
in diesem Monat – und weiter auch ...

Ki. Bl. Mai 1994

Alle Zungen sollen bekennen, dass Jesus Christus der Herr ist, zur Ehre Gottes, des Vaters.
Phil. 2,11

„Jesus Christus ist der Herr!"
das war einmal das ganze Bekenntnis
auf das hin Menschen zu Christen getauft wurden.
Seither hat man viel gearbeitet am Bekenntnis,
es tiefer durchdacht und sprachlich geschliffen.
Nun ist es viel länger geworden
und der Satz: „Christus ist der Herr!"
steht so auch nicht mehr drin.
Luther lässt mich bekennen:
„Ich glaube, dass Jesus Christus sei mein Herr!"
Das ist schon sehr viel und in der letzten Konsequenz
genug zum Leben und zum Sterben!
„Jesus Christus ist der Herr!"
Aus einem Christuslied klingt dieses Bekenntnis
herüber in unsere Zeit!
Sie hat einen ganzen Haufen neuer und neuester Bekenntnisse;
es sind meist ganz persönliche Aussagen,
bei denen es schwerfällt, sie nachzusprechen.
Ein falsches Bekenntnis gewinnt zunehmend Raum
in Menschenherzen und es wird auch
zunehmend von Menschen aller Völker
und Zungen nachgesprochen;
es erlernt sich offenbar auch am leichtesten,
dies Bekenntnis: „Das Geld ist der Herr!"
Auch uns fällt es manchmal nicht leicht,
uns der Versuchung dieses Bekenntnisses zu entziehen!
Wo sich aber Menschen dieses Bekenntnis aneignen,
beginnen die Rüstungsausgaben zu steigen,
führt Selbstsucht zu ungeahnten Grausamkeiten,
und Eigenliebe zu Lebensgier,
die meint: Ohne Nächsten geht's mir besser.
Mit diesem Bekenntnis wird die Welt
zum Vorhof der Hölle!
Gewiss: Seit König Krösus das Geld erfand,
können wir nicht mehr ohne es.
Doch dass es nicht mein Herr wird,
darum können wir bitten!
Christus ist mein Herr geworden in der Taufe;
daran müsste ich vielleicht öfter erinnert werden;
dass er der Herr ist,
müsste ich mir selbst öfter sagen
und auch anderen gegenüber bekennen!
Der Heilige Geist wartet oft nur darauf,
dass sein Funke auf mich überspringt.
Dann werde ich zu einem Stimmchen im Chor
der vielen Bekenner; „Christus ist der Herr!",
in einer der rund 2000 Sprachen der Erde.
Der Tag wird einmal kommen,
an dem die Menschen aller Zungen bekennen:
„Christus ist der Herr!"
Der Lebendige wird ihn heraufführen,
wenn Gott alle Macht in seine Hand gab.

Ki. Bl. Mai 1995

**Dienet einander, ein jeder mit der Gabe, die er empfangen hat,
als die guten Haushalter der mancherlei Gnade Gottes.** 1. Petr. 4,10

So also ist das, Herr:
DU gibst mancherlei Gaben!
DU, nur DU allein!
Und es gibt rein gar nichts,
das nicht deine Gabe wäre:
Arbeiten ist deine Gabe,
Schlafen ist deine Gabe;
Gesundheit ist deine Gabe,
Unterrichten ist deine Gabe;
Singen und Beten sind Gaben von dir,
Schweigen und Reden sind Gaben von dir,
Lachen und Weinen sind Gaben von dir
und die ganze Seite würde nicht reichen,
alle deine Gaben aufzuzählen!
Denn auch die Luft, die ich jetzt atme
und der Satz, den ich jetzt schreibe,
sind lauter Gaben von DIR, Herr!
Dafür muss ich zunächst einmal danken,
Dir danken, Herr!

Denn du verströmst
deine Gaben in unserer Welt,
so wie das Schmelzwasser,
das vom Gebirge strömt
und die Auen feuchtet,
so fließen deine Gaben auf uns Menschen!
Aber wer achtet das schon?
Wer dankt dir das schon?
Und wer denkt schon daran?
Lass uns zunächst einmal daran denken
und dann DIR dafür danken!
DU willst ja,
dass wir deine Gaben gebrauchen!
Jeder seine Gaben, die er empfangen hat
und jeder an dem Platz,
den du ihm gegeben hast!
Nun aber muss ich etwas denken:

Hat ein Säugling schon Gaben? Ja, sicher,
damit er mit seiner Stimme die Mutter weckt,
und sie ihm Liebe und Leben schenke!

Hat der hirngeschädigte Junge Gaben?
Sicher, damit die ganze Familie es lernt
in der Liebe füreinander zu leben!
Und ich muss an die Ärztin denken, die
nach einem Rundgang
durch das Nervenspital
auf die Frage einer noblen Besucherin,
warum solche Menschen überhaupt leben,
antwortete: „Vielleicht, damit alle Gesunden
das Danken wieder lernen!"

Ja, Herr, das möchten wir:
In diesem Monat das Danken wieder lernen,
das Danken für deine Gaben.
Und dann das andere auch: sie für andere
zu gebrauchen in deinem Dienst!
Weil ich lieben kann –
lass mich lieben!
Weil ich danken kann –
lass mich danken!
Weil ich kochen kann –
lass mich kochen!
Weil ich arbeiten kann –
lass mich treu arbeiten!
Weil ich singen kann –
lass mich singen
und weil ich trösten kann –
lass mich trösten!

Und das alles darum,
weil es deine Gabe ist,
die dich bezeugen soll
so wie die Apostel nach Pfingsten predigten,
weil sie deinen Heiligen Geist
empfangen hatten,
so lass mich anderen dienen
mit deinen Gaben,
mein Leben lang!

Ki. Bl. Mai 1996

**Lasst uns aufsehen zu Jesus,
dem Anfänger und Vollender
des Glaubens.**
Hebr. 12,2

In den ersten Oktobertagen 1954
stand ich mit einem Freund vor dem Altar
der Stadtpfarrkirche in Hermannstadt.
Bischof Friedrich Müller las uns dieses Wort vor,
in dem Zusammenhang,
in dem es im Hebräerbrief steht.
Dann hielt er eine Predigt und ordinierte uns.
Was er predigte, weiß ich heute nicht mehr,
aber dieses Wort blieb mir wichtig:
„Aufsehen auf Jesus!"

Wir beiden jungen Pfarrer hatten es nötig,
dieses „Aufsehen!"
Damals hatte ich sechs Gemeinden zu betreuen,
nur zwei von ihnen hatten Bahn- oder Busverbindung.
Doch dieses Wort half mir immer wieder:
„Aufsehen auf Jesus!"
ER hat mehr erduldet,
als sechs oder zehn Kilometer zu Fuß zu gehen.

„Aufsehen auf Jesus!"
Das kann für jeden wichtig sein!
Für den, der nur noch seine Krankheit sieht,
für den, der nur noch sein Elend anstarrt –
für die, die nur auf das knappe Haushaltsgeld sieht,
für die, die sich mit ihrer Schwachheit quält –
für sie und ihn, für alle gilt es:
„Aufsehen auf Jesus" – am Morgen und am Abend,
am Mittag, zwischendurch bei der Arbeit
und, manchmal, auch nachts:
„Aufsehen auf Jesus" – auf den,
der das Kreuz erduldete.
Damit ist schon etwas gewonnen:
ein freierer Blick.

Doch bei dem Aufsehen auf Christus
geht es um viel mehr.
Denn ER ist der Anfänger und Vollender des Glaubens!
Durch ihn, und nur durch ihn, lerne ich glauben,
zu dem Herrn meines Lebens ein völliges
Vertrauen zu gewinnen.
So werde ich getroster und zuversichtlicher.
Damit wäre schon mehr gewonnen.

Doch Jesus ist nicht nur der Anfänger und Vollender
meines Glaubens oder deines Glaubens,
sondern des Glaubens.
Damit meint der Apostel
die ganze Erlösungswirklichkeit,
die durch Jesus geschah,
durch sein Sterben und seine Auferstehung,
und durch den heiligen Pfingstgeist –
durch den Geist der weiterwirkt bis in unsere Zeit.
Auch heute „schafft" der Geist Glauben,
indem er Menschen ruft, erleuchtet,
stärkt und tröstet, befreit und leitet
in der Wirklichkeit des Glaubens.

Diese Wirklichkeit des Glaubens hat ihren
Anfang und ihre Vollendung in Jesus Christus.
Im Aufsehen auf IHN ereignet sich etwas
für mich und mein Leben,
auch für das Leben meiner Nächsten,
etwas, das in IHM und durch IHN
seinen Anfang nahm
und das nun weiter und weiter geht
und auch mit dem Letzten nicht endet –
ganz sicher nicht…

Ki. Bl. Mai 1997

**Täuscht euch nicht:
Gott lässt keinen Spott mit sich treiben;
was der Mensch sät, wird er ernten.**
Gal. 6,7

Ja, Herr, wir Menschen können uns täuschen,
wir können irren – manchmal gewaltig,
in Dingen und Menschen.
Einmal kaufte ich mir einen Anzugstoff,
der mir wirklich gefiel, dunkel,
mit zarten blauen Streifen.
Ein guter Schneider nähte den Anzug
und er passte wundervoll.
Doch bald merkte ich: An entscheidenden
Stellen knittert der schöne Stoff!
Nun hängt der Anzug im Kasten,
meine Freude ist hin, ich habe mich getäuscht!

Man kann sich auch in Menschen täuschen,
im Freund, in der Freundin,
im Nachbarn oder in der Klassenkameradin!
Und ganz schrecklich ist es,
wenn Eheleute vor dem Scheidungsrichter
einander erbittert zurufen:
„Ich habe mich in dir getäuscht!"

Man kann sich aber auch
in Glaubensdingen täuschen,
auch hier kann man irren!
Paulus, der Schreiber des Verses
hat das an sich selber erlebt!
Als strenggläubiger Pharisäer war er der Meinung,
aufrichtig Gott zu dienen,
wenn er die Christen verfolge.
Erst auf dem Weg nach Damaskus,
wo ihm der Herr selbst begegnete,
merkte er seinen Irrtum,
erkannte er ganz deutlich:
Mein bisheriger Weg war eine Täuschung.
Und dann nahm sein Weg eine andere Richtung!

Irrungen, Täuschungen in Glaubensdingen
sind besonders schwerwiegend!
Denn sie betreffen unser Lebenszentrum,
das, woran wir uns innerlich halten,

das, was unser Denken, Wollen und Handeln
letztlich bestimmt.
Täuschungen in Glaubensdingen sind
im wahrsten Sinne „umwerfend!"

Darum der tiefe Ernst, der aus den Versen
des sechsten Kapitels im ersten Paulusbrief spricht!
Ihr Galater, schreibt er, sollt nicht müde werden
Gutes zu tun aneinander, denn:
Wer nur auf „sein Fleisch sät",
wer nur an sich selbst denkt,
wer nur sein eigenes Leben verwirklicht
und allein in dem eigenen Leben aufgeht,
der erliegt einer großen Täuschung,
der hat sich in seiner Lebensrichtung geirrt;
der tut nicht das, was sein Schöpfer
von ihm erwartet und erhofft,
sondern „treibt Spott mit Gottes Willen,
der möchte, dass vielen durch mich geholfen werde!"

Maienzeit ist Zeit zum Säen!
Kluge Hausfrauen wissen genau:
Der gute, teure Samen
holt bei der Ernte die Mehrausgabe
doppelt und dreifach wieder ein!
Was wir säen, werden wir auch ernten!
Gleicht nicht alles, was wir tun,
der Arbeit des Sämanns?

Ist nicht jedes gesprochene Wort
ein Samenkörnchen, das andere erreicht?
Was für eine Verantwortung
für Eltern und Lehrer,
Pfarrer und Priester,
Zeitungsschreiber und Politiker,
Fernsehleute und Berichterstatter –
zentnerschwere Verantwortung für sie
und auch für mich, der ich auch ein Sämann bin...
Nein, Herr, dich kann ich nicht täuschen,
lass darum auch nicht zu, dass ich irre
in meinem Denken, Tun und Wollen,
und bring mich täglich zurück zu dir!

Ki. Bl. Mai 1998

Ich bin darin guter Zuversicht, dass der in euch angefangen hat das gute Werk, der wird´s auch vollenden bis an den Tag Christi Jesu.

Phil. 1,9

Ja, das wünschen wir uns alle: ein Leben in guter Zuversicht,
denn die gute Zuversicht ist die reine Luft für den Atem der Seele.
Die gute Zuversicht im Herzen beflügelt unsere Sinne, schenkt Mut und Vertrauen
und lässt auch am trüben Tag uns die innere Sonne scheinen.
Die gute Zuversicht ist ein starkes inneres Licht!
Der „wunderschöne Monat Mai" ist der Monat der Zuversicht.
Das sprießende Leben in der Natur lässt auch unsere Herzen höher schlagen.
Die Bäume blühen schön – wir werden viele Äpfel haben, sagt der Obstbauer.
Und auch die Hausfrau hat Zuversicht, dass alles im Garten gerät.
Selbst die Mutter, die ihre Kinder im Hof friedlich spielen sieht,
vertraut, dass deren Leben einmal gelingt!
Die gute Zuversicht ist die Schwester der guten Hoffnung!
Beide sind auf die Zukunft, auf das zu Kommende gerichtet!
Beide schließen vom Heute auf das Morgen!
Wunderbar, wenn einer sagen kann: Es hat etwas Gutes begonnen –
darum habe ich gute Zuversicht für die kommende Zeit!
Doch der, der so schreibt,
und der diese gute Zuversicht ausspricht, sitzt im Gefängnis,
und die Aussichten für seine persönliche Zukunft sind alles andere als rosig,
denn er schreibt: „Ich trage meine Fesseln für Christus und Ihn will ich verherrlichen,
sei es auch durch meinen Tod!"
Dieser Mensch ist also gefangen, gebunden und innerlich gequält –
und hat dennoch eine gute Zuversicht!
Die aber wurzelt in einem befreienden Wissen:
Es ist Einer, der in uns sein gutes Werk beginnt!
Jedenfalls hat Paulus das so an sich selbst erlebt:
Seit er bei dem gewaltsamen Tod des Stephanus dabei war,
hat Gott das gute Werk in ihm begonnen,
und am Tag der Begegnung mit Christus zur Vollendung gebracht.
Und das Gleiche hat sich an den Christen in Philippi,
seit dem Tag ihrer Taufe wiederholt!
Das gute Werk Christi ist nicht aufzuhalten!
Seit Christus auferstand, geht es weiter
und irgendwann begann es auch bei uns,
in uns und an uns und nun soll es durch uns weitergehen,
dass auch andere unsere gute Zuversicht sehen,
und so Mut und Vertrauen gewinnen,
leuchtende Augen und getrosten Mut bekommen
und der Herr so auch in ihnen sein gutes Werk beginnen kann!
Vielleicht lässt die Vollendung auf sich warten,
mag sein länger, als wir meinen.
Denn der Tag Jesu Christi steht für die Welt noch aus.
Für uns persönlich kann er heute schon da sein,
aber auch morgen – keiner weiß, wann –
doch ER wird´s vollenden, sein Werk, ganz bestimmt.

Ki. Bl., Mai 1999

20. MAI

**Seid stets bereit,
jedem Rede und Antwort zu stehen,
der nach der Hoffnung fragt,
die euch erfüllt.**
1. Petr. 3,15

„Heute habe ich Bereitschaftsdienst", sagte mir einmal ein Feuerwehrmann, „da muss ich immerfort bereit sein, einzugreifen." Bereitschaftsdienst für den Ernstfall – das ist sehr oft ein Dienst, der das Letzte abverlangt, bei der Feuerwehr, bei der Polizei, beim Rettungsdienst.

Du, Herr, nimmst uns alle in Deinen Bereitschaftsdienst: „Seid stets bereit, jedem Antwort zu geben." So hat es einst ein Apostel seiner Gemeinde geschrieben: Ihr seid immerfort im Bereitschaftsdienst Christi! Freilich, jeder Bereitschaftsdienst erfordert eine gute Ausbildung. Der Feuerwehrmann, die Polizistin, der Rotkreuzhelfer, sie müssen vorbereitet sein, sie müssen jeden Handgriff kennen und wissen, was im konkreten Fall zu tun ist.

Auch ihr seid ja vorbereitet, schreibt der Apostel. Denn eure Herzen sind erfüllt von einer starken Hoffnung! Diese ist ein Geschenk von dem lebendigen Herrn Jesus Christus. Wenn ihr also gefragt werdet, gebt stets eine klare Antwort. Die an euch gestellte Frage ist euer Ernstfall im Bereitschaftsdienst des lebendigen Herrn!

Mein Ernstfall kann völlig harmlos sein. Das Kind fragt: „Warum müssen wir in die Kirche gehen?" Der Konfirmand fragt: „Wozu eigentlich dieser Unterricht?" Der Ehegatte fragt: „Gehen wir nicht lieber ins Grüne?" – Der Apostel hat wahrscheinlich viel schwerere Ernstfälle im Blick. Damals begannen die Christenverfolgungen. Seid bereit, Antwort zu geben, auch vor dem Tribunal.

Bin ich bereit? Die Hoffnung brennt in meinem Herzen oft nur mit kleiner Flamme, so klein, dass ich selbst mich kaum daran wärmen kann.

Herr, ich darf mich auf Dich verlassen! Du hast zu Deinen Jüngern gesagt: „Seid getrost, fürchtet nicht, was ihr sagen werdet, denn ich gebe euch das rechte Wort in den Mund." Darum, Herr, lass mich an dich denken, wenn ich gefragt werde, im Alltag aber auch in entscheidungsschweren Stunden. Lass mich zuerst hören, Dich hören, und dann erst antworten. So ist es Deine Antwort, Du kommst zu Wort. Und die große Hoffnung in unserer Welt geht weiter wie das Leuchten des ersten Ostermorgens!

Ki. Bl. Mai 2000

Wo ist euer Glaube?
Luk. 8,25

Lieber Herr Jesus Christus! In jedem Gottesdienst beten wir zu Dir und sprechen Dich an. Wir vertrauen darauf, dass Du uns hörst. Dann darf ich Dir auch mal einen Brief schreiben. Es ist so: Ich weiß nicht weiter! Bei Theologen darf das nicht vorkommen! Aber wo es um das Tiefste und Letzte geht, stehen auch wir manchmal vor einer inneren Leere. Denn was soll ich auf deine Frage antworten, dass es nicht platt klingt?

Deine Frage ist eine persönliche Anfrage an alle Getauften. Gern hätte ich Antwort von jemandem, der eine gute Antwort fand. Dreimal wird in den Evangelien über die sogenannte Stillung des Sturms berichtet (Matth.8,23 ff, Mark.4,35 ff, Luk.8,22 ff). So ist es auch in unserem Leben. Da kommen Schwierigkeiten wie hereinbrechende Wirbelwinde, so wie sie zu Deiner Zeit über die Schiffer auf dem See Genezareth kamen. Da gibt es dann überhaupt nichts Sicheres mehr. Nur noch den Ruf, wie ihn die Jünger riefen: Meister, wir kommen um! Dann schüttelt uns nackte Angst.

Du aber, Herr, hast geschlafen! Völlig unbegreiflich! Dann hast Du Wind und Wellen beruhigt. Aber was Du dann gesagt hast, damit werde ich nicht fertig. Nach Matthäus: „Ihr Kleingläubigen…", nach Markus: „Habt ihr keinen Glauben?" und nach Lukas: „Wo ist euer Glaube?" Haben wir manchmal einen großen, starken Glauben und manchmal einen kleinen?

Lieber Herr, sag etwas! Zwar hast du auch den Jüngern keine weiteren Erklärungen gegeben. Offenbar nimmst Du uns die Denkarbeit nicht ab, so wie man auch Kindern nicht zu viel abnehmen soll. Wenn ich sehe, wie überbesorgte Mütter ihren Kindern den Schulranzen tragen, flüstere ich immer: „Arme Kinder!" Wir Menschen wachsen an unseren Lasten, nicht an den vermeintlichen Wohltaten anderer. Das weißt Du, Herr.

Könnte es nun aber sein, dass Du schon geredet hast wie zu Paulus: „Lass dir meine Gnade genügen! Meine Kraft ist in den Schwachen mächtig."? Im Wirbelsturm am galiläischen Meer waren die Jünger an die Grenze ihres menschlichen Könnens gelangt. Und dann kam Dein Eingreifen. Hättest Du früher eingegriffen, wäre die Geschichte kaum bis auf uns gekommen. Aber nun steht sie da und wir dürfen Dir dankbar sein! Denn die Frage nach dem Glauben bleibt als zentrale Frage des Christentums!

Vielleicht hatte unser hochverehrter Lehrer Hermann Binder recht, wenn er sagte: Glaube ist Dein Gnadengeschenk! – Dieses Geschenk, bitte, gewähre uns immer wieder!

Ki. Bl. Mai 2001

Lasst uns mit Ausdauer in dem Wettkampf laufen, der uns aufgetragen ist, und dabei auf Jesus blicken, den Urheber und Vollender des Glaubens.

Hebr. 12,1-2 *(Einheitsübersetzung)*

Begabt war er und sehr musikalisch; er bekam auch die besten Musikstunden, ein Instrument war da und Noten ebenfalls, nur eines mangelte ihm: die Ausdauer. Darum kam er nicht weiter und gab die Musik auf.

Ausdauer ist überall nötig! Der Sportler braucht sie und auch die Studentin. Ein junger Mann muss manchmal mit Ausdauer werben und Lehrlinge können zu rasch aufgeben. Ausdauer braucht es bei der Behandlung von Infektionen und erst recht bei der Entwöhnung vom Rauchen. Ja, die Ausdauer ist wichtig im Leben, manchmal sogar entscheidend.

Das wusste auch der uns unbekannte Apostel, als er an eine Christengemeinde schrieb: „Lasst uns mit Ausdauer in dem Wettkampf laufen!" Sicher ist es so: Im Sportwettkampf entscheidet die Ausdauer. Auch schon vorher ist sie nötig, bei den täglichen Übungen, im mühsamen Training. Und: Ausdauer ist auch der innere Kampf gegen das Aufgeben.

Die Christen waren am Aufgeben, am Loslassen. Grausame Glaubensverfolgungen hatten eingesetzt, die inneren Anfechtungen waren übermächtig geworden, das Aufgeben des Christenstandes lag nahe. Darum mahnt der Briefschreiber: Habt Ausdauer, bleibt fest und zuversichtlich! Euer Glaubensleben gleicht einem Wettkampf. Nur mit Ausdauer ist hier auch etwas zu erreichen, nämlich das gesteckte Ziel, das ewige Leben.

Das Geheimnis der Ausdauer ist dieses: Aufsehen auf Jesus, den Vollender des Glaubens! Ihr wisst doch um seine Ausdauer auf seinem Erdenweg, ihr erinnert euch an seine Ausdauer auf seinem Kreuzesweg. Nun aber ist er auferstanden und lebt, nun ist er immer bei euch, nun kann er euch Ausdauer schenken auf eurem Leidens- und Lebensweg, der ja seit eurer Taufe auch euer Glaubensweg ist. Denn von Ihm kommt der Glaube und zu Ihm führt der Glaube. Darum: Mit Ausdauer aufsehen, aufsehen auf Ihn!

Um Ausdauer im Glauben lasst uns bitten jeden Tag – mit Ausdauer – bis zur Vollendung.

Ki. Bl. Mai 2002

**Nehmt einander an,
wie Christus euch angenommen
hat zu Gottes Lob.**
Röm. 15,7

In unserem Garten haben wir ein Unkraut. Der botanische Namen dieser Pflanze ist mir nicht bekannt, aber ich möchte sie „Unduldsamkeit" nennen. Aus einem kräftigen Wurzelhals treibt sie ihre Würzelchen nach allen Seiten, und so wird allen Nachbarpflanzen die Feuchtigkeit abgezogen. Selbst das Gras neben dieser Pflanze muss eingehen. Nichts duldet sie neben sich.

Die Unduldsamkeit gibt es nicht nur im Pflanzenreich – auch unter uns Menschen ist sie immer wieder anzutreffen. Unter den Christen in Rom hat es wohl solche Unduldsamkeit auch gegeben, weil der Apostel schreiben muss: „Nehmt einander an ... duldet doch einander." Und diese Ermahnung können wir alle brauchen.

„Nehmt einander an!" – das fällt uns gar nicht leicht. Denn zwischen uns Menschen gibt es Unterschiede, manchmal ganz gewaltige – Unterschiede in der Lebensform, Unterschiede im Denken und Wollen, im Reden und Handeln, im Meinen und Sein.

Die Mahnung des Apostels erreicht uns heute in einer Welt, die voller Spannungen und Gefahren, voller Probleme und Unduldsamkeit ist. In ihr tritt die Begrenztheit menschlicher Möglichkeiten deutlich zutage. Die menschliche Begrenztheit kennt auch Paulus, und darum weist er auf Christus hin: „... wie Christus euch angenommen hat."

Das wurde Jesus von vielen vorgeworfen: „Dieser nimmt die Sünder an und isst mit ihnen!" „Normal" war das nicht, weder für die damalige noch für die heutige Zeit. Wer sitzt schon gern mit Verrufenen und Verachteten an einem Tisch beim Essen zusammen?

„Denkt an Christus", mahnt der Apostel. Und ein Kirchenmann hat gesagt: „So sollten wir denken: Wie hätte Christus jetzt gehandelt, und dann tun, was Er getan hätte!"

Nein, Herr, so ganz leicht fällt mir das nicht! Doch der Apostel will mir klar sagen: Nicht dadurch, Herr, wirst Du gelobt, wenn ich im schönen Kirchenraum Lieder zum Orgelklang singe, sondern eben dann lobe ich Dich, wenn ich die anderen annehme, die anders denken und meinen, die meine Lebensart infrage stellen und die vielleicht darauf aus sind, mein Vertrauen zu Dir zu erproben.

Lass mich dann geduldig sein. Lass mich alle zunächst einmal anhören, dann das Gehörte prüfen und dann vielleicht eine Antwort finden, die deutlich macht: Angenommen sein macht froh, schafft Frieden und führt dann beide zu Dir hin, Herr, den Angenommenen und auch mich.

Ki. Bl., Mai 2003

**Gott will,
dass alle Menschen gerettet werden
und zur Erkenntnis der Wahrheit gelangen.**
1. Tim. 2,4

Hilfe und Rettung für alle Menschen rund um den Globus – darüber kann man nachdenken in unserem Zeitalter der Globalisierung. Denn die Bedrohung des Lebens hat globale Ausmaße angenommen, und die Erkenntnisse, die von den Klimaforschern, den Ernährungswissenschaftlern, den Biologen, Ärzten und Atomphysikern gewonnen wurden, zeichnen ein düsteres Bild von der Zukunft der Menschen und des Lebens auf unserer Erde. Darum hat sich eine ganze Reihe von Organisationen diesem wichtigen Ziele verschrieben: „Rettung für Pflanzen, Tiere und Menschen".

Aber genauso schreibt der Apostel Paulus an seinen Mitarbeiter Timotheus: „Gott will, dass alle Menschen gerettet werden." Auch Gott geht es um die Rettung aller. Und weil Paulus diese Überzeugung im Herzen trug, wanderte er durch die damals bekannte Welt, predigte und gründete christliche Gemeinden; darum bildete er Mitarbeiter aus und schickte sie ebenfalls zu den Menschen; darum schrieb er Briefe, in denen er gegenwartsbezogene Themen aus dem Blickwinkel des Evangeliums behandelte. Rettung für alle. Das ist für den Apostel ein brennendes, heils- und damit lebensnotwendiges Thema. Und weil Paulus zu den Gebildeten gehörte, verbindet er die Rettung aller mit der „Erkenntnis der Wahrheit". Für ihn geschieht die Rettung durch die Erkenntnis der Wahrheit.

Freilich möchte man nun mit diesem Theologen in ein ernsthaftes Gespräch eintreten, etwa mit der Frage: „Sollte wirklich allein die Erkenntnis des Wahren, Guten und Richtigen Rettung für alle bewirken können?"

Wahrscheinlich würde Paulus antworten: „Ich habe einmal das Christentum als falsche Lehre abgelehnt und die getauften Christen verfolgt. Doch dann trat mir Christus in den Weg, und die alte Ansicht musste einer neuen Erkenntnis weichen, nämlich dass Gott durch den gekreuzigten und auferstandenen Heiland die Rettung der Welt beschlossen und in ihm auch begonnen hat. Diese mir von Gott geschenkte Erkenntnis, die einer Einpflanzung in den Glauben gleichkommt, vergewissert mich der Rettung in Zeit und Ewigkeit."

Glaubenserkenntnis als Himmelsgeschenk zur Rettung der Menschheit, darum kann man wirklich nur den Herrn der Welt bitten. Paulus ermahnt, dass man „vor allen Dingen tue Bitte, Gebet, Fürbitte und Danksagung für alle Menschen ... und für alle Obrigkeit". (1.Tim.2,1-2a)

Rettung für alle. Aber nicht so: Wenn du dich nicht überzeugen lässt, brauche ich Gewalt. Nein, so nicht. Sondern: Bitte, bitte, lieber Gott, lass die Erkenntnis der Wahrheit wachsen und zunehmen bei den Kleinen und den Großen, bei den Niedrigen und den Hohen, bei den gewöhnlichen Menschen und bei denen, die schwere Verantwortung tragen als Regierende und Abgeordnete, als Wissenschaftler und Manager, als Partei- und auch als Kirchenführer.

Ja, Herr, schalte viele Beter und auch mich in Deinen großen Plan der Rettung ein, der in Christus seinen Anfang nahm und am Karfreitag und am Ostertag zur Vollendung gelangt ist. Retten kannst nur Du, Herr. Danke, dass ich Dir dabei durch mein Beten helfen darf.

Ki. Bl., Mai 2004

**Sie blieben aber beständig
in der Lehre der Apostel
und in der Gemeinschaft
und im Brotbrechen und im Gebet.**
Apg. 2,42

Lieber Lukas!
Bitte verzeih, dass ich den Brief an Dich in unseren *Kirchlichen Blättern* veröffentliche. Doch ich möchte Dir sagen, dass wir Deine beiden Schriften im Neuen Testament gerne lesen. In dem Evangelium hat Du Abschnitte, die nur Du – als Sondergut – bringst; und wenn Du die Apostelgeschichte nicht geschrieben hättest, wüssten wir kaum etwas über das Leben der Urchristen.

Damit bin ich schon bei dem, was mir Gedanken macht. Über die erste Christengemeinde schreibst Du: „Sie blieben aber beständig in der Lehre der Apostel und in der Gemeinschaft und im Brotbrechen und im Gebet." Das ist eigentlich ein Loblied auf Deine Schwestern und Brüder in Jerusalem. Schöneres kann man über eine Gemeinde kaum sagen!

Freilich, lieber Lukas, es ist eine lange Zeit vergangen, seit Du diesen Satz des Lobes schreiben konntest. Und wir heute haben eine andere Vorstellung von dem, was wir mit Gemeinde bezeichnen. Doch Du sprichst ja vom Leben der Christen. Und hier habe ich einige Fragen, die mich bewegen. Die Fragen des Lebens stehen ja überall im Vordergrund, etwa die: Darf ein Christ tanzen oder Wein trinken, muss er den Gottesdienst besuchen, u. a. Du aber behauptest fröhlichen Herzens: „Sie blieben beständig in der Lehre der Apostel und in der Gemeinschaft und im Brotbrechen und im Gebet." „Sie", das sind alle die, die kurz vorher getauft worden waren, und es spricht eine fröhliche Zuversicht aus diesem Satz, in dem die Theologen das Wesen der Christengemeinde sehen.

Mich aber wundert zunächst die Reihenfolge in der Aufzählung. Viele setzen heute das Gebet, die persönliche Verbindung mit dem Schöpfergott und unserem Erlöser an erste Stelle. Du aber, lieber Lukas, hast diese ans Ende gestellt. Dafür steht bei Dir „die Lehre der Apostel" als Erstes und Wichtigstes. In Zeiten, wo das „Lehrangebot" breit gefächert ist und die Medien alles tun, die Meinungsbildung zu beeinflussen, ist es schon richtig, dass Du betonst: „Sie bleiben beständig in der Apostel Lehre." Das Bleiben in der biblischen Lehre wird damit zum Lebensnerv der Christengemeinde.

Als zweites Gemeindemerkmal nennst Du die „Gemeinschaft" und dann das „Brotbrechen", also die Mahlfeier, heute sagen wir „Abendmahl". Wieder hätte ich die Reihenfolge umgedreht, denn wir sehen im Abendmahl das konstituierende Element der Gemeinde. Zuerst muss die Gemeinschaft da sein, dann kann sie sich auch zum Abendmahl sammeln.

Doch dieses, Dein großes Wort „Gemeinschaft", gibt mir viel zu denken. Vor meinem inneren Auge ersteht jetzt die Gemeinschaft, die es einmal in unseren sächsischen Gemeinden gab. Ich denke an die gegenseitige Hilfe, die sich Nachbarn gewährten, etwa beim Hausbau und bei Unglücksfällen, an die Geschlossenheit, wenn eine Beerdigung auszurichten war; an den Zusammenhalt in den Nachbarschaften, an die gemeinsamen frohen Feste und auch an den gemeinsamen Kirchgang, wo sich die Jungen und die Alten gemeinsam unter das Gotteswort stellten.

In deiner Zeit, lieber Lukas, hat sich die Gemeinschaft durch den Auferstandenen und den Heiligen Pfingstgeist geformt. Diese Menschen wussten: „Wir haben eine tragfähige Gemeinschaft." Wir haben auch eine tragfähige Gemeinschaft: Die Gemeinschaft mit unserem lebendigen Herrn durch den Heiligen Geist. Und darum vertrauen wir, dass unsere Gemeinschaft in der Gemeinde wieder wachsen kann.

Danke, lieber Lukas, für Deine Gedanken und Deine Schriften in der Bibel.

Ki. Bl. Mai 2005

> **Ihr seid alle durch
> den Glauben Gottes Kinder
> in Christus Jesus.**
>
> Gal. 3,26

Aus der mit Sicherheit ältesten Schrift des Neuen Testaments und dem höchstwahrscheinlich ersten Brief des Apostels Paulus ist unser Vers entnommen. Das verleiht diesem Bibelwort ein ganz besonderes Gewicht und tiefe Bedeutung!

Die Übersetzung Martin Luthers macht zudem den Satz zu einer der wesentlichsten christlichen Aussagen. So schrieb der Apostel an Getaufte damals, und alle Getauften heute dürfen diesen Satz auf sich beziehen. Mir aber geben die beiden Wörtchen „durch" und „in" ganz viel zum Denken. Wir treten durch das Hoftor von der Gasse in den Hof durch die Haustüre aus dem Freien in das Haus und durch die Kirchentür in das Gotteshaus.

„Durch" heißt dann: Durch etwas hindurch komme ich in eine neue Befindlichkeit. „Durch" heißt dann: Ohne diese Öffnung könnte ich gar nicht in das Neue gelangen.

Aber – und da führen meine Gedanken mich weiter – diese Öffnung, zum Beispiel die Kirchentüre, habe ich nicht selbst machen müssen oder gemacht! Die hat der Baumeister einmal eingeplant, und andere haben sie vollendet. Kirchenportale, wie etwa die am Erfurter Dom, sind oft Kunstwerke höchster Bildhauerkunst. Daran sollten wir öfter denken!

Sicher: Zur Paulus' Zeit gab es keine Dome, und die Haustüren waren bloß Öffnungen, mit einem Vorhang versehen. Doch durch diese Öffnung ging es ins Haus, in einen neuen Raum. Diesen „neuen Raum" nennt der Apostel „in Christus Jesus". Die Reihenfolge dieser Namen besagt: Christus, das ist der nachösterliche Name des vormaligen Menschen Jesus! Christus Jesus, das ist die Verbindung nach rückwärts, vom lebendigen Heiland zum sterblichen Jesus und zugleich die Kennzeichnung dieser Einheit!

Es kann hilfreich sein, die sechs kurzen Kapitel des Briefes an die Galater zu lesen. Es geht dem Apostel darin um die Frage: Wie lebt man in dem neuen „Raum", „in Christus Jesus"?

Diese Frage bewegte die getauften Christen in Galatien. Kurz: Was darf ein Christ und was nicht?

Schön wäre es, wenn Paulus so antworten könnte, wie etwa das Verkehrsgesetz genau sagt, wie sich ein Autofahrer verhalten soll. Doch Paulus schreibt ganz einfach: „Ihr seid jetzt Gottes Kinder, und darum lebt nun als Gottes Kinder!" Das sind für den Apostel die Eckpunkte geworden, zwischen denen sich sein Denken, Sein und Wollen bewegt.

Ja, Herr, ganz einfach hört sich das an!

Denn auch ich gehöre zu den Getauften; auch ich bin durch den Glauben in Deine Wirklichkeit, Herr, versetzt worden, ohne dass ich das Geringste dazu getan hätte. Durch Dich, Herr, bin ich ein Kind deines Vaters geworden und nicht durch meine Bemühung oder meinen Glauben! Nun darf und soll ich als Dein Kind leben. Ganz einfach ist das für mich nicht! Ohne den Zuspruch Deines Geistes ist Leben als Gottes Kind kaum möglich.

Paulus jedoch hat ja schon den Galatern geschrieben: „Die Frucht des Geistes ist Liebe, Freude, Friede, Geduld, Freundlichkeit, Güte, Treue, Sanftmut ..." (5,22 f). Nun, Herr, schon diese Aufzählung reicht, vielleicht für ein ganzes Leben.

Denn auch im Verkehrsgesetz steht im ersten Satz: „Fahr mit Rücksicht, Vorsicht und Umsicht!" – Und was danach steht, ist nur die ausführlichere Auslegung.

So mutest DU, Herr, mir eine persönliche Auslegung zu, als Kind Gottes zu leben, zu dem DU mich gemacht hast!

Bitte hilf mir, an allen meinen Lebenstagen, auch an meinem letzten!

Ki. Bl. Mai 2006

Alle Zungen sollen bekennen, dass Jesus Christus der Herr ist, zur Ehre Gottes, des Vaters.
Phil. 2,11

Es wäre gut für alle, das 2. Kapitel des Philipperbriefes vom Anfang bis zu Vers 12 zu lesen. Denn unser Spruch ist der Schluss des Christusliedes, das mit Vers 7 beginnt. Und ich könnte mir vorstellen, dass Paulus hier ein Gemeindelied zitiert. Die Sprache ist so dicht, und alle Aussagen sind so treffend und knapp, dass hier mehr drin steckt als in den Sätzen eines Briefes.

Und der letzte Satz schließlich ist die Krönung aller bisherigen Aussagen, er führt unsere Gedanken gleichsam in kosmische Weiten: Alle Zungen werden (dann, wenn sich Vers 10 erfüllt!) bekennen, dass Jesus Christus der Herr ist, zur Ehre Gottes, des Vaters. Ein von allen Menschen angestimmter Lobgesang wird von der Erde aufsteigen, sich mit dem Lobgesang der Engel vereinen und im Christus-Bekenntnis alle einen. So die Vision und Hoffnung des Apostels.

Philippi, einstmals die Hauptstadt des riesigen makedonischen Weltreichs, erhielt ihren Namen von König Philipp II., dem Vater Alexanders des Großen. Es war die erste Stadt Europas, in der es eine Christengemeinde gab. Der Apostel hat zeitlebens eine besondere Beziehung zu diesem Ort behalten, vielleicht deshalb, weil er hier besonders viel Leid erfuhr und auch besonders viel Freude erlebte, wie uns Lukas im 16. Kapitel der Apostelgeschichte berichtet. Aus dem Gefängnis schreibt er nun diesen Brief an die Christen in Philippi, in dem er das Christus-Lied zitiert mit der größten Hoffnung, die möglich ist: „Alle Menschen werden einmal in allen Sprachen bekennen, dass Jesus Christus der Herr ist." Und dieses Bekenntnis wird alle einen.

Fast möchte ich Paulus einen unverbesserlichen Optimisten nennen. Denn wer heute unsere zerrissene Welt betrachtet, der es nicht gelingen will, trotz vereinten diplomatischen und militärischen Bemühungen, einem Landstrich mit 100.000 Bewohnern den Frieden zu bringen, weil diese trennende Sprachen und verschiedenen Bekenntnisse haben, muss sich fragen: Kann das einmal kommen, dass alle Christus als den Herrn bekennen? Allerdings. Das wäre dann ein Einigkeitsmerkmal und ein Grund zu bleibender Freude. Und vielleicht muss erst der Heilige Pfingstgeist Menschen „anwehen" und mit seiner Kraft erfüllen, damit das wahr werde: „Alle bekennen: Christus ist der Herr!"

Zunächst einmal: Überaus froh bin ich, dass der Apostel hier so deutlich wird. Er redet nicht allgemein von Gott, sondern von Jesus Christus, der uns Menschen suchte, für uns lebte, litt und starb und danach auch auferstand; und wenn Paulus „Christus" sagt, meint er den auferstandenen, lebendigen und heute noch aktiven Heiland aller Menschen. Und dann: ER ist der Herr, weil er zur rechten Hand des himmlischen Vaters sitzt, und an seiner Allmacht Anteil hat. Beides höre ich heraus, und das macht mir Hoffnung für unsere zerstrittene und gequälte Welt.

Ja, Herr, tief dankbar darf ich sein, dass DU der Herr bist, auch wenn es mich täglich bedrückt, zu sehen, wie Krieg und Hass, Klimawandel und Müllüberschuss unsere Welt quälen! Es sind zwar Bemühungen da, doch sind ihnen nur mäßige Erfolge beschieden. Und ich sehe auch weiter, wie Armut und Krankheiten uns Menschen zusetzen, und trotz enormem medizinischen Fortschritt und sozialer Reformen die Schritte klein sind, die wir zur Lösung dieser Fragen tun! Und ich sehe, dass täglich überall in der Welt die Totenglocken ihr trauriges Lied singen, weil der Tod anscheinend doch die Oberhand behält.

Aber wir haben die fröhlichen Osterlieder gesungen: „Jesus lebt, mit ihm auch ich..." und „Ich weiß, dass mein Erlöser lebt..." und „Auf, auf, mein Herz mit Freuden..." Jetzt fällt es mir schon leichter, mit Paul Gerhardt zu singen: „... kann uns doch kein Tod nicht töten, sondern reißt unseren Geist aus viel tausend Nöten!" Das aber macht mich dankbar und froh. *Ki. Bl., Mai 2007*

Ich will nicht nur im Geist beten, sondern auch mit dem Verstand.
1. Kor. 14,15

Nur im Geist beten – das gibt es, bis in unsere Zeit. Als ich vor Jahrzehnten Dechant wurde, machte ich mich auf, die Gemeinden des damals ausgedehnten Bistritzer Kirchenbezirks zu besuchen und kennenzulernen. Zu unserem Bezirk gehörte auch Hadad, die wohl am nördlichsten gelegene Gemeinde der Landeskirche. Am Sonntag weckte mich dann dort nicht nur die Sonne, sondern auch ein auf- und abschwellendes „Geschrei" aus dem benachbarten Schulgebäude. Als ich fragte, was das sei, wurde mir geantwortet: „Das sind die Pfingstler. Die beten jeden Sonntagmorgen so lang und so laut, bis sie vom Heiligen Geist erfüllt sind und keiner mehr versteht, was gebetet wird. Ein Ausleger erklärt dann den Versammelten, was der Geist der Gemeinde mitgeteilt hat, die da zusammengekommen ist."

Damals habe ich gelernt, dass es das Problem gibt, von dem Paulus in dem langen 14. Kapitel des 1. Korintherbriefes spricht. Seine Ausführungen sind auch heute wichtig und aktuell. Denn der Apostel sagt sehr eindringlich: Beten hat immer auch etwas mit dem Verstand zu tun! Darum steht der Vers in der Luther-Bibel so: „Ich will beten mit dem Geist und will auch beten mit dem Verstand." Beides ist wichtig. Bei allem Beten kann eines ohne das andere nicht sein.

Denn was überhaupt beten heißt, kann man am besten von unserem Herrn Jesus Christus selbst lernen. Wer Jesu Gebete nachliest, wie sie uns die Evangelien überliefert haben, wird merken: Der Herr hat immer „mit dem Verstand" gebetet, das heißt, er hat sehr genau gewusst, was er sagt und wie er es sagt. Wenn wir an das Vaterunser denken: Wie viel gedankliche Tiefe steckt in diesem kurzen Gebet. Unzählige Bücher sind schon darüber geschrieben worden, und keines von ihnen hat den ganzen Sinn dieser Sätze ausschöpfen können. Und wenn wir seine Bitten mit ganzer Hingabe des Herzens sprechen, werden uns bestimmt jedes Mal neue Einsichten geschenkt. Das ist es, was der Heilige Geist bei all unserem Beten tut: Er macht uns offen für den Zuspruch Gottes. Wohl darum nennt Paulus an erster Stelle das „Beten mit dem Geist", und erst an zweiter dann „das Beten mit dem Verstand".

Dann wird auch der Sinn des Betens deutlich: Dass nämlich der Herr in unserem Leben zu Wort kommt. Dabei muss ich wieder an Jesus Christus denken: Alle von ihm überlieferten Gebete bewegen sich in der völligen Übereinstimmung mit dem Willen seines himmlischen Vaters: „Nicht wie ich will, sondern wie DU willst!", oder auch, wie Jesus einmal betonte: „Ich und der Vater sind eins!" Darum hat er auch uns gelehrt zu sprechen: „Dein Wille geschehe!" Denn der Herr handelt immer zu unserem Wohl, auch wenn sein Wille unserem Willen entgegensteht.

Von Martin Luther ist überliefert, dass, als sein Freund und Mitarbeiter Philipp Melanchthon todkrank darniederlag, Luther versuchte, Gott gleichsam zu „zwingen", den Freund gesunden zu lassen mit den Worten: „Herr, bitte mach ihn gesund! Wir brauchen ihn zur Vollendung deines Werkes." Melanchthon wurde gesund und später der Verfasser unserer Bekenntnisschrift, die 1535 in Augsburg zur Verlesung kam und für uns bis heute gilt. Wer aber kann sagen, wie die Reformation weitergegangen wäre, ohne diesen wertvollen Mitarbeiter des Reformators?

Sicher ist das „Gesundbeten" keine allzeit gültige Arznei in allen Krankheitsfällen. Es ist vermessen, das zu meinen. Doch wir dürfen in unseren Gebeten Krankheiten und Gebrechen, Sorgen und Nöte, Zweifel und Misslichkeiten vor Gott bringen in dem festen Vertrauen, dass er alles hört und zum Besten wendet. Diese Einsicht kann unserem Verstand geschenkt werden, auch wenn es manchmal lange dauert. Dann aber wird das Beten zum großen Dank, wie bei dem Soldaten, der im Krieg beide Beine verlor und jahrelang mit Gott haderte. Schließlich aber wurde es ihm geschenkt, so zu beten: „Danke, lieber Gott, dass Du mir die Beine genommen hast, sonst wäre ich nie zum Glauben gekommen!"

Ki. Bl. Mai 2008

29. MAI

> **Wir können's ja nicht lassen,
> von dem zu reden,
> was wir gesehen und gehört haben.**
> Apg. 4,20

Viele kennen und benützen das Sprichwort: „Wes das Herz voll ist, des geht der Mund über!" Doch nur wenige wissen, dass dies ein Wort Jesu ist! Der Heiland sagte es in einem Streitgespräch mit seinen Gegnern und Matthäus überliefert es uns (12,33 f.) „Nehmt an, ein Baum ist gut, so wird auch seine Frucht gut sein; oder nehmt an, ein Baum ist faul, so wird auch seine Frucht faul sein. Denn an der Frucht erkennt man den Baum. Wie könnt ihr Gutes reden, die ihr böse seid? Wes das Herz voll ist, des geht der Mund über."

Dieses Wort Christi kam mir gleich in den Sinn, als ich unseren Vers las. Es ist ein Apostelwort, von Petrus und Johannes vor dem Hohen Rat gesprochen. Denn diese beiden hatten im Namen Jesu ein Wunder getan. Ein Vierzigjähriger, von Kindheit an gelähmt, der täglich vor der Tempeltüre bettelte, war im Namen Jesu Christi geheilt worden. Daraufhin hatte man die beiden Apostel gefangen gesetzt. Nach dem Verhör am nächsten Tag wurde ihnen streng verboten, weiter von Jesus zu predigen. Auf dieses Verbot hin antworten die beiden: „Wir können's ja nicht lassen, von dem zu reden, was wir gesehen und gehört haben!"

Die beiden Apostel müssen reden! Das ist an sich nichts Neues. In allen Staaten, die ideologisch geprägt sind, müssen Menschen, z.B. Lehrer, über etwas reden, von dem sie gar nicht überzeugt sind! Das war in den deutschen Schulen in Rumänien vor der Wende so. Und nicht Wenige haben wegen diesem ideologischen Zwang Familie und Heimat aufgegeben. – Das Redeverbot an die Apostel liegt auf der gleichen Linie. Die Apostelgeschichte berichtet später (5,34 ff.), dass das Verbot mit einer Geißelung verbunden wurde. Doch dann heißt es weiter: „Sie gingen aber fröhlich von dem Hohen Rat fort, weil sie würdig gewesen waren, um Seines Namens willen Schmach zu leiden." Sie müssen auch weiter von dem Auferstandenen reden!

Menschen, die eine Überzeugung im Herzen tragen, müssen von dem reden, was sie erfüllt! Vielleicht enthält diese Feststellung das Geheimnis der Existenz des Christentums bis zum heutigen Tag! Freilich, auch das muss festgehalten werden: Dieses Geheimnis hängt untrennbar mit dem Pfingstereignis zusammen! Wo Menschen der Heilige Geist geschenkt wird, müssen diese reden von dem, was ihr Herz erfüllt. Wahrscheinlich wird jeden Tag ein neues Buch geschrieben und gedruckt, in dem Menschen davon schreiben, was in ihren Herzen lebendig ist. Sie können es nicht lassen, von ihrem erlebten Glauben zu sprechen oder zu schreiben. Und wir können eine Kirchengemeinde nur beglückwünschen, wenn sie einen so begnadeten Pfarrer hat, der innerlich getrieben wird, seine sonntägliche Predigt zu halten! Der es auch nicht lassen kann, von dem zu reden, was sein Herz bewegt.

Wir begehen im Mai den Muttertag. Tun wir das doch! Denn wenn eine Mutter selbst eine gute Mutter hatte und diese beglückende Erfahrung an ihre Kinder weitergibt, so tut sie das darum, weil sie es nicht anders kann als das, was sie gesehen und gehört hat, an die eigenen Kinder weiterzugeben. Und so geschieht die Weitergabe von gemeinschaftsbildenden Erfahrungen.

Ja, Herr, vielleicht müssen wir öfter um den Heiligen Geist bitten, damit Glauben und Vertrauen in unseren Herzen lebendiger werden! Und damit unsere Augen sich auftun und wir sehen und hören, was Du auch heute unter uns wirkst und tust! Und dann lass uns davon auch reden, zum Lob Deiner Herrlichkeit! Dann aber werden auch wir Zeugen des Glaubens und der Liebe in unserer Welt, die dieses Zeugnis braucht!

Ki. Bl., Mai 2009

---

30. MAI

**Gott hat den Heiliger Geist
reichlich über uns ausgegossen
durch Jesus Christus, unseren Heiland.**
Tit. 3,5-6

Was mir an diesem Pauluswort zu denken gibt, ist das Wörtchen „reichlich". Meine Gedanken gehen zurück in meine Kindheit. Als Elfjähriger schon musste ich die Schulzeit in einem Internat zubringen, um das Gymnasium besuchen zu können. Wie es da zugeht, ist bekannt. Das Essen war gut, aber oft hätte ich noch ein Stück Brot gehabt oder noch einen Teller Suppe. Wenn es jedoch in den Ferien heimging zur Mutter, da gab es alles reichlich: das Brot, die Suppe und alles andere.

So möchten wir Menschen es immer im Leben haben: reichlich, ausgiebig – mehr als im Augenblick nötig wäre. Was das bedeutet, können wir uns am besten am Gegenteil klarmachen; das würde lauten: „spärlich, genau zugemessen". Manchmal kann man das auf dem Markt erleben. Da messen einige genau, denn schließlich ist ja das Maß da, andere messen „reichlich", sodass es überfließt. Und ich meine, bei solchen kauft jeder gerne!

Nun aber sagt der Apostel: „Gott hat den Heiliger Geist reichlich über uns ausgegossen durch Jesus Christus, unseren Heiland." Er sagt es im Zusammenhang mit einer Aussage über die Taufe, die für Luther so wichtig war, dass er sie in den *Kleinen Katechismus* aufgenommen hat: „Gott macht uns selig durch das Bad der Wiedergeburt und Erneuerung im Heiligen Geist, den er über uns reichlich ausgegossen hat durch Jesus Christus, unseren Heiland."

In diesem Monat feiern wir Pfingsten und es ist schön, wenn uns die Maibäume zu diesem Fest grüßen: „Schmückt das Fest mit Maien." Aber damit sind wir schon bei unserem Wort, das es zu bedenken gilt: Wenn der Saft im Frühling in den Pflanzen zu treiben beginnt, so treibt er reichlich! Man denke doch nur, wie viele Blättchen ein Birkenbaum trägt! Alles Wachsen und Treiben im Frühling geschieht reichlich!

Und so tut es Gott auch mit dem Heiligen Geist, dieser unsichtbaren, unbeweisbaren und doch so realen Gotteskraft. Wo der Herr sie schenkt, geschieht es allemal „reichlich". Gott gibt diese Gabe nie sparsam, nur so viel, wie jeder für sich selbst nötig hat. Wenn Gott austeilt, dann immer überfließend, mehr als einer braucht.

Es ist gut, wenn wir da auf die Pfingstgeschichte hören. Als die Jünger den Heiligen Geist erhielten, floss er von ihnen sofort über auf die vielen anderen; nach dem Bericht der Apostelgeschichte waren es damals über 3000. Und der Segensstrom war gar nicht aufzuhalten. Er floss einfach weiter, so wie ein Rinnsal sich nicht aufhalten lässt, und wenn man es staut, bricht es irgendwo dennoch durch. So fließt dieser Strom durch unsere Welt, immer noch, auch wenn es manche gibt, die es nicht wahrhaben wollen. Solchen kann nur gesagt werden: Der Geist Gottes wirkt! Wenn ein Kind den Vater liebt, obwohl er ein Trinker ist und täglich Unheil in die Familie bringt, wenn eine Frau die verzweifelte Nachbarin tröstet, wenn ein Mann es über sich bringt, statt einem harten ein versöhnliches Wort zu sagen, und wenn es immer noch Familien gibt, die es wissen und zeigen: Wir gehören zur Kirche! – dann sind das kleine, aber sichere Zeichen für den Strom des Heiligen Geistes. Und wer sein Wirken an sich selbst spürt, kann immer auch „reichlich" anderen weitergeben. Gott sei Dank!

Ki. Bl. Mai 1988

Gott ist Liebe.
1. Joh. 4,16

"Gott ist Liebe!" So steht es im Spruch dieses Monates. Und es gibt kaum einen Satz aus der Bibel, der ihre Botschaft besser und klarer zum Ausdruck bringt. Deckt er sich aber mit unseren Erfahrungen?

Da sind Menschen, die auf das viele Leid und Unrecht, auf die Kranken und auf Naturkatastrophen zeigen und uns fragen: „Wo ist in alledem Gottes Liebe? Wir können sie nicht sehen!" Doch sind auch andere da, die es freudig bejahen: „Gott ist Liebe!" Und sie fügen hinzu: „Wir leiden auch unter dem Leid dieser Welt und bleiben von Trübsal und Angst nicht verschont. Trotzdem aber halten wir daran fest: Gott ist Liebe!"

Dass Gott Liebe ist, können wir am Geschehen in dieser Welt nicht immer ablesen. In der Natur gilt das Recht des Stärkeren; von Liebe ist da wenig zu bemerken. Und wenn wir die Menschenwelt nur äußerlich betrachten, ist es ähnlich. Wir sollen aber versuchen, das Wort „Liebe" in seinem rechten, tiefen Sinn zu verstehen, damit wir die Feststellung „Gott ist Liebe" ganz begreifen. „Liebe" meint mehr als etwas Gefühlsmäßiges, mehr als Sympathie und Zuneigung. Die Bibel kündet uns von der heiligen „Gottesliebe", die sich uns Menschen ganz zuwendet. Gott ist bereit, auch das letzte für uns hinzugeben. Gottes Hinwendung zu uns geschieht aus Liebe und ist Liebe.

Alle Liebe aber lebt von den Zeichen der Zuneigung. Wer dafür Augen hat, wird in seinem eigenen Leben immer wieder dankbar erkennen, wo Gott einmal seine Hand dazwischen hielt, sodass wir vor Unheil bewahrt wurden. An solchen Zeichen kann manchmal sehr deutlich werden, das Gottes Zuwendung seiner Liebe entspringt.

Am allerdeutlichsten aber ist Gottes Wesen in der Sendung seines Sohnes geworden. „Gott erweist seine Liebe gegen uns darin, dass Christus für uns gestorben ist", schreibt der Apostel Paulus (Röm. 5,8). Darin kommt der Drang Gottes zum Ausdruck, die Menschen aus allem Unheil zu retten.

„Gott ist Liebe!" Das zeigt sich auch darin, dass es unsere Welt als Gottes Schöpfung noch gibt. Letztlich ist darum alles, mein Leben und Leiden, mein Schaffen und Dienen, mein Lieben und Loben ein Beweis der Liebe Gottes. Und es steht bei uns, in dieser Gottesliebe zu bleiben. Dann gewinnt auch die Fortsetzung des Verses durch uns Gestalt: „Wer in der Liebe bleibt, der bleibt in Gott und Gott in ihm."

Ki. Bl. Juni 1980

**Der Herr wird seinem Volk Kraft geben;
der Herr wird sein Volk segnen mit Frieden.**
Ps. 29,11

In diesem Monat machen sich viele Menschen Gedanken über den Urlaub. Eines ist allen wichtig: Die Urlaubszeit soll Kraft und Frieden schenken! Im Urlaub möchte doch jeder ausspannen und ausruhen. Da sollen die äußeren und vor allem auch die inneren Kräfte erneuert werden.

Es gibt viele Menschen in unseren Tagen, die sich matt und kraftlos fühlen. Wie oft fängt dieses Gefühl schon am Morgen an. Es lässt uns unsere Aufgaben so schwer erscheinen, dass wir den Tag schon mit Bangigkeit im Herzen beginnen. Und erstrecht: Wie viele Menschen haben keinen Frieden! Manchmal will es scheinen, als würde die Unrast zunehmen, als würden die Menschen nervöser, friedloser und damit unzufriedener. Darum erwarten so viele von ihrem Urlaub Erneuerung der Kräfte und Ruhe. Die Tage der Erholung sollen ihnen Kraft und Frieden schenken.

Gewiss sollen wir uns freuen, wenn ein Urlaub die an ihn gestellten Erwartungen erfüllt; wenn Menschen vom Meer oder aus dem Gebirge wirklich entspannt, gekräftigt und erholt heimkehren. Aber ich habe auch das schon gehört, dass Menschen nachher zu mir sagten: Ich fühle mich so, als hätte ich keinen Urlaub gehabt! – Kraft und Frieden geben uns offenbar nicht nur Urlaubtage und einige Wochen Entspannung.

Unser Vers sagt: „Der Herr wird sein Volk segnen mit Kraft und mit Frieden!" An diesem Bibelwort kann zweierlei deutlich werden. Zunächst: Kraft und Frieden sind ein Geschenk des Herrn! Wir Menschen brauchen nicht nur die Kraft der Glieder und die Gesundheit des Körpers. Gewiss sind die Kräfte eines gesunden Leibes ein großes Geschenk, und wer sie hat, sollte öfter dafür danken. Aber wichtiger sind doch wohl die Kräfte des Herzens und der Seele. Innere Kraft ist ein Gottesgeschenk. Desgleichen kann man sich auch den inneren Frieden nicht selbst geben. Im Urlaub trafen wir einmal eine Familie. Wir sprachen über dies und das, doch dann sagte die Frau: „Ich habe hier doch keinen Frieden. Mit den Gedanken bin ich immer daheim!" – Auch der innere Frieden ist ein Geschenk. Vielleicht hätte die Frau den Frieden gefunden, wenn sie alle Gedanken, die ihr Herz bewegten, im Gebet dem Herrn anvertraut hätte. Das Gebet ist wirklich eine Kraftquelle, aus der uns der Gottesfrieden zufließt.

Aber noch etwas kann einem durch dieses Psalmwort deutlich werden: Gott will sein Volk segnen. Zweimal steht hier: Sein Volk! Damit ist zwar das alttestamentliche Gottesvolk gemeint, aber wir dürfen es getrost auch auf die Gemeinde Jesu Christi beziehen. Wir haben diesen Monat mit dem Pfingstfest begonnen. Durch den Heiligen Geist sammelt Gott das Volk des neuen Bundes, das ER mit Kraft und Frieden segnen will. Welche Segenskräfte sind nicht schon in der Gemeinde des Heilands wirksam geworden! Und sie erreichen uns in besonderem Maß dort, wo wir uns bewusst in das „Volk des Herrn" eingliedern und hineinstellen.

Gott will sein Volk segnen mit Kraft und mit Frieden. Man kann um diese Gaben auch beten. Aber wir dürfen uns darauf verlassen, dass ER uns beide schenkt, wenn wir sie brauchen.

Ki. Bl. Juni 1981

Lasst uns wahrhaftig sein in der Liebe und wachsen in allen Stücken zu dem hin, der das Haupt ist, Christus.

Eph. 4,15

So haben wir es in der Schule gelernt: Das Wachsen gehört zu den wichtigsten Lebensfunktionen. Alles Leben zeigt sich im Wachstum. Auch der größte Baum muss noch neue Triebe ansetzen; geschieht das nicht, ist er im Sterben. – Und das andere wissen wir aus der Erfahrung: Die Pflanzen wachsen zum Licht hin. Ganz deutlich sieht man das an den Trieben der Kartoffelknollen im Frühjahr: Sie wachsen im Keller dem Licht entgegen. Für die Pflanzen ist das Licht eine der Bedingungen zum Wachstum.

Wir Menschen sind auch immer im Wachsen begriffen. Nicht nur was unseren Körper betrifft. Im Laufe unseres Lebens machen wir Erfahrungen und lernen dazu: Wir wachsen täglich „in allen Stücken". Ob wir aber auch „in Christus" wachsen?

Unser Vers ermahnt uns: „Lasst uns wahrhaftig sein in der Liebe und wachsen in allen Stücken zu dem hin, der das Haupt ist, Christus." Christen sind nie fertig. Auch sie müssen immer noch wachsen. – Wir machen vom Glauben her immer neue Erfahrungen und kommen zu neuen Erkenntnissen. Wir sehen, wie andere Menschen mit dem Leid fertig werden und wie sie schwere Stunden bewältigen. Vielleicht lassen wir uns von ihnen ein gutes Wort sagen. Das alles trägt dazu bei, dass wir innerlich wachsen, teilen und weiterkommen. Menschen, die sich gegen solches Wachsen und Reifen sperren, verkümmern innerlich und versinken in Verbitterung. Das Wachstum gehört auch zum Lebensgesetz des Menschen!

Am schönsten freilich ist es, wenn wir dem entgegenwachsen dürfen, der das Licht der Welt ist: Christus! – Denn das ist das eigentliche Wachstum, wenn Christi Liebe unsere kleine Liebe immer neu entzündet, wenn seine Kraft in unser schwaches Leben fließt; wenn sein Trost unsere traurigen Herzen aufrichtet und seine Vergebung unsere Schuld zudeckt.

Solches Wachstum haben wir freilich nicht in der Hand. Wir können es auch mit nichts bewirken, genauso, wie wir auch keine Pflanze zum Wachsen zwingen können. Aber wir können Pflanzen „vortreiben", ihnen Bedingungen schaffen, die für ihr Wachstum besonders günstig sind.

Wachstum in Christus und zu Christus hin ist immer eine Wirkung des Heiligen Geistes. Ohne ihn gibt es kein geistiges Wachstum. Gottes Geist weht und wirkt wo und wann es dem Herrn gefällt. Wir können ihm aber Bedingungen schaffen, uns seinem Wehen aussetzen: wo Menschen zum Gottesdienst gehen, daheim beten und auch manchmal die Bibel aufschlagen, wo der Umgang mit solchen gepflegt wird, die im geistlichen Wachstum weitergekommen sind, wo wir selbst uns solchen zuwenden, die Liebe brauchen, da wird, ohne dass wir es merken, ein Wachstum in der Liebe stattfinden, zu dem hin, der das Haupt ist, Christus. Und wir werden darin eine große Freude und eine starke Hoffnung empfinden.

Ki. Bl. Juni 1982

**Der bei euch das gute Werk begonnen hat,
wird es auch vollenden
bis zum Tag Christi Jesu.**
Phil. 1,6

Als unser ältester Sohn geboren wurde, nahmen wir uns vor: Wir werden ein Fotoalbum anlegen und alle Bilder unseres Sohnes hineinkleben. Wenn er groß ist, kann man seine ganze Entwicklung übersehen. Doch kamen die weiteren Kinder und es wurde mit unserem Vorhaben immer schwieriger. Der gute Wille blieb, aber die Kraft und oft auch die Mittel zur Ausführung fehlten.

So geht es oftmals in unserem Leben: Wir nehmen uns etwas vor, wir fangen an, manchmal mit viel Eifer und guten Vorsätzen. Zuerst gelingt es auch, doch dann merken wir, wie die Kräfte nicht mehr ausreichen. Dann bleibt das gute Werk liegen. Vielleicht tut es uns nachher leid – aber das ändert nichts mehr. Ein gutes Werk zu beginnen ist leicht, es aber zu einem guten Ende zu bringen ist schwer.

Der Apostel Paulus möchte uns im Vers einen großen Trost schenken, wenn er schreibt: „Der bei euch das gute Werk begonnen hat, wird es auch vollenden!" Der Apostel war auf seiner zweiten Missionsreise in die Hauptstadt Mazedoniens gekommen. Zuerst geschah gar nichts. Dann aber tat der Herr einer Frau das Herz auf. So begann das „gute Werk" Gottes in Philippi. Doch dann kam es ganz schlimm: Paulus und Silas wurden gefangen, geschlagen und schließlich eingesperrt. Sollte das gute Werk Gottes so schmählich enden? – Nein, im Gegenteil: So hat der Herr es besonders weit vorangebracht. Man lese in der Apostelgeschichte 16,1 ff., wie alles weiterging, dass in dieser Stadt eine Gemeinde entstand, die dem Apostel Paulus besonders am Herzen lag. Darum hat er die große Zuversicht: Der Herr hat es begonnen, der Herr wird es auch weiterführen und zu einem guten Ende bringen.

Wie oft sind wir in einer Lage, wo wir uns fragen: Wie wird es weitergehen? Man hat in guter Absicht etwas angefangen und dann ging es einfach nicht mehr weiter. Doch dann merkten wir: Es tut sich ein neuer Weg auf, eine neue Möglichkeit wird sichtbar. Gott hat unser Werk noch einen Schritt vorangebracht.

Aber vielleicht geht es um viel mehr: Gottes gutes Werk geschieht heute noch in vielfältiger Weise. Denn die Gemeinde Jesu Christi ist Gottes gutes Werk in unserer Welt. Der Herr hat sie mit einer kleinen Schar von Fischern und Handwerkern begründet und sie ist immer noch da. Wir möchten vielleicht manchmal den Mut verlieren. Es melden sich Zweifel, ob Gottes Werk weiter gehen kann. Wir brauchen Vertrauen und Mut und können dabei zweierlei tun: für Gottes gutes Werk beten. Auch der Apostel konnte im Gefängnis nicht mehr tun. Aber gerade das Gebet hat ihn dessen gewiss gemacht: Der Herr tut sein gutes Werk! Und das zweite: Wir können uns mitnehmen lassen von dem Geschehen, das in Jesus Christus seinen Anfang nahm und nun weitergeht bis zu seinem Tag.

Wenn wir mutlos werden möchten, weil die Kirche mit irdischen Mängeln behaftet ist, wenn uns die Zukunft dunkel erscheint, wenn uns Mut und Freude entschwindet über den vielen Fragen, die uns das Leben stellt, dann lässt uns dieser Spruch hoffen und vertrauen. Der Herr wird alles zu einem guten Ende bringen. Er hat es angefangen, er wird es auch vollenden.

Ki. Bl. Juni 1983

Es gibt verschiedene Gnadengaben, aber nur den einen Geist. Es gibt verschiedene Dienste, aber nur den einen Herrn.

1. Kor. 12,4 f

Etwa 10 Jahre alt mag ich gewesen sein, als mir mein Vater einen ausgedienten Wecker zum Spielen überließ. Ich nahm das Werk sorgfältig auseinander, betrachtete und prüfte die einzelnen Teile, setzte sie schließlich wieder zusammen, aber in Gang war das Werk nicht mehr zu bringen. Schließlich sagte mein Vater: „Sieh, dies Rädchen, das die Aufgabe hat, die Kraft der Feder zu übertragen, tut seinen Dienst nicht mehr. Nun steht das Ganze."

Welche Wahrheit steckt in diesem Wort. Wenn eines seinen Dienst nicht mehr tut, steht das Ganze. Besser: Das Ganze geht, solange der Einzelne seinen Dienst tut! Das gilt von den Organen unseres Körpers, von den Angestellten eines Betriebes. Das Ganze geht, solange jeder Einzelne seinen Dienst erfüllt und mit ganzem Herzen und voller Verantwortung dabei ist.

Auch in der Kirche ist es nicht anders. „Es gibt verschiedene Dienste, aber nur einen Herrn; verschiedene Gnadengaben, aber nur einen Gott", schreibt der Apostel an eine Gemeinde. Wir müssen uns diese Wahrheit sagen lassen und darüber nachdenken.

Hier wird betont, dass alles, was wir sind, Gabe ist, Gnadengabe. Natürlich muss sich jeder anstrengen, jeder muss lernen und schaffen. Keinem fällt etwas nur so zu. Wir bemühten uns – doch Gott arbeitet an uns, so wie der Uhrmacher an dem Rädchen arbeitet. Ein Rädchen in bestimmter Größe und Dicke. Es lässt sich von seinem Meister bearbeiten. Dann kann es seinen Dienst tun. Denn der Meister hat dem bestimmten Rädchen seinen Platz zugedacht. Diesen soll es ausfüllen, damit das Ganze geht. Weder ein kleineres noch ein größeres Rädchen kann diesen Platz einnehmen.

So ist es auch in der Gemeinde Jesu Christi.

Da ist einem jeden durch den Heiligen Geist sein Platz und seine Aufgabe zugewiesen. Ganz deutlich wurde das dem Petrus bewusst, als er merkte, dass die diakonischen Aufgaben in der Gemeinde von den Aposteln nicht mehr bewältigt werden konnten. Darum sagte er: „Es taugt nicht, dass wir zu Tische dienen und das Wort Gottes versäumen!" (Apg. 6,2). Und dann wurden die sieben Almosenpfleger gewählt und ihnen ihr Dienst zugewiesen.

Wir müssen vielleicht unterscheiden zwischen „Amt" und „Dienst". Ein Amt hat man auf begrenzte Zeit, einem Dienst, der vom Herrn aufgetragen wurde, kann man sich nicht ungestraft entziehen. So verstehen wir das Wort eines alten Pfarrers: „Mein Amt habe ich nun niedergelegt, aber im Dienst des Herrn werde ich bleiben!" Ein gutes Wort weiterzusagen, beispielgebend zu leben, Kranke zu besuchen und zu trösten und wenn es sein muss, mitzuhelfen, wo Not ist – von solchem Dienst kann einen nur der Herr befreien.

Und noch etwas wäre zu sagen: Wo Menschen den ihnen aufgetragenen Dienst nicht erfüllen, da wird irgendwann auch die Antwort Gottes erfolgen. Solange wir aber für das Wirken des Heiligen Geistes offen bleiben, werden wir in Demut und Treue unseren Platz, auf den wir nach Gottes Willen gestellt sind, nach Kräften ausfüllen zum Wohle der Gemeinschaft, in der wir unsere Aufgabe haben.

Ki. Bl. Juni 1984

**Ich will dich rühmen,
Herr, meine Stärke!**

Ps. 18,2

Wir Menschen sind froh, wenn uns etwas gelingt und wenn wir ein gestecktes Ziel erreichen. Dann meinen wir, mit Recht ein wenig stolz sein zu dürfen und freuen uns auch, wenn unsere Leistungen anerkannt werden. Es kann freilich geschehen, dass wir dann auch sagen: „Da seht, was für ein Kerl ich bin und was ich leiste!" Ist solches Selbstrühmen berechtigt?

Im 18. Psalm spricht einer, der vielleicht Grund gehabt hätte, auf seine Stärke stolz zu sein. Denn David war der von Gott erwählte König, er war kampferprobt und kannte keine Furcht. Zu wiederholten Malen war ihm sein Gegner, der amtierende König Saul, in die Hände gefallen. Aber David hatte das Leben seines Verfolgers geschont. Für ihn war der Herr die Kraft seines Lebens. Darum kann er sprechen: „Ich will dich rühmen, Herr, meine Stärke!"

Dieses Bibelwort möchte uns daran erinnern, dass auch wir dem Herrn unsere Stärke verdanken. Wenn wir auch manchmal stolz sein können, weil wir uns bewährt haben, immer ist es der Herr, der unser Können bestimmt. Vielleicht hätten Sportler, die außergewöhnliche Leistungen vollbringen, ein Recht, sich auf ihre Stärke und Kraft etwas einzubilden. Aber hat nicht auch ihnen der Herr ihren kräftigen und gesunden Körper und Ausdauer zum Training gegeben?

Es gibt auch Stärke in einer anderen Art, etwa im Erdulden, Erleiden und Vergeben. Denn es ist wahrscheinlich schwerer, mit behinderten Kindern liebevoll umzugehen als einen Lastwagen zu laden. Aber ist es nicht wieder der Herr, der den Menschen Stärke gibt für ihre täglichen Aufgaben? – „Du, Herr, bist meine Stärke!" – Diese Erkenntnis bringt jeden zum Danken, sei es eine Mutter, die mit dankbarem Herzen einen Tag beschließt, oder ein Kraftfahrer, der mit einem Aufblick zum Herrn nach beendeter Fahrt aus seinem Fahrzeug steigt.

Es gibt aber auch das andere, dass Gott sich nicht als der Starke zeigt. Das haben wir wohl auch wiederholt erlebt. Wer einen lieben Menschen zu einer Zeit begraben musste, wo man eigentlich noch nicht ans Sterben denkt, wer aus schwerem Leid nicht errettet wurde, und wer jahrelang Gott anrief, ohne dass der Herr zu antworten schien, der weiß, dass der Herr sich nicht immer als der Starke zeigt. Das beginnt uns dann Not zu machen.

Es gibt einen Ort, wo Gott sich gleichzeitig als der Ohnmächtige und als der ewige Sieger erwiesen hat. Das war Golgatha. Im Sterben Jesu am Kreuz hat Gott sich als der anscheinend Unterlegene gezeigt. Des Heilands Sterben war in den Augen der Menschen ein zwingender Erweis für Gottes Ohnmacht. In Wahrheit aber war es die Erfüllung von Gottes Verheißungen an unsere verlorene Welt. Denn der Tod Jesu am Kreuz war Gottes Triumph über die Mächte des Bösen und der Finsternis. In der Auferstehung Jesu wurden Sünde und Tod besiegt. Darum haben wir im Auferstandenen Gottes Kraft und Stärke bei uns. Darum sind wir niemals mehr allein. Darum brauchen wir uns auch nicht mehr nur auf unsere Stärke zu verlassen. Und darum dürfen wir mit dem Dichter sprechen: „Ich will dich lieben, schönstes Licht, bis mir das Herz bricht."

Ki. Bl. Juni 1985

**Jeder achte
nicht nur auf das eigene Wohl,
sondern auch auf das der anderen.**
Phil. 2,4

Der indische Christ Sadhu Sundar Singh erzählt: „Als ich im tibetischen Hochland in einem Schneesturm mit einem Tibeter wanderte, sahen wir einen, der im Schnee den Abhang hinuntergeglitten war und bewusstlos dalag. Ich sagte zu meinem Begleiter ‚Wir müssen hingehen und ihm helfen.' Er aber erwiderte: ‚Niemand kann von uns verlangen, uns um seine Rettung zu bemühen, während wir doch selber in Gefahr sind, im Schnee und in der Kälte umzukommen.' Ich sagte: ‚wenn du denkst, dass auch wir sterben müssen, so ist es doch besser, wir sterben, indem wir anderen helfen.' Er stimmte mir zwar zu, ging aber seines Weges weiter. – Ich stieg zu dem Verunglückten hinunter, hob ihn mit viel Mühe auf meine Schultern und trug ihn bergan. Durch die Anstrengung, die es mich kostete, mit der Last auf meinem Rücken vorwärts zu kommen, wurde ich erwärmt und teilte meine Wärme auch meinem vor Kälte steifen Kameraden mit. Daher kam es, dass er sich wieder erholte und wohler fühlte, als wir im nächsten Dorf ankamen. Der Weggenosse aber, der allein vorausgegangen war, hatte sich offenbar, müde wie er war, niedergelegt und war erfroren." (Aus: „Ich habe keine Zeit" – Wartburg-Verlag, Jena)

An diese Begebenheit erinnerte mich der Vers aus dem Philipperbrief, der uns durch diesen Monat begleiten soll. Es ist eigenartig, wie sehr wir Menschen auf das eigene Wohl bedacht sind. Zwar kennen wir das Sprichwort: „Der brave Mann denkt an sich selbst zuletzt" – doch machen wir es in unserem Leben selten wahr. Wir möchten unser Leben absichern mit allen Mitteln. Aber hat nicht der Heiland selbst gesagt (Mt.16,25): „Wer sein Leben erhalten will, der wird's verlieren; wer aber sein Leben verliert um meinetwillen, der wird's finden."

Noch deutlicher wird die Zielrichtung des Wortes, wenn wir es in der Übersetzung Luthers lesen: „Ein jeder sehe nicht nur auf das Seine, sondern auch auf das, was dem anderen dient." Damit wird angedeutet, dass kein Menschenleben einen Wert an sich hat. Auch kann niemand seinem Leben selbst einen Sinn geben. Wert und Sinn eines Menschenlebens zeigen sich darin, wie wir den Nächsten in unser Denken, Fühlen und Handeln mit einbeziehen. Wie viele Handgriffe tut zum Beispiel eine Mutter für ihr Kind; wie oft wacht sie am Bettchen, wie viele Sorgen durchbangen das Herz, sodass schließlich ihr ganzes Denken um das Wohl der Kinder kreist. Zu solcher Haltung ist nur die wahre Liebe fähig. Unser Herr Jesus Christus hat sie uns vorgelebt. Er konnte uns alle lieben bis zum Tode am Kreuz. Wer von uns kann so viel Liebe aufbringen?

Aber so viel wird von uns gar nicht erwartet. Wir sollen bloß auch auf das Wohl der anderen achten, es in unser Denken und Handeln einbeziehen, uns nicht durch Scheuklappen von dem anderen abriegeln: „Hauptsache, ich komme gut durch!" Damit wir nicht dem gleichen, der die Frau mit dem Kind im Arm zurückstößt, um selber in das Rettungsboot zu gelangen. „Achte auf das Wohl des anderen" – das könnte eine gute Lebensregel werden. Denn alles, was an der Umwelt gesündigt wird, zerstört auch den Lebensraum anderer. Alle Verschmutzung von Luft, Wasser und Erde, auch wenn sie in „wirtschaftlicher Notwendigkeit" geschieht, schädigt das Leben. Hingegen ist der sorgfältige Umgang mit allen Dingen ein den anderen dienendes Verhalten. So beobachtete ein Polizist ein altes Mütterchen, das etwas Glitzerndes aufhob und unter der Schürze verbarg. Auf seine Frage, was das sei, zeigte sie ihm eine Glasscherbe und sagte: „Wie leicht kann ein Kind in das spitze Glas treten und sich verletzen." Solche Liebe braucht unsere Welt!

Ki. Bl. Juni 1987

**Du sollst den Herrn, deinen Gott,
lieb haben von ganzem Herzen,
von ganzer Seele und mit aller deiner Kraft.**
5. Mo. 6,5

„Du sollst Gott lieben!" Dieses „Du sollst lieben!", „Gott lieben!" ist ein Gebot, fast ein Befehl. Der heutige Mensch hat Befehle nicht gern. Nur kein „Du sollst". Und dann schon dies: Du sollst lieben! Kann man auf Befehl lieben? Geht nicht die wahre Liebe unter dem Gebot ein? Liebe braucht kein Gebot, wenn sie echt ist; und unechter Liebe hilft kein Gebot. – Dabei hat aber jeder etwas, das er „liebt". Bei dem einen ist es die Markensammlung, beim anderen die Fußballmannschaft. Wir haben im Herzen keinen Frieden, darum suchen wir eine Tätigkeit, die wir lieben.

Ein Ehepaar war entschlossen, sich zu trennen. Die Frau saß bei ihrer alten Mutter und hatte ihr alles gesagt. Die Mutter sah zum Fenster hinaus. Dann sagte sie: „Du sollst den Herrn, deinen Gott, lieb haben von ganzem Herzen, von ganzer Seele und mit aller deiner Kraft!" Die Tochter horchte auf. Gott lieb haben? Nein, um Gott hatten sie sich in den Jahren ihrer Ehe nie gekümmert. „Gott lieben" – sollte das der Grund sein? Der Gedanke ließ sie nicht los. Ja, Gott hatte ihnen schöne Jahre geschenkt, sie waren beide gesund, es war auch alles zum Leben da – aber sie hatten es so selbstverständlich hingenommen, als müsste es so sein. Keiner hatte je gedankt. Ein Vers, den sie als Konfirmandin gelernt hatte, stand nun vor ihr: „Denke daran, was der Allmächtige kann, der dir mit Liebe begegnet ..."

Nun wusste sie, dass die Mutter recht hatte. Am nächsten Sonntag gingen die Eheleute zusammen zum Gottesdienst. Es wurde der Tag der Versöhnung und des Neubeginns.

Mose hat bei seinem Abschied sein Volk an die gnädigen Führungen Gottes erinnert. In allem sollen sie Gottes Hand erkennen und sich ihm zuwenden: „Du sollst den Herrn, deinen Gott, lieb haben!" Dieses Wort begegnet uns immer wieder in der Bibel. Auch Jesus hat es an erste Stelle gerückt und mit dem Gebot der Nächstenliebe verbunden. Dass es nicht immer leicht ist, Gott zu lieben, haben auch die Israeliten erfahren. Denn Gottes Führung besteht nicht nur in der Bewahrung. Er ist der Herr über unserem Leben. Und wenn das Leid kommt, die plötzliche Krankheit, der Tod eines Nächsten? – Wer wirklich liebt, lässt sich in der Liebe durch nichts erschüttern. Das können wir nur von Jesus wirklich lernen. Und wo die Christusliebe in unserem Herzen zu wachsen beginnt, da wird das Vertrauen groß und die Zuversicht stark. Da ändert sich etwas bei und in uns.

Von einem Mann wird erzählt, er habe Frau und Kinder durch ein furchtbares Schicksal verloren. Aber er war dennoch gut und fröhlich. Auf die Frage, wie er das machen könne, antwortete er: „Ich habe aus meinem Antlitz alles weggewischt und Platz gemacht für Gott!" Ja, die Liebe zu Gott kann nicht nur ein Menschenantlitz, sondern auch die ganze Welt wandeln. Und das könnte bei mir heute beginnen.

Ki. Bl. Juni 1986

**Wachet, steht im Glauben,
seid männlich und seid stark!**
1. Kor. 16,13

Als Kinder meinten wir, ein vierblättriges Kleeblatt würde Glück bringen. Manchmal suchten wir eifrig danach. – Ein Blatt, zufällig gefunden, kann doch wohl kaum Glück bringen. Und wenn einer an dem Tag vielleicht wirklich „Glück" hatte, so gewiss nicht weil er dies Blättchen fand. Doch das Bild eines vierblättrigen Kleeblatts fiel mir ein, als ich diesen Bibelvers las. Denn wie aus einem Stängel vier Blättchen erwachsen, so stehen hier in einer Ermahnung vier gewichtige Aufforderungen: „Wachet, steht im Glauben, seid männlich und seid stark!" Wohl selten gelingt es, in so gedrängter Form so klare Aussagen zu machen. Aber Paulus war ein Meister der Sprache und des treffenden Ausdrucks; so hat er auch in diesen einen Satz das Wesentliche über das Christenleben hineingelegt.

Wachet! – „Wachet und betet", das hat Jesus den schlafenden Jüngern in seiner schwersten Stunde gesagt. Und unser Reformator Johannes Honterus hat diese Worte zum Leitspruch seines Lebens gemacht. „Wachet" – das richtet sich nicht gegen unseren physischen Schlaf. Ohne den kommt keiner aus. Mit diesem Wort ist eine Haltung gemeint. Wer wach ist, sieht die Welt und alles was darin geschieht, wirklich, der merkt, wo ein Feind lauert, sei es, dass er aus dem eigenen Herzen oder von außen her auf uns eindringt. Und wenn Jesus zum Wachsein ermahnt, so gewiss auch im Blick auf sein erneutes Kommen. Christen sollen dies Ereignis nicht aus den Augen verlieren, sonst könnte es ein schmerzliches Erwachen geben! Wache Menschen leben in der Wirklichkeit Gottes!

Darauf zielt nun die zweite Ermahnung: **„Steht im Glauben"** – Unsere Wirklichkeit ist die der Sünde, der Trennung von Gott. Wie sehr sie sich breit macht, kann man mit wachen Augen täglich sehen: am Unfrieden zwischen Völkern, am Streit unter den Menschen, an Krankheit, Hunger und Not in der Welt. Darum das große Sehnen nach einer „heilen Welt", nach Güte und Frieden! Etwas von einer solchen Welt hat Christus gebracht. In seiner Gegenwart wurden Menschen von innen her gewandelt. Paulus hat das an sich erlebt, wie die lebendige Wirklichkeit Jesu Christi ihn persönlich erreicht und umfangen hat. Und auch wir haben durch die heilige Taufe Anteil an der Welt Gottes, am Glauben. Darum die Mahnung: Steht nun auch darin, lasst euch nicht umwerfen, sorgt, dass ihr nicht in die Fußangeln des Bösen geratet! Steht im Glauben! Bleibt in der Verbindung mit dem lebendigen Herrn!

Seid männlich – damit ist eine Haltung gemeint, die nicht nur Männer haben können. Wir denken an Mutter Theresa, die mit schier unvorstellbarer „Männlichkeit" dem Elend der indischen Großstadt entgegentritt, Kranke pflegt, Verwahrloste aufsammelt und Sterbenden den letzten Schritt erleichtert. So für die Sache Gottes einzutreten in unserer Welt, dazu kann uns nur der Herr Mut und Kraft geben.

Seid stark! Paulus sagt an einer Stelle: „Wenn ich schwach bin, so bin ich stark!" (2. Kor. 12,10). Denn er hat es immer wieder empfunden: „Meine Hilfe kommt von dem Herrn, der Himmel und Erde gemacht hat" (Ps. 121,2), der in Jesus Christus auch dem Tod die Macht genommen und das wahre Leben ans Licht gebracht hat.

ER allein kann uns stark machen am inwendigen Menschen, nach dem Reichtum seiner Herrlichkeit.

Ki. Bl. Juni 1988

Danket dem Herrn!
Ruft seinen Namen an!
Macht unter den Völkern seinen Namen bekannt!
Ps. 105,1

Täglich sagen wir: „Danke!"
Der Frau, dem Mann,
der Mutter, dem Vater,
der Verkäuferin, dem Arbeitskollegen.
Danken erhält die Gemeinschaft!
Und wir haben täglich zu danken.

Aber danken wir auch dem HERRN?
Rufen wir seinen Namen an?
Machen wir seinen Namen bekannt?
Denn sein Name heißt: Schöpfer und Erhalter des Lebens!
Sein Name heißt: Erlöser von dem Bösen!
Und sein Name heißt: Gemeinschaft im Frieden!

Wir aber leben von Dir, o Gott!
Wir aber leben mit Dir, o Gott!
Wir leben allezeit und überall
von Dir und mit Dir, o Herr!

Darum dürfen wir danken allezeit
und überall, DIR, unserem Gott!
Darum dürfen wir anrufen allezeit
und überall, DICH, unseren Gott!
Darum dürfen wir reden allezeit
und überall von DIR,
als deine Geschöpfe,
als deine Erlösten,
als deine Heiligen!

Ki. Bl. Juni 1990

**Gott ist treu; er wird nicht zulassen,
dass ihr über eure Kraft hinaus versucht werdet.**
1. Kor. 10,13

Vergib es uns, Herr,
dass wir sie so oft vergessen:
DEINE TREUE!

Darum werden wir so unruhig,
Darum verzweifeln wir beinahe,
wenn es anders kommt als wir meinten,
wenn unsere Wege zur Versuchung werden!
Ich denke an den Zimmerkollegen im Lager:
Nur heim wollte er, und rasch dazu!
D"rum leckte er Salz, um elend zu werden –
heim kam er nicht mehr.

Aber so sind wir Menschen:
unruhig, zerfahren und oft unüberlegt
in den Prüfungen, die uns betreffen!
Ungeduldig schlagen wir um uns,
wie ein Fisch auf dem Trockenen,
den seine Sprünge nur noch weiter
vom rettenden Wasser bringen.

Aber DEINE TREUE ist groß, Herr,
das sollten wir doch gelernt haben.
Jede Seite der Bibel redet von ihr;
selbst die blühende Natur
erzählt von DEINER TREUE;
Jesus Christus hat sie uns vorgelebt;
und dass wir deine Kirche haben,
verdanken wir auch DEINER TREUE!
Ja, Herr, es stimmt: Du bist treu!
Nur einmal, in der großen Flut,
hast du dein Zorngericht ergehen lassen!
Seither steht DEINE TREUE als Segensbogen
über unserer verworrenen Welt,
die unter menschlicher Treulosigkeit
unendlich viel leidet!
Darum bitten wir, Herr,
dass DEINE TREUE bleibe –
dass wir deine Treue erkennen,
deiner Treue ganz vertrauen,
damit wir in unseren Versuchungen
getrost und geduldig bleiben,
zuversichtlich und geborgen
lächelnd wie ein Kind
in den Armen seiner treuen Mutter.

II. JUNI

**Gott der Herr ist Sonne und Schild.
Er schenkt Gnade und Herrlichkeit.**
Ps. 84,12

Ja, Herr, das möchte ich:
Einen Schild kaufen,
mit dem ich die feurigen Pfeile
des Bösen abwehren kann;
einen Schild gegen die finstere Macht des Todes;
einen Schild, der mich schützt
vor den Umgarnungen der Sünde.
Denn mit meiner kleinen Kraft
richte ich nichts aus,
gegen die List des Bösen,
den Rachen des Todes,
die täglichen Versuchungen.

Aber nun hat DEIN Sohn
sich vor mich gestellt
wie ein lebendiger Schild.
Mit seinem Leib hat er
die Pfeile des Bösen aufgefangen,
mit seinem Leben hat er
die Kraft des Todes gebrochen;
mit seinem Gehorsam
das Netz der Sünde zerrissen.

So ist Christus mein Schild geworden,
der, der für mich streitet!
Wie soll ich Dir dafür danken?
Ich möchte mir gerne ein wenig
Licht in mein Leben holen,
in das Dunkel meiner Trauer,
in die Schwermut meines Herzens,
in die Verzagtheit meines Gemütes
und die Mattigkeit meiner Hoffnung!
Aber Licht kann keiner kaufen oder fangen,
keiner sammeln und konservieren
für den Gebrauch zur gegebenen Zeit.
Auf das Licht können wir nur warten,
wie auf die Sonne am Morgen,
wenn sie aufgeht, in Herrlichkeit!

So bist DU, Herr, uns nahe gekommen
in Gnade und Herrlichkeit; in Jesus Christus,
dem auferstandenen und lebendigen Herrn!
Unsere Herzen willst du erleuchten
durch den Heiligen Pfingstgeist,
damit er alle Finsternis vertreibe,
alle Schwermut und alle Verzagtheit
und meine Seele auffährt in Hoffnung,
wie mit Flügeln des Adlers!
Herr, meine Sonne und mein Schild,
Du, der Dreieinige Ewige. Heilige –
schenkst Gnade und Herrlichkeit!
Dank sei Dir!

Ki. Bl. Juni 1991

12. JUNI

**Gott sieht nicht auf die Person,
sondern in jedem Volk ist ihm willkommen,
wer ihn fürchtet und tut, was recht ist.**
Apg. 10,34.35

Ja Herr, dies Wort geht mich an!
Denn mir geht es so: Ich sehe die Person an!
Immer, wenn jemand mir begegnet,
auf der Straße, im Laden oder sonst wo,
„klingt" etwas vom Anderen zu mir herüber
und bringt etwas in mir zum Schwingen:
Zuneigung oder Abneigung,
Freude oder Gleichgültigkeit,
Interesse oder Neugier,
irgendetwas ist plötzlich da
und ich kann mich dessen nicht erwehren;
warum sonst wird ein Kunde freundlicher bedient,
als eine andere, oder ein Gast zuvorkommender,
als viele andere.
Denn nicht nur ich sehe die Person an!
Die anderen Menschen tun es auch!
Sie sehen ja auch mich an,
wenden sich mir zu oder von mir ab,
nehmen mich ernst oder behandeln mich kühl;
es gehört zu unserem Wesen und Sein,
die „Person anzusehen",
die anderen „persönlich" zu nehmen.
Und das kann schlimm werden,
zu Missverständnissen führen, Aversionen schaffen
oder unsachliche Meinungen bilden.
Schlimm war es zur Zeit des Petrus in Jerusalem:
Für die Judenchristen waren die Juden liebenswert,
die Heiden aber waren alle unbeliebt,
vorab die römische Besatzung;
die wurde gehasst, so lernten es schon die Kinder.

Nun muss der Judenchrist Petrus „umlernen":
Er bekennt öffentlich: „In Wahrheit habe ich erfahren,
dass Gott die Person nicht ansieht:
In allem Volk ist ihm angenehm,
wer ihn fürchtet und recht tut!"

Zwar hat Petrus das schon an Jesus gesehen:
Der ging zu den Samaritern,
redete mit römischen Soldaten,
predigte allen: „Liebet eure Feinde!"
Doch daraus hat Petrus noch nichts gelernt!
Noch nicht – doch dann war es plötzlich da,
das befreiende Wissen: Der himmlische Vater
sieht die Person nicht an!
Seine Liebe umfasst
die Menschen aller Völker!

Nur: Eine Einschränkung ist doch da:
„Wer IHN fürchtet und recht tut!"
Ihn, den Schöpfer und Erhalter,
Ihn, den Erlöser und Befreier, und
Ihn, der uns allein aus Gnade heiligt,
vor Ihm gilt es
sich in Ehrfurcht zu beugen,
vor Ihm das zu tun, was Ihm recht ist.

Ja, so beginne ich zu ahnen,
dass dies Wort, einst von Petrus bekannt,
mich, mich heute angeht,
zutiefst angeht, weil es mich betrifft
in der Begegnung mit den Menschen,
die mein tägliches Leben umgeben;
denn nun mühe ich mich, sie alle
mit Deinen Augen, Herr, anzusehen
und die Ehrfurcht vor Dir, Herr,
wird Antrieb zum freundlichen Wohltun!

Ki. Bl. Juni 1997

**Ich aber traue darauf, dass du, Herr, so gnädig bist;
mein Herz freut sich, dass du so gerne hilfst.
Ich will dem Herrn singen, dass er so wohl an mir tut!**
Ps. 13,6

So hat es einer erfahren:
Gott war ihm gnädig,
Gott hat ihm geholfen.
Er hat erfahren: Gott hilft gerne!
Nun kann er von Herzen singen, wie ein zufriedenes Kind
in der Nähe der Mutter; wie ein gefütterter Vogel –
so hat dieser frohe Mensch Gottes Wohltat erfahren.

Wie wünsche ich mir ein solches Vertrauen in Gottes Gnade
und solche Freude über Gottes Hilfe!
Ich möchte Gottes Wohltaten so spüren,
dass mein Herz zu singen beginnt!
Doch blicke ich um mich:
Kann ich noch Vertrauen haben?
Gibt es etwas, das mein Herz froh macht?
Ich fühle mich hilflos und verlassen
zum Singen ist mir kaum zumute.

Dieser aber hat es in seinem Leben erfahren:
Du bist gnädig, Herr!
Und wenn er es nicht erfahren hätte –
Jesus Christus hat es verkündigt:
Du bist gnädig, Herr!
Du bist uns nahe, auch wenn wir es nicht merken,
auch da, wo wir uns verlassen fühlen,
fast so verlassen wie Jesus am Kreuz ...
Deine Gnade ist jeden Morgen neu,
wie die Sonne, die auch dann am Himmel ist,
wenn unsere Augen sie nicht sehn.
So bist DU uns nahe!

Das müsste unser Vertrauen stärken,
unsere Freude wecken, unsere Lippen auftun,
denn wieder steht die Natur auf der Höhe des Jahres,
wieder hast du deine milde Hand aufgetan
und alles Lebendige darf Nahrung finden;
immer noch rufen uns die Glocken unter dein Wort
und immer noch erreicht dein Segen viele Menschen.

Darum will ich dir vertrauen;
darum darf sich auch mein Herz freuen,
darum will auch ich dir singen,
weil ich zu denen gehöre, an denen Du wohltust!

Ki. Bl., Juni 1997

---

14. JUNI

Ihr seid teuer erkauft; werdet nicht der Menschen Knechte.
1. Kor. 7,23

Wer etwas kauft, muss bezahlen. So war es auch zur Zeit des Paulus. Aber damals gab es in den Städten auch einen Sklavenmarkt! Hier konnte man sich einen lebendigen Menschen „kaufen", mit dem damaligen Gold- oder Silbergeld, und natürlich waren Gesunde und Jüngere teurer als Ältere und Kranke. Das Kaufen und Verkaufen von Sklaven war in Korinth gang und gäbe. Alle konnten verstehen, was gemeint war: „Ihr seid teuer erkauft. Ganz teuer. Euer Freikauf hat das unbezahlbare Blut des Gottessohnes gekostet!"

„Ihr seid teuer erkauft!" Dieses Wort gilt heute noch für jeden getauften Christen. Denn das qualvolle Karfreitagsgeschehen war ein universeller Freikauf aus der Gewalt aller bösen Mächte, ja sogar aus der Macht des schlimmsten Sklavenhalters, des Todes.

Doch nun, Herr, muss ich weiter denken. Wenn Du mich erkauft hast, dann gehöre ich ja Dir, dann wurdest und bist Du „mein Herr". Dann gehört mein Leben nicht nur mir, meiner Frau, meinen Kindern, meiner Arbeit, sondern auch Dir, ganz Dir! Daran denke ich zu selten. Ich müsste öfter fragen: „Was willst Du, Herr, Gutes tun durch mich?" Solche Fragen können vielen Menschen neuen Lebenssinn schenken oder einen Wandel in der Lebensrichtung bewirken.

Aber noch mehr zu denken gibt mir der Nachsatz: „Werdet nicht der Menschen Knechte!" Und im Urtext steht „Sklaven"! O ja, Herr, wir wissen es: Menschen können Menschen versklaven, in totale Abhängigkeit bringen. „Ich muss auf meinen Arbeitsplatz sorgen – ich muss für meine Familie sorgen – ich brauche ein Einkommen – ich bin in einem Sportverein – ich bin Mitglied einer Partei." Ganz raffinierte oder gar teuflische Methoden hat der Mensch entwickelt, andere Menschen in totale Abhängigkeit zu bringen. Vielleicht wird hier der lange Arm des Teufels sichtbar.

„Werdet nicht der Menschen Knechte", so sagst Du es, Herr. Und Du hilfst uns auch bei diesem schweren Werk! Wenn Du mein Herr bist, spüre ich Deine Nähe und werde darüber stark und froh, jeden Tag!

Ki. Bl. Juni 2000

**Bei dir ist die Quelle des Lebens,
und in deinem Licht sehen wir das Licht.**

Ps. 36,10

O Gott, wie konnten wir nur darauf vergessen,
dass DU die Quelle des Lebens bist! –
Wir kaufen Brot vom Bäcker und merken nicht mehr:
„Es kommt doch von dir!"
Wir kaufen das Fleisch bei dem Fleischer,
und es leben doch auch die Tiere von dir!
Wir drehen den Wasserhahn auf und haben Wasser – von dir!
Wir freuen uns am Blühen der Blumen,
an der Schönheit der Berge und der Natur
und es wird uns nicht mehr bewusst:
„Bei dir, Herr, ist die Quelle des Lebens!"
Wir haben uns selbst verzogen
wie ungehorsame Kinder sich selbst verziehen,
die in jeder Pause ein Eis schlecken oder eine Süßigkeit naschen,
und dann, appetitlos, das Mittagessen der Mutter verschmähen;
dazu auch gar nicht mehr merken, wie schwer Vater und Mutter
den täglichen Groschen verdienen!
So haben wir uns selbst verzogen;
Herr, lassen Wissenschaftler daran arbeiten,
dass Tiere rascher schlachtreif werden,
dass mehr Brot wachse,
dass Autos schneller fahren,
dass Frauen dann Kinder haben,
wann sie wollen (und oft wollen sie keine mehr)
ja, so haben wir es gemacht mit allem.
Wir sagen jetzt: „Wir sind die Quelle des Lebens!"
Und sind – vielleicht – auch etwas stolz darauf!
Doch du, Herr, bleibst „die Quelle des Lebens!"
Du bleibst die Quelle meines Lebens!
Manchmal ist die Schule hart, in der ich das buchstabieren muss:
Wenn plötzlich die Wasser aus den Ufern treten,
oder die Erde bebt und wankt,
wenn das Flüchtlingselend die Macht der Politiker
und die Kraft der Hilfsvereine – übersteigt –
manchmal lernen wir es wieder:
„Bei dir, Herr, ist die Quelle des Lebens!"
Unser Herr Christus wusste das:
„Der Mensch lebt nicht vom Brot allein…"
Vergib es uns, Herr, dass wir darauf vergessen haben!
Vergib es mir, Herr, dass ich es immer wieder vergesse!
Bleib mir weiter die Quelle meines Lebens!
Schenk mir erleuchtete Augen, gib mir das Licht deines Geistes,
damit ich dein Licht sehe und begreife,
heute und morgen und alle Tage,
bis ich ganz in deinem Lichte stehen darf …

Ki. Bl. Juni 1994

Gott hat Frieden verkündigt durch Jesus Christus, welcher ist Herr über alle.
Apg. 10,36

„Frieden schaffen – ohne Waffen!" Mit diesem wohlklingenden Reim hat die Friedensbewegung vor Jahrzehnten um neue Anhänger geworben. „Frieden mit starker Waffe", das ist die Regel unter uns Menschen. Wer die besseren Flugzeuge und Raketen besitzt, hat Frieden mit den Nachbarländern, und wer einen Hund in seinem Garten hat, der wird von Apfeldieben gemieden.

Bewaffneten Frieden – den kannte auch Petrus. Wenn die römischen Söldner mit blanken Schwertern durch die Straßen Jerusalems marschierten, war Frieden im Land; aber ein Frieden der Macht, ein Frieden, dem sich die Menschen nur zähneknirschend beugten, denn im Herzen loderte Hass, der manchmal auch aufflammte. Wahrscheinlich war Barabbas, den Pilatus zum Fest freiließ, auch so ein Eiferer gegen die Römer.

Kornelius, so berichtet die Apostelgeschichte, war ein Hauptmann der römischen Soldaten und wohnte in der Hafenstadt Caesarea. Zu diesem Mann muss sich Petrus aufmachen und in dessen Haus treten – für damalige Begriffe eine totale Unmöglichkeit! In das Haus eines Heiden zu treten war für den frommen Juden größte Sünde. Und dort, in diesem „Heidenhaus", sagt der Apostel das, was jetzt unser Vers ist: „ER hat das Wort dem Volk Israel gesandt und Frieden verkündigt durch Jesus Christus, welcher ist Herr über alle."

Freilich, Petrus hat einiges gebraucht, um zu dieser Einsicht zu kommen! Da war seine persönliche Erfahrung. In der Karfreitagsnacht hatte er den Herrn dreimal verleugnet und in der Osterzeit hat der Auferstandene ihn dreimal gefragt: „Hast du mich lieb?", und ihn dann auch dreimal beauftragt: „Weide meine Schafe!" Im Herzen des Petrus war Frieden geworden „durch Jesus Christus". Und dann hatte er auch eine Erscheinung während seines Mittaggebets, durch die er die Nichtigkeit der religiösen Trennungsvorschriften verdeutlicht bekam. Darum konnte er bekennen: „Nun erfahre ich in der Wahrheit, dass Gott die Person nicht ansieht, sondern in jedem Volk, wer ihn fürchtet und recht tut, der ist ihm angenehm!" (Apostelgeschichte 10,34-35) Hier schließt sich das Wort vom „Frieden durch Christus" an.

Der Frieden durch Christus, der Herr ist über alle Menschen, wird auch mir immer wieder verkündigt: im Gottesdienst, im Schriftwort und wenn ich mit Dir im Gebet spreche, Herr.

Du, Herr, hast Frieden gemacht zwischen Dir und uns Menschen – durch Christus. Dir, Herr, ist es gelungen: „Frieden zu schaffen – mit der Liebe Waffen!"

Dazu hilf auch mir, bitte.

Ki. Bl. Juni 2001

**Wer sich des Armen erbarmt,
der leiht dem Herrn.**
Spr. 19,17

Es ist ein beliebtes Motiv in der orthodoxen Ikonenmalerei, die Heilige Dreieinigkeit im Bild des Besuches der drei Engel in Mamre bei Abraham und Sara darzustellen. Da sieht man, wie die himmlischen Wesen gleichsam als arme, irdische Wanderer bei Abraham einkehren. Dieser lässt sie nicht vorüberziehen, sondern schlachtet ein junges Kalb, lässt Sara Kuchen backen, bringt Wasser zum Waschen und bittet die Wanderer zu Tisch. Der Segen bleibt nicht aus und an diesem Segen hat sogar Lot teil. Man kann das in 1.Mo.18 nachlesen. Ein beliebtes Motiv der Ikonenmalerei! Besonders in einem warmen Land, wo die Bewohner nur als Nomaden leben, wird Helfen zur lebenserhaltenden Notwendigkeit. Da kann ein Stück Brot oder eine Kanne Wasser zur lebensrettenden Gabe werden.

Verweigerung dieser Dinge hieße, den anderen in den Tod stoßen! Gott aber will das Leben, auch das des anderen! Und darum dieses biblische Wort: „Wer sich des Armen erbarmt, der leiht dem Herrn. Die Fortsetzung dieses Verses hinst: „Der Herr wird ihm wieder Gutes vergelten!" Aus zwei Gründen ist dieser Beisatz fortgelassen: Zum einen ist für mich der Gedanke gefährlich, nur darum zu helfen, damit mein Reichtum wachse. Wer mit solchen Hintergedanken dem anderen hilft, sollte lieber nicht helfen. Zum anderen ist kein Mensch Gottes Ratgeber, also gleichsam einer, der Gott erinnert: Der hat geholfen, darum hilf ihm jetzt auch! Zur rechten Hand Gottes sitzt nur der, der ohne Beutel und Tasche durchs Leben ging und abends nicht wusste, wo er sein Haupt hinlege. Von einer armen Frau hat er sich einen teuren Liebesdienst tun lassen und zu den Jüngern gesagt: „Arme habt ihr allezeit bei euch, denen könnt ihr helfen, wenn ihr es wollt, mich aber habt ihr nicht allezeit."

Oder haben wir ihn doch auch weiter bei uns in Gestalt der vielen Armen und Hilfsbedürftigen? Mohammed hat seinen Anhängern das Almosengeben zur Glaubenspflicht gemacht. Und es sind nicht wenige, die das Helfen zum Maßstab des christlichen Glaubens machen. Von Luther wird erzählt, dass er einen silbernen Joachimtaler einst als Geschenk erhielt und diesen für Notzeiten aufbewahrte. Als nun ein Bettler ein Bittlied vor seinem Fenster sang, soll Luther gesagt haben: „Komm, lieber Joachim, Christus ist zu Besuch gekommen!" Und damit wanderte der Silbertaler in des Bettlers Hut.

Gewiss stimmt die Lebensweisheit: Vom Helfen ist noch keiner ärmer geworden. Wenn es nur immer mit Freundlichkeit und reinem Herzen geschieht – und das nicht nur im Juni dieses Jahres, sondern immerfort!

Ki. Bl. Juni 1995

**Seid wachsam, steht fest im Glauben,
seid mutig, seid stark!
Alles was ihr tut, geschehe in der Liebe.**
1. Kor. 16,13-14

Die Christengemeinde in Korinth hat dem Apostel Paulus oft Sorgen gemacht. Seine Schreiben an diese Menschen lassen etwas davon erahnen. Dennoch enthalten diese Briefe die zentralen christlichen Anliegen in fast dichterischer Sprache. Auch dieser Vers aus dem Schlusskapitel klingt in seiner verdichteten Aussage wie ein Hymnus oder ein Lied. Die fünf Ermahnungen sind wie fünf Finger an einer Hand, mit der wir etwas ganz fest halten können. Und dieser geballte Bibelspruch will unsere Herzen festhalten.

„Seid wachsam", das ist der erste starke Finger. Mir fällt ein Bericht aus der Geschichte ein. Das Kapitol, die innerste Burg von Rom, war einstmals von Feinden belagert. Die Verteidiger waren schon müde, und die Wächter auf den Mauern waren in der Nacht eingeschlafen. Das merkten und nutzten die Feinde. Leise und unbemerkt erstiegen sie die Mauern. Das Schicksal der Burg wäre entschieden gewesen, wenn da nicht eine Gänseschar gewesen wäre. Die Gänse gehören bekanntlich zu den wachsamsten Tieren. Diese bemerkten die Bewegung der Feinde und weckten mit ihrem lauten Geschnatter die römischen Soldaten. So wurde der Angriff abgewehrt und die Stadt mit ihren Menschen gerettet.

„Seid wachsam", so mahnt der Apostel, denn er weiß ganz genau, wie bedroht das Leben eines Christen in einer Weltstadt wie Korinth sein kann. Zwar lebte es sich im damaligen Korinth, einer bedeutenden Hafen- und Handelsstadt, recht gut und angenehm. Zum Leben war genug da, Unterhaltung gab es auch reichlich, die verschiedensten Religionen boten sich an, und auch die Philosophen warben um Gehör. Verständlich also, dass Paulus mahnen musste: Seid wachsam, damit euch das Treiben der Welt mit ihrem vielfältigen Angebot an Sinneslust und -liebe, an Klugheit und Unterhaltung nicht aus dem Glauben herauslockt. Denn in diesem sollt ihr fest stehen und auch fest bleiben, mutig den Versuchungen ins Auge blicken und auch innerlich stark bleiben, so stark, wie auch Christus es war, als er sich in Gehorsam und getrost auf den Weg machte, der ihm von seinem Vater vorgegeben war.

Solche Worte der Ermahnung sind auch in der Gegenwart für jede Christengemeinde nachvollziehbar. Denn die Versuchung, immer nur den eigenen Willen zu tun, ist heute manchmal größer als jemals zuvor. Die Möglichkeiten, sich an anderen Dingen festzuhalten als am Glauben und an Christus, sind vielfältiger und auch gefährlicher geworden.

Gerade darum aber bekommt unser Vers gleichsam noch eine Zusammenfassung, eine Krone: „Alles, was ihr tut, geschehe in der Liebe." All unser Tun in Liebe! Hier leuchtet Gottes Rettungswillen für unsere Welt auf. Alles, wirklich alles, in Liebe. Das sollte man Buchstabieren: All unser Reden – in Liebe. All unser Denken – in Liebe, nicht in Berechnung. All unser Helfen – in Liebe, nicht für Belohnung. Die Arbeit in Haus und Garten – in Liebe. Die Ausübung des Berufes – in Liebe. All mein Tun – in Liebe.

Lieber Gott, fast muss ich meinen, dass Du mich jetzt völlig überforderst. Doch ich weiß, Du bist nahe, um mir zu helfen, ja, eben aus Liebe.

Ki. Bl., Juni 2004

Euer Herz sei ungeteilt bei dem Herrn, unserem Gott.
1. Kön. 8,61

So hat einmal ein König zu seinem Volk gesprochen: „Euer Herz sei ungeteilt bei dem Herrn, unserem Gott!" Er war der dritte große König des Gottesvolkes.

Alle Versprechen des Herrn waren erfüllt: Gott hatte die Israeliten geführt, bewahrt, beschützt, gespeist und getränkt, sie hatten ein fruchtbares Land fast kampflos einnehmen können; nun waren sie ein starkes, geeintes, von allen Nachbarn geachtetes Volk.

Nach jahrelanger, mühseliger Arbeit stand mitten in Jerusalem der Tempel, ein Bauwerk so herrlich und schön, wie bis dahin keines gewesen war. König Salomo hatte selbst die Einweihung vorgenommen. In seinem Einweihungsgebet erinnerte er dankbar an alle Wohltaten Gottes. Und dann die königliche Ermahnung: „Euer Herz sei ungeteilt bei dem Herrn, unserem Gott!" Ein königliches und zugleich prophetisches Wort!

Freilich, Bibelkenner wissen: Der König hat es zunächst seinen Untertanen gesagt. Er selbst hat später große Mühe gehabt, dieses Wort in seinem eigenen Leben zu verwirklichen.

Durch seine Heirat mit mehreren Prinzessinnen aus heidnischen Nachbarländern ist er der Versuchung erlegen, ihren Götzenkult auch in seinem Land einzuführen. Er hat dafür gebüßt!

Auch wir haben Mühe mit dem ungeteilten Herzen. Denn: Ein ungeteiltes Herz ist die Forderung aller Ideologien und Parteien! Und erwartet nicht auch jeder Betriebsherr von seinen Arbeitern, jeder Religionsstifter von seinen Anhängern und jede Ehefrau von Gatten ein „ungeteiltes Herz"?

Und nun kommst auch Du, Herr, zu uns heutigen Menschen, die am Zwiespalt ihrer Hertzen leiden und gar nicht selten auch daran zerbrechen, mit dieser Erwartung: „Schenkt mir euer ungeteiltes Herz", nein, deutlicher: „Schenkt mir das ganze Herz!"

Vergib, wenn es mir so schwer fällt und mein Herz immer wieder von den Dingen dieser Welt zerrissen wird! Vergib mir, wenn mein armes Herz von den Mühen und Sorgen des täglichen Lebens so oft von Dir abgezogen wird! Vergib mir auch, wenn ich mein Herz aufteile zwischen all denen, die ich liebe!

Aber durch Deinen Geist kann es möglich sein, wenn auch nicht ganz – aber immer wieder – mit dem Herzen bei Dir zu sein! Das schenke mir auch weiterhin ...

Ki. Bl. Juni 1996

Wir müssen durch viele Bedrängnisse in das Reich Gottes eingehen.
Apg. 14,22 b

Der Versuch wäre es wert: Den Inhalt einer Predigt in einem Satz mit nicht mehr als zehn Wörtern wiederzugeben! Um das zu können, müsste man genauer hinhören und das Gehörte viel tiefer begreifen, als wir das meist tun. Lukas, dem wir die Apostelgeschichte verdanken, ist dieses Kunststück gelungen: Er hat die Missionspredigt von Paulus und Barnabas in einem Satz überliefert: „Wir müssen durch viele Bedrängnisse in das Reich Gottes eingehen."

Wer Menschen für eine Sache gewinnen will, muss ihnen deren Inhalt schmackhaft machen, muss ihnen Freude und bessere Lebensqualität versprechen. Wer das nicht tut, riskiert, dass die Zuhörer abschalten und uninteressiert weitergehen.

Paulus und Barnabas jedoch predigen dies: „Wir müssen durch viele Bedrängnisse in das Reich Gottes eingehen!" Wie groß und schwer solche Bedrängnisse sein können, hat Paulus kurz vorher erfahren. Lukas beschreibt sie so: „Es kamen aber Juden dorthin und überredeten das Volk und steinigten Paulus und schleiften ihn zur Stadt hinaus und meinten, er sei gestorben."

Was „Steinigung" bedeutete, hatte Paulus schon einmal erlebt, denn er war dabei, als eine aufgebrachte Menge den Diakon Stephanus vor dem (heutigen Stephans-) Tor in Jerusalem mit Steinen totschlug. Damals hatte Paulus „Wohlgefallen" an dieser Bluttat. Nun war er selbst dran! Doch ein Gotteswunder geschieht mit Paulus: Als seine Jünger den vermeintlich Toten – wahrscheinlich betend – umringen, steht Paulus auf und predigt weiter: „Wir müssen durch viele Bedrängnisse in das Reich Gottes eingehen."

Bedrängnisse sind nicht begehrenswert. Wir wünschen sie auch keinem anderen. Dennoch sind sie unsere menschliche Wirklichkeit, die Realität, in der wir leben.

Ich denke an Bedrängnisse, die Menschen in Not bringen, an Naturkatastrophen – Wasserflut, Brände, Erdbeben. Ich denke auch an Bedrängnisse, die Menschen einander zufügen, weil sie verschiedene Gedanken, Wünsche und Weltanschauungen haben, und auch an Bedrängnisse, die von Zwietracht und Hass, Kriegsnot und Unterdrückung, Krankheiten oder Unfällen verursacht werden. Sie können Menschen an den Rand der Verzweiflung bringen. Richtig bedacht ist unser ganzes Leben der (oft klägliche) Versuch, mit den verschiedenartigsten Bedrängnissen fertig zu werden.

Und nun sagt einer: „Bedrängnisse gehören zum Gottesweg." Und er hat auch noch Zulauf und Erfolg!

Paulus hat im 2. Korintherbrief (Kap. 11) seine „Bedrängnisse" so beschrieben: „Ich bin oft in Todesnot gewesen (...) ich habe fünfmal erhalten vierzig Geißelhiebe weniger einen, ich bin dreimal mit Stöcken geschlagen, einmal gesteinigt worden; dreimal habe ich Schiffbruch erlitten, einen Tag und eine Nacht trieb ich auf dem tiefen Meer (...)." Dennoch schreibt er in seinem Brief an die Römer (S. 3b Sa): „Wir wissen, dass Bedrängnis Geduld bringt, Geduld aber Bewährung, Bewährung aber Hoffnung, Hoffnung aber lässt nicht zuschanden werden." Wir heute, in einer Zeit, die auf gute Lebensqualität ungemein viel Wert legt, wir möchten gerne den Apostel fragen:

Wie kommst du zu dieser zumindest ungewöhnlichen Auffassung? Wahrscheinlich würde der Apostel antworten: „Bedrängnisse sind Gottes Segenshand!" So hat es uns der Heiland vorgelebt und auch vorgelitten; so haben die Jünger es durchgemacht, und so hat es auch Paulus selbst erfahren; der größte Dulder des Alten Testaments, Hiob, hat den Kelch der Bedrängnisse bis zur Neige geleert; und wenn wir die Trostlieder in unserem Gesangbuch nachschlagen, finden wir die gleiche Erfahrung. Durch Bedrängnisse befreit und segnet uns der Herr!

Nur dieses liegt bei uns: Dass wir in Bedrängnissen Gottes Segenshand umso fester fassen, unser Vertrauen tiefer an IHN binden und unsere Hoffnung völlig auf IHN setzen!

Ki. Bl., Juni 2005

Zur Freiheit hat uns Christus befreit. Bleibt daher fest und lasst euch nicht von Neuem das Joch der Knechtschaft auflegen!
Gal. 5,1

Da haben wir nun dieses wunderbare Wort, das zum Nachdenken zwingt und das in den Briefen des Paulus immer wieder vorkommt – Freiheit. „Zur Freiheit hat uns Christus befreit."

Seit dem Altertum hat dieses Wort Sehnsüchte geweckt, Aufstände entzündet, Kriege entfacht und auch Menschen resignieren lassen. „Freiheit" war das erste der drei Wörter, die das Motto der Französischen Revolution waren. Viele haben „im Namen der Freiheit" Hab und Gut verloren oder gar ihr Leben geopfert. Sicher kann die Freiheit ein Opfer wert sein, und Freiheitshelden hebt man auf ein Denkmal. Erinnert sei nur an Andreas Hofer, den Tiroler Freiheitskämpfer. „Zur Freiheit" durch Kampf, das hat schon vor 2000 Jahren Spartakus versucht.

Doch zurück zu dem Apostelwort, das nun völlig anders klingt.

Wenn es möglich wäre, würde ich gerne mit dem Briefeschreiber Paulus ein Gespräch beginnen. Das könnte so lauten:

Lieber Bruder, Du schreibst uns. Wir sind doch beide frei und keine Knechte oder Sklaven. Warum dann: „Zur Freiheit hat uns Christus befreit"?

Die Antwort könnte so lauten: Natürlich hast du Recht, wir sind „frei", frei, einen Brief zu schreiben, oder frei, im Stadtpark spazieren zu gehen. Doch in diesem Augenblick meldet sicher eine Stimme: Eigentlich solltest du jetzt deinen krebskranken Nachbarn im Krankenhaus besuchen, denn das ist nötiger als deine Erholung.

Und schon spüren wir es beide: So ganz frei ist keiner von uns beiden. Im Gegenteil. Weitere Überlegungen führen nur tiefer in meine persönlichen, inneren Zwänge. Ich, Paulus, damals als Saulus bekannt, war an die Gesetze der Religion gebunden, in denen ich aufgewachsen bin und die ich sehr genau befolgte. Die Bindung an die religiösen Vorschriften haben damals mein Denken und Handeln bestimmt. Und ich war von deren Richtigkeit überzeugt. Darum habe ich die Anhänger Jesu verfolgt, weil sie bezeugten: Jesus lebt und macht uns frei.

Das hat mich gereizt, und ich wurde ihr Verfolger. Doch dann trat Jesus Christus auch in mein Leben, und seit damals bin ich ganz frei, für Ihn zu wirken, zu arbeiten, zu sprechen und zu leben und auch zu sterben. Ja, auch zu sterben. Denn ich weiß: Dann bin ich ganz bei Ihm.

Ja, lieber Paulus, um diese innere Festigkeit und diese fröhliche Freiheit beneide ich dich. Zwar hast du an einer Stelle geschrieben, dass du vom Teufel mit Fäusten geschlagen wirst (2 Korinther 12, 7 ff.), was sicher zu großer Qual geführt hat. Du warst, lieber Paulus, wie wir alle, an die Leiden unseres Leibes und Lebens „gebunden", also doch „unfrei". Aber deine neue Bindung im Glauben, die war stärker als Fesseln und Leiden, Krankheit und Kerker, wichtiger als Familie und Kinder. Darum ermahnst du ja auch: „Bleibt daher fest" – und meinst: fest im Glauben, fest in Christus, fest in der Hoffnung und sicher auch fest in der Liebe.

Und dann kommt das Wichtigste:

„Lasst euch nicht von Neuem das Joch der Knechtschaft auflegen!" Damals hast du das noch oft gesehen, wie der Bauer am Morgen seinen Ochsen das Joch auflegt und sie zur Arbeit zwingt.

Wir heutigen Menschen leben in anderen Zwängen. Manchmal ist es ein Kaufzwang oder der Zwang zu rauchen, aber auch Lebensangst kann manchmal die Vernunft niederdrücken und die Angst um den Arbeitsplatz treibt viele um.

Aber dein Wort, lieber Bruder, lässt mich wieder aufatmen: „Zur Freiheit hat uns Christus befreit!" – dich und mich und alle Getauften, und wir dürfen in dieser Freiheit jeden Tag beginnen und beenden, unsere Entscheidungen treffen und unser Werk tun, als freie Kinder des himmlischen Vaters.

Ki. Bl. Juni 2006

**Stark wie der Tod
ist die Liebe.**
Hohelied 8,6

Ja, Herr, stark ist dein Diener, der Tod! –
Wenn er zupackt, zeigt sich unsere Schwäche!
Stärker ist der Tod als der kräftigste Gewichtheber;
stärker ist der Tod als der größte Feldherr,
und stärker ist der Tod als der beste Chirurg!
Stark ist der Tod, Herr, dein Diener!
Nur du allein, Herr, bist stärker!
Darum konntest du uns versprechen:
„Einmal, einmal wird kein Tod mehr sein …!"
Unvorstellbar für uns, diese Zeit …!

Doch des Todes Gewalt steht eine andere Macht
zur Seite:
„Stark wie der Tod ist die Liebe".
Ein Wort des großen Königs Salomo,
der sagenhaft reich war und viele Frauen liebte,
und der bei seiner Einsetzung
nur um ein gottgehorsames Herz bat.
Im Hohelied legt er einer lieblichen Liebenden
die Worte in den Mund:
„Die Liebe ist stark wie der Tod!"

Sicher, Herr, es gilt auch dieses:
„Die Liebe ist stark!"
Sie zieht Liebende unwiderstehlich zueinander;
als Mutterliebe begleitet sie die Kinder,
als Naturliebe erfreut sie unsere Herzen,
als Geschwisterliebe kann sie segnen,
und als Gattenliebe Treue halten.
Und doch ist irdische Liebe auch oft
nur ein verflackerndes Strohfeuer!
Doch wenn sie echt ist, ist sie von Dauer,
dann ist unsere Menschenliebe stark wie der Tod!
Davon singen und sagen sächsische Balladen.

Sie erzählen von der Braut am Alt,
die am Flussufer um den ertrunkenen Liebsten
solange trauert, bis sie am Altufer
ein frühes Grab findet;
oder von der Braut von Urwegen,
die Gott um den Tod bittet,
weil sie einen Ungeliebten heiraten soll
und dann am Hochzeitstag
auf der Kirchentürschwelle tot umsinkt!
Manchmal, selten genug, ist
Liebe so stark, dass sie den Tod nicht scheut!
Wie bei den Königskindern,
oder wie bei Romeo und Julia –
ja, dann ist Liebe stark wie der Tod!

Und doch, nur von einer Liebe gilt uneingeschränkt:
„Stark wie der Tod ist sie!"
Es ist die Liebe, die den Kreuzesweg gehen konnte,
die Liebe, die im Sterben für die Peiniger betete,
die Liebe, in der sich alle Märtyrer
bis in die Gegenwart geborgen wussten,
und schließlich die Liebe,
die jeden Menschen in der ganzen Welt
erreichen und umfangen möchte:
Die Liebe deines Geliebten, Herr,
unseres Heilandes Jesus Christus!

Von Christi Liebe gilt es wirklich:
Stark war und ist sie, stark wie der Tod!
Wer sich in dieser Liebe geborgen weiß,
hat allezeit frohen Mut,
getroste Zuversicht und befreiende Hoffnung!
Denn diese Liebe trägt durch ein Leben
und dann auch über den Tod hinaus…!

Ki. Bl. Juni 1998

**Wer kann die großen Taten des Herrn erzählen
und all seinen Ruhm verkünden?**
Ps. 106,2

Diese Frage soll uns begleiten
durch die Tage und Wochen dieses Monats:
„Wer kann die großen Taten des Herrn
alle erzählen und sein Lob genug verkündigen?"
Ja, wer kann das?

Und die Worte aus der Ode von Gellert,
meisterlich vertont von Beethoven,
klingen in meinem Herzen auf:
Die Himmel rühmen des Ewigen Ehre,
ihr Schall pflanzt seinen Namen fort.
Ihn rühmt der Erdkreis, ihn preisen die Meere;
vernimm, o Mensch, ihr göttlich Wort!
Vernimm's und sieh die Wunder der Werke,
die die Natur dir aufgestellt!
Verkündigt Weisheit und Ordnung und Stärke
dir nicht den Herrn, den Herrn der Welt?"

Sicher, jede Blume und jedes Blatt
kann mir etwas vom Schöpfergott erzählen!
Die Frage an mich bleibt nur, ob ich offen genug bin
für das stumme Reden der Kreaturen?

Denn bei dem Anblick eines früchtevollen Kirschbaumes
kann ich hören: „Sieh, wie viel Gott uns gab!"
Oder auch: „Das bringt viel Geld ein!"
Die Natur erzählt mir täglich etwas
von den großen Taten des Herrn!
Und ich bitte: Lass mich das auch weiter hören!

Der Beter im hundertsechsten Psalm
geht aber noch einen Schritt weiter:
Er hat die Geschichte seines Volkes vor Augen!
Aus ihr lässt er sich berichten,
wie wunderbar die Hand des Herrn
seine Vorfahren geleitet und behütet hat;
zugleich aber erzählt ihm die Geschichte auch,
wie die Menschen dies Handeln Gottes
gar nicht immer zur Kenntnis nehmen,
ja, sehr oft sogar, sich diesem Handeln
in Ungehorsam widersetzen!

24. JUNI

Darum kann der Beter Vieles
als Gottes Strafe an seinem Volk verstehen!
Dennoch aber gelangt er zu dem Schluss:
Und der Herr ließ sie Barmherzigkeit finden!"

Mit solchen Augen die Geschichte meines Volkes lesen,
das möchte auch ich von dem Psalmenbeter lernen!
Aber ist nicht die Geschichte jedes Volkes
eingebettet in die Geschichte unserer Welt?
Und in die Weltgeschichte hat der Herr
einmal unmissverständlich eingegriffen:
Das war damals, als Jesus geboren wurde,
damals, als Jesus gekreuzigt wurde,
damals, als Christus auferstand
und als er dann schließlich zu Pfingsten
die Himmelskraft des Heiligen Geistes
den Menschen zuteil werden ließ!
Und seither nimmt das Erzählen
von den großen Taten kein Ende!
Es erklang aus dem Mund der Apostel,
ertönte aus den Stimmen der Märtyrer,
aus den Predigten der Missionare
und aus den Liebestaten ungezählter
barmherziger Menschen, die ihr Helfen
als Zeugnis des Glaubens verstanden!

Nun aber bleibt diese Frage stehen:
Wer kann die Taten des Herrn erzählen?
Ob nicht auch ich das kann?
Dann, wenn mein Blick die Natur erfasst!
Dann, wenn ich die Bewahrung meines Lebens bedenke.
Dann, wenn ich am Sonntag den Gottesdienst begehe!
Dann, wenn ich am Abend die Hände falte!
Dann, wenn ich als alternder Mensch
auf mein eigenes Leben zurückblicke!

Ja, Herr, lass mich auch etwas von deinem Tun erzählen,
heute und morgen und jeden Tag!

Ki. Bl. Juni 1999

Petrus sagte: Wahrhaftig, jetzt begreife ich, dass Gott nicht auf die Person sieht, sondern dass ihm in jedem Volk willkommen ist, wer ihn fürchtet und tut, was recht ist.

Apg. 10,34-35

Da steht es nun, dieses Fremdwort, das wir fast nur noch in der Zusammensetzung mit anderen Hauptwörtern benützen, das Wort „Person". Zwar sprechen wir vom „Personenzug" im Unterschied zu einem Lastzug, vom „Personenwagen" oder „Personentransport", doch statt „Person" sagen wir einfach „Mensch". Aber so ist es ja auch gemeint: Eine Person ist ein eigenständiger Mensch. „Per sonare" (lateinisch) heißt „hindurch klingen". In einer Person klingt das So-Sein eines Menschen auf, so wie Gott ihn geschaffen hat, mit einer bestimmten Augen-, Haut- und Haarfarbe, mit bestimmten Veranlagungen und Vorzügen oder auch Schwächen. Eine Person ist ein Mensch in seinem von Gott gegebenen Sein. Durch sie hindurch klingt Gottes Schöpfungswort, so wie wir das mit unserem *Kleinen Katechismus* bekennen: „Ich glaube, dass mich Gott geschaffen hat."

Wir Menschen sehen uns freilich den anderen Menschen – die andere Person – sehr genau an. Mir geht es so: Wenn ich einer Frau oder einem Mann begegne, habe ich sofort einen persönlichen Eindruck. Durch das Gespräch kann dieser Eindruck verstärkt oder gemildert werden. Die Liebe auf den ersten Blick gibt es wirklich; aber auch das Gegenteil, die Ablehnung. Und ich beneide keinen Personalreferenten, der über die Anstellung eines Bewerbers zu bestimmen hat. Das ist ein sehr verantwortungsvoller Beruf, denn er muss sich die Person, die sich für einen Posten gemeldet hat, sehr genau ansehen.

In unserem Spruch aber steht: „Gott sieht nicht auf die Person." Für Petrus war das eine ganz neue Erkenntnis! Auch er hatte immer auf die Person gesehen. Und er war der Meinung, nur die Juden – und Petrus war ja ein Jude – sind Gott angenehm! Doch dann hatte er eine himmlische Erscheinung und durch dieses Erlebnis änderte er seine Meinung grundlegend! Aber das kann im 10. Kapitel der Apostelgeschichte nachgelesen werden. Jedenfalls befindet sich Petrus im Haus des römischen Hauptmanns Kornelius und hält hier eine Christuspredigt, deren erste Worte unser Spruch sind. Schon im nächsten Satz sagt Petrus: „Gott hat den Menschen Frieden verkündigt durch Jesus Christus!" Die unüberwindbare Kluft zwischen Juden und Heiden verliert ihre Bedeutung. Der Friede gilt allen Menschen, in jedem Volk.

Mir tut es leid, dass der Satz „Gott hat den Menschen Frieden verkündigt durch Jesus Christus", nicht auch in diesem Spruch steht, dass da nichts von Jesus Christus steht. Denn das Wort „Gott" hat in jeder Religion einen anderen Bedeutungsinhalt! Darum benütze ich das Wort kaum noch in meinen Predigten. Für Petrus war „Gott" der Gott der Juden. Doch dann wurde er ein Jünger Jesus und für Petrus wurde der „Gott der Juden" plötzlich „der Vater Jesu Christi". Und dies war das „neue Begreifen", von dem Petrus hier redet. Darum hat Luther diesen Bibelvers so übersetzt: „Nun erfahre ich in Wahrheit, dass Gott die Person nicht ansieht ..." Und hier schwingt für mich das Wort Jesu mit: „Ich bin der Weg und die Wahrheit und das Leben; niemand kommt zum Vater denn durch mich."

Diesen Monat beginnen wir mit dem Pfingstmontag, der uns an den Heiligen Geist erinnert, der von „Gott dem Vater und von dem Sohn" ausgeht. Dieser Geist lehrt uns ein „neues Sehen" in Bezug auf die Anderen, mit denen wir leben. Darum sei dies unsere Pfingstbitte: „Lass uns in Ehrfurcht vor Dir leben, Herr, und tun, was recht ist."

Ki. Bl., Juni 2009

25. JUNI

**Gott spricht:
Das Recht ströme wie Wasser,
die Gerechtigkeit
wie ein nie versiegender Bach.**
Amos 5,24

Einmal habe ich sie aus dem Flugzeug gesehen, die trockenen Flusstäler Afrikas, Wadis genannt. Ringsum nur Wüste, ohne Leben. Wenn aber einmal Regen fällt, wird das Wasser in diesen Tälern zur zerstörenden Gewalt. – Wie anders das Bild eines klaren, still dahinfließenden Baches, der die umliegenden Wiesen befeuchtet und Menschen und Tieren zur Lebensquelle wird!

Dies Bild des stetig fließenden Baches, der Leben und Segen verströmt, wurde einem Propheten längst vergangener Zeit zum Sinnbild für die Sehnsucht Gottes.

„Das möchte ich", spricht der Herr, „dass in meinem Volk das Recht ströme wie Wasser und die Gerechtigkeit wie ein nie versiegender Bach!"

Vielleicht dürfen wir heutigen Menschen, die wir zweieinhalb Jahrtausende später leben, Bilder und Begriffe einer vergangenen Zeit nicht mit unseren Sinnbedeutungen füllen. Es könnte zu Missverständnissen kommen. „Recht" und „Gerechtigkeit" werden heute an festgeschriebene Rechtsformen eines bestimmten Landes geknüpft. In einem anderen Land, unter anderen Menschen, kann „Recht" und „Gerechtigkeit" etwas ganz anderes bedeuten!

Für den Propheten Arnos waren „Recht" und „Gerechtigkeit" an Gott gebunden, hingen mit dem Gott der Menschen und mit ihrer Geschichte untrennbar zusammen. Recht war, was mit dem Willen Gottes im Einklang geschah, und „Gerechtigkeit" die Erfüllung des Gotteswillens.

Darum wollte der Gottesmann seinen Zeitgenossen sagen: Alle äußerliche Erfüllung des Gotteswillens in Bezug auf Opfer, Gebete, schöne Lieder und feierliche Gottesdienste sind in den Augen Gottes leeres Geplärre. Ihr solltet vielmehr nach dem Gotteswillen fragen und diesen dann umsetzen in eurem Gemeinschaftsleben, in der Familie, im Sippen- und Berufsleben.

Das wäre dann ein gottgefälliger Gottesdienst. Denn so wie ein stetig fließender Bach mit seinem klaren, immer neuen Wasser Leben spendet und Leben erhält, so möchte auch der allmächtige Gott durch seinen Willen als lebenserhaltende und lebensspendende Macht immer neu gegenwärtig sein unter euch! So wird die Gottesgerechtigkeit nicht zu einer starrem, ländergebundenen Rechtsnorm, sondern zu einer menschenverbindenden Kraft, in der Liebe und Vergebung einen festen Platz haben.

Ja, Herr, das möchtest nicht nur Du; wir alle tragen diese Sehnsucht in uns, dass wir nicht nur fragen: „Stimmt mein Leben vor dem Bürgerlichen Gesetzbuch?", sondern so fragen, wie Dein Sohn, Christus, fragte: „Stimmt mein Willen mit Deinem überein?" Daran lass mich immer wieder denken in meinem Alltag.

Ki. Bl. Juni 2002

**Groß sind die Werke des Herrn,
kostbar allen,
die sich an ihnen freuen.**
Ps. 111,2

Große Werke können auch Menschen schaffen! Als ich vor eine paar Jahren auf der obersten Plattform eines über 100 Meter hohen Hotels in Paris stand und dann zu dem Eiffelturm hinüberblickte, dachte ich: Du stehst jetzt über 100 Meter hoch und der Turm ist noch zweimal so hoch. Wirklich „große Werke"! Erstaunliche Werke kann auch der Mensch schaffen. Doch dann fiel mir ein, was ein Denker gesagt hat: „Der Mensch kann gedankenlos einen Regenwurm zertreten, doch alle Wissenschaftler dieser Welt können keinen lebendigen Regenwurm schaffen."

„Groß sind die Werke des Herrn, kostbar allen, die sich an ihnen freuen." – Das ist der erste Vers aus einem Lied, das vor Jahrtausenden in der jüdischen Gemeinde gesungen wurde und das auch heute noch in ihren Gottesdiensten seinen festen Platz hat. Und dieser Bibelvers soll uns daran erinnern: Alles, was unsere Augen wahrnehmen können, sind große Werke des Herrn. Vielleicht wandern wir einige Tage im Gebirge, freuen uns an den aufragenden Felsgebilden oder betrachten die Vielfalt der Alpenblumen – ja, groß sind die Werke des Herrn! Vielleicht aber lieben wir das Meer, seine rauschenden Wellen und die blaue Tiefe, die uns zum Baden und Schwimmen einladen. Es gilt auch hier: Groß sind die Werke des Herrn! Denn beide, Meer und Gebirge, sind Wohn- und Lebensraum für eine Fülle von völlig verschiedenen Lebewesen. Ja, groß sind die Werke des Herrn. Und wir ergänzen: des Herrn unserer Welt und unseres Lebens.

Denn Gott ist und bleibt der HERR. In die organischen Zusammenhänge seiner Schöpfung können wir eingreifen, können Berge abtragen, Flüsse begradigen, Wälder abholzen, Meere überfischen, doch an irgendeinem Punkt wird deutlich: Nicht wir Menschen sind die Herren unserer Welt. Der Herr ist und bleibt ein anderer, der, aus dessen Hand die ganze Schöpfung hervorging und der sich bis heute die Zügel alles Geschehens nicht aus der Hand hat reißen lassen. Groß sind die Werke des Herrn, unseres Schöpfers.

Doch dann kommt noch etwas: „Kostbar allen, die sich an ihnen freuen." Kostbar ist etwas, das viel kostet. Kostbar ist ein Diamantring, aus Gold gefertigt und mit einem geschliffenen Stein verziert. Doch wir haben ja nur verarbeitet, was wir in der Erde fanden: das Gold und den Karfunkelstein. Um wie viel kostbarer aber sind die lebendigen Wesen, die unsere Erde beleben und bewohnbar machen: die Pflanzen und Blumen, die Tiere im Wasser, in der Luft und im Wald! Ihm, dem Herrn, sind sie kostbar und uns allen auch. Aber wie oft vergessen wir das! Wir denken so wenig daran. Und dann sind wir noch da, wir Menschen: Kinder, Frauen und Männer! Kinder sind eine Kostbarkeit für die Familie und für jedes Volk. Wissen wir das noch, oder müssen wir das mühsam wieder lernen? Frauen sind eine Kostbarkeit für ihre Männer. Lebt das Geheimnis dieses Wissens in den Männerherzen? Und Männer sind eine Kostbarkeit für die Frauen! Für viele ist diese Tatsache ein mühevoller Lernprozess geworden.

Doch unserem Herrn sind wir so kostbar gewesen, dass er für alle Menschenleben dieser Welt, für uns, die wir noch leben dürfen und auch für die, die nicht mehr im Leben stehen, seinen eigenen Sohn Jesus Christus dahingab in den Tod am Kreuz. So kostbar sind wir dem Herrn, so kostbar ist ihm unsere Welt, und so groß ist seine Liebe zu uns, dass er uns immer wieder die Augen dafür auftut: Groß ist Dein Tun, Herr, an mir und an der Welt. Du schenkt uns alles, was wir benötigen, Nahrung und Wasser, Kleider und Schuhe, Frau und Mann, Kinder und Gemeinschaft mit lieben Menschen. Groß sind Deine Werke, Herr meines Lebens, lass mich das täglich erkennen und dir auch täglich dafür von Herzen danken!

Ki. Bl. Juni 2007

Wer dem Geringsten Gewalt tut, lästert dessen Schöpfer, aber wer sich des Armen erbarmt, der ehrt Gott.

Spr. 14,31

„Und bist du nicht willig, so brauch ich Gewalt!"

Diese Worte legt Johann Wolfgang Goethe in der bekannten Ballade dem Erlkönig in den Mund, um einen Jungen zu bedrohen. Tatsächlich kann das fiebernde Kind dieser existentiellen Bedrohung nicht widerstehen.

Gewalt ist das Problem der Menschen schlechthin! Denn seit es Menschen gibt, gibt es auch Gewalt; und seit der Erschaffung der Menschen geht es um die Frage: „Wer ist stärker, das Geschöpf oder der Schöpfer?"

Die Gewalt können wir mit einer vielköpfigen Schlange vergleichen, die immer wieder ein Haupt erhebt, auch wenn man meint, es wären nun alle abgeschlagen. Und vielleicht ist die Meinung, mit Gewalt sei die Gewalt zu besiegen, der größte Irrtum. Jeder Krieg ist nichts anderes als der „große Bruder" der „kleinen Gewalt"!

Auch in der Bibel lesen wir oft genug von Gewalt, Machtkampf und Krieg. Mit dem Totschlag des Abel, verübt durch seinen Bruder Kain, nimmt die Gewalt ihren entsetzlichen Anfang. Und das letzte Buch der Bibel, die Offenbarung des Johannes, entstand auch unter der Auswirkung einer gewaltsamen Verbannung des Schreibers, der dann allerdings im Bild des himmlischen Jerusalem die zukünftige Friedensstadt Gottes sehen durfte.

Gewalt ist bis in unsere Gegenwart das wohl meistbesprochene Problem: „Gewalt in der Familie", „Gewalt in der Schule", „Gewalt am Arbeitsplatz", „Gewalt im Nahen Osten", „Gewalt im Herzen Afrikas" – solche oder ähnliche Themen finden wir immer wieder in der Tagespresse. Soziologen, Psychologen, Politiker und Regierungen beraten darüber, wie den schädlichen Auswirkungen und Folgen der Gewalt zu begegnen sei.

Wie einfach klingt dagegen der Vers: „Wer dem Geringsten Gewalt tut, lästert dessen Schöpfer!" Als dieses Wort entstand, war noch Sklavenzeit. Die Sklaven aber waren der Willkür ihrer Besitzer macht- und rechtlos ausgeliefert. In diesem Wort nun werden die Herren daran erinnert, dass die Geringsten ihrer Untertanen ihr Dasein und Leben dem gleichen Schöpfer, nämlich Gott, dem Herrn, verdanken. Darum ist Gewalt gegen andere Menschen letztlich Lästerung oder Verspottung Gottes! Gewalt wird damit zu einem Problem der persönlichen Gottesbeziehung. Umgekehrt aber gereicht das Erbarmen gegen Arme zur Ehre des himmlischen Vaters.

So wunderbar und erfreulich das alles klingt – unsere Welt wird mit dem Problem Gewalt weder durch härtere Gesetze noch durch verfeinerte Erziehungsmethoden jemals fertig werden. Denn die Gewalt ist die Peitsche der Sünde. Erst wenn die Sünde aufhört, stirbt die Gewalt.

Ich aber, Herr, da ich dieses erkenne, bitte um deinen Beistand für mein Leben, damit Du mich bewahrest vor gewaltsamem Vorgehen gegen andere, über die ich mich erhaben dünke. Schenk mir ein erbarmendes Herz, auch gegenüber meinen Haustieren, Blumen oder anderen Lebewesen, denn auch sie verdanken Dir, Herr, ihr Dasein, genauso wie ich.

Ki. Bl. Juni 2003

**Gott spricht:
Suchet mich, so werdet ihr leben.**
Am. 5,4

Lauter Suchende!

Gerne stehe ich am Fenster und blicke in unser Gärtchen und auf den Rasen. Da kommt ein Amselmännchen. Hell leuchtet sein gelber Schnabel. Es hüpft über den Rasen, blickt unter die Blätter und findet einen Wurm. Es sucht Futter. Dann lauscht es – ein Weibchen hat gerufen. Husch! Es fliegt dem Ruf nach. Und ich denke: Dieser Vogel ist dauernd auf der Suche! Auch die Blumen suchen das Sonnenlicht. Sie wenden ihre Blüten dem Licht zu. Manche machen es wie die Sonnenblume: Die Blüten folgen dem Lauf des Tagesgestirns. Dann wieder sehe ich in den Nachrichten die vielen Arbeitslosen: Sie suchen Arbeit und Auskommen. Und die Kranken in den Krankenhäusern suchen Gesundheit. Und dann geht mir dies durch den Kopf: Lauter Suchende! Ich bin umgeben von vielen Suchenden. Zu ihnen gehöre auch ich. Denn ich bin auch ein Suchender! Alle Lebewesen und alle Menschen sind „Suchende".

Sucht MICH!

„Suchet mich, so werdet ihr leben!" So lautet unser Monatsspruch. Aus einer längst vergangenen Zeit klingt er zu uns herüber. Um das Jahr 750 vor Christus kam Amos als Schafzüchter aus Thekoa nach Israel und begann zu rufen: „So spricht der Herr!" Es waren keine erfreulichen Worte, die er ausrief. Er wurde auch kurz danach des Landes verwiesen. Man kann die kurzen Kapitel einmal nachlesen. Schon damals war es so: Unerwünschte Leute schickte man dorthin, woher sie gekommen waren. Doch dieser einfache Mann sprach ja im Auftrag des Herrn. Darum möchte ich das Wörtchen „Mich" ganz groß schreiben, es steht ja für den Schöpfergott, in dessen Händen das Schicksal der Einzelnen und ganzer Völker liegt! Es war nicht so, dass die Menschen das damals nicht gewusst hätten – neu war bei Amos die Strafandrohung des gütigen Gottes. Diesen Ton war man nicht mehr gewohnt. Die Menschen waren auch „Gottsucher", aber auf einem falschen Weg. Die Naturheiligtümer im Land waren vielen wichtiger als der Herr. Und nun kommen meine Gedanken in die Gegenwart. Der heutige Mensch möchte all das wieder in Ordnung bringen, was er bisher sorglos vergeudet hat: die Erzeugung von diversen Waffen, die Schädigung des Klimas und die Vernichtung ganzer Tier- und Pflanzenarten. Denken wir nur an den Versuch, die Ölpest auf dem Meer im Golf von Mexiko zu stoppen. Wochenlang flossen tausende Tonnen Rohöl ins Meer! Eine gigantische Schädigung der Natur, aber die Menschen brauchen Treibstoff für ihre Fahrzeuge! Das „Suchen" der Menschen läuft in die falsche Richtung – damals, wie heute!

Die „Gesuchten" sind wir!

Es gibt immer noch einige, die trotzdem zur Kirche gehen – mehr Ältere, doch auch Jüngere. Man darf sich darüber freuen! Sie sehen im Gotteshaus Bilder, meist den Gekreuzigten. Und wer IHN sieht, der erkennt: Er kam, um uns zu suchen! Dafür hat er sein Leben hingegeben und dafür das Leben von seinem Herrn bekommen. Und weil unser Leben nun ihm gehört, werden wir von ihm gesucht, wie ein guter Hirte verlorene Schafe sucht und diesen seine besondere Liebe zuwendet. Und er spricht zu uns auch vom Vater, der auf uns wartet. Es wird mir bewusst: Viel kann ich als Einzelner in unserer Welt kaum ausrichten. Meine Kraft reicht nicht aus, eine weltweite Finanzkrise aufzuhalten! Aber ich kann meine Probleme, auch die Probleme der Welt, dem Herrn ans Herz legen, ich darf sie IHM sagen, im Gottesdienst oder auch still am Abend oder am Morgen. Und ich darf auch Anderen etwas davon sagen – vielleicht auch ganz Fremden. In meiner Umgebung sind Menschen, die auf ein gutes und vertrauensvolles Wort warten, mehr als auf eine „gute Nachricht" in der Tagespresse! So ein Wort kann Verständnis wecken und Herzen öffnen für die Wege des Herrn.

Ki. Bl., Mrz. 2010

Meine Stärke und mein Lied ist der Herr, er ist für mich zum Retter geworden.
2. Mo. 15,2

Vergessen kann ich das nicht, solange ich lebe: Es war am 6. September 1944 um die Mittagszeit. Ich ging unter den dichten Bäumen in der Basteigasse in Hermannstadt entlang der alten Stadtmauer. Plötzlich hörte ich lauten, fremdartigen Gesang und dann sah ich ihn auch, den Trupp sowjetischer Soldaten, die mit einem kräftigen Marschlied in Richtung Bahnhof marschierten. Zum ersten Mal sah ich so eine Kampftruppe. Ich sah den Soldaten nach. Sie hatten die deutschen Verbände bis zur rumänischen Grenze gedrängt und dann kampflos unser Land eingenommen. Mir schien damals der Gesang dieser militärischen Einheit eine Demonstration der Macht. Ich wusste nicht, dass mein persönliches Leben – nur vier Monate später – in deren Hände geraten sollte, die mich dann fast fünf Jahre lang festhielten. Im Sommer des nächsten Jahres, als uns unsere Bewacher an den Donez zum Baden geleiteten, befahl einer: „Singen, singen!" Doch zum Singen war uns nicht zumute.

Als ich unseren Monatsspruch erstmals las, nahm ich meine Bibel zur Hand, weil ich mich fragte: Wo steht denn dieser Psalm? Und dann habe ich das ganze Kapitel gelesen. Die Israeliten hatten damals am Ufer des Schilfmeeres eine Demonstration der Macht Gottes erlebt. Sie waren nicht nur unversehrt durch das Schilfmeer gegangen Sie hatten auch den Untergang der ägyptischen Heeresmacht vom sicheren Ufer aus beobachtet. Kein Wunder, dass Mose, ihr Anführer, ein Lied anstimmt: „Ich will dem Herrn singen, denn er hat eine herrliche Tat getan!" Und schon im nächsten Vers singt er. „Meine Stärke und mein Lied ist der Herr, er ist für mich zum Retter geworden!" Wundersame Worte sind das. Denn in Wirklichkeit hat weder Mose noch das von ihm geführte Volk auch nur einen Finger gerührt. Die Errettung aus Ägypten und die Vernichtung des ägyptischen Heeres, all das war ihnen gleichsam kampflos zugefallen. Wer machtvolles Eingreifen erlebt hat, darf singen. Und wenn Mose auch in der Ich-Form singt, so tut er es doch im Namen seines ganzen Volkes, denn alle haben sie Rettung erlebt. Und sie stimmen auch in dieses Lied ein: „Da nahm Mirjam, die Prophetin, Aarons Schwester, eine Pauke in ihre Hand, und alle Frauen folgten ihr nach mit Pauken im Reigen." (2 Mose 15, 20)

Und jetzt denke ich an die sogenannte Heimkehrer-Kapelle, an ein Kirchlein, das im Allgäu in Deutschland auf dem Gut eines Bauern steht. Der Bauer hatte ein Gelübde getan, ein kleines Gotteshaus errichten zu lassen, aus Dankbarkeit, wenn er gesund aus der sowjetischen Gefangenschaft heimkehre. An der einen Wand der Kapelle ist in Holz geschnitzt ein langer Zug von Kriegsgefangenen zu sehen, der in die Weiten Russlands marschiert, dann aber auch die Heimreise antreten darf. Diese Kapelle ist ein Stein und Holz gewordener Lobgesang zur Ehre Gottes.

Mich aber beschäftigt auch das Wort „Retter". Sicher, für Mose und sein Volk bedeutete der Augenblick am Schilfmeer Rettung. So wie es ja auch für einen kranken Menschen Rettung bedeutet, der todkrank in das Krankenhaus eingeliefert wurde und nun, nach der Operation, geheilt wieder nach Hause darf. Es sind recht viele, die solche Rettung erleben. Wahrscheinlich aber sind es recht wenige, die nach solcher Rettung dem Herrn ihres Lebens auch den schuldigen Dank darbringen.

In der Lutherbibel steht unser Spruch so: „Der Herr ist meine Stärke und mein Lobgesang und ist mein Heil." Heil statt Retter. Doch in das Licht des Neuen Testaments gestellt ist beides zutreffend, zumal ja das hebräische Wort „Jesus" wirklich „Retter" bedeutet. Gottes machtvolles Eingreifen damals war nicht nur eine augenblickliche „Errettung", sondern ER hatte immer schon die Rettung der Menschheit durch den Retter Jesus im Blick. Darum dürfen wir heute die Worte aus dem alten Lobgesang wörtlich nehmen, denn wir erfahren es: Der Herr erweist seine Stärke bis heute. Das gibt mir Vertrauen genug für eine zuversichtliche Haltung im täglichen Leben.

Ki. Bl. Jun. 2008

Seid allezeit zur Verantwortung bereit.
1. Petr. 3,15

Das wäre eine vorbildliche Schulklasse, in der jedes Kind stets bereit ist, Rede und Antwort zu stehen. Jeder Lehrer wünscht sich Schüler, die allezeit antworten können und die durch ihre Antworten zeigen, dass sie den Stoff auch innerlich bewältigt haben. Bereitschaft wird auch von den Männern einer Feuerwehr- oder Rettungsstation erwartet. Sie müssen sich stets für einen Einsatz bereithalten, weil man sie braucht, um Menschen, Tiere oder Dinge zu retten.

Unser Herr Jesus Christus erwartet auch von uns, dass wir allezeit bereit sind. Wie ein treuer Knecht auf die Heimkehr seines Herrn wartet, so sollen auch wir stets bereit sein. Und man muss schon das ganze 24. Kapitel des Matthäus-Evangeliums lesen, um zu verstehen, wie ernst Jesus es meint.

„Seid stets bereit, jedem Rede und Antwort zu stehen, der nach der Hoffnung fragt, die euch erfüllt." So hat ein Apostel die Christen im ersten Jahrhundert ermahnt. Und auch wir können uns heute dieses Wort zu Herzen nehmen. Denn wir sind oft dazu aufgefordert zu antworten. Vielleicht fragt uns ein Freund, warum wir immer noch beten und zur Kirche gehen. Wissen wir dann, was wir ihm darauf antworten sollen? Natürlich kann man sagen: So habe ich es von meiner Mutter gelernt! Aber das wird den Freund nicht überzeugen. Unsere Antwort wird ihn erst dann zum Nachdenken bringen, wenn er merkt und spürt: Da lebt etwas in meinem Herzen! Mein Innerstes ist erfüllt von einer starken Gewissheit, für die ich auch einstehen kann!

Wir sind nach der Hoffnung befragt, die in uns lebt. — Oder haben wir keine mehr? Es geht dabei nicht darum, dass wir etwas erhoffen, sondern dass die Gotteshoffnung uns erfüllt. Glaube, Hoffnung und Liebe werden im Neuen Testament des Öfteren zusammen erwähnt. Das kommt nicht von ungefähr. Denn diese drei gehören zusammen. Glaube ist der Grund der Hoffnung und Liebe die aktive Seite des Glaubens. Weil Gott die Hoffnung für unsere Welt nicht aufgegeben hat, ist die christliche Hoffnung untrennbar mit Christus verbunden. Wo Christus in uns lebt, sind wir mit Hoffnung erfüllt. Und weil Christus uns vor Gott verantwortet, dürfen wir ihn vor den Menschen allezeit und überall verantworten in der Gewissheit, dass er uns durch den Heiligen Geist die rechte Antwort in den Mund legt.

Ki. Bl., Juli 1980

Wir verkündigen euch die Verheißung, die an unsere Väter ergangen ist, als frohe Botschaft.
Apg. 13,32

Es gibt Berufe und Aufgaben mit schicksalhafter Bedeutung. So weiß ich von einem Mann, der die Aufgabe hat, Gewebeproben zu untersuchen, die bei Operationen entnommen wurden. Wie oft ist er gezwungen, als Befund hinzuschreiben: Krebs. Und wie schrecklich muss diese Nachricht den treffen, aus dessen Körper das Gewebe stammt. Aber ich kann mir vorstellen, wie dieser Mann selbst froh ist, wenn die Diagnose lautet: gutartige Wucherung. Und er freut sich schon im Voraus mit dem Patienten, der zwar jetzt noch nichts weiß, dem aber durch diese frohe Botschaft das Leben neu geschenkt wird.

Gute Nachrichten und frohe Botschaften hören wir ja alle gerne. Sie geben uns Auftrieb und Hoffnung und erwecken Freude. Wer eine frohe Botschaft zu überbringen hat, ist überall willkommen. Frohe Botschaft aber heißt in der griechischen Sprache *Evangelium*. Wir kennen dieses Wort nur noch im Zusammenhang mit der Bibel. Aber es hatte schon vor der Niederschrift der Evangelien im weltlichen Bereich eine besondere Bedeutung als Siegesbotschaft. Wenn eine Schar junger Krieger hinauszog in die Schlacht, warteten daheim die Frauen und Kinder sehnsüchtig auf eine Nachricht. Dort draußen entschied sich ja nicht nur das Schicksal der Kämpfer, sondern auch ihr eigenes. Wenn die Schlacht verlorenging, hatten auch sie Gefangenschaft und Sklaverei zu erwarten. Wenn aber der Sieg errungen wurde, bekamen sie gleichsam das Leben neu geschenkt. Wenn dann der Bote nach rastlosem Lauf verkünden konnte: Wir haben gesiegt!, so war diese frohe Botschaft für alle ein „Evangelium". Sie waren nicht der Sklaverei preisgegeben, sondern gerettet.

Nun sollten wir aber das 13. Kapitel in der Apostelgeschichte nachlesen. Da hören wir, wie Paulus in der Synagoge zu Antiochien seinen Landsleuten eine Predigt hält. Vielleicht war diese Art zu predigen typisch für die damalige Zeit. Paulus erzählt einfach die Geschichte seines Volkes, wie es „den Vätern ergangen ist". Aber er meint, dass darin doch Gottes Handeln sichtbar werde und dass diese ganze Geschichte der Väter auf ein Ziel hinführe. Paulus ist der Ansicht: Gott hat sein Volk erwählt, um seinen Plan zu verwirklichen. Er spricht von Jesus, der von Johannes angesagt, dann in Jerusalem getötet und begraben wurde. „Aber Gott hat ihn auferweckt von den Toten." Und so ist die Verheißung, die an die Väter ergangen ist, in ihm erfüllt! Das darf der Apostel denen verkündigen, die noch nichts davon wissen, zu denen diese Nachricht noch nicht durchgedrungen ist. Aber er knüpft daran die Warnung: Passt auf, dass ihr nicht schuldig werdet als Verächter des Heils, das in dieser Botschaft zu euch kommt.

Ob wir aus jeder Predigt die frohe Botschaft heraushören, dass Gott uns lieb hat? So lieb, „dass er seinen eingeborenen Sohn gab, damit alle, die an ihn glauben, gerettet werden"; und ob wir aus der Geschichte der Väter noch hören können, wie Gott am Werk ist und seinen Plan durchführt? Oder gleichen wir einem Patienten, der das „Evangelium" in der Hand hält mit der Botschaft: Du hast keinen Krebs! Aber er schüttelt nur ungläubig den Kopf!?

Das Evangelium ist keine Lehre, die man studieren muss. Entweder wir nehmen es an, werden froh darüber und Gott gehorsam, oder wir lehnen es ab. Damals hat Paulus aus der Stadt Antiochien weichen müssen. Heute ist dort nur noch ein Trümmerfeld. Aber damals war durch die Frohe Botschaft eine Gemeinde dort entstanden. Und Paulus hatte doch nur von der erfüllten Verheißung gesprochen. Aber erfüllt durch Gott!

Ki. Bl., Juli 1981

**Ihr seid zur Freiheit berufen.
Nur sehet zu, dass ihr durch die Freiheit
nicht eurer Selbstsucht Raum gebt.**
Gal. 5,13

Sicher sind wir schon einmal an einem schönen Sommertag am Waldesrand im Gras gelegen. Der Alltagslärm und die Hast wichen einer wohltuenden Ruhe. Wir fühlten uns frei und gelöst. Und wir spürten, was der Apostel den Galatern schreibt, ist wahr: „Ihr seid zur Freiheit berufen!" Das gleiche Gefühl haben wir, wenn wir in einem Boot auf den Wellen schaukeln oder wenn wir auf einem Berggipfel stehen und das weite Land sich unter uns wie ein Teppich ausbreitet: „Ihr seid zur Freiheit berufen."

Es gibt wohl kaum ein Wort, das so ersehnt, bedacht, aber auch so missverstanden worden ist als dies: Freiheit! Woran denkt man denn, wenn dies Wort erklingt? An die Wolken, die Vöglein oder den Fisch, der schwimmen darf, wohin er will? Denken wir daran, dass Vögel und Fische oft sehr eng begrenzte Bezirke haben, die sie nie verlassen? Und dass auch die Zugvögel sehr genaue Flugstraßen haben, von denen sie nicht weichen? Was ist Freiheit?

Eine vielbeschäftigte Mutter hatte nun große Kinder. Sie schenkten ihr eine Karte für einen Erholungsurlaub. Nachher meinte sie: „Die ersten Tage waren wunderschön. Keine Pflichten! Aber dann habe ich mich nicht mehr richtig wohlgefühlt. Ich hatte zu viel freie Zeit." Ist wahre Freiheit wirklich dies: reisen, tun oder lassen was ich will? Sind Menschen, die unter Freiheit restlosen Lebensgenuss verstehen, nicht Knechte ihrer Launen, Triebe oder Gemütsverfassungen? Hörige ihres eigenen Ichs? So wie ein Süchtiger, der vom Glas, der Zigarette oder einer Tablette abhängig ist, sich in Knechtschaft befindet, so kann auch die Selbstsucht den Menschen innerlich so binden, dass er nur noch an sich denkt. Solche Menschen meinen zwar, sie täten, was sie wollen, sie seien frei. In Wirklichkeit aber werden sie getrieben. Ihr Ich treibt sie.

Wer seiner Selbstsucht Raum gibt, entfernt sich zwangsläufig von Gott, dem wahren Herrn des Lebens. Jesus Christus war der einzig freie Mensch, weil sein Wille sich in vollkommenem Einklang mit dem seines Vaters befand. Darum kann Paulus den herrlichen Satz schreiben: „Zur Freiheit hat uns Christus bereitet!" (Gal. 5,1). Denn der ist wahrhaftig frei, der im Glauben lebt, der seine Regungen am Willen Gottes prüft. Wenn er das tut, könnte es sein, dass er ohne Entziehungskur das Glas stehen lässt oder die Zigarette weglegt; dass er nicht nur tut, was ihm passt, sondern sich für andere Zeit nimmt. Es könnte sein, dass er zu der inneren Freiheit gelangt, die Gegebenheiten seines Lebens als von Gott gegeben anzunehmen.

Diese innere Freiheit kann der Mensch auch haben, wenn er äußerlich unfrei ist. Es ist die Freiheit, alle Menschen zu lieben und sie im Gebet vor Gott zu bringen. Das ist die Freiheit, die uns Christus verheißt, wenn er spricht: „Wenn euch nun der Sohn frei macht, so seid ihr recht frei" (Joh.8,36). Zu dieser Freiheit sind wir gerufen, nur gilt es, wachsam zu sein und zu beten, dass wir nicht in vermeintlicher Freiheit der Selbstsucht Raum geben und aus dem Glauben fallen.

Ki. Bl., Juli 1982

Vom Aufgang der Sonne bis zu ihrem Niedergang sei gelobt der Name des Herrn!
Ps. 33

Sie hatten sich vorgenommen, am zweiten Tag ihrer Gebirgswanderung den Sonnenaufgang zu beobachten. Darum waren sie früh aufgestanden und hatten sich auf den Weg gemacht. Um die Bergspitzen hingen noch Nebelfetzen, und alles war grau und diesig. Doch dann kam die Sonne. Es war, als ob sie in kleinen Sprüngen aufgehen und alles vergolden würde. Alle standen wie gebannt. Dann sagte einer: Nun werden die Sonnenstrahlen auch das Zimmer des Kranken erreichen, der heute operiert werden soll. – Dann meinte ein anderer: Meine gelähmte Mutter betete jeden Morgen: „Vom Aufgang der Sonne, bis zu ihrem Niedergang sei gelobt der Name des Herrn!" Und so hat sie gelebt: Mit Gottes Lob im Herzen. – In tiefen Gedanken schritt die Gruppe weiter.

Was geschieht alles zwischen Aufgang und Niedergang der Sonne? Ob einer Gott loben kann, liegt offenbar nicht daran, wo er sich befindet. Wohl auch nicht daran, was ihm gerade zustößt. Dass einer Gott loben kann, könnte ein Geschenk, eine Gottesgabe sein, die unserer Seele gleichsam Flügel verleiht, dass wir über das Dunkle und Schwere hinüber gehoben werden und nicht darin versinken. Gewiss, ein Sonnenaufgang am Meer, im Gebirge, eine Urlaubsfreude schon am beginnenden Tag – das sind Gnadenstunden. Da ist es nicht schwer mitzubeten. Vom Aufgang der Sonne bis zu ihrem Niedergang sei gelobt der Name des Herrn! Aber wenn der Morgen schon mit all den kleinen und größeren Widrigkeiten des Lebens beginnt? Wenn uns schon am beginnenden Tag die Wehwehchen zu schaffen machen oder die Lasten des Tages wie ein Berg auf uns zukommen? Kann man auch da noch einstimmen in das Gotteslob?

Es ist gewiss schon etwas geholfen, wenn man trotz allem den Morgen mit einem Lobgebet beginnt. Damit bekommt der Tag eine andere Ausrichtung. Da reichen wir dem Herrn die Hand, der über allem steht, was uns nieder ziehen will. Da wissen wir „Es kann mir nichts geschehen, als was ER hat ersehen!" Das macht uns ruhig.

Aber — und das ist das Zweite: Wer so den Tag beginnt, spürt auch etwas von der Geduld Gottes, der die Sonne aufgehen lässt über Guten und über Bösen, über Gerechten und Ungerechten. Da beginnen wir zu ahnen, dass der Herr auch uns in seine Geduld einschließt. Und das macht uns demütig.

Doch ein Sonnenaufgang kann uns auch hinweisen auf die wahre Sonne Jesus Christus, die Gott über unserer schuldbeladenen Welt hat aufgehen lassen. Und jedes Aufgehen der irdischen Sonne ist dann ein Zeichen der himmlischen Gnade, die uns in Jesus Christus eben heute erreichen möchte. Wer das weiß und daran denkt, kann auch an einem trüben Morgen oder nach einem dunklen Tag sagen: Der Herr sei gelobt!

Ki. Bl., Juli 1983

**Seid untereinander so gesinnt,
wie es dem Leben
in Christus Jesus entspricht!**
Phil. 2,5

Einige Verkäuferinnen sollten angestellt werden. Der Direktor prüfte die Bewerberinnen. Wen sollte man auswählen? Alle konnten gut rechnen. Aber es kommt auf die Gesinnung an! – Auf das, was einer „im Sinn" hat, was er meint, wie er entscheidet und was seinen Willen beeinflusst. Auf die Gesinnung wird es ankommen, ob die Verkäuferin nur wartet, dass die Stunden vergehen, oder ob sie sich um die Kunden bemüht, als sei ihr Chef ständig neben ihr. – Auf die Gesinnung kommt es nicht nur im Beruf, sondern in unserem ganzen Leben an. Täglich und stündlich werden wir auf unsere Gesinnung geprüft. Aber keiner kann die Gedanken des andern lesen, keiner kann dem andern ins Herz sehen, keiner kann prüfen, wie er's meint. Wilhelm Busch sagt treffend: „Du siehst die Weste, nicht das Herz!" Die Weste kann sauber sein, auch wenn die Gedanken schmutzig sind.

Bei der Gesinnung fängt alles an. Wem der Sinn nur nach Geld steht, dem werden Menschen wenig bedeuten; und wem der Sinn nach der Ferne steht, dem wird an der Heimat gar nichts mehr gefallen oder liegen. Es kommt eben in allem auf die Gesinnung an.

Auch unser Herr Jesus Christus hat das gewusst: „Wenn du zur Kirche gehst und erinnerst dich, dass dein Bruder etwas gegen dich hat, geh hin und versöhne dich!" – „Liebe deinen Feind, tue Gutes dem, der dich hasst!" – „Du kannst nicht zwei Herren dienen!" – Auch die 10 Gebote sind ein Prüfstein für unsere Gesinnung. Denn wem der Sinn nach Gott steht, der wird gern zum Gottesdienst gehen, den Namen Gottes nicht missbrauchen und seinem Nächsten nichts Böses tun oder nachreden. An den Geboten kann sich zeigen, wes Geistes Kind wir sind.

Der Spruch dieses Monats will uns daran erinnern, dass die Gesinnung vor dem Tun kommt. „Seid untereinander so gesinnt, wie es dem Leben in Christus Jesus entspricht." Luther übersetzt: „Ein jeglicher sei gesinnt, wie Jesus Christus auch war." Jeder richte seinen Sinn an Jesus Christus aus. So wie er Gott lieben; so wie er dem Vater gehorchen; so wie er die Menschen lieben; so wie er sein Leben opfern für die anderen. Den gleichen Sinn haben wie der Heiland, ist sicher edel und gut und unser Trachten kann davon neu geprägt werden. Aber wir stehen in der gleichen Gefahr wie die Verkäuferinnen, die freundlich und redlich sind, weil der Chef in der Nähe ist. Wenn sie aber wissen, dass er fern ist, geben sie sich anders. – Der Heiland braucht nicht „Sonntagschristen", sondern Menschen, die auch am Werktag eine christliche Gesinnung haben, eine Gesinnung, wie sie „dem Leben in Christus Jesus entspricht."

„In Jesus Christus sein" heißt aber „im Glauben" sein. Wenn einer „in Christus" lebt, dann wurde er in eine neue Lage versetzt. Sein Sinn wird vom Heiland bestimmt und darum wird er, wo immer er sich befindet, mit anderen oder allein, eine Gesinnung an den Tag legen, wie sie dem Glauben entspricht, weil sein Sinn durch den Heiland verwandelt wurde. Menschen können die Gesinnung prüfen. Aber Wandlung der Gesinnung ist das Werk Jesu im Glauben.

Ki. Bl., Juli 1985

**Auf Gott will ich hoffen
und mich nicht fürchten.
Was können mir Menschen tun?**
Ps. 56,5

Was Menschen andern Menschen tun können, das kann man wohl am besten erkennen, wenn man die Leidensgeschichte Jesu liest. Er wurde von einem Jünger verraten, gefangen, gebunden, verspottet, geschlagen, mit der Dornenkrone gequält und schließlich auf grausame Art umgebracht. Das können Menschen einem Menschen tun! Und das tun Menschen an Menschen bis heute. Denn immer wieder gelangen Nachrichten von Qual und Folter, von Misshandlungen und Grausamkeiten an die Öffentlichkeit. Die Bibel weiß davon zu berichten, wie schrecklich es ist, in die Hände der Menschen zu fallen! Denn sie erzählt zum Beispiel, wie die drei Freunde des Daniel um des Gottvertrauens willen in den glühenden Ofen geworfen wurden. Das können Menschen Menschen tun!

Freilich, Menschen können auch Gutes tun. Es geschieht täglich viel an Hilfsbereitschaft, an tätiger Zuwendung und stillem Beistand. Wenn es das nicht auch gäbe, wie würde auch nur ein Kind groß werden?

Was können mir Menschen tun, fragt der Psalmist. Er ist in die Hände seiner Feinde geraten. Nun muss er auf das Schlimmste gefasst sein. Aber er blickt nicht auf das Los, auf das Ungewisse, er blickt auf Gott. „Auf Gott will ich hoffen und mich nicht fürchten!" Ich muss da an eine Frau denken: Sie stand vor einer für ihr Leben entscheidenden Operation. Ganz sicher war der Ausgang nicht. Doch sie war ruhig und gefasst. Sie sagte: „Auf Gott hoffe ich! Er wird es gut machen mit mir!"

Das Vertrauen auf Gott macht uns innerlich frei und fröhlich. Es nimmt die quälende Angst vor einem unbekannten Schicksal aus dem Herzen und lässt uns getrost sein. Denn wer auf Gott hofft, weiß, dass er der Herr ist, dass er in allem die Zügel in der Hand behält.

Wir möchten so oft die Zügel des eigenen Lebens selbst in die Hand nehmen. Wir möchten selbst entscheiden, wohin die Fahrt gehen und wie sie verlaufen soll. „Des Menschen Herz erdenkt sich seinen Weg", sagt die Bibel treffend. Doch sie ergänzt auch: „Aber der Herr allein lenkt seinen Schritt!" (Spr. 16,9)

Wer nun meint, er sei nichts anders als eine willenlose Marionette in der Hand Gottes, der irrt. Denn Gott lässt uns manchmal den selbst gewählten Weg gehen, auch wenn es ein Irrweg ist. Aber er verlässt uns nicht. Auch auf dem bösen Weg nicht!

Doch diese gute Erfahrung kann man nur selbst machen. Am leichtesten wohl durch das Danken. Wer dankt, erkennt am ehesten, wie der Herr auch in auswegloser Lage doch am Werk war.

Ki. Bl., Juli 1986

Wer das Gute tun kann und es nicht tut, der sündigt.
Jak. 4,17

In einer großen Stadt steigen Eheleute, beide Rentner und leidend, aus dem Zug. Sie bitten einen Taxifahrer, er möge sie heimführen, aber auch den Koffer in die Wohnung tragen, sie könnten es nicht. Zwei Fahrer lehnen ab. Sie trügen keine Koffer. Ein dritter führt sie heim und trägt ihnen auch das Gepäck hinauf. Beglückt schreiben sie einen Dankesbrief an die Firma. Mir fiel diese Begebenheit ein, als ich obigen Bibelvers las, oder in Luthers Übersetzung: „Wer nun weiß, Gutes zu tun, und tut's nicht, dem ist's Sünde."

Meist sind wir der Meinung, „sündigen" hinge mit einem Tun zusammen. Wenn einer einem andern etwas zuleide tut, Schaden zufügt oder eine Verfehlung begeht, dann sündigt er. Sünde wäre dann ein Tun, das uns in Schuld bringt. Wer aber nichts Böses tut oder getan hat, den kann man dann auch keiner Sünde zeihen. Doch die Bibel lehrt uns: „Wer das Gute nicht tut, der sündigt". Wer also in seinem Bewusstsein und in seinem Herzen plötzlich weiß: Das müsstest du jetzt tun! – und tut es nicht, der hat gesündigt. Die beiden ersten Taxifahrer haben der Bibel nach gesündigt. Jedoch nicht nur sie! Auch uns geschieht es immer wieder, dass uns in einer bestimmten Lage bewusst wird: Jetzt müsstest du das oder jenes tun! Meist ist es nur eine Kleinigkeit.

Pastor O. Funke berichtet aus seiner Kindheit: Bei einem Spaziergang durch den Wald gab der Vater plötzlich ihm und seinem Bruder eine Ohrfeige. Als sie ihn verdutzt ansahen, sagte er: „Seht ihr das alte Weiblein nicht, das sich mit seiner Traglast abmüht? Jetzt fix, ihr geholfen!" Er hat diese Lehre lebenslang beherzigt. Denn das will ja Gott, dass wir uns immer wieder für das Gute entscheiden und es auch tun. Ein Taxifahrer ist natürlich nicht verpflichtet, Gepäck in die Wohnung zu tragen. Man kann auch niemand zwingen, mehr zu tun, als er muss. Aber was für eine arme und kalte Welt wäre das, wenn keiner mehr täte, als er muss? Wie armselig, wenn Menschen „das Gute" nur gegen Bezahlung tun! Das Leben wird überhaupt erst lebenswert, wenn jeder ein bisschen mehr Gutes tut, als er verpflichtet ist. Und wenn jeder das täte, wie würde die Sonne der Liebe und der Freundlichkeit aufgehen!

Dazu brauche ich zunächst einen offenen Blick dafür, wo meine Hilfe nötig ist. Viele sind der irrigen Meinung: „Ich tue meines, der andere soll seines tun!" So gerecht das klingen mag, so hartherzig ist es! Jesus erzählt im Gleichnis vom barmherzigen Samariter: „Als die beiden den Halbtoten sahen, gingen sie vorüber". Vorübergehen ist meist leichter, und es ist durchaus möglich, an Notsituationen vorüberzugehen, vor ihnen die Augen zu verschließen. Was wir brauchen, ist der offene Blick für solche Lagen. Was aber noch nötiger ist, ist der Wille zum Helfen! Wir sehen wohl, aber wir wollen oft nicht. Wir sind zu bequem, zu rücksichtsvoll mit uns selbst und oft auch zu hochmütig. Leider ist es so. Aber der Herr weiß das. Er kennt unser Herz sehr genau, Er weiß auch, wo wir unser „Nicht-Wollen" hinter den Schein verstecken, als hätten wir nichts gesehen. Und er weiß auch, dass uns diese Haltung immer mehr absondert, in die Sünde treibt. Darum kam er in Christus zu uns, in dem, der sich der Armen und Leidenden mit großer Liebe zuwandte, der auch unser Helfer ist, jeden Tag. Sollten wir das Gute nicht auch – mit seiner Hilfe – jeden Tag tun können?

Ki. Bl., Juli 1987

**Jesus Christus spricht:
Wer Gottes Willen tut, der ist mein Bruder und meine Schwester und meine Mutter.**
Mk. 3,55

Es war wieder hart zugegangen am Familientisch. Die Mutter hatte die Tochter gebeten, die Küche aufzuräumen, und der Vater erwartete vom Sohn Mithilfe im Garten. Die beiden aber hatten andere Pläne. „Immer muss alles nach eurem Willen gehen! Nie fragt ihr: Was wollt ihr? – sondern ihr erwartet nur, dass wir euren Willen tun!" Der Versuch einer gütlichen Regelung durch die Mutter gelang nur dürftig. Verstimmung blieb auf beiden Seiten. Wieder wurde deutlich: Am verschiedenen Wollen scheiden sich die Geister. Eltern wollen, dass das Haus in Ordnung ist und der Garten bewirtschaftet wird. Das wollen sie im Interesse aller Hausbewohner! Die Kinder denken an ihre Wünsche und Neigungen. Und da liegt der wunde Punkt. Am verschiedenen Wollen brechen Missklänge auf. Und das nicht nur zwischen Eltern und Kindern, oft auch zwischen Freunden oder Arbeitskollegen. Und ganz schlimm wird es, wenn es nachher noch heißt: „Ich hab dir das doch vorher gesagt!" Oft kommt es dann zum Bruch.

Offenbar sehnen wir uns nach einer Welt, wo alles Wollen der Menschen in die gleiche Richtung geht. So eine Welt wäre dann wirklich heil und in Ordnung. Gibt es einen Ort, wo sich alle freudig und willig einem Willen zuordnen? Wenn, dann nur im „Himmel", wo die Engel allezeit dem himmlischen Vater dienen. Aber auch Jesus konnte das: von seinem persönlichen Wohlergehen absehen und sich freiwillig und gehorsam dem Willen des Vaters beugen: „Nicht wie ich will, sondern wie du willst", betete er in seiner schwersten Stunde. Und er hat auch uns beten gelehrt:

„Dein Wille geschehe, wie im Himmel, so auf Erden."

Und nun sagt er uns dazu: „Wer den Willen Gottes tut, der ist mein allernächster Verwandter, der steht mir, meinem Sinnen und Trachten ganz nah!" Jesus ist mit Menschen zusammen, die ihm gern zuhören. Nun kommen seine Mutter, seine Schwestern und Brüder. Als ihm das gesagt wird, sieht er auf die, die um ihn sitzen, und sagt: „Siehe, das ist meine Mutter und meine Brüder! Denn wer Gottes Willen tut, der ist mein Bruder und meine Schwester und meine Mutter."

Gottes Willen tun kann freilich nur der, der auch nach Gottes Willen fragt. Überall dort, wo nach dem Willen des andern gefragt wird, gibt es Wege zur gütlichen Verständigung. Erst nach diesem ersten Schritt kommt der zweite, schwerere: Das Annehmen des Willens des andern, der Gehorsam. So sagt es auch Jesus: „Wer Gottes Willen tut, ist mein Bruder!" Und am Schluss der Bergpredigt: „Wer meine Worte hört und sie tut, ist einem klugen Manne gleich!" Auf das Tun wird es immer auch ankommen. Es ist nicht schwer, täglich in der Bibel zu lesen. Es ist schwerer, das Gelesene im Leben zu tun.

Nach dem Willen des Vaters fragen und ihn auch tun, das gilt für jeden Christen!

Ki. Bl., Juli 1988

Herr, ich habe lieb die Stätte deines Hauses und den Ort, da deine Ehre wohnt.
Ps. 26,8

Die Menschen des Alten Testaments kannten heilige Stätten. Da war Jakob, der musste vor seinem Bruder fliehen. Auf einem Berg, mutterseelenallein, hat er einen Traum. Gott verspricht ihm seinen Schutz. „Hier ist Gott zuhause", sagt er am Morgen, „und ich wusste es nicht!" Nach seiner glücklichen Heimkehr kommt er an diesen Ort, um Gott zu danken. Dieser Ort war ihm lieb. – So sind wir Menschen: Wir fühlen uns Orten verbunden. Und manch einem kommen die Tränen, wenn er nach Jahren wieder einmal über die Schwelle des Vaterhauses oder der Heimatkirche schreitet!

Wir verstehen es, wenn einer betet: „Herr, ich habe lieb die Stätte deines Hauses und den Ort, da deine Ehre wohnt!" Freilich, dieser Psalmvers steht in einem bestimmten Zusammenhang, in dem Gebet eines Unschuldigen. „Gott, schaffe mir Recht, denn ich bin unschuldig!" – Es ist schon schlimm, unschuldig zu sein und es nicht beweisen zu können. Der Gedanke an seine Unschuld ist dem Beter wie ein Gefängnis, aus dem er nicht herauskann. Doch dann tut er das einzig Richtige: Er flieht zu Gott hin! Er wendet sich an den Herrn selbst: „Ja, Herr ich habe lieb die Stätte deines Hauses und den Ort, da deine Ehre wohnt!" Die Israeliten hatten wirklich eine solche Stätte. Sie waren überzeugt, dass man im Tempel Gott näher war als sonst wo. Diese Gewissheit ließ sie jährlich zum Tempel pilgern. Und man kann die Freudenlieder in den Psalmen nachlesen, aus denen die Gewissheit tönt: „Jetzt kommen wir Gott immer näher!"

Es war ein langer und schmerzlicher Lernvorgang, bis es zu dem neuen Denken kam: „Gott wohnt nicht in einem Tempel, von Menschenhänden gemacht!" (Apg. 7,48) Man ist Gott nicht näher, wenn man die Via Dolorosa entlanggeht und schließlich am Heiligen Grab steht. Man ist Gott auch in der Heimatkirche nicht näher gekommen, auch wenn das Gefühl sagt: „Hier bin ich zuhause!"

Dennoch müssen wir fragen: Wo „wohnt" denn Gottes Ehre? Darauf kann man nur antworten: Gottes Ehre wohnt überall! Nur an uns kann es liegen, dass wir ihm die Ehre nicht geben, dass wir nur unsere Ehre suchen und auf diese Weise Gott den Zugang zu uns verwehren. Wo aber dem lebendigen Gott die Ehre gegeben wird, vielleicht bei einer Morgenandacht in der Familie, in einer Bibelstunde, in einer kirchlichen Feier oder im sonntäglichen Gottesdienst, da kann es sein, dass wir plötzlich seine Gegenwart spüren und dass auf diesem Weg sich etwas in unserem Leben wandelt.

Darauf wird es immer ankommen: dass der lebendige Herr uns nahe kommt, dass wir seine Gegenwart fühlen und daraus Trost, Kraft und Vertrauen gewinnen. Wir dürfen und sollen bestimmte Stätten ehren und lieben: Das Grab der Eltern, die Heimatkirche, das Elternhaus. Und wer sie nach Jahren besucht, vergesse nie, ein Gebet dabei zu sprechen. Auch ein Krankenzimmer kann zu einem Ort werden, wo man Gott die Ehre gibt. Wer aber im Urlaub ans Meer fährt, kann auch dort am Sonntag einen Ort finden, wo man Gott die Ehre gibt. Und wer am Sonntag im Gebirge ist, setze sich still hin und wisse: Daheim gehen sie jetzt zur Kirche. Denn wo die Gemeinde Gottes zusammentritt, sein Wort zu hören, da ist der Ort, wo seine Ehre wohnt, wo er selbst gegenwärtig ist.

Ki. Bl., Juli 1989

**Unser Gott kommt
und schweigt nicht.**
Ps. 50,3

Herr, es ist so viel Leid um uns, so viel Leid in uns –
so viel ungesagtes Leid:
in Spitälern, in Familien, in den Vororten großer Städte,
in Kinder- und Altenheimen – so viel Leid!
Deine Schöpfung, Herr,
ist eine leidende Schöpfung geworden
und es war doch einmal „alles gut".
Schweigst Du nicht doch, o Herr?
Zum Leid, den vielen Tränen, dem ungesagten Schmerz?
Schweigst Du nicht doch zu dem vielen Unrecht,
den Gemeinheiten und Bosheiten, die täglich geschehn?
O nein, Herr,
Du hast schon immer geredet,
„vorzeiten vielfach und auf vielerlei Weise",
durch den Mund deiner Propheten, Boten und Diener,
zuletzt und am deutlichsten durch den Sohn,
durch DEINEN Sohn,
durch das Wort, das Fleisch ward,
das unter uns wohnte, lebte, litt und starb,
und das DU, Herr, zu neuem Leben erwecktest.
Nun ist Dein Wort da,
es tönt durch unsere Welt – im Gottesdienst,
in unseren Liedern, der Predigt und Schriftlesung,
Dein Wort, für uns so nötig als Trost,
Kraft und Licht auf dem Weg!
Dein Wort, zur Aufrichtung, zur Hoffnung, zur Freude
und das leibhaftige Wort im Sakrament.
Wirklich, Herr, DU kommst und schweigst nicht!
Lass uns merken auf Dein Wort,
lass uns hören auf Dein Wort,
lass uns trauen Deinem Wort!
Wir danken Dir, Herr,
dass Du kommst und nicht schweigst!

Ki. Bl., Juli 1990

Jesus Christus spricht:
Euch muss es zuerst um Gottes Reich und um seine Gerechtigkeit gehen,
dann wird euch alles andere dazugegeben.
Mt. 6,33

So sagte eine Mutter zu mir:
Mir geht es zuerst um meine Kinder, um meine Familie;
mein Denken, Tun und Trachten gilt nur ihnen!
So sagte ein Mann zu mir:
Mir geht es um meine Arbeit, um mein Ein- und Auskommen,
um meine Zukunft, um meine Position im Leben,
vielleicht – später – um meine Rente!
So oder so ähnlich denken wir doch, insgeheim zumindest,
hier und dort und überall in der Welt: Es geht mir um meine …
Verzeih, Herr, dass wir so denken! Dass unser Denken und Trachten
unseren Dingen gilt, und wir zuerst an uns denken.
Verzeih es uns um Jesu Christi willen,
der nie an sich selbst dachte, immer nur zuerst an Dich!
Der zuerst nach Deinem Willen fragte und nur tat,
was Dir recht war.
Aber das war ja seine Gerechtigkeit,
die Gerechtigkeit Deines Reiches;
durch IHN ist Deine Gerechtigkeit erfüllt,
durch sein Leiden und Sterben am Kreuz.
Ja, Herr, wir wollen uns prüfen,
einen Monat lang darüber nachsinnen,
worum es uns zuerst und hauptsächlich geht.
Wir wollen uns prüfen im Licht Deines Wortes,
im Licht des ersten Gebotes.
Lass nicht zu, dass uns „alles andere" zu wichtig wird!

Ki. Bl., Juli 1991

**Ihr wisst, dass eure Arbeit
nicht vergeblich ist in dem Herrn.**
1. Kor. 15,58

Vergeblich gearbeitet –
gibt es das überhaupt?
Der Großvater hat gearbeitet,
gespart und gebaut,
die Enkel haben alles aufgelassen, verscheuert.
Hat der Großvater „vergeblich" geschuftet?
Auch nach dem Zusammenbau
geht es noch nicht –
hat er „vergeblich" gearbeitet?
Die Hausmutter richtet das Festmahl,
aber die Gäste kommen nicht –
hat sie sich „vergeblich" gemüht?
„Vergeblich gearbeitet" –
gibt es das überhaupt?
Der Großvater blieb gesund,
bis ins hohe Alter –
der Motorradfahrer
kennt seine Maschine nun sehr genau –
und die Mutter erfreut mit den festlichen Speisen
die eigene Familie!
Auch „in dem Herrn"
bleibt keine Arbeit „vergeblich",
keines Pfarrers und keines Christen.
Wer die kranke Nachbarin besucht
tut ein wichtiges Werk „in dem Herrn" –
wer dem Arbeitskollegen ein gutes Wort sagt,
arbeitet auch „für den Herrn".
Ich kann alle Arbeit „in dem Herrn" tun.
Wichtig ist nur, dass unser Werk
mit frohem Herzen geschieht –
im guten Vertrauen darauf,
dass der Herr seinen Segen dazu gibt!
Dann ist kein Werk „vergeblich" –
auch wenn es zuerst so scheint –
so wie auch das Werk Jesu
nicht vergeblich war,

Ki. Bl., Juli 1992

**Der Friede Gottes,
der höher ist als alle Vernunft,
bewahre eure Herzen und Sinne in Christus Jesus.**
Phil. 4,7

So haben wir Menschen es gemacht:
In der Französischen Revolution, vor 200 Jahren,
wurde die „Göttin Vernunft" auf den Thron gehoben,
auf Gottes Thron!
Und seither huldigen wir unserer Vernunft
vom Kindergarten bis zur Hochschule,
im Beruf und in der Freizeit,
durch Bücher, Zeitung und Fernsehen;
und wir meinen nur das „Vernünftige",
das der Vernunft gemäße zu tun!
„Denk einmal vernünftig nach", sagen wir,
oder: „Sei doch vernünftig!"
Und: Je mehr Schulklassen einer durchlief,
umso vernünftiger muss er sein, denken, handeln!
So meinen wir, überall in der Welt.
Aber da war einer, der hatte seinen Geist
in der griechischen Philosophie geschult
und dann jüdische Schriftgelehrsamkeit studiert,
und dieser weiß es eines Tages genau:
„Es gibt etwas, höher als alle Vernunft",
höher als alles, was Vernunft hervorbringen
oder herstellen kann: den Frieden Gottes!
Dass der Friede Gottes eine Wirklichkeit ist,
hat dieser Mann auch erst erfahren,
nachdem er Christus, dem Lebendigen,
auf dem Wege nach Damaskus begegnet war.
Doch seither hat er in diesem Frieden gelebt,

13. JULI

wusste er sich von ihm umfangen und getragen,
behütet und bewahrt, getröstet und gestärkt
in Krankheit, Leiden, Gefangenschaft und Not;
Gottes Friede wurde zur bewahrenden Kraft
seines rastlosen Lebens!
Und so kann er dann aus dem Gefängnis
an die Christen einer Gemeinde schreiben:
„Möge der Gottesfrieden auch eure Herzen
und Sinne bewahren, in Jesus Christus!"
Kann es einen schöneren Wunsch geben?
Auch wir hören diesen Segenswunsch jeden Sonntag
nach der Predigt von der Kanzel!
Vielleicht hat die Predigt unsere Vernunft
angesprochen oder Herz und Gemüt bewegt;
vielleicht haben wir kaum etwas mitbekommen,
weil unsere Sinne und Gedanken weit weg waren,
aber dieses, dies Wichtigste wurde uns zugesprochen:
„Der Friede Gottes, der höher ist als alle Vernunft,
bewahre eure Herzen und Sinne –
(auf allen Wegen dieser Woche und dieses Monats und alle Tage) –
in Christus Jesus! Amen."

Ki. Bl., Juli 1993

**Herr, wohin sollen wir gehen?
Du hast Worte des ewigen Lebens.**
Joh. 6,68

„Wohin sollen wir gehen?"
So kann man fragen am Sonntag, beim Frühstück:
Gehen wir ins Grüne oder zu einer Veranstaltung
oder machen wir einen Besuch?
„Wohin sollen wir gehen?" –
das kann aber auch eine Lebensfrage sein.
Dann, wenn der Krieg uns einholt,
wenn Flüchtlingselend über Menschen kommt,
wenn wirtschaftliche Not die Familie bedroht
oder wenn gar ein Familienzwist das weitere
Zusammenleben in Frage stellt.
Dann – oder im Falle von Krankheitsleid,
dann wird diese Frage zur Überlebensfrage:
Wohin sollen wir gehen?!
Jesus hat seinen Anhängern und Gegnern
eine ‚harte Rede' gehalten,
„Von dem an wandten sich viele ab
und gingen nicht mehr mit ihm!"
Und nun wendet sich der Heiland an die Jünger:
„Wollt ihr auch weggehen?"
Das gibt es also auch: Das Weggehen vom Heiland.
Das gab es damals und gibt es heute noch mehr!
Die Seelenzahlen der Kirchen sind rückläufig –
nicht nur hier bei uns!
Damals hat Petrus für alle die Antwort gefunden:
„Herr, wohin sollen wir gehen?
Du hast Worte des ewigen Lebens!"
Wohin kann einer noch gehen,
den Jesus angesprochen hat?

14. JULI

Wohin kann einer noch gehen,
der durch die Taufe zum Heiland gehört?
Wohin kann einer noch gehen,
der vom Wort des Herrn angerührt wurde?
„Du, Herr, hast Worte des ewigen Lebens!",
so hat es damals Petrus gesagt, und dann:
„Wir haben geglaubt und erkannt:
Du bist das Heilige Gottes!"
Wir haben etwas erkannt,
das wir bisher nicht erkennen konnten;
Du hast uns zum Glauben kommen lassen,
uns mit Beschlag belegt –
wohin könnten wir jetzt noch gehen?
„Wohin sollen wir gehen?"
Das ist nicht eine Frage nach dem Urlaubsort.
Für Christen ist es keine Frage der Geographie
oder des besseren, leichteren Lebens –
für sie gilt die Antwort des Liederdichters:

„Bei dir, Jesu, will ich bleiben,
stets in deinem Dienste stehen,
nichts soll mich von dir vertreiben,
deine Wege will ich gehen,
Du bist meines Lebens Leben,
meiner Seele Trieb und Kraft,
wie der Weinstock seinen Reben
zuströmt Kraft und Lebenssaft."

Ki. Bl., Juli 1994

**Wer das Gute tun kann und es nicht tut,
der sündigt.**
Jak. 4,17

O Herr, so schwer
machst du es uns manchmal
mit den Worten der Bibel!
Bisher haben wir doch meist gemeint:
Sündigen heißt: Böses tun.
Und jetzt sagt uns dies Wort:
Schon dein Nicht-Tun
trennt dich von Gott!
Martin Luther geht noch weiter,
wenn er übersetzt:
„Wer nun weiß, Gutes zu tun,
und tut's nicht, dem ist's Sünde."
Damit ist mein ganzes Sein angesprochen:
Mein Denken und Wollen,
mein Können und Handeln,
mein Sehen und Hören,
meine Wahrnehmungen und
Willensäußerungen, einfach alles!
Denn gemeint ist doch dieses:
Anderen Gutes tun!
Andern menschlichen Wesen,
von den Nahen bis zu den Fernen.
Aber solltest du, Herr,
nicht noch viel mehr meinen?
Warten nicht alle deine Geschöpfe darauf,
dass ihnen Gutes getan werde:
Dem Kettenhund das Trinkwasser,
ebenso wie den Topfblumen –
in allen Lebewesen
steckt der Drang zum Leben.
Hilfe zum Leben!
Meinst du das, Herr?
Nun aber nicht durch die Hilfswerke
der großen Institutionen –
die tun viel, sehr viel im Rahmen
ihrer Vorschriften und Möglichkeiten,
doch du, Herr, erwartest nicht nur dieses,
sondern du meinst mich, ganz persönlich,
mich mit meinem Können und Wollen,
mit meinen begrenzten Möglichkeiten.
Mir sagst du es jetzt:
„Wenn du eine Möglichkeit erkennst,
einem andern zu helfen, so tu es,
tu es freudig und gleich!"
So hat es ja auch dein Sohn gemeint:
„Arme habt ihr allezeit bei euch;
ihnen könnt ihr Gutes tun, wenn ihr wollt …"
Auch ihm geht es um unser Wollen!
Jeden Tag, Herr, hören wir von Konferenzen,
die sich darum mühen, dass diese Welt,
unsere Welt und deine Welt, besser werde,
dass Güte wachse und Liebe sich mehre!
Und nun zeigst du uns einen andern Weg:
Ich selbst soll beginnen, dort, wo ich kann,
dort, wo ich es sehe und wo ich es weiß,
Gutes tun.
Das könnte ein neuer, guter Anfang sein
für eine bessere Welt
für eine Welt, wie du sie haben willst,
und die wir alle erhoffen.

Lass mich in diesem Monat
mit dir damit beginnen.

Ki. Bl., Juli 1995

> **Höret, alle Völker!**
> **Merk auf, Land und alles, was darinnen ist!**
> **Denn Gott der Herr hat mit euch zu reden.**
> Micha 1,2

„Ich habe mit dir zu reden".
Wenn jemand uns so anspricht,
ist uns unangenehm zumute,
dann steckt etwas Ernstes dahinter,
dann geht es um Kritik und Zurechtweisung.
Dann muss etwas, das schief gelaufen ist,
wieder zurechtgebracht werden.
Wenn der Anrede auch noch ein Wort vorausgeht,
ein betontes „Höre!" und „Merke auf!",
dann ist die Lage umso ungemütlicher,
denn der, der uns auf diese Weise anspricht,
ist uns überlegen, beansprucht für sich Autorität.
Was habe ich falsch gemacht?
Was habe ich versäumt, wo gefehlt?
So muss ich nachdenken und mich fragen,
wenn einer so mit mir spricht.
Doch hier spricht nicht irgendeiner,
hier spricht Gott selbst, die höchste Autorität.
Und er hat universalen Anspruch,
die Völker, das ganze Land und alle Bewohner
sind seine Gegenüber, zu denen er spricht.
Ja, nicht nur wir selbst als einzelne,
die ganze Welt ist ins Durcheinander geraten,
alle Völker müssen sich etwas sagen lassen,
der ganze Erdkreis soll zurechtgebracht werden.
Doch Gott will nicht nur richten und strafen.
Es ist ein rettendes Wort, das hier laut wird:
Gott will die Welt nicht sich selbst überlassen,
er will sie zurechtlieben, sie suchen.
Er will die Menschen ganz bei sich haben.
Darum: Höret, merkt auf, denn Gott redet!

Ki. Bl., Juli 1996

**Jesus Christus spricht:
Euch muss es zuerst um Gottes Reich
und um seine Gerechtigkeit gehen;
dann wird euch alles andere dazugegeben.**
Mt. 6,33

„Euch muss es zuerst um das Reich Gottes gehen…"
Dies Wort gibt mir viel zu denken, Herr!
Zwar war ich nicht dabei,
als es in der Bergpredigt erstmals erklang.
Auch mache ich mir darüber keine Gedanken,
ob du es damals allen sagtest,
oder lediglich die Jünger im Blick hattest.
Jetzt höre ich es einmal für mich
und zugleich mit den Ohren all derer,
die diese Zeilen jetzt lesen:
„Euch soll es zuerst um Gottes Reich gehen
und um seine Gerechtigkeit!"
Daraus höre ich zunächst eine Frage an mich:
Worum geht es zuerst,
wonach trachte ich in erster Linie?
Damit triffst du, Herr, mein Allerinnerstes,
den tiefsten Kern meines Wollens!
Denn mein Leben wird bestimmt von Sachzwängen:
Ich brauche Essen und Trinken,
und das brauchen wir alle!
Ich brauche Schuhe und Kleidung,
und das brauchen auch alle!
Ich brauche Arbeit und Einkommen,
und das haben auch alle nötig!
Ich brauche gewiss auch gute Menschen
um mich, so wie jeder andere!
Wir brauchen sehr vieles zum Leben.
Und darum geht es uns, danach trachten wir!
Und nun setzt du das alles,
Herr, an die zweite Stelle,
und sagst: Das alles wird euch „dazugegeben",
vorausgesetzt: „Es geht euch zuallererst
und vor allem um das Reich Gottes!
Trachtet zuerst nach dem Reich Gottes…"
Das heißt doch: Achte vornehmlich darauf,
dass die Herrschaft, genauer:
die Königsherrschaft des Allmächtigen
in deinem Leben und Umfeld zum Zuge kommt!
Ich muss nun an den siebenbürgischen Bauern denken,
der am Sonntag mit den Seinen zur Kirche ging,

17. JULI

als der Nachbar, da ein Gewitter kam, das trockene Heu einfuhr.
Weil es ihm um den Gottesdienst ging, konnte er sagen:
Der mein Heu beregnen lässt, wird es wieder trocknen!
Dieser Bauer traf eine Entscheidung,
für sich persönlich und auch für seine Familie!
Solche Entscheidungen nötigen mir hohen Respekt ab!
Ich muss aber auch an die Eltern denken,
von denen die Zeitungen einmal schrieben,
die für ihren dreijährigen Jungen
aus angeblich „religiösen Motiven"
einer lebensrettenden Blutübertragung nicht zustimmten!
Diese Beispiele machen mir sehr deutlich,
wie schwierig es ist, Dich, Herr, richtig zu verstehen!
Denn du sagst mir im Einzelnen nicht, was ich tun oder lassen soll.
Diese Entscheidung überlässt du mir.
Nein – wenn ich dich anrufe und frage,
dann habe ich schon entschieden,
dann habe ich mich zuerst für dich entschieden,
dann bin ich auch gar nicht mehr allein,
und dann war die Entscheidung zunächst richtig,
und dann habe ich mich in das volle Vertrauen zu dir gebettet,
und dann bin ich gewiss und getrost,
dass du, Herr, mir deine Gnade schenkst!

Ki. Bl., Juli 1999

**Herr, ich habe lieb die Stätte deines Hauses
und den Ort, da deine Ehre wohnt.**
Ps. 26,8

Der lebendige und allmächtige Gott
begegnet uns immer zu bestimmten Zeiten
und an bestimmten Stätten und Orten,
auch wenn wir das erst im Nachhinein erkennen.
Darum haben Stätten und Orte
vielfach eine tiefe Bedeutung für unser Leben!
Da sitzt ein älteres Ehepaar
auf der Bank eines Auenweges.
Durch die Bäume sehen sie das Dorf
und auch das leuchtende Kirchlein.
Vor 50 Jahren saßen sie auf dieser Bank
und versprachen sich die Ehe.
In dem Kirchlein wurden sie auch getraut,
und dann führte sie das Leben weit fort.
Nun sitzen sie da und sinnen nach.
„Wir hatten es nicht immer leicht", sagt er.
„Doch Gottes Hand war bei uns", sagt sie,
„seither – und auch immer wieder!
Für uns beide und für unser beider Leben
wurde dieser Platz zu einem Ort des Segens!"
Stätten und Orte haben vielfach
eine besondere Bedeutung für unser Leben!
Auch ein Storchenpaar kommt immer wieder
zum selben Nest zurück, um zu brüten.
Die Sehnsucht nach bestimmten Orten
klingt auch in vielen Liedern auf:
„Harz Gemin äm gränen Grand …"
„Än desem Land äs en Gemin …"
„Vor meinem Vaterhaus da steht ein Brunnen …"
„Dich, mein stilles Tal grüß ich tausendmal …"
Stätten und Orte haben sich eingenistet
in unserer Seele und mit ihr verbunden!
Das kennen wir alle!
Die Menschen des Alten Testaments
wussten auch um die Bedeutung von Stätten und Orten:
Jakob bekennt auf dem Berge Beth-El:
„Hier ist Gott zuhause, denn hier
ist ER mir begegnet!"
Das Volk Israel erhält durch Mose

18. JULI

die Gottesgebote an einem bestimmten Ort!
Und als Salomo den Tempel gebaut hatte,
bittet er: Herr, lass deine Augen offen sein
über diesem Hause Tag und Nacht,
über der Stätte, von der du gesagt hast,
du wollest deinen Namen daselbst wohnen lassen ...
Und wer heute durch Israel reist,
kann an vielen Orten stehen.
wo Jesus wirkte und predigte.
Stätten und Orte, unlösbar verbunden
mit dem Leben und Wirken des Heilandes,
von der Geburtsgrotte in Bethlehem
bis zur Himmelfahrtskirche auf dem Ölberg.
Doch wir müssen nicht nach Jerusalem fahren –
die Heimatkirche lebt in Vieler Herzen!
Ihr Bild ist lebendig und die Sehnsucht wach!
Viele bekennen: „Ich habe es gut,
doch die Heimatkirche fehlt mir!"
So gilt es immer noch:
„Ich liebe den Ort
wo du, Gott, mir begegnet bist,
wo du mir nah kamst – das Gotteshaus
meiner Kindheit oder sonst einen Stätte,
Zeichen Deiner Nähe zu mir!
Dafür bin ich sehr dankbar!
Dankbar bin ich auch,
dass ich ein Gotteshaus aufsuchen darf,
wo dein Wort aufklingt in der Gemeinde,
wo Menschen dir die Ehre geben,
wo sie dich loben und dir danken –
auch wenn es nicht die Heimatkirche ist –
ja, dich, Herr, will ich ehren,
immer wieder, in deiner Gemeinde!"

Ki. Bl., Juli 1997

**Jesus Christus spricht:
Wer Gottes Willen tut, der ist mein Bruder und meine Schwester und meine Mutter.**
Mk. 3,35

Von meinem Großvater habe ich als Kind ein Lied gelernt, das mich durch mein Leben begleitet hat. Bisher habe ich es noch in keinem Liederbuch gefunden. So darf ich annehmen, dass es entweder zum siebenbürgischen Volksliedergut gehört oder dass es vom Großvater gedichtet wurde, der eine ganze Reihe von Liedern geschrieben hat. Im besagten Lied heißt es: „Wen ich liebe, fragst du mich? Vater und Mutter, Schwester und Bruder, alle, alle liebe ich! Sie lieben mich ja auch so sehr, drum liebe ich sie immer mehr!"

So wie dies Lied es sagt, so habe ich es erlebt. Mein Vater ist mit acht Geschwistern aufgewachsen, ich hatte noch drei Geschwister. Von den heutigen Kindern aber wächst ein Großteil ohne Geschwister heran, viele ohne Vater, manche auch ohne Mutter. Für solche Kinder bleibt das Lied meines Großvaters fast unverständlich.

Ich kann es letztlich auch nicht verstehen, was es heißt: Aufwachsen, zwar täglich versorgt mit dem Lebensnotwendigen, mit Essen und Kleidern, aber unversorgt mit dem Wichtigsten: Der Eltern- und Geschwisterliebe! Vielleicht gehört das Einüben in der Liebe im Eltern- und Geschwisterkreis zu den Dingen, die den Bestand der Menschlichkeit erst garantieren. Könnte es sein, dass Menschen ohne Liebe ihre Menschlichkeit gar nicht erreichen?

Und nun dieses Wort Jesu: „Wer Gottes Willen tut, der ist mein Bruder und meine Schwester und meine Mutter." Da sitzt der Heiland im Kreis der Jünger, umgeben von Menschen, die ihm zuhören. Seine Mutter und seine Geschwister treten hinzu, bleiben aber draußen stehen. Als nun die Zuhörer Jesus auf seine Familie hinweisen, sagt er: „Wer Gottes Willen tut, gehört zu den Meinen." Im Matthäus-Evangelium lautet dieses Wort Jesu: „Wer den Willen tut meines Vaters im Himmel, der ist mein Bruder, meine Schwester, meine Mutter." Das sagt der Heiland nicht aus Lieblosigkeit den Seinen gegenüber, sondern weil dem Schöpfer und Vater vorrangig Ehre gebührt.

Ja, Herr, wer in Eltern- und Geschwisterliebe hineingeboren wird, dem hast du ein unbezahlbares Gut schon in die Wiege gelegt. Das sollen wir dankbar schätzen und ehren. Und wenn wir Liebe von Kindern und Enkeln empfangen, wollen wir dafür danken. Wenn wir aber Menschen begegnen, die, aus was für Gründen auch immer, keinen Großvater hatten, der sie liebte, vielleicht auch keinen Vater und keine Geschwister, Menschen, die vielleicht mit irdischem Reichtum übersättigt, ihr Leben dennoch auf der Suche nach Liebe verbringen, dann, Herr, lass mich das merken. Und lass mich Liebe schenken.

Lass unsere ganze lieb-los gewordene Welt erkennen: Weder Wissenschaft noch Technik, weder Macht noch Waffen, weder hohe Politik noch starke Parteien werden die Menschheit weiterbringen, auch nicht umfassendere Gesetze und Resolutionen. Allein die Liebe schafft gute Menschen.

Und Du, Herr, hast uns die Liebe Deines Vaters gebracht, Du hast die Liebe gewährt bis zum Tod am Kreuz. Und durch Dich, den lebendigen Christus, wirkt Deine Liebe fort in vielen Herzen. Wie gut, Herr, dass Deine Leibe auch mich festhält.

Ki. Bl., Juli 2004

**Gott nahe zu sein ist mein Glück.
Ich setze auf Gott, den Herrn, mein Vertrauen.
Ich will deine Taten verkünden.**

Ps. 73,28

Ein unglücklicher König wurde sterbenskrank –
so erzählt eine alte Legende –
und kein Arzt wusste einen Rat.
Nur einer meinte: „Man müsste dem König
das Hemd eines Glücklichen anziehen, das ist Hilfe!"
Soviel man auch suchte,
es ward kein Glücklicher gefunden.
Von der Jagd heimkehrend, kam der Königssohn
an der Hütte eines Armen vorbei.
Durchs offene Fenster hörte er ihn beten:
„Gott, Dir sei Dank! Ein schöner Tag ist zu Ende!
Wir sind gesund, wir hatten Arbeit, wir sind satt;
behüte nun unseren Schlaf, mehr braucht es nicht!"
Der Königssohn bot ihm einen Haufen Geld
für sein Hemd, Doch der Arme war so arm,
dass er kein Hemd besaß – und doch glücklich!
Du allein, Herr, weißt, ob der Beter,
der den herrlichen 73. Psalm betete, ein Hemd besaß!
Wahrscheinlich nicht.
Dennoch konnte er die Worte sprechen:
„Ich bleibe stets an Dir, Herr,
denn Du hältst mich bei meiner rechten Hand!
Wenn ich nur Dich habe, so frage ich nicht
nach Himmel und Erde, denn Du, Gott, bist allezeit
meines Herzens Trost und mein Heil!
Gott, Dir nahe zu sein ist mein Glück!
Ich setze auf Dich mein Vertrauen!
Ich will Deine Taten verkündigen!"
Ja, glücklich ist der, der täglich
so sprechen und beten kann!
Glücklich ist der, der allzeit
Gottes Nähe empfindet und darüber froh wird!
Glücklich ist der, der im Herzen weiß,
dass die Freude am Herrn
die Kraft seines Lebens ausmacht!
Darum, Herr, hast du uns zu dir hin geschaffen,
damit wir deine Nähe suchen,
wie das Kind die Nähe der Mutter braucht!
Darum, Herr, dürfen wir dir vertrauen,
weil du uns so liebst,
wie Eltern ihre Kinder lieben!
Darum, Herr, dürfen wir deine Taten verkündigen,
wie der Arme es tat in der Dämmerung
vor dem offenen Fenster,
dass die Vorübergehenden es hörten
und fast neidisch darüber wurden,
dass in einem so armen Haus
soviel Glück wohnen kann!
Doch das alles, Herr, kommt von dir!
Wo du wohnst, wohnt auch das Glück!
Wo du bist, werden wir
dankbar und froh!
Wo wir dich empfinden,
können wir auch vertrauen
und wo du uns nahe kommst,
wird unsere Seele gesund!
Darum, Herr, rufe ich dich an:
Halte mich an deiner Hand
wie ein guter Vater sein Kind,
leite mich nach deinem Rat
und lass mich
nicht straucheln noch fallen,
lass mich auch nicht neidisch werden
über andere, die, wie es mir
manchmal scheint,
mehr Anteil an irdischen Gütern haben
und darum – wie es scheint –
glücklicher sind.
Lass mich die Mühen
des täglichen Alterns
in deinem Geleit bewältigen.
Lass mich die Schmerzen meines Leidens
in deiner Kraft ertragen,
und wenn du mir Freuden schenkst,
hilf, dass ich dir auch dafür danke!
Vor allem aber eins, Herr,
gib, dass ich mich zu Dir halte!
Lass es mich so machen wie der Beter,
der zum Heiligtum Gottes ging
und dort merkte,
dass ihm die Augen aufgingen!
Und dann sieh, Herr, auch auf die vielen,
die sich von dir entfernen,
und bringe sie
und auch mich zurück zu dir"

Ki. Bl., Juli 1998

20. JULI

Jeder achte nicht nur auf das eigene Wohl, sondern auch auf das der andern.
Phil. 2,4

Achtsam leben – das ist ein guter Ansatzpunkt! Achtsam umgehen mit dem Trinkwasser, denn es könnte einmal versiegen. Achtsam umgehen mit der Luft, denn sie könnte uns sonst ausgehen. Achtsam umgehen mit den Lebensmitteln, denn sie sind ja eine Gottesgabe. Achtsam umgehen mit dem Geld, denn es kann uns sehr schnell arm machen. Achtsam umgehen mit den Waffen, denn sie können immer nur Eines – töten. Achtsam leben – das ist zu beherzigen.

„Lebt achtsam", so mahnt der Apostel die Christen in der Hauptstadt Philippi. „Jeder achte nicht nur auf das eigene Wohl!" Die Wichtigkeit dieser Mahnung hat ihre Gültigkeit bis heute behalten. Vielleicht hat ihre Dringlichkeit sogar eine neue, weltumspannende Dimension bekommen. Da fließt ein Fluss durch zwei oder gar drei Länder. Wie nun, wenn giftige Abwässer in diese Lebensader gelangen? Bedroht ein Reaktorunfall nicht auch das Leben in angrenzenden Ländern?

„Jeder achte nicht nur auf das eigene Wohl!" Dieses Apostelwort hat höchste Gegenwartsnähe im Bezug auf alle Länder und Kontinente, aber auch im Bezug auf das Zusammenleben im Wohnblock, in der Gemeinde und in der Nachbarschaft.

Die Übersetzung dieses Verses, wie wir sie in der Luther-Bibel finden, bezieht sich nicht nur auf das aufeinander Achten. Hier lese ich: „Ein jeder sehe nicht nur auf das Seine, sondern auch auf das, was dem anderen dient." Damit gibt mir Paulus einen Prüfstein in die Hand. In früherer Zeit hat man diesen Stein dazu benutzt, um festzustellen, ob das erhaltene Geldstück wirklich aus Gold oder Silber war. Mit dem Paulussatz kann jeder prüfen, ob das Handeln eines Menschen eigennützig oder uneigennützig ist. „Handle so, dass es dem anderen dient!" das ist die Norm, nach der sich christliches Handeln richten sollte.

Da können wir nur auf unseren Herrn Jesus Christus sehen, denn ER allein konnte das, in steter Verbindung mit dem Vater. Und so wie ein guter Vater das Wohl aller seiner Familienangehörigen im Blick behält, so soll auch ich meinen Nächsten, sein Wohl und Wehe immer im Blick behalten.

„Was dem anderen dient" – das soll mein Denken und Handeln bestimmen. Von mir aus kann ich das nur wenig, aber Du, Herr, wirst mir dabei helfen, weil Du mich und meinen Nächsten in Deinem Blick hast.

Ki. Bl., Juli 2001

Herr, Deine Güte reicht, soweit der Himmel ist, Deine Treue, soweit die Wolken gehen.

Ps. 36,6

Ein Lied Davids ist dieser Psalm, aus dem der Vers stammt. Wie oft hat der Hirte David wohl den dahinziehenden Wolken nachgeblickt! Wie oft hat er wohl um Regen gebetet, damit seine Schafe grüne Weide finden. Er hat erfahren: „Herr, Du hilfst Menschen und Tieren."

David, der Hirte, hatte ein anderes Leben als wir heute. Und David, der König, lebte genauso gefährlich wie wir heute. Dennoch gilt sein Wort damals wie heute: „Herr, Deine Güte reicht, soweit der Himmel ist!"

„Himmel" – hier werde ich still! Wir sehen zum Himmel: Am Tag sehen wir die Wolken dahinziehen und nachts den Mond und die Sterne. Und es gibt keine Stelle auf der Erde, wo wir nicht aufblicken könnten „zum Himmel". Und selbst die Weltraumfahrer hatten noch „Himmel" über sich!

So erkenne ich, Herr: Immer bleibe ich *unter* Dir! „Dein Himmel" spannt sich immer über mir aus, „Dein Himmel", Herr, umfasst mein ganzes Sein und Leben. Wo immer ich lebe oder arbeite, schlafe oder Erholung suche – „Dein Himmel" ist da, immer da, wo ich jetzt bin! Das ist das Erste, was mir jetzt bewusst wird.

Doch hier werde ich auch auf Deine Güte aufmerksam gemacht! Nicht nur Dein Himmel ist über mir – auch Deine Güte ist so endlos wie der Himmel!

Güte hängt mit dem Guten zusammen. Manchmal habe ich viel Gutes: alles Lebensnotwendige, Essen und Trinken, Kleider und SchuhE, Gesundheit und Frieden, Freude und Wohlfahrt. Dann kann ich Dir, Herr, nicht genug danken. Doch viele haben Mangel – keine Nahrung, kein Wasser, keine Freude und keinen Frieden, keine Gesundheit und keine Hoffnung. Dann, Herr, an Deiner Treue festzuhalten ist gar nicht einfach.

Doch David hat es erfahren: „Bei Dir ist die Quelle des Lebens!" Und Jesus hat es ergänzt: „Wen dürstet, der komme zu mir und trinke!" So also ist das: Zu Dir kommen, immer wieder zu Dir kommen, im Frohen und auch im Schweren, im Freudigen und auch im Traurigen, wenn wir satt sind und wenn wir hungern; immer wieder zu Dir! Denn „Dein Himmel" ist überall da! Deine Güte ist alle Morgen neu! Deine Treue hat kein Ende! Dafür kann ich Dir nur danken – bis an mein Ende.

Ki. Bl., Juli 2000

**Jesus Christus spricht:
Ich bin das Brot des Lebens.**
Joh. 6,48

Als Deportierte in Russland, vor bald sechzig Jahren, erhielten wir das Brot in täglichen Rationen. Die Portion war immer zu klein, aber täglich da. Damals haben wir gelernt: Brot ist eine Gabe. – Auch Du, Herr, hast das gewusst, als Du uns lehrtest zu bitten: „Unser tägliches Brot gib uns heute!"

Doch Du wusstest noch mehr. Als Dich hungerte, nachdem du vierzig Tage gefastet hattest; und der Versucher Dir zuflüsterte: „Du bist Gottes Sohn, darum kannst Du das: Sprich, dass diese Steine Brot werden", da hast Du geantwortet: „Nicht das Brot für unseren Mund gibt und erhält das Leben, sondern jedes Wort aus dem Mund Gottes!"

Vielleicht hast Du das so gemeint: Wenn der himmlische Vater spricht, dann wächst etwas, draußen in der Natur, auf den Feldern und auch in unseren Gärten, Nahrung und Speise für Insekten und Vögel, für die Tiere und auch für alle Menschen. Das ist das Vordergründige, Sichtbare, Wahrnehmbare in unserer wunderbaren Welt. Doch wenn der himmlische Vater spricht, geschieht viel mehr. Dann wächst Ungeahntes. Ein uns unbekannter Apostel schrieb das so an die hebräische Christengemeinde: „Gott hat auf vielerlei Weise geredet zu den Vätern, aber in diesen Tagen zu uns durch den Sohn." Und Johannes bekennt: „Das Wort des himmlischen Vaters nahm Menschengestalt an, in Jesus Christus!"

Und hierin liegt die Tiefe der Bedeutung des Brotwortes, das uns durch den Erntemonat begleitet. Du, Herr, bist mein tägliches Brot! Das ist der entscheidende Satz. Brot für den Mund, womöglich noch mit Beigaben, ist eine wichtige Sache, immer mit Dankbarkeit zu empfangen! Aber „Brot" als Inhalt des Glaubens, das bist Du, Herr, Du selbst, in Deinem Wort, in Deinem Sakrament, in Deiner Gnade und Nähe, in Deiner Wahrheit und Wirklichkeit für mich. Ja, das macht mich froh und zuversichtlich, dankbar und hoffnungsvoll, weil ich weiß: Dieses Brot ist himmlische Gabe und liegt bereit für alle Menschen wie das Brot auf dem Esstisch: „Nehmt und esst vom Brot des Lebens I"

O Herr, lass doch die Dankbarkeit wachsen für das Brot, das aus der Erde uns zuwächst, und für das Brot, das aus dem Himmel uns zukommt. Vor allem lass aber mich Dir danken.

Ki. Bl., Juli 2002

**Hört das Wort nicht nur an,
sondern handelt danach.**

Jk. 1,22 a

„Tu doch endlich, was ich dir sage!" Wohl in jedem Haus erklingt dieser Satz immer mal wieder. Mal sagt ihn die Mutter zu den Kindern oder der Meister zu den Lehrjungen; oft auch die Frau zu dem Mann oder manchmal auch umgekehrt. Aber immer ist es das Gleiche: Das Tun fällt uns schwerer als das Hören!

„Hört das Wort nicht nur an, sondern handelt danach!" Dieses Bibelwort, wahrscheinlich in der zweiten christlichen Generation an Christen geschrieben, die vormals jüdischen Glaubens waren, klingt nun in unsere Zeit herüber. Hören und Tun sollten immer zusammengehören. Dennoch ist der Weg vom Kopf bis zur Hand oft lang.

Aber wenn ich es recht verstehe, dann geht es dem Apostel in erster Linie gar nicht nur um das Hören und um das Tun des Gehörten, also um das Folgen. Das wäre zu wenig. Offenbar ist ihm etwas anderes viel wichtiger, nämlich das Wort. Darum schreibt er in dem vorhergehenden Vers: „Nehmt das Wort an mit Sanftmut ..."

Nun, die Christen damals hatten noch keine Bibel, wie wir sie haben. Sie hatten die Briefe des Paulus und anderer Apostel. Denkbar wäre es auch, dass einige Jünger ihre Erinnerungen an die Jahre des Beisammenseins mit Jesus einem Schreiber diktiert hatten. Genau wissen wir das nicht. Dennoch hatte das Wort im Gemeindegottesdienst schon damals einen wichtigen Platz als Zeugnis von Christus und als Bezeugung des lebendigen Heilandes, Daher können die Apostel mit dem „Annehmen des Wortes" das „Annehmen Jesu Christi" meinen. Denn in solchem Annehmen liegt letztlich der ganze Segen des Glaubens.

Auch heute ist es nicht einfach mit dem Annehmen des Wortes. Darin bleiben wir alle Lernende: im Hören und Tun. Luther übersetzt unseren Vers so: „Seid aber Täter des Wortes und nicht Hörer allein; sonst betrügt ihr euch selbst."

Ja, Herr, das muss ich mir zu Herzen nehmen. Mir fällt das Tun Deines Wortes manchmal schwer, zum Beispiel dann, wenn ich die Anliegen meines Nächsten vor meine Wünsche stellen sollte, oder wenn Dein Wille mich aus meiner Bequemlichkeit aufscheucht. Und wenn es um den Gottesdienst geht, Herr, so lass mich nicht nur in der Kirche hören, sondern auch im Leben danach handeln.

*Lass uns heute nicht vergebens
Hörer deines Wortes sein;
Schreibe selbst das Wort des Lebens
tief in unsre Herzen ein.*

Ki. Bl., Juli 2003

Keinem von uns ist Gott fern.
Apg. 17,27

Manchmal sehnen wir uns nach der Ferne: „Könnte ich doch einmal zusperren und weit weg fahren!", stöhnt eine geplagte Mutter. „Wäre nur endlich mein Urlaub da!", seufzt der überlastete Mann im Büro. Und viele Jugendliche ziehen von zu Hause aus, nur um die Ferne von den Eltern auszukosten. Ja, manchmal sehnen sich Menschen nach Ferne …

Öfter aber leiden wir Menschen an der Ferne. „Erst wenn du in der Fremde bist, weißt du, wie schön die Heimat ist!" Diesen Spruch fand ich im Hauseingang einer siebenbürgischen Familie, die heute in Deutschland lebt. Und offenbar leiden die Bewohner dieser Wohnung an der Ferne.

Ferne lässt Unsicherheit entstehen. Man braucht bloß auf das ängstliche Piepen eines Kükens zu achten, wenn die Glucke zu weit entfernt ist. Nicht nur die Haustiere lieben und brauchen die Nähe, auch die Menschen, ja sogar die Blumen gedeihen besser und blühen voller, wenn liebende Menschen in der Nähe sind.

Alles Leben lebt von der Nähe, vom Miteinander, von der erfahrbaren und darum tröstlichen Gemeinschaft. Die Nähe zum anderen kann zwar auch belasten und beengen, ist aber dennoch unser lebensbestimmendes Element.

„Keinem von uns ist Gott fern!" Diesen tröstlichen Satz verdanken wir dem Apostel Paulus. Auf dem Hügel des Areopag in Athen soll er ihn den dort versammelten Philosophen gesagt haben. Er hatte sich diese traditionsreiche Hauptstadt angesehen, die Heiligtümer bewundert und schließlich einen Opferaltar gefunden, geweiht „dem unbekannten Gott". – „Diesen, euch unbekannten Gott, verkündige ich euch, den Lebendigen, den Vater unseres Herrn Jesus Christus", lautete die Predigt des Apostels, „diesen Gott, der keinem von uns ferne ist!"

Damals wollten die Athener von diesem Gott nichts hören. Einige spotteten, andere wollten ein andermal weiter hören. Der Apostel wanderte weiter nach Korinth. Sein Zuspruch aber möchte uns, den heutigen Menschen, Ermutigung, Trost und Hoffnung schenken, weil es gilt: „Keinem von uns ist Gott fern!"

Für mich bedeutet dies: Gottes Augen geleiten mich, so wie die Augen der sorgsamen Mutter ihr Kind begleiten, wenn es auf dem Spielplatz herumtobt. Der Mutter Nähe ist des Kindes Trost. In Gottes Nähe bleibe ich geborgen, auch im entferntesten Urlaubsland.

Und auch dies: Gottes Ohren hören mich und meine Gebete. Er ist mir nicht fern, gleichsam immer in Rufnähe. Und er hört mein Rufen in qualvollen Nächten, in bangen Augenblicken und auch in hoffnungslosen Fällen. Gott hat immer Ohren für mich, denn er ist mir nicht fern.

Dazu noch ein Drittes: Gottes Gedanken suchen mich, auch dann, wenn ich nicht an ihn denke; auch dann, wenn ich meine, ihn nicht zu brauchen, weil mir scheint, ich würde mit meinen Lebensproblemen ganz allein fertig werden, oder wenn ich meine ganze Zuversicht auf technischen Fortschritt und politische Klugheit setze!

Gott ist mir nicht fern, denn ich spüre seine Nähe, und das ist gut so.

Ki. Bl., Juli 2005

Von allen Seiten umgibst du mich und hältst deine Hand über mir.
Ps. 139, 5

Manche Menschen lieben das über alles: Auf dem Rücken im warmen Meer zu liegen und das Wasser auf der Haut zu spüren. Vielleicht ist dieses Gefühl eine unbewusste Erinnerung an den glücklichsten Zustand, den ein Mensch je hatte: Das Sein im Leib der Mutter vor der Geburt. Von allen Seiten von der Mutter umgeben – so glücklich kann man nie wieder sein.

Es ist aber kaum anzunehmen, dass der Verfasser des 139. Psalms solche Gedanken hatte, wenngleich er im Vers 13 auch vom Mutterleib spricht. Sicher aber hat er die wärmenden Sonnenstrahlen nach einer kühlen Nacht wohltuend auf der Haut empfunden, gleichsam Wärme und Licht von allen Seiten. Und diese beglückende Empfindung überträgt er nun auf sein Gottvertrauen: „Von allen Seiten umgibst du mich und hältst deine Hand über mir."

Mit feinem Sprachgefühl hat Luther nicht nur diesen Vers, sondern den ganzen 139. Psalm ins Deutsche übertragen. Und es lohnt sich, ihn einmal halblaut zu lesen!

Mir kamen beim Lesen und Überdenken des Spruchs viele Gedanken. Zunächst einmal dieser: Die Erinnerung an die sogenannten Schutzengel. Dass es sie gibt, steht außer Zweifel. Und sie haben die Aufgabe, uns „von allen Seiten" zu umgeben und ihre schützende Hand über uns zu halten. Darum sagt eine besorgte Mutter zu ihrem erwachsenen Sohn vor einer längeren Autofahrt: „Bitte, fahr nicht schneller, als dein Schutzengel fliegen kann!"

Doch ich kann mir auch die Situation vorstellen: Da liegt eine Mutter im Krankenhaus. Am nächsten Tag soll sie operiert werden. Angst krampft ihr das Herz zusammen. Wie wird der Eingriff in ihrem lebendigen Leib vonstatten gehen? Wie wird es sein mit den Kindern, mit dem Mann? – Tausend Fragen belasten ihre Seele. Vor lauter Angst beginnt sie zu frieren und zu zittern. Doch dann schlägt ihre Bettnachbarin die Bibel auf und liest ihr den 139. Psalm halblaut vor. Das ist wie ein Wunder. Das aufgeregte Herz wird ruhig, und eine große Zuversicht erfasst sie. Sie vertraut plötzlich, dass der Allmächtige auch im Operationssaal um sie und über ihr sein wird! Getrost kann sie in der Nacht schlafen, geborgen in der Hut Gottes.

Freilich, es steht in unserem Spruch nichts darüber, dass jede Reise gefahrlos und jede Operation glücklich verläuft. Wenn Gott uns umhüllt wie das Wasser oder das Sonnenlicht, dann müssen wir auch bedenken: Im Wasser kann man ertrinken, und das Sonnenlicht kann unsere Haut schmerzhaft verbrennen. Was wirklich geschieht, steht in Gottes Hand.

Das weiß auch der Psalmist, wenn er im 17. Vers sagt: „Wie schwer sind für mich, Gott, deine Gedanken. Wie ist ihre Summe so groß!" Wir glauben ja auch nicht nur an Gott, den Schöpfer, sondern an den Vater Jesus Christi. Und dieser Vater ließ Seinen Sohn den Weg zum Kreuz gehen. Und ER hat auch in seiner Sterbestunde die Hand nicht von ihm abgezogen. Und das ist wohl das Entscheidende: einfach zu vertrauen, dass der Herr meines Lebens es gut meint, heute und morgen und allezeit.

Darum möchte ich Dich bitten, Dich, der Du mich seit meiner Geburt umgibst und die Hand über mir gehalten hast: Erhalte mir das fröhliche und zuversichtliche Vertrauen auch in schwierigen Lebenslagen und dass ich etwas davon an Andere weitergeben kann. Denn das ist wohl die höchste und schwerste Lebenskunst.

Ki. Bl., Juli 2008

Gott sei vor dir, um dir den rechten Weg zu zeigen.
Gott sei neben dir, um dich in die Arme zu schließen und dich zu schützen.
Gott sei hinter dir, um dich zu bewahren vor der Heimtücke böser Menschen.
Gott sei unter dir, um dich aufzufangen, wenn du fällst.
Gott sei in dir, um dich zu trösten, wenn du traurig bist.
Gott sei um dich herum, um dich zu verteidigen, wenn andere über dich herfallen.
Gott sei über dir, um dich zu segnen.
So segne dich der gütige Gott. (Altkirchlicher Segen aus dem 4. Jahrhundert)

Wo dein Schatz ist, da ist auch dein Herz.
MT. 6,21

Zwei Hauptwörter enthält dieser Spruch. Lediglich zwei Hauptwörter, doch die haben es in sich! Beide haben eine doppelte Bedeutung. Und das macht mich nachdenklich.

„Schatz" – was ist das?

Vor 84 Jahren schrieb ein Komponist ein Lied, dass ihn und eine Stadt unsterblich gemacht hat: „Ich hab mein Herz in Heidelberg verloren." Die Universitätsstadt ist schon von der Lage her ein Kleinod. Aber nicht die Schönheit der Stadt hat den Mann begeistert, sondern er hat hier einen „Schatz", ein Liebchen, gefunden. Sein Herz ist erfüllt von diesem Glück. Einen liebenswerten Menschen gefunden zu haben ist tatsächlich ein großer Schatz, mehr als Gold und Silber. Und wer verliebt ist, trägt einen Schatz mit sich, der mit nichts zu vergleichen ist.

Doch „Schatz" hat auch eine andere Bedeutung. Wir kennen die Geschichte vom Helden Siegfried, der den König der Zwerge besiegte und so in den Besitz eines riesigen Schatzes gelangte. Doch der brachte nur Not und Elend. Schatz – ein Wort mit zwei Bedeutungen!

„Herz" – was ist das?

Ein Mediziner sagt: „Unser Herz ist ein Muskel, der ununterbrochen arbeitet und den wir mit unserem Willen nicht beeinflussen können." Der Dichter sagt: „Herz bedeutet alles, was wir empfinden." Und die Bibel sagt: „Herz ist die Mitte unseres Innenlebens." Genau dies meint Jesus. Und er erklärt das in einer Geschichte (Markus 10,17ff): Ein Mann kommt zum Heiland. Er möchte gern selig werden und fragt: „Was muss ich tun?" Jesus antwortet: „Halte die Gebote!" Die hat er aber von Kind auf eingehalten. Da sagt Jesus: „Verkaufe alles, was du hast, und schenke es den Armen und komm und folge mir nach!" Da geht der Mann traurig davon, „denn er hatte viele Güter". Diese Geschichte beeindruckte alle, am meisten die Jünger. Sie spüren genau: Wer Kleider und Schuhe hat, dazu Essen und Trinken, gehört zu den „Reichen". Doch der Heiland tröstet sie: „Bei Gott sind alle Dinge möglich." Auch dieses, dass Menschen selig werden.

„Eines ist nötig!"

Dieses Wort sagt Jesus zu Martha, die lediglich darauf bedacht war, den Heiland als lieben Gast zu bedienen, während die Schwester hört, was der Heiland zu sagen hat. Was dieses „Eine" aber ist, steht da nicht. Darum bleibt das Wort rätselhaft. Wahrscheinlich aber meint Jesus: „Jetzt, wo ich da bin, ist nur eines nötig – auf meine Stimme zu hören."

Mir fällt der Ausspruch Luthers ein: „Gottes Wort ist wie ein fahrender Platzregen." Da regnet es heftig, und dann ist der Regen plötzlich weg. Wir haben den Heiland immer an unserer Seite, doch er spricht nicht immer zu uns. Wenn er es tut, dann sei ganz aufmerksam! Dass kann beim Gebet sein, im Gottesdienst oder auch ganz plötzlich. Aber dann muss unser Herz voll dabei sein, denn jetzt kommt der Segen des Heilands in unser Leben.

Ja, Herr, lass mein Herz in Deiner Nähe bleiben, damit ich höre, wenn Du zu mir sprichst, damit ich zuversichtlicher Dir vertraue und damit ich auch die Kraft finde, alles zurückzustellen, was mir im Augenblick das Wichtigste scheint. Wenn Du, Herr, mein Herz in Deiner Nähe hältst, bin ich alle Zeit lebensfroh und getröstet.

Ki. Bl., Juli 2011

So bekehre dich nun zu deinem Gott, halte fest an Barmherzigkeit und Recht und hoffe stets auf deinen Gott.

Hos. 12,7

Bekehre dich! Diesen Ruf haben wir sicher schon einmal gehört. Ganz Fromme sagen es deutlicher: „Du musst dich bekehren!" Sie meinen, selbst diesen Schritt schon getan zu haben, und nun sind die „anderen" dran, eine Bekehrung zu vollziehen. In der Heiligen Schrift findet sich tatsächlich 48 Mal das Wort „bekehren", allerdings nur zweimal in den Briefen des Apostels Paulus. Dies scheint mir wichtig. Der Apostel weiß nämlich, dass Bekehrung das größte und wichtigste Gottesgeschenk an einen Menschen ist. Ihm wurde, ganz ohne sein Zutun, die Bekehrung geschenkt, als er von Christus selbst vom hohen Ross gestoßen wurde und ihm drei Tage später die Augen geöffnet wurden. Damals erkannte er, dass sein Leben auf einem falschen Weg verlaufen war. Bis dahin war er ein Christenverfolger gewesen. Und dann bekam sein Leben eine neue Richtung. Verständlich, dass Paulus den Imperativ an andere: „Bekehre dich!" nicht kennt und auch nicht gebraucht. „Bekehre dich!", das kann niemals eine Aufforderung oder ein Befehl sein, sondern höchstens eine Einladung zur Umkehr!

Bitte kehre um! Wir waren auf einer Wanderung im Gebirge. Ich sollte eine kleine Gruppe auf einem Weg führen, den ich gut kannte. Vom Gespräch abgelenkt, bogen wir nicht nach rechts ab, wo der richtige Weg lag, sondern gingen geradeaus weiter. Plötzlich war der Weg zu Ende. „Lass uns umkehren", bat eine Jugendliche. „Nein, das ist der richtige Weg!", antwortete ich und begann zu suchen. Es war vergeblich. Steile Wände unterbanden jedes Fortkommen. Nun war ich es, der bat: „Bitte, lasst uns umkehren!" Tatsächlich fanden wir nach 500 Metern unten den richtigen Einstieg und gelangten schließlich zum Gebirgskamm.

Umkehren gehört zum Leben. Wer zur Umkehr nicht bereit ist, kann nicht nur sein Leben verpfuschen, sondern manchmal sogar verlieren. Es ist wie im Krieg. Schon mancher Feldherr hat das Leben seiner Soldaten dadurch gerettet, dass sie umkehrten und zugaben: Wir sind die Besiegten. Und vielleicht, wenn wir dies Gleichnis in die Gegenwart übersetzen, ist es mit der gegenwärtigen Krise in der Welt genau so. Nur wenn Länder und Regierungen umkehren und zu einer ausgewogenen Finanzpolitik zurückfinden, gibt es auch einen Weg, der Menschen und Länder rettet. „Bekehrung" heißt jedoch im Sinne der Bibel: Umkehr zu Gott! Und diese Umkehr ist lebenswichtig.

Umkehr und Hinwendung zu Gott sind lebenswichtig! Ein dicker Mann kommt keuchend in eine Arztpraxis. Nach der Untersuchung meint der Arzt: „Wenn Sie so weiterleben, sind Sie in drei Tagen tot!" Der Patient ist entsetzt. Nur die letzten vier Wörter merkt er sich. Nach vier Wochen sprang der Patient die Treppen hinauf und rief dem Arzt zu: „Sie haben gelogen! Ich bin immer noch am Leben!" – „Freilich", antwortet der Arzt, „aber Sie haben Ihr Leben auch geändert." Tatsächlich hatte der Patient in dieser Zeit gefastet und zu einer vernünftigen Lebensweise zurückgefunden.

Umkehr ist lebenswichtig! Dieser Satz gilt auch für unseren Glauben. Solche Umkehr ist freilich ein Geschenk des Himmels, eine Gnade Gottes für mich. Sie kann manchmal ganz langsam, manchmal jedoch auch plötzlich geschehen, wie bei Paulus oder bei den Jüngern. Auf dem Weg mit dem Heiland gingen ihnen immer mehr die Augen darüber auf: „Bei diesem Meister sind wir richtig."

Und wenn ich jetzt den Nachsatz lese, den Hosea für die Menschen seiner Zeit hinzufügte: „Halte fest an Barmherzigkeit und Recht", dann möchte ich dies unserer unbarmherzigen Welt auch zurufen! Denn heute kennen viele nur sich selbst und den eigenen Vorteil.

Darum lasst uns täglich bitten: „O Herr, sieh auf meinen Weg! Prüfe, ob ich auf rechtem Weg bin, und leite mich jeden Tag auf dem Weg zu Dir."

Ki. Bl., Juli 2010

28. JULI

**Jesus Christus spricht:
Wer zu mir kommt,
den werde ich nicht abweisen.**
Joh. 6,37

Es war im Sommer 1998. Da stand eine verhärmte junge Frau, vor mir und bat, eintreten zu dürfen. Als sie vor mir saß, sagte sie: „Sie sind heute der Erste, der mich aufnimmt. Alle anderen haben mich abgewiesen." Und dann erzählte sie. Erst waren es Probleme mit der Familie, dann mit Alkohol und schließlich mit Drogen. „Eine Kur habe ich hinter mir, aber niemand will mich anstellen." Nun versuchte sie, mit Werbung für Zeitschriften wieder einzusteigen. Essen lehnte sie ab, einen warmen Kaffee trank sie dankbar. Während sie erzählte, fiel mir ein, wie oft ich während meiner Russlandjahre mit einem Brocken Steinkohle unter dem Arm am Morgen hungrig bei Leuten, die selbst arm waren, anklopfte, und wie gut es tat, eingelassen zu werden. Ich habe bei der jungen Frau eine Zeitschrift bestellt. Ob es ihr geholfen hat?

Abgewiesen zu werden ist bitter! An der Abweisung kann ein Menschenleben zerbrechen. Überaus eindrucksvoll hat das der Dichter Wolfgang Borchert in seinem Hörspiel „Draußen vor der Tür" dargestellt.

Und nun verheißt uns der Heiland: „Wer zu mir kommt, den werde ich nicht abweisen!" – Für mich ist zunächst einmal wichtig, dass dieser Satz mitten in der „Brotrede" Jesu steht, die er im Anschluss an die „Speisung der Fünftausend" hält. Darin spricht der Herr von dem anderen Brot, das wir ebenso sehr benötigen wie das Hausbrot der Mutter oder den Laib vom Bäcker. Und dieses andere Brot ist eben das angenommen Sein.

Es beeindruckt mich immer wieder, wenn gute Dokumentarfilme zeigen, wie Wildtiere, die in Rudeln, Herden oder Gemeinschaften leben, einander annehmen, beriechen, streicheln oder lecken. So bezeugen sie: Du gehörst zu uns, bist Teil unserer Gemeinschaft und wirst von uns beschützt und genährt. Abweisung aber ist genau das Gegenteil dieser Haltung: „Mach, dass du fortkommst, oder ich hetze den Hund auf dich!" Das kann an das Leben gehen.

„Wer zu mir kommt, den werde ich nicht abweisen!" Luther hat dieses Wort Jesu härter übersetzt: „Wer zu mir kommt, den werde ich nicht hinausstoßen." Immer wieder klingt in den Evangelien dieses auf, das „Hinausstoßen in die Finsternis", wo „Heulen und Zähneklappern" sein werden.

Viel Abweisung gibt es in unserer Welt! An Grenzübergängen, bei Ämtern und Arztpraxen, für Arbeitssuchende und auch in Schulklassen. Wohl alle haben wir solche Erfahrungen gemacht. Und dann sicher auch die andere: Welch Glück, angenommen zu sein!

So bringt mich das Verheißungswort zum Nachdenken: Von Ihm werde ich niemals abgewiesen! Zu Ihm kann ich alles bringen und Ihm sagen, was mich bedrückt und kränkt. Wirklich alles. „Wer zu mir kommt, den werde ich nicht abweisen." Schon dieser Gedanke ist tröstlich genug.

Dazu kommt noch ein zweites: Vielleicht muss ich es immer wieder tun! In dem Gleichnis vom bittenden Freund wird deutlich: Wiederholtes Bitten hat eine große Verheißung.

Und wenn ich jetzt an die Russlandjahre zurückdenke: Oft genug wurde ich abgewiesen. Vielleicht hatte die Frau im Augenblick kein fertiges Essen im Haus, vielleicht war sie bedrückt, weil „die Deutschen" im Krieg ihren Sohn umgebracht hatten. Wer weiß das alles?

Aber die Babuschkas, die Großmütter, die mich einließen, mit einem Teller Suppe speisten oder mir fünf Kartoffeln schenkten, die haben mit dazu beigetragen, dass ich heute noch lebe. Und dies ist für mich auch ein Zeichen dafür, dass ich „nicht abgewiesen" bin.

Ja, Herr, Du hast mich angenommen, erst bei der Geburt, dann bei der zweiten Geburt, der Taufe, und seither immer wieder im Abendmahl und in deinem Wort. Dafür darf ich Dir jeden Tag danken und darf hoffen: Auch an meinem Ende werde ich angenommen – von Dir!

Ki. Bl., Juli 2006

**Jesus Christus spricht:
Lasst euer Licht leuchten vor den Leuten,
damit sie eure guten Werke sehen
und euren Vater im Himmel preisen.**

Mt. 5,16

Bei einem Kirchentag soll es sich zugetragen haben. Das große Fußballstadion war übervoll bei dem Schlussgottesdienst am Abend. „Jeder soll Streichhölzer mitbringen", stand in der Einladung, und dann erlosch bei der Predigt plötzlich das Flutlicht. Da rief der Prediger: „Bitte zündet jeder ein Streichholz an!" Und die über 60.000 brennenden Hölzchen erhellten plötzlich für Sekunden das riesige Stadion. Das Licht hat eine wunderbare Eigenschaft – es leuchtet. Ob es das Licht eines Autoscheinwerfers ist oder einer Lampe, unserer lieben Sonne oder auch das Licht eines Fixsterns – das Licht muss leuchten, sich selbst sichtbar machen.

Freilich, wir können eine brennende Kerze auch unter einen Scheffel stellen, doch dann werden wir kein Licht im Haus haben, denn wir haben das Licht behindert. „Lasst euer Licht leuchten vor den Leuten, damit sie eure guten Werke sehen und euren Vater im Himmel preisen!" Dieses schöne Jesuswort soll uns im hellsten Monat des Jahres begleiten und zum Nachdenken anregen.

Zunächst: Was meint Jesus wohl mit „eurem Licht"? Eine Kerze an sich hat kein Licht. Erst wenn ein brennendes Streichholz sie berührt, flammt sie auf. Ob es mit uns nicht so ähnlich ist? Erst muss uns der, der von sich sagt: „Ich bin das Licht der Welt!", anrühren, damit auch in uns etwas aufflammt, leuchtet. So war es bei den Aposteln, den Propheten, und bei allen Gottesmenschen, von denen die Bibel erzählt. Und so ist es geblieben bis zum heutigen Tag.

Und hier wird für mich die fundamentale Bedeutung des dritten Glaubensartikels sichtbar. Ohne die Kraft des Heiligen Geistes gleichen wir den toten Planeten, die erst dann zu leuchten beginnen, wenn Sonnenstrahlen ihre Oberfläche treffen. „Euer Licht" ist darum eigentliche „Sein Licht", das durch uns andere Menschen erreichen möchte. Und dann steht hier weiter: „... dass sie eure guten Werke sehen." – Gute Werke waren und sind in allen Religionen eine heilige Pflicht aller, die zu ihrem Kreis gehören. Martin Luther konnte nicht genug gegen menschliches Tun predigen, das uns vor Gott „angerechnet" werden sollte. In unserer werkgerechten Welt, die sich mit aller Kraft bemüht, Menschen dazu zu bringen, Gutes zu tun, wird jedoch täglich sichtbarer, dass diese Bemühungen scheitern. Denn vielleicht ist es damit so wie mit dem Licht: Es muss leuchten, weil Strom durch die Lampe fließt. Und dann wird ein freundliches Wort, ein lachendes Gesicht, eine Handreichung oder auch ein Gottesdienstbesuch zum „guten Werk", das andere sehen können.

Das Wichtigste aber steht am Schluss: „Damit sie euren Vater im Himmel preisen." Das also möchte Jesus. Dass andere über dem, was sie an uns sehen, zum Preisen unseres himmlischen Vaters gelangen. Das Gotteslob ist der Zielpunkt, die Ausrichtung, das Höchste und auch das Letzte: Alle Welt lobe den Herrn, den Vater Jesu Christi, der uns mit seinem Heiligen Geist belebt und beschenkt, sodass wir dann unsere geplagte Welt im Licht Gottes sehen. Darauf soll alles hinauslaufen, in solches Lob alles münden.

Mir denke an ein Wort von Albert Schweitzer: „Ein freundlicher Blick durchdringt die Finsternis wie ein Sonnenschein." Der schwarze Bürgerrechtler und Prediger Martin Luther King hat gesagt: „Finsternis kann keine Finsternis vertreiben; das gelingt nur dem Licht." Und Papst Paul I. hat das Wort geprägt: „Nicht die Gewalt, sondern die Liebe vermag alles."

Dass wir alle Dich, unseren himmlischen Vater preisen, dahin möchtest Du, Herr, uns Menschen bringen. Leicht fällt uns das nicht, denn wir sind geplagt mit unserem Menschsein, unseren Problemen und Sorgen, mit Unfrieden in der Welt und den düsteren Prognosen, die uns täglich über die Nachrichten bedrängen. Auch möchten wir unsere Nächsten und Liebsten ganz anders haben, als sie es wirklich sind. Doch Du, Herr, sagst zu mir: Lass mein Licht leuchten durch dich, das genügt, und darauf lege ich meinen Segen.

Ki. Bl., Juli 2007

Freuet euch in dem Herrn!
Phil. 3,1

Diese aus dem Zusammenhang genommenen fünf Wörter, die unseren Spruch bilden, lassen meine Gedanken schweifen. Zunächst einmal habe ich in der Bibel die vier kurzen Kapitel dieses Gemeindebriefs durchgelesen. Dabei habe ich alle Wörter, die mit „Freude" zusammenhängen, farbig markiert. Fünfzehnmal steht dieses Wort als Haupt- oder als Tätigkeitswort da! Darum wird dieser Brief zu Recht der „Freudenbrief" genannt. Aufgefallen ist mir auch, dass Paulus sehr persönlich schreibt, viel persönlicher als in seinen anderen Gemeindebriefen. Offenbar hatte er zu den Christen in der Hauptstadt des mazedonischen Reiches ein besonderes Verhältnis. Wie es dazu kam, kann man in der Apostelgeschichte im 16. Kapitel nachlesen. Denn in dieser Stadt hatte der Briefeschreiber zusammen mit seinem Begleiter Silas die wohl schönsten, zugleich aber auch schwersten Erlebnisse!

Dann bin ich in Gedanken durch die Ruinenstadt Ephesus gewandert. Das antike Ephesus ist heute ein riesiges Feld von überaus wertvollen, meist aber nur notdürftig gesicherten Ruinen. Hier stand einst eines der sieben antiken Weltwunder, der riesige Tempel der Göttin Diana, dessen Dach von über hundert hohen Säulen getragen wurde, von denen heute nur noch eine einzige steht. Vom übergroßen Standbild der Göttin existiert im Museum nur eine kleine Nachbildung. Als ich durch die Prachtstraße wanderte und danach im gut erhaltenen Amphitheater saß, musste ich daran denken, dass in den Kerkerräumen unter der Bühne wahrscheinlich auch der Apostel Paulus eingesperrt gewesen war, ungewiss, wie sein Prozess ausgehen würde, mit einem Todesurteil oder mit einem Freispruch (siehe Phil.1,13). Wahrscheinlich aber ist, dass er hier seinen „Freudenbrief" schrieb – eigentlich eine unfassbare Tatsache. Wohl kaum jemand, der auf sein Todesurteil wartet, schreibt einen Freudenbrief. Paulus tat es und wiederholt darin den Aufruf zur Freude mit den gleichen Worten noch ein zweites Mal (Phil. 4,4).

All dieses bedenke ich beim Lesen der fünf Wörter: „Freute euch in dem Herrn!" Eine solche Aufforderung zur Freude kann auch uns heute nützen. Denn viel „Erfreuliches" kann man weder in der Tageszeitung lesen, noch in den Nachrichten hören. Vielmehr erschrecken wir bei den vielen tragischen Ereignissen und Begebenheiten in der Welt von heute. Nein, unsere Zeit bietet kaum „Erfreuliches"! Aber der Apostel meint auch gar nicht „erfreuliche" Zustände. Er sagt ausdrücklich: „Freut euch in dem Herrn", und meint den Dreieinigen Gott. Von ihm spricht das Christuslied (Phil.2,5-11) und auf den „Beistand des Geistes Jesu Christi" (Phil.1,19) vertraut er in seiner misslichen Lage. Darum also: „Freut euch in dem Herrn!" (Das Ausrufezeichen steht wirklich in der Bibel.) Also: Ein richtiger Aufruf zur Freude klingt aus der Antike zu uns herüber und möchte gehört werden, nicht nur in den Gottesdiensten, sondern auch in den Kranken- und Sterbezimmern, und auch zu den Menschen gelangen, die das Freuen fast vergessen haben. Die Freude im Herrn ist eine andere Freude als die, die im Irdischen ihre Wurzeln hat. Heute las ich im Krankenhaus einen Satz von Pater Anselm Grün. Er schreibt: „Die Freude sieht alles aus der Perspektive des Geistes, der auch die Finsternis durchschaut, bis sie auf dem leuchtenden Grund Gott sieht." Für die Freude im Herrn brauchen wir die richtige Perspektive, den richtigen Blickpunkt. Vielleicht kann man das auch so sagen: Mit den Augen des Glaubens betrachtet sieht alles im Leben anders aus! Das hat der Apostel nicht nur selbst erfahren, sondern auch gelebt. Darum ist seine Aufforderung zur Freude wahr und nötig.

Ja, Herr, lass mich alles aus und in der richtigen Perspektive sehen, damit die Freude in Dir immer Platz hat und ich Dir allezeit und für alles danken kann. Lass solche Freude auch übergehen auf die Menschen in meiner Nähe, damit Vertrauen wachse und Zuversicht gedeihe in unserer Zeit.

Ki. Bl., Juli 2009

**Gott spricht:
Ich will euch Zukunft und Hoffnung geben.**
Jer. 29,11

Zukunft und Hoffnung gehören zusammen. Alle Hoffnung ist auf die Zukunft gerichtet, und in die Zukunft blicken wir allemal mit Hoffnung. Zukunft und Hoffnung scheinen sich zu bedingen. Wo einer getrost in die Zukunft sieht, hat er auch Hoffnung. Nur der „Schwarzseher" zweifelt an der Zukunft. „Zukunft" aber ist nun das, was auf uns zukommt, was uns entgegenkommt oder dem wir entgegengehen.

Wir haben die Zukunft freilich nur in sehr bedingtem Maß in der Hand. Zwar versuchen wir, sie zu bestimmen und im Voraus zu planen, zu errechnen und in den Griff zu bekommen. Aber schon ein Steinchen am Weg, über das ich stolpere, kann meine ganzen Pläne für morgen und übermorgen ändern.

Ganz schlimm scheint es zu sein, wenn einer alle Hoffnung verlieren muss, wie die Ärztin, die durch einen tragischen Unfall an beiden Beinen gelähmt blieb. Für sie bestand menschlich gesehen keine Hoffnung mehr, jemals wieder auf eigenen Beinen zu stehen, keine Aussicht mehr, eine eigene Familie zu gründen und den bisherigen Beruf auszuüben. Gott aber hat sie zu einem Segen für viele werden lassen dadurch, dass sie es lernte, im Rollstuhl zu operieren. So konnte sie über die Geschichte ihres Lebens die Worte setzen: „Um Füße bat ich, und Er gab mir Flügel."

Manchmal führt Gott auch ganze Völker in Lagen, in denen ihnen die Zukunft dunkel wird und die Hoffnung welkt. In der Zeit des Propheten Jeremia sah das Gottesvolk keine Zukunft mehr. Die langen Jahre der babylonischen Gefangenschaft ließen alle Hoffnung erlahmen. Aber zu diesem Volk ohne Hoffnung sagt nun Gott: „Ich will euch Zukunft und Hoffnung geben." Dabei ist das Wörtchen „Ich" zu betonen. Gott wird es also tun. Gott wird auch in der Zukunft mit ihnen sein, weil er in der Vergangenheit mit ihnen war; er wird zurecht biegen, was Menschen verdarben und zerteilten; er wird auch in der Zukunft der sein, der auf sein Volk zukommt und der aus Liebe und mit Liebe an ihnen handelt.

Gott ist allzeits der auf uns zu Kommende. Darum ist er es, der Zukunft und Hoffnung schenkt. Gott aber hat der Welt seine Liebe und Treue erwiesen. Er hat gezeigt, wie viel wir Menschen ihm wert sind: nämlich das Opfer seines Sohnes. So groß ist seine Liebe. Darum ist christliche Hoffnung nicht eine unbestimmte Erwartung, deren Erfüllung von allerlei unsicheren Faktoren abhängt, sondern gewisse Zuversicht und Geborgenheit in der auch die Zukunft umfassenden Gegenwart Gottes. Wer sich von Gott getragen und gehalten weiß, ist geborgen in allen Ängsten und lebt sein Leben in dem neuen Horizont der Zukunft und Hoffnung Gottes.

Ki. Bl., August 1980

Jesus Christus spricht:
Selig ist, der nicht Ärgernis nimmt an mir.
Mt. 11,6

Sie hatten sich immer gut verstanden. Alle größeren Entscheidungen hatten sie gemeinsam gefällt, die Entscheidung miteinander bedacht und seit der Hochzeit in rechtem Einvernehmen gelebt. Doch dann musste einmal einer allein einen Entschluss fassen. Als der Ehegatte davon erfuhr, gab es Ärger. Das schöne Einvernehmen war dahin.

Wir machen immer wieder die Erfahrung, dass Menschen aneinander irre werden, sich übereinander ärgern. Überall, wo Menschen miteinander zu tun haben, bei der Arbeit, in der Ehe, Familie, der Schule oder auch auf der Reise, gibt es einmal Ärger. Es könnte auch in der Kirche Ärger geben, sodass einer seinen Unmut über den Pfarrer oder einen Amtsträger freien Lauf lässt.

Jesus sagt: „Selig ist, wer sich nicht ärgert." Ob das so einfach ist? Wir spielen manchmal „Mensch ärgere dich nicht" mit unseren Kindern. Dabei kann man lernen, seinen Ärger zu beherrschen. Denn auch sonst ist die Sache, über die wir uns aufregen, oft den Aufwand an Nervenkraft nicht wert. Aber das weiß man erst am nächsten Tag! Es ist jedenfalls gut, wenn Kinder und Erwachsene mit Gleichmut die Dinge auf sich zukommen lassen – auch wenn es im Leben nicht immer so harmlos zugeht wie beim „Mensch ärgere dich nicht".

Es könnte ja sein, dass wirklich die Seligkeit auf dem Spiele steht, wenn wir uns ärgern. Da war Johannes der Täufer. Er war von Gott berufen, das Kommen des Heilands anzusagen. Doch nun saß er im Gefängnis. Immer wieder erhielt er Nachricht über das Wirken Jesu. Und dann war der Zweifel da: War er wirklich der von ihm angekündigte Messias? So lässt er bei ihm anfragen: Bist du es, der da kommen soll? Den Boten antwortet der Heiland: „Sagt dem Johannes, was ihr seht und hört. Selig ist, der nicht an mir irre wird." Denn man kann ja auch das: An Gott irre werden. Man kann Gottes Wege plötzlich nicht mehr begreifen. Man quält sich selbst mit der Frage „Warum", bis nur noch Ärger und Zorn auf Gott übrig bleiben. Nun aber steht im Urtext für das Wort, das Luther mit „Ärgernis nehmen" übersetzt, das Wort *„Skandalon"*. Das aber heißt: Das Irre-werden an Gott ist Anstoß zur Sünde und kann eine vollkommene Trennung von Gott bewirken. Mit dem Rezept „Mensch ärgere dich nicht" ist es hier nicht getan. Aber wir können auch bitten: „Vergib mir!" Dann wird es gut. Schlimm ist nur, wenn wir im Ärger beharren. Daran kann nicht nur eine Ehe scheitern, sondern auch der Glaube zerbrechen.

Vielleicht ist das das Geheimnis ausgeglichener Menschen, dass sie trotz allem an Gottes gnädigem Walten nicht irre wurden.

Ki. Bl., August 1983

2. AUGUST

**Der Herr ist gerecht,
er liebt gerechte Taten.**

Ps. 11,7

Bei einer Gerichtsverhandlung soll alles ordentlich und gerecht zugehen. Zumindest erwarten wir das. Ein Richter soll gerecht, das heißt nach dem Recht und nach den bestehenden Gesetzen urteilen. Trotzdem könnte es geschehen, dass sich die Unschuld eines Angeklagten nicht nachweisen lässt und er verurteilt wird. Unschuldig verurteilt zu sein ist ein besonders hartes Los. Ein unschuldig Verurteilter wird in seinem Herzen mit dem Richter hadern, ihn gleichsam auf die Anklagebank setzen und ihm vorwerfen, er habe ungerecht gehandelt.

Unser Vers sagt: „Der Herr ist gerecht!" Können wir alle dieser Feststellung zustimmen? Wir Menschen sind schnell bereit, Gott anzuklagen. „Warum, Herr, hast du so gehandelt und nicht anders?" – „Warum lässt du es nicht regnen?", fragt einer. Und der andere bittet: „Lieber Gott, nur jetzt keinen Regen! Wir sollen ja Urlaub machen!" Gott wird angeklagt, weil es dem Bösen anscheinend gut geht und der Gute leidet; weil Unschuldige unterdrückt werden und hungern, weil Eltern manchmal ihr einziges Kind verlieren, weil..., weil..., weil... Wir haben hundert Gründe dafür, mit dem Handeln Gottes unzufrieden zu sein und an seiner Gerechtigkeit zu zweifeln.

Es ist aber nichts Neues, dass Menschen Gott anklagen. Das ganze Buch Hiob ist ein Zeugnis davon, wie weit man in der Verurteilung Gottes und im Zweifel an seiner Gerechtigkeit gehen kann. Und wer in seinem Herzen gegen den Satz Bedenken hat, dass Gott gerecht ist, der sollte einmal das Buch Hiob lesen. Dabei kann deutlich werden: Wir dürfen Gott nicht mit unseren menschlichen Maßstäben messen. Wir können ihm auch keine Vorschriften machen, wie er handeln und was er tun soll. Wer das nämlich tut, der tastet Gottes Ehre an.

„Der Herr ist gerecht!" Das kann man nicht beweisen. Aber man kann es vertrauensvoll annehmen und kann sich in den Willen Gottes schicken. Denn Gottes Gerechtigkeit ist das Beharren auf sein Vorhaben. Gott will aber, „dass allen Menschen geholfen werde" (1.Tim.2,4). Wie weit Gott dabei gegangen ist, wird an Jesus Christus deutlich, an seinem Leiden und Sterben. So sehr hat sich der Herr um die Menschen bemüht, dass er seinen eigenen Sohn dahingab.

Und Gottes Gerechtigkeit ist immer noch am Werk. Er möchte die Welt und die Menschen zurechtrücken. Darum „liebt er gerechte Taten", „er hat Gerechtigkeit lieb"! Damit ist gemeint, dass wir unser Handeln am „Recht Gottes" ausrichten sollen. Gott möchte, dass wir an unser Denken und Tun den richtigen Maßstab anlegen. Und das ist Gottes Liebe. Liebloses Reden und Handeln sind nicht „gerechte Taten". Es gibt doch auch ein Reden, das zwar die Wahrheit sagt, dennoch „ungerecht" ist, weil es keine Liebe enthält. Eine lieblos ausgesprochene Wahrheit kann Gott nicht recht sein. So bleibt auch die größte Hilfe ohne Liebe nur eine halbe Zuwendung.

„Der Herr hat Gerechtigkeit lieb", er möchte mit seiner Liebe unsere Welt und unser Zusammenleben durchdringen. Dabei können wir ihm helfen. Nicht damit, dass wir ihn auf die Anklagebank setzen, sondern indem wir seinen Willen vertrauensvoll annehmen und aus seiner Liebe leben.

Ki. Bl., August 1981

3. AUGUST

**Jesus Christus spricht:
Wer bereit ist, den Willen Gottes zu tun, wird erkennen, ob diese Lehre von Gott stammt oder ob ich in meinem eigenen Namen spreche.**
Joh. 7,17

Mutti, muss man auch im Urlaub in die Kirche gehen?" Die Mutter hatte den Jungen und seinen kleineren Bruder an der Hand. So wie ich waren sie auf dem Weg zum Gottesdienst. – Eine verständliche Frage. Denn einerseits ist die Urlaubszeit eine Zeit, wo man nicht alles „muss", und zum andern lockt das freundliche Sommerwetter einen kleinen Jungen wohl eher in den Wald als zum Stillsitzen in der Kirche. Doch nun war die Frage ausgesprochen: „Muss man auch im Urlaub zur Kirche gehen?" – Die Antwort der Mutter konnte ich nicht verstehen; sie waren jedoch im Gottesdienst und nachher dann auch im Wald. Mich aber hat die Frage des Knirpses bewegt: Muss man immer zur Kirche gehen? Muss man überhaupt zur Kirche gehen? Und warum gehen wir denn zum Gottesdienst?

In diesem Spruch sagt Jesus: „Wer bereit ist, den Willen Gottes zu tun, wird erkennen, ob diese Lehre von Gott stammt." Jesus stellt es in unseren Willen, das 3. Gebot zu halten. Gott stellt überhaupt alle Gebote in unseren Willen. Keiner „muss" die Gottesgebote halten. Es sind ja auch nicht wenige, denen der Sonntag ein Tag wie jeder andere ist. Aber etwas wird solchen Menschen abgehen. Sie werden ärmer bleiben. Eine Erfahrung werden sie wahrscheinlich nicht machen – die Glaubenserkenntnis. So wie eine Kerze nur brennen und leuchten kann, wenn sie mit einer Flamme in Berührung kommt, so bleiben auch unsere Herzen kalt und tot, wenn wir nicht den Willen Gottes tun. Ein Sprichwort sagt: „Willst du Gottes Stimme hören, musst du auch in seiner Hörweite bleiben." In der Hörweite Gottes bleiben – das ist wichtig. Aber zum Hören soll das Gehorchen kommen. Dann wird uns ein Licht aufgehen, das Gott selbst in unseren Herzen anzündet. So genannte „Glaubensbeweise" haben wir dann nicht mehr nötig. Aber der Gottesdienst wird uns wert und wichtig.

Ich konnte nicht verstehen, was die junge Mutter ihrem Sprössling geantwortet hat auf seine kindliche Frage. Vielleicht hat sie gesagt: „Man muss nicht zur Kirche gehen. Aber wir gehen!" Was wohl auch richtig und genug war.

Ki. Bl., August 1986

Es freue sich das Herz derer, die den Herrn suchen!
1. Chron. 16,10

Die Enkeltochter will sich verloben. Als sie das ihrer Großmutter mitteilt, sagt diese: „Gib acht, dass die Verlobungszeit eine Zeit heiliger Vorfreude auf das Kommende bleibt; denn wenn nicht, setzt du den Segen der Ehe aufs Spiel".

Tatsächlich gibt es eine heilige Vorfreude. Man freut sich auf ein frohes Ereignis, das gewiss kommen wird. So wie ein Landmann, wenn in wenigen Tagen die Ernte angeht, wie sich ein Kranker freut, wenn er bald das Krankenhaus verlassen darf oder wie einer von Herzen froh ist, wenn sein Haus wächst, in dem er bald wohnen wird. Es gibt tatsächlich eine Freude aus Hoffnung, eine Freude, die den Freudengrund noch nicht in der Hand hat, aber von der Gewissheit lebt, dass die Erfüllung eintrifft. „Es freue sich das Herz derer, die den Herrn suchen!" Dazu fordert uns der Vers auf: zur geheiligten Vorfreude!

Zunächst einmal ist das ein Königswort. König David hat es aus einem überfrohen Herzen singen lassen, als die Bundeslade nach Jerusalem gebracht worden war. Eigentlich hatte er ein Haus für das teure Bundeszeichen bauen lassen wollen, ein Gotteshaus. Aber Gott hatte ihm dies untersagt. So errichtete er nur ein Zelt, in welches die heilige Lade gestellt wurde. Als das geschehen war, mussten die Sänger ein Lied singen. Und in diesem Liede steht auch dieses Wort: „Es freue sich das Herz derer, die den Herrn suchen!" Das sollte bedeuten: Wer mit einem Anliegen im Herzen zu diesem Zelt kommt, um hier zu beten, darf schon Freude mitbringen, geheiligt durch die Gewissheit, dass der Herr sich finden lässt und ganz gewiss die vorgebrachten Bitten erhören wird.

Damit ist aber ausgesprochen, dass solche Vorfreude ihren Grund in einem starken Vertrauen hat. Wer den Herrn sucht, sucht nicht vergeblich. Schon der Prophet Jeremia schrieb: „Wenn ihr mich von ganzem Herzen suchen werdet, so will ich mich von euch finden lassen, spricht der Herr!" (Jer.29,13) Man muss Gott auch dann vertrauen, wenn man noch gar nicht sieht, dass es sich „gelohnt" hat. Er wird sich finden lassen, vielleicht nicht so, wie wir es uns vorstellen. Wir werden nur plötzlich wissen: Der Herr war uns nahe, ohne dass wir es merkten! Und das ist Grund zur Freude.

Vielleicht verstehen wir dann die heilige Freude der Urchristen, wenn sie zusammenkamen und das Abendmahl feierten.

In der Apostelgeschichte lesen wir, dass sie „das Brot brachen hin und her in den Häusern und nahmen die Speise mit Freuden und lauterem Herzen und lobten Gott ..." (Apg.2,42f). Diese Abendmahlsfeiern sind wohl von der freudigen Gewissheit getragen worden: Nun ist er mitten unter uns!

Gehen euch wir so froh zum Abendmahl? Suchen wir den Herrn im Gottesdienst? Die Gewissheit und das Vertrauen, dass der lebendige Heiland mit uns auf dem Wege ist, macht uns Mut und lässt uns fröhlich in die Zukunft gehen. Er hat es uns doch versprochen: „Euer Herz soll sich freuen, und eure Freude soll niemand von euch nehmen!" (Joh.16,22)

Ki. Bl., August 1982

**Christus spricht:
Wer sich vor den Menschen zu mir bekennt,
zu dem werde auch ich mich
vor meinem Vater im Himmel bekennen.**
Lk. 12,8

Es war eine zufällige Urlaubsbekanntschaft. Man hatte sich getroffen und einen angenehmen Vormittag miteinander verbracht. Dann ging man gemeinsam zum Mittagstisch. Und als die eine Familie vor dem Essen das Tischgebet sprach, war es heraus: Das sind Christen. Große Worte waren nicht gefallen. Aber das Händefalten vor dem Essen war Bekenntnis genug.

Das Wort Jesu „Wer sich vor den Menschen zu mir bekennt ..." steht in der großen Aussendungsrede des Heilands, mit der er seine Jünger in die Welt gesandt hat. „Geht und predigt", sagt der Herr zu den Seinen, „ihr werden gehasst werden, (...) wer aber bis ans Ende beharrt, der wird selig (...) Fürchtet euch nicht vor denen, die den Leib töten (...) und wer sein Leben verliert um meinetwillen, der wird's finden!" Man muss schon das ganze zehnte Kapitel aus dem Matthäus-Evangelium lesen, um den Ernst dieser Worte zu verstehen. Philipp Spitta singt in seinem Pfingstlied (EG 92,2): „Es gilt ein frei Geständnis in dieser unsrer Zeit, ein offenes Bekenntnis bei allem Widerstreit."

Und er hat recht. Das Bekenntnis der Christen müsste oft deutlicher ausfallen. Nicht so sehr das Bekenntnis im Gottesdienst, da kann man es leicht mitsprechen: „Ich glaube an Gott, den Vater, ... an Jesus Christus, ... an den Heiligen Geist ..." Dort, wo alle das Gleiche sagen, wo gemeinsam gesungen und gebetet wird, da ist es nicht schwer, sich zu Jesus Christus zu bekennen. Aber dann kommen wir in den Alltag, in den Betrieb, in das Amt. Da wird es schwieriger. Plötzlich klingelt das Telefon. „Heben Sie auf und sagen Sie, ich sei nicht da!" Ein Befehl! Der Angestellte muss sich entscheiden. Sagt er die Unwahrheit oder bekennt er sich zu Christus. Einer hat seinem Vorgesetzten gesagt: „Ich lüge nicht", und seinen Posten verloren.

Bekennen vor den Menschen – das ist nicht immer leicht. Auch Petrus hatte zuerst große Worte: „Und wenn ich mit dir sterben sollte, will ich nicht lügen!" Als dann aber die Magd mit dem Finger auf ihn wies und sagte: „Der war auch mit Jesus!", da wurde der Starke weich. Da fiel das Bekenntnis kläglich aus. Jedoch berichtet uns die Apostelgeschichte vom gleichen Mann: Als Petrus und Johannes vor dem Hohen Rat standen und ihnen bei Todesstrafe verboten wurde zu predigen, sagten sie. „Wir können es nicht lassen (...) denn man muss Gott mehr gehorchen als den Menschen!"

Offenbar ist solch ein offenes Bekenntnis nicht nur eine Sache der inneren Gradheit, des Charakters oder auch des Mutes. Hier kommt ja der Herr selbst zu Wort in der Kraft des Heiligen Geistes. Es wird vielleicht auch nicht von jedem gefordert, sein Bekenntnis zum Heiland mit dem letzten Opfer zu besiegeln. Aber kleine Zeichen werden gewiss von jedem erwartet: der regelmäßige Gang zur Kirche, das Tischgebet, das christliche Vorbild gegenüber den Kindern. Manchmal ist die wortlose Tat ein deutlicheres Bekenntnis als eine lange Predigt. Und auf ein solches Bekennen wartet nicht nur der Herr, sondern auch unsere Welt.

Ki. Bl., August 1987

**Du sollst deinen Nächsten lieben
wie dich selbst;
ich bin der Herr.**
3. Mo. 19,18

Keiner, der jemals das Gleichnis vom barmherzigen Samariter gehört hat, wird es vergessen können – diese Beispielerzählung, in der der Heiland von einem Hilfsbedürftigen berichtet, der am Wege liegt und dem erst der dritte Vorüberziehende hilft und das Leben rettet. Aber vielleicht wissen wenige noch, dass Jesus dieses Gleichnis als Antwort auf die Frage verstanden haben will: Wer ist denn mein Nächster?

Wo Menschen diese Frage stellen, da entspringt sie eigentlich einer tiefen Unsicherheit: Muss ich denn jedem helfen? Und die andere Frage ist dann auch sofort da: Bin ich da nicht überfordert? Denn das möchte doch keiner, dass sein Lebensraum geschmälert werde und dass sein Helfen eine Beeinträchtigung der eigenen Lebensansprüche bedeute. Aber es geschieht wohl immer wieder auch in unserer Zeit, dass Gott gleichsam einen Menschen auf die Straße unseres Lebens wirft. Jeder Hilfsbedürftige ist uns von Gott zum Nächsten gemacht und wird somit zum Prüfstein unserer Liebe.

Nun ist es aber so, dass es uns meist gar nicht schwer fällt, bei einem plötzlichen Unglücksfall zu helfen und uns ganz einzusetzen. Es gibt sehr viele schöne Beispiele von selbstlosem Einsatz und mutiger Hilfeleistung auch bei Menschen, die wenig von Gott halten. Dabei könnte Mitleid eine Rolle spielen, aber auch das Wissen, dass man selbst vielleicht einmal auf Hilfe angewiesen ist und dann das Gleiche erfahren wird. Vielleicht spielt aber auch das andere mit: Spontane Hilfe ist nur eine einmalige Hilfe. Aber die Nächstenhilfe, wie sie Gott von uns erwartet, kann sich nicht in einer einmaligen Hilfeleistung erschöpfen. Nächstenliebe braucht einen langen Atem.

Und hier ist auch der wunde Punkt. Einer hat gesagt: „Fernstenliebe ist leicht, Nächstenliebe schwer."

Der obige Spruch möchte uns zur Nächstenliebe ermuntern. Nicht nur darum, weil erst durch sie das Leben einen Sinn erhält und schön wird, sondern weil Liebe gelebter Glaube ist. Luther sagt: „Der Glaube bringt den Menschen zu Gott, die Liebe bringt ihn zu den Menschen; durch den Glauben lässt er sich wohltun von Gott, durch die Liebe tut er wohl den Menschen." Darum ist es wohl nicht übertrieben zu sagen: Wo die Nächstenliebe erlischt, ist der Glaube lange vorher erloschen. Denn wo die Quelle versiegt, wird auch kein Bächlein mehr fließen.

Manchmal muss ich mich fragen: Kann das wirklich Nächstenliebe sein, wenn ein Mensch Vater und Mutter, Weib und Kinder verlässt, sich auf ungesetzliche Weise von ihnen absetzt mit der Begründung: wenn wir dann wieder zusammen kommen, dann werdet ihr erst merken, dass ich das aus Liebe zu euch getan habe. Nächstenliebe kann man nicht für Jahre konservieren, man kann sie nur leben. Denn Nächstenliebe ist gelebter Gottesdienst. Wenigstens hat es Luther so aufgefasst:

„Wenn ein jeder seinem Nächsten diente, dann wäre die ganze Welt voll Gottesdienst." – Dann würde vielleicht auch mehr Frieden in die kleinen Lebensgemeinschaften einkehren und zu mehr Zufriedenheit führen.

Ki. Bl., August 1985

> **Gottes Hilfe habe ich erfahren bis zum heutigen Tag und stehe nun hier und bin sein Zeuge.**
> Apg. 26,22

Ein Ehepaar wollte sich scheiden lassen. Als junger Pfarrer hatte ich versucht, zwischen ihnen zu vermitteln und wiederholt mit ihnen gesprochen. Nun nannten sie mich vor dem Scheidungsgericht als Zeugen. Aber ich war ein kläglicher „Zeuge", denn ich hatte nie Auseinandersetzungen der Eheleute beigewohnt. Ein Zeuge kann nur aussagen, was er selbst gesehen, erlebt und mitgemacht hat.

Irgendwie ist es mit der Christus-Erfahrung ähnlich. Die Jünger hatten den lebendigen, auferstandenen Heiland erfahren. Sie hatten mit ihm gesprochen, sie hatten die Nägelmale gesehen, einer von ihnen hatte sogar seine Finger in die Wunden der Kreuzigung gelegt. Eine Sinnestäuschung war ganz ausgeschlossen. Darum hatte ihnen Jesus zugesagt: „Ihr werdet jetzt meine Zeugen sein."

Die Jünger haben ihren Zeugendienst ernst genommen. So ernst, dass alle mit dem Leben für die Wahrheit Christi eingetreten sind. Und es war wie ein Wunder: Die Kette der Zeugen riss nicht ab. Im Gegenteil: Es wurden immer mehr, sodass schon am Ende des ersten Jahrhunderts der Verfasser des Hebräerbriefes von einer „Wolke von Zeugen" sprechen konnte (Hebr. 12,1).

Denn die Zeugen Jesu machen wunderbare Erfahrungen. Sie spüren es immer wieder: Der lebendige Herr ist an ihrer Seite. Mag alles noch so trost- und sinnlos aussehen und ihre Lage noch so ausweglos erscheinen, immer merken sie nachher, dass der Herr es zum Guten wendete, dass Frucht wuchs.

Aber auch eine zweite wichtige Erfahrung machen die Zeugen Jesu: Sie finden die richtigen Worte: Denn es ist nicht so einfach, vor einer höheren Instanz auch das Rechte zu sagen. Aber Zeugen Jesu dürfen sich an das Versprechen ihres Meisters halten: „Sorgt nicht, wie oder was ihr reden sollt; denn es soll euch zu der Stunde gegeben werden, was ihr reden sollt. Denn nicht ihr seid es, die da reden, sondern eures Vaters Geist ist es, der durch euch redet." Dieses Versprechen hat noch keinen enttäuscht. Wichtig ist nur, dass wir uns als Zeugen Jesu erweisen und nicht für uns selbst, sondern für IHN sprechen.

So hat auch der Apostel Paulus Gottes Hilfe in so reichem Maß erfahren, dass er davon immer wieder reden und erzählen muss. Er tut es unerschrocken auch vor dem Statthalter Festus und König Agrippa. Beide spüren die Kraft dieser Bezeugung Gottes, sodass Agrippa schließlich ausruft: „Paulus, es fehlt nicht viel, und du machst aus mir einen Christen!"

Wer Gottes Hilfe erfahren hat, soll auch davon reden und zeugen.

Sicher sind zu solchem Zeugen-Dienst zunächst die Pfarrer berufen. Eine Predigt, die nicht zugleich auch Zeugnis ist, bleibt ohne tiefe Wirkung. Nur das Zeugnis geht zu Herzen, überzeugt und gewinnt.

Ki. Bl., August 1989

**Wenn mein Geist in Ängsten ist,
so nimmst du dich meiner an.**

Ps. 142,4

In Siebenbürgen erzählt man die Geschichte vom Tschiripik, der nachts allein durch den dunklen Wald geht und ein Kesselchen am Rücken trägt. Und weil er große Angst hat, zittert er am ganzen Leib. Das Zittern überträgt sich auf den Kessel, und er klappert. Da sagt Tschiripik: „Hast du Angst, Kesselchen? Du brauchst nicht zu zittern – ich bin doch bei dir!"

Über eine solche Geschichte kann man schmunzeln. Aber sie enthält auch Bedenkenswertes. Zunächst dies: Wenn es dunkel wird, haben wir Angst! Dabei geht es gar nicht so sehr um die Dunkelheit der Nacht. Es kann sehr plötzlich dunkel werden auf dem Weg unseres Lebens. Da wird eine Operation nötig. Wie wird sie ausgehen? Krankheit und Leid sind manchmal wie schwarze Schatten auf unseren Tagen. Aber auch Tod, Trennung, Kummer und Sorge können unseren Blick verdunkeln. Wir gleichen in vielem dem Mann auf dem dunklen Waldweg. Aber da ist auch das andere: Wir haben Angst – Angst, die aus dem Inneren aufsteigt, und gegen die wir kaum etwas ausrichten können. Besonders Kinder kennen sie: Angst vor dem tiefen Wasser, in dem sie schwimmen lernen sollen, Angst vor dem dunklen Keller und noch anderes mehr.

Vielleicht vergehen solche Ängste mit den Kindertagen. Aber es kommen andere! Und im letzten Grund haben alle den gleichen Ursprung: die Angst um das Leben. Wir gleichen in allem David, der vom mächtigen König Saul verfolgt wird. Auf der Flucht versteckt er sich schließlich in einer Höhle. Und dann muss er sehen, wie Saul am Eingang der Höhle erscheint. Nun sitzt David in der Falle. Flucht ist nicht mehr möglich. Wenn er entdeckt wird, ist es um ihn geschehen. Wer kann ihm noch helfen? In seiner Angst betet er zu Gott. Und man muss schon den ganzen 142. Psalm lesen, um die tiefe Angst zu begreifen, wenn er sagt: „Ich kann nicht entfliehen, niemand nimmt sich meiner an. Ich schreie zum Herrn mit meiner Stimme. Ich schütte meine Klage vor ihm aus." Doch dann erlebt David eine wunderbare Rettung, wie sie uns in 1. Samuel 24 überliefert ist. Es wurde wahr: „Wenn mein Geist in Ängsten ist, so nimmst du dich meiner an!" Gott hat sich seiner angenommen, sodass er nicht in Schuld fiel. David hat erfahren, dass der Herr auch in ausweglöser Lage bei ihm war. Und das ist das Letzte und Wichtigste: „Ich bin doch bei dir!", sagt der Mann im Wald zu seinem Kessel. Etwas Totes kann uns die Angst nicht nehmen. Auch Geld und Gut können es nicht. Gegen die Angst hilft nur die Nähe eines liebenden, vertrauenswürdigen Menschen.

Um wie viel mehr müsste alle Lebensangst aus unseren Herzen weichen, wenn wir der Nähe des lebendigen Gottes gewiss sind! Es sind wohl genug Gewalten da, die uns Angst machen. Wir ängstigen uns um die Zukunft unserer Kirche und der ganzen Welt. Die fortschreitende Technik hat neue Ängste mit sich gebracht. Gott aber sei Dank, dass wir einen lebendigen Herrn haben, dem alle Gewalt gegeben ist, im Himmel und auf Erden. Einen Herrn, an den wir uns zu jeder Zeit wenden können, und der sich unserer annimmt, sodass wir hinterher nur staunen können, wie das möglich war. Es steckt eine tiefe Wahrheit in dem Liedvers: (EG 341,2):

Wie liegt auf unserem Pfade oft schweres Hindernis;
doch leitet deine Gnade uns sicher und gewiss.
Sie lässt dein Heil uns finden
durch Kampf mit Angst und Grauen.
Wir könnens nicht ergründen,
wir können nur vertrauen.

Ki. Bl., August 1988

**Jesus Christus spricht:
Wer zu mir kommt,
den werde ich nicht abweisen.**
Joh. 6,37

Erst neulich wurde mir gesagt:
Kommen Sie morgen wieder, – nein, übermorgen!
Eigentlich war es eine Abweisung.
Und ein wenig hat es mir wehgetan.
Wir haben die Kunst gelernt:
höflich, aber bestimmt – abzuweisen;
Luther hat es in seiner Übersetzung
deutlicher gesagt: „Hinausstoßen!"
Denn eine Abweisung ist wie ein Tritt:
„Geh jetzt und lass mich; ich muss jetzt meines tun!"
Wie gut, Herr, dass DU immer Zeit hast,
für jeden und für alles.
Dass Du mein Rufen hörst – mitten in der Nacht,
mein Seufzen vernimmst – auch ohne Anrede.
Wie gut, Herr, dass Du immer Sprechstunde hast.
Wie gut, Herr, dass niemand die Leitung zu Dir abschalten kann,
dass Du keinen Urlaub machst von den vielen, die zu Dir kommen,
mit ihren Wünschen und Erwartungen, Fragen und Forderungen.
Wir danken Dir, Herr, für Deine Geduld,
Deine Liebe und für Dein offenes Herz,
dafür, dass wir immer wieder kommen dürfen – zu Dir!

Ki. Bl., August 1990

**Jesus Christus spricht:
Wer mich bekennt vor den Menschen,
den will ich auch bekennen vor meinem himmlischen Vater.**
Mt. 10,32

Sie schenkten sich gegenseitig
zur Verlobung einen Ring.
„Jeder soll es sehen: Dieser Ring
ist ein Bekenntnis meiner Liebe zu dir!",
so sagte er zu ihr. Und sie war froh.
So freust du dich, Herr,
wenn wir uns zu dir bekennen,
wenn wir dich lieben
wie eine Braut ihren Bräutigam,
wenn wir deine Gemeinschaft suchen,
mit dir sprechen im Gebet
und wenn wir dir ganz vertrauen.
Weil wir in der Taufe dein wurden,
den Christennamen erhielten,
weil wir Glieder deiner Gemeinde sind,
darum sollte man es uns anmerken,
dass wir deines Geistes Kinder sind.
Vergib uns, Herr, unsere Unsicherheit,
wenn Spötter ironisch fragen:
„Du gehst noch zur Kirche?"
Vergib uns, Herr, wenn wir im Ernstfall
wie Petrus versagen
unter der Entscheidungsfrage:
„Gehörst du auch zu Jesus?"
Du, Herr, hattest den Mut und die Kraft,
auch vor Pilatus,
auch im Angesicht des Kreuzes zu sagen:
„Ich bin Gottes Sohn!"
So viel Mut, so viel Kraft, so viel innere Freiheit!
Wir wollen versuchen,
uns deutlicher zu dir zu bekennen:
durch regelmäßigen Kirchgang,
durch achtsameres Beten,
durch gezielteres Sprechen,
durch mehr Freundlichkeit
und mehr Hilfsbereitschaft,
damit es die andern sehen, erkennen,
als ein Bekenntnis zu DIR!

Ki. Bl., August 1991

II. AUGUST

**Wendet euch nicht an die Totenbeschwörer
und sucht nicht die Wahrsager auf;
sie verunreinigen euch.
Ich bin der Herr, euer Gott.**

3. Mo. 19,31

So musste Gott, der Herr,
den Angehörigen seines Volkes
schon vor fast 3000 Jahren sagen lassen:
„Wendet euch doch nicht den Totenbeschwörern
und den Wahrsagern zu! Ihr werdet unrein!"
Offenbar genossen Totenbeschwörer und Wahrsager
schon damals einiges Ansehen!
„Tote wissen mehr" – gewiss! Aber die Türe des Todes
tut sich nur von der Seite des Lebens auf ...
Wenn einer das könnte:
eine „Botschaft von drüben" empfangen,
wie Saul mit dem verstorbenen Samuel sprechen,
oder mit dem verewigten Vater,
der heimgegangenen Mutter, dem verblichenen Kind –.
Wissen die Toten wirklich mehr?
Haben sie eine Verbindung mit unserer Gegenwart?
Kontakt zu unseren Fragen und Problemen?
Dann müssen sie doch jetzt „irgendwo" leben,
ihr Wesen treiben – sind sie vielleicht gar nicht tot,
lediglich „entrückt" in eine uns nicht zugängliche Sphäre?
Eine Vielfalt von Fragen,
unnützer, geradezu gefährlicher Fragen,
die unbeweisbare Antworten provozieren können!
Was kann mir die „Beschwörung von Toten"
Wahres für meine Zukunft bringen?
Und: Was hat einer gewonnen, wenn er heute wüsste,
dass er sich morgen ganz sicher den Fuß bricht?
Wir haben das nicht nötig,
Totenbeschwörer und Wahrsager aufzusuchen!
Wir haben ja einen allmächtigen Herrn über Himmel und Erde,
über Vergangenes, Gegenwärtiges und Zukünftiges.
Wir haben einen lebendigen Erlöser,
der von den Toten zurückkam, um uns zu versprechen:
„Nun bin ich bei euch alle Tage ..."
Und wir bekommen den Heiligen Geist,
wenn wir ernstlich darum bitten und beten...
Das sollte doch allen genügen, die Christi Namen tragen!

Ki. Bl., August 1993

**Jesus Christus spricht:
Was Gott zusammengefügt hat,
soll der Mensch nicht scheiden.**

Mk. 10,9

Es ist gut, dass uns immer wieder einmal aufgegeben wird,
über die Ehe und über ihre Unauflösbarkeit nachzudenken.
Denn jeder von uns verdankt ja sein Leben
dem Zusammensein von Mann und Frau.
Und solches Zusammensein in Glück und Leid
vor Gott und den Menschen recht zu gestalten
ist für die meisten eine der größten Lebensaufgaben.
Wenn Mann und Frau den Bund der Ehe schließen,
erfahren sie ihre Liebe als großes Geheimnis.
Die Liebe als Drang der Geschlechter zueinander,
als glückhaftes Aufgehen des einen im anderen,
als Bereitschaft zur Hingabe und gegenseitiger Hilfe,
erfahren sie als höchste irdische Gabe,
als Einswerden: von Gott zusammengefügt,
Von Gott füreinander bestimmt.
Das heißt, dass die Liebe der Eheleute
und die Liebe, die in der Familie gelebt wird,
dem irdischen, menschlichen Zugriff entnommen ist.
Sie ist Gabe, aber immer zugleich Aufgabe.
Denn sie ist, wie alles Irdische, ständig bedroht.
Auch Ehe und Familien sind nicht gefeit
vor Kälte und Schuld, vor Versagen und Verlust.
Die Liebe ist zart und zerbrechlich und ist daher ständig gefährdet.
Menschen werden schwach. Sie verlieren sich selbst.
Es brechen Zweifel und Zwiespalt herein,
und Gleichgültigkeit führt zum Erkalten.
Doch Krisen sind Zeiten des Reifens.
Es bleibt als oberste Wahrheit gerade in Tagen,
die als Zerreißprobe gelten:
Was Gott zusammengefügt, soll der Mensch nicht scheiden.
Es gibt verschiedene Lebensalter der Ehe.
Und jedes dieser Alter birgt eigene Gefährdungen.
Was Mann und Frau geschenkt ist,
muss immer neu erworben werden, wenn sie es wirklich besitzen wollen.
Es ist das Geheimnis: Von Gott zusammengefügt!
Für einander bestimmt, füreinander und miteinander leben!
Immer neu beginnen im Entschlüsseln des Geheimnisses:
zusammengefügt – untrennbar!
Welcher Reichtum fließt aus diesem Geheimnis!
Es deutet ja hin auf ein höheres Einssein:
auf das von Christus und seiner Gemeinde.
Und wie von der göttlichen Liebe gilt, dass sie nimmermehr aufhört,
so kann auch die Liebe in Ehe und Familie
immer neu schöpfen aus dem Jungbrunnen
der Liebe Gottes, die Menschen zusammenfügt.

Ki. Bl., August 1996

13. AUGUST

**Die Himmel rühmen die Herrlichkeit Gottes,
vom Werk seiner Hände
kündet das Firmament.**

Ps. 19,2

So ist es doch, Herr:
Du bist im Himmel und wir leben hier auf der Erde!
Und die Erde ist uns wichtig geworden:
Wir mühen uns um bedrohte Pflanzenarten,
versuchen aussterbende Tierarten zu schützen,
wir möchten den Menschen nötige Rechte gewähren
und allen Gerechtigkeit und Frieden zukommen lassen!
Wir mühen uns wirklich um unsere liebe Erde!
Doch wir haben den Himmel darüber vergessen,
der doch deine Wohnung ist, Herr.
Wir haben die Schöpfung im Blick und dich,
Herr, den Schöpfer aus den Augen verloren.
Und nun klingt in unsere Tage dies Wort,
das einer vor tausend Jahren sprach:
„Die Himmel rühmen die Herrlichkeit Gottes.
Von Werk seiner Hände kündet das Firmament!"
Nun muss ich im Geist in die Weiten
des Heiligen Landes, wo – vielleicht im Süden –
Nomaden als Hirten ihre Herden weideten:
Tagelang sahen sie nichts als den Himmel,
der irgendwo am Horizont die Erde berührte,
und sie wussten es noch klarer als wir:
Der Himmel und die Erde sind eins,
berühren und durchdringen sich,
haben Bezug aufeinander und zueinander.
Und nur weil es den Himmel gibt, gibt es auch die Erde,
nur weil es dich, den Lebenden gibt, haben auch wir das Leben!
Und dieses Wissen hat das Denken
der Menschen damals geprägt
und den Mund geöffnet zum Lobgesang:
„Die Himmel rühmen die Herrlichkeit Gottes,
vom Werk seiner Hände kündet das Firmament!"
In mir aber klingt nun der Gesang auf,
den Beethoven vor bald 200 Jahren
zu einem Gedicht von Chr. F. Gellert schuf:

*„Die Himmel rühmen des Ewigen Ehre,
ihr Schall pflanzt seinen Namen fort ..."*

14. AUGUST

Ein unsterblicher Chor wurde diese Weise!
Doch über Einiges muss ich sinnen:
„Die Himmel ..." – gewiss so dachten die Alten.
Aber auch Jesus betete: „Unser Vater in den Himmeln".
„Die Himmel ..." ein Plural!!
Wir sprechen ja auch „vom verschlossenen Himmel",
dann, wenn vieles anders kommt, als wir es hofften.
Wir sprechen vom „offenen Himmel", wenn Segen uns wird.
Auch in unserem Sprachgebrauch
kann der Himmel „weinen" oder „lachen",
„seine Schleusen öffnen" oder auch
„brütend auf der Erde lasten".
Der Himmel hat jeden Tag ein anderes Gesicht.
Und der Himmel kann mir
Bild für eine unverfügbare Macht werden.
Und „diese Himmel" rühmen den Allmächtigen!
Das Firmament, das sichtbare Himmelsgewölbe,
kündet vom unermesslichen Werk Gottes!
Uns aber bleibt nur dieses:
Den Lobgesang aufnehmen und weiterzusingen,
zunächst mit dem Herzen und dann mit dem Mund,
mitzusingen am frühen Morgen und späten Abend,
in Frohsinn und Traurigkeit,
in Krankheit oder Herzeleid,
mit dem Beter dieses Psalms,
der mit den Worten schließt:

„Lass dir wohlgefallen die Rede meines Mundes
und das Gespräch meines Herzens vor dir,
HERR, mein Fels und mein Erlöser."

Ki. Bl., August 1997

Jesus Christus spricht:
Ich bin die Tür. Wenn jemand durch mich
hineingeht, wird er selig werden.
Joh. 10,9

Ja das möchte ich für mich
  und auch für meine Liebsten und Nächsten,
das, was du, Herr, so einfach sagst:
„Selig werden!" –
Und das nicht nur irgendeinmal,
vielleicht erst nach diesem Leben,
irgendwann die „Insel der Seligen" erreichen,
den „Reigen der seligen Geister" mittanzen,
nein, jetzt schon „selig werden",
besser noch, jetzt schon „selig sein"!
Ich sehne mich nach einem Zustand
der inneren Ruhe, der restlosen Zufriedenheit.
Und ich darf mich danach ausstrecken,
denn du, Herr, hast uns Seligkeit verheißen,
oft hast du davon gesprochen.
Die Bergpredigt hast du mit den Seligpreisungen begonnen,
die Verlorenen zu suchen und sie selig zu machen,
dazu bist du in unsere Welt gekommen.
Doch viele Menschen unserer Zeit
haben das Wort „selig" aus ihrem Wortschatz gestrichen,
wohl weil es ihnen nichts mehr sagt,
nichts mehr bedeutet,
für sie keinen Inhalt mehr hat.
Dennoch könnte es sein,
dass sie, so wie wir es uns heimlich wünschen,
einmal „selig zu sein", glücklich zu sein,
sodass Freude und Frieden
das ganze Lebensgefühl bestimmen.
Du, Herr, bringst das in Verbindung mit dir
und sagt es uns im Bild von der Tür:
„Ich bin die Tür. Wenn jemand durch mich
hineingeht, der wird selig werden!"

15. AUGUST

Wir können auch Türen machen,
große und kleine,
schöne und hässliche,
breite und schmale,
Schwingtüren und Drehtüren,
aber das können wir nicht:
eine Türe machen zum Glück,
zur Freude und zur inneren Zufriedenheit.
Diese Türe bist allein du, Herr!
Diese Türe lass mich finden –
so wie sie viele schon fanden,
von Augustin bis zu Mutter Teresa.
Lass mich dich finden, Herr,
und dann auch „hindurchgehen" in das ganz Neue!
Denn wer durch eine Türe schreitet
tritt in einen neuen Raum ein:
Türen sind Schwellen zu neuen Räumen!
Und der Raum, wo du bist, Herr,
da herrscht das Gesetz der Liebe,
da umfängt uns deine Vergebung
und da entscheidet deine Gnade!
Da kann ich Geborgenheit empfinden
so wie sie den Schafen zuteil wird,
die dem guten Hirten vertrauen,
und die Gewissheit haben:
Auch morgen haben wir Schutz,
gute Weide und frisches Wasser,
auch übermorgen und allezeit
weil der Hirte dabei ist,
darum sind wir jetzt schon,
geborgen und selig …

Ki. Bl., August 1998

**Jesus Christus spricht:
Über jedes unnütze Wort, dass die Menschen reden,
werden sie am Tage des Gerichts
Rechenschaft ablegen müssen.**
Mt. 12,36

Über das Reden zu reden
ist schon schwer genug, Herr.
Doch über das Reden zu schreiben,
fällt mir jetzt ganz schwer!
Denn was geschrieben ist,
liegt fest und ist darum anzugreifen,
es setzt mich dem Widerspruch anderer aus!
Und in diesem Spruch geht es dir ums Reden,
genauer: Um mein Reden, Herr!
Mein Reden auf deinem Prüfstand,
Herr, das kann für mich gefährlich werden!
Mir fällt hier jener Pfarrer ein,
der überaus bekümmert war
über das hässliche Reden der Konfirmanden,
wenn sie vom Gang zum Unterricht drängten.
Ermahnungen fruchteten überhaupt nichts!
Da stellt er eines Tages ein Tonbandgerät auf,
das unbemerkt alle unnützen Reden
seiner Zöglinge aufzeichnete.
Vor Beginn des Unterrichts
ließ der Pfarrer das Tonband ablaufen.
Ganz still wurden da Jungen und Mädchen,
alle vernahmen sie ihre Stimmen,
jeder erkannte sein unnützes Gerede!
Was tun wir nun mit diesem Band?,
fragte der Pfarrer,
Löschen!, rief die Gruppe im Chor.
So geschah es dann,
und der Einzug zum Unterricht wurde stiller.
Über jedes unnütze Wort,
das die Menschen reden,
müssen sie Rechenschaft geben
am Tage des Gerichts, so hast du gesagt, Herr!
Und du hast es uns auch vorgelebt!
Denn in der ganzen Überlieferung,
die von dir und deinen Wirken berichtet,
findet sich kein unnützes Wort!
Davon kann sich jeder überzeugen,
der die Evangelien einmal ganz durchliest.

Doch nun muss ich
an unser Reden denken, Herr.
Wie oft ist es „unnütz" oder „nichtsnutzig",
und das heiß doch: Es nützt keinem,
hilft niemandem und ist nicht förderlich!
Noch weiter muss ich denken:
Nichts kann so tiefe Herzenswunden reißen,
mehr kränken und die Seele verletzen
als ein leichthin gesprochenes Wort!
Was die Bibel über dein Wort, Herr, sagt,
dass es nämlich wirkt wie ein
scharfes, zweischneidiges Schwert,
das durch Mark und Bein geht –
das gilt auch von unserem Reden:
Es schneidet ganz tief,
dringt unbarmherzig in unser Gemüt
und schafft unheilbare Verletzungen
in der Seele des Anderen.
An meine Enkeltochter muss ich da denken.
Ihre Lehrerin führte die Ordnung ein:
Wer ein unnützes Wort sagt,
muss dafür zwei gute Worte
je fünfmal in ein Heft schreiben!
So hat sie einiges erreicht!
Du aber, Herr, möchtest mehr erreichen!
Du möchtest, dass unser Reden
nicht nur durch das Sieb unseres Verstandes
geläutert und geklärt werde!
Du möchtest, dass wir Menschen
Gutes hervorbringen
aus dem guten Schatz unserer Herzen!
Du möchtest unsere Herzen ganz füllen
mit Liebe, Vertrauen, Glauben und Güte,
dass sie davon überfließen
und alles das in unser Reden übergeht.
Darum kann ich nur bitten:
Fülle mich mit deiner Gnade
damit mein Reden dir gefalle,
jeden Tag …

Ki. Bl., August 1999

**Herr,
stell eine Wache vor meinen Mund,
eine Wehr vor das Tor meiner Lippen.**
Ps. 141,3

Ein bildhaftes Wort für meinen Mund soll mich durch diesen Spruch begleiten: „Herr, stell eine Wache vor meinen Mund, eine Wehr vor das Tor meiner Lippen!" – In der Lutherbibel steht es einfacher: „Herr, behüte meinen Mund und bewahre meine Lippen."

Wichtig ist mein Mund – und gefährlich zugleich. Wichtig, weil ich ihn brauche zum Essen und zum Atmen, zum Schmecken und zum Sprechen. Mein Mund hat für mich eine lebenserhaltende Aufgabe.

Gefährlich aber wird mein Mund durch das, was aus ihm herauskommt. Jesus sagt: „Was aus dem Mund herauskommt, das macht den Menschen unrein." (Mt. 15,11) Damit ist gewiss Reden gemeint. Sehr deutlich erläutert das der Jakobusbrief. Mit dem Mund „loben wir Gott, den Herrn, und mit ihm fluchen wir den Menschen. Aus einem Mund kommt Loben und Fluchen. Das soll nicht so sein!" Jakobus nennt die Zunge „ein unruhiges Übel, voll tödlichen Giftes", die eine Welt anzünden kann so wie ein Streichholz. Deshalb diese eindringliche Bitte: „Herr, stell eine Wache vor meinen Mund, eine Wehr vor das Tor meiner Lippen!"

Natürlich muss ich mich jetzt fragen: „Kann ich nicht auch selbst meine Zunge behüten? Kann ich sie nicht auch bewahren vor allem Fluchen oder bösen Geschwätz?" Da gilt der Spruch des Weisen: „Jedes gesprochene Wort sollte die drei Siebe passieren. Das erste Sieb: Ist es wahr? Das zweite Sieb: Ist es gut? Das dritte Sieb: Ist es nötig? – Und wenn etwas nicht wahr, gut oder nötig ist, dann sollst du lieber schweigen."

Das ist ein sehr nützlicher Rat, den ich täglich und stündlich beherzigen müsste.

Doch ist nicht jedes meiner Worte wie ein Saatkorn, von dem ich nie weiß, wie und wann es aufgeht? Kann nicht mein Sprechen zur Schlinge werden, in der ich mich selbst fange, oder zu einer Falle für meinen Nächsten?

Darum diese wichtige Bitte, jetzt und allezeit: „Herr, behüte meinen Mund und meine Lippen …"

Ki. Bl., August 2000

> **Seht, welche Liebe hat uns der Vater erwiesen, dass wir Gottes Kinder heißen sollen, und wir sind es auch!**
> 1. Joh. 3,1a

Die Vaterliebe ist hier angesprochen! Das scheint mir überaus wichtig. Die Mutterliebe haben die meisten als selbstverständliche Begleiterscheinung im persönlichen Leben und Erleben von frühester Kindheit an erfahren. Erst die Geborgenheit im Mutterleib, später dann die nährende und wärmende Nähe der Mutter sind Faktoren von bleibender Prägung. Es gibt kein normales Mensch-Werden ohne erfahrene Mutterliebe. Doch nun verweist uns der Apostel ausdrücklich auf die Vaterliebe: „Seht, welche Liebe hat uns der Vater erwiesen ...", der Vater, den das Neue Testament durchgehend den himmlischen Vater nennt.

Die Vaterliebe geht vom Vater aus, wird vom Kind aufgenommen, verarbeitet und meist auch erwidert. So sehe ich es bei unseren zwei jüngsten Enkelsöhnen: Wenn sie noch in ihren Bettchen schlafen, fährt der Vater zur Arbeit. Beim Aufwachen ist die Mutter selbstverständlich da, sie ist zuständig für die Lebensbedürfnisse, Gespräche, Hunger, Gemeinschaft. Doch wenn der Vater dann heimkommt, ist die Freude riesig. Die bislang vermisste Vaternähe überbietet sich in stürmischer Leidenschaft und zärtlicher Anschmiegsamkeit. Fast könnte es scheinen, als sei die Mutter jetzt gar nicht mehr nötig ...

Unter meinen Büchern findet sich eines, das trägt den besinnlichen Titel: *Warum Söhne ihre Väter brauchen*. Der Autor weist einleuchtend nach, dass für Jungen die Gegenwart des Vaters für eine gesunde Entwicklung eine Notwendigkeit ist. Das Bild des guten, sorgenden und liebenden Vaters ist unabdinglich für jede Generation.

Wohl auf diese Vaterliebe verweist uns der „Apostel der Liebe", wie man Johannes auch nennen könnte: „Seht, welche Liebe hat uns der Vater erwiesen, dass wir Gottes Kinder heißen sollen – und wir sind es auch!" Auch Adoptivkinder brauchen den Vater und können den Ziehvater „Vater" nennen; sie wiederum heißen nach dem „Vater", so wie dessen leibliche Kinder.

Ja, Herr, alle irdisch-menschlichen Kind-Eltern Beziehungen, mögen sie manchmal noch so kompliziert oder gar zerbrochen sein, sind ein Spiegelbild unserer Beziehung zu Dir. Weil Dein Sohn unser Menschenbruder wurde, dürfen wir dich „Vater" nennen, Dich bitten: „Unser Vater im Himmel ...", Dir vertrauen, dass Du uns nie „Steine statt Brot" gibst, dass Du in Ausweglosigkeit unsere Hand festhältst, in der Angst uns Deine Nähe schenkst und uns selbst im Sterben den Ausblick zu Dir verleihst.

Wir sind und bleiben Gottes Kinder. Lass diese Gewissheit immerfort mein Trost sein.

Ki. Bl., August 2002

**Fällt euch Reichtum zu,
so hängt euer Herz nicht dran.**
Ps. 62,11

So ist es mir einmal ergangen: An einem heißen Augusttag lag ich im Schatten eines Birnbaums. Da fiel plötzlich eine reife Sommerbirne neben mir ins Gras. „Danke, lieber Baum, für dieses Geschenk, das du mir hast zufallen lassen", rief ich und ließ mir die süße Frucht schmecken! Zugleich aber musste ich denken: Für dieses Geschenk hast du überhaupt nichts getan, das gab dir eigentlich der Himmel.

So wie eine reife Birne kann uns manchmal „Reichtum" zufallen. Zwar sind reiche, kinderlose Erbtanten selten geworden, auch den Haupttreffer in der Lotterie machen nur wenige. Doch der Psalm, aus dem der Vers ausgewählt wurde, meint auch nicht solche Dinge. „Reichtum" bedeutete damals: eine gute Weizenernte, viele, gesunde Lämmer bei der Herde und viele, gesunde Kinder um den Mittagstisch! Vielleicht erinnerte sich der Psalmist an den Vater Jakob, der mittellos, als Flüchtling in Haran eintraf und mit elf Söhnen und einer Tochter und mit über tausend Stück Herdenvieh heimkehrte, wo ihm dann noch ein Sohn geboren wurde. Jakob hatte Gottes Versprechen: „Ich bin mit dir!" Darum war ihm all sein Reichtum „zugefallen".

Für uns heutige Menschen hat das Wort „Reichtum" eine andere Bedeutung. Irgendwie hängt es mit Geld, Grund und Boden, Hausbesitz und dem Sparbuch zusammen. Doch „Reichtum" kann auch mehr bedeuten. Nach einem Rundgang durch ein Nervenkrankenhaus fragte eine Dame den begleitenden Arzt: „Warum gibt es so viel menschliches Elend?" Der Arzt erwiderte: „Vielleicht darum, damit die Gesunden erkennen, wie reich sie sind und Gott dafür danken."

Gewiss, die Gesundheit des Leibes und der Seele sind mir geschenkte „Reichtümer". Danken darf ich. Auch meine sehenden Augen, meine schaffenden Hände, meine Familienangehörigen und meine guten Nachbarn sind „geschenkte Reichtümer", des täglichen Dankens wert.

„Hängt euer Herz nicht an den Reichtum", mahnt der Beter. Irdischer Besitz kann zergehen wie Butter an der Sonne. „Hängt euer Herz nicht an den Reichtum", denn auch Jesus mahnt: „Wo euer Schatz ist, da ist euer Herz." Es gibt ja überhaupt nichts, das mir nicht vom Herrn geschenkt wurde, mir also zugefallen ist. Darum:

Was ich bin und was ich habe – Gott sei Dank für alle Gabe!

Ki. Bl., August 2001

Ich glaube; hilf meinem Unglauben!
Mk. 9,24

Menschen in tiefer Verzweiflung – das haben wir alle schon erlebt. Da stehen junge Eltern am Grab ihres Kindes, Angehörige um das Krankenbett der Mutter, Arbeitslose kommen niedergeschlagen vom Arbeitsamt – die Verzweiflung hat tausend Gesichter. Sie kommt auch durchs Fernsehen täglich ins Haus. Es ist schrecklich, wenn Menschen in Verzweiflung fallen.

Auch die Bibel kennt verzweifelte Menschen. Lesen wir doch das 9. Kapitel bei Markus: Ein verzweifelter Vater kommt zu Jesus. Sein Sohn ist „besessen", offenbar leidet er an Epilepsie, und das seit seiner Kindheit. Wenn ein Anfall kommt, ist es entsetzlich. Dann knirscht er mit den Zähnen, fällt ins Wasser oder Feuer, und alle sind hilflos. Die Verzweiflung ist verständlich.

Und nun steht er mit dem Jungen vor Jesus. Der Heiland aber sagt zum verzweifelten Vater: „Alle Dinge sind möglich dem, der da glaubt." Darauf aber schreit der verzweifelte Vater: „Ich glaube; hilf meinem Unglauben!" Jesus heilt den Jungen von seinem quälenden Leiden. Die tiefe Verzweiflung des Vaters hat ein Ende.

Eine Geschichte zum Nachdenken. Vor allem auch wegen dem, was Jesus nachher zu den Jüngern sagt: „Diese Art kann durch nichts ausfahren, als durch Beten (und Fasten)." (Fasten ist ein späterer Zusatz.)

Uns wurde das Wort des verzweifelten Vaters Spruch zum Bedenken gegeben: „Herr, ich glaube; hilf meinem Unglauben!" – Es muss ja nicht immer eine tiefe Verzweiflung sein, die unser Herz umschlingt wie eine Schlange ihr Opfer. Schon eine kleine Niedergeschlagenheit oder wenn wir das Monatsgeld überschlagen, wenn wir den Lebensweg eines unserer Kinder überdenken oder die Zukunft unserer Kirche – es gibt auch bei uns täglich Situationen, in denen wir diese Bitte an Gott richten können: „Herr, Du kennst meine Lage, meine Sorgen und meine Überlegungen, hilf mir nun zu einem starken und fröhlichen Vertrauen!"

Denn: Wenn ich am Abend den Tag überdenke oder in der Nacht über unsere Welt nachsinne, wenn eine plötzliche negative Wende mein Leben überschattet – immer wird dieses Wort einen passenden Platz haben: „Herr, ich glaube, hilf meinem Unglauben!"

Freilich kann uns dieses Wort auch weiterbringen. Glauben heißt ja nicht nur: „Jetzt bin ich in Not, jetzt bitte hilf mir, Herr!" Dann wäre Glauben nicht mehr als ein Notnagel, den ich nach dem Unglück, in besseren Zeiten, nicht mehr brauche.

Vielmehr heißt Glauben: Ich fühle mich geborgen in der Gegenwart Gottes, des allmächtigen Vaters und seines Sohnes, der Tod, Sünde und Hölle überwand. Und darum hat die Verzweiflung keine Macht über mich, darum beginne ich den Tag in zuversichtlichem Vertrauen und beschließe ihn in dankbarer Freude. Und wenn Niedergeschlagene in mein Leben treten, weise ich sie an Dich, Herr, denn du allein kannst Unglauben in Glauben wandeln.

Ki. Bl., August 2004

Vom Aufgang der Sonne bis zu ihrem Niedergang sei gelobet der Name des Herrn!
Ps. 113,3

Als im Jahre 1938 der Komponist Paul Ernst Ruppel zu dem obigen Psalmwort eine Kanonmelodie schuf, hat er sicher nicht geahnt, dass diese acht Takte ihn fast unsterblich machen würden. Denn dieser Kanon ist unter Christen eines der bekanntesten Lieder. Wo er angestimmt wird, singen sicher viele sofort mit. Die auf- und absteigende Melodieführung ist dazu geeignet, gleichsam dem Lauf der Sonne zu folgen. Wir sehen die Sonne am Morgen aufgehen und am Abend hinter dem Horizont untertauchen. Dennoch wissen wir: Das ist lediglich unser Eindruck. In Wirklichkeit dreht sich unsere Erdkugel. Aber das konnte der Psalmist zu seiner Zeit nicht wissen. Was er aber sagen wollte, ist dies: Das Gotteslob soll bestimmend sein für unser Leben.

Denn vorab sei gesagt: Sonnenaufgang und -untergang haben nicht nur ihren festen Platz in der Schöpfungsordnung Gottes, sondern sind unsere Lebensordnung. Aufgang und Niedergang umfassen, bestimmen und ermöglichen überhaupt das gesamte Leben auf der Erde. In den Mythologien der verschiedenen Völker spielt der Wechsel zwischen Tag und Nacht, zwischen Licht und Finsternis, Leben und Tod eine entscheidende Rolle.

Diese Ordnung vollzieht sich ohne unser Zutun, und sie ist unserem Zugriff entzogen. Diese Ordnung des Auf- und Niedergangs der Sonne geschieht nun schon seit Abermillionen von Jahren, und alles Leben hat sich in diese Ordnung eingefügt. Am Abend werden wir müde, und mit dem anbrechenden Tag werden wir munter. Man kann nachrechnen: ein Menschenleben von 70 Jahren hat rund 25 500 Tage, eines von 80 Jahren rund 29 000 Tage. So oft erleben wir Auf- und Niedergang des Tagesgestirns! Und so oft sollten wir den Herrn loben.

Der Aufblick zum Herrn in Lob und Gebet sollte am Morgen das erste und am Abend das letzte Werk sein. Denn irgendwann einmal wird die Sonne für mich nicht mehr aufgehen. Vielleicht kommt auch der Augenblick, dass sie für unsere Welt nicht mehr aufgeht. Dann aber wird immer noch der sein und bleiben, der Aufgang und Niedergang der Sonne geordnet hat.

In dieser Ordnung dürfen wir leben. Das können wir als selbstverständlich hinnehmen oder aber als unbegreifliches Wunder jeden Tag dankbar neu vermerken.

Es wird ein jeder Tag ein anderes Gesicht haben, und jeder Morgen wird mir als ein Geschenk erscheinen. Mein Blickwinkel wird sich wandeln, und meine Einstellung zu allem Geschehen wird sich verändern. Mein Dasein wird mir als Geschenk erscheinen, und alles Naturgeschehen, alles Wachsen und Reifen, alles Werden und Vergehen in kosmischen und irdischen Dimensionen werde ich mit neuen Augen betrachten

Und vor allem: Dankbar werde ich am Morgen das Sonnenlicht und den neuen Tag begrüßen. Und dankbar werde ich am Abend im Aufblick zum Herrn den Tag beschließen.

Ja, so will ich es halten von nun an: Bei dem Aufgang der Sonne am Morgen und bei ihrem Niedergang am Abend den Namen des Herrn dankbar loben, so lange ER mich das erleben lässt.

Ki. Bl., August 2003

**Jesus Christus spricht:
Ich bin gekommen, damit sie das Leben
und volle Genüge haben sollen.**

Joh. 10,10

Mitten in der Rede des Heilands vom „Guten Hirten" steht dieses Verheißungswort. Und es lohnt sich, das ganze 10. Kapitel zu lesen und den 23. Psalm dazu. Dann wird verständlich, dass die Zuhörer entrüstet sagen: „Er ist von Sinnen, was hört ihr ihm zu?"

Tatsächlich kann dieser Spruch modernen Menschen überheblich, vermessen oder gar lächerlich klingen. Aber, um im Bild des guten Hirten zu bleiben, in der Obhut des Hirten haben die Schafe alles: Leben, Schutz und „volle Genüge".

Denn letztlich geht es in allem um das Leben. In der Geburtenklinik fängt es an und bei jeder Operation geht es um das Leben. Wenn Regierungen Beschlüsse fassen, wenn der Landmann seine Felder bestellt, wenn Kommissionen die Lebensmittel überwachen, wenn ein Hausvater seine Arbeit verrichtet und die Hausmutter ihm helfend zur Seite steht – es geht immer und in allem um das Leben. Und wenn Klimaforscher Konferenzen halten, wenn Naturschützer sich für Tiere und Pflanzen einsetzen – immer geht es um das Leben. Soweit ist alles gut und richtig, solange wir nicht in gefühlvoller Schwärmerei versinken. Denn wir leben alle vom Lebendigen.

Der Heiland sagt es hier seinen Landsleuten und Zuhörern: „Ich bin gekommen, damit sie das Leben und volle Genüge haben sollen." „Sie", mit diesem Wort sind die gemeint, die zu ihm gehören, seiner Stimme gehorchen und ihr Sein dem Heiland anvertrauen.

Wie ein unerklärliches Geheimnis zieht es sich durch die Geschichte der christlichen Kirche: Menschen, denen es gelingt, ihr Leben, d.h. ihre irdische Existenz dem lebendigen Christus anzuvertrauen, erhalten „das Leben", etwas Neues, Unverlierbares, Unbeschreibliches, für Außenstehende Unerklärliches. Solche Menschen kann man steinigen wie den Stephanus, durch ein Martyrium zu Tode bringen, doch sie haben das Leben, auch wenn jetzt das Sterben ihr Teil ist.

Nur so kann das Heilandswort aus dem nächsten Kapitel verstanden werden: „Wer an mich glaubt, der wird leben, auch wenn er stirbt; und wer da lebt und glaubt an mich, der wird nimmermehr sterben."

So bekommen Menschen durch den lebendigen Heiland Mut zum Leben und Hoffnung für die Welt. Denn sie wissen und vertrauen: Mein Leben kommt von dem Herrn und hängt nicht an dem, was ich täglich zum Leben benötige. Und sie erfahren es immer wieder neu, was Paulus erlebte und dann niederschrieb, als einen Zuspruch seines Herrn: „Lass dir an meiner Gnade genügen, denn meine Kraft ist in den Schwachen mächtig!" Dabei hatte Paulus bei allen Misslichkeiten und Gefahren seiner Reisen „volle Genüge", auch wenn er drei Tage als Schiffbrüchiger auf dem Meer trieb. Dietrich Bonhoeffer, ein Märtyrer des 20. Jahrhunderts, schrieb aus dem Gefängnis an die Seinen: „Gott erfüllt nicht alle unsere Wünsche, aber alle seine Verheißungen!" Er hatte das Leben, und das konnte ihm niemand nehmen.

Ja, Herr, nun weiß ich es: Das Leben ist ein Geschenk von Dir. Das kann man nicht kaufen, und es hängt auch nicht an dem, was man in dem reichlichen Angebot mit Geld erwerben kann. Aber mein Leben kann sich durch Dich entfalten, an Tiefe gewinnen und zu getroster Gelassenheit führen. Wie immer es kommt und was immer mich betrifft: Ich bin geborgen in Dir, heute und morgen und allezeit.

Ki. Bl., August 2006

22. AUGUST

**Er ist der lebendige Gott; er lebt in Ewigkeit.
Sein Reich geht niemals unter;
seine Herrschaft hat kein Ende.**

Dan. 6,27

Seit meiner Kindheit begleitet mich ein Bild. Es war in der Bilderbibel, die mir die Eltern an einem Weihnachtstag geschenkt hatten. Da war ein Mann zu sehen, der saß auf einem Felsblock, umgeben von Löwen, die um ihn schlichen. Der Mann aber hob Gesicht und Hand zu einem Fensterchen hinauf, in dem der Kopf eines Königs zu sehen war. „Daniel in der Löwengrube", stand als Überschrift.

Man kann diese eindrucksvolle Erzählung im Daniel-Buch im Alten Testament nachlesen. Durch das Ränkespiel der Minister wird Daniel, einer der drei Fürsten des Perserkönigs Darius, zur Löwengrube verurteilt. Der König ist betrübt über dieses Urteil, denn Daniel war sein bester Ratgeber.

Daniel überlebt. Er sagt dem König: „Da ich unschuldig bin, hat Gott einen Engel gesandt, der dem Löwen den Rachen zuhielt." Daniel wird herausgeholt, und der König erlässt einen Befehl: Im ganzen Königreich soll man den Gott Daniels fürchten, denn: „Er ist der lebendige Gott; er lebt in Ewigkeit. Sein Reich geht niemals unter; seine Herrschaft hat kein Ende."

Ein Königswort also, die Feststellung eines heidnischen Herrschers, ist dieses Bibelwort. Weil da einer auf unerklärliche Weise vom sicheren Tod, vor hungrigen Löwen gerettet wird, erkennt ein Machtmensch: Es gibt eine lebendige Macht, die mehr kann als ich! Eine Macht, die auch aus dem Löwenrachen erretten kann, sofern sie es will.

„Dein Gott, dem du ohne Unterlass dienst, der helfe dir!" – so sagt König Darius, ehe das Urteil an Daniel vollstreckt wird.

Es ist schon eine große Sache, wenn einem Menschen klar wird: Menschliche Macht und menschliches Können haben Grenzen! Und noch wichtiger ist es, wenn wir begreifen: Es können auch Dinge geschehen, die eigentlich nicht sein können und für die wir dann ein Symbol, eine Chiffre, einsetzen. Daniel sagt zum König: „Gott hat einen Engel gesandt." Dieser wird nicht beschrieben, nur die Tatsache wird deutlich: Daniel kommt völlig unverletzt aus der Todesgrube.

Eine ganz ähnliche Geschichte steht auch im 3. Kapitel des Daniel-Buches. Und ist nicht das Neue Testament reich an ähnlichen Geschichten? Wenn Gott aus seiner Verborgenheit heraustritt, geschehen große Dinge, die unser kleiner Verstand nicht oder nur sehr mangelhaft erklären kann.

Denn Gott ist der Lebendige, der in Ewigkeit lebt! Unser Leben ist begrenzt, und sehr oft sind wir den Intrigen oder den Widrigkeiten unseres Seins hilflos ausgesetzt! Aber wohl jede und jeder von uns weiß von Errettung, von Geschehnissen, die wir nicht erklären können. „Dass ich heute noch lebe, ist ein Gotteswunder!", so muss ich es von mir und meinem Leben bekennen, denn es hätte damals im Kohlenbergwerk von Cernamorka um Haaresbreite zu Ende sein können.

Vielleicht prüfen wir einmal unseren Lebensweg – sicher gibt es Begebenheiten, die in diese Feststellung passen: „Es war der lebendige Gott!" – Der, der heute noch am Werk ist, in der Welt, in der Geschichte, in dem einzelnen Leben, meistens unerkannt, und meistens auch unbedankt!

Wohl dem, der danken und vertrauen kann.

Ki. Bl., August 2005

23. AUGUST

**Jesus Christus spricht:
Ihr urteilt, wie Menschen urteilen.
Ich urteile über keinen.**
Joh. 8,15

Das Urteilen gehört zu unserem Menschsein. Sofort nach der Geburt lernen wir das. Jeder Säugling erkennt seine Mutter, wahrscheinlich am Geruch. Und dann lernen wir weiter zu urteilen: Diese Speise schmeckt mir, die andere nicht. Dies tu ich gerne, das andere weniger gern. Und so geht es dann weiter, jeder neue Tag schärft unser Urteilsvermögen. Und der Handel tut noch Einiges dazu: Er lässt uns im Kaufhaus wählen und die Waren beurteilen. Manchmal freilich beruhen unsere Urteile auf unserer Einbildung: Weil ein Produkt aus einem bestimmten Land kommt, kaufen wir es, oder auch gerade nicht. Und wir halten an unseren Fehlurteil und Vorurteil noch krampfhaft fest. Denn mit Worten jemanden von seinem falschen Urteil abzubringen, das ist fast unmöglich.

Es gibt hingegen auch Menschen, die urteilen müssen, etwa Richter und Lehrer. Ein Lehrer hat die sehr undankbare Aufgabe, die Arbeiten einer ganzen Klasse zu beurteilen. Das ist eine hohe Verantwortung. Auch ein Richter muss kraft seines Berufes darüber urteilen, ob einer schuldig oder unschuldig ist, was sehr schwer ist und auch nicht immer gelingt. Das Urteilen gehört zu unserem Menschsein. Prüfen wir uns einmal selbst, wie oft wir an einem Tag urteilen, was falsch und was richtig ist. Aus dieser Rolle kann niemand heraustreten. Alles, was wir sehen, hören, erleben oder empfinden, beurteilen wir.

Menschen urteilen menschlich. So sagt Jesus: „Ihr urteilt, wie Menschen urteilen!" Das ist sehr wahr. Aber können wir überhaupt anders? In diesem Zusammenhang ist es vielleicht gut, wenn wir den ganzen Bibelabschnitt lesen, in dem uns Johannes dies Heilandswort überliefert. (Johannes 8,12-20). Denn hier geht es um ein Streitgespräch zwischen Jesus und den Pharisäern. Diese waren Meister im Urteilen und Verurteilen!

Allerdings hat Luther das Wort „urteilen" mit „richten" übersetzt: „Ihr richtet nach dem Fleisch, ich richte niemand." Vielleicht ist hier „urteilen" doch verständlicher. Jedenfalls verweist der Heiland deutlich auf seine Göttlichkeit und stellt diese in Gegensatz zu unserer Menschlichkeit. In unserem Urteilen und Verurteilen bleiben wir Menschen. Und wenn wir einmal urteilen müssen, dann sollten wir uns dessen bewusst werden, dass das Urteil immer menschlich ausfällt. Und das sollte uns demütig werden lassen! Immer Recht haben und Recht behalten ist weniger ein Zeichen von Charakterstärke als oftmals nur purer Eigensinn.

Jesus verurteilt niemanden. Sehr deutlich sagt das die Geschichte, mit der das achte Kapitel im Evangelium des Johannes beginnt. Hier wird eine Ehebrecherin von allen verurteilt. Der Heiland tut das nicht. Durch sein Wort „Sündige hinfort nicht mehr!" weist er dieser Frau den Weg in ein neues Leben.

Mich macht diese Geschichte sehr nachdenklich: Sollen wir alle Verbrechen, die tagtäglich geschehen, mit Vergebung zudecken? Dann würden wir zwar die Gefängnisse sofort leeren, doch für die Übeltäter wäre das nur ein Anreiz, weiter Böses zu tun. Sicher hat es Jesus nicht so gemeint. Doch Vergebung ist meist wirkungsvoller als Bestrafung. Ohne Ordnungen kann keine Gemeinschaft bestehen. Sie sind zwar „menschlich", auch in den vorgesehenen Strafen, aber das letzte Strafen liegt bei dem Dreieinigen Gott. ER ist und bleibt der HERR über alles und alle. In den vielen mittelalterlichen Domen müssen alle Besucher des Gotteshauses durch das meist dreiteilige Portal eintreten, wo im Tympanon, dem Bild im Spitzbogen, der Heiland als Weltenrichter dargestellt ist. Und das heißt doch: Wir gehen dem Gericht des Höchsten entgegen. Vergesst das nicht, ihr Menschen!

Lieber Heiland, wie tröstlich ist dein Wort: „Ich urteile über keinen." Daran darf ich mich halten, auch wenn ich täglich urteile, beurteile oder verurteile. Vergib, dass dies menschlich ist.

Ki. Bl., August 2010

24. AUGUST

Siehe, Kinder sind eine Gabe des Herrn, und Leibesfrucht ist ein Geschenk.
Ps. 127,3

Zwei Begebenheiten fallen mir ein. Es war im April 1990, also vier Monate nach der „Wende". Am Zibinsmarkt in Hermannstadt sollte ich Obst und Gemüse kaufen. Gleich beim Eingang stand eine Frau in den besten Jahren, kräftig und hoch gebaut. Unter dem bunten Kopftuch quollen zwei dicke, schwarze Zöpfe hervor, durchflochten mit vielen Silbermünzen. Ihre Bluse war bunt, der Rock feuerrot. In der Hand hielt sie Filmtabletten, so viele, wie zwischen Daumen und kleinem Finger Platz hatten. Unaufhörlich rief sie laut: *„Antibeebi, Antibeebi!"* Dabei klopfte sie auf den Packen. Sicher ist sie an dem Vormittag ihre „Ware" losgeworden, auch ohne Rezepte. Fünf Jahre später, im Januar 1995, fragte ein Journalist den Popen einer größeren orthodoxen Gemeinde in der Gebirgsgegend: „Wie viele Beerdigungen hatten Sie im vergangenen Jahr?" Antwort: „Rund 90." „Und wie viele Taufen?" „Rund 30!".

Und nun lesen wir das Psalmwort: „Siehe, Kinder sind eine Gabe des Herrn, und Leibesfrucht ist ein Geschenk." Im Studium habe ich gelernt: Immer wenn in der Bibel das Wörtchen „Siehe" steht, folgt eine wichtige, fast existenzielle Aussage, ein Satz, der unser Menschsein in einem zentralen Punkt betrifft. Und hier steht „Siehe!". Sollte uns das nicht zu denken geben?

In meiner Bibel trägt der 127. Psalm die Überschrift: „An Gottes Segen ist alles gelegen." Das scheint mir etwas allgemein. Lieber würde ich schreiben: „Das Hohe Lied der Familie!" Und wer diesen und auch den nächsten Psalm liest, wird erkennen, was ich meine. Denn im alten Israel galt Kinderreichtum noch als wirklicher Reichtum. Und erst wer damit gesegnet war, galt als „vom Herrn gesegnet". Freilich, menschliche Ansichten können sich ändern. Heute klingt das so: „Kinder sind eine Belastung für Familie und Ehe und zugleich ein erheblicher Kostenfaktor!" Das stimmt natürlich. Leider ist dabei nur die geldliche Seite im Blick. Das Soziale wird kaum gesehen und nicht einmal erwähnt. Noch weniger wird auf die Folgen einer solchen Sichtweise hingewiesen, die ein Volk an den Rand des Aussterbens bringen können.

Doch nun steht es hier, dieses Bibelwort, dass Kinder als Gottesgabe und Geschenk bezeichnet. Und es ist gut, dass wir darüber nachdenken. Denn zu den „Kindern" gehören ja nicht nur die leiblichen Nachkommen, also auch die Enkelkinder, sondern ebenso auch die Schwiegerkinder und manchmal auch Stiefkinder. Und dann merken wir, wie weit die Aussagen der Bibel gehen. Man kann sich nicht immer den großen Anhang vorstellen, in den uns unsere Kinder hineinführen, wenn sie heiraten oder auch nur ihr Leben an einen Partner binden. Unsere mobile Welt bringt die kompliziertesten Familienverhältnisse zustande, von denen niemand im Voraus sagen kann, wie sie enden und was für Folgen sie haben werden.

Darüber sollen wir nicht seufzen oder unzufrieden sein. Wir leben zwar in einer „Wahlgesellschaft", d. h. wir möchten immer auswählen („Dieses Kleid gefällt mir!"). Auch beim Kinderwunsch möchten wir es so haben: „Gesund und blond und intelligent soll unser Kind sein". Doch wie das „Geschenk" dann wirklich aussieht, wer kann das vorher genau sagen? Auch ein behindertes Kind kann zur Lebensaufgabe werden und viel Segen bringen. Wir müssen es nur als Geschenk annehmen.

Lieber Gott, wie weit reichen doch Deine Gedanken! Du beschenkst uns, auch mit Nachkommen. Lass uns Dir dafür danken, auch wenn wir den Segen nicht gleich erkennen können. Lass uns auch nicht vergessen, täglich alle unsere „Kinder" im Gebet vor Dich zu bringen und in Deine Obhut zu stellen! Und lass uns den Wert einer geordneten Familie erkennen und unser Möglichstes tun, damit die Familie, auch die Gemeinde-Familie, wachsen uns leben kann. Das bitten wir dich durch Jesus Christus, unseren Herrn, der die Kinder in seine Gemeinschaft rief und sie als „die Größten" im Himmelreich darstellte.

Ki. Bl., August 2008

Vom Aufgang der Sonne bis zu ihrem Niedergang sei gelobet der Name des Herrn!
Ps. 113,3

Sonntag Jubilate, der dritte Sonntag nach Ostern: Der Gottesdienst beginnt mit dem Kanon unseres Spruchs, der in tonmalerischer Weise den Aufgang und Niedergang der Sonne und das aufsteigende Gotteslob versinnbildlicht. Die Frau vor uns blickt ins Gesangbuch, singt aber nicht mit. Wir wissen um ihr Schicksal: Der Mann mit Altersdemenz in Pflege, die Tochter vor kurzem geschieden, der Sohn hatte einen Autounfall. Nun geht sie wie gewohnt zur Kirche, kann aber nicht mehr singen, Loblieder erst recht nicht. Was in ihrem Herzen wohl vor sich geht?

Ein wunderschöner Augustvormittag: Ich blicke in unseren Garten, auf das farbenfrohe Blumenbeet. „Schön ist Deine Welt, Herr!", denke ich. Doch dann höre ich den Krankenwagen im Einsatz vorbeirasen.

„Vom Aufgang der Sonne bis zu ihrem Niedergang sei gelobet der Name des Herrn!" Man kann auch sagen: Vom Tagesbeginn bis zum Tagesende, vom Wochenbeginn bis zum Wochenende oder auch vom Monats- und Jahresbeginn zum Monats- oder Jahresende sei gelobet der Name des Herrn. Wie ein Auftrag klingt das, aber doch nicht wie ein Befehl, eher als Aufforderung, das Gotteslob möge doch immer am Anfang und am Ende stehen.

Panta rhei, sagten die alten Griechen, „Alles fließt"! Ein Fluss fließt streckenweise ruhig dahin, dann wieder stürzt sein Wasser tief hinab, dann bringt ein Wolkenbruch den Flusslauf zum überschwappen. Auch unser Leben fließt dahin, oft ruhig und wie gewohnt, dann wieder über Klippen und Abgründe, durch Auen und durch wilde Schluchten – jeder Flusslauf ist ein anderer, und jedes Leben ist ein anderes. Und über allem Leben dieses Wort: Vom Anfang bis zum Ende und das heißt doch allezeit! Allezeit sei gelobet der Name des Herrn.

Nun, so einfach ist das gar nicht. Weder für unsere Nachbarin, noch für mich! Wir haben unser Leben mit unseren Problemen und Schwierigkeiten. Doch auch der Psalmist, der den 113. Psalm schrieb, wusste von Höhen und Tiefen, Geringen und Armen, Fürsten und Unfruchtbaren. Er hat auch unsere Gegenwart eingefangen. Dennoch: Immerfort sei gelobet der Name des Herrn.

Mir fällt da ein Sprichwort ein: Wende dein Angesicht der Sonne zu, dann fallen die Schatten hinter dich. Und dann kommt mir der Schluss des Liedes in den Sinn (Nr. 303), das Paul Gerhardt schrieb, nachdem er Frau, Amt und Kinder verloren hatte: „Die Sonne, die mir lachet, ist mein Herr Jesus Christ; das, was mich singen machet, ist, was im Himmel ist." Offenbar kann es uns geschenkt werden, das „Lob aus der Tiefe".

Und auch noch ein Sprichwort kommt mir in den Sinn. Es stammt aus China: „Ich war traurig, weil ich keine Schuhe hatte, bis ich jemanden traf, der keine Füße hatte." Zu einem Sinneswandel braucht es oftmals nicht viel mehr als eine zufällige Begegnung oder einen offenen Blick für die Welt.

Man kann es aber auch wie Hiob machen, und alles, wirklich alles, den Verlust von Hab und Gut, Kindern und Nachkommen und auch der eigenen Gesundheit, aus der Hand Gottes nehmen. Denn so hat der Heiland gesagt: Es fällt kein Spatz vom Himmel ohne den Willen des himmlischen Vaters.

Ja, lieber Gott, manchmal kann ich es kaum – Dich täglich zu loben, besonders wenn ich die Nachrichten sehe. Da wird meist nur das Schlimme gezeigt und dann wird nach Schuldigen gefragt. Du aber, Herr, nach Dir fragen die Reporter nie. Offenbar gehört das nicht zu ihren Aufgaben und Pflichten. Verständlich. Doch für mich soll es gelten: Allzeit sei Dein Name gelobt. Denn dann wende ich mich Dir zu, und das ist wichtig: für mich, für Deine Gemeinde und auch für alle meine Nächsten. Und dann kann ich auch sehen, wie viel Gutes ich schon bisher erfahren habe durch Deine direkte Hilfe oder durch Menschen, die in mein Leben traten. Und das macht mich dankbar.

Ki. Bl., August 2007

26. AUGUST

Der Herr segne dich und behüte dich, der Herr lasse sein Angesicht leuchten über dir und sei dir gnädig, der Herr erhebe sein Angesicht über dich und gebe dir Frieden.

4. Mo. 6,24-26

Wahrscheinlich alle, die am Sonntag den evangelischen Gottesdienst besuchen, werden bei diesem Spruch denken: „Das kenne ich doch! Mit diesem Segenswort entlässt der Pfarrer die Gemeinde nach dem letzten Lied." Und sie haben recht: Es ist der so genannten Schlusssegen, das Segenswort, mit dem wir den Weg in die neue Woche antreten.

Es ist ein trinitarischer Segen, ein Bibelwort, das seine Aussage dreifach auffächert, jedoch immer mit den gleichen Wörtern beginnt: „Der Herr". Und hier muss ich schon einmal innehalten. Am letzten Sonntag klang der Segen so: „Gott segne euch und behüte euch ..." Statt „der Herr" wurde „Gott" gesagt, statt „dich" stand „euch", die Mehrzahl. Vielleicht meinen nun die Meisten: Es ist doch egal, ob der Pfarrer „Herr" oder „Gott" sagt. So zu denken ist erlaubt – aber mir gibt es einen Stich ins Herz! Zum einen darum, weil ein Bibelwort zitiert wird, das auch ein Pfarrer nicht willkürlich verändern sollte, wenn er vor der gottesdienstlichen Gemeinde steht. Zum anderen ist da noch etwas: Sicher ist mit den Worten „der Herr" Gott gemeint. Aber wenn ich an die denke, die zwar in ihrer Sprache „Jahwe" oder „Allah" sagen, was im Deutschen in beiden Fällen mit „Gott" übersetzt wird, dann muss ich schon sagen: Es ist nicht gleich, was in einem christlichen Gottesdienst gesagt wird. Da wird sich ein Pfarrer sehr genau zu überlegen haben, wie er sich vor der versammelten Gemeinde ausdrücken darf, um nicht missverstanden zu werden. Und als Gottesdienstbesucher möchte und erwarte ich eine klare Ausdrucksweise.

Freilich kann man auch darüber verschiedener Meinung sein, ob es angeht, die persönliche Form des Bibelwortes in die Mehrzahl zu setzen. Wem es besser gefällt zu sagen: „Der Herr segne euch ...", soll es tun. Aber der biblische Auftrag an die israelitischen Priester ist klar: „So sollt ihr sagen zu den Israeliten, wenn ihr sie segnet" – und dann kommen die obigen Worte. Vielleicht ist es gut, das in der Bibel nachzulesen.

Doch nun zu dem dreifachen Segenswunsch. In der ersten Zeile fällt mir auf: Segnen und behüten bilden eine Einheit. Wer vom Herrn gesegnet ist, der ist auch von ihm behütet. Die Behütung und der Segen sind fast identisch. Und das ist auch gut so. Der Segen des Herrn soll die Christen, die den Gottesdienst erlebt und mitgestaltet haben, in der angebrochenen Woche begleiten. Sie sollen gleichsam in der Hut des guten Hirten ihren Weg gehen. Und dies ist für mich der Augenblick, wo ich die Gegenwart des Christus empfinden möchte, zumal ja der Pfarrer auch bei dem Amen das Kreuzzeichen macht. Hier wird für mich der Christusbezug ganz deutlich.

Aber dann kommt die zweite Aussage von dem „leuchtenden Angesicht". Nicht wenige Menschen haben in dieser Zeit das Leuchten im Gesicht verloren. Ich sehe gerne den Menschen auf der Straße ins Gesicht, und was ich da sehe, ist etwas anderes als Leuchten. Einige blicken gebannt in die Schaufenster der Geschäfte, andere wieder tragen ihre persönlichen Sorgen so offen zur Schau, dass man dies am Gesicht ablesen kann. Doch wenn hier von dem „leuchtenden Angesicht des Herrn" gesprochen wird, dann soll das sein wie die Sonne, die uns jeden Tag begleitet, auch wenn sie sich hinter Wolken verbirgt.

Und den guten Abschluss bildet das Wort vom Frieden: „Der Herr gebe dir Frieden!" Mehr ist eigentlich nicht zu sagen, wenngleich nicht wenige Pfarrer das überflüssige Wörtchen „seinen" einfügen.

Ja, Herr, lass mich in dem Frieden leben, den Du durch Deinen Sohn unserer friedlosen Welt geschenkt hast – heute und alle Tage! Amen.

Ki. Bl., August 2009

27. AUGUST

Jesus Christus spricht:
Wer sein Leben erhalten will, der wird's verlieren;
und wer sein Leben verliert um meinet-
und um des Evangeliums willen, der wird's erhalten.
Mk. 8,35

Herr, du weißt, wie wir gebunden sind
an uns selbst, an unseren Besitz,
an unsere Geltung vor anderen.
Wir wollen unser Leben erhalten.
Und erwarten, dass andere uns dienen.
Wir wollen uns selbst sichern,
und meiden von uns aus Dienst und Opfer.
Und wir merken es nicht,
dass, wer immer nur an sich denkt,
im Leben scheitert, ja sein Leben verliert.
Herr, du bist den Weg des Opfers gegangen,
du hast dich hingegeben für alle,
dich selber verströmt im Dienst für andere.
Sterbend bist du durchgedrungen zum Leben.
Lass uns mit dir den Weg des Gehorsams gehen,
lass uns erfahren, dass Liebe, die sich vergisst,
nicht vergeblich ist, sondern stärkt.
In allem Verlieren und Loslassen um deinetwillen
Liegt tiefer Gewinn.
Lass uns in dir das wahre Leben finden!

Ki. Bl., August 1992

**Was siehst du aber den Splitter
in deines Bruders Auge,
und wirst nicht gewahr des Balkens
in deinem Auge?**
Mt. 7,3

Fast in jedem Haus steht ein Fernseher: auf einem Tischchen, einem Kästchen oder sonst auf einem besonderen Platz. Und es vergeht wohl kaum ein Tag, an dem dieses Gerät nicht eingeschaltet wird.

Wenn die „Kiste flimmert", sammeln sich davor die „Fern-Seher", alle, die gerne sehen möchten, was sich in der fernen Welt so zuträgt; in anderen Ländern, bei fremden Menschen oder auf weit entfernten Sportplätzen.

Man weiß heute freilich, dass das Fernsehen auch schädlich sein kann. Dann, wenn es die kindliche Phantasie zu sehr belastet, dann, wenn es zu deutlich vor Augen führt, wie man zum Beispiel durch einen Einbruch ohne Arbeit zu viel Geld kommt, oder auch nur so, dass uns das Fernsehen Zeit und Lust zu nützlicher Arbeit nimmt. Das ist, wie gesagt, alles bekannt und bewiesen.

Aber vielleicht sollten wir noch auf einen Umstand hinweisen: Das Fern-Sehen liegt uns allen im Blut! Wir gucken gar zu gern in den Garten des Nachbarn. Es macht uns Freude, sein Leben und Treiben zu betrachten. Vielleicht nicht so direkt, aber immerhin.

Nur: Wer immer in die Schüssel des anderen blickt, dem wird die eigene Suppe bald nicht mehr schmecken. Und wer nun in die Ferne sieht, verliert den Blick für die Schönheit der Nähe.

„Fern-Seher" leben gefährlich. Schon Jesus hat davor gewarnt, den Splitter im Auge des anderen zu sehen und den Balken im eigenen nicht wahrzunehmen. „Nah-Seher" sind also gesucht, also Menschen, die sich selbst richtig erkennen und einschätzen, die mit ihrem Sinnen und Trachten nicht nur an der „Ferne" kleben, sondern sich an das Wort des Apostels halten: „Es ist aber ein großer Gewinn, wer gottselig ist und lässet sich genügen" (1. Tim. 6,6)

Ki. Bl., Februar 1980

**Jesus Christus spricht:
Ich bin das Licht der Welt. Wer mir nachfolgt,
der wird nicht wandeln in der Finsternis,
sondern wird das Licht des Lebens haben.**

Joh. 8,12

Ein Gast drückt dem Brautpaar die Hand und sagt: Wir wünschen euch eine lichtvolle Zukunft! Über einen solchen Wunsch kann man nachdenklich werden. Was wir uns alle wünschen, ist ein „lichtvolles" Leben, ein Leben ohne Schatten, ohne dunkle Stunden und ohne trübe Tage.

Wie sehr gerade die Bilder „Licht" und „Schatten", „hell" und „dunkel" in unseren täglichen Sprachgebrauch eingegangen sind, zeigt ihre Verwendung. Wir sprechen von einem „schwarzen Tag", einer „dunklen Stunde", der „Schattenseite des Lebens" oder den „Lichtblicken", die uns manchmal geschenkt werden. Das zeigt, dass wir mit Licht das Gute und Schöne, mit Dunkel aber das Schwere und Leidvolle verbinden.

Der Bibel nach beginnt Gott sein Schöpfungswerk mit den Worten: „Es werde Licht!" Das heißt: Der Herr lässt sein Licht im Dunkel und Chaos dieser Welt aufstrahlen. In diesem Licht erst kann man das Dunkel als Dunkel bemerken und das Durcheinander als Chaos erkennen. Und weil Jesus Christus Gottes Sohn ist, darf er auch sagen: „Ich bin das Licht der Welt!"

Viele Maler haben in Bildern die Geburt Christi so gemalt, dass das Licht vom Kind in der Krippe ausgeht und alle Anwesenden in einen überirdischen Glanz taucht. Eine solche Darstellung will uns sagen: Wenn du dich in das Licht des Heilands stellst, so wird es dein Leben erleuchten, du wirst eine neue Orientierung gewinnen. Wer im Finsteren geht, ist immer in Gefahr, vom rechten Weg abzukommen und die Orientierung zu verlieren. Wenn aber der Tag heraufzieht, merkt der Wanderer: Das Bisherige war ein Irrweg! Wäre ich so weitergegangen, hätte ich das Ziel nie erreicht.

Viele Menschen verfehlen das Ziel des Lebens, weil sie dem „Licht des Lebens" ausweichen und meinen, sie könnten selbst Licht bringen in das Dunkle ihres Lebens. Aber so wie das Sonnenlicht allein lebendiges Licht ist, das Leben ermöglicht und schafft, so ist auch Christus durch nichts zu ersetzen.

Zweierlei aber müssen wir bedenken. Man kann Licht nicht auf Vorrat haben! So kann man auch das Licht Jesu nicht einfangen und speichern. Es muss immer neu entflammt werden. Dazu können Gottesdienste, Bibellese und -gebet hilfreich sein. Sie sind an sich noch kein Licht. Durch sie kann jedoch das Licht des Lebens aufleuchten.

Zweitens ist es wichtig, dass Menschen in der Lebensverbindung mit dem Herrn bleiben, denn erst dann beginnt durch sie etwas von dem Lichtglanz des Heilands auszustrahlen.

Eine lichtvolle Zukunft haben wir nicht dann, wenn uns Schweres, Dunkles und Leidvolles erspart bleibt, sondern dann, wenn der Herr des Lichts mit uns in die Zukunft geht. Dann kann uns nichts ängstigen, weil sein Licht uns auf den rechten Weg leitet.

*Der allerhellste Freudenschein,
geht von der Krippe aus;
die Liebe Gottes hüllt uns ein,
das Licht vom Vaterhaus.*

Ki. Bl., Februar 1982

**Jesus Christus spricht:
Euer Herz erschrecke nicht!
Glaubt an Gott und glaubt an mich!**
Joh. 14,1

Ein tiefes Erschrecken geht durch meine Seele, Herr,
darüber, wie die Menschen wenig sich verstehn!
Sie möchten mit Gewalt und Waffen
auf unserer Erde Friede schaffen –
Doch kann ein gutes Ende niemand sehn.
Auch dieses lässt mein Herz zutiefst erschrecken, Herr,
dass viele Menschen auseinanderlaufen,
wie Kinder schwer darunter leiden,
dass Eltern ihre Ehe scheiden
und nur noch Wert besitzt, was auch zu kaufen!
Ein tief Erschrecken hält mein Herz gefangen! –
Ich merk es täglich und bin oft betrübt!
Es möchte manchmal meine Kräfte lähmen,
mir Schwung und Lebensfreude nehmen,
lässt mich vergessen, Herr, dein Wort: „Du bist geliebt!"
Nimm darum all mein Bangen, Herr, in deine Hände,
gieß Frieden in mein Herz hinein!
Lass mein Erschrecken täglich schwinden,
zu Dir stets Glauben und Vertrauen finden
und Jesus Christus meinen Herren sein,
damit an seiner starken Hand
vertrauensvoll ich dieses Jahr durchschreite.
Mach dich, Herr, mehr und mehr bekannt.
Und Deine Gnade, die uns zugewandt –
Bleib Du, Herr Christ, getreu an meiner Seite!

Jahreslosung 2010

Wo der Geist des Herrn ist, da ist Freiheit.
2. Kor. 3,17

Als das junge Ehepaar aus dem Zug stieg, der sie zu ihrem Urlaubsort gebracht hatte, sagte er zu seiner Frau: „Nun haben wir drei Wochen ganz frei!" Und aus seinen Augen leuchteten Freude und Glück.

Alle sehnen wir uns nach Freiheit. Jeder möchte von irgendetwas frei werden. Ich denke da an die Mutter, die sagte: „Wenn ich nur von meinen Schmerzen frei werden könnte. Wie viel mehr könnte ich für meine Kinder tun!" Denn es gibt so viel Gebundenheit unter uns Menschen an Leiden, Süchte und Zwänge. Aber darin wird zunächst einmal deutlich, dass das Wort „Freiheit" mit sehr persönlich geprägten Vorstellungen verbunden ist, denn jeder hat seines, wovon er frei werden möchte. Wohl kaum ein Begriff aus unserer Umgangssprache ist mit so vielen Meinungen belastet als gerade das Wort „Freiheit".

In diesem Spruch uns ein Bibelwort: „Wo der Geist Gottes ist, da ist Freiheit." Mit dieser Freiheit ist aber offenbar nicht das gemeint, was der Urlauber oder die Kranke unter „Freiheit" versteht. Es ist auch nicht ein Zustand ins Auge gefasst, wo jeder tun könnte, was er will. Es gibt ja wahre Freiheit allemal nur in der rechten Bindung. Davon spricht Jesus sehr deutlich: „Wer Sünde tut, der ist der Sünde Knecht." (Joh. 8,34) Wer sich von Gott löst, gerät immer mehr in die Abhängigkeit des Bösen. Und aus diesem Verhängnis kann der Mensch sich selbst nicht befreien. Er ist darin gefangen wie die Mücke im Netz der Spinne. Und je mehr er sich müht, desto aussichtsloser muss ihm sein Vorhaben scheinen.

Jesus Christus aber hat uns von dem Bösen befreit. Dafür hat er sein Höchstes, sein Leben dahingeben. Aber nun gilt es, was er einmal so gesagt hat: „So euch der Sohn frei macht, so seid ihr recht frei". (Joh. 8,36).

Diese Freiheit nun ist so etwas wie ein Raum, in dem die Kräfte der Gotteswelt zur Wirkung gelangen. Wer an dieser Welt Anteil hat, ist nicht nur frei von der Gewalt des Bösen und damit auch von sich selbst, sondern wird frei, den Willen Gottes zu tun, und auch frei dafür, in der Liebe sein Leben zu führen. Erst wer sich im Raum der Freiheit Gottes befindet, kann sich selbst verwirklichen, weil er in Übereinstimmung mit seinem Ursprung und mit seiner Bestimmung lebt.

Solche Freiheit durch den Heiligen Geist Gottes aber schenkt uns ein fröhliches Herz. Denn es ist nicht mehr gebunden an die Dinge dieser Welt, sondern weiß sich vertrauensvoll in Gottes Hand geborgen.

Ki. Bl., Sept. 1980

**Es werden Tage kommen,
da schicke ich den Hunger ins Land,
nicht Hunger nach Brot, nicht Durst nach
Wasser, sondern nach einem Wort des Herrn.**

Am. 8,11

Hunger tut weh. Das weiß, wer einmal wirklich gehungert hat. In Jahren des Hungers waren die Menschen aktiver. Jeder trachtete danach, satt zu werden; all sein Sinnen war darauf gerichtet. Wenn wir zusammen saßen, sprachen wir nur von gutem Essen. Und schließlich wünschten wir uns trockene Brotrinde. – Hunger tut weh!

Hunger kann aber auch heilsam sein. Es könnte sein, dass der Arzt sagt: „Von nun an dürfen Sie dies und jenes nicht mehr essen. Das ist nötig zur Heilung des Leidens!" Hungern ist nicht angenehm – es kann aber heilsam sein.

Es gibt aber auch Formen des Hungers, die mit dem Essen gar nichts zu tun haben. So hatte ich einmal lange keine gute Musik gehört. Als sie endlich wieder erklang, merkte ich erst, dass mein Innerstes nach lieblichen Tönen lechzte wie ein Dürstender nach einem Trunk. Und jemand sagte mir einmal nach einem Gespräch: „Mich hat so gehungert nach einem guten Wort!" – Hunger und Durst nach Schönem und Gutem, nach Güte und Liebe, nach all dem, das unseren im Inneren erquicken kann wie ein kühler Trunk. Die Bibel freilich weiß auch von einem andern Hunger und Durst.

„Meine Seele dürstet nach Gott, nach dem lebendigen Gott, – so wie der Hirsch lechzt nach frischem Wasser" – betet der Psalmist. Und Jesus preist die selig, „die da hungert und dürstet nach der Gerechtigkeit, denn sie sollen satt werden". Es gibt also auch in Glaubensdingen einen heilsamen Hunger, der von Gott gewollt und von ihm gewirkt wird und der zu ihm hinführt. Darum lässt Gott den Propheten Amos in unserem Vers sagen: „Es werden Tage kommen, da schicke ich den Hunger ins Land, nicht Hunger nach Brot, nicht Durst nach Wasser, sondern nach einem Wort des Herrn."

Damals, als Amos im Auftrag Gottes reden musste, war eine satte Zeit. Es gab nicht nur Brot im Überfluss, es wurden auch große gottesdienstliche Feiern veranstaltet, bei denen es glänzend zuging. Aber es war kein echter Hunger da. Die äußere Sattheit hatte die Menschen innerlich gleichgültig gemacht. Doch der Hunger nach dem Wort des Herrn sollte sich bald einstellen. Als Nebukadnezar mit seinen Heeren das Land überzog, gab es nicht nur wirkliche Hungersnot, sondern auch wieder echten Hunger nach dem Wort des Herrn.

In einer Gemeinde, die längere Zeit keinen Pfarrer hatte, stieg der Gottesdienstbesuch nach der Pfarrereinführung sprunghaft an. Das lag gewiss nicht nur an dem neuen Pfarrer, sondern an dem „heilsamen Hunger" der Gemeinde nach dem lebendigen und guten Wort des Herrn. In einem Abendmahldienstlied heißt es: „Ach, wie hungert mein Gemüte, Menschenfreund, nach deiner Güte!" und im Johannes-Evangelium (6,25) sagt Jesus: „Wer zu mir kommt, der wird nicht hungern."

Wir dürfen zu dem Herrn unseres Lebens kommen, wenn wir Hunger haben. Wer seinen Lebenshunger aber mit anderem gestillt hat, dem wird das „Brot des Lebens" kaum munden. Aber der Herr verspricht: „Ich will einen Hunger ins Land schicken, einen Hunger nach dem Wort des Herrn." Das kann einen Pfarrer in seinem Dienst trösten, das kann aber auch einer treuen Kirchengängerin, deren Familienangehörige sie sonntags allein zur Kirche gehen lassen, Mut machen. Gott sendet einen Hunger. Manchmal durch eine Trennung, durch ein Krankenlager, durch eine Not oder durch ein schmerzliches Ereignis. Dann erwacht der heilsame, gottgewirkte Hunger. Solcher Hunger macht dann aktiv sodass wir plötzlich von Glaubensdingen reden, wo uns das bisher nie eingefallen wäre.

Wo der Herr „Hunger nach dem Wort" wirkt, kann der Heilige Geist sein Werk an uns tun. Da werden wir aufmerksam, unser Leben wird bewusster und bekommt das Ziel in den Blick, von dem die Offenbarung des Johannes spricht: „Sie wird nicht mehr hungern und dürsten."

Ki. Bl., Sept. 1982

2. SEPTEMBER

**Jesus Christus spricht:
Wo zwei oder drei versammelt sind in meinem Namen, da bin ich mitten unter ihnen.**
Mt. 13,20

Zwei oder drei – das ist nicht viel. Die großen Bauten der Antike wären nicht zustande gekommen, wenn nur „zwei oder drei" angepackt hätten. Doch hier geht es nicht um unsere Kraft. Hier geht es um den Herrn, der im vollen Gehorsam zum Schöpfer blieb und ermächtigt wurde, den Tod, die Sünde und den Teufel zu überwinden. Es geht um den Herrn, den der Tod nicht im Grab halten konnte, dem Wind und Meer gehorchen mussten, und in dessen Gegenwart die Welt wieder heil wurde. Es geht um Jesus Christus, der da sagt: „Mir ist gegeben alle Gewalt im Himmel und auf Erden."

Er hat uns eine große Verheißung gegeben: „Wo zwei oder drei versammelt sind in meinem Namen, da bin ich mitten unter ihnen!" Mit diesem Versprechen kann man durch ein ganzes Leben gehen! Denn: „Zwei" – das sind zunächst einmal Frau und Mann. Sie werden durch den Ehebund „eins". Diese zwei können auch im Namen Jesu „eins" werden, wenn sie sich miteinander im Gebet vereinen. Dann sind sie zwar immer noch zwei Menschen, aber der Herr tritt zwischen sie. Und wenn dann noch ein Kind da ist, sind es „drei". Die Hausgemeinschaft kann jeden Tag zu einer Gemeinschaft mit dem Herrn werden, die dann die Verheißung trägt: „Ich bin mitten unter ihnen!"

Aber man kann diese Rechnung auch anders machen. Es ist gewiss ein erhebendes Gefühl, in einer vollen Kirche zu sitzen. Man freut sich, wenn alle Bänke besetzt sind, die Kinder um die Altarstufen sitzen und kräftiger Gesang das Gotteshaus durchweht. Es ist jedoch in den meisten Gemeinden anders. Sie werden kleiner, und die ehemals vollen Gotteshäuser beginnen sich zu leeren. An manchen Sonntagen sind es wirklich nur „zwei oder drei", die sich zum Gottesdienst einfinden. Sollen wir es nur bedauern? Könnten wir uns nicht auch freuen, dass dennoch welche kommen? Vielleicht sogar mit mehr Vertrauen als vormals dreihundert?

Offenbar wusste Jesus, dass der Normalfall für die Seinen die „kleine Herde" ist. Diese Schar unter seiner Führung kann getrost sein: „Ich bin mitten unter ihnen!" Die Christen machen die Erfahrung dass auch wenige, wenn der Herr mit ihnen ist, von unüberwindlichen Kräften angerührt werden. Nur eines ist die Bedingung: „In meinem Namen!" Darum geht es. Dass wir nicht mit unseren Ansprüchen kommen, dass wir nicht von vornherein meinen: So muss es gehen! Denn dann setzen wir unseren Willen vor den Willen Jesu, dann stellen wir unseren Namen vor den Gottes.

Wo aber Menschen „im Namen Jesu Christi" zusammenkommen, da gibt es das Hören auf ihn, das sich Einordnen in seinen Willen. Die Gemeinde Jesu trägt seine Verheißung. Mit zweien kann es beginnen. Schon zwei – da ist der Herr dabei. Der unüberwindliche Herr! Welch großes Versprechen! Zwei werden in ihm zu einem Wir mit ihm.

Da muss allerdings alle Traurigkeit einem fröhlichen Vertrauen weichen!

Ki. Bl., Sept. 1987

Unterweise mich, dass ich verstehe deine Mahnungen.
Ps. 119,125

Es gibt wohl kaum Eltern, die ihren Kindern nicht jeden Tag sagen: „Lernt!" Aber alle wissen, wie wenig dieses tägliche Mahnen fruchtet. Und schon manche Mutter hat seufzend gesagt: „Wenn ich nur wüsste, was ich tun soll, damit unser Kind mit mehr Freude zur Schule geht." Kinder, die gerne zur Schule gehen und mit Freude lernen, sind dünn gesät. Trotzdem kommt fast jeder einmal zur Einsicht: Hätte ich doch mehr gemacht! Solch Einsicht kann sehr heilsam sein.

Im 119. Psalm, dem längsten der Bibel, betet ein Mensch zu Gott: Unterweise mich, dass ich verstehe deine Mahnungen. Es ist, als ob dieser Mann wirklich von Gott lernen möchte, als ob er geradezu begierig sei, in Gottes Schule zu gehen, vom Herrn unterwiesen zu werden. Man könnte nun fragen: Sind Gottes Mahnungen nicht jedem verständlich? Ist Gottes Reden nicht für jeden begreiflich? Ich denke an die Brüder Kain und Abel. Mit Kain hatte der Herr geredet (1. Mose 4,6). Dennoch schlug er seinen Bruder tot. Manchmal ist es so. Man hat etwas gehört, gelernt, aufgenommen – und hat es doch nicht verstanden; man hat es nicht eingesehen, keine neue Einsicht gewonnen. Darum kann unser Vers auch in einer neueren Übersetzung lauten: „Gib mir Einsicht, Herr, damit ich verstehe, was du gebietest."

Wir flogen in großer Höhe über einer geschlossenen Wolkendecke. Es war schönster Sonnenschein, aber von der Erde sahen wir gar nichts. Erst später lichteten sich die Wolken unter uns, und man konnte Straßen, Wälder und Ortschaften unterscheiden. Dieses wurde mir zum Gleichnis: Wir hatten nichts dazu getan, dass sich die Wolken lichteten, es war für uns ein Geschenk! Rechte Einsicht ist ein Geschenk und kann nicht erzwungen werden. Wo sie aber geschieht, da gehen einem die Augen auf und man sieht, was vorher zwar da war, aber nicht gesehen werden konnte. Darum ist die Bitte berechtigt: Gib mir Einsicht, unterweise mich, Herr.

Man kann den Gottesdienst am Sonntag besuchen, man kann auch in der Kirche mitmachen und sich dennoch im Herzen gegen die Mahnungen Gottes sperren. Darum diese Bitte um das rechte Begreifen. Den Willen Gottes werden wir freilich nie ganz vorstehen. Es wird immer ein unbegreiflicher Rest bleiben. Selbst Jesus hat als Mensch nicht ganz verstehen können, warum der Vater ihn den Weg zum Kreuz gehen ließ. Aber er hat den Mut bekommen, auch diesen schweren Weg in Vertrauen und Gehorsam zu gehen. Und es war der Weg zu unserem Heil.

In diesem Monat werden unsere Kinder wieder zur Schule gehen und unterwiesen werden. Immer wieder wird die Mutter sagen: „Lernt doch, es ist zu eurem Guten!" Aber wir bleiben alle Lernende. „Unterweise mich, schenke mir Einsicht, Herr!" Das ist die rechte Bitte des Glaubens. Gott sei Dank, dass der Herr immer noch zu uns spricht.

Ki. Bl., Sept. 1983

Jesus Christus spricht:
Was nützt es einem Menschen, wenn er die ganze Welt gewinnt,
dabei aber sein Leben einbüßt?

Mt. 16,26

So ernst fragst du, Herr, und so gezielt:
„Wer will sein Leben einbüßen?"
Nein, keiner! – Keiner von uns will sein Leben einbüßen!

Denn: Wir lieben es alle, dieses Leben, mit seinen Schönheiten, mit seinen Freuden, mit seiner Lust – darum möchten wir mehr; mehr vom Leben, mehr von allem Schönen, mehr von den Freuden, immer nur mehr! Mehr Gewinn von unserer Arbeit, mehr Gewinn von unserem Einsatz, mehr Gewinn von unserem Geld.

Und darum geht es immer im Kreis: Mehr Einsatz – mehr Gewinn! Wie ein Ringelspiel, das sich zwar dreht, immer dreht, aber nie von der Stelle kommt!

Doch das möchtest Du nicht, Herr, dass es immer rund geht, immer um das eine: Mehr Gewinn! Denn einmal ist es vorbei, vorbei mit allem – „und wes wirds sein?" Wo werden wir darin sein? Wem werden wir gehören?

Lass uns trachten nach dem Leben, das Du allein geben kannst, Herr, nach dem Leben, das in Deiner Gemeinschaft erblüht wie eine Blume im Licht; nach dem Leben, das sich behütet weiß von Deiner Nähe; nach dem Leben, das nicht mehr ängstlich sorgt um das Morgen und Übermorgen, sondern sich geborgen weiß in Deiner Liebe!

Ki. Bl., Sept. 1991

Dein Wort ist meines Herzens Freude und Trost; denn ich bin ja nach deinem Namen genannt.

Jer. 15,16

Wenn ein Kind geboren wird, geht der Vater zum Standesamt und meldet den neuem Erdenbürger an: Er gibt ihm seinen Namen. Indem er dies tut, anerkennt er nicht nur das Kind als sein Kind, sondern er übernimmt auch die Verpflichtung, für dieses Kind zu sorgen, es zu behüten und notfalls auch mit seinem Leben für es einzustehen. Der Name des Vaters, der Familienname, bürgt für die Aufnahme in die Verwandtschaft, und das ist für das Leben des Kindes ein entscheidendes Ereignis. Natürlich kann es auch anders sein: Wenn der Vater von dem Kind nichts wissen will, erhält es den Namen der Mutter.

„Ich bin nach deinem Namen genannt", sagt der Prophet Jeremia in unserem Vers. Er beruft sich geradezu darauf: Herr, ich trage deinen Namen, wie kannst du nur zulassen, dass so viel über mich kommt? Denn dieser Mann hat schwer an seinem Amt als Bote Gottes gelitten – es ist gar nicht so einfach, im Dienst Gottes zu stehen, sich in der Nachfolge zu bewähren. Jeremia hat das gewusst. Darum hat er sich auch gegen die Berufung gewehrt. Aber der Herr hat ihn nicht mehr losgelassen. Er hat ihn in seiner vierzigjährigen Prophetenzeit durch Gefängnis, Folterung, Mordanschläge und tiefste Verzweiflung geführt. Dennoch hat er ihn nicht verlassen. Er war ja nach Gottes Namen genannt!

Wer die Bibel kennt, weiß, dass auch unser Herr Jesus Christus den Seinen an keiner Stelle ein sorgenfreies und angenehmes Leben versprochen hat. „Meine Kraft ist in den Schwachen mächtig!" – so drückt das der Apostel Paulus aus. Dass Gott am Werk ist, zeigt sich darin, dass ein Mensch in den schweren Stunden nicht verzagt und nicht zerbricht. Wo Menschen in harten Erprobungen nicht verzweifeln, da zeigt sich die Kraft des Herrn. Menschen, die im Leiden drin stehen, haben oft wirklich nichts anderes mehr, woran sie sich halten können, als allein Gottes Zusage.

„Dein Wort ist meines Herzens Freude und Trost", sagt der leidgeprüfte Prophet. Dabei sind wir viel besser dran als dieser gequälte Mann, denn wir haben das Wort des Herrn schön gebunden in der Schrift. Wir haben darüber hinaus auch unser Gesangbuch und vielleicht noch manches, was von glaubensstarken Menschen geschrieben wurde. Durch das alles redet der Herr auch heute zu verzagten Herzen. Und viele erfahren es immer und immer wieder: Dein Wort ist mir Freunde und Trost! Das ist dann so, wie wenn der Vater, der das Kind auf seinen Namen genommen hat, mit seinem trostbedürftigen Kind spricht und dafür bürgt, dass er es nie verlassen wird.

Wir sind in der Taufe mit dem Christusnamen genannt worden. Diesen Namen wird niemand von uns nehmen und er verbürgt uns das zeitliche und ewige Heil.

Ki. Bl., Sept. 1984

Jesus Christus spricht:
Wo zwei oder drei in meinem Namen versammelt sind, da bin ich mitten unter ihnen.
Mt. 18.20

Zwei oder drei – das sind nicht viele!
Zwei oder drei – das ist keine Masse,
mit der man für eine Sache demonstrieren könnte.
Zwei ist einer dazu zu einem – zwei oder drei sind wenige!
Wir sind eine Kirche der Wenigen geworden!
Vor mehreren Jahrzehnten war das anders.
1912 musste man die Neppendorfer Kirche
nach Westen um fast 20 Meter verlängern.
Sie war zu klein geworden für die Vielen,
die zum Gottesdienst kamen.
Und dann konnten 1200 Menschen einen Sitzplatz finden!
Heute kommen fünfzig oder sechzig zum Gottesdienst,
und wir freuen und darüber.
In andern Gemeinden kommen fünf oder sechs,
und wir freuen uns immer noch!
Doch Du, Herr, sagst: Zwei oder drei –
und ich bin mitten unter ihnen!
Was für ein hohes Versprechen!
Was für eine frohmachende Verheißung!
Zwei oder drei in Deinem Namen, Herr,
und du bist dabei, gewiss dabei!
Das sollte uns mehr Mut machen:
denen, die manchmal Gottesdienst für ganz wenige halten!
Und auch denen, die manchmal am Sonntag sagen:
So wenige in unserer großen Kirche,
da macht der Gottesdienst keine Freude!
Aber wir sollten uns über Dich freuen, Herr,
weil Du zu uns kommst,
weil Du uns nicht allein lässt mit den beiden Nachbarinnen,
das sollte uns wichtig sein,
darum sollten wir froher singen und beten,
darum sollten wir mehr Mut haben zum Gottesdienst
auch mit ganz wenigen. Weil Du bei uns bist!
Aber im Matthäus-Evangelium geht es ausdrücklich
um Zerwürfnisse zwischen „Brüdern" in der Gemeinde:
„Sündigt dein Bruder an dir, so geh hin und weise ihn zurecht ...
Hört er nicht auf dich, so nimm noch einen oder zwei zu dir ...
Hört er auf die nicht, so sage es der Gemeinde ...
denn wenn zwei unter euch eins werden worum sie bitten wollen,
so soll es ihnen widerfahren ..." (Mt.18,15ff)
Nicht nur einzelne aufrichten und ermutigen, vielmehr das willst Du, Herr:
Gräben zwischen Menschen zuschütten, Hass löschen,
Gegensätzliches dämpfen und Zerrissenes heilen!
Wo Menschen sich so weit entfernt haben,
dass sie die Hände einander nicht mehr reichen können,
da willst du dazwischen treten, Herr, und beide an der Hand fassen,
damit sie sich behutsam näher kommen mit deiner Hilfe und über Deine Hände.
Das also willst Du, Herr, den Menschen Deinen Frieden bringen,
zwischen ihnen wieder Frieden machen,
darum hast Du Deine Hände durchbohren lassen am Kreuz, nur darum,
damit wir Deine Nähe spüren können,
wenn wir zu zweit oder zu dritt versammelt sind ...

Ki. Bl., Sept. 1995

7. SEPTEMBER

Öffne mir die Augen für das Wunderbare an deinen Weisungen!

Ps. 119,18

Mit dem Beginn des Monates September geht für die meisten die Urlaubszeit zu Ende. „Eigentlich schade!", wird mancher denken. „Der Urlaub müsste länger dauern." – Wirklich? Stimmt das Sprichwort nicht, dass nichts schwerer zu ertragen sei als eine Reihe von schönen Tagen? Es gibt manche, die nach vier freien Wochen nichts sehnlicher wünschen, als wieder ihre geregelte Arbeit aufzunehmen.

Was ist es eigentlich, das uns „urlaubsreif" macht? Mir sagte einer: „Ich bin dem ewigen Müssen satt!" Und so denken vielleicht auch manche andere. Und vielleicht empfinden wir die Urlaubstage darum so wohltuend, weil wir uns da die Zeit selbst einteilen können. Um so mehr wundern wir uns, dass uns im 119. Ps. ein Beter begegnet, der Freude hat am Gesetz Gottes, der geradezu darum betet: „Zeige mir, Herr, den Weg deiner Gebote, dass ich sie bewahre bis ans Ende" (Ps. 119,33). Und in dem Vers bittet dieser Beter: „Öffne mir die Augen für das Wunderbare an deinen Weisungen!"

Dafür allerdings, dass Weisungen etwas Wunderbares sein können, hat nicht jeder Augen. Meist ist die Meinung genau umgekehrt. Aber hier geht es ja um Gottes Weisung und Gottes Gebot. Die gehörten bei den Menschen des Alten Testaments zu dem, woran niemand zu rütteln wagte. Heute reden wir nicht mehr so selbstverständlich von Geboten und Gesetzen. Und doch kann keine Gemeinschaft bestehen ohne bestimmte Ordnungen und Normen, an die man sich eben halten muss.

Doch gerade dieses „Muss" wird von so vielen in Frage gestellt. Besonders die jüngeren Menschen empfinden alles als Zwang und Einschränkung der persönlichen Freiheit. Aber Freiheit gibt es nur für etwas. Ordnungen, Weisungen und Gesetze wollen die persönliche Lebensentfaltung nicht hemmen oder einschränken, sondern ermöglichen. Denn gerade das ist das Wunderbare an den Weisungen Gottes, dass sie nicht nur mich im Blick haben, sondern auch den Menschen neben mir, meinen Nächsten; den, der mit mir auf dem gleichen Weg ist, der mit mir zusammen lebt in einer Wohngemeinschaft, der mit mir arbeitet im gleichen Betrieb und der vielleicht neben mir liegt im Krankenhaus. Gottes Weisungen sind geblieben und werden bleiben. Die Aktualität der 10 Gebote hat bis heute nichts verloren. Das ist dem Beter dieses Psalmwortes klar geworden. Dafür sind ihm die Augen aufgetan worden. Noch mehr: Er freut sich geradezu, sein Leben in diese Gottesordnungen immer wieder hineinzustellen.

Es hat freilich nur einen gegeben, der das wirklich konnte: Jesus Christus! Er allein konnte, was wir nie können: sich ganz dem andern zuwenden in vollkommener Hingabe und Liebe bis zum Tod. Denn die Liebe erst ist die Erfüllung aller Gebote. Dazu möchte Er uns helfen.

Ki. Bl., Sept. 1985

**Jesus Christus spricht:
Wenn ihr nicht umkehrt
und werdet wie die Kinder,
so werdet ihr nicht ins Himmelreich kommen.**
Mt. 18,3

Herr, sehr gern möchte ich mich mit Dir aussprechen über dieses Wort, das uns begleiten soll! Denn ich weiß nicht genau, was Du mit dem „wie die Kinder" gemeint hast. Ganz sicher nicht dieses, dass wir „kindisch" oder „kindlich" sein sollen. Doch, „werden wie ein Kind" – das gibt mir schon zu denken.

Ich erinnere mich an eine bemerkenswerte Geschichte: Der Sohn eines Kapitäns fuhr mit dem Vater zur See, und sie gerieten in einen Sturm. Alle Matrosen bangten um ihr Leben. Nur der Knabe spielte ruhig. „Hast du denn keine Angst?", wurde er gefragt. „Warum soll ich denn Angst haben?", fragte das Kind. „Am Steuer steht doch mein Vater!"

Das unerschütterliche Vertrauen dieses Knaben wünsche ich mir, Herr! Diese getroste Zuversicht, dass das Steuer meines Lebensschiffleins ganz fest in Deinen Händen liegt und dass es dem „Himmelreich" zu geht, also dahin, wo Du ganz der Herr bist – ja, das wäre wunderbar!

Doch ich bin ja nicht so! Immer wieder greift die Angst nach mir, die mein Denken beeinflusst, meine Tatkraft lähmt, meine Gedanken mit Beschlag belegt, dass Zweifel und Verzweiflung in mir die Oberhand gewinnen. Und diese Angst hat tausend Gesichter, jeder kennt sie in anderer Art und jeder wehrt sich gegen sie auf eine andere Weise, um schließlich doch zu merken, dass wir versagen.

Nur bei dem Knaben auf dem Schiff blieb das Vertrauen – so wie Dein Vertrauen blieb, Herr, zu Deinem himmlischen Vater, auch in der Nacht des Karfreitags.

Aber nun weiß ich es: Solches Vertrauen ist Geschenk von Dir, Herr! Und mit dem Wort „Umkehr" hast Du dann wohl „Hinkehr" gemeint. Hinkehr zu Dir in Gedanken, Hinkehr zu Dir als eine völlig neue Lebensausrichtung. Hinkehr zu Dir, Herr, das wäre so etwas wie das Auftun der Seele gleich einer Blume dem Licht, damit etwas von Deinem Vertrauen in mein Leben fließen kann! Damit etwas von Deinem Frieden mein ängstliches Herz erreicht!

Solche Hinwendung zu Dir kann mein Bemühen werden, Herr. Damit könnte man am Morgen beginnen, in den Arbeitspausen fortsetzen, und am Abend wird auch noch genug Zeit übrigbleiben, um die Sorgen in Deine guten Hände zu legen. So wird sich etwas wandeln in meinem Leben, Herr, durch Dich!

Ki. Bl., Sept. 1999

> **Pflüget ein Neues,
> solange es Zeit ist,
> den Herrn zu suchen.**
> Hos. 10,12

Immer wieder klang das Lied auf, wenn er mit seinen Kumpanen in feucht-fröhlicher Runde beisammen war: „So kann das ruhig weitergehen, stundenlang, tagelang ..." Und es war auch jahrelang so gegangen. Immer rund, immer das Gleiche, an jedem Tag ein Besuch im Gasthaus. Doch dann ging es plötzlich nicht mehr. Das war, als der Arzt zu ihm sagte: „Jetzt hängt dein Leben an einem Neuanfang! So kann es bei dir nicht mehr weitergehen!" Der Beginn des neuen Lebens war schwer, und ohne die Beharrlichkeit und Güte seiner Frau hätte er es auch nicht geschafft. Aber es gelang, und alle waren glücklich darüber, am meisten er selbst.

Im diesem Spruch heißt es: „Pflüget ein Neues, solange es Zeit ist, den Herrn zu suchen." Damit ist ein ernster Neuanfang mit Gott gemeint. Bei der Feldarbeit kommt ja auch alles darauf an, dass es zur rechten Zeit gemacht wir. Pflügen, Säen und Ernten richten sich nach der Jahreszeit. Diese Arbeiten muss man tun, „solange es Zeit ist." Das wussten die Bauern in Palästina, und das weiß man bis heute. Aber ein Bauer weiß auch das andere: Wer jahrelang immer nur Korn auf einen Acker sät, wird feststellen, dass die Erträge sinken. Offenbar wusste der Prophet Hosea das auch. Darum mahnte er seine Landsleute: „Pflüget ein Neues, brecht Neuland auf, pflügt einen Neubruch! Denn so kann es nicht mehr weitergehen! Bei eurer Religiosität geht es immer rund, immer das Gleiche". Ihr verrichtet eure Gebete, bringt eure Opfer dar und erwartet dafür Gottes Gnade und Güte. Doch an dem lebendigen, wahren Gott geht euer Herz vorbei, wie ein Trinker am wahren Leben vorbeilebt. Denn er huldigt einzig und allein sich selbst und zerstört nicht nur sein eigenes Leben, sondern auch das seiner Familie, ja der ganzen Gemeinschaft! Darum: „Pflüget ein Neues!"

Im Neuland zu pflügen ist schwer. Leicht kann der Pflug an einer Wurzel hängenbleiben oder durch einen Felsbrocken aus der Furche gedrückt werden. Es ist auch nicht einfach, mit dem eigenen Herzen fertig zu werden, weil die Sünde darin verwurzelt ist und die harten Steine der Selbstsucht und der Eigenliebe nur schwer herauszukriegen sind.

Doch Gott hat uns seine Hilfe angeboten. In Jesus Christus hat er uns seine Hand gereicht. Christus hat auf unserer alten Erde „Neuland gepflügt", indem er ganz in der Liebe lebte. Er hat die harte Arbeit mit der Sünde aufgenommen bis zum Letzten, zum Tod am Kreuz. Nun ist ER unser Helfer, nun kann durch ihn Gott gefunden werden.

Vielleicht wissen wir: Es müssten manches anders werden, neu werden bei mir. Mit deiner kleinen Kraft wirst du es kaum schaffen. Rufe ihn an, den wahren Helfer! Er wird dir ein neues Herz und einen neuen Geist schenken. Es wird zu einem Neubeginn kommen – durch IHN.

Ki. Bl., Sept. 1986

Jesus Christus spricht:
Das Reich Gottes gleicht einem Senfkorn,
das ein Mensch nahm und in seinen Garten säte;
und es wuchs und wurde ein großer Baum.
Lk. 13,19

Das Wunder des Wachstums macht mich immer wieder nachdenklich. Denn im Wunder des Wachstums gründet das Geheimnis allen Lebens. Das Wunder des Wachstums lässt mich immer wieder staunen über Deine Macht, o Herr! Denn, so sagt es uns Dein Sohn: Im Wunder des Wachstums kommst Du, Herr, unter uns zum Vollzug.

Das Säen ist unsere Arbeit! Manchmal hängt viel davon ab, und das Saatgut ist wichtig. Wir haben es in dieser Beziehung wirklich sehr, sehr weit gebracht. Bestes Saatgut, so sagen wir, garantiert auch beste Ernte. Sicher, vom Saatgut hängt viel ab, aber auch anderes spielt eine Rolle: Der Zeitpunkt des Säens, die Beschaffenheit und Bearbeitung des Bodens, die Pflege der Saat – alles hängt miteinander zusammen. Doch das Wachsen ist Dein Werk, Herr, von Dir gewirkt.

Wir können säen, Senfkörner oder anderes, und über das Wachstum staunen: „…und es wurde eine große Pflanze", „…und aus dem Apfelkern wurde ein Apfelbaum", „…und das Kätzchen wuchs, und ist nun unsere Katze.", „…und das Kind wuchs und wurde groß." – Immer geht es um das Wunder des Wachstums. Auch ich selbst bin davon berührt, hineingenommen in Dein wunderbares Wirken, das freilich nicht nur den Körper betrifft. Von dem Kind Jesus heißt es im Evangelium: „Er nahm zu an Alter, Weisheit und Gnade bei Gott und den Menschen." Wachstum ist ein umfassender Vorgang, der mein Denken, Fühlen und Wollen und sogar meinen Glauben betrifft.

Ja, Herr, Dein Reich wächst, das heißt: Deine Herrschaft nimmt zu seit dem Kommen Jesu Christi. Fast ohne dass ich es weiß und merke, so geschieht dieses Wachsen! Das macht mich zuversichtlich. Wo und wann immer ich Wachstum bemerke, im Garten, auf dem Feld, an meinen Enkelkindern, weiß ich Dich am Werk, Herr, auch an mir und vielen anderen. So kann Hoffnung wachsen.

Nur eines: Was mir zukommt, das Säen, das lass mich auch tun, Herr, täglich.

Ki. Bl., Sept. 2001

11. SEPTEMBER

**Suchet der Stadt Bestes […]
und betet für sie zum Herrn.**
Jer. 29,7

Es ist nicht immer einfach, einen Brief zu schreiben. Besonders dann nicht, wenn der Briefempfänger sich in einer misslichen Lage befindet. Man möchte ja nicht nur „leeres Stroh dreschen", nicht nur Worte sagen. Dennoch gilt als Regel für das Schreiben in solchen Fällen: Falte zuerst die Hände – und dann schreibe. Dann spricht der Herr.

So hat es wohl der Prophet getan, als er im Jahr 597 vor Christus einen Brief zu schreiben hatte. Man kann diesen Brief im 29. Kapitel des Buches Jeremia nachlesen. Ein Teil seines Volkes – wahrscheinlich vornehme ältere Männer – waren durch den König Nebukadnezar in die Verbannung nach Babel geführt worden. Wie der Seelenzustand dieser Menschen war, kann man sich vielleicht vorstellen. Ihr Vertrauen zu Gott hatte Schaden genommen, so wie es einem geht, der monatelang um die Gesundung seines Kindes betet, und dann mit gebrochenem Herzen am Sarg steht.

Was schreibt nun Jeremia den Unglücklichen in der Fremde, die so wenig Hoffnung für eine gute Wendung ihrer Lage hatten? Unter anderem sagt er: „Suchet der Stadt Bestes und betet für sie zum Herrn!" Sicher, ein mutiges, offenes und – auch wahres Wort! Denn er fügt hinzu: „Wenn es ihr wohl geht, so geht's auch euch wohl! Ich habe Gedanken des Friedens über euch und nicht des Leides, spricht der Herr."

Was Jeremia seinen unglücklichen Landsleuten hier sagt, ist eigentlich eine Zumutung. Dennoch ist es, als würden wir den Heiland in der Bergpredigt sagen hören: „Liebet eure Feinde; bittet für die, die euch verfolgen" (Mt. 5,44). Wir werden auch an das Wort aus den Sprüchen erinnert: „Hungert deinen Feind, so speise ihn mit Brot, dürstet ihn, so tränke ihn mit Wasser, denn du wirst feurige Kohlen auf sein Haupt häufen, und der Herr wird dir's vergelten" (Spr. 25,21f). Genau so rät Jeremia den im fremden Land Verbannten: „Lebt so, dass ihr immer nach dem Besten für die Menschen trachtet, unter denen ihr jetzt lebt! Mehr noch: Betet für sie! Lasst euch ja nicht von Gefühlen des Hasses oder der Verachtung überwältigen. Denn damit werdet ihr eure Lage nur verschlimmern! Aber Gott, der euer Beten hört, der auf euer Tun achtet, wird merken, ob ihr euch um das Tun seines Willens bemüht. Suchet der Stadt Bestes und betet für sie zum Herrn!"

So schlimm wie die Verbannten vor 2500 Jahren sind wir freilich nicht dran. Aber auch wir leben als Christen in der Welt, die letztlich nicht unsere Heimat ist, die wir einmal wieder verlassen müssen. Christen aber setzen sich dafür ein, dass Hass und Unmut abgebaut, dass Feindbilder zerstört und stattdessen die Liebe gemehrt werde. Sie trachten nicht danach, dass die Umstände verwandelt, sondern dass die Herzen gewandelt werden. Gewandelte Herzen aber erreichen, dass Umstände wohnlicher und heimatlicher werden.

Auch unser Herr Christus hatte unter seinen Umständen nicht wenig zu leiden, bis hin zum Tod am Kreuz. Aber er fand die Kraft, für seine Peiniger zu beten: „Vater, vergib ihnen!" Und weil er der Lebendige ist, kann er auch uns helfen, in dieser Welt nach seinem Willen zu leben.

Ki. Bl., Sept. 1988

12. SEPTEMBER

> **Was wir hörten und erfuhren,
> was uns die Väter erzählten,
> das wollen wir unseren Kindern
> nicht verbergen.**
> Ps. 78, 3-4 a

Bei unserem letzten Wiedersehen sagte mir eine Cousine: „Weißt du, eigentlich war ich nicht klug genug, damals, als unser Großvater noch lebte. Damals hätten wir ihn ganz genau über seine Großeltern ausfragen müssen, denn über die wissen wir nichts." Sie hat recht. Manchmal möchte ich auch meinen heimgegangenen Vater noch etwas fragen. Diese Gelegenheit ist unwiederbringlich dahin. Unwiederbringlich sind seine Erfahrungen, unwiederbringlich auch für meine Enkel. Mit jedem heimgehenden Menschen entschwindet auch der Schatz seines Wissens.

Offenbar haben die Menschen in biblischer Zeit um diese Tatsache gewusst. „Höre, mein Volk, (…) ich will meinen Mund auftun (…) und Geschichte verkündigen aus alter Zeit." So beginnt der 78. Psalm. Und dann heißt es: „Was wir hörten und erfuhren, was die Väter erzählten, das wollen wir unseren Kindern nicht verbergen." Nun, damals gab es noch kein Papier und keine Schreibstifte. Erfahrungen wurden mündlich überliefert, erzählend weitergegeben, wenn die Familie ums Feuer saß. Da waren die Herzen der Hörer offen für Erlebtes und Gehörtes aus vergangener Zeit.

Wohl der Kinder, die am Abend noch etwas erzählt bekommen! Märchen und Geschichten sind unerlässlich für eine gesunde seelische Entwicklung der Kinder. Manchmal kann man schon erschrecken, wie wenig die Jugendlichen aus der Geschichte des eigenen Volkes wissen und wie wenig aus der persönlichen Familiengeschichte. Erst im Rentenalter erwachen Interesse und Neugier für das, was einmal war. Und dann sind die, die erzählen könnten, schon tot.

„Wir wollen unseren Kindern erzählen…" Das ist ein gutes Vorhaben. Und nicht bloß erzählen, sondern „verkündigen dem kommenden Geschlecht den Ruhm des Herrn und seine Macht und seine Wunder, die Er getan hat", wie es in Vers 4 vollständig heißt. Solches Erzählen soll zu einem Bekenntnis zu dem dreieinigen Gott werden, zu einem Zeugnis für das Wirken des Herrn im persönlichen Leben, im Leben unserer Vorfahren und im Leben unseres Volkes. Geschichtsdeutung innerhalb des Horizonts des Glaubens ist als Glaubenszeugnis erlaubt und legitim.

Ja, Herr, wir wollen erzählen von all dem, was war, was wir erlebten und was unsere Väter und Vorväter mitmachten, mit dem Hinweis auf Deine Macht, Deinen Ruhm, zu Deiner Ehre.

Ki. Bl., Sept. 2003

**Es ströme das Recht wie Wasser
und die Gerechtigkeit
wie ein nie versiegender Bach.**
Am. 5,24

Wenn Bäche versiegen
und die Flüsse versiegen
und die Flüsse nicht mehr fließen,
wenn das Wasser in den Strömen fällt,
so ist das eine Katastrophe
für Pflanzen, Tiere und Menschen!
Wenn Recht nicht mehr verlässlich ist,
die Gerechtigkeit einseitig wird,
wenn Normen an Gültigkeit verlieren
und Rechtsspruch versagt,
dann ist das eine Katastrophe
für die menschliche Gemeinschaft.
Ja, Herr,
wenn DEIN Recht nicht mehr gilt,
wenn DEINE Gerechtigkeit versiegt,
dann verdorren wir
wie Pflanzen ohne Wasser,
wie Bäume ohne Regen.
Denn DEINE Gerechtigkeit, Herr,
heißt Jesus Christus.
Dein Recht hast du aufgerichtet am Kreuz!
Und wir brauchen beide wie das Wasser!
Lass sie strömen, damit wir leben können!

Ki. Bl., Sept. 1990

**Jesus Christus spricht:
Seht zu und hütet euch vor aller Habgier;
denn niemand lebt davon,
dass er viele Güter hat.**
Lk. 12,15

Unsere Zeit hat etwas sinnvoll Scheinendes erfunden: den Selbstbedienungsladen. Als ich ein Kind war, sagte die Mutter: „Hier hast du zwei Kreuzer, geh in den Laden und sag: Bitte ein Kilo Salz." Heute nehme ich das Salz aus dem Regal, nachdem ich unter verschiedenen Sorten und Marken gewählt habe, und zahle an der Kasse. Bitten und Danken sind überflüssig geworden. Ich wähle und zahle das, was ich haben will. Anscheinend einfach und sinnvoll. Doch im SB-Laden kaufe ich mehr Dinge als in einem Geschäft, in dem ich bedient werde. Wo ich wählen kann, wird die Kauflust geweckt. Und ein kleines Schild verstärkt das: „Nur hier und jetzt ist das so billig." Und was für die Kinder ist, steht in ihrer Augenhöhe aufgereiht, damit sie beizeiten lernen: Selbstbedienung ist das „Glück des Lebens".

Und nun sagt der Herr: „Hütet euch vor aller Habgier ..." Offenbar sagt er das zu den vielen, da kurz vorher einer zu ihm gekommen war mit der Bitte: „Sag doch meinem Bruder, dass er das Erbe mit mir teile!" Darauf geht der Heiland nicht ein: „Ich bin kein Erbschlichter!" Und dann zu allen: „Hütet euch vor aller Habgier ...!" Habgier hat viele Gesichter, sie bezeichnet alles, was ein Mensch einfach haben will.

Als ich ein Kind war, gab es ein Telefon im Dorf. Heute muss jedes Familienmitglied sein eigenes Handy haben. Gewiss: Ein Wandel in der Zeit. Vielleicht aber auch ein viel gefährlicherer Wandel, ein Wandel im Sinne, im Charakter, im Denken, im Wollen, Empfinden und Fühlen, der dazu führen kann, zu meinen: „Wir leben von dem, was wir haben!" Und dann werden wir habgierig nach dem Sichtbaren.

In einem Nachsatz, der den warnenden vorangehenden Satz erklärt, fügt Jesus noch hinzu: „Niemand lebt davon, dass er viele Güter hat."

Wovon lebt ein Mensch? Diese alte Frage bleibt ewig jung, und wir können eine ganz persönliche Antwort suchen! Die könnte lauten: Da ist jemand, der die Rente ins Haus bringt, jemand, der das Essen zubereitet und sauber macht, jemand, der mich begleitet und meine Probleme mit mir teilt, jemand, der dafür zuständig ist, dass wir in Frieden leben können, jemand, der sorgt, dass ich das Notwendigste kaufen kann, jemand, der sich um die Gesundheit des Leibes kümmert, und auch jemand, der sonntags die Glocken läutet und den Gottesdienst abhält und mich an den Schöpfer und Erlöser erinnert!

Und dann wird mir vielleicht bewusst, woran ich meist kaum denke. Mein kleines Leben ist eingebunden in einen großen Zusammenhang! Das kleinste Rädchen einer Uhr – und möge es auch aus Gold sein – ist für sich genommen ein wertloses Nichts! Erst im Gesamträderwerk der Uhr bekommt es Sinn und Daseinsberechtigung. Und darin scheint mir der tiefe Unterschied zwischen Haben und Sein zu liegen: Alles, was wir haben und erwerben können, ist Gabe Gottes. Unserem Leben gibt aber nur unsere Gesinnung einen Sinn, die Art und Weise, wie wir mit dem uns Gegebenen umgehen. Und hier müsste dann sicherlich an erster Stelle das Danken stehen!

Danke, lieber Gott, dass ich täglich danken kann.

Ki. Bl., Sept. 2005

> **Wenn ihr mich
> von ganzem Herzen suchen werdet,
> so will ich mich von euch finden lassen,
> spricht der Herr.**
> Jes. 29,13f

Von ganzem Herzen DICH suchen, Herr –
wer tut das schon?
Wir merken zwar und sehen:
ein Suchen ist über die Menschheit gekommen!
Darum haben sich so viele aufgemacht,
anderswohin,
zu suchen besseren Verdienst,
leichteres und sichereres Leben,
Frieden und Geborgenheit,
Möglichkeiten zur Entfaltung,
bessere rechtliche Verhältnisse,
ein besseres Stück von dem Kuchen, den Du,
Herr der Menschheit täglich schenkst.
Das alles suchen wir von ganzem Herzen
und mit allen Kräften!
Nur DICH, Herr, dich suchen wir nicht.
Sicher, es gibt auch das:
Einer sagt: „Ich habe Gott gesucht
und fand ihn nicht! Nun gab ich es auf!"
Hat er vielleicht nur
mit „halbem Herzen" gesucht?
Wir wissen, Herr:
Halbe Dinge liebst du nicht.
Denn: Wer nicht mit dir ist,
der ist gegen dich;
und wer nicht mit dir sammelt,
der zerstreut!
Von ganzem Herzen DICH suchen –
einfach ist das nicht!
Vielleicht hat der Mann dich bloß
in der falschen Richtung gesucht,
das gibt es auch:
dass wir meinen, DICH zu suchen,
und suchen tatsächlich uns selbst,
unsere Selbstbestätigung,
unsere Selbstrechtfertigung.
Und oft suchen wir nur deine Hilfe,
doch so, wie wir sie uns vorstellen.
Dann lässt du dich nicht finden.
DICH suchen, das beginnt mit der Bitte:
„Gott, sei mir Sünder gnädig"
DICH suchen heißt,
als „verlorener Sohn" heimkommen
in die Arme des Vaters.
DICH suchen, das können wir
eigentlich nur von deinem Sohn lernen!
Wer an seiner Hand dich sucht,
der findet dich, Herr,
und wer dich gefunden hat,
kann nicht mehr aufhören,
dir dafür zu danken,
dass du dich hast finden lassen!

Ki. Bl., Sept. 1992

---

16. SEPTEMBER

Wo der Geist des Herrn wirkt, da ist Freiheit.
2. Kor. 3,17b

Da steht das gefährlichste und missverständlichste aller Wörter, die ich kenne, das Wort „Freiheit". Denn jeder Mensch, jedes Volk und jede Ideologie versteht darunter etwas anderes. Mit der Freiheit ist es wie mit einem Vexierbild: Wenn man es auch nur ein wenig dreht, so erscheint etwas völlig Neues.

Ein Kind wünscht sich von der Schulbank frei zu sein, der Gelähmte vom Rollstuhl, der Kranke erbittet Freiheit von seinem Leiden und der Gefangene Freiheit vom Gefängnis. Für jeden hat Freiheit eine andere Bedeutung.

Aber nun steht da dieses schillernde Wort und will uns zum Nachdenken bringen: „Wo der Geist des Herrn ist, da ist Freiheit." Die wohl eindrücklichste Erklärung dazu können wir im 26. Kapitel der Apostelgeschichte nachlesen: Da steht Paulus, der Verfasser unseres Wortes als Gefangener vor König Agrippa und dem Statthalter Festus. Er hält seine Verteidigungsrede. Wenn er aus seinem Leben und von seiner Begegnung mit Christus erzählt, wissen und spüren es alle: Der Gefangene in Ketten vor ihnen ist der eigentlich Freie, und alle „Freien" rundherum sind die Gebundenen.

Denn so ist es ja: Wir alle sind Gebundene, gebunden an unseren Besitz, an unsere Gesundheit oder auch Krankheit, gebunden an die Gesetze des Landes oder eines Unternehmens, gebunden an unser Denken, unsere Erfahrungen und unsere Meinung – und nicht zuletzt gebunden an unsere körperlichen Bedürfnisse. Und nicht wenige Menschen fliehen heute in andere Länder, nur um den Bindungen und Zwängen im eigenen Land zu entgehen.

Und nun diese Wort, Herr, das Du uns zum Nachdenken gibst: „Wo der Geist des Herrn wirkt, da ist Freiheit." Da und wirklich nur da. Und das wird all denen deutlich, die das Wirken Deines Geists an sich und in ihrem Leben erfahren haben, so wie der Apostel Paulus oder die Jünger Jesu, wie Martin Luther, Dietrich Bonhoeffer und alle anderen Märtyrer.

Denn allein Dein Heiliger Geist, Herr, kann aus den Zwängen der Welt befreien, aus den vielen Bindungen, die uns knechten, und aus der Gebundenheit an unsere Erfahrungen und Meinungen, die manchmal wie eine Decke über unserem Sein liegen.

Denn die Freiheit, die Dein Geist bewirkt, Herr, kann scheinbar Unmögliches ermöglichen. Sie macht uns frei zu vertrauen, wo wir am Leid dieser Welt verzweifeln müssten, sie macht uns frei, Dich, Herr, zu loben, auch da, wo Deine Hand uns niederdrückt, sie macht uns frei, menschliche Einsichten zurückzustellen und Dir, Herr, mehr zu vertrauen als wissenschaftlichen Erkenntnissen.

Ja, Herr, solche Freiheit wünsche ich mir. Ich wünsche sie auch den Menschen in meiner Gemeinde, auch allen, die in Deiner Kirche einen Dienst haben, und schließlich all denen, die Länder und Völker leiten müssen. Denn die Freiheit, die der Geist des Herrn bewirkt, ist die fröhliche Schwester des Glaubens, die unseren Herzen Freude, Zuversicht und Vertrauen schenkt. Darum, Herr, lass mich täglich darum bitten: um Deinen Geist, der mich frei macht.

Ki. Bl., Sept. 2004

17. SEPTEMBER

Der Herr ist geduldig und von großer Barmherzigkeit und vergibt Missetat und Übertretung.
4. Mo.14,18

Liebende, geduldige und warmherzige Väter sind sicher ein Segen für eine Familie!

Aber welcher Vater hat seine Liebe nicht auch schon so bewiesen, dass er hart strafte? Welchem ist noch nie der Geduldsfaden gerissen?

Und welchem Vater ist nicht schon das warme Herz für seine Kinder im Zorn „heißgelaufen"?

In unserer Welt, die so viel von Gerechtigkeit spricht und gerechte Bestrafung erwartet, die vor Ungeduld kocht und die das Wort Barmherzigkeit fast nicht mehr kennt, in unserer Welt, die manche Missetat verteidigt und Gesetzesübertretungen nachprüft, um sie dann zu diskutieren – in dieser, unserer Welt klingen diese alten Worte wie ein Hohn:

„Gott ist geduldig und barmherzig: Gott vergibt Missetat und Übertretung" Gott vergibt – und die Gefängnisse sind übervoll ...

Gott vergibt – wenngleich durch Missetat am leichtesten verdient wird.

Ach, Herr, wie lang ist doch Deine Geduld mit Menschen, die Menschen Gräuel antun! Wie groß Deine Barmherzigkeit mit denen, die Menschen hartherzig quälen. Wie weit reicht Deine Vergebung, die die Missetäter – scheinbar – umfängt? Herr, Du hast die, die Christus quälten und töteten, nicht bestraft – oder doch? Tagtäglich werden Deine Gebote millionenfach übertreten: auf dem Markt, in Betrieben, beim Verkauf und vielleicht auch in Regierungsgebäuden – und Du schweigst, Du hast Geduld und Du vergibst ...

Wartest Du, dass wir zur Besinnung kommen, dass unsere Herzen sich wandeln in Deine Geduld und Barmherzigkeit, in Dein Vergeben und Verzeihen?

Bitte wandle uns Menschen in Dein Bild und fang bei mir an!

Ki. Bl., Sept. 1993

Ein Mensch, der da isst und trinkt und hat guten Mut bei all seinem Mühen, das ist eine Gabe Gottes.

Pred. 3,13

Gottes Gaben erhalten das Leben. Alles Leben auf unserem Planeten hängt an den Gaben Gottes! Auch wir Menschen gehören in die große Gemeinschaft der lebenden Wesen! Darum ist es richtig, wenn wir es einmal so betonen: Gottes Gaben erhalten auch unser Leben. Vielleicht gibt es kaum jemanden mehr, der diese Wahrheit anzweifelt, aber es gibt sehr viele, die solche Gedanken ablehnen. Denn die Menschheit, zumindest in der westlichen Welt, hat ein starkes Vertrauen in das menschliche Können, Schaffen und Forschen! Doch der Herr zeigt uns immer wieder, dass ER der Herr bleibt! Während ich dies schreibe, stöhnt der südöstliche Teil unseres Kontinents unter einer fast unerträglichen Hitzewelle! Und es zeigt sich, dass wir dieser Gewalt machtlos gegenüber stehen. Vielleicht ist es gut, wenn wir in diesem Zusammenhang den ganzen Abschnitt (Verse 10-15) im Buch des Predigers lesen, aus dem dieser Spruch entnommen ist. Denn die Erkenntnis, dass wir Menschen zu dem, was Gott tut, nichts dazu tun noch weg tun können, ist sicher eine fundamentale Einsicht, wie wir sie auch im Ersten Glaubensartikel bekennen.

Essen und Trinken gehören zum Leben.
Sicher kann auch niemand diesen Satz bestreiten! Nicht wenige leben in der Meinung: Wenn wir Essen und Trinken haben, haben wir das Leben! Wer aber einmal im Krankenhaus durch die Abteilung der Magen- und Darmkranken gegangen ist, weiß, wie unwahr dieser Satz ist! Essen und Trinken gehören aber zum Leben. Denn wo eines davon fehlt, ist das physische Leben bedroht. Doch Brot und Wasser sind in vielen Gegenden unserer Erde zur Mangelware geworden. Und wir sollten den warnenden Worten der Experten mehr Gewicht zumessen, die sagen: Schon in naher Zukunft wird es in vielen Ländern an sauberem Trinkwasser mangeln! Darum: Wer sauberes Trinkwasser aus der Leitung hat oder aus seinem Brunnen schöpfen kann, und wer aus dem Laden um die Ecke täglich weiches Brot erhält, sollte dem Schöpfer für diese Gaben danken! Sie kommen aus seiner Hand!

Auch ein guter Mut gehört zum Leben!
Neulich war es, bei einer Hochzeit – Essen und Trinken vom Feinsten war vorhanden. Doch ein Ehepaar saß bedrückt vor den vollen Tellern. Stockend erzählte es. Daheim liegt die kranke Tochter. Vieles hatten sie schon versucht, wenig hat es geholfen. Der Lebensmut war gebrochen. „Mir schmeckt nichts mehr!", sagte die Mutter. Das kennen viele! – Darum ist für mich das Wörtchen „und" so wichtig: „…und hat guten Mut". Der gute Mut gehört dazu, wenn Essen und Trinken munden und schmecken sollen. Auch jede Arbeit geht flotter und fröhlicher von der Hand, wenn wir guten Mutes sind. Missmut lässt kein gutes Werk gelingen.

„… das ist eine Gabe Gottes!"
Jetzt verstehe ich es richtig: Was der Mund benötigt und was die Seele braucht, das sind Gaben Gottes! Diese guten Gaben sollten mich dankbarer stimmen! „Alle guten Gaben, alles, was wir haben, kommt, o Gott, von Dir! – Wir danken Dir dafür!" So lautet ein Kanon, den wir manchmal vor dem Essen singen. Aber meine Gedanken laufen in das Neue Testament hinüber: „Ich bin das Brot des Lebens", sagt Jesus. Und auch: „Wen da dürstet, der komme zu mir und trinke!" – Beides, Brot und Wasser, werden zum Sinnbild jener Gaben, die uns der Heiland anbietet. Durch IHN haben Brot und Wasser ihren richtigen Stellenwert für das Leben bekommen. Und auch der „gute Mut" hat letztlich in dem Vertrauen zum Dreieinigen Gott seinen Ursprung. Essen, Trinken und guter Mut werden für mich so zu einer „Trinität" des fröhlichen und getrosten Lebens. Und wenn wir diese drei haben, dürfen wir dankbar und frohgemut durch unsere Tage schreiten. Auch diese sind „eine Gabe Gottes"!

Ki. Bl., Sept. 2010

**Wo Träume sich mehren
und Windhauch und viele Worte,
da fürchte du Gott.**

Pred. 5,6

„Ich habe einen Traum", so meditierte ein Märtyrer unserer Tage, „den Traum von einer friedvollen, heilen Welt."

Diesen Traum haben nicht wenige in ihr Programm und Gedankengebäude aufgenommen! Und mit vielen Worten werden solche Träume verbreitet: im Druck, in den Medien, in Bild und in Farbe, in Tönen und Liedern. Wie säuselnder, erfrischender und kühlender Wind rauscht durch den Blätterwald unserer Zeit der Traum von einer heilen Welt. Vielleicht war es schon immer so. Sonst stände im Buch des Predigers nicht dieses Wort, das Luther aus dem Hebräischen so übersetzte: „Wo viel Träume sind, da ist Eitelkeit und viel Gerede; darum fürchte Gott!"

Gewiss: Gott kann durch Träume zu Menschen sprechen. Davon berichtet die Bibel an vielen Stellen. IHM stehen eben alle Möglichkeiten offen. Nur, dass immer GOTT in Träumen zu Wort kommt, das ist ein Trugschluss. Meistens sind Träume weitergesponnene menschliche Wünsche. Was wir gerne möchten, davon träumen wir. Was wir wünschen, das bewegt uns auch unbewusst. Und je mehr die Erkenntnis der eigenen Ohnmacht wächst, umso mehr wachsen die Träume und bewegen unsere Seele wie der Windhauch ein Kornfeld.

Wunschträume aber nennt der Prediger „eitel" und meint damit: „vergänglich". Denn sie gaukeln uns etwas vor. Doch die Wirklichkeit ist hart und wischt sie leicht weg – sie vergehen, wie so viel leichtes Gerede. Der Prediger weiß einen besseren Rat: „Du aber fürchte und liebe Gott, den lebendigen Herrn!"

Träume und leichtem Gerede begegne mit Vorsicht, vor dem Herrn aber habe Ehrfurcht; Sein Wort ist nicht eitel, es bleibt, es ist lebendig und kräftig, tröstlich und wirkungsvoll.

Und wer damit umgeht, wird sich hüten vor leichtem Gerede und eitlem Geschwätz.

Denn SEIN Wort ward Fleisch und wohnte unter uns; SEIN Wort ist wahrhaftig und gewiss, wirkend und bleibend in Christus, dem Herrn!

Ki. Bl., Sept. 1994

Was hülfe es dem Menschen, wenn er die ganze Welt gewönne und nähme Schaden an seiner Seele?
Mt. 16, 26 a

Als zu Beginn der 60er Jahre in der evangelischen Kirche in Deutschland eine neue Singbewegung aufkam, entstand 1965 auch das Lied von Christa Weiß, das uns an den obigen Spruch erinnert. Es heißt darin: „Die ganze Welt hast du uns überlassen, doch wir begreifen Deine Wohltat nicht. Du gibst uns frei, wir laufen eigne Wege in diesem unermesslich weiten Raum. Gott schenkt Freiheit, seine größte Gnade schenkt er seinen Kindern."

„Die ganze Welt" – so steht es auch in unserem Spruch. Es ist eine Frage des Heilands, die sonst in den Evangelien nicht vorkommt, außer als leichter Anklang im Gleichnis von dem reichen Kornbauern, wie es Lukas im 12. Kapitel erzählt. Hier aber spricht Jesus zu den Jüngern über ihre Nachfolge: „Will mir jemand nachfolgen, der verleugne sich selbst und nehme sein Kreuz auf sich und folge mir nach." Es geht also um die Nachfolge „unter dem Kreuz".

Mich aber packen zunächst die Worte: „Die ganze Welt". Die ganze Welt kommt fast täglich zu mir in den Nachrichten. Viel Schönes ist nicht dabei, leider! Doch es gibt viele Dokumentarfilme, die uns die schönsten Seiten der ganzen Welt vor Augen malen. Und dann erwacht die Sehnsucht in der Seele: „Gerne möchte ich mal dahin, zu diesen Burgen und Schlössern, zu den herrlichen Bergen und blauen Stränden, gerne möchte ich blühende Landschaften erleben oder zu den Pyramiden reisen. Einmal doch die wirklich schönen Seiten der ganzen Welt sehen!"

Mit dieser Sehnsucht bin ich nicht allein. Mit dem Urlaubs- und Ferienbeginn machen sich viele auf den Weg, „die ganze Welt" zu erkunden, sei es per Auto, per Bahn oder Flugzeug. Die Tourismusindustrie hat das erkannt und macht uns tausendfache Angebote, mit schönsten Bildern und verlockendsten Aussichten. Doch erinnere ich mich an Bilder aus Italien, Spanien und anderen Ländern nach den großen Bränden im Sommer: Da haben viele Touristen und Urlauber alles verloren, manche vielleicht auch die Sehnsucht nach der „ganzen Welt".

Vielleicht aber ist das alles wie eine Mahnung, „die ganze Welt" unter einem neuen Vorzeichen zu sehen. Nicht mehr die ganze Welt sehen, erleben, umarmen, sondern eben auch einmal so: „Die ganze Welt – unter dem Kreuz". Und hier werden wir dem Heiland zustimmen müssen. Es hat jede und jeder „sein Kreuz" zu tragen, sei es der schmale Geldbeutel oder ein eigenes Leiden, Sorgen und Nöte in der Familie oder das Leiden des Ehegatten – „Kreuz" steht ja immer für etwas, dem ich ausgeliefert, an das ich „gebunden" bin, gegen das ich mich kaum wehren kann. Und das „Kreuz" hat immer ein persönliches Gesicht.

Doch dann steht hier auch das Wort „Seele", das mich zum Nachdenken bringt. – Meinen nicht viele, dass die Seele das Unverlierbare im Menschen, das Menschliche, das Humane ist? Doch wenn ich dann Bilder sehe von Kindersoldaten in Afrika, von Folterknechten und von modernen Seeräubern, die kaltblütig eine ganze Schiffsmannschaft umbringen, dann weiß ich, dass es möglich ist, Menschen dahin zu bringen, dass ihre Seele abstirbt.

Und dann weiß ich aber auch: Die Seele gehört wohl zu den kostbarsten Gaben Gottes, die ohne Schaden bewahrt werden sollte. Denn Schäden an unserer Seele haben tiefere Wirkungen als Schäden am Leib. Und jetzt merke ich auch: Bei allen Heilungen, die vom Heiland berichtet werden, geht es zunächst um die Seele.

Ja, Herr, meine Seele ist Dir wichtiger als mein Leib, und Du möchtest, dass ich ein heiles Seelenleben führe. Dazu gibst Du uns Hilfen in Deinem Wort, dazu schenkst Du uns wiederholt Deinen Geist und dazu ermahnst Du uns immer wieder im Gewissen. Bewahre mich davor, dass meine Seele Schaden nähme durch das, was ich sehe, höre oder lese, was mein Inneres durcheinander bringen und mich von Dir wegführen könnte. Lass mich neidlos „die ganze Welt" betrachten, mich dankbar an ihr freuen, jeden Tag.

Ki. Bl., Sept. 2007

21. SEPTEMBER

Gott spricht:
Mein Volk tut eine zwiefache Sünde:
Mich, die lebendige Quelle, verlassen sie
und machen sich Zisternen, die doch rissig sind und
kein Wasser geben.
Jer. 2,13

So hast du, Herr,
vor zweieinhalb Jahrtausenden
durch den Mund deines Boten geklagt:
„*Mein Volk hat sich von mir abgesondert,
mein Volk hat mich verlassen
und Göttern zugewendet,
so wie Menschen, die nicht mehr aus einer
lebendigen, sprudelnden Quelle trinken,
sondern aus einer Zisterne, in der sich
Regenwasser gesammelt hat und das nun
schon faulig schmeckt!
Mein armes Volk in doppelter Sünde!*"
So Herr, hast Du geklagt, berechtigt geklagt!
Und diese Klage erreicht uns heute,
so lange Zeit später,
doch immer noch aktuell!
Denn heute zählen wir uns auch
zu deinem Volk, zum Volk deines Eigentums,
weil dein Sohn, der Heilige und Geliebte,
uns in diesen Stand versetzt hat
durch sein Leben, Leiden und Sterben
und besiegelt im seiner Auferstehung;
und so geht deine Gemeinde
rund um den Erdball
und quer durch die Völker,
als dein Volk,
als dein Volk in der steten Gefahr,
dich zu verlassen, die lebendige Quelle!

Im wunderschönen Riesengebirge
konnte ich das einmal deutlich sehen:
Unter der Schneekoppe entspringt eine Quelle,
sie gibt immer frisches, klares Trinkwasser!
Und nicht weit davon: Ein Hochmoor
mit stehenden, brakigen Tümpeln,
aus denen keiner trinken mag!
Für mich heute ein Gleichnis:
Deine Zuwendungen, Herr,
sind wie eine ewig sprudelnde Quelle.
Und diese Zuwendungen erfahren wir
in den Dingen der täglichen Notwendigkeiten,
in der Freude des Vertrauens
in der Gemeinschaft mit Menschen,
im Gottesdienst und in Deinem Wort.
Es ist letztlich gar nichts,
das nicht von Dir kommt!
Darum, o Herr, bewahre uns davor,
dass wir dich verlassen, dass wir in
eigenmächtigen Taten und Werken
die Quelle und den Sinn
unseres Lebens sehen!
Und lass uns trinken
von dem lebendigen Wasser,
das du verheißen hast denen,
die dich lieben,
heute und morgen und immerdar …

Ki. Bl., Sept. 1996

**Jesus Christus spricht:
Ich habe für dich gebetet,
dass dein Glaube nicht aufhöre.**
Lk. 22,32a

Für den hast du gebetet, Herr,
der leugnete und sprach:
„Ich kenn ihn nicht, ich kenn ihn nicht!"
Und weinte dann danach.
Denn Du, Herr, weißt um Satans Macht
Und der Versuchung Kraft,
und als Du in der Wüste warst,
hast Du den Sieg geschafft.
Nur wir vertrauen unserem Mut,
der Klugheit, dem Verstand,
und merken kaum: Der Teufel hat
uns täglich in der Hand!
So bitte Du für uns, o Herr,
damit wir Dir vertrauen,
und stärke unsere kleine Kraft
bis wir Dich einmal schauen.

Und halt uns fest im Glauben, Herr,
dass der kein Ende find',
bis wir nach dieser Erdenzeit,
dann gänzlich bei Dir sind!

Jahreslosung 2005

Seid nicht bekümmert, denn die Freude am Herrn ist eure Stärke. Neh.8,10

Dies Wort hast du, Herr, mutigen Männern
für ein geplagtes Volk in den Mund gelegt!
Dies Wort, das uns durch diesen Monat geleitet:
„Seid nicht bekümmert; denn die Freude am Herrn ist eure Stärke."
Als es erstmals erklang, etwa 450 Jahre vor Christus,
waren die Menschen in Jerusalem wirklich bekümmert:
Zwei Jahrzehnte vorher waren sie aus der babylonischen Gefangenschaft zurückgekehrt,
heimgekehrt in eine zerstörte Heimat!
Wo einst der Tempel stand, war ein Haufen Ruinen;
die einstige starke Stadtmauer, war ein Trümmerfeld;
die Wohnhäuser von einst waren in Asche gesunken; eine völlig zerstörte Heimat!
Mich wundert's nicht, dass die Heimkehrer laut weinten
bei dem Anblick dessen, was sie fanden.
In ihren Herzen lebte ja, ein anderes Bild von der Heimat!
Doch dann begannen sie mit der Arbeit:
Erst mit dem Aufbau der Wohnhäuser,
später dann mit dem Wiederbau des Tempels.
Aber der Mut wollte sie verlassen, das Werk war zu groß und die Kräfte zu schwach!
Nur langsam wuchs der Bau.
Zudem kamen Feinde nachts in die Stadt,
zerstörten die Häuser, mordeten und raubten.
Morgens gab es Weinen und Klagen!
Die Stadtmauer lag in Trümmern,
und die Siedlung lag ungeschützt da wie ein offener Garten!
Doch der Herr erweckte Nehemia als tüchtigen Helfer.
Man fasste Mut, und in vierzig Tagen gelang der Wiederaufbau der Stadtmauer.
Dann feierten sie ein großes Fest und lasen das Gottesgesetz dem Volk vor.
Und alle durften vernehmen: „Seid nicht bekümmert,
denn die Freude am Herrn ist eure Stärke!" Freude macht stark!
Diese Erfahrung haben auch wir schon gemacht.
Freude lässt mehr gelingen, verdoppelt die Leistung,
Freude erleichtert die Arbeit und gibt neuen Schwung!
Doch die Freude lässt sich nicht befehlen, und oft stellt sie sich gar nicht ein.
Erinnert euch an den Herrn – so mahnt Nehemia,
ruft euch ins Gedächtnis, wie er euch half,
wie seine Kraft die Schwachheit beflügelte,
wie seine Hilfe Unmögliches gelingen ließ.
Denkt an den Herrn und an das, was er euch tat!
Solches Erinnern bringt Freude ins Leben, das Kümmernis umwölkt;
solches Gedenken wandelt Traurigkeit in dankbare Freude,
es lässt im Herzen Vertrauen wachsen,
dass der Herr mich nicht allein lässt, sondern mit Gnade geleitet.
Die Freude am Herrn wandelt sich in Stärke,
die jeder braucht, wie damals so heute und alle Tage.
Du, Herr, bist unsere Freude und Stärke allezeit!
Dank sei dir dafür!

Ki. Bl., Sept. 1997

Wo euer Schatz ist, da ist auch euer Herz.
Lk. 12,34

Als ich erstmals dies Heilandswort las, fiel mir das bekannte Lied ein: „Muss i denn, muss i denn zum Städtle hinaus, Städtle hinaus ..." Es ist das Lied eines Handwerksburschen, der seinen Heimatort verlässt, um auf der Wanderschaft seine handwerklichen Fähigkeiten weiterzubilden. Er hat ein Liebchen, und das kann nicht mitgehen. Die Sehnsucht nach dem „Schatz" daheim wird ihn begleiten!

Sicherlich hat der Heiland sein Wort nicht so gemeint! Doch Männer hängen ihr Herz mehr an den Schatz – wahrscheinlich. Dafür aber lieben Frauen ihr Schmuckkästchen sicher mehr, als das Männer tun. Das Wort „Schatz" hat eben zwei Bedeutungen: Eine eher menschlich-soziale und eine rein Dingliche. Das ist einmal festzuhalten.

Doch Jesus, dem wir dieses Wort vom „Schatz und unserem Herzen" verdanken, stellt es in den Zusammenhang mit unserem inneren Trieb, das Leben abzusichern, indem wir versuchen, heute schon für den morgigen Tag zu sorgen. Es kann schon sein, dass der Versuch, das Leben abzusichern, einem Urinstinkt entspricht und vielleicht mit dem uns gegebenen Denken zusammenhängt. Wie anders leben die Tiere: Wenn sich ein Löwenrudel an der Beute sattgefressen hat, legen sich die Tiere nieder und schlafen. Wir aber versuchen stets von dem Heutigen auch etwas für morgen aufzubewahren. Der Kühlschrank ist dabei eine wertvolle Hilfe. Wir haben ja auch einen Kleiderschrank, den wir nach Möglichkeit mottensicher machen. Sonst kann es eine böse Überraschung geben. Und der Heiland hat schon recht, wenn er ermahnt: „Ihr sollt euch nicht Schätze sammeln auf Erden, wo sie die Motten und der Rost fressen und wo die Diebe einbrechen und stehlen! Sammelt euch aber Schätze im Himmel!" Und dann fügt er hinzu: „Wo euer Schatz ist, da ist auch euer Herz."

Wohl alle geben wir unserem Heiland Recht! Wie viele Menschen verfolgen in der Zeit der Wirtschaftskrise aufmerksam die Kurse an den Börsen. Fachleute lesen diese sehr aufmerksam. Denn sie wissen, wie sehr ihre Vermögenslage von den Geldbewegungen in der Welt abhängt.

Die Erfahrung aber zeigt: Es kann gefährlich sein, einen Schatz zu besitzen! Das hat auch Siegfried erfahren, als er den Schatz der Nibelungen erhielt, der dann nur Leid und Unheil brachte. Heute kann es geschehen, dass Betrüger an der Türe läuten und versuchen, an die kleinen Spargutbaben der Leute zu gelangen. Natürlich sollen wir eine Ersparnis für morgen haben, und auch etwas Schönes zum Anziehen am Sonntag. Doch – und so meint es Jesus – soll unser Herz weder in der Schmuckschatulle noch im Kleiderschrank liegen. Sonst werden diese beiden allzu leicht zum Lebenszentrum.

Wer schwere Zeiten mitgemacht hat, der weiß, wie wenig wir Menschen zum Leben brauchen. Ausdrücklich verweist der Heiland auf die Vögel unter dem Himmel und auf die Blumen auf dem Feld. Sie leben von Gottes Fürsorge und Gnade. Wenn diese Erkenntnis unser Herz erfüllt, werden wir getrost und dankbar, und die Herzensbindung an den Geber aller Gaben wird fest. Vielleicht können wir dann auch gar nicht mehr anders, als jeden Tag mit einen Dankgebet zu beginnen und ihn abends ebenso zu beschließen. Diese Bindung wird dann zu einem „Schatz", den uns keine Macht der Welt rauben kann! – Mehr noch: Sie lässt uns auch in Zeiten der Not und des Mangels nicht verzagen! Vielleicht wird unser Heiland uns da zum Vorbild, der seinen irdischen Lebensweg ohne Beutel und Rucksack, ohne Geld und Sparbuch gegangen ist, weil sein Herz seinem himmlischen Vater gehörte!

Ja, Herr, Du bleibst mir ein Vorbild, im Bezug auf meinen steten Versuch, das eigene Leben abzusichern, sei es durch Vorräte oder durch Geld. Du hast auch gewusst, wie gefährlich es sein kann, sein Herz an Irdisches zu verlieren. Bewahre mich davor und lass mich so leben, wie Du es tatest: Im festen Vertrauen auf Deine Hilfe, heute und allezeit!

Ki. Bl., Sept. 2009

**Das Erbarmen des Menschen
gilt nur seinem Nächsten,
das Erbarmen des Herrn allen Menschen.**
Sir. 18,12

Wenn ich so nachsinne, Herr,
über mich und über unsere Welt,
darf ich den Ausspruch wagen:
„Wir sind in eine erbarmungslose Zeit geraten!"
Mag sein, dass es mit dem täglichen,
überreichen Informationsfluss zusammenhängt,
der uns täglich überflutet!
Die Zeitung und das Fernsehen
bringen uns die schrecklichsten Nachrichten:
Menschen die des Hungers sterben,
Feuerbrünste, die Wälder und Dörfer fressen,
Überschwemmungen, die Tausende
obdachlos machen.
Und dann erst recht die grausigen Bilder
von dem unsäglichen Leid, das Menschen
durch Kriege und Kampfhandlungen erleiden!
Wir aber sehen oder hören das alles,
zwischendurch, zwischen Wurstbrot und Bier,
„erbarmungslos", denn wir können keinem
am andern Ende der Erde helfen!
Doch nun lässt du uns, Herr,
dies wunderbare Wort zufließen,
ein Spruch aus einer Sammlung von Sprüchen,
die einer von seinem weisen Großvater
aufschrieb, um Menschen
zu einem rechten und weisen Leben zu bringen.
„Das Erbarmen des Menschen
gilt allein seinem Nächsten" –
und das will doch heißen:
Wenn Menschen Erbarmen haben,
dann ausschließlich mit dem Nächsten,
mit dem Menschen, den Gott mir jetzt,
zu diesem Zeitpunkt zum Nächsten gemacht hat:
dem Bettler, der bei mir anklingelt,
die Nachbarin, die etwas benötigt,
dem Behinderten,
der noch in den vollen Bus möchte,
die Alte, die ihren Koffer nicht mehr
bis zum Zug bringt oder dem Rollstuhlfahrer,
der nicht über eine Treppe kommt!

Punktuelles Erbarmen, das wir spontan
unserem Nächsten zuwenden,
das gibt es – gottseidank – noch!
Zu mehr aber
reichen Willen und Kraft kaum!
Doch du, Herr,
hast Erbarmen mit allen Menschen,
oder – wie es in der Lutherbibel steht:
„Gottes Barmherzigkeit
gilt der ganzen Welt!"
Und das ist nicht nur
die Erfahrung eines Großvaters.
Für mich leuchtet hier das Morgenrot
des Neuen Testaments auf,
das im Kommen Jesu Christi
deine Barmherzigkeit, Herr,
ganz wirklich und erfahrbar
in unsere Welt brachte!
Denn Christus ist
deine Mensch gewordene
Barmherzigkeit, o Herr,
und die macht
keine Unterschiede,
sie trifft keine Auswahl,
sie fordert keine Vorleistungen,
und in dieser weitherzigen Barmherzigkeit
habe auch ich mein warmes Plätzchen,
darf auch ich mich geborgen fühlen,
heute und morgen
und letztlich auch dann,
wenn der bittere Tod anklopft –
denn deine Barmherzigkeit gilt!

Ki. Bl., Sept. 1998

26. SEPTEMBER

Du aber, unser Gott, bist gütig, wahrhaftig und langmütig; voll Erbarmen durchwaltest du das All.
Weish. 15,19

Der Spruch ist einem Buch entnommen, das manche vielleicht vergeblich in ihrer Hausbibel suchen würden: „Weisheit Salomo". Diese Schrift gehört zu den sogenannten alttestamentlichen Apokryphen, einer Folge von 15 Schriften, die nicht zum biblischen Kanon, den 66 biblischen Büchern, gehören, und wenn sie sich in einer Bibelausgabe befinden, dann zwischen dem Alten und dem Neuen Testament.

Doch nun steht er da, der Spruch, und erfreut uns, denn es ist eine erfreuliche Aussage über Gott, den Schöpfer und Erhalter: „Du aber, unser Gott, bist gütig, wahrhaftig und langmütig; voll Erbarmen durchwaltest du das All!" Martin Luther übersetzt ein wenig anders, doch sehr ähnlich: „Aber du, unser Gott, bist freundlich und treu und geduldig und regierst alles mit Barmherzigkeit."

Von dem All spricht auch die moderne Wissenschaft, wenn Kosmonauten zu einem Flug ins All starten; und alle sind erleichtert, sobald diese wieder gesund auf der Erde landen. Wir wissen aber auch: Unsere Erdkugel gehört zum All, und es gibt letztlich überhaupt nichts, das nicht ein Teilchen des Alls wäre. Nun steht hier: „Voll Erbarmen durchwaltest du das All!"

Da fällt mir eine Begebenheit ein. Als ich einmal in Hermannstadt gegen Abend in den Zug stieg, fand ich ein Abteil, in dem nur ein älterer rumänischer Bauer saß. Ich setzte mich ihm gegenüber, und bald hatte er herausgefunden, dass ich Pfarrer bin. Dann sagte er: „Unser Herrgott macht einen großen Fehler. Er müsste jeden Sünder sofort bestrafen!" Ich entgegnete: „Täte er das, würden wir beide wahrscheinlich heute nicht hier sitzen. Haben Sie noch nie gesündigt?" Da wurde er nachdenklich. „Sie haben recht, Gott hat Geduld."

Unser Gott ist langmütig, und das heißt: Er hat den Mut zu einer langen Geduld. Da fällt mir das Gleichnis Jesu ein von dem Feigenbaum, der ohne Frucht blieb und darum von dem Gärtner abgehauen werden sollte. Doch dieser bat: Herr, lass ihn noch dieses Jahr, ich will mich persönlich um den unfruchtbaren Baum bemühen, ihn pflegen und ihm Gutes tun. Vielleicht...

Hier leuchten die Güte Gottes, seine Wahrhaftigkeit und Geduld, sein Erbarmen auf, so wie die wärmenden Sonnenstrahlen immer wieder neues Leben aus der dunklen Erde hervorlocken. Unser Gott möchte eben dieses: dass wir Menschen das Gutsein unseres Schöpfers und Erhalters täglich dankbar wahrnehmen, begreifen, erkennen und mit dankbarem Herzen darauf antworten.

Und wenn wir in diesem Monat Gemüse und Obst in unsere Keller bringen, damit etwas da ist für die Wintertage, dann sollen wir es dankbar und mit Ehrfurcht tun vor dem, der mit Erbarmen das All durchwaltet.

Christen wissen freilich: Die personifizierte Güte, Wahrhaftigkeit, Langmut und das große Erbarmen Gottes hat einen Namen: Jesus Christus. Die Linie vom Schöpfergott muss immer wieder in das Neue Testament gezogen werden, sonst bleibt der Gott des Ersten Glaubensartikels ein unberechenbarer Rächer und Strafer. Doch die Langmut und das Erbarmen dieses unseres Gottes zeigen sich vornehmlich im Kommen Jesu Christi. Weil wir Christus haben, den Lebendigen, darum gilt es: „Du aber, unser Gott, bist gütig, wahrhaftig und langmütig; voll Erbarmen durchwaltest du das All!"

Ja, Herr, dieser Spruch aus der „Weisheit Salomo" hat überhaupt nichts von seiner Gültigkeit verloren. Er gilt mir und unserer krisengeschüttelten Welt; er gilt den ratlosen und den kranken Menschen, den Überheblichen und den Niedergeschlagenen, den Stolzen und den Demütigen, den Glaubenden und auch den Atheisten, doch vor allem: Er gilt mir und meinem Leben! Ich werde dankbar, dass DU, unser Gott, so bist: gütig, langmütig und voll Erbarmen, auch mit mir.

Ki. Bl., Sept. 2006

**So spricht der Herr:
Fragt nach den Wegen der Vorzeit,
welches der gute Weg sei, und wandelt darin,
so werdet ihr Ruhe finden für eure Seele.**

Jer. 6,16

Unsere Seele hat keine Ruhe. Wegen der Ruhelosigkeit der Seele brauchen wir Beruhigungsmittel oder Schlaftabletten. Weil die Seele keine Ruhe hat, suchen wir Urlaub, möglichst weit von daheim, oder wir fahren in andere Länder. Die innere Ruhelosigkeit lässt uns Unterhaltung und Zerstreuung suchen. Die innere Unruhe macht uns nervös, lässt uns aufbrausen, macht uns unleidlich unseren Mitmenschen gegenüber. Die Ruhelosigkeit der Seele ist die Peitsche des Bösen, unter dessen Hetze wir leiden und stöhnen.

Doch nun diese Verheißung: „Ihr werdet Ruhe finden für eure Seelen." Wie, Herr, wie kommt es dazu? Der Prophet antwortete damals: „Fragt nach den Wegen der Vorzeit, welches der gute Weg sei, und wandelt darin ..." Sicher möchten wir das: Immer den guten, den richtigen Weg wählen und auch gehen, den Weg nehmen, der für mich richtig ist und auch für die Menschen neben mir, den Weg, der vielleicht zum Wohl der Menschheit gereicht. Darum tun wir das ja: Wir studieren die Vergangenheit gründlich, das bisher Geschehene. Und wir fragen uns: Wie konnte es nur dazu kommen, zu den Kriegen und ihrem Unheil, zu den „Friedensschlüssen", die gewachsene Völker zertrennten, zu den Fehlentscheidungen der Machthaber? Herr, wir fragen nach den Wegen der Vorzeit! Aber ob wir sie auch richtig deuten?

Dein Volk, Herr, sagte richtig: Damals hat uns der Herr geholfen! Damals am Schilfmeer und in der Wüste, damals in dem Krieg und in der Not und auch damals, in der Gefangenschaft, – immer hast Du, Herr, geholfen.

Die Menschen aller Völker können ihre Geschichte so deuten. Dennoch hast Du mehr getan, Herr. Du hast uns in Deinem Sohn Jesus Christus für alle Zeiten die Vaterhand entgegen gestreckt! Darum konnte Er so sagen: „Ich bin der Weg, die Wahrheit und das Leben!" Durch Ihn erkennen wir Deine Liebe, durch ihn gewinnen wir Vertrauen, und Er allein kann unsere unruhigen Seelen zu der Ruhe führen, die sich geborgen weiß in Deiner großen Gnade.

Du, Herr, versprichst mir Ruhe für die Seele. Du, Herr, bist auch der Weg dazu; lass mich diesen guten Weg auch gehen, heute und allezeit, den Weg zu Dir!

Ki. Bl., Sept. 2000

**Gott spricht:
Ich habe dich je und je geliebt,
darum habe ich dich zu mir gezogen
aus lauter Güte.**
Jer. 31,3

Unvergleichlich schön hat Martin Luther diesen Spruch in die deutsche Sprache übertragen: „je und je", nicht „immer" oder „fortwährend" oder „dauernd"! Und dann das Zweite: „Ich habe dich geliebt". Und so müsste man erwarten: „aus lauter Liebe." Doch da steht nun „Güte". Offenbar hat Luther genau gewusst um die Missverständlichkeit des Wortes Liebe! Denn Liebe ist zwar – wie uns Wissenschaftler belehren – eine chemisch erforschbare Hormontätigkeit in unserem Körper – und dennoch viel, viel mehr!

Da sitzt ein jugendliches Pärchen auf einer Parkbank. Erst sprechen sie leise miteinander. Dann umarmt er sie und zieht sie an sich. Und sie lässt es geschehen, denn sie weiß: Jetzt ist er gut zu mir! Sicher sind bei ihr und bei ihm verschiedene Hormone mit im Spiel. Dennoch geschieht hier mehr. Fast möchte ich sagen: Hier tritt Gott in Aktion! Den beiden auf der Parkbank scheint es jetzt, als hätten sie sich schon „je und je" geliebt!

Als Jeremia die Worte des obigen Spruchs sagte (oder schrieb), schien es vielen seines Volkes: Gott liebt uns nicht mehr! Darum sind wir in die Hände übermächtiger Feinde gefallen, darum die grausige Zerstörung Jerusalems und darum die Fortführung der Arbeitsfähigen in die babylonische Gefangenschaft! Wie ein Trompetensignal gegen diese Untergangsstimmung klingt das Prophetenwort: „Gott spricht: Ich habe dich je und je geliebt, darum habe ich dich zu mir gezogen aus lauter Güte!"

„Zu mir gezogen": Diese drei Wörter sind das Hauptstück dieses Bibelwortes! Wenn ein Bursche ein Mädchen liebt, zieht er es an sich! Und wenn eine Mutter ihr Kind liebt, drückt sie es fest an die Brust! Echte Liebe wird immer aktiv! Wo Liebe aufbricht, zeigt sich das in einer Aktivität. Das Hauptwort „Liebe" wird sofort zu einem Tätigkeitswort. Und Liebende finden kein Ende in tätigen Liebeserweisen. Wunderbar ist das! Und beide wünschen sich nur Eins: Das Bleiben in solcher Liebe.

Doch es gibt auch ein anderes „zu mir gezogen"! Martin Luther hat das erlebt. Denn er hatte eine Tochter Magdalena, Lenchen nannte er es, und es war sein Herzblatt. Eine tiefe Liebe verband Vater und Tochter. Als junges Mädchen wurde Lenchen todkrank. Tag und Nacht war der Vater am Bett seines Kindes. Luther hat im Gebet geradezu mit Gott um dies junge Leben gerungen. Lenchen hat das gespürt und dann – so wird uns erzählt – ergab sich folgendes Gespräch: „Vater, Ihr habt mich doch lieb?" – „Ja, mein Kind, sehr lieb!" – „Aber wenn ich jetzt sterbe, muss mich der himmlische Vater noch lieber haben?" Mit Tränen in den Augen soll der Vater geantwortet haben: „Wenn der himmlische Vater dich zu sich nimmt, hat er dich gewiss lieber als ich!" – In solchem Vertrauen ist das Kind in den Armen des Vaters entschlafen.

Gott der Herr hat es manchmal sehr schwer mit uns, um uns zu zeigen, dass er uns je und je liebt! Das Volk Israel musste diese Lektion durch die babylonische Gefangenschaft hindurch lernen! Und Hiob hat das bis in die tiefsten Tiefen menschlichen Seins durchlitten. Selbst Jesus Christus, den eigenen Sohn, hat Gott durch den Karfreitag hindurch zur vollen Liebe des Ostertages geführt. Fast will es mir scheinen, als sei diese Tätigkeit – „zu mir gezogen aus lauter Güte" – ein übermenschlicher Kraftakt Gottes, gegen den all das, was aus menschlicher Liebe geschehen kann, lediglich ein Kinderspiel darstellt!

Ja Herr, Du hast es schwer mit uns! Vergib, dass wir Deine Güte so oft missverstehen oder gar nicht begreifen! Lass mir jeden Tag das Vertrauen, dass Du es gut meinst mit mir, mit allen und mit unserer ganzen Welt!

Ki. Bl., Sept. 2008

> **Ich will jubeln
> über den Herrn
> und mich freuen über Gott,
> meinen Retter.**
> Hab., 3,18

Meist ist es ja wohl so: Wenn Freude ein Menschenherz erfüllt, fällt es auch nicht schwer, mit Worten oder Gesten zu jubeln. Aber wenn das Herz traurig oder erschrocken ist, bleiben Freude und Jubel aus.

Wer das Buch des Propheten Habakuk liest, findet in den drei Kapiteln wenig Erfreuliches. Dieser Mann, dessen Namen in deutscher Übersetzung „Umarmung" lautet, findet fast nur Worte der Klage über das Unglück in der Welt:

„Herr, wie lange soll ich schreien, und du willst nicht hören? (...) Warum lässt du mich Bosheit sehen und siehst dem Jammer zu? Raub und Frevel sind vor mir, es geht Gewalt vor Recht." So lauten die ersten Verse in diesem wenig bekannten biblischen Buch.

Doch die Klagen und Feststellungen, die vor etwa 2500 Jahren aktuell waren, könnten auch heute Geltung haben, zugleich aber auch ein Trost sein denen, die an Gottes Macht und Gerechtigkeit zu zweifeln beginnen. Denn der Prophet schließt seine Schrift mit einem Psalm, dessen Ende der Spruch dieses Monats ist: „Ich will jubeln über den Herrn und mich freuen über Gott, meinen Retter!"

Menschen, die innerlich jubeln und denen die Freude aus dem Gesicht leuchtet, sind selten geworden in unserer Zeit. Aber alle wünschen wir sie uns: Die freundlich grüßende Nachbarin, die lächelnde Verkäuferin, den lachenden Arbeitskollegen und den spaßenden Ehemann und Familienvater! Wir möchten und erwarten es, dass unsere lieben Mitmenschen Freude und Frohsinn verbreiten und so auch unseren tristen Alltag ein wenig „vergolden".

Doch der Prophet beginnt nicht bei den anderen und erwartet das Entscheidende nicht von den Mitmenschen: „Ich", sagt er, „ich will jubeln und mich freuen über den Herrn!" Dieser Mann hält fest an einem großen und unerschütterlichen Zutrauen zu seinem Herrn, zum Herrgott der Welt. Im zweiten Kapitel sagt er den Satz, den Paulus im Römerbrief aufgreift, und der für Luther zentrale Bedeutung gewann: „Der Gerechte wird durch seinen Glauben leben!" Nur an dieser Stelle steht das Wort „Glauben" im ganzen Alten Testament. Und es bedeutet letztlich alles: Volles Vertrauen, begründete Hoffnung, starkes Festhalten und getroste Hingabe an den Herrn, an den Schöpfer und Lenker der Welt, der Völker und dann eben auch des persönlichen Lebens.

Nun weiß ich es, Herr, dass Du allein die Quelle der Freude und der Grund alles Jubels warst und auch bist. Und es liegt wohl an mir und an meiner Einstellung, dass ich ein wenig Freude und Frohsinn verbreite in unserer Welt und in unserer Familie, die doch beide darauf warten, dass Lichtstrahlen für sie aufgehen. Sei Du, Herr, der Frohmacher meines Lebens, damit andere, meine Nächsten, etwas spüren und auch sie froh werden in Dir.

Ki. Bl., Sept. 2002

Sind wir untreu,
so bleibt Gott doch treu.
2. Tim. 2,13

Wenig ist so gefragt wie die Treue. Man spricht es zwar nicht aus, aber man erwartet sie. Wenn sich einer anstellen lässt, erwartet man von ihm, dass er seinem Unternehmen treu bleibt, sich für dessen Erfolg einsetzt. Man erwartet Treue von seinen Kindern, von seinem Ehepartner, von Freunden und Arbeitskollegen, und nicht zuletzt steht auch die Treue zum eigenen Volk und Vaterland. Die Liedworte haben daher schon ihre Berechtigung: „Die Treue steht zuerst, zuletzt im Himmel und auf Erden." Und wenn man bedenkt, dass dieses Lied im neuen Gesangbuch unter den Konfirmationsliedern steht (Nr. 164/2), dann haben diese Worte ein besonderes Gewicht, Die Treue gilt. Sie hat auf unserer Erde ihre Notwendigkeit, und sie zählt auch im Himmel.

Nun muss man aber auch sagen, dass nichts so tief verletzen kann wie gebrochene Treue. Davon zeugen viele Volkslieder: „Er hat die Treu gebrochen, das Ringlein sprang entzwei!" Wo Treue gebrochen wird, kann nicht nur das Ringlein, sondern manchmal auch das Herz brechen. Und wer kann die Ehen zählen, die unter der gebrochenen Treue leiden und nur noch nach außen hin als Ehe gelten! Wer kann die Eltern zählen, die durch die Untreue der Kinder zu früh ins Grab kamen?

Was unser Vers als Möglichkeit darstellt, dass wir nämlich untreu sein können, müsste als Aussage dastehen: Wir sind untreu! Und zwar nicht nur unseren Mitmenschen gegenüber. Vor allem auch Gott gegenüber.

Denn eigentlich müssten wir die Treue Gottes auf Schritt und Tritt dankbar erkennen. „In wieviel Not hat nicht der gnädige Gott über dir Flügel gebreitet!" Das Gebet Jakobs müsste unser tägliches Gebet sein: „Herr, ich bin zu gering aller Barmherzigkeit und aller Treue, die du deinem Knechte getan hast!" (1. 1 32,11). Denn Gott ist treu, obwohl wir untreu sind, er hält seine Treue, auch wenn unsere Untreue zum Himmel schreit: „Gott bleibt doch treu!"

Darüber muss man zunächst erschrecken. Doch treu – auch wenn wir uns von ihm abwenden, wenn wir von ihm nichts wissen wollen, nicht auf ihn hören und seine Gebote nicht halten. Doch treu – wenn wir die Treue zum Ehegatten oder zur Heimatkirche ganz klein schreiben. Doch treu – ER!

Aber das macht uns dann getrost: „Gott ist doch treu" – der untreuen Menschheit gegenüber treu, dass er seinen Sohn, unseren Heiland, zum Kreuz gehen ließ. Von seiner Seite gibt es keinen Treuebruch, nur noch Erbarmen und gnädige Annahme. Das sollte uns jeden Tag zu ihm treiben. Das sollte uns dankbar machen. Daraus kann man auch ein neues Zutrauen gewinnen in seine gnädige Führung. ER ist treu — Gott sei Dank!

Ki. Bl., Okt. 1980

**Die Freude am Herrn
ist eure Stärke.**
Neh. 8,10

Manchmal vergleiche ich die Gesichter. Aus den Gesichtern der Urlauber leuchten Frohsinn und Freude. Aus andern sprechen Müdigkeit und oft Missmut. Die Urlaubszeit ist vorüber. Ihre Freuden sind vergangen. Auch die Freude? Unser Vers möchte zu einem andern Freudenquell führen. Er sagt uns: „Die Freude am Herrn ist eure Stärke."

Als Nehemia lebte, war für das Volk Israel eine böse Zeit. Vor kurzem erst war es aus langer Gefangenschaft in die Heimat zurückgekehrt. Aber wie sah es dort aus? Die Dörfer und Felder waren verwüstet, der Tempel, ihr Heiligtum, zerstört, die Hauptstadt mit ihrer starken Mauer war ein Trümmerfeld. Nichts war da, das ihnen Mut oder Freude hätte schenken können.

Aber der Herr half immer wieder durch Männer, die das mutlose Volk ermunterten. Die Aufbauarbeit schritt voran: Erst die Häuser, dann der Tempel. Nehemia selbst kam aus Babel zu Hilfe, damit die Stadtmauer errichtet werden konnte. Als dann alles fertig war, wurde dem versammelten Volk durch den Priester Esra das Gesetz Gottes vorgelesen, „... vom lichten Morgen bis zum Mittag ... Alles Volk weinte, als sie die Worte des Gesetzes hörten". Esra, der Priester, aber sprach zum Volk: „Dieser Tag ist heilig unserem Herrn. Seid nicht bekümmert; denn die Freude am Herrn ist eure Stärke."

Das könnte heißen: Gott hat euch ein großes Werk gelingen lassen. Darüber freut euch. Lasst die Köpfe nicht hängen. Der Herr hat euch stark gemacht für eine Riesenaufgabe. Das sollte euch froh machen! Man könnte es aber auch so verstehen: Nicht so sehr die Freude an der eigenen Leistung, an dem Geschaffenen und Erreichten soll euer Leben bestimmen. Vielmehr die Freude an dem, der dahinter steht: am Herrn!

Die Freude am Herrn – das bedeutet eine Korrektur der Blickrichtung. Wir sehen meist zu kurz: nur auf das, was wir geleistet haben. Die Bibel aber sagt uns: Siehe weiter – der Herr ist der Ursprung, die Quelle, auch unserer Freude.

Die Freude am Herrn – das ist eine Kraftquelle. Es gibt aber auch Ersatzquellen.

Wir waren auf einem Ausflug. Durstig kehrten wir in einer Wirtschaft ein und tranken ein Bier. Nachher wunderten wir uns über die Müdigkeit in den Gliedern. Wir hatten aus der falschen Quelle getrunken! Die Menschen suchen Freude. Aber es geht den meisten so, wie es in dem Liede heißt: „Sie suchen, was sie nicht finden in Liebe und Ehre und Glück; und sie kommen mit Sünden belastet und unbefriedigt zurück."

Freude lässt sich mit äußeren Mitteln nicht erreichen. Man kann sie nicht erjagen und sich selbst auch nicht geben. Wahre Freude ist immer ein Geschenk, eine Himmelsgabe.

Wer sie hat, kann von dieser Freude weiter schenken. Und je mehr er schenkt, desto froher wird er selbst. Wahre Freude bewährt ihre Kraft besonders in Lagen, wo menschlich gesehen nichts zum Freuen ist: in Stunden des Leides, der Krankheit, des Ärgers, der Verzweiflung und der Trauer. Da erst zeigt die Freude am Herrn ihre tröstliche Kraft. Darum kann der Dichter auch singen: „Denen, die Gott lieben, muss auch ihr Betrüben lauter Freude sein!" Und er schließt: „Dennoch bleibst du auch im Leide, Jesu meine Freude."

Ki. Bl., Okt. 1981

**Jesus Christus spricht:
Fürchte dich nicht!
Ich bin der Erste und der Letzte
und der Lebendige.**
Off. 1,17

Von Martin Luther wird Folgendes erzählt: Als ihn der Kaiser vor den Reichstag in Worms bestellte und seine Freunde dringend von dieser Fahrt abrieten, weil sie um das Leben des schon Geächteten bangten, soll Luther geantwortet haben: „Und wenn soviel Teufel in Worms sind als Ziegel auf den Dächern, will ich doch hinfahren. Denn ich stehe in einem viel höheren Schutz als Menschen ihn geben können." Und wir wissen, dass Luther diese Reise mit Gottes Hilfe auch zu einem guten Ende bringen konnte, indem er mutig für die Wahrheit des Evangeliums eintrat.

Solchen Mut möchte man sich manchmal wünschen! Denn oft blicken wir verzagt und zweifelnd dem kommenden Tag entgegen. Uns fehlt oft getroste Zuversicht und mutiges Vertrauen. Da kann der Vers uns helfen: „Fürchte dich nicht", sagt Christus, „ich bin der Erste und der Letzte und der Lebendige".

Dieses Wort aus der Offenbarung des Johannes wurde einer im Vertrauen wankend gewordenen Gemeinde gesagt. Johannes war auf eine Insel verbannt worden; er sollte mundtot gemacht werden. Aber nun schreibt er alles auf, was ihm als Offenbarung zuteil wird. Und gerade das sollte den bedrängten Christen Mut zusprechen und ihnen ihre Ängste nehmen.

Sicher haben wir heute andere Fragen und Nöte als die Christen damals. Irgendwo sitzt die Furcht auch im eigenen, persönlichen Leben. Sage doch niemand, er habe nie Angst gehabt. Und müssen wir nicht alle bangen um die Zukunft unserer Erde, wenn wir sehen, wie die Naturreichtümer ausgebeutet werden, die Verschmutzung zunimmt und dem Wettrüsten nur schwer gegengesteuert werden kann? Wie wird die Welt unserer Enkel und Urenkel aussehen?

Dennoch: „Ich bin der Erste und der Letzte und der Lebendige." Unter Menschen ist es so, dass keiner der Letzte sein möchte. Lieber der Erste sein; lieber etwas mehr oben sein, etwas mehr vom Leben und von seinen schönen Seiten genießen. Nur einer konnte von sich sagen: „Ich bin der Letzte!" Das wer der, der sich mit den Zöllnern und Sündern an den Tisch setzte, der seinen Jüngern die Füße wusch und der als letzter in der Hand der Häscher im Gethsemane blieb, als seine Jünger alle von ihm flohen. Da war er wirklich der Letzte, der Elendste und Verachteteste. Aber Gott hat ihn doch zum „Erstling unter denen, die da schlafen" gemacht – und zum Lebendigen dazu. An ihm ist Menschenmacht zunichte geworden, ihm konnte kein „Schicksal" beikommen, und selbst der Tod hat über ihn keine Macht gehabt. Er hat Pilatus furchtlos in die Augen gesehen und zu seinen Jüngern gesagt: „Fürchtet euch nicht vor denen, die den Leib töten, die Seele aber nicht töten können! Fürchtet euch nur vor dem, der Leib und Seele verderben kann in der Hölle!" (Mt. 10.28).

Christen dürfen furchtlos und mutig sein, hier und heute; nicht weil sie selbst so stark und kraftvoll dastehen, sondern weil ihr Leben dem gehört, der der Erste und der Letzte und der Lebendige ist, der seine Kraft in den Schwachen zeigt, der dort, wo einer meint, unter der Last seines Lebens zu verzagen, weiterhilft und den, der ihm vertraut, nicht zu Schanden werden lässt. Gott hat dem, der das gesagt hat: „Fürchte dich nicht", auch alle Gewalt gegeben im Himmel und auf Erden. Er wird immer das letzte Wort zu sagen haben. Darum vertrauen wir ihm, den die Welt zum Letzten und den Gott zum Ersten machte, den die Welt tötete und den Gott zum Lebendigen werden ließ!

Ki. Bl., Okt. 1982

**Der Herr denkt an uns
und segnet uns.**
Ps. 115,12

Die Tochter kommt zum ersten Mal in die Ferien nach Hause. Die Mutter fragt bei der Ankunft: „Kind, war es nicht manchmal schwer?" „Doch", erwidert diese, „manchmal! Aber du sagtest mir beim Abschied: Ich werde jeden Tag an dich denken – das habe ich gespürt. Und das hat mir geholfen!"

Wenn Menschen aneinander denken, sind sie auf unsichtbare Weise miteinander verbunden. Wie Kraftlinien von einem Magnetpol zum andern laufen und ein Kraftfeld aufbauen, so kann das Aneinander-Denken Verbindungen schaffen, die große Wirkung haben. Es gibt viele Berichte, wo solche Verbindung um Menschen einen Mantel der Bewahrung geschaffen hat.

Wenn schon menschliches Aneinander-Denken solche Wirkungen haben kann, um wie viel wunderbarer ist es, wenn einer bekennen und sagen kann: „Der Herr denkt an uns." Der, der das ausspricht, weiß sich eingehüllt in das Gedenken Gottes. Er weiß: Ich bin nicht vergessen! Denn auch das können Menschen: nicht mehr aneinander denken, den andern gleichsam in Gedanken fallen lassen, ihn aus dem Gedächtnis streichen. Das ist natürlich schlimm, und sehr viel Böses fängt damit an, dass Menschen nicht mehr aneinander denken. Aber so ist das oft: Wir denken an so vielerlei und wohl am meisten an uns. Dabei sollte das Aneinander-Denken im Vordergrund stehen.

„Der Herr denkt an uns" – nicht nur an mich, – an uns! Der Beter weiß sich verbunden mit all den Menschen, mit denen er zusammengehört in der Familie, im Volk, in einer Arbeitsgemeinschaft. Es gibt so viele Bindungen, in denen wir stehen. Und das gibt ihm nun das Gefühl: Wir sind nie allein! Immer ist einer da, der an uns denkt. Und das ist nicht irgendeiner, sondern Gott. Wo aber der Herr an uns denkt, da geht mehr mit als nur ein Gedenken. Das Alte Testament berichtet uns von Jakob, der vor dem Zorn seines Bruders fliehen musste. Als er am Ende seiner Kraft ist, allein und verlassen dasteht, sagt Gott zu ihm: „Ich bin mit dir und will dich behüten, wo du hinziehst" (1. Mose 28,15). Dieser Segen des Herrn hat Jakob nicht verlassen und ihn nach vielen Jahren wieder heimgebracht.

Das Gedenken des Herrn ist das Kraftfeld seines Segens, und der Segen Gottes ist seine Gegenwart. Manchmal sagen wir: Hat der aber Glück! – und doch ist es nichts anderes als Gottes Segen. Es kann auch sein, dass gesagt wird: Das war ein böser Zufall! In Wahrheit war aber auch das ein verborgener Segen.

Um den Segen des Herrn zu erkennen, braucht man ein dankbares Herz. Solche Dankbarkeit führt von selbst zu festem Vertrauen und einer großen Hoffnung, die alle uns Nahestehenden umschließt. Dann ist der Weg zur Fürbitte nicht mehr weit, durch die wir andere in das Geleit des Herrn stellen.

Im Kraftfeld Gottes kann man getrost gehen, nicht nur durch die Tage, die Monate, sondern durch ein ganzes Leben.

Ki. Bl., Okt. 1983

**Christus spricht:
Was hülfe es dem Menschen,
wenn er die ganze Welt gewönne und nähme
an seiner Seele Schaden?**
Mk. 8,36

In seiner Geschichte „Das kalte Herz" erzählt Wilhelm Hauff von dem Köhlerjungen Peter Munk, dessen Wünsche nicht schweigen, bis er der reichste Mann weit und breit und der beste Tänzer dazu ist. Aber das alles hilft ihm nicht viel. Er wird grob, grausam und hartherzig und erschlägt schließlich seine Frau. Nur dem guten Glasmännlein ist es zu verdanken, dass aus dem verlorenen Reichen wieder der arme, aber zufriedene Peter wird.

Diese Erzählung behandelt auch die Frage: „Was nützt es einem Menschen, wenn er die ganze Welt gewinnt und an seiner Seele Schaden nimmt?" Jesus stellt sie uns und überlässt es uns, die richtige Antwort zu finden.

Es gibt wohl kaum einen, der mit einem Schaden leben möchte. Schlimm ist es, wenn man mit einem lahmen Bein oder einem kranken Organ leben muss. So ein Schaden am Leib, etwa der Verlust der Sehkraft oder des Gehörs, beeinträchtigt das Leben sehr. Ich erinnere mich an eine taube Großmutter, die oft mit ernstem Gesicht dabeisaß, wenn alle herzlich lachten, weil sie nicht verstand, was so lustig war.

Viel schlimmer aber ist ein „Schaden an der Seele"! Wenn die Bibel von der Seele spricht, so meint sie damit das, was einen Menschen zu einer Person macht. Was den Körper betrifft, sind alle Menschen ziemlich gleich. Dennoch ist jeder eine besondere Person, mit bestimmten Empfindungen, Gefühlen und einem persönlichen Willen. Jeder Mensch ist ein besonderes „Ich" in dieser Welt.

Man kann die Seele mit der Kommandozentrale eines Flughafens vergleichen. In diesen Raum kommt kaum einer hin. Dennoch gehen von hier alle Befehle aus. Alle gute Ordnung hat hier ihren Anfang. Wenn hier ein Schaden entsteht, kann das schlimme Folgen für die Sicherheit der Fluggäste haben. Ein Schaden an der Seele zerstört das Leben. Wahres Leben beginnt erst dort, wo einer nicht mehr nur sich selbst und seinen eigenen Wünschen lebt, sondern erkennt, dass sinnvolles Leben nur in der Gemeinschaft möglich ist. Ein Seelenschaden wirkt sich in erster Linie auf die Gemeinschaft zerstörend aus. Aber das Schlimmste: Der Kranke kann seinen seelischen Schaden nicht erkennen. Es ist, als wären ihm die Augen gehalten.

Die Erleuchtung aber hängt nicht an dem, was einer hat, sondern daran, ob der Geist Jesu in ihm wirkt. Erst dort, wo der Geist Gottes einen Menschen durchleuchtet und durchdringt, wo in der Zentrale der rechte Dienststellenleiter seine Befehle erteilt, kommt es zur inneren Gesundheit. Dann werden wir fähig, alles hinzugeben, notfalls auch das Leben, ohne an der Seele Schaden zu nehmen. Wenn sein Geist unsere Herzen regiert, kann es sein, dass wir erkennen, dass innerer Reichtum alle äußere Armut reichlich aufwiegt.

Ki. Bl., Okt. 1984

5. OKTOBER

**So spricht Gott, der Herr:
Ich schenke ihnen ein anderes Herz
und schenke ihnen einen neuen Geist.**

Hes. 11,19

Es war etwas ganz Besonderes, als die erste Herzverpflanzung gelang, auch wenn der Patient nicht lange überlebte. Heute lebt einer mit einem neuen Herzen und einer verpflanzten Niere und fühlt sich wohl. Ein neues Herz! Das wünschen sich die, die am Herzen leiden. Aber noch ist es so: Der Herz-Spender muss sein Leben dahingeben. Man kann nur das gesunde Organ eines Gesunden einem Kranken einpflanzen, der dann die Chance für ein neues Leben bekommt.

Als der Prophet Hesekiel lebte, konnte man noch keine Herzverpflanzung vollziehen. Dennoch durfte er seinem Volk, das die ganze Schwere der babylonischen Gefangenschaft trug, zurufen: „So spricht der Herr: Ich schenke ihnen ein anderes Herz und schenke ihnen einen neuen Geist!" Freilich meint er damit nicht das unermüdlich schlagende Organ in unserer Brust. Wenn die Bibel vom „Herzen" spricht, ist damit die Lebensmitte eines Menschen, das Zentrum seines äußeren und inneren Lebens gemeint.

Und darum soll es gehen: dass ein Mensch von innen her erneuert wird. Man kann zwar einem Bösewicht ein neues Herz einoperieren, aber damit wird er noch lange kein neuer Mensch. Eine Erneuerung von innen durch ein „neues Herz und einen neuen Geist" verheißt der Prophet seinem Volk. Solche Erneuerung kommt nicht durch menschliches Bemühen zustande. Und gute Vorsätze haben in den seltensten Fällen Erfolg. Wir können eben nicht „aus der Haut" fahren, wenn sie nicht mehr passt. Das käme ja einem neuen Anfang gleich. Da könnte ich wieder neu beginnen und das Alte hinter mir lassen. Gewiss möchten das viele! Und wenn der Drang nach einem „Ortwechsel" in dem heutigen Menschen so groß ist, könnte das darin seine Ursache haben, dass so viele meinen: An einem neuen Ort kann ich auch neu beginnen.

Aber das meint unser Vers nicht. Der Prophet Hesekiel hatte es bei seinem Volk erlebt: Unversehens waren die Herzen der Menschen aus dem Gottglauben in den Götzenglauben abgeglitten. Sie hatten es gar nicht gemerkt, wie das gute Leben sie in eine gesicherte Gläubigkeit hat gleiten lassen, mit der sie gut und sorglos leben konnten. Bis zu dem Punkt, wo sie das Gericht des Herrn traf. Da gingen ihnen die Augen erst auf. Und in der Buße hat Gott diesen geplagten Menschen das neue Herz und den neuen Geist geschenkt.

Das aber tut der Herr auch heute noch. Gottes Geist schenkt auch heute noch Menschen ein neues, mitfühlendes, erbarmendes und geduldiges Herz. Und dann geschehen wirklich Wunder. Da kann es sich ereignen, dass in einer Familie ein neues Verstehen zwischen Kindern und Eltern einzieht, dass Nachbarn, die jahrelang im Streit lebten, zueinander finden oder dass ein unheilbar Kranken für seine Umwelt zu einer Quelle des Trostes wird. Denn das durch den Geist Gottes erneuerte Herz kann die Welt verändern. Es handelt im Zeichen der Liebe und der Hoffnung für die Mitmenschen. Es lebt aus der Gewissheit, dass Gott uns aus dieser Welt des Todes zu einem neuen Leben bringt, so wie er unseren Herrn Jesus Christus in diese neue Welt gebracht hat. Darum brauchen wir das neue Herz und den neuen Geist.

Ki. Bl., Okt. 1985

Die Frucht des Geistes aber ist Liebe, Freude, Friede, Geduld, Freundlichkeit, Güte, Treue, Sanftmut und Selbstbeherrschung.
Gal. 5,22

Frucht kann nur wachsen. Ich denke an den Birnbaum in unserem Garten. Wundervoll, wenn gelbe, reife Früchte daran hängen, oder an die Weinstöcke im Weingarten. Welch erfreulicher Anblick, so ein Stock voller Früchte! Was haben wir dazu beigetragen, dass die Birnen oder Trauben reifen? Frucht kann nur wachsen.

Aber Frucht wächst nur unter bestimmten Bedingungen. Einmal hatte unser Birnbaum wunderbar geblüht. Doch nach der Blüte stieß er die Früchte ab; nur ganz wenige reiften. Warum? Dem Baum fehlte die Winterfeuchtigkeit. Oben schien alles in Ordnung, aber innen, dem Auge verborgen, war ein Mangel. Und darum gab es keine Früchte.

Diese Bilder gehen mir durch den Kopf, wenn ich über den Spruch dieses Monats nachdenke. Was der Apostel sagen will, ist dieses: Ein Mensch ist wie eine Pflanze. Fruchtlose Pflanzen braucht niemand im Garten. Bäume, die keine Frucht bringen, hauen wir ab. Wir Menschen sind Fruchtpflanzen im Garten Gottes. Was für Früchte der Herr aber erwartet, steht hier klar: Liebe, Freude, Friede, Geduld, Freundlichkeit, Güte, Treue, Sanftmut und Selbstbeherrschung. Vielleicht fällt uns noch allerlei ein, womit man diese Reihe fortsetzen könnte. Denn an einer andern Stelle fügt der Apostel auch Gerechtigkeit und Wahrheit hinzu. Und es muss schön sein, unter Menschen zu leben, wo solche Früchte gedeihen:

Liebe als ein Band, das uns mit allen verbindet und zu schwersten Opfern bereit ist;

Freude als das Schönste, was man dem andern schenken kann;

Friede als die wunderbare Möglichkeit zum Vergeben;

Geduld, die Kraft, mit langem Mut auch Unrecht zu ertragen;

Freundlichkeit die Ausstrahlung eines getrösteten und mit Gottesfrieden erfüllten Herzens;

Treue, die festbleibt, auch wenn es gegen die eigene Natur geht;

Güte, die nur Gutes will und anstrebt;

Sanftmut, die den Frieden Gottes hinausträgt mit Wahrheit und Offenheit;

Selbstbeherrschung, die mit dem Herrschen bei sich selbst beginnt, damit wir uns nicht gehen lassen oder andere beherrschen wollen.

Wie können solche „Früchte" wachsen? Wo Gottes Geist uns erreicht, da wachsen sie! Da gehen uns die Augen auf, und wir merken:

Hier hast du lieblos, treulos, unbeherrscht, nicht im Sinne des Heilandes gehandelt. Wo solche Erkenntnis wächst, hat der Heilige Geist begonnen, uns tief im Herzen „anzufeuchten". Da beginnt etwas zu wachsen, und zwar auf den anderen zu. Auch die Birnen dienen nicht dem Birnbaum, sondern den Menschen. Alle Früchte dienen dem Leben. So auch die Früchte des Geistes. Sie wollen dem Leben im weitesten Sinne dienen. Die Geduld, die ich meinen Kindern erweise, wird sich bis in das Zusammenleben mit den Enkelkindern auswirken. Und die eigene Selbstbeherrschung trägt Segen für Generationen.

Der Monat Oktober ist der letzte Erntemonat. Das könnte für uns zum Anlass werden, an die Ernte unseres Lebens zu denken.

Ki. Bl., Okt. 1986

**Herr, wie sind deine Werke so groß und viel!
Du hast sie alle weise geordnet,
und die Erde ist voll deiner Güter.**

Ps. 104,24

Werke – man kann bei diesem Wort an all das denken, was Menschen geschaffen haben. Wir sehen ein Flugzeug. Aber wer denkt daran, dass darin Tausende von oft ganz kleinen Bestandteilen sind, die alle an ihrem Platz sein müssen, damit der Apparat fliegt? Und bei anderen Maschinen ist es genauso.

Werke – das sind aber auch die hohen Wohnhäuser, die Fabriken, alles, was Menschen schaffen. Und der Mensch schafft, groß und viel, jedoch nicht immer zum Guten, denn auch die Kriegsmaschinen sind Menschenwerke. Wir versuchen, der Welt ein neues Antlitz zu geben, sodass man bald nur noch Menschenwerke sieht.

Der Beter des 104. Psalms sieht nicht auf das, was Menschenhände und -geist schaffen. Er richtet seinen Blick auf die Natur, sieht Himmel und Wolken, Donner und Regen, Berge und Täler, das Gras und die Blumen, und die Tiere. Er merkt: Alles Lebendige wartet darauf, dass Gott seine Hand auftut. Dann erst werden alle satt. Und darum kann er nicht anders als auszurufen: „Herr, wie sind deine Werke so groß und viel! Du hast sie alle weise geordnet, und die Erde ist voll deiner Güter!"

Haben auch wir immer Augen, das zu bemerken? Denken wir, was für Kräfte hier am Werk waren, wenn wir die Auffaltungen der Gebirge sehen? Und erst recht, wenn in der rauen Gebirgsluft in einer Felswand ein Blümchen blüht! Wie kommt das hin? Woher nimmt es Halt und Nahrung? „Gottes Werke sind groß und viel!"

Im Herbst hatten wir Samen von den Sandröschen gesammelt und im Frühjahr ausgesät. Kein Pflänzchen wuchs. Dort aber, wo sie sich selbst versämten, gedeihen sie prächtig. Wieso? Diese Samen müssen im Herbst in die Erde kommen und dort überwintern. Ein kleines Stückchen der Ordnungen Gottes! Wir nennen sie einfach „Naturgesetze" und vergessen meist, dass diese Ordnungen von selbst gar nicht geworden sein können. Dahinter steht der Schöpfer – Gott selbst. Und was wir Menschen berechnen und schaffen, sind kleine Anwendungen der „Naturgesetze", nur geringe Abbilder der Schöpfung. Denn Gottes weisliche Ordnungen ermöglichen erst das Leben. Dass alles Lebendige Nahrung aufnehmen und atmen kann, sich bewegt und fortpflanzt, Sinneseindrücke hat und miteinander Verbindung hält, das verdanken wir nur Gottes weislichen Ordnungen. Kein Wunder, dass auch der Dichter Ch. F. Gellert in seinem Lied ausruft: „Mein Auge sieht, wohin es blickt, die Wunder deiner Werke" (EG 270,2). Um solche Augen müssen wir bitten!

Aber Gott hat noch mehr getan. In seine Ordnungen gehört auch unser Herr Jesus Christus. Ihn hat er uns „zum Heile" gesandt, denn in dieser Welt gibt es auch Leid und Unglück, Sünde und Zerstörung. Das lässt uns manchmal an Gottes weisen Ordnungen zweifeln, wie Hiob, der an seinem Unglück innerlich fast zerbrach. Auch Jesus Christus ist das Kreuz nicht erspart geblieben. Die Erde ist voll von den Gütern Gottes, zugleich aber auch voll von Leid und Not. Gott aber will, dass wir, als seine Geschöpfe, auch nach seinem Willen leben, uns in seine Ordnungen einfügen. Seine Ordnungen aber sollen in der Liebe verstanden und verwirklicht werden. Das ist die neue Ordnung, die Jesus Christus in diese Welt gebracht hat: die Liebe, die bereit ist, alles für den andern zu tun, entgegen der Naturgesetze.

Ki. Bl., Okt. 1987

Wo der Geist des Herrn wirkt, da ist Freiheit.
2. Kor. 3,17

Warja besaß einen Zeisig. Sie hatte ihn in einen Käfig gesperrt, aber der Vogel sang kein einziges Mal. Da fragte Warja den Zeisig: „Warum singst du nicht?" Der Vogel antwortete: „Lass mich hinaus ins Freie, dann werde ich singen, den ganzen Tag" (Tolstoi).

Freiheit – das Wort weckt eine tiefe Sehnsucht nach einem unabhängigen Leben. Denn wir erfahren immer wieder, oft in recht schmerzlicher Weise, unsere Begrenzungen und Abhängigkeiten. Ein Patient der Intensivstation hat Schläuche in der Nase, durch die ihm Nahrung zugeführt wird, Nadeln in den Adern, die seinen Blutkreislauf in Gang halten, und Elektroden, die sein Herz anregen. Wie abhängig ist er von diesen Apparaten! Würden sie abgeschaltet, wäre das sein Tod. Aber wir brauchen nicht so weit zu denken: Wir sind alle abhängig von unserem Körper, von Nahrung, Kleidung und Wohnung, aber auch von unserer Umwelt und schließlich von uns selbst, von den Erfahrungen, die uns formen, von dem, was wir lernen, von Gefühlen und unserem Wissen. All das kann keiner ablegen, keiner kann wieder frei werden von dem, was er aufgenommen hat.

Unterdrückung und Knechtung machen die Sehnsucht nach Freiheit besonders verständlich! Auch zeigt sich der Freiheitstrieb bei heranwachsenden Jugendlichen, die von der Bevormundung des Elternhauses frei werden und ihr Leben nach eigenen Vorstellungen gestalten möchten. Nur: Ist eine solche „Freiheit" nicht ein Wunschtraum? Ich muss da an den „verlorenen Sohn" denken, der ja auch der sicheren Meinung war, die Freiheit vom Elternhaus errungen zu haben, und dann doch recht schmerzlich begreifen musste, dass er in vollkommene Abhängigkeit geraten war. Was Freiheit schien, war Bindung! Er war von sich selbst nicht frei geworden. Er blieb an seine Stimmungen, sein Denken, seine Schwächen gebunden. So wurde ihm, dem „verlorenen Sohn" die ersehnte Freiheit zum unüberwindlichen Gefängnis. Frei wurde er erst wieder, als der Vater ihm die Sohnschaft zurückgab, ihn aus Liebe wieder annahm und mit dem Mantel der Vergebung seine Vergangenheit zudeckte.

Vielleicht hat Jesus dieses Gleichnis nicht erzählt, um deutlich zu machen, was Freiheit ist. Dennoch wird ein Sachverhalt klar, der die ganze Bibel durchzieht! Denn auf den ersten Seiten wird erzählt, wie die Menschen die ihnen von Gott verliehene Freiheit dazu missbrauchen, seinen Willen zu übertreten. So steht der Mensch gleichsam unter dem Gesetz des Sündigen-Müssens. Nur einer stand nicht in dieser Bindung: Jesus Christus. Er konnte dem Vater gehorsam bleiben bis zum Tod am Kreuz. Und darum kann Paulus schreiben: „Wo der Geist des Herrn wirkt, da ist Freiheit." Nur so ist es verständlich, dass ein Gefängnisaufseher von seinen Gefangenen sagen konnte: „Sie waren freier als wir!" Und so ist auch das Wort aus dem Hebräerbrief zu verstehen: „Durch das Blut Jesu haben wir die Freiheit." (Hebr. 10,19)

Schließlich wollen wir Luther zitieren, dem Gott diese herrliche innere Freiheit schenkte: „Du sollst dir auf keinen Fall deine Freiheit, die dir Gott gegeben hat, nehmen lassen!" Weil wir aber im Reformationsmonat sind, führen wir auch den 18. Artikel des Augsburger Bekenntnisses „Vom freien Willen" an, der im neuen Gesangbuch Seite 648 steht: „Vom freien Willen wird gelehrt, dass der Mensch einen freien Willen hat, äußerlich ehrbar zu leben und zu wählen unter den Dingen, die die Vernunft begreift. Aber ohne Gnade vermag der Mensch nicht, Gott gefällig zu werden, ihn zu fürchten oder die angeborene böse Lust aus dem Herzen zu werfen; solches geschieht durch den Heiligen Geist, welcher durch Gottes Wort gegeben wird."

Wie wahr ist auch der Satz: „Das ist gerade das Wunder der Freiheit, dass immer geschieht, was Gott will, und wir doch unseren eigenen Willen tun können!" Wohl uns, wenn unser Wille mit Gottes Willen im Einklang ist. Dann sind wir zur Freiheit der Kinder Gottes gekommen.

Ki. Bl., Okt. 1988

**Wer seinem Nächsten schmeichelt,
der spannt ihm ein Netz über den Weg.**
Spr. 29,5

Einmal ganz ehrlich: Hast du diesen Bibelspruch schon einmal gelesen? Mir jedenfalls ist er noch nicht aufgefallen. Aber er wurde zum Anlass, das 29. Kapitel der Sprüche im Alten Testament noch einmal zu lesen. Dabei wurde mir deutlich, wie viele kostbare Lebensweisheiten in der zu Unrecht etwas vernachlässigten Spruchsammlung enthalten sind. Man könnte zwei Jahre lang jeden Tag einen Spruch überdenken – und käme noch nicht ans Ende.

Und nun soll uns der obige Spruch durch diesen Tag geleiten. Mir fällt da eine Fabel ein, die Chr. F. Gellert in einem Gedicht festgehalten hat. Darin schreibt er von einem Maler, der ein Bild fertigstellt hatte und einen Kenner um sein Urteil bat. Dieser machte auf verschiedene Mängel aufmerksam. Kurz darauf tritt ein Schmeichler ein, der das Bild über alles lobt. Kaum aber ist er weg, überstreicht der Maler das Bild. Der Dichter fügt als Moral hinzu: „Wenn deine Schrift dem Kenner nicht gefällt, / so ist das schon ein böses Zeichen; / doch wenn sie gar des Narren Lob erhält, / so ist es Zeit, sie auszustreichen." Gewiss eine gute Lebensweisheit; denn schon mancher, der sein Ohr einem Schmeichler lieh, hat es später bitter bereut. Schmeichler verfolgen ein Ich-bezogenes Ziel, man merkt es bloß nicht gleich. Auch Christen versuchen oft, mit schönen Worten anderen eine Last aufzubürden, die sie selbst tragen sollten, eine Arbeit abzuschieben, die sie selbst leisten könnten.

Schmeicheleien werden in unserem Spruch mit einem Netz verglichen. Einige afrikanische Stämme beherrschen diese Kunst. Sie spannen über den Weg, auf dem die Tiere zur Tränke gehen, ein Netz. Im Dämmerlicht können die Tiere das Netz nicht sehen, verfangen sich darin und werden eine leichte Beute. Das Netz wird ihnen zur tödlichen Falle. – Auch eine Schmeichelei kann zur tödlichen Falle werden. Das weiß niemand besser als der Böse. Wie hat er Jesus geschmeichelt, als er ihn versuchte: Du bist doch der Gottessohn, dir ist alles möglich! Das Ziel aber war, Jesus vom Weg des Gehorsams zu locken. Und in der Geschichte Mt.22, 15-22 kommen einige zu Jesus und sagen: „Meister, wir wissen, dass du wahrhaftig bist und lehrst den Weg Gottes recht und fragst nach niemand; denn du achtest nicht das Ansehen der Menschen." Und dann legen sie ihm die gefährliche Frage vor, ob es recht sei, dem Kaiser Steuern zu bezahlen. Doch Jesus erkennt das „Netz" ,und seine Antwort trifft die Frager im Gewissen. – Ich denke auch an den, der zu Jesus sagte: „Guter Meister, was soll ich tun ..." Aber Jesus sprach zu ihm: „Was nennst du mich gut? Niemand ist gut als Gott allein!" (Mt. 10,17).

Es gibt gewiss noch Beispiele in der Bibel, wo Schmeichelei eine Rolle spielt. Etwa bei der Geschichte vom Sündenfall (1.Mose 3). Wem würde es nicht schmeicheln, zu sein wie Gott? Damals, so sagt die Schrift, sind die Menschen dem Bösen „auf den Leim" gegangen. Und wir müssen bis heute genau achtgeben, denn eine Schmeichelei kann uns den klaren Blick trüben. Und sie lässt unser Ich anschwellen. Dann aber hat gewiss der Böse seine Hand nach beiden ausgestreckt, nach beiden, dem Schmeichler und dem Geschmeichelten! Ich wünsche uns allen, dass unser Vers uns anregt, achtzugeben, wie oft wir in Versuchung sind, anderen zu schmeicheln, und wie oft auch uns geschmeichelt wird.

Wer für Schmeicheleien unempfänglich wird, ist der Wahrheit ein gutes Stück näher gekommen.

„Wach und sieh, dass dich nie falsche Brüder fällen, die dir Netze stellen." (EG 279,2)

Ki. Bl., Okt. 1989

**Gott lässt keinen Spott mit sich treiben;
was der Mensch sät,
wird er ernten.**
Gal. 6,7

Wir suchen guten Samen für unsere Gärten!
Wir haben es erfahren:
Nur der beste Samen verheißt gute Ernte!
Was aber säen wir in den Garten unseres Lebens?
Es wird die Zeit kommen,
wo offenbar wird, was gesät wurde.
Woran soll man erkennen, ob ein Same
von wilden Möhren oder von Karotten war,
wenn nicht bei der Ernte?
Wenn wilde Möhren aufgehen, war da nicht alles eitel?
Verfehlen wir nicht ähnlich unsere Lebensarbeit
treiben an unserem Lebensziel vorbei?
Woran merke ich das, mein Gott?
Woran kann ich jetzt merken,
was ich heute, morgen, übermorgen säe?
Gutes und Echtes und Bleibendes
oder Vergängliches und Böses?
Herr, DU lässt dich nicht verspotten!
Die Saat meines Lebens geht auf – in DEINEM Licht!
Was ich getan, gearbeitet habe,
Entscheidungen, die ich getroffen
für mich und die Meinen,
werden dastehen, geprüft von DIR!
Gib mir jetzt Weisheit, das Wahre zu erkennen!
Und gib mir Mut, es auch jetzt zu tun!

Ki. Bl., Okt. 1990

11. OKTOBER

**Ich will dem Herrn singen mein Leben
lang und meinen Gott loben,
solange ich bin.**
Ps. 104,33

Ja, ich will Dir singen, mein Gott,
ein Danklied soll es sein, ein Freudenlied –
ein Loblied soll es sein – ein Lied,
das alles enthält: Freude, Dank, Lob!
Doch es fällt mir schwer, mein Gott!
Am Morgen schon sind die Gedanken da an den Tag,
an seine Probleme, Anforderungen, Beschwernisse –
wie soll ich da singen?
Es fällt mir schwer, mein Gott!
Am Abend, wenn der Missmut aufkeimt
über unerledigte Arbeit,
über die schmerzhafte Trennung,
über meine Beschwerden, die ich tagsüber vergaß –
wie soll ich da singen?
Lass mich dir singen, mein Gott,
in der Gemeinde, mit allen anderen,
da geht es leichter!
Lass mich dir singen, mein Gott,
in meinen Einsamkeiten, meinen Ängsten und Problemen;
lass mich dir singen,
damit meine Seele wieder froh wird
und ich dich loben kann mit dankbaren Herzen – täglich!

Ki. Bl., Okt. 1991

Jesus Christus spricht: Ihr könnt nicht Gott dienen und dem Mammon.
Lk. 16,13

Früher haben in Siebenbürgen
die Burschen und Mädchen wirklich „gedient";
die Burschen wurden „Knechte" bei einem Bauern,
und die Mädchen nahmen einen Dienst
in der Stadt als „Dienst-Mädchen" an.
In solchem Dienst haben die jungen Menschen viel gelernt:
Die Burschen lernten alle bäuerlichen Arbeiten
auch mal in einer anderen Gemeinde kennen,
und die Mädchen lernten die Vielfalt der Hausarbeiten zu tun.
Wer einige Jahre gedient hatte, wusste mehr als ein Daheimgebliebener!
Freilich, man musste wenigstes ein Jahr dienen;
und Dienstwechsel in diesem Jahr war strafbar.
Zwei Herren gleichzeitig zu dienen war ganz unmöglich!
Aber so sagt es auch Jesus: „Kein Knecht kann zwei Herren dienen!" (Lk.16,13)
Oder noch genauer: „Niemand kann zwei Herren dienen!" (Mt.6,24).
Früher wurde einer aus freien Stücken Knecht.
Heute macht der Mammon aus uns gegen unseren Willen „Knechte".
Wir wollen nicht – und werden es doch!
Wir merken es kaum – und sind im Zwang!
Wir ahnen es nicht – und haben unsere Freiheit verloren!
Der Mammon: Unser Geld und Verdienst,
unsere Rente oder unser Einkommen,
unser Lebensstandard und unsere geldlichen Möglichkeiten –
das alles – und vielleicht noch mehr – beginnen uns zu befehlen,
uns Weisung zu geben, unser Denken zu lenken,
unversehens – aber sehr bestimmt, unmerklich –
aber doch entschieden, unbemerkt – aber rücksichtslos –
sind Reden und Denken zu „Knechten" geworden:
„Das geht jetzt nicht!" – oder:
„Das können wir uns nicht leisten!" – oder:
„Diese Anschaffung (etwa ein Kind!?) – unmöglich!"
Unversehens hat dieser „Herr", den Jesus einfach „Mammon" nennt,
die Weltherrschaft angetreten: Durch Konzerne und Kaufhäuser,
durch Banken und Börsen, durch Aktien und Konten!
Nur einer ließ sich nicht knechten: Er hatte keine Wiege,
auch nur einen Rock, und am Abend wusste er nicht,
wo er sein Haupt hinlegte – ER aber wusste es:
„Der Mensch lebt nicht vom Brot allein ..."
„Niemand lebt davon, dass er viele Güter hat ...",
„Euer himmlischer Vater weiß und gibt euch,
was ihr täglich braucht ..."
O Herr, schenke uns Freiheit. Dir zu dienen.
Dir allein!

Ki. Bl., Okt. 1993

13. OKTOBER

Die Güte des Herrn ist`s, dass wir nicht gar aus sind, seine Barmherzigkeit hat noch kein Ende, sondern sie ist alle Morgen neu.
Klgl. 3,22f

„Aus – mit uns ist es ganz aus", –so sagten sie damals.
Feinde hatten das Land erobert;
die wehrhafte Hauptstadt war gefallen,
der schöne Tempel in Flammen aufgegangen,
die Wohnhäuser waren zerstört –
und – das Allerschlimmste: die Blüte des Volkes war fortgeführt,
deportiert worden in die Gefangenschaft,
Männer und Frauen, Mädchen und Burschen
waren in Babylon zur Zwangsarbeit.
Die Zurückgebliebenen konnten nur seufzen:
„Mit uns ist es ganz aus."
So geschehen im Jahre 557 vor Christus!
Doch einer sagte: „Nicht ganz aus!"
Er widersprach der allgemeinen Meinung,
er verwies auf die Sonne, die alle Morgen neu aufgeht;
er verwies auf die Güte des Herrn,
die er den Menschen täglich zuwendet,
und auf Gottes Barmherzigkeit, die vertrauenswürdig ist!
So sagte dieser Gottesmann, dieser Eine,
der in der dürren Landschaft
den einen grünen Grashalm sah;
der Gottes aufbauendes Wirken
auch im Untergang bemerkte;
der vertrauensvoll auf eine kommende Zeit blickte,
in der Gottes Güte sichtbarer, handgreiflicher sein wird.
Ob er dabei an die Rückkehr der Gefangenen dachte? –
Er hat sie nicht mehr erlebt.
Sie geschah rund 50 Jahre später,
im Jahre 538 vor Christus.
Ob er an den Wiederaufbau
der Heiligen Stadt und des Tempels dachte?
Beide wurden wieder erbaut.
Oder ob er an Jesus Christus dachte,
die Mensch gewordene Güte
und Barmherzigkeit Gottes,
oder an sein Wiederkommen?
Wir wissen es nicht!
Aber lernen wollen wir von ihm,
dessen Klagelieder in der Bibel stehen,
und aus denen unser Spruch entnommen ist:
Gottes Güte und Barmherzigkeit sind alle Morgen neu!
Gib Herr, dass wir sie sehen
und neues Vertrauen gewinnen zu DIR!

Ki. Bl., Okt. 1992

14. OKTOBER

**Zur Freiheit hat uns Christus befreit.
Bleibt daher fest und lasst euch nicht
von neuem das Joch der Knechtschaft auflegen!**
Gal. 5,1

„Freiheit" …!
Das erste Wort auf dem Banner der Französischen Revolution.
Seither schreiben es alle Revolutionen auf ihre Fahnen.
Und es gibt wohl kaum ein Wort unserer Sprache,
das so viele Missverständnisse weckt, wie dieses: „Freiheit"!
Freiheit – ein Wunsch und eine Sehnsucht,
ein Traum und eine Hoffnung für viele – bis heute!
Und nun schreibt der Apostel an Christen:
„Zur Freiheit hat uns Christus befreit!"
Uns, euch und auch mich – uns alle,
die wir in Christus getauft wurden. Wir gehören zu denen,
die an der christlichen Freiheit Anteil haben,
im Raum der christlichen Freiheit leben dürfen,
das Christusgeschenk der Freiheit verwalten sollen.
„Ihr Christen in Galatien gehört jetzt zu denen,
die Christus gleichsam freigekauft hat!"
Was das bedeutet, hat Paulus an sich selbst erfahren.
Ihm war zwar niemals das Sklavenzeichen eingebrannt worden;
Er war als freier römischer Bürger
geboren, aufgewachsen und erzogen worden,
zugleich aber auch in den Fesseln
des jüdischen Gesetzes, welches ihm vorschrieb:
Wenn du nicht alle Gebote und Verbote einhältst,
kannst du kein Gotteskind sein.
Unter diesen Ketten hat Paulus die Christen verfolgt,
nicht weil er es selbst wollte,
sondern weil das Gesetz ihn dazu zwang.
Das Gesetz war seine Sklavenkette, das „knechtische Joch",
das sein Denken, Wollen und Handeln gebunden hielt.
Bis er Christus kennenlernte!
Dann wurde alles anders für ihn:
Nach seiner Taufe wurde er ein freier Jünger Christi.
Zwar immer noch gebunden,
aber jetzt gebunden an IHN, nur noch an IHN!
Und seither predigt er unablässig:
„Uns hat Christus zu seiner Freiheit berufen und befreit!"
Christi Tod war das Lösegeld unserer Freiheit.
Und die Taufe ist das Zeichen der christlichen Freiheit.
Achten wir doch darauf, dass wir diese herrliche Freiheit
der Kinder Gottes nicht wieder verlieren!

Ki. Bl., Okt. 1994

**Gott ist der Herr,
eine feste Burg am Tag der Not.
Er kennt alle, die Schutz suchen bei ihm.**

Nah. 1,7

Burgen waren nötig im Mittelalter.
Eine feste Burg konnte viele Leben retten!
Sie bot Zuflucht und Schutz,
war Zeichen des Vertrauens und der Hoffnung!
Unsere Vorväter bauten Burgen in Zeiten der Not;
sie bauten ihre Kirchen zur festen Burg aus;
und sie stellten die Burgen mitten in ihr Gemeindeleben.
So haben sie überlebt: in der festen Burg,
mit dem Vertrauen auf den Herrn im Herzen.
Aber das Sinnbild der festen Burg ist viel älter als die Burgen des Mittelalters
und die Kirchenburgen unserer Vorfahren,
die wir heute mit Ehrfurcht, oft mit Staunen oder Wehmut betrachten.
Das Sinnbild der festen Burg geht zurück
in die Zeit, als es noch keine Bibel gab,
als die Burg Davids und der Tempel Salomos in Trümmern lagen!
Damals, als das Volk Israel mit Wehmut
auf seine zerbrochene Geschichte sah,
und die Zerstreuung der Menschen
jede Hoffnung im Keim ersticken musste.
Damals rief der Prophet den Seinen zu:
„Gott ist der Herr! Er ist eine feste Burg in Tagen der Not!
Er kennt auch alle, die Schutz suchen bei ihm!"
Tage der Not kommen oft ganz plötzlich.
Eine Krankheit oder ein Leid, ein Trennungsschmerz oder ein Weh –
unangemeldet brechen sie herein, unabwendbare Schickungen.
Wie oft sind uns dann die Hände gebunden,
will uns der Mut sinken und die Hoffnung schwinden.
Gut, wenn wir dann wissen:
Der Herr kennt meine Not, meinen Schmerz, meine Ausweglosigkeit;
er ist nicht nur „gut" – mehr noch „gütig",
er kann gleich eine „Burg" für mich bauen,
er braucht dazu nicht Jahrzehnte …
Und in dieser Burg kann ich aufatmen, kann wieder Hoffnung gewinnen
und Zuversicht für morgen und übermorgen.
Und ich darf davon auch weitergeben,
anderen, die sie wie ich nötig haben.
Diese feste Burg besteht und bleibt
ohne Restaurierung und ohne Denkmalschutz,
weil der Herr sie in unsere Welt baute
durch seinen Sohn Jesus Christus!
Darum steht und darum bleibt sie!
Denn sie ist für uns gegenwärtig und da,
von keinem Feind zu zwingen, immer offen,
für dich und für mich – nicht nur in Tagen der Not.
Und der gütige Herr wartet …

Ki. Bl., Okt. 1995

16. OKTOBER

Der Herr ist der Geist, und wo der Geist des Herrn wirkt, da ist Freiheit. 2. Kor. 3,17

Wie sollen wir das nur verstehen: „Der Herr ist der Geist!"?
Aber so steht es auch im griechischen Text,
und dieser Spruch wird zu den Kernworten der Bibel gerechnet.
Dennoch habe ich meine Schwierigkeiten!
Du, Herr, bist der Geist – ja, gewiss:
Darum sprechen wir von „Deinem",
dem „Heiligen Geist", den du schenkst,
der uns zum Glauben hilft und verbindet,
der uns erleuchtet und bei Christus hält.
Aber gibt es keinen anderen Geist,
der über mich Gewalt gewinnen kann?
In einer Schulklasse kann ein böser Geist walten,
sodass ein Lehrer daran zerbricht!
Und wir haben erlebt, wie ein böser Geist
als Ideologie weltweites Elend anzurichten vermag!
Vielleicht müssen wir zurückfinden,
auch in der Sprache zurückfinden zu Dir.
Denn als du den Menschen schufst,
hast du ihm den „lebendigen Odem",
deinen Geist hast Du ihm eingehaucht!
Und das bedeutet: Du hast dich uns Menschen hingegeben.
Nun lebt etwas von deinem Leben in uns
und gibt uns Anschluss an deine Welt.
Nein, Herr, du bist kein „Geistwesen"
und auch kein „gasförmiges Wirbeltier",
wie Haeckel sich ausdrückt,
sondern du bist der Weg für dein Wirken!
Aber nun sind wir schon bei dem, der sagte:
„Ich bin der Weg, die Wahrheit und das Leben",
bei deinem Sohn, sind wir angekommen,
der in „Deinem Geist", in deiner Wirklichkeit
lebte und wirkte und starb, und den auch der Tod
nicht aus deinem lebendigen Geist herausreißen konnte.
So verstehe ich: Seit ihm gab es keinen,
der in solcher Freiheit gelebt hat:
In solcher Freiheit das Wahre zu sagen,
die Liebe zu leben, der Hoffnung zuhelfen,
im Glauben zu bleiben und auch zu leiden!
Und das alles nur, weil du, Herr im „Geist",
und das heißt: in deiner Wirklichkeit, immerfort bei ihm warst!
Nun weiß ich: Was mir gebricht, ist dein Geist,
Herr, der mich mit dir verbindet,
der mich befreit von falschen Bindungen,
der deine Kräfte in mir weckt!
Um diesen Geist lass mich bitten,
nicht nur heute und morgen!

Ki. Bl., Okt. 1996

17. OKTOBER

Jesus Christus spricht: Lasset die Kinder zu mir kommen. Lk. 18,16

So hast du, Herr, einmal gesprochen:
„Lasset die Kinder zu mir kommen!"
Und wir glauben, da deine persönliche Stimme zu hören!
Denn die drei ersten Evangelisten überliefern uns
dieses Wort ganz gleichlautend!
So hat es wohl die Tradition wörtlich bewahrt.
Es passt auch zu deiner ganzen Auffassung, Herr,
denn deine Zuwendung galt denen, die man wenig beachtete,
und zu ihnen zählten auch die Kinder.
Den heutigen „Kinderkult" kannte man damals nicht –
im Gegenteil: Kinder zählten nicht viel.
Warum sonst hätte der Psalmist mahnen müssen:
„Siehe, Kinder sind eine Gabe des Herrn!"
Gewiss, heute hat man da eine ganz andere Meinung.
„Wissenschaftliche Neugier" experimentiert mit dem Leben,
das Geheimnis des werdenden Lebens gilt wenig.
Wir empfangen Kinder nicht mehr von dir, Herr.
Wir verfügen selbst über sie und ihr Leben.
Denn wenn ich nur zwei Wörter streiche: diese beiden „zu mir",
dann heißt es: „Lasset die Kinder ... kommen."
Dann sähe das soziale Gefüge vieler Länder gesünder aus,
und wahrscheinlich gäbe es auch mehr glückliche junge Ehen.
Aber wir wollen dein Wort so nehmen, wie du, Herr, es sagtest:
„Lasset die Kinder zu mir kommen."
Und du fügst hinzu: „Ihnen gehört das Reich Gottes!"
Kinder stehen dir, Herr, also näher!
Nicht darum, weil sie weniger wissen,
nicht darum, weil sie weniger können
oder weniger Bildung besitzen,
vielleicht aber, weil sie eine andere Haltung haben,
als wir, die Erwachsenen:
Wir wollen und müssen so vieles selbst machen!
„Tust du nichts, so hast du nichts", ist unsere Devise,
und die Machbarkeit wird unser Wahn!
Die Hände wenden wir der Erde zu und nehmen sie in Besitz!
Kinder aber öffnen die Hände zum Empfangen,
sie wenden sie nach „oben", den Eltern zu und dir, Herr!
Darum sprichst du Kindern das Himmelreich zu,
denn hier gibt es nur „Empfangen": Gnade um Gnade!
Wie oft aber zerstört angelerntes Wissen
oder falsche Erziehung diese Kinderhaltung,
die doch der Nährboden des Glaubens ist.
Darum möchte ich dich täglich bitten:
„Lass mich jeden Tag ein Kind dir näher bringen!
Und lass mich auch erkennen,
dass ich dich brauche, Herr, jeden Tag
und gewiss – auch in Ewigkeit."

Ki. Bl., Okt. 1997

Du krönst das Jahr mit deinem Gut.
Ps. 65,12

„Gott, man lobt dich in der Stille!" So beginnt der 65. Psalm.
Und dann geht es so weiter: „Du machst fröhlich, was da lebt ...
du bewässerst das Land und machst es reich,
du lässt das Getreide gut geraten und segnest das Gewächs.
Du krönst das Jahr mit deinem Gut."
Persönliche Worte sind das, die da irgendjemand an Gott richtet,
genauer: an seinen persönlichen Gott, den er kennt, den er lobt, dem er dankt!
„Du, Herr, krönst das Jahr mit deinem Gut!"
Der Beter denkt zunächst an das Naturjahr, das unter der Verheißung abläuft:
„Solange die Erde steht, soll nicht aufhören Saat und Ernte,
Frost und Hitze, Sommer und Winter, Tag und Nacht!"
Mag auch die Ernte manchmal geringer sein, Frost oder Hitze zu groß werden,
der Sommer zu kurz und der Winter zu lang, die Verheißung gilt und wird weiter gelten.
Wichtig wird sein, dass wir Menschen es als von Gott gegeben und gelenkt sehen,
und dass wir darüber dankbar sind und bleiben – nicht nur am Erntedankfest!
Denn letztlich ist jede Mahlzeit ein kleines Ernte-Dank-Fest!
„Du, Herr, krönst das Jahr mit deinem Gut!"
Doch meine Gedanken gehen nun etwas weiter: Ich denke an meine Lebensjahre!
Bei jedem Geburtstag, darf ich auf ein persönliches Lebensjahr zurück blicken
und meinem Gott persönlich danken, für das, was gelang oder auch misslang,
für die Arbeit und für die Erholung, für alle Bewahrung oder auch Errettung,
für die Familie und auch alle Freunde – Rückblicke am Ende eines Lebensjahres
möchten mich von Jahr zu Jahr immer dankbarer machen,
so wie die Achtzigjährige es aussprach:
„Wenn ich zurückblicke, kann ich nur danken!
Du, Herr, krönst mein Lebensjahr mit deinem Gut!"
Bald jedoch stehen wir am Ende eines Kalenderjahres.
Das ist zwar eine ganz menschliche Einteilung, auf Rechnung und Buchhaltung bezogen.
Dennoch gilt es auch hier: „Du, Herr, krönst das Kalenderjahr mit deinem Gut!"
Und das heißt für mich: „Du, Herr, füllst jedes Jahr für mich mit Gutem!"
Diesen zwiespältigen Satz kann ich aber nur dir, Herr, sagen!
Denn die Menschen nehmen ihn mir nicht ab! Der Unternehmer nicht,
der Bankrott machte; die Sportlehrerin nicht, die querschnittgelähmt blieb;
der Bauer nicht, dem das Heu verfaulte, und auch die Mutter nicht, die ein Kind begrub.
Uns Menschen scheint nicht alles „gut", womit du, Herr, ein Jahr füllst,
was du, Herr, im Lauf eines Jahres uns ins Leben stellst!
Doch hier steht: „Du krönst das Jahr mit deinem Gut!"
Krönen aber heißt: „Die Krone aufsetzen!"
Ein junger König bekommt die Krone
nicht wann er will, sondern zum rechten Zeitpunkt!
Zum richtigen Zeitpunkt tust du, Herr, mir die Augen auf, und dann sehe ich mehr,
dann weiß ich mehr und erkenne mehr, und dann kann ich dir auch danken
für alles – auch für das Schwere, – es kam ja von DIR!

vwKi. Bl., Okt. 1998

Ihr kennt die Gnade unseres Herrn Jesus Christus: Obwohl er reich ist, wurde er doch arm um euretwillen, damit ihr durch seine Armut reich würdet.
2. Kor. 8,9

Reichtum und Armut sind zwei Pole, um die Gedanken und Gespräche kreisen können, ohne jemals zusammenzufinden. In meiner allerärmsten Zeit, als Zwangsdeportierter in einem fremden Land, war mir eine trockene Brotkruste schon ein großer Reichtum. Und „der Böse" sagt als „Versucher" zu Gott über den armen Hiob, nachdem er ihm die gesamte Habe und alle Kinder genommen hatte: „Hiob ist noch reich – er hat noch seinen gesunden Körper!"

Ja, Herr, so gesehen kann ein „Reicher" mit einem dicken Bankkonto bedauernswürdig „arm" sein; und es kann ein zufriedener „Armer" über die Maßen „reich" sein, wie es uns in der Geschichte vom „Hemd des Zufriedenen" vor Augen geführt wird.

Manchmal, Herr, tust Du uns die Augen auf, dass wir erkennen und merken: Mit wenig irdischen Gütern sind wir dennoch „reich", und mit vielen irdischen Gütern sind wir dennoch „arm"!

Dem Paulus hast Du es jedenfalls ganz deutlich gemacht. Bis zu dem Augenblick der Begegnung mit Christus wusste er nichts von seiner inneren Armut! Aber seither weiß er ganz genau, was „Reichtum" ist, wenn er schreibt: „Ihr seid reich in allen Stücken, im Glauben und im Wort, und in der Erkenntnis und in allem Eifer und in der Liebe ..." (2. Korinther 8,7) Diesen Reichtum freilich können Rechenmaschinen nicht addieren und Bankkonten nicht erfassen; dieser Reichtum ist ein Geschenk von Dir, Herr!

Diesen Reichtum fasst Paulus in ein Wort: Gnade! „Ihr kennt die Gnade unseres Herrn Jesus Christus ..." Er wurde arm, indem Er in unsere arme Welt kam. Wir können es gar nicht anders sagen: Er wurde arm um unseretwillen! Nötig hatte Er das nicht, aber wir können von Ihm lernen, so wie Er aus der Liebe des Vaters zu leben. Und darum war Er sogar dann noch reich, als Er nackt und sterbend am Kreuz hing! Denn diesen Reichtum konnte Ihm keine Macht der Welt nehmen.

O Herr, wir alle haben Ansprüche, und wir alle haben irdische Güter nötig. Wir können nicht, wie Diogenes es tat, völlig anspruchslos in einer Tonne leben. Aber wir bitten um Deine Gnade, um Deine Nähe und Deine Offenbarung, damit wir Dich verstehen, damit wir Dein Wirken erkennen, damit wir uns in Deiner Liebe ganz reich und geborgen fühlen an allen Tagen unseres Lebens.

Ki. Bl., Okt. 2000

**Jesus Christus spricht:
Im Himmel wird mehr Freude herrschen
über einen einzigen Sünder, der umkehrt,
als über neunundneunzig Gerechte.**
Lk. 15,7

Auf der Autobahn war es: Wir fuhren rasch dahin, der Motor schnurrte, die Landschaft flog vorbei. Dann kam eine Weggabelung – eigentlich hätten wir abbiegen müssen, doch es ging so schön geradeaus! Zuerst bemerkte es meine Frau: „Wir sind falsch und müssen umkehren!" Beim nächsten Straßenschild war es sicher: Wir fuhren nicht in der richtigen Richtung. Irgendwo wären wir zwar angekommen, nur nicht dort, wo wir hinwollten! Wir verließen die Autobahn, kehrten um, in die richtige Richtung und auf den richtigen Weg.

Manchmal verfehlen wir die Richtung unseres Lebens! Das Leben zeigt sich vielleicht von einer angenehmen Seite, freundlich und scheinbar gefahrlos wie die Autobahn. Ob aber die Richtung stimmt und der Zielpunkt in Ordnung ist?

Die Bibel nennt einen falschen, verkehrten Weg einfach „Sünde". Es ist ein Weg ohne Gott, weg vom Schöpfer, in ewige Verlorenheit. Die Rettung könnte heißen: Umkehr. Ganz einfach: Umkehr! Für das Wort „Umkehr" sagt die Bibel „Buße". Darum lautet unser Spruch in der Luther-Fassung: „so wird auch Freude sein über einen Sünder, der Buße tut." Buße kann ich nur tun, wenn jemand da ist, der mir sagt, was verkehrt ist. Jemand anders, so wie meine Frau damals, die oder der dann sagt: Hier bist Du falsch, hier verfehlst Du das Leben! Jesus hat das damals vielen deutlich gemacht: „Geh hin, sündige hinfort nicht mehr!" Durch sein Wort kann ER das bis heute! Wenn Er zu uns redet, geht uns ein Licht auf. Dann kommen Verlorene zurecht, Verirrte werden gefunden und Hoffnungslose erleben Rettung. Aber eben: Durch IHN, den guten Hirten, den Retter und Heiland.

Und wenn das geschieht, ja, dann ist Freude im Himmel, dann tanzen die Engel, denn Einer, Einer fand zurück, kehrte um, auf den richtigen Weg, der zum Leben führt. Das ist dann ein Grund zur Freude, auf Erden und auch im Himmel!

Sprich zu mir, Herr, immerfort, und leite mich auf dem richtigen Weg, der zu Dir führt, damit Engel und gewiss auch Menschen sich freuen.

Ki. Bl., Okt. 2000

Jesus Christus spricht:
Ich stehe vor der Tür und klopfe an. Wer meine Stimme hört und die Tür öffnet, bei dem werde ich eintreten, und wir werden Mahl halten, ich mit ihm und er mit mir.

Off. 3,20

Anklopfen ist zunächst einmal eine Sache der Höflichkeit. Anklopfen ist ein Zeichen des Respekts und der Achtung vor dem anderen. Wer anklopft, achtet das Haus und die Umgebung anderer Menschen, ganz gleich, ob sie einem bekannt oder unbekannt sind.

Anklopfen ist darüber hinaus aber auch eine Herausforderung zur Entscheidung. Denn ich kann dem Klopfenden Haus und Herz auftun oder ihn draußen stehen lassen, wenn nicht gar von meiner Schwelle weisen.

Das Wort des lebendigen Christus aus dem Sendschreiben an eine Christengemeinde im ersten Jahrhundert in Kleinasien lautet: „Ich stehe an der Tür und klopfe an!" Und so tut Er das bis heute immer wieder: Höflich, respektvoll, ja sogar bittend: „Bitte tut mir auf!"

Das Anklopfen des Heilandes kann die verschiedensten Formen haben: Sicher zunächst in der Entscheidung der Eltern, ihr Kind zur Taufe zu bringen. Von diesem Augenblick an ist alles, wirklich und ausnahmslos alles, was im Leben dieses Menschen geschieht, ein Anklopfen des lebendigen Heilandes. – Und es wird Vieles geschehen an Leidvollem und Schwerem, an Freudigem und Erhebenden, bis aus dem Kind eine Frau oder ein Mann wird. Körper und Geist werden wachsen, Begegnungen werden prägend wirken, Bewusstsein und Seele werden geformt und noch Vieles mehr! Und der Heiland wird immer der sein, der in allem und durch alles anklopft.

Sein Anklopfen geschieht am deutlichsten im Gottesdienst der zur Andacht versammelten Gemeinde: Unser Singen und Beten, unser Hören auf das Wort der Schrift und der Predigt sind immerfort ein Anklopfen des Lebendigen, eine achtungsvolle Bitte an die Versammelten: „Tut mir doch auf!"

Und wenn das gelingt, erleben wir das Wunder Seiner Gegenwart: Im verkündigten Wort, im Heiligen Abendmahl, in der Gemeinschaft des Glaubens!

Dann ist Er eingetreten, dann formt Seine Gegenwart mein äußeres und mein inneres Leben. Dann werden Kräfte frei, die sonst nirgends und für nichts zu haben sind, außer wenn sie uns geschenkt werden von dem, dem der HERR alle Macht gab, auch über die Kräfte des Bösen und des dunklen, unbegreiflichen Todes!

Und dann kann mein Leben zu einem Tor werden, damit Er auch zu anderen treten und ihnen helfen kann. Dann wird Er zur Tür durch die dunkle, unheimliche Wand des Todes zum Leben mit Ihm!

Ki. Bl., Okt. 2002

Haben wir Gutes empfangen von Gott und sollten das Böse nicht auch annehmen?
1. Hiob 2,10

Er muss ein überaus lebenserfahrener Mann gewesen sein, der diesen Spruch dem großen Dulder in den Mund legte. Denn erst durch nachdenkliche Betrachtung des persönlichen Lebens und viel fromme Erfahrung kann man zu einer solchen Aussage, selbst in Form einer Frage, kommen.

Hiob weiß um eine heute weithin vergessene und meist allzu wenig beachtete Tatsache. Für mich verbirgt sie sich hinter den beiden Wörtern: von Gott. „Haben wir Gutes empfangen von Gott und sollten nicht auch Böses annehmen?" Hiob richtet diese Frage an seine Ehefrau, als er am allertiefsten Punkt seines Lebens steht; nur ein kleiner Schritt trennt ihn vom qualvollen Tod. Sein Körper ist eine einzige eiternde Wunde, „von der Fußsohle bis zum Scheitel".

Freilich, Hiob hatte einmal auch Gutes, Schönes und Erfreuliches erfahren dürfen. Seine Herden vermehrten sich, Schafe, Kamele, Rinder und Esel. Es heißt von Hiob: Er „war reicher als alle, die im Osten wohnten". Dafür dankte er Gott täglich. Auch seine Familie war in Ordnung. Sieben Söhne und drei Töchter hatte ihm seine Frau geboren, gesunde und wohlgeratene Kinder. Und wenn sie sich unterhielten, dann brachte Hiob Gott ein reichliches Opfer dar, um seine Kinder zu heiligen, vorsorglich, denn: „Vielleicht hat der eine oder der andere gesündigt."

Hiob war sich dessen voll bewusst: „All mein Gutes kommt von Gott." Doch plötzlich wird Hiob ganz arm. Von seinen Herden bleibt nichts übrig. Alle seine Kinder werden bei einer Familienfeier im Hause des Ältesten vom einstürzenden Dach erschlagen. Und schließlich erkrankt Hiob selbst an bösen Geschwüren, die seine Muskeln langsam zerfressen.

Reichtum, Familie, Gesundheit – alles hat Hiob verloren, nur das Gottvertrauen nicht: „Haben wir Gutes empfangen von Gott und sollten das Böse nicht auch annehmen?"

Sicher, wir verdanken alles unserem Gott. Hiob aber ergänzt: auch das Böse und Schwere. Manchmal ist es das, was keiner von uns erleben will. Das Haus mit dem ganzen Besitz geht in Flammen auf oder ein geliebtes Kind kommt plötzlich um, eine unheilbare Krankheit. Dann ist das Böse da, unerwartet und unerwünscht, aber dennoch geschehen und unabwendbar. Ein Ausweichen ist unmöglich.

Jetzt sagen: „Herr, auch das kommt von Dir. Auch dieses Schwere hast Du mir auferlegt. Und weil auch dieses von Dir kommt, lass mich es geduldig tragen." Das ist Gottvertrauen.

Als mein Willionkel im Sterben lag, Leberkrebs mit schrecklichen Schmerzen, sagte er mir beim letzten Besuch: *„Heinz, ech bieden nor noch, dat ech de Schmärzen erdron kon."* (Ich bete nur noch, dass ich die Schmerzen ertragen kann.)

Herr, Gutes habe ich von Dir vielfach bekommen, von dem Schweren auch Einiges. Das Schwerste, das Sterben, kommt auch einmal, irgendwann, und dann sind wir Dir nahe, Herr, so wie Du Deinem Sohn nahe warst, am Karfreitag und dann auch zu Ostern.

Ki. Bl., Okt. 2003

**Jesus Christus spricht:
Ich lebe, und ihr sollt auch leben.**
Joh. 14,19

Du lässt mich leben, Herr, in deiner Welt,
die Dein schon immer war, von Anbeginn! –
doch ich vergesse meist auf diesen Lebenssinn,
und lebe so, als sei es meine Welt!
Du lässt mich leben, Herr, in Deiner Welt,
Die voller Leben, das mich stets umgibt!
Für mich ein Zeichen: Wir sind doch geliebt,
weil Deine Schöpferhand die Welt erhält!
Du lässt mich leben, Herr, in Deiner Welt,
in der wir Menschen schon viel Unheil angerichtet,
aus Deiner Schöpfung manche Arten schon vernichtet,
weil wir Lebend'ges aufwiegen mit Geld!
Du lässt mich leben, Herr, in Deiner Welt,
die sich verzehrt in Kriegen und Vergnügen
und hofft: Vernunft wird endlich einmal siegen!
Du aber hast den Frieden längst bestellt,
weil Du, o Herr, in diese Deine Welt
vorzeiten Deinen ein'gen Sohn gesandt.
Im Geiste Menschen rufst in jedem Land,
wann immer Deinem Ratschluss dies gefällt!
O Herr, komm, sei bei mir in meinem Leben
Dass ich mit Christus lebe allezeit!
Lass mich Dein Tun begreifen, Deinem Ruf bereit,
anbetend täglich Dir die Ehre geben
mit meinem Dasein, in der mir geschenkten Zeit!

Jahreslosung 2008

**Vertrau ihm, Volk Gottes, zu jeder Zeit!
Schüttet euer Herz vor ihm aus!
Denn Gott ist unsere Zuflucht.**
Ps. 62,9

„Ich bin so aufgeregt, ich kann nicht mehr schlafen", sagte eine Frau zu mir. „Unsere Kinder sind im Gebirge, auf einer Kammwanderung. Und nun ist eine Unwetterfront angesagt, sogar Schnee soll es geben. Was soll ich nur tun?"

Wer kennt nicht diese Lage, wo die Seele zittert vor Unruhe und die Hilflosigkeit uns beutelt? Auch David muss seiner Seele Zuspruch geben: „Sei nur stille zu Gott, meine Seele, denn er ist meine Hoffnung, mein Fels, meine Hilfe und mein Schutz!" Offenbar ist David auf der Flucht vor dem König Saul, der ihn mit einem Heer verfolgt. Darum klagt er: „Wie lange stellt ihr alle einem nach, wollt alle ihn morden ..."

Es lohnt sich, den ganzen 62. Psalm vor diesem Hintergrund zu lesen. Dann versteht man vielleicht auch den Vers, der eine Aufforderung enthält: „Vertrau ihm, Volk Gottes ..."

Was mich zunächst einmal wundert, ist der Wechsel von Vers 9 an zu dem „Ihr". Bisher hat der Psalmist im Ich-Ton gesprochen; und jetzt kommt es mir vor, als würde er den Blick heben, bemerken, dass alle, die zu seinem Volk gehören, das Vertrauen und die Hoffnung zu Gott benötigen. Darum diese Aufforderung: „Vertrau ihm, Volk Gottes, verlasst euch nicht auf Gewalt, hängt euer Herz nicht an Reichtum ..."

Mir will es so scheinen: Bisher hat der Psalmist zu seiner eigenen Seele gesprochen, sich selbst ermutigt, und nun sieht er: Ich bin ein Glied des Volkes, das Gott sich zum Eigentum erwählt hat, ich gehöre eben zum Volk Gottes! Diese Feststellung und Erkenntnis stärkt das Vertrauen, öffnet das Herz und zeigt den Weg zu dem Herrn, von dem der Sänger im letzten Vers sagt: „Gott allein ist mächtig, und Du, Herr, bist gnädig!"

Zweierlei macht mich jetzt nachdenklich: Zunächst: Auch ich gehöre zu denen, die den Zuspruch brauchen: „Sei stille zu Gott, meine Seele ... ER ist Hilfe und Schutz, dass ich nicht fallen werde!" Zwar fühle ich mich manchmal stark und kräftig, doch morgen schon kann dieses Gefühl einer tiefen Depression weichen. Oft schon war es so in meinem Leben:

Auf das Gefühl des „himmelhoch jauchzend" folgte das Gegenteil, das „zu Tode betrübt". Unsere Emotionen, Empfindungen und Gefühlswallungen wechseln. Nach einem frohen Morgen haben wir oft einen Abend, der uns tiefe Niedergeschlagenheit beschert. Da brauche ich das: „Schütte dein Herz vor IHM aus, vertrau IHM, denn ER ist deine Zuflucht!"

Doch es geht ja nicht nur um mich selbst, um meine Familie und meine Angehörigen. „Vertrau ihm, Volk Gottes ...", sagt der Psalmist. Er ist ein kleiner Teil eines großen Ganzen, „Volk Gottes" nennt er die Gemeinschaft derer, mit denen er Sprache und Glaube teilt. Und ihr alle, die ihr jetzt diese Zeilen lesen könnt und vielleicht, so wie ich auch, die Heilige Taufe im Namen Jesu Christi empfangen habt, wir alle sind jetzt das neue Volk Gottes, aufgerufen zum Vertrauen zu jeder Zeit, zur grenzenlosen Offenheit gegenüber dem Vater Jesu Christi und zu der bedingungslosen Bereitschaft, Los und Leben, Geschick und Schicksal IHM anzuvertrauen, der sich über Weihnachten, Ostern und Pfingsten und „eine Wolke von Zeugen" – von denen ich jetzt allein Luther erwähnen – als unsere Zuflucht bewährt hat. So münden meine Gedanken zum Vers ein in den Liedvers:

Gott, Zuflucht der Vergangenheit,
der Zukunft Hoffnungsschein,
ein fester Schutz im Sturm der Zeit,
du willst uns Heimat sein. (EG 205,1)

Ki. Bl., Okt. 2005

Gott spricht: Ich schenke ihnen ein anderes Herz und schenke ihnen einen neuen Geist. Ich nehme das Herz von Stein aus ihrer Brust und gebe ihnen ein Herz von Fleisch.
Hes. 11,19

Neulich war der Scheibenwischer meines Wagens hin. Da fuhr ich zum nächsten Schrottplatz, baute einen passenden ab und montierte ihn bei mir an. Seither tut er seinen Dienst wie ein neuer. Einfach und schnell ging das. Wenn das bei den kranken Organen des menschlichen Körpers auch so leicht möglich wäre! Ich las neulich: In Deutschland warten Tausende auf ein Spenderherz. Seit Professor Barnard vor Jahrzehnten die erste erfolgreiche Herztransplantation durchgeführt hat, ist dieser schwierige medizinische Eingriff schon fast zur Routine geworden. Aber man braucht ein Spenderherz, das gesunde Herz eines Menschen, der eben gestorben ist, durch einen Unfall etwa. Und dieser Mensch muss noch bei Lebzeiten sein Einverständnis zur Organentnahme gegeben haben; oder die Angehörigen entscheiden in seinem Sinn. Und dann muss alles ganz rasch gehen: Die Entnahme und die Einpflanzung des gespendeten Herzens. Inzwischen leben schon recht viele mit einem gespendeten Herzen, einer neuen Leber oder einer neuen Niere. Es können jedoch nicht alle Organe verpflanzt werden. Beim Kopf geht das nicht. – An diese, uns heute geschenkte Möglichkeit musste ich denken, als ich den Spruch vom „neuen Herzen" las. Doch auch das Märchen von Hauff, in dem der Köhlerbursche sein Herz dem „bösen Ezechiel" verpfändet und dafür ein kaltes Herz aus Stein erhält. Er wird zwar reich, aber unglücklich und zerstört seine Familie. Erst der durch ihn verschuldete Tod seiner Frau bringt ihn zur Besinnung. Er gewinnt sein warmes Herz zurück und damit Menschlichkeit und Liebe. Sogar seine liebe Frau kommt wieder. Obwohl wieder arm, weiß er nun, was wahrer Reichtum ist.

Es lohnt sich, das 11. Kapitel aus dem Buch des Propheten Hesekiel zu lesen. Auch wenn einiges unverstanden bleibt, mir ist die Fortsetzung des 19. Verses in Vers 20 wichtig geworden: „... damit sie in meinen Geboten wandeln und meine Ordnungen halten und danach tun." Offenbar weiß der Prophet um die Tatsache, dass Menschen, die Gottes Ordnungen und Gebote missachten, gleichsam mit einem „steinernen" Herzen leben. Sicherlich meint er mit dem Wort „Herz" nicht den faustgroßen Muskel in unser Brust, sondern das Lebenszentrum eines Menschen. Denn wenn einmal die ganzen Sinne und Gedanken nur noch darauf gerichtet sind, wie ich mein persönliches Leben leichter, erträglicher und gewinnbringender gestalten kann, könnte es sein, dass ich gar nicht merke, wie sehr ich mich von dem entferne, der mir das Leben gab und dem ich Gehorsam schuldig bin. Indem ich in meinen Gedanken aufgehe, merke ich nicht, wie sehr mein Leben in die Absonderung von dem Schöpfer, in „die Sünde" gerät. Und das ist eine gefährliche Sache. Es könnte sein, dass dieses Problem der wunde Punkt unsrer „herzkranken" Welt ist. Jedenfalls lohnt es sich, einmal darüber nachzudenken.

Mir aber fällt jetzt noch etwas ein: Damals hat der Prophet im Bezug auf die „Obersten des Volkes" (so steht in meiner Bibel in der Überschrift zu dem 11. Kapitel) tauben Ohren gepredigt. Wir Menschen hören sehr oft nur das, was wir hören möchten! Alles andere rinnt ab wie der Regen vom Regenmantel. Doch das Neue Testament lässt uns auf Jesus blicken, der es fertig brachte, Zöllnern und Sündern, „neue Herzen" zu geben, sodass sie im wahrsten Sinne des Wortes neue Menschen wurden, die nicht mehr nur an sich, ihren Verdienst und ihr persönliches Wohlergehen dachten, sondern eine neue Beziehung zu dem Herrn und Schöpfer ihres Lebens bekamen. Und das ist wohl das Ziel des Spruches vom „neuen Herzen".

Ja, Herr, manchmal sehne ich mich auch nach neuen Augen, Ohren oder Füßen! Vielleicht gibst Du sie mir nicht, doch Du wandelst mein „Herz". Das wäre schon Wunder genug. Denn so kommt mein ganzes Leben in eine neue Verbindung zu Dir – zu meinem Heil!

Ki. Bl., Okt. 2009

**Du sorgst für das Land und tränkst es;
du überschüttest es mit Reichtum.**

Ps. 65,10 a

Dieses Bibelwort aus dem 65. Psalm in der biblischen Einheitsübersetzung passt wunderbar für diesen Monat. In vielen Gemeinden findet das Erntedankfest statt, und dann klingt der Dank auf zu dem, dem wir alles verdanken. Darum lautet auch die Überschrift des Psalms: Danklied für allen geistlichen und leiblichen Segen. – So wenigstens steht in meiner Bibel.

Und ich versetze mich in die Lage der Bewohner des Heiligen Landes, die einen Frühregen und auch einen Spätregen kannten, und dann immer, nach jedem dieser Niederschläge, säten und wenig später ernteten! Und jedes Mal sangen sie dann diesen Psalm. In Luthers Übersetzung lautet der Vers: „Du suchst das Land heim und bewässerst es und machst es sehr reich." Für die Bewohner dieses Trockengebietes war jeder Regen eine Gabe des Himmels.

Doch mir gefällt auch dieser Satz: „Gott, du sorgst für das Land und tränkst es; du überschüttest es mit Reichtum." Und meine Gedanken schweifen dann über die grünen Wiesen, auf denen Rinder ausreichend Nahrung finden. Sie sehen wogende Getreidefelder und Weinberge mit schweren Fruchttrauben, Hausgärten, von fleißigen Händen gepflegt, mit reinlichen Beeten, und die wundervolle Blumenpracht in Parkanlagen. Ja, ich kann diesen Satz von Herzen nachsprechen: „Gott, du sorgst für das Land und tränkst es; du überschüttest es mit Reichtum."

Freilich, es wird mir zugleich auch das andere bewusst: Wie viel Mühe und Arbeit, persönlichen Einsatz und Schweiß hat das alles gekostet! Und wenn ich Frauen und Männer sehe, die auf den Feldern oder in den Gärten, in Parks oder in der Landwirtschaft arbeiten, dann möchte ich vor ihnen den Hut ziehen und ihnen allen von Herzen danken, dass sie diese Arbeit tun. Denn die Landarbeit ist ein gefährdeter Berufszweig geworden.

Doch nun schweifen meine Gedanken weiter: „Du sorgst für das Land ..." Das heißt doch: Du, Herr, nimmst auch die Menschen in diesem Land in deine fürsorgliche Obhut. Und nun bin ich plötzlich mittendrin in diesem alten biblischen Liedvers! Und nun kann ich plötzlich danken für den Brotlaib, den ich aus dem Geschäft geholt habe, ich werde dankbar für die Milch in der Tüte und für die eingeschweißten Wurstscheiben; für meinen Anzug und meine Schuhe, meine sauberen Hemden und eine Wohnung, zugleich aber auch für die Menschen, die an meinem Lebensweg stehen oder einmal standen, für meine Kirchengemeinde und auch für unsere Regierung – es gibt letztlich nichts, das nicht in väterlicher Fürsorge unseres Gottes seinen konkreten Platz hätte.

Vielleicht fragt mich nun jemand: „Alles schön! Aber was ist mit den vielen Hungernden, Durstigen, Flüchtenden und Obdachlosen? Mit denen, die Gottes Fürsorge nicht spüren? Den Kranken, Leidenden, Verzweifelten und Hoffnungslosen?" Nun, ich sitze nicht an der Seite Gottes und kenne Seine Gedanken und Wege nicht. – Doch ich weiß es aus dem Neuen Testament: Die Jesus begegneten und sich an ihn wandten, erfuhren Hilfe. Und ich weiß auch um die Wahrheit der Volksweisheit: „Wo die Not am größten, ist Gottes Hilf' am nächsten." Und schließlich weiß ich es auch aus meinem Leben: Ein Grund zum Danken ist immer gegeben.

Mit lieben Menschen verbunden zu sein gehört zu den größten Reichtümern, die einem zu Teil werden können. Darum möchte ich unseren Spruch einmal auf ganz persönlich Art lesen: „Du, Herr, sorgst für mich, Du speisest und tränkest mich, und Du überschüttest mich mit Reichtum." Und für dieses alles kann ich nur täglich danken.

Ki. Bl., Okt. 2006

Siehe, ich habe vor dir eine Tür aufgetan, und niemand kann sie zuschließen.
Off. 3,8

Von einer offenen Tür spricht dieser Spruch, natürlich ein bildliches Wort. Aber wir wissen:

Türen sind nötig und wichtig!

Das weiß man in der ganzen Welt. Die Eskimos im Norden verschließen ihren Iglu mit einem Schneeklotz, damit die Wärme nicht entweicht. Auch die Bewohner von Tibet haben einen doppelten Vorhang vor dem Eingang ihrer Jurte. Und wir haben auch meist eine Doppeltür im Eingang. Türen sind notwendig! Nicht nur, um die Wärme zu halten. Türen sollen auch ungebetene Gäste fernhalten! Auch das ist wichtig, denn manchmal erscheinen welche mit bösen Absichten. Solche Leute sehen wir nicht gerne. Und damit wir wissen, ob jemand vor der Tür steht, haben wir auf dem Dorf einen Hofhund, in der Stadt meist eine Klingel. Türen sind in unserer Welt nötig und die Schlösser immer komplizierter geworden. Wohl uns, wenn wir den Hausschlüssel nie verlegen!

Die „Türe" als Sinnbild

Da ist ein Arbeitsloser. Überall hat er schon vorgesprochen – alles war vergeblich. Zufällig trifft er einen Freund aus vergangener Zeit. Dem klagt er seine Not. „Wunderbar, ab morgen bist du bei mir angestellt!" Da hat sich plötzlich vor diesem Verzweifelten eine „Tür zum Leben" aufgetan! Er hat wieder Arbeit, einen sicheren Verdienst für die Familie. Es scheint ihm, als sei er durch „eine offene Tür" in eine neue Lebensphase eingetreten. Er sollte freilich auch an den denken, der ihm diese Türe auftat. Denn hinter jedem Zufall steht der Dreieinige Gott! Wohl diesem Menschen, wenn ihm das einer sagt!

Oft singen wir zum Beginn eines Gottesdienstes den Choral, der mit den Bittworten beginnt: „Herr, öffne mir die Herzenstür, zieh mein Herz durch dein Wort zu dir, lass mich dein Wort bewahren rein, lass mich dein Kind und Erbe sein." (EG 127, 1)

Auch Herzen haben „Türen"

Das wissen wir auch alle. Manchmal geht die „Herzenstüre" bei jungen Leuten auf ,und dann wird eine Familie gegründet. Das geschieht täglich viele Mal. Doch die Tür kann auch zugeschlagen werden. Das ist dann schlimm. Und die Frage bleibt: „Wie konnte das kommen?"

Die Antwort gibt uns der obige Spruch: „Ich habe vor dir eine Tür aufgetan!", spricht der Herr. Und dies sagt der Herr, der wirklich über alle Türen HERR ist! Der Türen aufschließen und auch zuschließen kann, manchmal auch Türen offen lassen kann, ohne dass wir es wollen!

Die Offenbarung wurde auf einer einsamen Insel im Mittelmeer geschrieben, von einem Apostel, der wegen dem Bekenntnis zu Christus dorthin verbannt worden war. Für ihn gab es eigentlich kein Zurück mehr. Dennoch spricht er von der „offenen Tür". Und dieser Spruch lässt uns heute nachdenklich werden.

Doch er ist an eine ganze Christengemeinde gerichtet. Vielleicht lesen wir das einmal in der Bibel nach: (Off.3,7-13). „Haltet, was ihr vom Herrn empfangen habt!", darf der Apostel den Christen in Philadelphia schreiben. Und vielleicht gilt diese Mahnung auch uns heute. Denn wohl nichts hat unsere heutige Welt nötiger als dieses: dass der Dreieinige Gott immer mehr Menschen die Herzenstüre auftut für seine Wahrheit und sein Wirken. Es geschehen auch heute noch allerlei Wunder, doch wir schreiben sie unserem Wissen und Können zu. Und in diesem Wahn wird die Menschheit immer übermütiger. Bedenken wir doch nur einmal, was wir unserer lieben Natur antun, von der wir alle leben. Darum sollten wir immer öfter bitten: „Herr meines Lebens, tu immer mehr Menschen das Herz auf für Deine Rettung durch Jesus Christus, unseren Heiland!

Ki. Bl., Okt. 2010

Wer bemerkt seine eigenen Fehler? Sprich mich frei von Schuld, die mir nicht bewusst ist!

Ps. 19,13

Dieser Psalmvers ist für mich wie ein zweischneidiges Schwert, das durchdringt, bis es scheidet Seele und Geist und richtet Gedanken und Sinne des Herzens. (Hebr. 4, 12)

Sicherlich: Meine eigenen Fehler weiß ich erst morgen oder vielleicht gar nie! Aber das andere, „die Schuld, die mir nicht bewusst ist", die „unbewusste Schuld", die gibt es ja wirklich!

Sie war, wie man so sagt, mit dem linken Fuß aufgestanden, und er war mit seinen Gedanken in den Problemen seines Berufes. So wurden sie hart zueinander, und ohne Frühstück ging er fort. Im Groll rauchte sie und stellte die Nachrichten an. Plötzlich vernahm sie: Eben jetzt ein tödlicher Unfall! Sie erschrak. Das war doch die Straße, durch die ihr Mann immer fuhr! Sollte er ... – nein, das wäre nicht auszudenken, sie liebte ihn ja! Zehn Minuten später rief er aus der Arbeit an. „Bitte, vergib mir. Hier ist alles in Ordnung, ich fuhr einen Nebenweg und trank einen Kaffee!" „Wie gut", sagte sie. Und dann: „Danke, lieber Gott."

Unbewusste Schuld gibt es wirklich. Sie begleitet uns wie unser Schatten. Sie ist eine Wirklichkeit, die niemand ablegen oder anziehen kann. Sie ist da zwischen Frau und Mann, Eltern und Kindern, Meistern und Lehrlingen, Vorgesetzten und Untergebenen, Soldaten und Offizieren, Gemeindegliedern und Pfarrern, Regierungen und Bürgern, Verliebten und sich Liebenden. Unbewusste Schuld – wir wissen um ihre Realität immer erst nachher.

Doch nun steht hier auch: „Sprich mich frei, vergib mir!" Das ist eine Bitte und vielleicht das einzige Heilmittel! Denn unbewusste Schuld zwischen Menschen ist immer auch Schuld vor Gott. Darum übersetzte Luther diesen Vers aus einem Loblied auf Gottes herrliche Schöpfung so: „Wer kann merken, wie oft er fehlet? Verzeihe mir die verborgenen Sünden!"

Und nun weiß ich: Diese Bitte – die geht mich und meinen Herrgott an. Ihn, dem etwas an meinem Leben liegt, weil er mich liebt. Ihn, der möchte, dass mein Leben mit allen in Ordnung ist. Ihn, der möchte, dass menschliche Gemeinschaften gelingen soll, in der Ehe, der Familie, im Schulbetrieb und in der Wohngemeinschaft. Darum kann ich niemals oft genug bitten und beten: Vergib und verzeih mir die unbewussten und verborgenen Fehler und Sünden.

Ki. Bl., Okt. 2007

**Du machst fröhlich,
was da lebet im Osten wie im Westen.**
Ps. 65,9

Nachdem es zwei Wochen lang trocken gewesen war, kam vorgestern plötzlich ein guter Regen. Es war geradezu sichtbar, wie die letzten Herbstblumen die Blüten wieder streckten und gleichsam aufatmeten. Fast schien es, als würden die Blumenblüten lachen!

„Du, Herr, machst fröhlich alles, was da lebt, im Osten wie im Westen, im Norden wie im Süden!". So müsste man unseren Spruch ergänzen. Denn es freut sich nicht nur die Vegetation auf der ganzen Erde, es freuen sich auch die Tiere und natürlich die Menschen. In einem Land wie dem, in dem dieser Psalm entstand und sicher auch gesungen wurde, gehörte der Regen zu den kostbarsten Gottesgaben. Darum wird in der Bibel dieser Text als „Danklied" bezeichnet, und es lohnt sich, alle 14 Verse einmal langsam und aufmerksam zu lesen. Denn dieses Lied passt so richtig zu dem Erntedankfest.

Freilich, und das muss auch gesagt werden, es sind nicht alle Menschen überall froh und glücklich. Wenn ein Regen anhält und die Wassermassen Dörfer und Ackerland mitreißen, dann ist das kein Grund zum Danken. Und auch das Frohmachen der Menschen ist nicht so einfach, denn die Fröhlichkeit des Herzens ist eine Pflanze mit Seltenheitswert.

Aber wir suchen die Fröhlichkeit. Und ohne sie verliert unser Menschenleben seinen Wert. Darum brauchen wir ab und zu ein Fest, das unsere Herzen wieder fröhlich macht. Alle kirchlichen und gemeindlichen Feste haben in diesem Punkt ihre Notwendigkeit. Wir müssen fröhlich machende Feste haben, damit wir immer wieder hingewiesen werden auf den, der unsere Herzen fröhlich und zuversichtlich machen kann.

Ganz sicher ist auch dieses wahr: Es gibt Menschen, die andere fröhlich machen können. Dabei muss man nicht gleich an einen Zirkusclown denken, der mit seinen Späßen eine Arena voller Leute zum Lachen bringt. Es gibt wirklich Menschen, in deren Gegenwart wir uns frei und erhoben fühlen. Sie tragen eine Gabe in sich, die alle andern spüren lässt: Hier ist innere Freiheit und Gelassenheit. Dieser Mensch strahlt etwas aus, das auch mich erreicht und mir die Verkrampfung nimmt. In der Gesellschaft von solchen Frauen und Männern fühlen wir uns wohl, weil wir hier gleichsam etwas bekommen, was wir uns selbst nicht geben können.

Doch genau dieses höre ich aus unserem Spruch heraus: „Du, Herr, machst fröhlich!" Das ist etwas anders als die Späße eines Clowns in der Arena oder die lustigen Wortspiele eines Komikers auf der Bühne. Zugegeben, beide sind große Künstler und lassen uns den grauen Alltag für eine Weile vergessen. Doch was wir uns alle wünschen, das ist ja eine Fröhlichkeit, die in tiefem Gottvertrauen wurzelt. Und dieses kann nur Gott schenken. Es ist die Freudigkeit, von der Jesus Christus bei seinem Abschied von den Jüngern gesprochen hat: „Ihr habt jetzt Traurigkeit, aber (...) euer Herz soll sich freuen, und diese Freude soll niemand von euch nehmen." Mit dieser Freudigkeit im Herzen haben die Apostel gelebt und viele, viele nach ihnen bis zum heutigen Tag. Denn es ist eine bleibende Wahrheit: Du, Herr, machst fröhlich alles was lebt, rund um den ganzen Erdball. Doch um diese zuversichtliche Gelassenheit des Herzens können wir nur jeden Tag bitten und beten. Die kann man auf keiner Hochschule lernen und auch nicht aus Büchern studieren. Sie ist und bleibt ein Geschenk des Himmels.

Ja, Herr, Du kannst Menschen ein fröhliches Herz geben. Lass mich Dir dafür danken, wenn mir das bewusst wird. Lass mich Dir auch danken, wenn ich fröhlich erwache oder den Tag zufrieden beschließe. Und schenk mir auch dann ein fröhliches Vertrauen, wenn mir ein Tag Dinge bringt, die mich niederdrücken und meine Seele in Schwermut stürzen. Dann schenk mir innere Fröhlichkeit, Dir zu vertrauen. Die, bitte, schenke DU mir.

Ki. Bl., Okt. 2008

30. OKTOBER

**Jesus Christus spricht:
Bittet, so wird euch gegeben;
suchet, so werdet ihr finden;
klopfet an, so wird euch aufgetan.**
Mt. 7,7

Das ist eine Empfehlung unseres Herrn Jesus Christus aus der Bergpredigt – sie klingt schön, fast wie ein Gedicht! Der Wahrheitsgehalt dieser Sätze leuchtet ein. Fast scheint es, als könne nichts mehr darüber gesagt werden. Und doch kommen mir dazu dann einige Gedanken. Zunächst dieser:

Gewohnheiten verändern Riten.

Früher kaufte man Brot beim Bäcker. „Bitte ein Brot!" – heute suche ich im Kaufhaus unter verschiedenen Arten und Größen das gewünschte Brot und nehme es selbst aus dem Regal. Bitten ist überflüssig geworden. Die neue Gewohnheit hat mein Denken verändert und einen guten Ritus verdrängt. Leider! Denn das Bitten verliert sich auch im täglichen Sprachgebrauch immer mehr. Wo sagt man noch beim Essen: „Bitte reich mir das Salz!"? In der Familie, in den Schulen, in den Betrieben ist das Bitten dem Befehlston gewichen. – Das ist ganz bedenklich! Denn, wenn ich „Bitte!" sage, stelle ich den anderen auf die gleiche Stufe mit mir. Da ist keiner mehr als der andere! Da wird auch nicht vergessen, für die Mahlzeit zu danken. Denn Bitten und Danken gehört untrennbar zusammen. „Bitten und danken kostet nichts und gefällt Gott und den Menschen wohl!" Von meinem seligen Großvater habe ich diesen Rat bekommen.

Suchen gehört heute zum Internet!

Im Internet ist heute alles zu finden. Zu jedem Gedicht der Dichter und sein Leben, zu jeder Stadt ihre Geschichte! Wer den Anschluss hat, kann alles finden! Nur: Neulich hatte ich den Hausschlüssel verlegt. Da begann das Suchen! Dann fand er sich im Sonntagsanzug. Doch es geht nicht immer so leicht mit dem Suchen! Mancher sucht ein Leben lang die richtige Frau und findet sie nicht! – Nicht jeder, der sucht, findet auch. Das ist eine alte Erfahrung. Und manchmal geben wir alles Suchen einfach auf! Zum Suchen gehört auch Ausdauer. Und ich meine, dass Jesus es auch so gemeint hat, wie es Jeremia sagt: „So spricht der Herr: Wenn ihr mich von ganzem Herzen suchen werdet, so will ich mich von euch finden lassen!" (Jeremia 29,13f) Darum gehört zum Suchen auch die Beharrlichkeit!

Die Türklingel statt dem Anklopfen.

So ist das heute: Wenn jemand im 3. Stock wohnt, und ich stehe unten vor der verschlossenen Haustür, kann ich nicht anklopfen. Da drücke ich den Klingelknopf. Und wahrscheinlich werde ich beobachtet, ehe der Summer betätigt wird. Das Anklopfen hat in unserer technisierten Welt vielfach seinen Sinn verloren. Aus Höflichkeit sollte es aber weiter geübt werden! Aber auch aus Achtung vor denen, die hinter der Tür leben. Denn auch unser Herr sagt: „Siehe, ich stehe vor der Tür und klopfe an!" (Offenbarung 3,20). Jedes Ereignis in unserem leben kann ein Anklopfen des Dreieinigen Gottes sein!

Christus hat wahrscheinlich diese Aussage so gemeint: Nicht nur unser tägliches Zusammenleben soll erfüllter werden, sondern auch unser Glaubensleben! Das Bitten, Suchen, Anklopfen kann auch unser Beten bestimmen. Dem Herrn unseres Lebens gegenüber bleiben wir immer die, die nur bitten können, seine Nähe suchen und wenn er manchmal schweigt, anklopfen dürfen. Wir dürfen dies um Christi Willen tun! Dafür gebührt IHM mein täglicher Dank!

Ki. Bl., Okt. 1980

**Wir warten aber eines neuen Himmels
und einer neuen Erde
nach Gottes Verheißung,
in welchen Gerechtigkeit wohnt.**

2. Petr. 3,13

An der Beerdigung hatten viele Menschen teilgenommen. Alle hatten den jungen Mann gerne gemocht. Aber nun wölbte sich über seinem Sarg der blumengeschmückte Grabeshügel. Und die junge Frau war mit ihren Kindern auf dem Heimweg. Was sollte aus ihnen werden? Wie würden sie in den nächsten Tagen und Wochen ohne ihn auskommen? In ihrem Herzen bohrten Fragen wie diese: „Was kann ich noch vom Leben erwarten?"

Vielleicht kennen wir solche Fragen, die einfach dastehen, die keine Antwort finden, weil es scheint, als gäbe es eine rechte Antwort nicht. Nun erwarten wir nichts mehr, vom Leben nicht, und von Menschen auch nicht.

Aber wir brauchen eine gewisse Erwartung. Sonst versinken wir in der Hoffnungslosigkeit. So wie die Braut mit fröhlichem und gewissem Herzen den Bräutigam erwartet und ihr ganzes Leben von dieser Erwartung getragen und ausgerichtet ist, so kann eine gewisse Erwartung unserem Leben immer neuen Auftrieb geben.

Im Monat November, da die Kirche der Endzeit gedenkt und den Ewigkeitssonntag begeht, da die letzten Blumen als Liebeszeichen zu den Gräbern unserer Lieben getragen werden, will uns die Bibel eine gewisse Erwartung schenken: „Wir warten aber eines neuen Himmels und einer neuen Erde nach Gottes Verheißung, in welchen Gerechtigkeit wohnt." Gott will einen neuen Himmel und eine neue Erde schaffen. Von dieser Gottesverheißung lebt die christliche Hoffnung. Hoffnung auf eine neue Erde gibt es nicht nur im christlichen Bereich. Denn man möchte eine „neue Erde" in jeder Hinsicht: Ohne Verschmutzung des Wassers und der Luft, ohne Hunger und ohne Kriege, ohne Katastrophen und ohne Lebensbedrohung. Eine Erde mit Raum zur Entfaltung alles Lebens und mit Möglichkeiten zu friedlichem Zusammenleben.

Das Wort „Gerechtigkeit" hat in unseren Tagen einen neuen Klang bekommen. Überall wird Gerechtigkeit gefordert. So viele fühlen sich ungerecht behandelt, zurückgesetzt, benachteiligt, übergangen oder sogar unterdrückt. Darum die unüberhörbare Forderung nach Gerechtigkeit auf sozialer oder auch religiöser Ebene. Die Menschheit sehnt sich nach einer Erde, auf der Gerechtigkeit wohnt. Man möchte die Gleichberechtigung verwirklichen, damit jeder zu seinem Recht kommen kann.

In Christus aber hat die „neue Erde" schon ihren Anfang genommen. Mit ihm ist ein Stück Himmel auf die Erde gekommen. Nicht nur, weil Krankheit und Sünde an ihm zerbrachen. An ihm hat sich auch die Kraft des Todes gebrochen. In ihm hat sich zeichenhaft der „neue Himmel und die neue Erde" angesagt. So wie das Morgenrot die aufgehende Sonne ankündigt, die uns Licht und Wärme bringt, so ist Jesus Christus das Unterpfand für die neue Erde.

Gott steht zu seinen Verheißungen. Christus ist das Siegel von Gottes Treue. Darum stehen Christen allezeit in gewisser Erwartung. Auch an den Gräbern.

Ki. Bl., Nov. 1980

Bemüht euch um Frieden mit jedermann und um Heilung, ohne die niemand den Herrn sehen wird.
Hebr. 12,14

Es war an einem warmen Sommertag. In den Straßen der Stadt war es drückend heiß. Aus dem offenen Fenster einer Wohnung drangen erregte Stimmen. Soviel konnte man auch auf der Straße verstehen: „Ich bin ein friedliebender Mensch! Aber mit dir kann man ja keinen Tag im Frieden leben!" Mich haben diese Worte betroffen gemacht. Wir sind ja alle friedliebende Menschen. Alle lieben wir den Frieden: im Haus, in der Nachbarschaft, in der Gemeinde, in der Welt. Es soll Frieden sein. Das wünschen wir, darum beten wir.

Warum gibt es dann aber so wenig Frieden zwischen den Menschen? Dazu muss zweierlei bedacht werden:

Die meisten Menschen erwarten den Frieden. Der andere soll damit beginnen, mir gegenüber friedlich zu sein. Der andere soll mir Frieden entgegenbringen, ihn mir schenken. Diesen Standpunkt teilt die Bibel nicht. Unser Vers ruft uns zu: „Bemüht euch um Frieden." Das aber bedeutet: Der Frieden fängt bei mir selber an. Ich darf ihn nicht nur erwarten, ich muss ihn selber schenken; ich darf ihn nicht nur voraussetzen, sondern muss selber damit beginnen.

Aber der Vers meint noch mehr: Der Frieden fällt uns nicht mühelos zu, sondern wir müssen uns darum bemühen, ihm nachjagen. Wie ein Sportler sich müht um den Sieg, seine ganze Kraft einsetzt und sein Wollen und Denken darauf ausrichtet, so sollte der Frieden das Ziel unserer Anstrengungen sein: „Bemüht euch um Frieden mit jedermann." Der Friede kostet etwas: unsere Mühe.

Es gilt aber noch etwas zu bedenken: Die Bibel weiß darum, dass der Frieden ein himmlisches Gut ist, eine Gottesgabe für unsere friedlose Welt. Unser Herz wird immer unruhig und friedlos sein und daher Unruhe und Unfrieden verbreiten, solange es nicht Frieden mit Gott gefunden hat. Und Gott hat sich den Frieden auch etwas kosten lassen: Die Hingabe seines Sohnes am Kreuz.

Durch Jesus Christus ist der Welt der Frieden geschenkt worden. Schon bei seiner Geburt begann der „Friede auf Erden", und der Auferstandene ist seinen Jüngern mit dem Friedensgruß entgegengetreten. Darum gehören Frieden und Heilung zusammen. Wo Menschen sich um ein geheiligtes Leben bemühen, kehrt der Friede Gottes ein. Darauf kann man sich verlassen.

Und all denen, die sich um Frieden und Heilung bemühen, wird verheißen, dass sie den Herrn sehen werden. Nicht nur am Ende der Zeit, sondern jetzt schon wird durch sie etwas von der Macht Gottes sichtbar werden, indem der Gottesfrieden weitergeht und weiterwirkt.

Ki. Bl., Nov. 1981

> **Lehre uns bedenken,
> dass wir sterben müssen,
> auf dass wir klug werden.**
> Ps. 90,12

Die alte Frau saß auf der Bank und ließ sich den Rücken von der Herbstsonne wärmen. Das Täschchen hielt sie geöffnet im Schoß zählte einige Geldscheine und Münzen. Ihre Stirn zeigte Sorgenfalten. Doch dann hellte sich ihr Antlitz auf: „Ja, es reicht", sagten ihre Augen, und sie schritt beschwingt davon. Die Frau hatte ihre Barschaft nachgezählt.

Vielleicht wollte sie sich damit einen Herzenswunsch erfüllen oder einem Enkelkind eine Geburtstagsfreude machen. Darum musste sie zählen. – Wir zählen viel in unserem Leben. Nicht nur das Geld in unserer Brieftasche. Zählen wir auch unsere Tage?

„Unsere Tage zählen, lehre uns! Dann gewinnen wir ein weises Herz." So lautet unser Vers in einer neueren Übersetzung. So wie Luther ihn übersetzt hat, ist er uns geläufiger. Aber im Grunde genommen ist es das Gleiche: an das Sterben denken oder die Tage zählen.

Kein Monat im Jahr weist uns so deutlich auf die Vergänglichkeit alles Lebendigen hin als der November. Die Felder sind abgeerntet, das Lied der Vögel ist verstummt. Vielleicht haben wir einen letzten Strauß auf das Grab eines lieben Menschen gelegt. „Unsere Tage zählen, lehre uns!" Freilich, es denkt keiner gern an das Sterben. In jedem sitzt ein ganz starker Wille zum Leben. Aber was ist das, das Leben? „Die Spanne dazwischen", hat einer gesagt, zwischen der Wiege und dem Grab. Sie kann kürzer oder länger sein, aber vielleicht ist das nicht das Entscheidende. Eher kommt es darauf an, was für einen Wert ich diesem Leben geben kann. Freude bereiten! Das könnte einem Erdenleben Wert schenken. „Es hat uns viel Freude bereitet!", hat schon manche Mutter gesagt, wenn von einem verstorbenen Kind die Rede war. Wer an das Sterben denkt, weiß auch, dass seine Tage gezählt sind.

Und er weiß auch, dass zum Freudemachen nicht unbegrenzt viel Zeit zur Verfügung steht. „Solange wir noch Zeit haben, lasset uns Gutes tun!", sagt der Apostel. Die Zeit läuft ab, das Ende ist in Sicht.

Die Frau in der Herbstsonne hat ihre Barschaft gezählt. Ihr Herz ist darüber froh geworden.

Ob Gott auch froh wird, wenn er unsere Tage zählt? Denn wenn überhaupt einer, so kann nur er sie zählen. Doch aus der Tatsache, dass der Herr unsere Tage gezählt hat, können wir ein weises Herz gewinnen, klug werden für die Tage, die uns noch geschenkt sind. Und das würde dann heißen, dass wir unsere Tage in der Sicht dessen sehen, der gesagt hat: „Was ihr getan habt einem unter diesen meinen geringsten Brüdern, das habt ihr mir getan." Offenbar hat ein Leben so viel Wert, als es sich selber verschenken kann. Und das kann man lernen, wenn man es vom Ende her betrachtet.

Ki. Bl., Nov. 1982

**Jesus Christus spricht:
Himmel und Erde werden vergehen,
aber meine Worte werden nicht vergehen.**
Mt. 24,35

Goethe lässt in seinem *Faust* den gelehrten Doktor das Johannes-Evangelium übersetzen. Doch schon beim ersten Satz stockt dieser. Wie soll er das griechische *logos* verdeutschen? Soll er schreiben: Im Anfang war das Wort? Kann man dem Wort eine so hohe Bedeutung beimessen? Nachdem er einige Möglichkeiten durchdacht hat, schreibt er: „Im Anfang war die Tat!"

Manchmal seufzen wir: „Ach, es waren nur Worte!". Und meinen, dass das, was als Wort ausgesprochen wurde, nicht geschah. Worte sind in vielen Fällen nur Schall und Rauch. Wenigstens ist es unter uns Menschen meist so. Darum haben Worte auch oft kein langes Leben. Wer erinnert sich schon, was er vorgestern alles gesagt hat! Dennoch kann ein Wort bleiben. Man denke etwa an das kleine Wörtchen „ja", durch das ein Brautpaar seinen Ehebund vor dem Altar besiegelt. Hinter diesem kleinen Wörtchen steht das ganze Leben, Wollen und Tun. Und dieses kurze Wort kann binden für Zeit und Ewigkeit.

Als der Heiland einmal mit seinen Jüngern vom Ölberg auf die Stadt Jerusalem blickte, sprach er davon, dass nicht nur herrliche Bauwerke, sondern auch Himmel und Erde im Vergehen begriffen sind. Doch dann fügt er hinzu: „Meine Worte werden nicht vergehen." Wir wissen nach fast 2000 Jahren, dass er recht behalten hat. Zwar ist nicht alles aufgeschrieben, was Jesus sagte. Aber das Entscheidende wurde doch festgehalten, und wir haben es in unserer Bibel zusammengefasst. Und wir nennen sie das „Wort Gottes", nicht darum, weil etwa die Buchstaben von Gott selbst aufgeschrieben worden sind, sondern darum, weil durch die Worte der Bibel Gott selbst zu uns spricht. Die Bibel ist Anrede Gottes an uns, seine persönliche Mitteilung, seine bezeugte Gegenwart. Darum schätzte Luther die Heilige Schrift so hoch ein. Als er vom Wormser Reichstag aufgefordert wurde, seine Schriften zu widerrufen, antwortete er auf lateinisch: „Wenn ich nicht durch Zeugnisse der Schrift überzeugt werde, so bin ich durch die Stellen der Heiligen Schrift, die ich angeführt habe, überwunden in meinem Gewissen und gefangen in dem Worte Gottes. Daher kann und will ich nichts widerrufen"

Und um das Gotteswort allen Christen zugänglich zu machen, hat er gleich im folgenden Jahr auf der Wartburg das Neue Testament ins Deutsche übersetzt und in seiner Gottesdienstordnung dem gelesenen und gepredigten Wort neben den Sakramenten eine zentrale Stelle zugewiesen. Die Gemeinde muss mit dem Wort Gottes auf alle Art in Berührung kommen. Das wollte Luther. Und darum nennt man die aus der Reformation hervorgegangene Kirche auch „Kirche des Wortes". Das gepredigte und das geschriebene Wort, durch das der lebendige Herr uns immer wieder anspricht, ist der bleibende Grund der Kirche.

Gott erwählt sich Menschen, so wie er Luther erwählte, die seinen Anruf hören und weitersagen. Auch heute noch geschieht das. Darum kann Gottes Wort nicht vergehen. Ihm sei Dank!

„Ach bleib mit deinem Worte bei uns, Erlöser wert, dass uns an jedem Orte sei Güt' und Heil beschert."

Ki. Bl., Nov. 1983

4. NOVEMBER

Als Glaubende gehen wir unseren Weg, nicht als Schauende.

2. Kor. 5,7

Der Gebirgskamm mit den herrlichen, felsigen Bergspitzen stand vor unseren Augen. Dort hinauf wollten wir steigen. Auch als sich ein dichter Nebel niederließ, störte das unsere Zuversicht kaum: Bald werden wir hinkommen! Das hatten wir uns zum Ziel gesetzt. Wir zogen los im festen Vertrauen, dass uns die kleinen Markierungszeichen sicher zum Ziel leiten werden und dass uns dort ein heiterer Himmel grüßen wird.

Dieses Erlebnis wurde mir zum Bild für unser ganzes Leben. Im obigen Bibelvers schreibt Paulus: „Als Glaubende gehen wir unseren Weg, nicht als Schauende", oder wie Luther es übersetzt hat: „Wir wandeln im Glauben und nicht im Schauen." In den Versen des vorhergehenden Kapitels spricht Paulus davon, dass Christen der Kraft Gottes vertrauen dürfen, auch wenn sie durch Trübsal, Verfolgung oder Anfechtung gehen. Wichtig ist, dass sie die ewige Heimat im Blick behalten. Oder, wenn das nicht möglich ist, dass sie auf die kleinen Zeichen der Güte Gottes achten. Denn so empfindet es Paulus: Solange wir in diesem Leben stehen, können wir nicht ganz beim Herrn sein, nicht volle Gemeinschaft mit ihm haben. Jetzt wandeln und wandern wir im Glauben. Das Schauen kommt später.

So ist es bis heute, ganz gleich, wo und wie wir leben. Keiner kann sagen: Jetzt bin ich am Ziel! Sicher setzen wir uns Ziele: solche, die leicht erreicht werden und andere, die einen harten Einsatz fordern. Oft geschieht es, dass der Herr uns erkennen lässt: Es war ein falsches Ziel! Paulus selbst hatte sich vorgenommen, die Christen alle ins Gefängnis zu bringen, um Gott einen Gefallen zu tun. Doch der lebendige Heiland ließ ihn erkennen: Das ist ein falsches Ziel! Seither wusste es der Apostel: Wer als Glaubender den Weg seines Lebens geht, wird einst die volle Gottesgemeinschaft erlangen. Das war die Kraft und die Freude seiner irdischen Wanderung.

Im Glauben leben! Da geht es uns oft wie dem Gebirgswanderer. Bald ist der Weg steinig, bald ohne freien Ausblick, und immer wieder macht uns die Müdigkeit zu schaffen. Gerade dem Glaubenden bleiben Anfechtung, Versuchung, manchmal Spott und Verdruss nicht erspart. Doch dürfen wir fest vertrauen, dass der Herr uns immer wieder seine Kraft und seinen Trost schenkt, wenn auch nur für die nächsten Schritte. Christen wissen, dass sie nie allein sind, sondern dass der mitgeht, der unbeirrt im Glauben seinen Weg ging bis zum Tod am Kreuz. Und Gott hat ihn darum zum Schauen erweckt.

Darum wollen auch wir zuversichtlich seinen Weg gehen.

Ki. Bl., Nov. 1984

5. NOVEMBER

**So spricht der Herr:
Ich will das Verlorene wieder suchen und das Verirrte zurückbringen und das Verwundete verbinden und das Schwache stärken.**
Hes. 34,16

Es kann schlimm sein, wenn Dinge verloren gehen, zum Beispiel die Autoschlüssel in einer fremden Stadt. Schlimmer wird es, wenn ein Mensch verloren geht. Neulich fand ein Freund ein weinendes Kind, das seine Mutter verloren hatte. Da der Junge zu klein war, um Straße und Hausnummer anzugeben, brachte der Freund ihn zur Polizei, wo schon die Mutter wartete.

Nicht immer geht es so gut aus, wenn Menschen verloren gehen. So bekannte ein niedergeschlagener Vater: „Unsere Tochter ist schon seit drei Wochen fort, und wir wissen nicht, wohin sie zog." Das ist bedrückend. Noch schlimmer ist es, wenn Menschen auf die schiefe Bahn geraten und sich von allen Bindungen lösen, die ihr Leben in gutem Sinn geformt haben.

Es gibt aber auch eine andere Verlorenheit, die sich nicht auf die Loslösung aus familiären Bindungen bezieht. Das hat uns Jesus Christus in dem Gleichnis vom verlorenen Schaf (Lk. 15) deutlich gesagt. Ich habe es selbst einmal erlebt, dass Hirten nach einem Unwetter im Gebirge ein Schaf brachten, das von der Herde abgesondert, irgendwo abgestürzt war und nun geschlachtet werden musste.

So meint es auch Jesus: Menschen können sich von Gott entfernen, für ihn verloren gehen. Man bezeichnete sie als „Sünder", als solche, die sich durch ihr Leben selbst absonderten.

Ganz eindrücklich berichtet uns das Alte Testament davon, dass das Gottesvolk in diese Absonderung von Gott hineingeraten war, wenngleich die Propheten immer wieder ihre warnende Stimme erhoben hatten. Aber es wiederholt sich immer wieder. Durch Ermahnungen lässt sich kaum einer von einem Weg abbringen, den er noch nicht als Irrweg erkannt hat. Das Gottesvolk hörte nicht auf die Ermahnungen der Propheten. Und dann kam das Gericht – die babylonische Gefangenschaft. Nun glichen diese Menschen Verirrten und Verwundeten, sie waren ein schwaches Häuflein in einem großen Volk. Und diesen Verzagten lässt der Herr sagen: „Ich will das Verlorene wieder suchen und das Verirrte zurückbringen und das Verwundete verbinden und das Schwache stärken."

Auch uns gilt dieses herrliche Verheißungswort, und wir finden uns im Bild des „Schwachen" wieder. Denn jeder hat es wohl einmal gemerkt, wie dem eigenen Wollen Grenzen gesetzt waren, bei Krankheiten, größeren Vorhaben oder bei Todesfällen.

Immer wieder spüren wir es, dass unser Können begrenzt ist und wir vielfach zu schwach sind, das Leben in den Griff zu bekommen. Da ist es gut zu wissen, dass der Herr uns versprochen hat: „Ich will das Schwache stärken!" In allen Versuchungen, in allem Leid, in aller Kümmernis will der Herr das tun: sich zu dem Schwachen, Verwundeten, Verirrten und Verlorenen kehren.

Am deutlichsten hat er das in Jesus Christus gezeigt, der vor den Menschen als Verlorener, Schwacher, als Verwundeter und Verirrter galt. Aber der Herr hat ihn erhöht. In ihm hat er sich allen Verlorenen zugewandt. Und so ist Christus für alle Zeiten der Weg zur Rettung!

Ki. Bl., Nov. 1985

**Gott spricht:
Siehe, ich mache alles neu.**
Off. 21,5

Ein Schriftsteller erzählt von einem Schneidermeister in seinem Dorf, der die Kunst verstand, aus Altem etwas Neues zu machen. Als Kind sei er einmal mit der Joppe seines Großvaters zum Schneider gegangen, bangen Herzens, ob daraus noch für ihn ein Röcklein genäht werden könne. Doch der Gute habe getröstet: Er werde auch eine Hose mitsamt einer Weste machen. So einer sei er gewesen, der gute Schneider, ein richtiger Meister!

Der Mensch kann manches neu machen: Wenn ein Motor nicht mehr geht wird er gewechselt, wenn eine Röhre im Fernseher nicht mehr leuchtet, kommt eine neue an ihre Stelle.

Der Mensch kann vieles neu machen. Doch nicht alles! Sich selbst nicht. Neues Auto, neue Kleider, neue Freundin, tun es noch nicht. Neu anfangen, sich innerlich wandeln – das wünschen sich viele. Als ich selbst einmal eine Nachprüfung machen musste, nahm ich mir fest vor: Jetzt lernst du fleißiger, täglich wenigstens drei Stunden. Doch es wurde nichts aus dem guten Vorsatz.

Wir können uns selbst nicht neu machen. Wir können nicht über unseren Schatten springen. Doch Jesus Christus bringt es fertig, aus einem erbärmlichen einen neuen Menschen zu machen! Wie er das macht, bleibt uns ein Geheimnis – aber es geschieht!

Das Neue Testament bietet uns eine Fülle von Beispielen: Da ist Petrus, ein Mensch mit vielen guten Vorsätzen. Im entscheidenden Augenblick jedoch wird er zu einem feigen Verleugner – wenig später ist er ein furchtloser Bekenner. Da ist Saulus, ein überzeugter Verfolger der Anhänger Christi – und eines Tages wird er ein mutiger Zeuge des Evangeliums. Der Herr kann das, einen innerlich zu wandeln und zu verändern, einen neuen Menschen zu machen.

Gott spricht: „Siehe, ich mache alles neu!" Mit diesem wunderbaren Verheißungswort dürfen wir durch diesen Monat gehen. Es ist die Zeit, wo das große Sterben in der Natur anhebt. Da kommt auch der Sonntag, wo wir all unserer Heimgegangenen gedenken und ihnen ein letztes Blümchen aufs Grab legen. Wird einmal alles neu werden, auch in Bezug auf die Vorausgegangenen?

Der Herr kann wirklich alles neu machen. In Jesus Christus hat er das deutlich gezeigt. Wo er war, verlor die Sünde ihre bedrängende Macht. In seiner Nähe konnte der Teufel seine heimlichen und offenen Versuchungen nicht ausspielen, und in seiner Auferstehung wurde auch dem Tod sein Raub entrissen. Seit Jesus Christus hat das Neuwerden der Welt begonnen. Nicht durch menschliches Vornehmen und Wollen, sondern durch Gottes Eingreifen. Aber das ist ein Eingreifen in der Liebe. Wo Gottes Liebe unter Menschen zu wirken beginnt, fängt die Wandlung an, die alles umfasst. Sie lässt abgebrühte Herzen schmelzen, erweicht verhärtete Gemüter, schenkt Verzweifelten Mut, macht Traurige wieder fröhlich und gibt Sterbenden eine gewisse Zuversicht.

Wo Menschen es wagen, sich der verändernden Kraft des Heilands zu stellen, da geschehen Wunder – heute noch. Da werden Menschen neu. Sie bekommen Verständnis für einander, finden Worte des Trostes und packen zu, wo Hilfe nötig ist. Wer neu wurde, trägt einen Funken der großen Liebe Gottes in eine kalte Welt. Und das ist ein Anfang, ein Hoffnungszeichen dafür, dass der Herr einmal wirklich ALLES neu schafft.

Ki. Bl., Nov. 1986

**Jesus Christus spricht:
Himmel und Erde werden vergehen; aber
meine Worte werden nicht vergehen.**
Mt. 24,35

So stellten sich die Leute zu der Zeit Jesu die Erde vor: als eine Scheibe, die auf dem Weltmeer schwimmt. Und so stellten sie sich den Himmel damals vor: als eine kristallene Halbkugel, die sich über der Erdscheibe wölbt und an der die Himmelskörper befestigt sind. Diese Sicht der Welt ist längst überholt. Himmel und Erde, wie die Menschen sie damals dachten, sind tatsächlich vergangen. Aber nicht nur Weltbilder sind vergangen, auch manche Tier- und Pflanzenarten, die es zur Zeit Jesu noch gab, sind heute nicht mehr. Kulturen und ganze Völker mit ihnen sind vergangen.

Auch Jesus spricht vom Vergehen. Er steht mit seinen Jüngern vor dem gewaltigen Gebäude des Tempels: „Hier wird kein Stein auf dem anderen bleiben", sagt er zu ihnen. „Eine große Bedrängnis wird kommen, und auch die Himmelskörper werden ihren Schein verlieren. Himmel und Erde werden vergehen; aber meine Worte werden nicht vergehen!"

Es gibt also trotz allem Vergehen etwas Bleibendes: „Meine Worte", sagt der Heiland, „die werden bleiben". Meint Jesus das, was er gesagt hat und was in der Bibel seinen schriftlichen Niederschlag gefunden hat? Gewiss, auch das! Denn so vieles ist vergangen, auch viele Bücher; man weiß zwar von ihnen, aber man hat sie nicht mehr. Auch der Tempel mit seinen dicken Mauern ist zerstört worden. Nur etwas ist nicht vergangen: die Bibel. Sie ist geblieben – trotz allem! Denn oft genug ist versucht worden, die Heilige Schrift als etwas Überholtes darzustellen, ihre Aussagen anzuzweifeln und ihre Fehlerhaftigkeit zu beweisen. Dennoch ist sie geblieben. Ja, sie ist heute immer noch das am meisten verbreitete und meistgelesene Buch der Welt.

Die Bücher eines Gelehrten aus dem Mittelalter liest heute kaum noch jemand, und wenn wir einen Roman gelesen haben, legen wir ihn beiseite. Aber Gottes Wort kann man immer wieder lesen. Warum wohl? Es gibt da nur eine Antwort. Weil durch dieses Wort der lebendige Gott zu uns redet. Er redet immer neu und immer anders zu uns. Er spricht genau in unsere Lage hinein, hält mir meine Schuld vor und spricht mir persönlich Kraft zu! Das ist wohl das ganze Geheimnis. Es ist alt und doch stets neu. Es stellt mein Leben in einen neuen Zusammenhang.

Vielleicht hat Jesus es auch so gemeint: Meine Worte können nicht vergehen, weil ich immer zu euch spreche. Mich kann niemand zum Schweigen bringen. Die Menschen haben das zwar versucht, sie haben mich gequält und am Kreuz getötet, aber zum Schweigen bringen konnten sie mich nicht. Denn Gott kann man ja nicht beikommen. Wenigstens nicht mit menschlichen Mitteln. Weil ich lebe, wird mein Wort bleiben! Es wird weiter erklingen, und es wird weiter Menschen erreichen, trösten, stärken und für das Leben tüchtig machen.

Dieses Wort des Heilands kann uns im November Mut machen, nicht nur auf das Vergängliche zu blicken, sondern auf das Bleibende zu achten und uns ihm zu öffnen. – Der Segen wird nicht ausbleiben!

Ki. Bl., Nov. 1987

Wir warten auf einen neuen Himmel und eine neue Erde nach seiner Verheißung, in denen Gerechtigkeit wohnt.

2. Petr. 3,13

Ein Mensch geht einsam hinaus in die Natur. Er betrachtet die untergehende Sonne, die Bäume, das leuchtende Wasser. Er träumt von einer anderen Welt, von Zuständen, die nicht so sind, wie die, in denen er lebt. Vielleicht gab es daheim Ärger mit dem Ehepartner, mit den Kindern; vielleicht ist er selbst leidend; oder es belastet ihn ein harter Schicksalsschlag; vielleicht muss er eine Arbeit tun, die ihm statt Freude täglichen Verdruss bringt; vielleicht... Doch nun schweifen seine Gedanken in die Ferne, der golden versinkenden Sonne nach, er darf träumen von einer heilen Welt ohne täglichen Ärger und zermürbende Probleme.

Ob das auch so ein Tagtraum ist, wenn einer christlichen Gemeinde geschrieben wird: „Wir warten auf einen neuen Himmel und eine neue Erde nach seiner Verheißung, in denen Gerechtigkeit wohnt"? Denn zunächst gehört hinter diese Aussage ganz gewiss ein Fragezeichen! Ob es das einmal geben wird: eine neue Erde, wo es wirklich ganz gerecht zugeht? Wo sich keiner beklagen kann: Mich hat man nicht angehört. Auf meine Probleme wurde nicht Rücksicht genommen! Die Welt ist über meine persönliche Not zur Tagesordnung übergegangen! Ob es das wirklich einmal geben kann, wo Leid und Geschrei aufhören, wo Tränen versiegen müssen, wo die Freude nicht einer Eintagsfliege gleicht?

Zum christlichen Glauben gehört dies Warten auf einen neuen Himmel und eine neue Erde dazu. Denn der Herr hat seine Wiederkehr versprochen. Dann aber wird sich alles wandeln. Während es bis dahin noch so mancherlei geben wird, das belastet und Kummer bereitet, wird dann alles neu werden. So wie Gott dem Heiland in der Auferstehung einen neuen Leib und ein unsterbliches Wesen gab, so wird die ganze Schöpfung einmal verwandelt werden. „Dann wird Gott abwischen alle Tränen von den Augen, der Tod wird nicht mehr sein, noch Leid noch Geschrei, noch Schmerz wird mehr sein; denn das Erste ist vergangen". So sagt es die Bibel (Offb. 21,4). Der Herr wird alles neu machen – nicht durch eine Veränderung der irdischen Zustände, sondern es wird eine neue Schöpfung hereinbrechen. Und auch nicht durch eine weltumfassende Anstrengung der Menschen, sondern durch den Herrn, der dann bei den Menschen wohnen wird. Man muss schon das ganze 21. Kapitel der Offenbarung langsam lesen, um die Tiefe und umfassende Tragweite dieser biblischen Aussagen zu begreifen.

Aber wieder werden wir fragen: Ist das denn nicht ein Tagtraum, eine menschliche Wunschvorstellung? Denn noch beginnt im November das große Sterben in der Natur. Bislang machen uns Krankheiten und Friedlosigkeit zu schaffen, und es gibt wahrlich noch viele Menschen, die von einer Erde nur träumen können, in der Gerechtigkeit wohnt. Doch offenbar hat es einen Anfang gegeben, damals, als unser Herr über die Erde ging. Da wurde eine Mutter froh, die ihren einzigen Sohn durch den Tod verloren und dann durch Jesus wiederbekommen hatte; damals verloren die Jünger im Sturm ihre Todesangst, weil der Herr im Schiff war, und damals wurden Tausende satt, weil das wenige Brot durch die Hände des Heilands ging. Damals war es wie das Morgenrot einer neuen, kommenden Welt, die mit dem Gottessohn angebrochen war. Und wir glauben, dass diese Welt endgültig und umfassend im Kommen ist und freuen uns jetzt schon darauf.

Ki. Bl., Nov. 1988

9. NOVEMBER

Das ist der Wille Gottes, eure Heiligung.
1. Thess. 4,3

In diesem Spruch hören wir „von der Heiligung". Diese Überschrift kennen wir vom dritten Glaubensartikel, der vom Heiligen Geist spricht. Wer aber kann sich darunter etwas vorstellen? Und nun schreibt gar der Apostel Paulus an eine Gemeinde: „Das ist der Wille Gottes, eure Heiligung!" In den nachfolgenden Versen führt er es dann etwas genauer aus, was das bedeutet: Meiden von Unzucht, Einhalten der Gebote, sich in den Willen Gottes einordnen.

„Heiligung" aber könnte man auch einmal so verdeutlichen: sich als Werkzeug von Gott brauchen zu lassen. Denn wir Menschen sind nun einmal so etwas wie „Gottes Werkzeuge", Nicht solche, die immer säuberlich, geordnet und geschliffen im Werkzeugkasten hängen, immer griffbereit. Wir haben einen eigenen Willen, eigene Vorstellungen, Wünsche und Meinungen. Wir haben unsere täglichen Pläne und Ziele. Ob die aber mit Gottes Zielen übereinstimmen? Ob wir uns so brauchen lassen, wie Gott es möchte? Und schließlich: Geben wir acht, dass wir brauchbar bleiben?

Sicherlich: Man könnte mit einem Meißel und Hammer jede Schraube öffnen. Aber dabei würde Werkstück und Schraubenkopf unbrauchbar. Man kann nicht jedes Werkzeug für jede Arbeit benutzen. So wird auch der Herr nicht jeden für jede Arbeit verwenden können. Aber Gott braucht jeden. Und wenn wir ihm widerstehen, muss er uns brauchbar machen, uns schleifen und schärfen. Darum bringt Gott immer wieder den Schleifstein des Leides in unser Leben, damit er zwar etwas von uns reißt, uns aber brauchbar macht für seine Arbeit, so wie ja auch der Hobel heute geschliffen wird für die morgige Verwendung.

Die Heiligung ist also letztlich nicht mein, sondern SEIN Werk, nicht mein, sondern SEIN Tun, ein Erleiden von Gottes Zugriff.

Nur dürfen wir uns diesem Zugriff nicht widersetzen! Ein Hammer wird der Hand nicht fortlaufen, eine Säge wird nie sagen: Dies Holz ist mir zu zäh. Aber wir hadern mit Lebensumständen. Wir gleichen oft einem Hobel der dem Meister sagt: „Siehst du nicht diese vielen Knoten? Soll gerade ich meine scharfe Schneide daran abstumpfen?"

Es sage niemand: Ich kenne Gottes Willen nicht. Dann nimm am nächsten Sonntag dein Gesangbuch und geh zur Kirche. Tu es immer wieder. Wenigstens in dieser Beziehung kannst du dem Herrn folgen. Und du wirst merken, wie du allmählich ein brauchbares Werkzeug in Gottes Hand wirst. Auch Christus hat sich von Gott brauchen lassen zum Retter. Es war ihm nicht leicht. Es hat ein Leben gekostet. Seine Heiligung hat ihn zum Heiligen gemacht. So gut kann das keiner mehr. Aber mit frohem Herzen sich von Gott an seinem Platz brauchen lassen, das wäre ein guter Beginn von Heiligung.

Ki. Bl., Nov. 1989

**Gott wird abwischen alle Tränen von ihren Augen,
und der Tod wird nicht mehr sein.**
Off. 21,4

Tränen gehören zu unserem Leben!
Man kann sie nicht aufhalten,
nicht unterdrücken.
Sie kommen, wenn uns etwas bewegt,
innerlich erfasst und erschüttert.
Ein Schmerz, eine Trauer, ein Kummer –
wenn uns der kalte Hauch des Todes berührt.
Der Tod ist immer da; er geht mit uns
durch unsre Tage und Wochen,
und er war bei uns seit unserer Geburt.
Und weil der Tod
die wirklichste Wirklichkeit unseres Lebens ist,
gehören die Tränen zu unserem Leben.
Jedoch der Tod hat einen Herrn,
einen, der stärker ist,
einen, der auch ihm die Macht nahm:
Jesus Christus!
Und weil Christus auferstand,
weil er in Ewigkeit lebt,
weil er der Herr auch des Todes ist –
darum
werden einmal die Tränen aufhören,
der Tod nicht mehr sein,
wird das Leben erblühen,
ein unvorstellbar frohes Leben
bei IHM und durch IHN.
Gib Herr, dass wir uns
jetzt schon darauf freuen!

Ki. Bl., Nov. 1990

11. NOVEMBER

**Gott verletzt und verbindet;
er zerschlägt, und seine Hand heilt.**
Hiob. 5,18

Ja, Herr, wenn ich mein Leben bedenke:
Oft hast du mich verletzt!
Damals, als du mir den lieben Menschen nahmst,
an dem mein Herz hing; und damals,
als du mich den Weg führtest,
der ganz und gar gegen meinen Willen war;
damals, als der körperliche Schaden
mein Leben von Grund aus veränderte;
und auch damals, als meine Widersacher
mich lächelnd zur Seite schoben.
Ja, Herr, du hast mich oft verletzt,
an meinem Körper und an meiner Seele!
Doch ich will ehrlich sein:
Du hast mich immer wieder auch verbunden;
du hast mich immer wieder getröstet.
Du hast mich aufgerichtet und gestärkt.
Wenn ich am Boden lag, ganz „unten durch",
habe ich deine Nähe gespürt!
Heute, im Rückblick, kann ich dafür danken!
Denn jetzt erst erkenne ich:
Wenn du meine Wünsche zerschlugst,
war es mir zum Segen;
Wenn du meine Pläne durchkreuztest,
war es mir zum Heil.
Lehre mich, Herr, was es wirklich heißt:
„Dein Wille geschehe!"
Lass mich deinen Willen annehmen,
lass mich danken auch dann,
wenn deine Hand mich verletzt,
wenn du meine Träume zerschlägst!
Eins bitte ich, Herr:
Heile meine Wunden,
die inneren und äußeren,
damit ich dir danken kann – alle Tage!

Ki. Bl., Nov. 1991

**Jesus Christus spricht:
Lass dir an meiner Gnade genügen;
denn meine Kraft ist in den Schwachen mächtig.**
2. Kor. 12,9

So hast du, Herr zu einem gesagt:
„Meine Nähe sei dir genug!"
Dabei war dieser Mensch geplagt, innerlich –
und wohl auch körperlich geplagt,
wie mit Fäusten geschlagen;
doch er wollte dir dienen, nur DIR,
mit allen Kräften und ganzem Einsatz.
Darum hat er wiederholt gebetet:
„Nimm diese Plage von mir, Herr!"
Und nun diese Antwort:
„Meine Nähe sei dir genug –
in den Schwachen kommt meine Kraft
zum Zug und wird deutlich!"
Deine Kraft, Herr, in den Schwachen –
da muss ich doch an die Jünger denken:
Nach deiner Himmelfahrt standen sie
schwach und verlassen da, bis deine Kraft kam,
und da kam Leben in ihre Schwachheit,
Kraft, die sie und ihr Wirken trug,
so wie die Kraft der Meereswogen
ein Schiff trägt, immer weiter trägt –
so hat deine Kraft dein Werk getragen!
Es waren immer schwache Menschen:
Elisabeth von Thüringen und Mutter Theresa,
Franz von Assisi und Dietrich Bonhoeffer
und die vielen, vielen andern ...
sie lebten aus deiner Kraft.
Auch die vielen Unbekannten:
die Mutter, die allein ihre Kinder
durch die Kriegsjahre brachte,
der Vater, der trotz Behinderung
den Lebensmut behielt ...
DEINE KRAFT, Herr, mächtig in den Schwachen!
Welch ein Geheimnis!
Erklärlich nur durch dieses:
Deine Gnade, deine lebendige Nähe!
DARUM lass mich deine Nähe suchen,
im Wort und im Gebet,
im Gottesdienst und in der Gemeinde,
im Loben und Danken!
Denn deine Nähe ist mir genug,
so wie dem Kind die Nähe der Mutter vollauf genügt ...
So lass mich geborgen sein
in DEINER GNADE.

Ki. Bl., Nov. 1992

13. NOVEMBER

Wir werden bei dem Herrn sein allezeit.
So tröstet euch mit diesen Worten untereinander.
1. Thess. 4, 17-18

„Und dann werde ich bei dir sein für immer ..."
so hatte die Tochter der Mutter geschrieben.
Nun – freuen sich beide, denn die Trennung
war für sie schon schmerzlich geworden.
Das würde dann vorbei sein, in absehbarer Zeit.
Wieder ganz beisammen sein –
welch tröstliches Gefühl und Grund zum Freuen!
In den Herzen der ersten Christen
lebte eine starke Sehnsucht:
beim lebendigen Herrn sein!
In einem himmlischen, paradiesischen Zustand!
Beim Herrn sein – könnte bedeuten:
den irdischen Konflikten entrinnen,
von Krankheit und Schmerzen frei werden,
Trauer und Leiden überwinden,
Schwermut und Sünde loswerden!
Beim Herrn sein hieße gleichsam:
in den Himmel kommen!
Und das meint der Apostel:
„Dann – werden wir bei dem Herrn sein",
dann – nach Sterben und Auferstehen,
dann – wenn der Herr kommt
und uns mit sich nimmt
wie ein Vater sein Kind an der Hand nimmt.
Dann kann die beiden nichts mehr trennen,
denn des Vaters Hand ist kräftig,
stärker als die kalte Hand des Todes.
Dann werden wir bei dem Herrn sein,
wir, meine Frau und ich,
unsere Eltern und Kinder und alle,
die in Christus entschliefen,
die uns vorangingen oder genommen wurden.
Sie und wir alle, werden bei dem Herrn sein!
Wahrlich, der einzige wahre Trost
für Trauernde – für uns alle ...

Ki. Bl., Nov. 1993

14. NOVEMBER

Gott spricht:
Siehe, ich mache alles neu!
Off. 21, 5

Das konnten vormals die Schneider:
aus dem alten Anzug des Vaters
einen neuen für den Sohn anfertigen!
Das gelingt auch manchem Erfinder:
nach vielen Versuchen etwas ganz Neues zu schaffen!
Manchmal gelingt uns Menschen dies:
manches Neue zu machen!
Aber alles, wirklich alles neu zu machen – wer könnte das?
Nicht nur für den Menschen, mehr:
Den Menschen selbst neu zu machen,
so neu, dass der Mensch nicht mehr
des Menschen Feind ist,
dass er nicht mehr unter der Macht
des Bösen, der Sünde, des Todes und des Teufels steht,
dass er nicht mehr sündigen muss?
Wer schafft den neuen Menschen?
Ideologien wollten ihn schaffen,
Pädagogen mühen sich um ihn,
manchmal ist menschlicher Liebe
ein kleiner Erfolg beschert –
doch der Mensch bleibt immer der alte,
sterblicher, sündigender Mensch.
Aus der Haut des „alten Adam" kann keiner fahren,
so wie auch die Giftschlange die alte bleibt,
wenn sie sich häutet.
„Ich aber", sagt der Herr,
„ich aber mache einmal alles neu!"
Das kann nur Gott sagen.
Und wir wollen dankbar sein,
dass er es gesagt hat!
Mehr noch: dass er schon begonnen hat
mit diesem wunderbaren Werk,
der Neuschaffung des Menschen!
Jesus war der erste neue Mensch,
der in vollem Gehorsam mit Gott lebte,
der nichts Böses tun musste,
und den Gott vom Tod auferweckte.
So machte Gott ihn zum neuen Menschen,
zum Erstling unter allen Sterblichen,
unter allen Sündern und Übertätern.
Die Neuschöpfung der Welt hat begonnen!
Wem Christus hilft, kann jetzt schon
ein Lichtlein sein der Neuen Welt!
Wer an IHN glaubt,
wird Liebe in die Welt tragen,
die allein harte Herzen wandelt.
Ja, die neue Schöpfung begann –
wohl dem, der daran jetzt schon
und einmal ganz teilhat!

Ki. Bl. Nov. 1994

15. NOVEMBER

Was denkt ihr von dem Christus?
Mt. 22,4

Nur eine kleine Frage von sechs Wörtern!
Eine Frage und keine Antwort.
Ob Jesus gewusst hat,
wie viel sie bewirken kann?
Man könnte sie für uns auch so stellen:
„Was denkt ihr, was denkt ihr
von dem Christus?"
Oder noch gezielter:
„Was denkst Du von dem Christus?,
du Mensch von heute in Siebenbürgen
oder sonstwo in der Welt?
Hast du überhaupt eine Meinung von ihm?
Weißt du mehr von ihm, als dir Filme
vor Augen geführt haben,
oder was du – vielleicht noch –
aus dem Konfirmandenunterricht weißt?"
Wirklich, eine gezielte, kleine Frage:
„Was denkt ihr von dem Christus?"
Diese Frage kommt aus dem Munde Jesu!
Er hat sie seinen Gegnern gestellt,
den Frommen seiner Zeit, die doch
darauf aus waren, ihn zu beseitigen!
Denen stellt er die Frage:
„Was denkt ihr von dem Christus?"
Mit gezielten Fragen bringt Jesus
seine Gegner zum Schweigen!
Das berichten die Evangelien.
Die Frage ist und bleibt aktuell:
„Was denkt ihr von dem Christus?"
Denn an dieser Frage scheiden sich
Konfessionen, Kirchen und Freikirchen!
An dieser Frage hängt nicht nur der Glaube,
hier geht es um mein Verhältnis zu Gott,
noch mehr: um die Sinnfrage des Glaubens.
Eines ist klar:
Jesus schaltet das Denken nicht aus,
sondern bezieht es mit
in das Gottesverhältnis ein.
Das gibt zunächst ein Stück Vertrauen
auch in mein Denken!
Ich darf die Aussagen der Bibel
als Denkender lesen!
Das gibt mir etwas Selbstwert
und auch Gelassenheit.
Dann aber werde ich aufmerksamer:
Jesus will, dass ich über „Christus"
ins Klare komme! Und „der Christus"
kann doch nur einer sein, der Eine,
der von Gott „gesalbt", auserwählt wurde,
der Heiland der Welt
und der Menschen zu werden!
Und dieser EINE
muss Gott so nahe stehen,
dass er von Gott selbst
kaum zu unterscheiden ist,
geradezu mit Gott gleich ist, – der nur,
weil unser Denken
am Gegenständlichen haftet,
sich eines andern Wortbildes bedient,
um die Sache zu verdeutlichen!
Natürlich kann in unserer Bildersprache
der Vater nicht mit dem Sohn
identisch sein.
Aber der „Christus" ist es!
Damit ist dem Denken etwas zugemutet,
genauso wie mit der Relativitätstheorie
oder mit der Differenzialgleichung.
Doch wer diese Schwelle überwand,
sieht weiter, tiefer, froher und wissender!
Und darum geht es offenbar:
dass unser Denken
nicht zum Hemmschuh des Glaubens werde!
Das wäre schade, fast innere Blindheit!
Und darum lohnt es sich, die Frage
im Herzen und im Denken zu bewegen:
„Wie ist das mit dem Christus?"
So kann mein Verhältnis zu ihm
und mein Sein und mein Glaube
einen neuen Sinn bekommen.

Ki. Bl., Nov. 1995

Wir warten auf einen neuen Himmel und eine neue Erde nach seiner Verheißung, in denen Gerechtigkeit wohnt. 2. Petr. 3,13

So ist das also, Herr: Schon vor fast 2000 Jahren haben die Menschen gewartet auf Besseres,
Schöneres, Erfüllteres, auf einen neuen Himmel und eine neue Erde!
Und wir Christen gehören auch zu ihnen!
Denn auch wir warten auf den neuen Himmel und die neue Erde!
Nicht nur im Urlaub, wenn sich der Himmel überzieht
und es aus grauen Wolken unaufhörlich regnet.
Wir warten auf einen neuen Himmel.
Auch dann, wenn wir liebe Menschen leiden sehen, der wenn sie uns ganz verlassen;
wir warten auf einen neuen Himmel auch dann, wenn die Leiden das Alters uns quälen
oder unser Wollen unser Können übersteigt;
wir warten auf einen neuen Himmel auch dann, wenn wir das Heer der leidenden Menschen
sehen und die schreiende Ungerechtigkeit uns ans Herz greift, dann seufzen wir und bitten:
Himmel – warum bist und bleibst du so weit?
Komm doch dieser gequälten Erde etwas näher!
Lass uns nicht allzu lang mehr auf einen „neuen Himmel" warten!
Wir warten aber auch auf eine neue Erde!
Eine gewandelte Erde, vielleicht, auf eine Erde, wie wir sie erträumen oder hoffen,
auf eine Erde, wie wir sie uns wünschen: ohne Leid und Elend, Not und Ungerechtigkeit!
Ja, Herr, wir warten auch mit allen anderen auf eine neue, gerechtere Erde!
Doch manchmal wird uns das Warten zu lang,
es macht uns ungeduldig oder lässt uns resignieren.
Wir werden unzufrieden mit Regierungen und Politikern,
weil sie zu wenig oder nicht das Rechte tun,
mit Betriebsleitungen, weil sie sparen müssen,
mit den Gewerkschaften, weil sie zu fordernd auftreten,
oder wir machen uns auf, um irgendwo in der Welt
noch ein heiles Fleckchen, eine Oase des Friedens,
ein Stückchen eines verlorenen Paradieses zu suchen.
Jedoch, Herr, getroffen habe ich noch keinen,
der ein Stück „neue Erde" gefunden hätte!
Wir müssen also weiter warten, Herr, so wie es die ersten Christen auch taten,
denen ein Apostel im zweiten Jahrhundert schrieb:
„Wir aber warten auf einen neuen Himmel und eine neue Erde
nach seinen Verheißungen, in denen Gerechtigkeit wohnt!"
Doch nun weiß ich es plötzlich: Das Warten des Apostels führte ihn nicht zu Untätigkeit
oder gar zur stumpfen Resignation – nein, Herr,
für ihn ist das Warten, dass sich auf Deine Verheißungen stützt,
ein freudiges, gespanntes Erwarten dessen,
was Du, Herr, tun wirst, durch begnadete Menschen,
durch Menschen, die mir heute begegnen, mir heute ein freundliches Wort schenken,
einen Handgriff abnehmen und mich Zuwendung erfahren lassen!
Denn die neue Erde begann, als sie dem neuen Himmel begegnete
in dem Kommen Jesu Christi und in seiner Vergebung!
Durch sie kann Vieles jetzt schon neu werden –
kleine Schritte auf einem langen Weg der Vollendung,
die Du, Herr, einmal herauführen wirst
indem Du einem neuen Himmel
und eine neue Erde schaffst,
voll von Deiner Gerechtigkeit!

Ki. Bl., Nov. 1996

17. NOVEMBER

**Wer seine Sünden verheimlicht,
hat kein Glück, wer sie bekennt und meidet,
findet Erbarmen.**
Spr. 28,15

Darum geht es in der Bibel
von der ersten bis zur letzten Seite:
um die Sünden, um die Sünden der Menschen
und das menschliche Sprechen und Tun,
das uns von Gott absondert.
Aber darum geht es ja auch dir, Herr,
denn wenn DU nicht wärst als gegebene Realität,
wir würden das Wort „Sünde" nicht kennen.
Nun aber bist DU, Herr, da, und DU warst da
und DU wirst da sein,
auch wenn ich nicht mehr bin.
So wie die Sonne da war und da ist,
auch wenn ich sie nachts nicht sehe.
Darum aber ist auch das Andere da,
das Gegenteil von dir, Herr,
das, was uns von dir trennt,
und das die Bibel „Sünde" nennt!
Vielleicht hat Luther deshalb genauer übersetzt!
„Wer seine Sünde leugnet,
dem wird's nicht gelingen;
Wer sie aber bekennt und lässt, der wird
Barmherzigkeit erlangen".
Sicher ist es möglich, mein „Sein in der Sünde"
zu leugnen und zu ignorieren,
für inexistent zu erklären,
gleich dem Almhirten, der lachend meint:
„Es gibt kein Meer, denn ich sehe es nicht!"
Dennoch ist mein „Sein in der Welt"
zugleich auch ein „Sein in der Sünde".
Warum gibt es sonst so viel Böses,
über das manche Zeitungen
mit bilderreichem Aufwand berichten
und noch mehr Menschen
mit flüchtigem Interesse lesen?
Warum gibt es, was wir uns gegenseitig antun,
bei Tag und bei Nacht,
bewusst und unbewusst,
aus Rache und Hass, aus Liebe und Lust,
mit den Händen und mit dem Mund
und – ach wie oft – auch in Gedanken?
Doch nur darum, Herr,
weil wir weit von dir sind,
weil ich weit von dir bin,
darum, weil ich in der Sünde bin,
die ich nicht mehr leugnen
und auch nicht mehr verheimlichen kann.
Dennoch versucht dein Erbarmen, o Herr,
uns Sündern zu helfen,
uns Sünder zu retten.
Der Anfang geschah in Jesus Christus,
deinem geliebten Sohn,
der unsere Sünde und unsere Sünden trug
bis zum bittersten Ende.
So wurde Er die Hoffnung der Welt,
darum ist ER die Hoffnung für mich,
denn er war ohne Sünde,
und er litt an der Sünde
und er litt das für die Sünde aller.
Nun darf ich das bekennen und sagen!
Nun kann ich mich
auch mühen und anstrengen,
die Macht der Sünde einzudämmen,
die Auswirkungen meiner Sünden verringern,
erbarmend anderen zu begegnen
und Barmherzigkeit den Nächsten
entgegenzubringen,
denn du hilfst mir dabei, Herr,
mir und vielen andern,
und das macht mich froh und zuversichtlich,
Tag für Tag und wieder und wieder …

Ki. Bl., Nov. 1997

Weh denen, die das Böse gut und das Gute böse nennen, die die Finsternis zum Licht und das Licht zur Finsternis machen, die das Bittere süß und das Süße bitter machen.

Jes. 5,20

So willst du es Herr: Ein „Wehe-Wort"
als Spruch für diesen Monat!
Ein wenig bin ich erschrocken,
das Drohwort geht mir nahe,
und so ganz kann ich es nicht fassen!
Denn das Wort von deiner Liebe, Herr,
lese ich auf jeder Seite der Bibel.
Aber dass Droh-Worte deine Liebes-Worte
stets und immerdar begleiten,
überlese ich meist,
denn die höre ich nicht so gerne!
Doch nun steht es da, dieses Droh-Wort
aus dem Wehe-Kapitel des Jesaja,
das mit dem fröhlichen Weinbergslied
beginnt und dann mit deinen enttäuschten
Erwartungen endet:
„Er wartete auf Rechtsspruch,
siehe, da war Rechtsbruch,
auf Gerechtigkeit, siehe da war
Geschrei über Schlechtigkeit."
Und dann folgen die Wehe-Rufe
über die Wucherer, die Trinker, über die,
die Unrecht mit Lügen verbrämen und
Schuldige gerecht sprechen für Geschenke,
die Böses gut und Gutes böse nennen,
die aus Finsternis Licht und aus Licht
Finsternis machen, die aus sauer süß
und aus süß sauer manchen!"
Nein, Herr, das möchte ich jetzt nicht:
mit dem Finger zeigen auf Rechtsgelehrte,
deren Beruf es ist, Übeltäter zu verteidigen;
ich möchte jetzt auch nicht
an Politiker oder Landesväter erinnern,
die Böses gut nannten und Gutes böse.
Überhaupt möchte ich niemanden
mit einem Fingerzeig bedenken,
ausgenommen mich selbst!
Denn dieses Wort gilt mir!
Und ich tue das immer wieder:
Ich beurteile, was du mir schickest
als gut oder böse für mich,
als Finsternis oder Licht – für mich,
als süß oder sauer – für mich.

Und hinterher wird mir deutlich:
Es war nicht so, wie ich meinte,
es kam so, wie du, Herr, es wolltest!
Darum kann ich nur bitten:
Lass mich nicht mit dir hadern!
Lass mich auch nicht vorschnell urteilen!
Bewahre mich auch davor,
mit dem Finger auf Dinge,
Geschehnisse oder Menschen zu zeigen
und mit dem Stempel
meiner Meinung zu versehen.
Schenk mir vielmehr Geduld,
solange zu warten, bis dein Wille
ganz zum Zuge kommt!
Denn auch die Jünger
waren vorschnell der Meinung:
Der Kreuzesweg Jesu – ist etwas Böses!
Und es war dennoch der Weg zum Heil!
Darum, o Herr, gib mir den Mut,
hinter meine Meinung ein Fragezeichen
und nicht ein Ausrufezeichen zu setzen,
damit dein Zorn mich nicht trifft,
sondern deine Liebe mein Leben umfängt,
wie bisher – so auch weiter.

Ki. Bl., Nov. 1998

Gott wird abwischen alle Tränen von ihren Augen, und der Tod wird nicht mehr sein.
Off. 21,4a

Der Tod und die Tränen – normalerweise gehören sie zusammen. Wenn der Tod gebietet, haben die Lebenden Tränen in den Augen. Die lachenden Erben am Grab sind die Ausnahme von der Regel. Meist fließen echte Tränen an Sarg und Grab geliebter Menschen.

Aber Tränen fließen nicht nur, wenn ein Menschenleben zu Ende geht. Schon der erste Schrei eines Neugeborenen ist vom Tränenfluss begleitet. Und das Fließen der Tränen wird jedes Menschenleben begleiten durch die ganze Lebenszeit.

Fast möchte ich jetzt sagen: Das Sekret unserer Tränendrüsen ist die Voraussetzung für das Sehen. Nur weil die Tränen unseren Augapfel ständig befeuchten, können wir das Augenlicht gebrauchen. So gesehen gehören die Tränen unabdingbar zu unserem Leben!

Und sie fließen auch, wenn uns Schmerzen bedrängen, wenn wir Mitleid spüren, wenn Trennung ins Haus steht und manchmal auch, wenn Freudengefühle uns überwältigen. Die Tränen gehören zu unserem Leben, und mit ihnen auch alles andere: die Schmerzen und die Freude, die Trennung und der Tod. Die Tränen sind der sichtbare Ausdruck unserer Betroffenheit durch Frohes und Schweres.

Das „Abwischen der Tränen" tut wohl! Wenn das Kind sich weh getan hat, läuft es zur Mutter. Die Hand und das Taschentuch der Mama, verbunden mit ihrer persönlichen Nähe, lassen die Tränen versiegen, und die Schmerzen geben wirklich nach.

Der Seher Johannes sieht – selbst bedrängt von Not, Gewalt und Lebensgefahr – einem paradiesischen Zustand entgegen: „Gott wird abwischen alle Tränen von ihren Augen, und der Tod wird nicht mehr sein!" Wann das alles geschehen wird, weiß er zwar nicht, nur eines weiß er genau: Gott wird das tun, denn er allein kann das. Einen Anfang hat er schon getan, damals, als sein Sohn als Mensch zwischen Menschen lebte. Damals wurden durch Ihn Kranke gesund, Sünder begnadigt und Tote lebendig! Und seit Er in seiner Auferstehung die Macht des Todes gebrochen hat, gilt es für die Seinen: Sie leben im Horizont der Christus-Zeit. Angst und Schmerzen, Tränen und Tod werden sie zwar weiter bedrängen, aber wir dürfen Helfer des Christus sein, bis wir Ihn dann schauen, von Angesicht zu Angesicht.

Ki. Bl., Nov. 2002

Haltet fest an der Liebe Gottes, und wartet auf das Erbarmen Jesu Christi, unseres Herrn, der euch das ewige Leben schenkt.
Jud. 21

Festhalten kann sehr wichtig sein! So haben es mir meine Eltern erzählt: Bei dem Apfelpflücken im Herbst sei ich als Dreijähriger auf einer Leiter in den hohen Apfelbaum hinaufgestiegen. Erst als ich oben war, bemerkte es die Mutter und wurde sprachlos vor Schrecken. Doch der Vater rief freundlich: „Halt dich gut fest, ich komme zu dir!" Und dann brachte er mich sicher zur Erde.

Festhalten kann lebensrettend sein! Das wissen die Bergsteiger, die eine Felswand erklettern. Auch die Geräteturner brauchen den festen Griff für die Schwünge an Reck und Barren.

Und Theodor Fontane schreibt in seiner Ballade von John Maynard, einem Steuermann, der unter Aufopferung seines Lebens das Steuer eines brennenden Passagierschiffes festhielt, sodass alle anderen gerettet wurden. – Festhalten kann lebensrettend sein.

Vielleicht meint das Bibelwort des Judas das wirklich so: „Haltet fest an der Liebe Gottes", lasst diese Liebe nicht los. Schon im persönlichen Leben sollte man an einer bestehenden Liebe niemals Zweifel hegen – das wäre ein böses Unglück! Das gleiche gilt auch für das Leben in einer Christengemeinde, besonders in Zeiten der Not und Bedrängnis. Darum ermahnt der Apostel: „Haltet doch alle fest an der Liebe Gottes – indem ihr euch gegenseitig dazu ermuntert." Und das haben wir alle nötig.

Der Heiland hilft nicht immer gleich, die Evangelien machen uns das deutlich. Darum soll das Festhalten immer auch ein Durchhalten werden – Durchhalten auf ein Ziel hin: auf Jesus Christus hin, „der euch das ewige Leben schenkt."

In allen Herzen lebt ein Sehnen nach Geborgenheit, innerem Frieden und nach der vollen Gemeinschaft mit Gott – nach „ewigem Leben", wie es die Bibel nennt.

Und wir vertrauen, dass es einmal wahr wird! Denn Christus ging uns den Weg voraus, voraus durch das Sterben in die volle Gemeinschaft mit dem Vater.

An das Sterben werden wir immer erinnert, nicht nur im November. Umso nötiger ist die Ermutigung zum ewigen Leben Immer wieder!

Ki. Bl., Nov. 1999

Der Gott des Friedens heilige euch durch und durch und bewahre euren Geist samt Seele und Leib unversehrt, untadelig für die Ankunft unseres Herrn Jesus Christus.

1. Thess. 5,23

Bald geht dieses Kirchenjahr zu Ende. Darum sprechen auch die Predigttexte dieser Sonntage vom Ende, vom Ende unseres Lebens und dem der Welt. Den Evangelien zufolge hat der Heiland verkündigt: Wenn ich wiederkomme, kommt die Auferstehung der Toten, das große Weltgericht, und das ist das Ende.

Von der „Ankunft unseres Herrn Jesus Christus" spricht Paulus auch im ersten Brief an die Thessalonicher, und man sollte zumindest das vierte und fünfte Kapitel dieses kurzen Briefes lesen, um zu verstehen, was Paulus meint. Es ist dies ja vermutlich der erste Brief des Apostels und damit die älteste Schrift des Neuen Testaments. Was wir daraus herauslesen, ist zunächst dies: Der Apostel erwartet die „Ankunft Christi" noch zu seinen Lebzeiten. Und dann das Andere: Der „Tag des Herrn" wird unerwartet kommen, überraschend, „wie ein Dieb in der Nacht".

Diese brennende Nahenderwartung hat der Apostel damals den Menschen gepredigt. Die Freude darüber, seinen Herrn wiederzusehen, erfüllte sein Denken, und das hat sich in seinen Briefen bis heute erhalten. Der andere Gedanke, dass der „Tag Jesu Christi" mit dem End- und Weltgericht verbunden ist, musste ganz in den Hintergrund treten.

Erst später ist dann die Enderwartung mehr mit dem Bild des Endgerichts verschmolzen. Aber es bleibt die biblische Verheißung: Der Tag der Ankunft Jesu Christi wird kommen, und die Welt geht diesem Tag entgegen, ob das nun geglaubt oder von vielen belächelt wird. Jeder unserer Lebenstage bringt uns dem „Tag unseres Herrn Jesus Christus" näher! So bekennen wir es an jedem Sonntag.

Wer die orthodoxen Klosterkirchen in der Nordmoldau besucht, wird einen unvergesslichen Eindruck von diesen innen und außen bemalten Kulturdenkmälern mitnehmen. Diese Bilder waren vor 500 Jahren die „Bibel der Armen", die nicht lesen konnten, jedoch die Sprache der Bilder verstanden. Wohl die schönste dieser Kirchen ist die kleine Klosterkirche in Voronet. Ihre gesamte Westwand füllt ein übergroßes Fresko: „Das große Weltgericht" ist darauf naiv, sehr farbenfreudig und überaus beeindruckend dargestellt. Der Herr versammelt die gesamte Menschheit vor sich und stellt die „Guten" auf seine rechte Seite, auf die linke Seite aber die „Bösen", die dann in einem höllischen Feuerstrom versinken. Der Anblick dieses Bildes hatte sicher Auswirkungen auf das ethische Verhalten der Betrachter.

So meint es auch der Apostel Paulus: „Der Gott des Friedens heilige euren inneren und äußeren Menschen bis zu jenem Tag!" Dieser allerälteste Segenswunsch des Neuen Testaments hat seine Gültigkeit und Wichtigkeit bis heute bewahrt. Denn „heiligen" heißt ja: In der Gegenwart Christi erhalten. Wer hat das nicht nötig? Aber der Herr selbst muss das tun! In diesem Punkt versagen unsere Kräfte und Vorsätze. Paulus umschreibt die Fülle unseres Seins mit „Geist samt Seele und Leib". Das macht mich nachdenklich. Wir sind „kopflastig" geworden, trauen unserem Geist alles zu, studieren lange Jahre auf der Universität und meinen dann: So wird der vorbildliche Mensch geschaffen. Wie oft aber bleibt das Zentrum, die Seele, zu wenig beachtet! Darum haben Psychotherapeuten immer viel Arbeit.

Denn uns ist es gelungen, das säuberlich zu trennen, was der Schöpfer als Einheit geschaffen hat: meinen Leib, meine Seele und meinen Geist. Sie sind das Wunderbarste, das der Herr mir gegeben hat. Danke, lieber Gott, für Leib, Seele und Geist! Erhalte mir alle drei gesund und frisch bis zu meinem Ende oder bis zu Deinem Tag, an dem ich Dich mit all den Deinen loben und preisen darf in Ewigkeit! Amen.

Ki. Bl., Nov. 2005

Gott spricht:
Ich sah, welchen Weg mein Volk ging.
Aber ich will es heilen und führen und wiederum trösten,
seinen Trauernden schaffe ich Lob auf den Lippen.
Jes. 57, 18-19

So wissen wir es: Völker haben ihre Wege; nicht nur in der Zeit der Völkerwanderung – bis heute ist es so geblieben: Völker haben ihre Wege! Manchmal werden sie auf einen Weg gezwungen, wie es etwa der ideologische Weg des Kommunismus einer war, der für das russische Volk mit der Oktoberrevolution begann. Es kann aber auch ein erzwungener Weg in die geografische Zerstreuung sein, wie etwa der Weg des armenischen Volkes. Und ganz deutlich wird der Weg des Volkes, das Gott als sein Volk erwählte. Der Weg dieses Volkes wird uns in der Bibel vor Augen geführt.

„Ich sah, welchen Weg mein Volk ging ..." Gott sieht die Wege der Völker, er sieht auch die Lebenswege der Menschen. Und es gibt ja keinen Menschen, der nicht zu einem Volk gehört. Auch ich gehöre zu einem Volk, dessen Weg vor rund 800 Jahren begann. An der Erforschung und Deutung des Weges und der Geschichte unseres Volkes wird fleißig gearbeitet. Darüber freue ich mich!

Es gibt jedoch Meinungen, der Weg unseres Volkes nähere sich seinem Ende. Nun: Das weiß ich nicht, und niemand kann das bestimmt voraussagen. Persönlich aber vertraue ich: Gott weiß, welchen Weg unser Volk ging und wie und wo und ob er weitergeht!

Seit Christus lebte und litt, am Kreuz starb und dann auferstand, gilt das, was der Apostel schreibt: „Ihr (Christen) seid das auserwählte Geschlecht", „ihr seid Gottes Volk!" (1.Petr. 2,9.10). Und zu diesem Volk gehöre auch ich. Und „mein Volk" ist beides, sowohl meine ethnische Zugehörigkeit als auch die heilige, christliche Kirche.

Du aber, o Herr, Du allein kennst und siehst die Wege, die mein Volk geht. Bewahre es davor, dass es nicht allein Wege der politischen Meinung geht; auch nicht nur Wege völkischer Überlegungen oder Wege logisch-materialistischer Einsichten. Lass uns nicht Wege des eigenen Herzens, sondern Wege des Heils gehen, Wege des Trostes aus aller Traurigkeit, damit wir Dich freudig loben alle Tage.

Ki. Bl., Nov. 2000

23. NOVEMBER

**Gott spricht:
Seht, ich mache alles neu.**
Off. 21,5b

„Alles neu macht der Mai, macht die Seele frisch und frei; lasst das Haus, kommt heraus, windet einen Strauß ..." Dieses Kinderlied war eines der ersten, das ich in der ersten Klasse lernte und das mir auch im Sinn blieb. Ob sein Dichter, ein hessischer Volksschullehrer, unseren Spruch kannte und von ihm inspiriert wurde? Zwar stimmt es schon, der Frühling erweckt die Natur und wir dürfen uns daran freuen. Doch unser Spruch sagt, dass GOTT spricht: ICH mache alles neu. Wir sind überzeugt: Auch im Frühling ist es der allmächtige Gott, der alles neu macht.

Darum lade ich alle, die dies lesen, dazu ein, mit mir zusammen das Bibelwort zu buchstabieren:

Seht – das ist das erste Wort zum Nachdenken. Luther übersetzt an solchen Stellen immer: „Siehe!" Das ist gezielter, ansprechender, persönlicher. „Sieh doch einmal um dich und erkenne, was du siehst!" – Da macht eine junge Frau Urlaub an einem See, sie hat enttäuschende Erfahrungen hinter sich. Nun will sie schwimmen, nur schwimmen, gleichsam alles abwaschen. Weit draußen im See überfällt sie ein Wadenkrampf. „Aus!", denkt sie. Doch ein Rettungsschwimmer sieht ihre Not, kann sie noch retten, und sie werden sogar ein glückliches Paar. Seht, ich mache etwas neu, wo vieles zu Ende ist. Und das kann wirklich nur der, der alle Lebensfäden in seiner guten und gnädigen Hand hält.

Es muss nicht immer eine „Filmgeschichte" wie die obige sein. Immer wieder erleben es Mütter, dass ihr Kind den Schulweg nicht überlebt und tot nach Hause gebracht wird. Dass es dann noch einen Neubeginn gibt, ist ein Wunder! Seht, das Leben schreibt immer neue Geschichten.

Ich – das ist das nächste Wort, Ich, also GOTT. Dass auch wir, jede und jeder, ein Ich haben, in dem unsere Persönlichkeit, unser So-Sein, unser innerstes Wesen enthalten ist, das ist ein Gottesgeschenk. Zwar ist dieses Ich in ständiger Bewegung und Weiterbildung, und ich erkenne auch, dass jeder andere Mensch sein eigenes Ich hat, von außen ähnlich, von innen jedoch völlig verschieden. Seht – auch dies ist ein Wunder unseres Schöpfers.

Ich mache – Ja, jetzt wird bewusst: Gott ist ein tätiger, immer weiter schaffender Gott. Wir Menschen brauchen Ruhe, Muße, Erholung, tägliches Ausspannen. ER aber ruht und schläft nicht. Ja, hinterher kann ich manchmal erkennen: Während ich schlief, war Gott für mich tätig.

Alles – das schwerste Wort in diesem Bibelspruch. Denn in diesem Wort ist mein Leben und Sein, mein Umfeld und meine ganze Welt enthalten. Zwar träumt jede und jeder von einer Welt nach eigenen Wünschen, Plänen und Vorstellungen, einer Welt, so wie ich sie möchte. Doch die gibt es nur in den seltensten Fällen. Aber dass Gott in meiner Welt wirksam wird und dass ER alles bewegen, ändern und vollenden kann, daran sollte ich mehr und mehr denken, gerade auch wenn ich in den ersten Novembertagen am Friedhof bei den Gräbern lieber Menschen war. Denn jetzt erst bekommt „alles" seinen tiefen Sinn.

Neu – Etwas neu zu schaffen ist das Vorrecht des Allmächtigen. Wir machen zwar neue Schuhe, aber doch nur aus Leder; und dieses erhalten wir vom geschlachteten Rind, und dieses wiederum lebte von dem Gras usw. Wir Menschen verändern und verarbeiten nur, was uns gegeben wurde.

Gott spricht: Seht, ich mache alles neu.

Herr, mit dem Buchstabieren bin ich noch nicht ganz am Ende. Am Ende wirst DU sein und wirst uns die Augen ganz auftun, alle Tränen abwischen von unseren Augen, und wirst uns prüfen und fragen: Wieso hast du das damals nicht gesehen? Damals hättest du schon erkennen müssen: Meine gnädige, gute und Leben schaffende Hand war bei allem, in allem, und leitend mit dabei. Euer Dichter hat schon Recht: „Man sieht nur mit dem Herzen gut!" –

Wem du, Herr, das Herz auftust, der erkennt an jedem Tag deine neu schaffende Hand. Und das macht dankbar.

Ki. Bl., Nov. 2006

Gott spricht: Ich will das Verlorene wieder suchen und das Verirrte zurückbringen und das Verwundete verbinden und das Schwache stärken und was fett und stark ist behüten; ich will sie weiden, wie es recht ist.

Hes. 34,16

Um Schafe geht es in diesem Spruch, der aus einer längst vergangenen Zeit zu uns herüberklingt. Eine gesunde Schafherde war damals größter Reichtum. Hier scheint ein erfahrener Hirte zu sprechen. Denn bei Schafen gibt es das: Manchmal gehen welche verloren, vielleicht auch aus eigener Schuld; manchmal verirren sich welche, weil sie nicht bei der Herde bleiben; manchmal verwunden sich Schafe an scharfen Felskanten; manchmal werden Schafe als Schwächlinge geboren und kümmern dahin; andere sind rund und fett, gesund und kräftig – eine rechte Freude des Hirten. Ja, unter Schafen gibt es das alles: Verlorene, Verirrte, Verwundete, Schwache, Fette, Starke. Alle hat der Hirte in seiner Herde, und er kennt sie alle mit Namen.

Aber nicht nur unter Schafen gibt es sie, die Verlorenen und Verirrten, die Verwundeten und Schwachen, die Fetten und die Starken. Irgendwo in dieser Aufzählung findet jede und jeder seinen Platz. Zu einer Gruppe dieser Benachteiligten oder Bevorzugten gehören wir bestimmt auch. Das Warum wissen und kennen wir nur ganz selten. Meist ist es verborgen und nicht offenkundig. Denn warum eine mit 90 kerngesund ist und ein anderer mit 50 einen Herzinfarkt erleidet – wer mag das schlüssig ergründen? Starke und Schwache, Gesunde und Kranke, Verirrte und Gerechte – das sind wir!

Doch nun sagt der gute Hirte: Aller nehme ich mich an. Die Verlorenen suche ich, die Verirrten bringe ich zurück, die Verwundeten verbinde ich, die Schwachen will ich stärken und die Fetten, Starken will ich behüten. Allen schenke ich meine Zuwendung.

Für diesen Zuspruch kann ich nur danken. Herr Jesus Christus, Du kamst auf unsere Erde, um Dich aller anzunehmen: der Benachteiligten und der Bevorzugten und letztlich auch derer, die Böses wollen und tun, die dem Unfrieden und dem Terror dienen, die Hass predigen und Zerstörung planen. Auch sie sollen einmal merken und wissen, dass sie zu Deiner Herde gehören.

Ich aber will danken, dass ich in Deiner behüteten Gemeinschaft leben darf, Deiner Fürsorge und Führung gewiss. Doch dann will ich auch bitten, dass Deine umfassende Gnade wirksam werde in unserer Welt und alle Menschen in Deiner Zuwendung fröhlich und getrost leben.

Ki. Bl., Nov. 2001

Wer das Gute tun kann und es nicht tut, der sündigt.
Jak. 4,17

Da kommt der kleine Fritz weinend aus der Schule. „Vater, kann man für etwas bestraft werden, das man nicht getan hat?" „Nein, mein Junge", antwortet der Vater selbstsicher. Darauf der Bengel: „Warum hat mich dann der Lehrer bestraft, wenn ich die Hausaufgabe nicht gemacht habe?" – Darüber kann man natürlich schmunzeln! Doch wie steht es mit unserem Spruch, der ausdrücklich sagt: „Wer das Gute tun kann und tut es nicht, der sündigt." Diese Aussage ist gar nicht zum Lachen. Vielmehr schafft sie ein dauerhaft schlechtes Gewissen!

Da hält mir ein Bettler die Hand auf – soll ich ihm etwas geben? Eigentlich müsste ich einen Krankenbesuch machen, eigentlich müsste der versprochene Brief geschrieben werden, eigentlich müsste ich den Freund anrufen, eigentlich müsste ich Blumen gießen, eigentlich müsste ich dieses oder jenes tun und tue es nicht. – Jetzt begreife ich die Aussage des Dichters: „Ein jeder Tag bleibt in der Schuld, wir bitten: Lieber Herr, Geduld ..."

Freilich, diese Schuld, die eigentlich nur darin besteht, dass ich etwas nicht getan habe, die ist letztlich nicht nachweisbar. Denn ganz selten kommt es vor, dass Nicht-Helfer, wie etwa der Priester und der Levit in der Beispielgeschichte vom barmherzigen Samariter, die uns Jesus erzählt hat, namentlich bekannt und dann auch wegen unterlassener Hilfeleistung zur Rechenschaft gezogen werden. Und ganz schwer wird es, wenn mir nur mein Gewissen etwas sagt, das niemand sonst hört, und ich dieser meiner inneren Stimme nicht gehorche.

Gutes tun können und es nicht tun, das ist ein Problem zwischen meinem Gewissen und meinem Wollen. Ein Problem zwischen mir und Gott! Und was dann, wenn jemand keinen Gott anerkennt?

Noch etwas macht mir Gedanken: Nicht-Tun als aktives Sündigen! So nämlich sagt das Bibelwort: „Wer das Gute tun kann und es nicht tut, der sündigt." Vielleicht kann diese Übersetzung des griechischen Textes da hinterfragt werden, wo man versteht, „sündigen" sei falsches menschliches Handeln oder auch Nicht-Tun. Mir gefällt darum Luthers Übersetzung besser: „Wer da weiß Gutes zu tun, und tut's nicht, dem ist's Sünde." Hier wird deutlich: Wenn ich etwas unterlasse, dann schiebt sich dies zwischen Gott und mich. Meine mir bewussten oder auch unbewussten Unterlassungen haben etwas mit meinem Glauben zu tun. Unterlassungen können alles menschliche Zusammenleben auf das Schwerste belasten.

Doch das ist nur die eine Seite. Die andere ist die, dass nämlich mein Gottesverhältnis eine empfindliche Störung erfährt, die ich selten wieder gutmachen kann. Nicht-Gesagtes und Nicht-Getanes sind Belastungen, an denen menschliche Gemeinschaften zerbrechen können.

Und jetzt weiß ich plötzlich: An jedem Tag in meinem Leben bleibt etwas zurück, das ich unwiederbringlich versäumt habe. Vergangenes lässt sich nicht zurückholen, und versäumte Gelegenheiten sind endgültig vorbei.

Aber jetzt weiß ich auch das andere: Was mir bewusst wird, ist eine Anrede Gottes an mich. Wenn ich etwas Gutes tun kann, sollte ich es sofort tun. Denn ob ich einem Bettler etwas gebe, wenngleich er vielleicht meine Gabe durch die Gurgel fließen lässt, darüber kann ich wohl nachdenken, aber vielleicht ist die Gelegenheit dann vorbei. Nur selten weiß ich, ob das, was mir gut scheint, auch wirklich etwas Gutes ist. Doch wenn Gott mich anspricht und mit etwas bewusst macht, dann birgt dies auch die Möglichkeit in sich, dass es etwas Gutem dient.

Ja, Herr, hilf mir erkennen, wo und wann und wie ich Gutes tun kann, und gib mit Mut, es auch wirklich zu tun.

Ki. Bl., Nov. 2007

**Das Gras verdorrt, die Blume verwelkt,
doch das Wort unseres Gottes
bleibt in Ewigkeit.**

Jes. 40,8

Du bist wie eine Blume, so hold und schön und rein. Ich schau dich an, und Wehmut schleicht mir ins Herz hinein. Mir ist, als ob ich die Hände aufs Haupt dir legen sollt', betend, dass Gott dich erhalte so rein und schön und hold." Das schrieb der Dichter Heinrich Heine. Offenbar hatte er damals das Bild einer liebenswerten, jungen Frau vor Augen. Ich sehe daneben ein anderes Bild. Mit sorgenden Händen betreut eine Pflegerin eine gelähmte Frau, die im Rollstuhl sitzt und nur noch die Augen bewegen kann. Einst war auch sie „jung und schön und hold" gewesen.

„Die Blume verwelkt" – so erleben wir es im Monat November. Im Morgenland geschieht das alljährlich zweimal. Hier wird die Wüste nach dem Frühjahrs- und dem Herbstregen ein blühender Teppich. Wenn dann aber der heiße Wüstenwind seinen glühenden Atem schickt, verdorren Gras und Blumen in wenigen Tagen.

„Das Gras verdorrt, die Blume verwelkt ..." schrieb der Prophet in schicksalhafter Kriegszeit. Es war nicht nur das Naturgeschehen, es war der Einbruch des Todes in ein blühendes Volksleben. Um echten Trost war den Menschen damals bang. Darum beginnt der Prophet sein so genanntes Trostbuch mit den Worten: „Tröstet, tröstet mein Volk, spricht euer Gott." Und, als ob er das Entscheidende noch sagen müsste, fährt er fort: „Das Wort unseres Gottes bleibt in Ewigkeit."

Unser Gott steht über allem Vergehen, unser Gott steht vor allem Blühen, und unser Gott steht auch hinter allem Verblühen. Unser Gott, das ist der, der Kraft und Schönheit, Tugend und Alter, Gesundheit und Krankheit zuteilt. Unser Gott, das ist der, der Ewigkeit schenken kann, der zu uns spricht und dessen wundersames Walten auch in meinem Leben zu spüren war.

Ja, Herr, das Werden habe ich erlebt und erlebe es auch immer wieder. Auch das Verdorren und Verwelken habe ich oft ansehen können und erlebe es an meiner Körperlichkeit. Doch auch das Wirken deines Wortes an und in meinem Herzen war und ist immer noch da. Und weil Dein Sohn, Jesus Christus, Dein ewiges Wort ist, dessen Auferstehung seit damals über allen Tagen unserer Welt leuchtet, darum, Herr, lass mich nicht resignieren über dem vielen Verdorren und Vergehen, das ich ansehen muss. Vielmehr lass mich Vertrauen fassen und aufblicken zu Dir. Das allein schenkt mir Fröhlichkeit und Hoffnung.

Ki. Bl., Nov. 2003

Wenn du den Hungrigen dein Herz finden lässt und den Elenden sättigst, dann wird dein Licht in der Finsternis aufgehen.

Jes. 58,10

In einer Zeitschrift habe ich gelesen: Weltweit hungert eine Milliarde Menschen, also rund ein Siebentel der Erdbevölkerung. Zwei Milliarden sind stark unterernährt, und mehr als 100 Millionen Menschen, vor allem Kinder, verhungern jährlich. Und diese Zahlen werden weiter steigen, denn in den Hungergebieten fehlt es an allem, vornehmlich an Wasser. Und es ist kein Ausweg in Sicht.

Solche Berichte erschrecken mich nicht nur, sie bedrücken mich geradezu. Denn wir drehen den Wasserhahn auf und haben reines, frisches Trinkwasser. Und unsere Tische sind meist reichlich gedeckt. Doch der Hunger nimmt zu in der Welt, und diese Entwicklung ist trotz aller Bemühungen kaum aufzuhalten. Eine bedrückende Feststellung. Wir aber feiern in dieser Zeit Erntedank. Und wir sollen wirklich dankbaren Herzens feiern.

Doch nun lesen wir dies Bibelwort. Es spricht auch von solchen, die hungern und im Elend sind. Offenbar gab es diese beiden Phänomene, seit Menschen leben auf unserer Welt. Und die, die einmal im Elend waren oder richtig gehungert haben, wissen auch, wie weh das tut.

Dieses Bibelwort ist eine persönliche Anrede. „Du!", steht hier. Nicht etwa nur eine allgemeine Anrede an „viele" oder „alle". Die biblischen Schriftsteller wussten um die Wichtigkeit des persönlichen An- und Zuspruchs. Und so muss ich mich dieser persönlichen Anrede stellen und sie bedenken.

Was mich zunächst wundert, ist dieses – hier wird nicht gesagt: Du sollst den Hungrigen speisen und ihm ordentlich zu Essen geben, sondern: Du sollst den Hungrigen „dein Herz finden lassen". Unser Herz kann manchmal sehr deutlich sprechen. Oft wissen wir plötzlich: Dieser Hungrige braucht jetzt nicht nur ein warmes Essen, sondern meine ganze Zuwendung. Du musst mit ihm sprechen, ihm zuhören, seine innere und äußere Not zu Wort kommen lassen, eben dieses „ihn dein Herz finden lassen".

Und dann das zweite: Den, der jetzt im Elend ist, zunächst einmal satt machen. Was für ein kluger Rat! Wenn der Magen Arbeit hat, sieht auch für den Geist die Welt völlig anders aus. Überhaupt hat die Medizin die Entdeckung gemacht, dass unser Magen der eigentliche Herr über unseren Körper ist. Schon redensartlich kann einem schrecklich viel „im Magen liegen". Und es ist bis in unsere Tage ein Zeichen höflicher Gastlichkeit, dass einem Besucher etwas vorgesetzt oder aufgewartet wird.

Doch unser Spruch weiß auch um den Segen einer solchen Haltung. „Dann wird dein Licht in der Finsternis aufgehen." Manchmal fühlen wir uns wie in einem dunklen Keller: nirgends ein Ausweg, kein Lichtstrahl in Sicht, nur lastende Dunkelheit! Doch dann kann geschehen, dass wir jemandem ein gutes Wort sagen dürfen oder jemandem etwas Gutes tun können – und plötzlich ist es, als ob ein Lichtstrahl in unser belastetes Gemüt fällt, der die Seele wieder froh macht.

Der November ist für viele ein bedrückender Monat. Schon morgens beim Aufstehen ist die Welt noch dunkel, und manchmal hält sich der Nebel im Monat „Nebelung" bis zum Mittag. Da haben wir es nötig, dass Licht in unserer Finsternis aufgeht. Der biblische Rat lautet: Wende dein Herz einer oder einem anderen zu! Solche Zuwendung hat uns unser Herr Jesus Christus vorgelebt und auch aufgetragen: „Wenn ihr euch untereinander liebt, wird die Welt erkennen, dass ihr meine Jünger seid!" Und darum geht es letztlich schon im uralten Jesaja-Wort.

Ja, Herr, lass mich täglich die Wahrheit in deinem Wort erkennen, bedenken und auch tun, zum Wohle meiner Nächsten und zu deiner Ehre.

Ki. Bl., Nov. 2008

**So spricht der Herr:
Wahrt das Recht und sorgt für Gerechtigkeit,
denn bald kommt von mir das Heil, meine
Gerechtigkeit wird sich bald offenbaren.**

Jes. 56,1

Für Gerechtigkeit zu sorgen ist doch die Aufgabe derer, die eine Gemeinde, ein Land oder auch eine Kirche leiten und regieren – Gemeinderat, Regierung, Synode. Denn das Recht soll für alle gelten und ein Leben in Gemeinschaft, Eintracht und Frieden ermöglichen.

Damals aber, vor rund 2500 Jahren, zur Zeit des Jesaja, verstand man unter Recht das Recht Gottes, die Gebote des Herrn, die Mose auf dem Berg Sinai in der Form der Zehn Gebote gegeben worden waren. Und in den darauf folgenden Versen wird ausdrücklich auf das Einhalten des Sabbat-Gebotes verwiesen, auf den Tag, der nicht nur der Ruhe, sondern auch der Hinwendung zu Gott dienen soll. Auch alle anderen Gottesgebote standen in ganz enger Beziehung zu dem Schöpfer und Herrn der Menschen.

Ich habe große Achtung vor so einer Sicht und einer solchen Auffassung von Recht. Denn für uns heutige Menschen wird das Recht in einem Land durch einen Parlamentsbeschluss festgelegt. An eine Beziehung zu dem Herrn des Lebens wird kaum gedacht. Dabei sollten wir bedenken, dass im modernen Rechtsstaat – zumindest im europäischen Verständnis – die Zehn Gebote den „Menschenrechten" Pate gestanden haben.

Was mich nachdenklich stimmt, ist dieses: Der Prophet wendet sich nicht etwa an „Aufsichtsorgane", die für die Rechtswahrung zuständig wären; mir scheint es, dass er alle seine Mitmenschen anspricht mit der Aufforderung: „Wahrt das Recht und sorgt für Gerechtigkeit!"

Es geht um die Wahrung des Rechtes Gottes in meinem persönlichen Bereich. Dass Gottes Verständnis von Recht und Ordnung durch mich geschieht und zum Zuge kommt, das könnte dann wirklich dem Heil der Welt dienen und alles Zusammenleben erträglicher und freundlicher gestalten.

Und da ist noch ein Satz: „Meine Gerechtigkeit wird sich bald offenbaren", spricht der Herr. Was „Gottes Gerechtigkeit" ist, maßen die Menschen damals an dem Verständnis der Gebote. Wir Christen von heute sehen die „Gerechtigkeit Gottes" in dem Kommen und in der Gegenwart seines Sohnes Jesus Christus. „Christus ist uns gemacht zur Weisheit und zur Gerechtigkeit und zur Heiligung und zur Erlösung", schreibt der Apostel Paulus. So heißt „Gerechtigkeit Gottes" nicht nur unser rechtes Tun; sie beinhaltet zugleich Seine Vergebung, seine Gnade, seine Treue, seine Zuwendung – uns zur Erlösung.

Wie gut, Gott, dass Du nicht nur auf unser rechtes Tun wartest. Denn das wird die Menschheit wohl niemals vollbringen. Wie gut, Herr, dass sich Deine Gerechtigkeit nicht in die Buchdeckel eines Bürgerlichen Gesetzbuches zwängen lässt. Und wie gut, Herr, dass Deine Gerechtigkeit mich ganz persönlich zum Ziel hat.

Denn nun kann ich guten Mutes daran gehen, jeden Tag das zu tun, was vor Dir Bestand hat. Nun darf ich getrost vertrauen, dass Deine Zuwendung zu unserer Welt auch heute gilt, wenngleich für uns nicht immer klar ist, was unter „Recht-Tun" und „Unrecht- Tun" verstanden werden soll. Ja, hilf uns, das Rechte zu tun heute und jeden Tag.

Ki. Bl., Nov. 2004

29. NOVEMBER

> **Wenn Jesus – und das ist unser Glaube – gestorben und auferstanden ist, dann wird Gott durch Jesus auch die Verstorbenen zusammen mit ihm zur Herrlichkeit führen.**
>
> 1. Thess. 4,14

Im November beginnt gewöhnlich eine gesteigerte Betriebsamkeit auf unseren Friedhöfen. Wir waren gestern dort und haben das Doppelgrab der Schwiegereltern frisch bepflanzt. Dabei habe ich unwillkürlich gedacht: „Wer wird einmal Blumen auf dein Grab setzen und sorgen, dass sie blühen?" Früher, als die Familien noch beisammen lebten, war die Grabpflege kein Problem und gehörte zu den Selbstverständlichkeiten des Alltags. Das hat sich grundlegend gewandelt. Wir wollen aber dankbar sein, dass die Heimatortsgemeinschaften wertvolle Initiativen zur Mithilfe bei der Friedhofspflege in den siebenbürgischen Gemeinden ergriffen haben.

Doch das zu Ende gehende Kirchenjahr lenkt unsere Gedanken auch auf das Ende unseres Lebens und das unserer Heimgegangenen. Wie würde unser Leben heute aussehen, wenn alle, die jung starben, heute noch leben würden? Eine Antwort auf diese Frage kann niemand geben. Aber vielleicht sind wir damit genau bei den Gedanken, die auch die Christen in Thessalonich (heute eine der größten Städte in Nordgriechenland) beschäftigten. Paulus war aus Philippi hin gekommen und hatte den Heiden dort von Jesus Christus erzählt und gepredigt. Darauf ließen sich viele taufen und wurden Christen. Nach kurzer Zeit musste Paulus aber weiter, und die Tessalonicher schickten ihm ihre Fragen. Eine der wichtigsten war: Was geschieht mit unsere Verwandten, die vor uns als Heiden starben? Eine Frage, die auch uns beschäftigen sollte!

Paulus antwortete in einem kurzen Schreiben, und wir sollten diesen Brief einmal ganz lesen. Seine Gedanken gipfeln in dem Satz: „Wenn Christus – und das ist unser Glaube – gestorben und auferstanden ist, dann wird Gott durch Jesus auch die Verstorbenen zusammen mit ihm zur Herrlichkeit führen." Eine ungemein geballte Aussage!

Mir ist einiges wichtig. Zunächst: „Das ist unser Glaube". Dieses so bestimmt auszusprechen ist beachtlich. Denn wir müssen uns fragen: Ist das wirklich auch unser Glaube? Da war ich neulich auf der Beerdigung einer jungen Frau, einer musikalisch begnadeten Künstlerin. Die Feier war schön, es gab gute Musik und eine schöne Predigt. Doch von dem Glauben, den Paulus hier betont, war kaum etwas zu hören. Vielleicht müssen wir Pfarrer von Paulus noch lernen! Dieses nämlich, dass das Sterben der Christen mit dem Sterben Jesu Christi ganz fest zusammengehört. Ohne Jesus Christus und sein Sterben und Auferstehen gibt es keine Hoffnung an den Gräbern.

Doch damit sind wir nun beim zweiten, das mir wichtig scheint, nämlich bei dem kurzen Wort „mit ihm". Gott wird durch Jesus auch die Verstorbenen zusammen mit ihm zur Herrlichkeit führen. Die christliche Auferstehungshoffnung steht und fällt mit dem Osterfest, mit der Auferstehung Jesu Christi. Wenn ER nicht auferstanden ist, dann gibt es keine Auferstehung der Toten. Immer wieder sagt Paulus dies, besonders deutlich im 15. Kapitel des 1. Briefes an die Korinther. Die Strahlen der aufgehenden Sonne am ersten Ostertag sind bis heute die Hoffnungsstrahlen an den Gräbern unserer Lieben, die uns voraus gingen. An diesem „mit Ihm" hängt wirklich unser ganzer christlicher Glaube. Es geht nur mit Christus. Ohne Ihn ist alles „Glauben" menschliche Fantasie. Und ich freue mich, dass Paulus dies in diesem Spruch allen heute so deutlich sagt. Denn die Christen in der ganzen Welt haben es nötig, immer wieder zu hören, dass unser christliches Bekenntnis am zweiten Artikel hängt!

Ja, Herr, lass mich in solchem Glauben leben und einmal auch getrost aus dieser Welt scheiden! Und lass mich dieses auch immer wieder anderen sagen, damit unsere Welt neue Hoffnung gewinnt durch unseren auferstandenen Herrn.

Ki. Bl., Nov. 2009

> **Friede den Fernen
> und Friede den Nahen,
> spricht der Herr;
> ja, ich will sie heilen.**
>
> Jes. 57,19

Sie saßen am Weihnachtsabend zusammen. Ein Kerzlein erhellte die Gesichter – mehr war nicht da. Nichts von dem, was sonst zum Weihnachtsfest gehört. Keiner sprach. Jeder war mit seinem Gedanken im Weihnachtsgottesdienst daheim. Und alle spürten etwas von dem Frieden, der am ersten Weihnachtstag von den Engeln verkündet wurde: „Freude allem Volk und Friede auf Erden."

„Friede allen Menschen", spricht der Herr, „den Fernen und den Nahen!" Ist dies nicht nur eine Wunschvorstellung? Es gibt genug Sehnsucht nach Frieden. „Gebt ein wenig Frieden", bittet die geplagte Mutter ihre Kinder. „Seit der letzten ärztlichen Untersuchung habe ich keinen Frieden mehr", klagt ein Patient. Und auf Konferenzen mühen sich Politiker um den Weltfrieden.

Offenbar ist der Frieden etwas Lebensnotwendiges. Ältere Menschen haben noch die grauenhaften Bilder des letzten Krieges vor Augen: verwüstete Äcker, zerstörte Häuser, verstümmelte Menschen. Bilder, die man nicht vergisst. Wie groß war damals die Sehnsucht nach Frieden. Und wie lange haben die Völker gebraucht, um die Spuren des Krieges zu löschen.

Der Friede ist etwas Lebensnotwendiges. Wo der Friede in einem Hause fehlt, da fehlt das Beste. Und wo ein Herz keinen Frieden hat, gerät der Mensch in den Abgrund der Verzweiflung. Darum zählt Luther zu dem Notwendigsten, dem „täglichen Brot", auch den Frieden in allen seinen Formen.

Friede aber ist nicht ein Seelenzustand, nicht das Gegenteil von Streit oder das Schweigen der Waffen. Friede ist im Verständnis der Bibel die Nähe Gottes. Wer im Frieden Gottes ist, der ist mit Gott verbunden. Wo Gott sich der Welt schenkt, da kommt sein Friede zu uns, da werden wir vom Frieden Gottes ergriffen. Darum ist die Ansage des Gottesfriedens im Neuen Testament so eng mit der Weihnachtsbotschaft verbunden: „Friede auf Erden!"

Im Alten Testament klang es so: „Friede den Fernen und den Nahen." Der Prophet ruft den Fernen und den aus dem Exil Heimgekehrten zu: „Friede euch allen!" Ferne und Nahe wird es immer geben. Solche, die zur Kirche gehören, ihr aber fern bleiben, und solche, die sonntags zum Gottesdienst gehen. Aber den Gottesfrieden brauchen sie alle: Die Verzweifelten, die Gestorbenen, die Einsamen, die Aktiven und die Leidenden.

Gott hat der Welt seinen Frieden geschenkt durch das Kind in der Krippe. Seit er geboren ward, am Kreuz litt und starb, ist der Gottesfrieden keine Wunschvorstellung mehr, sondern Wirklichkeit. In Christus ist der Gottesfrieden zu uns gekommen.

Und wo dieser Friede uns ergreift, werden wir geheilt. Geheilt nicht nur von aller Unrast, nicht nur von Verzweiflung und Traurigkeit. Im Gottesfrieden kann eine Ehe wieder heil werden, eine Lebensgemeinschaft wieder zurechtkommen. Im Machtbereich des Gottesfriedens verliert alles Böse seine Kraft. Darum ist der Friede Gottes „höher als alle Vernunft", und darum lohnt es sich, das Friedensangebot Gottes anzunehmen und es mit ihm zu versuchen! Ja, Herr, in Deinem Frieden sind wir geborgen!

Ki. Bl., Dez. 1980

Das Licht leuchtet in der Finsternis und die Finsternis hat es nicht ergriffen.
Joh.1, 5

Es war bei einer Fahrt durch die Nacht. Wir saßen im Auto. Plötzlich sprang ein Hase in den Lichtkegel. Der scharfe Lichtstrahl hatte ihn ergriffen. Nun jagte er vor dem Fahrzeug her. Es war, als ob er aus diesem Licht gar nicht mehr herauskönnte.

Mir ist dieses Erlebnis ein Hinweis auf den Vers: „Das Licht leuchtet in der Finsternis." Licht, so steht es am Anfang des Johannes-Evangeliums, ist das Leben, das von Gott zu uns Menschen kommt. Es scheint in die Finsternis, dorthin, wo kein Licht ist.

Mit dem Licht ist es eine eigenartige Sache. Eine Kerze, am helllichten Tag angezündet, fällt überhaupt nicht auf. Aber in der Dunkelheit ist auch der Lichtpunkt einer Zigarette schon zu sehen. Das Licht kann nur in der Dunkelheit aufleuchten, und es wird erst auf deren Hintergrund als Licht sichtbar.

Und nun leuchtet Gottes Licht in der Finsternis unserer Welt auf. Das geschah in der Heiligen Nacht, als die Klarheit des Herrn um die Hirten aufleuchtete und sie zutiefst erschraken. Es war ja fast so wie mit dem Hasen, der vom Licht ergriffen wurde. Auch die Hirten wurden ergriffen, und als sie der Weisung der Engel folgten, fanden sie das Kind in der Krippe, den, der später von sich sagen konnte: „Ich bin das Licht der Welt!"

Dieses Licht möchte hineinleuchten in alle Finsternis unseres Lebens. Wir brauchen nicht nur an schändliche Taten, die in der Dunkelheit geschehen, zu denken. Gottes Licht will hineinleuchten in die Finsternis des Nichtverstehens von Ehegatten, in die Enge verhärteter Herzen, in alle Verbitterung des Lebens; schmerzliche Enttäuschungen und zerronnene Hoffnungen, schwelender Hass und liebloses Nachtragen, dieses alles und noch vieles dazu kann unserem Leben allen Glanz, alle Freude und alles Licht nehmen. Aber Gottes Licht leuchtet.

So wie die Lichter des Christbaums am Christtag durch die Fenster ihr sanftes Licht auf die nächtlichen Straßen werfen, so leuchtet Gottes Licht in die Finsternis. – Ob wir uns von diesem Licht ergreifen lassen? Johannes stellt fest: „Die Finsternis hat es nicht ergriffen." Das ist ein Hinweis auf das Ende des Heilands am Kreuz. Es will oft scheinen, als ob die Finsternis dieser Welt mächtiger sei. Aber das Lichtlein Gottes ist trotz allem noch nicht erloschen. Es leuchte immer wieder dort auf, wo sich Menschen von ihm ergreifen lassen. Dann können sie selbst einen kleinen Schein von diesem Gottesdienst weitergeben und andere froh machen.

O lass das helle Weihnachtslicht
den Weg ins Dunkel finden,
dass es die tiefe Nacht durchbricht,
die Nacht der finsteren Sünden.

Ki. Bl., Dez. 1981

**Herr, du bist mein Gott, dich preise ich;
ich lobe deinen Namen,
denn du hast Wunder getan.**

Jes. 25,1

Die Freunde redeten sich in Eifer, als der eine berichtete, wie knapp er mit dem Leben davongekommen sei: „Eigentlich ist es ein Gotteswunder, dass ich noch lebe". Der andere warf ein: „Rede keinen Unsinn, Wunder gibt es nicht. Dass du mit dem Leben davonkamst, ist Zufall!" „Du hast recht", erwiderte der erste, „der Herr hat mir das Leben neu zufallen lassen! Das ist eben das Wunder!"

Gott hat Wunder getan, sagt unser Vers. Und wohl jeder denkt da zunächst an die Wundergeschichten, die uns die Bibel erzählt, vom Zug der Israeliten durch das Rote Meer bis hin zum Weinwunder Jesu auf der Hochzeit in Kana. Aber das Wunderwalten Gottes wird schon auf der ersten Seite der Bibel deutlich, wo es heißt: „Gott schuf den Menschen..." Unser Sein, unser Leben ist schon eines der größten Wunder! Darüber müssten wir staunen. Luther bekennt im Kleinen Katechismus: „Ich glaube, dass mich Gott geschaffen hat (...) mir Leib und Seele, Augen, Ohren und alle Glieder, Vernunft und alle Sinne gegeben hat und noch erhält." Und das heißt: Es ist nicht selbstverständlich, dass ich lebe, dass ich als der Mensch lebe, der ich bin. Mein Leben verdanke ich nicht einem Zufall, sondern dem wundervollen Handeln des Höchsten!

Als Wunder dürfen wir nicht nur das ansehen, was wir nicht erklären können, etwa die Genesung von einer tödlichen Krankheit oder die Errettung aus einer Todesgefahr. Das ist gewiss zum Wundern, aber es geht um die Erkenntnis, wem wir das alles verdanken. Wer sagen kann: „Gott tut Wunder", der weiß: Es ist nicht selbstverständlich, dass ich noch lebe. Damals in der Krankheit, bei dem Unfall, hätte es ganz anders kommen können. Damals hätte mein Leben eine ganz andere Wendung nehmen können. Aber nun hat Gott es so gelenkt – das ist das Wunder.

Wer das erkennen darf, wird mit Jesaja sprechen: „Dich preise ich und lobe deinen Namen!" Der hat dann wie Jesaja seinen Gegenüber gefunden: „Herr, du bist mein Gott!" Der weiß es bestimmt: Dieser Herr steht zwar weit über mir, aber er ist für mich da, und er will mein Leben, wie es nun ist, mit seinen Licht- und Schattenseiten, einbeziehen in sein allmächtiges Handeln. Der spürt es jeden Tag: Der Herr meint mich, und ich darf dieses Wunder dankbar erkennen.

Vom größten Wunder aber haben wir noch gar nicht gesprochen – vom Wunder der Weihnacht! Dieser ganze Monat ist ja darauf ausgerichtet. „Als die Zeit erfüllt war, sandte Gott seinen Sohn!" Gott tut nicht dann Wunder, wann wir es von ihm erwarten, sondern wann er die Zeit für gekommen ansieht. Dass er selbst uns im Kind in der Krippe nahe kommen will, ist gewiss das größte Wunder. In ihm allein kann der Welt, kann auch mir das Leben neu zufallen.

*Wenn ich dies Wunder fassen will,
so steht mein Geist vor Ehrfurcht still;
er betet an und er ermisst,
das Gottes Lieb unendlich ist.*

Ki. Bl., Dez. 1982

**Meine Seele erhebt den Herrn,
und mein Geist freut sich Gottes,
meines Heilandes.**
Lk. 1,46

Alle Jahre wieder kommt im Dezember eine heimliche Unruhe unter die Menschen. Jeder beginnt zu überlegen: Was schenke ich den Kindern, dem Mann, den Eltern? Und was für Verpflichtungen habe ich sonst noch? Denn schließlich soll doch jeder zu Weihnachten etwas bekommen! Oft ist es gar nicht leicht, das richtige Geschenk zu finden. Und dann hasten die Menschen durch die belebten Straßen, jeder denkt nur an seine Geschenke.

Der Vers aber möchte unseren Blick frei machen nach oben, frei für den Herrn. „Meine Seele erhebt den Herrn und mein Geist freut sich Gottes!", so singt Maria, die Mutter des Heilands, in einem neutestamentlichen Lied, das unter dem lateinischen Namen *Magnificat* bekannt ist. Maria war von einem Engel besucht worden. Dieser hatte ihr angesagt, ihr Kind werde der Gottessohn sein. Daraufhin hatte Maria ihre Verwandte, Elisabeth, aufgesucht, und diese konnte ihr das vom Engel Gesagte bestätigen. Und nun stimmt Maria das Lied an, das mit den Worten beginnt: „Meine Seele erhebt den Herrn, und mein Geist freut sich Gottes, meines Heilandes!"

Es ist, als ob in diesen Worten eine unaussprechliche Freude mitschwingt. Vielleicht haben wir einmal beobachtet: Wenn Kinder zufrieden, glücklich und geborgen sind, beginnen sie zu singen. Was ihr Herz bewegt, singen sie heraus. So etwa mag es auch bei Maria gewesen sein. Sie fühlt sich in Gott geborgen und darum auch glücklich. „Meine Seele erhebt den Herrn!" Vielleicht müssen wir gerade das zu Weihnachten wieder lernen.

Denn das Christfest machen nicht die Menschen, auch nicht die Geschenke machen es aus: Gott schenkt uns das Weihnachtsfest, und seine Tat begründet unsere Freude. Er möchte wieder im Mittelpunkt stehen, und wir sollen seine Gabe mit bereiten Herzen aufnehmen.

Aber das ist es, was uns so schwer fällt. Unser Blick ist gefangen, niedergezogen auf rein Menschliches. Und dann vermittelt uns das Weihnachtsfest wenig echte und bleibende Freude.

Wie anders ist doch Maria. Ihr ist aufgegangen: Gott hat sie, gerade sie, dazu erwählt, die Mutter des Heilands zu werden. Vielleicht ist sie tüchtig und liebenswert, aber das reicht noch nicht für diese Gnade. Doch Gottes Liebe hat sich ihr zugewandt. Der große Gott wendet sich den kleinen Menschen zu! Das ist das Unfaßbare, Unbegreifliche, Frohmachende! Das ist ein Geschenk über alle Geschenke, das geht über alle Vernunft. Und das macht froh und glücklich: „Mein Geist freut sich Gottes."

Ob wir an diesem Christtag auch so froh werden, daß wir Gott mit „Herzen, Mund und Händen" preisen? Dann wird das Irdische klein und das Göttliche groß. Dann bleibt all das, was unsere Gedanken am Weihnachtsfest niederziehen möchte, weit hinter uns, und wir freuen uns Gottes, der uns den Heiland schenkt.

Ki. Bl., Dez. 1985

**Gott spricht:
Ich will ein Neues schaffen,
jetzt wächst es auf, erkennt ihr's denn nicht?**

Jes. 43,9

Wenn ich als Kind an der Hand des Großvaters durch die weiß verschneite Landschaft ging, blieb er manchmal stehen, sah über die Felder und sagte: „Da unten, unter dem weißen Leintuch wächst das Brot für das nächste Jahr! Unser Herrgott hat es gut zugedeckt, damit die zarten grünen Hälmchen nicht erfrieren. Man kann es noch nicht sehen, aber wenn die warmen Sonnenstrahlen den Schnee geputzt haben, dann wirst du merken: Im eisigen Winter ist etwas Neues gewachsen." – Der Großvater hatte natürlich recht, auch wenn wir Kinder das nur halb glaubten. Der gesäte Winterweizen ging trotz der Kälte auf und trug Frucht.

Aber vielleicht ist es mit allem im Leben so. Es wächst etwas Neues, ohne dass man es merkt. Die Kinder wachsen heran, und plötzlich sind sie erwachsen. Eine heimliche Liebe bahnt sich an, und dann ist der Entschluss da, es zusammen zu wagen. Die Kenntnisse in der Schule wachsen unmerklich. Die Erfahrungen im Beruf weiten sich aus. Überall im Leben wächst Neues und immer so, dass man es kaum zur Kenntnis nimmt – wie das Korn im Acker. Dass es keimte, bemerkt man erst, wenn die Halmspitzen das Erdreich durchstoßen.

In unserem Vers sagt der Herr einem verzagten Volk: „Ich, der Herr, will ein Neues schaffen. Es wächst schon auf, erkennt ihr es denn nicht?" Die Menschen, denen der Prophet diese ermutigenden Verheißungsworte zuspricht, waren in einer Lage, die man nicht treffender als mit einem tief verschneiten Feld vergleichen kann. Alles war trostlos und öd, kein Ausweg und auch keine Aussicht auf eine Änderung. Denn die Menschen waren aus ihrem Heimatland in die Gefangenschaft nach Babylon geführt worden. Es war schon eine ganze Reihe von Jahren vergangen, die Alten starben, und es schien fast, als sei das Ende dieses Volkes besiegelt. Dennoch hatte sich, unmerklich fast, etwas Neues Bahn gebrochen. Es war etwas am Aufkeimen: Die Menschen wandten sich in ihrer Verzweiflung an den Herrn. Der, auf den sie vergessen hatten, war ihnen jetzt wichtig geworden. Das war das Neue, das aufwuchs und sich nun Bahn brach. Es war in der Not zu einem Fragen nach Gott gekommen.

Gott tat sein Werk in der Stille an den Herzen der verzweifelten Menschen. Er kehrte die Herzen um, er schuf wahre Buße, und den Menschen schien es, als sei gar nichts geschehen. Und dennoch war das Allergrößte geschehen: Die Saat, die der Herr in aufgerissene Herzen gestreut hatte, war aufgegangen. So geht das auch heute: Gottes gute Saat wächst nur aus Herzen, die durch seinen Pflug zubereitet wurden.

Wir feiern in diesem Monat das Fest der Geburt Christi. Wenn schon in jeder Geburt ein Neues geschaffen wird, das zu einem bestimmen Menschen heranwächst, wieviel mehr müssen wir sagen: In der Geburt des Gottessohnes hat Gott wirklich etwas Neues, noch nie Dagewesenes geschehen lassen. Da ist er selbst Mensch geworden und ist als unser Bruder zu uns gekommen. Freilich: Die Welt hat davon nichts gemerkt. Sie hat nicht wahrgenommen, dass hier das größte Wunder geschehen war, von dem es in einem unserer Gesangbuchlieder heißt:

*Wenn ich dies Wunder lassen will,
so steht mein Geist in Ehrfurcht still.
Er betet an und er ermisst,
dass Gottes Lieb unendlich ist.*

Unendlich ist die Liebe, mit der uns Gott begegnet. Das sollten wir zu Weihnachten merken. Vielleicht können wir so dieses Fest froher und friedlicher begehen.

Ki. Bl., Dez. 1983

5. DEZEMBER

**Aus seiner Fülle
haben wir alle empfangen
Gnade um Gnade.**
Joh. 1,16

Alle Menschen leben aus der Fülle Gottes.

Mir wird bei dieser Feststellung eine Erinnerung lebendig – der Pfarrhof meiner Großeltern. Die Sommerferien durften wir dort verbringen. Der große Hof, der schöne Garten, die stattliche Kirchenburg, die Gemeinde und der Hattert – was für ein weiter Raum für uns Kinder! Und dann der lange Gartentisch, an dem wir uns versammelten: täglich zwölf Menschen. Ich sehe noch die Großmutter, die allen das Essen austeilte. Es war reichlich vorhanden. Dazu die vollen Obstbäume! Aus der Fülle durften wir empfangen: das tägliche Mahl, die Gemeinschaft, das Musizieren, das gemeinsame Spiel, die Freude.

Alle Menschen leben aus Gottes Fülle.

Denn Gott tut seine Hand auf und sättigt uns. Die Erde ist immer noch voll seiner Güter. Auch wenn wir auf dies Jahr zurückblicken. Aus der Fülle Gottes haben wir vieles empfangen. Ganz gewiss mehr als bloß das tägliche Brot! Das macht uns dankbar.

Doch Johannes weist uns auf die „Fülle Jesu Christi", aus der wir alle empfangen haben Gnade um Gnade! Christus hat die Fülle Gottes zu uns auf die Erde gebracht. Denn in ihm ist uns Gott nahe gekommen. Uns, die wir so wenig an ihn denken, uns, die wir meist nur an unseren Plänen arbeiten und uns in Schuld verstricken. Aber Gott hat nicht auf uns vergessen. Er hat, als die Zeit erfüllt war, seinen Sohn in die Welt gesandt. Darum haben die Engel über Bethlehem gesungen: „Ehre sei Gott in der Höhe und Friede auf Erden und den Menschen ein Wohlgefallen!" Gottes Fülle den Menschen!

Was für ein Angebot! Bei Jesus konnte man das erkennen: Hungrige wurden satt, Kranke gesund, Traurige wurden getröstet und Sündern wurde vergeben. Was für eine Fülle! Und das, weil in Jesus Christus Gott selbst uns nahe kam. Wir denken an den Taufsegen und an das Abendmahl, in dem uns Christus nahekommt und uns vergibt. Die Fülle seiner Vergebung nimmt kein Ende. Sie möchte alle Menschen erreichen. Die Fülle seiner Liebe lässt keinen aus.

Christi Fülle offenbart sich uns auch im Wirken des Heiligen Geistes, und seine Kraft lässt Menschen im Glauben leben, schenkt ihnen Mut und Freudigkeit zu einem freien Bekenntnis, Trost in schweren Tagen und Hoffnung, wo wenig zu hoffen ist. Es ist schon zum Wundern, dass dieser Geist immer noch Menschen die Augen auftut, dass die alte Bibel Gottes lebendiges Wort ist, die Ohren öffnet, dass Menschen Gottes Anrede vernehmen und zur Gotteserkenntnis gelangen; und dass Menschen die Fülle der Gnadengaben Gottes im Gottesdienst, im Singen und Beten empfangen. Denn welcher Segen geht täglich aus von den Liedern unseres Gesangbuches, aus den Losungen und dem Bibellesen!

So wie eine Quelle Tag um Tag rinnt und Menschen und Tiere daraus trinken, ohne dass sie sich erschöpft, so wie die Liebe einer Mutter auch das jüngste Kind mit der gleichen Fülle umfängt wie das älteste, so hat die Gnadenfülle Gottes kein Ende. Daraus leben wir alle. In solcher Dankbarkeit feiern wir Weihnachten und gehen getrost ins kommende Jahr. Dabei dürfen wir uns an die Worte aus dem Gesangbuch (327,4) halten: „Der wird rein, frei und vollkommen, ähnlich deinem heil'gen Bild, der da Gnad um Gnad genommen, die aus deiner Fülle quillt."

Ki. Bl., Dez. 1989

Gott hat mich gesandt, damit ich den Armen eine frohe Botschaft bringe und alle heile, deren Herz zerbrochen ist.

Jes. 61,1

Ich blieb erschrocken stehen. Das sonst fröhliche Gesicht trug einen bekümmerten Ausdruck: „Mein Mann musste operiert werden. Man hat Gewebe zu Untersuchung geschickt. Seither kann ich weder essen noch schlafen!" Wenige Tage später traf ich sie wieder. „Mein Mann hat nicht Krebs! In wenigen Tagen kommt er heim! Mein Leben ist wie verwandelt!"

Eine frohe Botschaft kann wirklich ein Leben verwandeln. Sie kann Trauer in Freude, Betrübnis in Fröhlichkeit und Verzweiflung in Zuversicht wenden. Eine gute Nachricht kann die Sonne am Himmel unseres Lebens wieder scheinen lassen. Wahrscheinlich haben wir das alle schon einmal erlebt. Etwa wenn die Tochter an der Hochschule angekommen ist oder der Sohn nach längerer Abwesenheit heimkommt, wenn sich lieber Besuch ansagt oder eine Geburt gut verlaufen ist. Eine gute Nachricht versetzt uns in einen Zustand der seligen Vorfreude, sie erhebt den inneren Menschen und schenkt getroste Zuversicht.

So mögen es wohl auch die Gefangenen in Babylon empfunden haben, als der Prophet Jesaja ihnen verkündete: „Der Geist des Herrn ist auf mir. Er hat mich gesandt, den Elenden gute Botschaft zu bringen, die zerbrochenen Herzen zu verbinden, zu verkündigen den Gefangenen die Freiheit, den Gebundenen, dass sie frei und ledig sein sollen. Auch die Trauenden sollen Trost empfangen und die einen betrübten Geist haben, sollen einen Lobgesang anstimmen." Solch eine Nachricht haben die Menschen damals sicher gerne gehört. Es hat freilich noch einen Zeit gedauert, bis alles Wirklichkeit wurde, aber die Vorfreude war wie ein heller Sonnenstrahl in der Dunkelheit ihrer mühseligen Tage.

Und dann ging wirklich eine frohe Botschaft über die dunkle Erde: „Euch ist heute der Heiland geboren!", so verkündete es der Engel den Hirten. Und diese gute Nachricht dürfen wir in jedem Jahr neu hören. Gott lässt es uns Menschen immer wieder sagen: Ich komme zu euch, in eure Dunkelheit, Traurigkeit und Unfreiheit. Ich werde bei euch sein alle Tage.

Das ist die herrliche Botschaft des Christfestes: Gott schenkt sich der Welt in seinem Sohn. Und diese gute Nachricht will unsere Herzen frei machen und aufrichten. Sie möchte uns dort erreichen, wo wir uns gerade befinden. Vielleicht in Trauer oder in Ungewissheit, in Verzweiflung oder in Hoffnungslosigkeit. Weihnachen ist ja das Fest der Freude, des Schenkens und des Empfangens. Wohl uns, wenn wir Freude bereiten und auch empfangen dürfen. Doch darf die Freude am Christfest nicht fehlen, von der Jochen Klepper singt:

Welch Dunkel uns auch hält,
sein Licht hat uns getroffen!
Hoch über aller Welt
steht nun der Himmel offen.
Gelobt sei Jesus Christ!

Ki. Bl., Dez. 1984

Der Herr richte eure Herzen aus auf die Liebe Gottes und auf die Geduld Christi.
2. Thess. 5,3

„Ausrichten!" – das lernt man beim Militär,
das Ausrichten nach dem Flügelmann;
der zeigt den Punkt an, nach dem man sich ausrichtet.
„Ausrichten", das heißt doch: sich nach einem richten!
Ausrichten ist etwas, was wir selbst tun.
Da brauchen wir keine Hilfe; nur gute Augen,
einen klugen Kopf, nüchternes Denken und Tun!
Und nun sagt der Apostel: „Der Herr richte eure Herzen aus …"
Wir können so vieles mit unseren Funkpeilanlagen.
Sollten wir das nicht auch können,
die Herzen auf Christus ausrichten?
Dieser Wunsch steht am Ende eines Gemeindebriefes.
Es ist eine bedrängte Gemeinde, an die der Apostel schreibt –
und er hat ihr manches zu sagen:
Als Warnung, als Trost, als Anleitung.
Und zum Schluss dieser Wunsch: „Der Herr richte eure Herzen aus
auf die Liebe Gottes und die Geduld Christi!"
Mit diesem Monat schließen wir das Jahr.
Jedem hat es das Seine gebracht:
Freude, Sorge, Trennung, Leiden –
und für das kommende wünscht der Apostel:
„Der Herr richte eure Herzen aus auf die Liebe Gottes …"
Wir haben sie gepriesen in der Geburt
seines Sohnes Jesus Christus zu Weihnachten!
Seit der Geburt Christi hat die Liebe Gottes
menschliche Gestalt im Wort, im Sakrament
in einzelnen, begnadeten Menschen angenommen.
Die Welt sähe wohl anders aus,
wenn mehr Menschenherzen ausgerichtet wären
auf die Liebe Gottes! Vielleicht könnte dann
mancher Krieg ein Ende finden, mancher Streit gar nicht beginnen …
wenn Gottes Liebe durch uns verwirklicht würde!?
Ja, Herr, darum bitten wir für das kommende Jahr!
Und auch für das andere:
„Der Herr richte eure Herzen auf die Geduld Christi!"
Geduld wird nötig sein auf dem langen Weg eines Jahres.
Geduld mit dem Ehegatten und den Kindern,
dem Nachbarn und dem Vorgesetzten,
der Regierung und dem Präsidenten – Geduld wird vor allem nötig sein!
Aber nun die Geduld Christi, der sein Leben in Gottes Hand stellte,
der für seine Peiniger betete, der sich der Kranken annahm,
und dessen Vertrauen stärker war als der Tod.
„Der Herr richte eure Herzen aus auf die Liebe
Gottes und die Geduld „Jesu Christi!"
Ja, das muss schon Gott selbst tun, an mir, an dir, an allen Menschen:
In solchem getrosten Vertrauen kann man
ein Jahr schließen und ein neues beginnen!

Ki. Bl., Dez. 1993

8. DEZEMBER

Gott ist meine Rettung; ihm will ich vertrauen und niemals verzagen.

Jes. 12,2

Dieses Bibelwort, das in der Lutherübersetzung lautet: „Gott ist mein Heil, ich bin sicher und fürchte mich nicht", spricht von Rettung. Immer wieder kommen Menschen in ausweglose Lagen; etwa Bergsteiger, die in einer Felswand hängen und nichts weiter tun können, als auf einen Retter warten, oder Schiffbrüchige, die in der Weite des Ozeans treiben. „Rettung" bedeutet, aus einer Lage befreit zu werden, in der man sich selbst nicht mehr helfen kann, in der Hilfe nur noch durch einen Retter möglich ist.

„Gott ist meine Rettung!" Gott kann aus ganz auswegslosen Lagen retten. Das hatte das Volk des Alten Bundes erfahren. Nachdem Mose diese gequälten Menschen aus der ägyptischen Sklaverei geführt hatte, kamen sie auf ihrem Zug an eine ausweglose Stelle. Vor sich das Rote Meer, rechts und links unüberwindbare Felshänge, und hinter sich das starke Heer der Ägypter, die sie wieder zurückholen wollten. Da erlebten sie es: Gott war ihre Rettung. Er führte sie sicher durch das Meer.

Wir kommen wohl selten in Lagen, in der wir so hilflos sind wie das israelitische Volk oder wie Schiffbrüchige. Aber vor Gott sind wir immer in einer auswegslosen Lage. Wir möchten zwar den Himmel zwingen, bleiben aber wie ein Bergsteiger, der seine Kräfte und sein Können nicht richtig eingeschätzt hat auf der Strecke. Die Kluft unserer Sünde trennt uns vom Herrn. Dazu kommt, dass wir so oft das Verkehrte tun. Wir gleichen dann einem Ertrinkenden, der sich an seinen Retter klammert, aber so, dass beide in die Gefahr kommen, zu versinken.

Gott weiß um unsere Verlorenheit, noch ehe wir sie erkannten. Er kennt unsere Hilflosigkeit, ehe wir uns ihrer bewusst werden. Darum greift er immer wieder in die Geschicke dieser Welt ein. Darum lässt seine Hand uns nicht los, und darum hat er nicht nur die Rettung des Einzelnen, sondern das Heil der Welt im Blick. Das aber bedeutet: Das Zertrennte soll sich wieder finden, das Zerstrittene soll die Vergebung zusammen bringen, die Unterdrückung und das Unrechttun sollen aufhören, das Leidende geheilt werden und der Unfrieden sich in Frieden wandeln. Das will Gott.

Und er hat die Rettung schon eingeleitet. „Christ, der Retter ist da!" So singen wir zu Weihnachten! Er liegt als ein Kind in der Krippe und ist doch der, zu dem die Könige kommen. Er scheint hilflos den Mächten dieser Welt preisgegeben und ist doch der, dem Gott alle Gewalt gegeben hat, im Himmel und auf Erden. Ihm dürfen wir vertrauen und brauchen auch niemals zu verzagen.

Ki. Bl., Dez. 1986

**Jesus Christus spricht:
Ich bin ein Fremder gewesen,
und ihr habt mich aufgenommen.**

Mt. 25,35

Fremde haben es schwer! Das war schon immer so.
Fremdling zu sein ist kein beneidenswertes Los!
Wer die Deportation vor 50 Jahren erlebte, weiß das sehr genau.
Und wer heute die Probleme betrachtet,
die auf der politischen Bühne durch Fremde entstehen,
fragt sich im Stillen: Muss das denn sein? –
Schon vor der Zeit Jesu gab es Fremdlinge.
Oft waren das Kriegsgefangene, die als Beute
heimgebracht und für Sklavenarbeit verwendet wurden;
das waren Fremde in einem fremden Land.
Manchmal waren es auch Menschen,
die aus wirtschaftlicher Not
in einem andern Land zu Fremdlingen wurden.
So wurde Noemi, die Frau aus Bethlehem,
mit ihrer Familie zu Fremden im Land der Moabiter,
da in ihrer Heimat Hungersnot herrschte.
Ihre Schwiegertochter Ruth kam dann Jahre später
als Witwe nach Bethlehem und wurde dort aufgenommen,
als Gattin des Boas wurde sie zur Urahne Jesu Christi.
Nicht auszudenken – wenn sie damals „ausgewiesen" worden wäre!
Der Heiland war selbst „ein Fremder".
Nicht nur, weil er aus der Welt Gottes
für einige Jahre in unsere Welt in die „Fremde" kam.
Schon seine Eltern fanden daheim in Bethlehem keine Herberge.
Sie mussten noch für Jahre nach Ägypten.
Und einmal hat Jesus von sich bekannt:
„Der Menschensohn hat nicht, wo er sein Haupt hinlege."
Aber das war sein Auftrag:
Die Fernen in die Nähe Gottes zu bringen,
den Fremden Heimatrecht zu verschaffen,
den Sklaven Freiheit und Sohnschaft zu geben!
Darum kam er in unsere Welt,
damit sie zur Gotteswelt werde;
darum kam er zu uns Fremden,
damit die Liebe zwischen Menschen wachse!
Fremde haben ein hartes Los!
Es gab sie schon immer und es gibt sie
– verstärkt – auch in unserer Zeit!
Jesus könnte uns in jedem Fremden begegnen.
Das ist für beide Teile Segen und Gefahr.
Denn Christi Verheißung gilt:
„Kommt her, ihr Gesegneten meines Vaters,
ererbet das Reich, das euch bereitet ist ...
denn ihr habt mich – MICH – aufgenommen!"

Ki. Bl., Dez. 1995

10. DEZEMBER

**Gott spricht:
Wendet euch mir zu, und lasst euch erretten,
ihr Menschen aus den fernsten Ländern der Erde.**

Jes. 45,22

Alljährlich erklingt zu Weihnachten in fast allen Häusern das Lied von der „Stillen, heiligen Nacht", in der Jesus Christus geboren wurde. Da singen wir auch: „Christ, der Retter ist da!" Und genau an dieser Stelle können wir mit unseren Fragen ansetzen: Ist dieses Kind, dessen Geburt wir am Christtag feiern, wirklich der Retter der Welt? Und – woran kann man das merken?

Es hat schon immer Menschen gegeben, die auf einen Retter warteten. Zur Zeit des Jesaja war es nicht anders. Damals stöhnte das Volk unter fremder Herrschaft. Sie hatten alles verloren: ihr Land, den Tempel, die Heimat. In einem fremden Land mussten sie Zwangsarbeit leisten. Kein Hoffnungslicht leuchtete ihnen. Nur Gott spricht ihnen durch den Propheten Mut zu: „Wendet euch mir zu, und lasst euch erretten, ihr Menschen aus den fernsten Ländern der Erde!" Babylon war für damalige Begriffe wirklich ein „fernes" Land.

Die Bibel redet an vielen Stellen davon, dass Rettung dadurch geschieht, dass Menschen sich Gott zuwenden. Denken wir etwa an Daniel. Er lebte in Babylon unter Menschen, die ihren Göttern huldigten. Daniels Herz aber blieb Gott zugewandt, auch dann, als dies bei Todesstrafe verboten wurde. Die Hinwendung zu Gott war für ihn so lebensbestimmend, dass er lieber den Weg in die Löwengrube antrat, als seine Gotteszuwendung aufzugeben. Und man kann nachlesen, wie dieser Mann gerettet wurde.

Wer sich Gott zuwendet, bekommt den Retter in den Blick. Denn in der Hinwendung liegt ein Stück Vertrauen. Es geht uns wie dem Kranken, der in Schmerzen und mit schweren Gedanken daliegt, ohne sich helfen zu können. Indem er sich dem eintretenden Arzt zuwendet, werden seine Gedanken in eine neue Richtung gelenkt. Je mehr Vertrauen er dem Arzt entgegenbringt, umso leichter kann die Heilung eintreten. Herzliche Zuwendung – darin liegt eine ganz große Möglichkeit! Freilich, sie bleibt eine Einbildung, wenn der Retter nicht wirklich kommt. Der Helfer muss wirklich hereintreten. Und das ist zu Weihnachten geschehen: „Christ, der Retter, ist da!"

Unsere Welt ringt mit so vielen Problemen, und es kann noch keiner absehen, dass sie gelöst würden. Man denke an Hunger, Armut, Hass und Unversöhnlichkeit, an menschentrennende Grenzen und an die Fragen, die im Zusammenhang mit der Technisierung aufbrechen. Kein Wunder, dass manche sich große Sorgen machen, wie unsere Welt in kommenden Jahren aussehen wird. Der Mensch hat die Welt verändert und wird sie noch verändern. Nur sich selbst hat er nicht geändert. Dennoch liegt darin die Rettung: Verwandelt wird der Mensch durch Jesus. Der Heiland bringt uns dazu, nicht mehr nur an uns selbst zu denken, lediglich unser persönliches Geschick im Blick zu haben. Christus kann retten, weil er als Mensch zu uns kam und als der Gottessohn blieb. An ihm hat alles Böse und letztlich auch der Tod seine Macht verloren. Darum ist es wichtig, sich ihm zuzuwenden. Dann kann er unser Leben verwandeln und uns in allen Nöten Helfer und Retter sein.

Ki. Bl., Dez. 1987

**Der Engel trat bei Maria ein und sagte:
Sei gegrüßt, du Begnadete, der Herr ist mit Dir.**
Lk. 1,28

So einfach begann alles, Herr,
als das größte Ereignis der Weltgeschichte seinen Anfang nahm:
Dein Bote trat ein bei einer einfachen Frau,
grüßte freundlich und sagte:
Du junge Frau bist begnadet und der Herr ist mit Dir!
So einfach ging es zu, als die Menschwerdung des Gottessohnes begann!
Doch ich muss mich jetzt fragen:
Beginnt nicht alles, überhaupt alles so einfach?
Du, Herr, sprachst: „Es werde Licht!" –
und es ward Licht! So einfach!
Und Du sprachst: Es werde der Mensch,
den seine Eltern dann Heinz Galter nannten
und es wurde der Mensch. So einfach!
Und ich kann es mir gar nicht anders vorstellen,
als dass es wirklich so war.
Immer so einfach.
Du, Herr, schickst Deinen Boten,
zu einer bestimmten Zeit,
zu bestimmten Menschen
und dann geschehen große Dinge,
genau wie bei Maria:
Sie werden begnadet,
angeweht von Deiner Nähe, Herr,
gleichsam Gefäße,
die Deine Gegenwart und Wirklichkeit anfüllt.
Und das, genau das spricht der Engel dann auch aus:
„Der Herr ist mit Dir!"
Ist, sagt der Engel, ist – in der Gegenwartsform,
„Der Herr ist mit Dir!"
Das hat Maria damals genau erfasst, denn sie sagt wenig später:
„Mir geschehe, wie du gesagt hast!"
In beispielhafter Gottoffenheit,
ganz ohne menschliche Bedenken,
Überlegungen und Berechnungen fügte sich
diese einfache Frau in das, was Du, Herr, mit ihr vorhattest.
So wurde sie zu Deinem Werkzeug
für das wichtigste Ereignis der Weltgeschichte!
Vielleicht ist Dein Engel, Herr, nicht immer
so sichtbar, wie ihn die großen Maler malten auf ihren Bildern.
Dennoch war dein Engel da, gegenwärtig,
Vielleicht steht er jetzt neben mir, wenn ich schreibe
und ich weiß es nicht – oder ich weiß es jetzt doch!
Dann kann ich nur danken, Dir danken,
für die sichtbaren und unsichtbaren Engel,
die uns täglich begnaden und dessen versichern:
„Der Herr ist mit dir!"

Ki. Bl., Dez. 1996

12. DEZEMBER

Jauchzet, ihr Himmel, freue dich, Erde! Lobet, ihr Berge, mit Jauchzen! Denn der Herr hat sein Volk getröstet und erbarmt sich seiner Elenden.

Jes. 49,13

So jauchzen wie Johann Sebastian Bach im Eingangschor zum Weihnachtsoratorium, so konnte das wohl keiner vor ihm und vielleicht auch keiner nach ihm. Da fordern die Stimmen nacheinander auf, das Klagen und Zagen zu lassen – und zu rühmen, was der Höchste getan hat! Und dabei hatte der Komponist Schwereres durchzumachen als manch ein anderer! Dennoch konnte er jubeln und jauchzen in all seinen Musikstücken, weil er so fest im Glauben stand.

O Herr, die Freude schwindet in unserer Welt: die tiefinnere, lebensspendende Freude! Dafür sind mit der Technik unsere Sorgen gewachsen, Unzufriedenheit greift um sich, und die Fremdheit nimmt immer mehr zu.

Doch du, Herr, bist unserer Welt nahe gekommen, hast sie nicht sich selbst überlassen, so wie man ein altes Auto verrosten lässt. Du bist in sie hineingetreten, so wie ein Kind in die Welt kommt, so wurdest auch du ein Menschenkind und hast damit ein unübersehbares Zeichen deiner Liebe gesetzt. Du hast es Weihnachten werden lassen!

Das ist ein Grund zum Jauchzen und Loben – so zu loben, wie die Engel die über dem Hirtenfeld in Bethlehem sangen, dass es durch alle Himmel schallte: Ehre sei Gott in der Höhe und Friede auf Erden den Menschen des göttlichen Wohlgefallens!

Solches Loben kann unsere betrübten Herzen umwenden, herausholen aus Verzagtheit und Kummer, uns ausrichten auf DICH, uns trösten, Herr, weil wir dein Erbarmen empfinden, deine Liebe zu uns armen Menschen, deine Treue, mit der du uns nachgehst, deine Gnade, die sich unser annimmt.

So schenke uns Freude an diesem Christtag, Freude, die gründet in DIR!

Ki. Bl., Dez. 1991

**Gepriesen sei der Herr, der Gott Israels!
Denn er hat sein Volk besucht;
er hat uns einen starken Retter erweckt.**
Lk. 1,68-69

Diesen Menschen beneide ich, Herr,
um seine Frömmigkeit
und um seinen Glauben,
um seine Zuversicht und sein Vertrauen,
sodass er singen und sprechen kann:
„Gepriesen seist du, Herr!
Du hast dein Volk besucht, und ihm
einen starken Retter geschenkt!"
O ja, so möchte ich auch singen,
nicht nur am Weihnachtstag, nein,
jeden Tag meines weiteren Lebens,
so singen und sagen:
Gepriesen seist du, Herr,
du besuchst mich und mein Volk,
und dein Retter ist gegenwärtig!
Ja, täglich so zu singen –
das gäbe ein frohes Herz,
einen zuversichtlichen Sinn
und ein hoffnungsvolles Vertrauen!
Doch du, Herr, hast den Zacharias,
in dessen Lobgesang dieser Spruch
seinen bleibenden Platz hat,
du hast diesen Menschen
durch tiefste Daseinsangst geführt.
Er war zwar Priester im Tempel,
doch sein Glaube wurde ganz klein,
als der Engel dem Alten sagte:
„Ihr werdet ein Kind haben!"
So etwas zu alten Leuten gesagt,
ist eher zum Schmunzeln als zum Glauben!
Und dann wurde der Alte stumm,
fast als Strafe für sein geringes Zutrauen!
Aber das Kind wurde doch geboren
und bekam seinen Platz
in deinem Heilsplan, o Herr!
Darum konnte Zacharias singen:
Gepriesen seist du, o Herr!
Du hast mich besucht,
du hast mein Volk besucht,
der Erretter kommt – ich habe seinen Boten
jetzt hier auf meinen Armen.

Gepriesen seist du, o Herr!
Weihnachtliche Klänge klingen auf:
„Gottes Sohn ist kommen",
„Christ ward geboren, freue dich",
denn wir singen am Weihnachtstag
von der Geburt des Erretters!
Doch wie oft ist die Weihnachtsfreude
bedroht von der Lebens- und Daseinsangst,
wie bei dem Mädchen,
das zur Freundin sagt:
„Wir haben heuer kein Weihnachten –
meine Eltern haben sich getrennt!"
Trennung bedroht Weihnachten.
Krankheit bedroht Weihnachten.
Lebensangst bedroht Weihnachten.
Auch Streit und Not bedrohen Weihnachten.
Alles kann Weihnachten bedrohen,
wenn wir dich, Herr, aus dem Blick verlieren!
Das ist die große Gefahr für den Christtag:
Unsere Nöte, unsere Armut,
unsere Gefühle und unsere Ängste.
Wir kennen das alles, Herr,
wie Zacharias das kannte.
Doch dann erlebte er eine Wandlung,
seine Augen sahen weiter und mehr,
in sein Herz zogen Freude und Zuversicht,
und sein Mund konnte dankbar singen!
Lass mich das auch erleben Herr,
vielleicht am Heiligen Abend,
im Glanz des Lichterbaumes,
vielleicht bei dem Hören der Weihnachtsbotschaft,
vielleicht durch ein gutes Wort
eines mir nahestehenden Menschen –
dann lass mich dich preisen
und loben, weil du, Herr, mich besucht hast!

Ki. Bl., Dez. 1997

14. DEZEMBER

**Gott spricht:
Ich will euch trösten,
wie einen seine Mutter tröstet.**
Jes. 66,13

So willst du trösten, Herr, wie nur die Mutter
trösten kann, die eigene Mutter …
Ja, meine Mutter, die konnte trösten,
durch ihr behutsames Streicheln,
durch ihren guten Zuspruch,
durch ihre sanften Hände, durch ihre lebendige Nähe …
wie sie konnte keiner trösten! –
Solchen Trost brauchen wir immer wieder,
vielleicht als Erwachsene noch mehr!
Wie oft fühlen wir uns allein, haben keinen,
der uns versteht, empfangen kein gutes Wort,
wie oft ist alles in uns wie tot!
Trostlos scheint die Welt, so trostlos,
wie ein kahle Landschaft im Winter …
Wir blicken aus, nach Hoffnung,
erwarten guten Zuspruch,
und sehnen uns nach lebendiger Nähe,
wie ein Kind nach der Mutter!
Und nun dies Wort, einst auch in eine
trostlose Zeit hineingesprochen:
Ich will euch trösten, wie nur die Mutter trösten kann!
So tief lässt Du dich herab, so tief beugst Du dich herunter,
so tief erniedrigst Du dich, bis auf unsere sündige Erde,
Du wirst einer von uns, wie ein Kind kommst Du zu uns,
wie ein Kind, das den Trost der eigenen Mutter
und ihre lebendige Nähe braucht,
so bist auch Du geworden ein Mensch unter Menschen,
ein Kind unter Kindern, so nahe bist Du uns gekommen,
Herr, in Jesus Christus, Deinem Sohn.
Wer kann dies Wunder erfassen, begreifen oder verstehen?
Wie Marias Geist sich freute,
wie die Engel und Hirten sich freuten,
so wollen auch wir uns freuen,
weil unsre Welt nun deine tröstliche Nähe hat,
wie ein Kind die Nähe der Mutter.
Weil nun auch ich als Christi Bruder
zu Dir kommen darf,
wenn mir um Trost sehr bange ist,
weil du dich meiner Seele herzlich annimmst und sie tröstest!
Habe Dank dafür!

Ki. Bl., Dez. 1992

Durch die herzliche Barmherzigkeit
unseres Gottes wird uns besuchen das aufgehende Licht aus der Höhe.
Lk. 1,78

Wahrscheinlich war es ein Gemeindelied der Urchristen, das uns als „Lobgesang des Zacharias" im ersten Kapitel des Evangeliums nach Lukas überliefert ist. Es ist ein Lied der Freude und der Hoffnung, der Zuversicht und des Vertrauens; ein Lied der Gemeinschaft, von Beginn an im „Uns-Ton" gesungen: „Uns wird besuchen das aufgehende Licht aus der Höhe, weil unser Gott uns seine herzliche Barmherzigkeit zuwendet."

Das Bild vom aufgehenden Licht macht mich nachdenklich. Ich erinnere mich an einen klaren Morgen auf einer griechischen Insel. Am Himmel zeigte sich erst nur ein schmaler heller Streifen, der wurde dann immer breiter; die Wolken darüber färbten sich rot, und dann sprang gleichsam die Sonne aus den glitzernden Fluten des Meeres. Ein unbeschreibliches Schauspiel! Unvergesslich dem, der es einmal erlebte! Und dennoch zugleich unbeachtet und als selbstverständlich hingenommen von Millionen Menschen. Der Sonnenaufgang – ein Wunder? Oder nur eine alltägliche Selbstverständlichkeit? Ich erlebte es damals als Wunder.

Ich denke an Elisabeth und Zacharias: Sie trugen das „Dunkel der Kinderlosigkeit" durch ihr Leben. Doch dann das Wunder! Ein Kind kündigt sich an wie das aufgehende Licht, und dann ist er plötzlich da, der heiß erwartete Sohn, und alles Dunkel des Lebens ist durch dieses Licht verschwunden.

Das aufgehende Licht kommt nicht durch menschliche Tat oder Mühen. Wir können es nur froh und dankbar begrüßen und annehmen. Das aufgehende Licht ist das Wunder des Weihnachtsfestes. Lichtstarke Reklame und Berge von Geschenken können dies Wunder höchstens verkleinern oder verdrängen. Dennoch geschieht es, dies Wunder, in vielen Herzen, bei Menschen, die im Dunkel leben, die keine Hoffnung mehr haben und dennoch Hoffnung gewinnen.

Ja, bestimmt, es wird uns besuchen, das aufgehende Licht aus der Höhe, aus der herzlichen Barmherzigkeit Gottes.

Der, der einmal geboren wurde zu Bethlehem, der lebte und litt, der starb und dann auferstand. Ja, ER wird mich besuchen, und ich darf IHN dankbar aufnehmen als ein Wunder für mich.

Ki. Bl., Dez. 2000

**Glaubt ihr nicht,
so bleibt ihr nicht.**

Jes. 7,9

Ein hartes Wort – fast ein Gerichtswort
für die vier letzten Wochen dieses Kalenderjahres!
Wir blicken voraus auf das fröhliche Weihnachtsfest!
Gott aber gibt uns eine Warnung; es scheint fast, als würde er
unser Los in unsere eigenen Hände legen:
Wenn ihr nicht glaubt, werdet ihr auch nicht bleiben!
Vor vielen, vielen Jahren hat Gott das den Propheten
seinem auserwählten Volk zurufen lassen.
Es war die Zeit, da der Bestand des Gottesvolkes von Vernichtung bedroht war:
Zwei feindliche Heere nahmen das Land in die Zange,
wie eine Nuss – um sie zu knacken und zu verspeisen.
So war das Land durch äußere Feinde in seiner Existenz zutiefst bedroht.
Damals mahnte der Prophet den König und sein Volk:
„Glaubt ihr nicht, so bleibt ihr nicht!"
Nichts von Generalmobilisierung, totaler Aufrüstung,
nichts von vollem Einsatz „für Volk und Vaterland",
nein, nichts von alledem, sondern nur dies eine:
„Glaubt" – die volle und ganze Hinwendung zum Herrn,
zum Herrn des Lebens, der Welt und der Geschichte.
Dann, und nur dann, wird eure Geschichte weitergehen, weiter mit dem Herrn.
„Glaubt ihr nicht, so bleibt ihr nicht!"
Ja, Herr, das war dein Wort damals, an dein Volk.
Seine Geschichte ging weiter, wenn auch
durch tiefe, und dunkle Täler – bis heute.
Wir lesen aus jener Geschichte
die Geschichte deiner Liebe und Barmherzigkeit, Herr!
Denn du hast in die Geschichte der Welt
deine Liebe und Barmherzigkeit festgeschrieben
in der Geburt deines Sohnes Jesus Christus.
Seit seiner Geburt zählen wir die Jahre
deiner Liebe und deiner Geduld mit uns!
Seit seiner Geburt wissen wir, dass unser Los
nicht an unserer Macht, sondern an deiner Barmherzigkeit hängt!
Darüber werden wir „alle Jahre wieder" froh und dankbar.
Dennoch lassen wir es uns auch heute sagen:
„Glaubt ihr nicht, so bleibt ihr nicht!"
Du meinst es gut mit uns und allen! Danke!

Ki. Bl., Dez. 1994

17. DEZEMBER

**Der Herr ist treu,
er wird euch Kraft geben
und euch vor dem Bösen bewahren.**

2. Thess. 3,3 (Einheitsübersetzung)

So eine Aussage machen kann nur einer, der Deine Treue, Herr, selbst erlebt hat. Und Dein Bote, Paulus, gehört zu ihnen. Weil er täglich merkte, dass Deine Treue ihn einhüllte und trug, konnte er schreiben: „Ich bin nicht wert, dass ich ein Apostel heiße, weil ich die Gemeinde Gottes verfolgt habe." Dennoch hat er ganz für Dich gelebt und gewirkt und ist schließlich auch für Dich gestorben, Herr, weil Du treu zu ihm warst.

Und nun schreibt er im Angesicht seines Todes für uns dieses Wort: „Der Herr ist treu!" Und wir bedenken es im letzten Monat eines überaus ereignisreichen Jahres. Wir hatten alle in seinem Verlauf einmal Geburtstag, jede und jeder. Weil Du uns treu bliebst, haben wir gefeiert. Und wenn ich meine Wochen und Tage durchgehe: Es war kein Tag, an dem nicht Deine Treue sichtbar mein Leben gesegnet hätte! Ich danke Dir für Deine Treue.

Ich weiß freilich auch das andere: Es lief nicht alles, wie ich wollte, in meinem Leben nicht, und auch im Leben meiner Lieben nicht. Krankheit kam, Todesfälle waren da, und der 11. September brachte Schrecken. Im Rückblick und in der Rückbesinnung erkenne ich aber dennoch Deine Treue, Herr.

Darum, weil Du treu bist, darf ich auch getrost vorwärts blicken. Du wirst mir die Kraft geben für die kommende Zeit. Dann werde ich sagen können wie der Apostel: „Wenn ich schwach bin, dann bin ich stark."

Und auch Deine Bewahrung vor dem Bösen werde ich jeden Tag nötig haben. Denn der Böse ist bedrohliche Realität, und das Böse ist die leidvolle Folge. Wir stehen so oft machtlos da.

Doch dann bist Du ja da, Herr, und wir dürfen uns an dich wenden; wir dürfen unsere Herzen und Hände aufheben, beten und bitten und rufen, und du erhörst uns, weil Du treu bist, weil wir durch die Taufe Deine Kinder wurden, weil Dein Sohn unser Menschenbruder wurde, weil – ja, weil Du uns die Treue hältst, auch über unser Sterben hinaus, in Ewigkeit. Ja, Deine Treue ist groß, so groß, dass sie mich und alle Welt hält und trägt! Lass mich das erkennen und Dir täglich danken.

Ki. Bl., Dez. 2001

Es wird nicht dunkel bleiben über denen, die in Angst sind bleiben.

Jes. 8,23

Das war deine gute Verheißung, Herr, als der Prophet in deinem Namen von der Bedrohung durch Feinde und vom Toben der Völker redete, als die Menschen deines Volkes in Trübsal und Finsternis saßen und sich im Dunkel der Angst befanden! Damals durfte Jesaja auch dies sagen:

„Es wird nicht dunkel bleiben über denen, die in Angst sind!"

Und wir heute nehmen dieses Wort durch den dunkelsten Monat des Jahres, wo die Nächte lang und die Tage recht kurz sind, und in dem wir dann noch Weihnachten, das Fest des Lichtes und der Freudefeiern; dies dein Wort:

„Es bleibt nicht dunkel über denen, die in Angst sind!"

Dennoch gibt mir dies Wort zu denken, denn die Angst war der Begleiter meines Lebens, und sie wird mich auch weiterhin begleiten.

Ja, Herr, ich weiß es, wie die Angst mit ihren vielfachen Gesichtern auch die sonnigsten Tage unseres Lebens verdunkeln kann!

Und ich sehe es auch bei den andern:

Überall ist Angst: Im Krankenhaus, vor einer schweren Operation, in der Schule schon, bei den Kindern, in dem Altenheim, bei den Alten und bei den Sterbenden, vor dem bitteren Tod!

Die Angst ist unser Lebensbegleiter, und es kann sie keiner ablegen wie ein verschmutztes Kleidungsstück. Nein, sie geht einfach mit und wenn die Sonne des Glücks am schönsten scheint, verfinstert die Angst am deutlichsten unsere Lebenstage!

Doch nun dein Wort, Herr:

„Es bleibt nicht dunkel!"

Dies Wort ist wie ein Sonnenstrahl durch finstere Regenwolken, wie eine Vaterhand für ein Kind im dunklen Keller und wie die Mutterhand für das kranke Kind!

„Es bleibt nicht dunkel!"

Ja, auch das habe ich erfahren, immer wieder erfahren in meinem Leben!

Die Nacht hat ihre Grenze am Morgenlicht, auch die Nacht der Leiden, die Nacht der Furcht und der Angst, die Nacht der quälenden Gedanken und die Nacht der Zweifel und der Verzweiflung – du, Herr, hast ihr immer wieder ein Ende bereitet, hast mir immer wieder dein Licht und die Freude leuchten lassen! Du hast ja auch den, der das Licht ist, Christus, in der Winternacht geboren werden lassen; du hast ihn die Nacht des Kreuzesweges geführt und auch durch die Angst des Todes, und er hat es an sich erfahren: „Es bleibt nicht dunkel!" Und er, der Heiland, hat uns versprochen:

„Einst werdet ihr da sein, wo ich bin, im Vaterhaus, im Licht, in der Freude, da wo es keine Angst und kein Dunkel mehr gibt!"

Ja, Herr, lass mich daran denken, wenn Ängste über mich kommen, – dann lass mich deine Nähe spüren!

Ki. Bl., Dez. 1998

Gott spricht: Ich will euch erlösen, dass ihr ein Segen sein sollt. Fürchtet euch nur nicht und stärkt eure Hände!

Sach. 8,13

Aus einer weit zurückliegenden Zeit klingt dies Bibelwort zu uns herüber! Wir können uns heute kaum vorstellen, wie es damals in den Herzen der Menschen aussah, zu denen der Prophet Sacharja sprach. Auch sind die 14 Kapitel dieses alttestamentlichen Prophetenbuches wenig bekannt. Nur den 9. Vers aus dem 9. Kapitel, den hören wir in jeder Adventszeit: „Siehe, dein König kommt zu dir, ein Gerechter und Helfer." Denn nach diesem Bibelvers sind einige Adventslieder, die in unserem Gesangbuch sind, geschrieben worden.

Die Welt hat sich seither gewandelt, in den letzten Jahrzehnten in solch rasantem Tempo, dass es uns Älteren schwer fällt, mitzukommen. Aber vielleicht war es auch damals so? Denn Gott, der Herr, musste sich damals schon Menschen berufen, denen ER sein Wort in den Mund legte. Und Sacharja gehörte zu ihnen. Was er sagte, ließ die Menschen aufhorchen: „Ich will euch erlösen ..." =Dieser Einstieg lässt auch uns aufmerken. Erlösung bedeutete damals für die Sklaven Freiheit! Und die Israeliten waren rund 50 Jahre lang Sklaven gewesen in einem fremden Land! Nun waren einige zwar heimgekehrt, aber in eine zerstörte Heimat. Es war nicht die, von der sie immer geträumt hatten. Denn die Heimkehrer mussten Jerusalem und die umliegende Ortschaften neu aufbauen. Diesen Menschen ruft der Prophet zu: „Gott spricht: Ich will euch erlösen!" Hatten die Menschen damals gemeint, eine glückliche politische Konstellation habe sie aus der babylonischen Gefangenschaft erlöst? Die war tatsächlich eingetreten. Aber war dies nicht auch eine Tat Gottes?

Während ich dies schreibe, laufen in Deutschland die Feierlichkeiten zur Erinnerung an den Fall der Berliner Mauer vor 20 Jahren. Auch das war eine Erlösung, von der viele Bürger der damaligen DDR geträumt hatten. Nun war dieser „Tag der Erlösung" da. Man hatte gehofft, alles würde sich zum Guten wandeln. Diese Hoffnung trog.

Wenn der Prophet damals, vor rund 2500 Jahren von Erlösung sprach, höre ich ihn heute von Weihnachten sprechen. Durch die Geburt Jesu Christi in Bethlehem hat unser Herr die Erlösung der Menschen begonnen. Denn bis zum heutigen Tag leiden wir alle unter politischen Fehleinschätzungen, spekulativen Finanzmanipulationen und Notwendigkeiten, die das Wirtschaftsleben anscheinend diktiert. Vielleicht ist die Erlösungs-Bedürftigkeit der Menschen heute besonders groß, aber nicht von äußeren Mächten und Gewalten, sondern von solchen, gegen die nur Jesus Christus aufkommt. Er ist und bleibt der Erlöser der Welt und der Menschen. Vielleicht sollten wir Christen uns viel mutiger zu dieser Tatsache bekennen. Gerade auch angesichts des geschäftlichen Weihnachtsrummels, der alljährlich schon lange vor Weihnachten beginnt.

Durch das Bekennen können wir Christen ein Segen für unsere Welt und unsere Mitmenschen sein. Und das Rezept, das der Prophet seinen Leidensgenossen sagt, lautet: „Fürchtet euch nur nicht und stärkt eure Hände." Zu allen Zeiten haben Christen es erfahren, dass mutiges Eintreten für die Sache Christi oft unerwarteten Fortgang bringt. Und den Satz von den gestärkten Händen hat der große christliche Dichter Jochen Klepper (1903-1942) so „übersetzt" (im evangelischen Gesangbuch 423 9):

Die Hände, die zum Beten ruhn,
die macht er stark zur Tat.
Und was der Beter Hände tun,
geschieht nach seinem Rat.

Darum dürfen wir mit diesem Trostwort das Jahr schließen und in ein neues eintreten. Es wird auch ein Jahr des Herrn werden, das uns zwar wieder in Bindungen hineinführt, aber auch Erlösungen bereithält. Vor 60 Jahren durfte ich aus der damaligen Sowjetunion heimkehren. Es war dies auch eine Erlösung. In den fünf Jahren der Deportation wurde ich einige Male aus Lebensgefahr errettet. Und wenn man mich heute fragt: „Wie hast du das überstanden?", antworte ich: „Mit Gottes Hilfe!"

Alle Erlösungen sind sichtbare Zeichen der Gegenwart Jesu Christi. An solche Zeichen dürfen wir uns getrost und dankbar halten.

Ki. Bl., Dez. 2009

**Sucht den Herrn,
solange Er sich finden lässt,
ruft Ihn an, solange Er nahe ist.**

Jes. 55,6

Ein sehr ernstes Wort, Herr, für die letzten Tage dieses Jahrtausends! Denn das langsam ausklingende 20. Jahrhundert richtet unseren Blick auf das nahe Einundzwanzigste! Schon dass wir das erleben dürfen, ist ein Zeichen Deiner Gnade!

Irgendwo las ich es: Seit 80 Jahren gab es nur 15 Tage ohne Krieg auf unserem Planeten Erde! So eine lange Geduld hast Du mit uns, Herr!

Doch damit sind wir schon in dem ernsten Wort dieses Monats. Denn das Wörtchen „solange" – zweimal steht es mahnend da – geht mir unter die Haut und macht mich nachdenklich. Es rückt die begrenzte Zeit in mein Blickfeld. Zeit wird ja nur fassbar als „meine Zeit", als mir geschenkte, gegebene Zeit. Und weil der Prediger richtig sagt: „Ein jegliches Ding hat seine Zeit ...", muss ich mich fragen: Wie lange wird mein „solange" noch währen?

Das ist das Wunder Deiner Gegenwart: Am nächsten bist Du uns, wenn es uns am besten geht! Und gerade dann merken wir es am wenigsten und vergessen dir zu danken! Doch dann wird plötzlich alles anders. Das „solange" des Guten endet, und es scheint, als seist Du aus meiner Nähe verschwunden. Und dann drängt es mich zu Dir, dann beginne ich Dich zu suchen, dann fange ich an, nach Dir zu rufen, so wie ein Hilfloser nach einem Helfer schreit, mit der bangen Frage im Herzen: „Wird er mich auch hören?" – Denn es ist furchtbar und schrecklich, in einsamer Hilflosigkeit zu versinken!

Doch Du, Herr, bist uns ganz, ganz nahe gekommen! Du nahmst selbst unser Fleisch und Blut an; in Jesus Christus wurdest Du Mensch und in allem als Mensch erfunden, sogar in der letzten Hilflosigkeit des bitteren Sterbens! Und dennoch hast Du, Herr, IHN gehalten, ganz fest gehalten – und das erbitte ich jetzt auch für mich: Dass Du mit mir gehst über die Schwelle dieses Jahrhunderts, dass ich Deine Nähe fühle, solange Du mir Tage schenkst und dass der Schein Deiner Gnade über den Menschen nicht erlischt – allen zum Segen!

Ki. Bl., Dez. 1999

21. DEZEMBER

Kehrt um!
Denn das Himmelreich ist nahe.
Mt. 3,2

So berichten es die Evangelien: Einige Zeit vor der Taufe Jesu trat sein Vetter Johannes, der den Zunamen „der Täufer" erhielt, am Ufer des Jordan-Flusses auf und hielt ernsthafte Bußpredigten. Daraufhin pilgerten Menschen aller Stände zu ihm hin, und einige empfingen dann von Johannes die Taufe. So überliefern es die Evangelien. Wer heute das Heilige Land besucht, um auf den Wegen Jesu zu wandern, dem wird meist auch der Platz gezeigt, wo Johannes den Heiland getauft haben soll. Johannes, der sich nur als „die Stimme des Predigers in der Wüste" bezeichnet, spricht immer wieder von dem, der nach ihm kommen und auftreten wird, und dessen Kommen er ankündigen darf. Darauf ruft dieser Advent-Prediger zur Umkehr auf.

Kehrt um! Wir kennen diese beiden Wörter besser in der Formulierung Luthers: „Tut Buße!" Aber im Inhalt geht es um das Gleiche. Die Hörer sollen etwas „Radikales" tun, eine totale Wende in ihrem Sein vollziehen. Doch auch dies ist dem heutigen Menschen nicht neu. Die Gegner der Atomenergie rufen: „Lasst uns umkehren! Wenden wir uns von dieser Energieform ab!" Die Befürworter der Artenvielfalt stellen besorgt fest: „Lasst uns umkehren! Nur durch die Vielfalt der Pflanzen und Tiere wird alles Leben erhalten!" Auch die Klimaschützer erheben laut ihre Stimme: „Lasst uns umkehren und endlich etwas gegen die weitere Erwärmung der Erde tun! Unsere Enkel wollen auch leben!" Und schließlich erheben auch alle, die sich mit Geldgeschäften befassen, ihre Stimme: „Umkehr ist nötig! Die Reichen verdienen immer mehr, und die Armen werden immer ärmer!" Der Ruf zur Umkehr ist in unsere Zeit fast zum Grundton aller Forderungen geworden.

Vom „Ich" zum „Wir" Sicher: Dies alles, was uns heute bewegt, gab es zur Zeit des Johannes nicht. Wer dachte damals schon ans Artensterben oder an die Überfischung der Meere! Doch etwas gab es damals, das es heute genauso gibt. Die überbetonte Ichsucht. Dies kann man im dritten Kapitel des Lukas-Evangeliums nachlesen. Als das Volk fragte: „Was sollen wir tun?", erhalten die Menschen zur Antwort: „Teilt mit den Ärmsten!" Als die Zöllner fragen, sagt Johannes: „Nehmt nicht mehr, als gesetzlich ist." So wird deutlich, was Johannes mit Umkehr meint. Denkt nicht nur an euch selbst, sondern auch an die Menschen neben euch, die auch leben wollen! Mit Umkehr meinte dieser Bußprediger damals: Einen durchgreifenden Wandel in der Gesinnung, einen Wandel im Denken, Wollen und Tun. Einen Wandel vom „Ich" zum „Wir".

Denn von Natur aus sind wir alle „Ich-Menschen": „Ich will satt sein, warm schlafen, reine Windeln haben!" Das meint schon der Säugling, wenn er schreit. Und der Bruder jammert: „Die Schwester hat ein größeres Stück Torte bekommen!" Die Ichsucht kann niemand ablegen. Sie beherrscht unser Wesen. „Ich will besser leben, mehr haben, gesünder sein als alle anderen!" Mit Witz stellt ein Spruch fest: „Alle denken nur an sich – nur ich denk an mich!"

Einer aber war anders! Von diesem sagt Johannes: „Er ist nahe!", oder anders: „Das Himmelreich ist nahe!" Das Wort Himmelreich klingt wie aus einer anderen Welt. Die Reiche dieser Welt sind von dem Ich-Denken geprägt, das Himmelreich ist von dem Denken Gottes geprägt, und dieses lautet: „Ich denke an euch!" Von diesem Kommenden sagt Johannes: „Er kommt nach mir, und ich bin es nicht wert, die Riemen an seinen Sandalen zu lösen." Dieser Andere kommt in tiefste menschliche Niedrigkeit, er wird keinen Besitz haben, kein Dach über dem Kopf, er wird nur heilen und trösten, vergeben und zurechtbringen. Er wird das Himmelreich mit seinem Leben bringen und dies dafür auch hingeben. Dieser Eine war Jesus Christus, geboren in Bethlehem. Mit seinem Leben, Sterben und Auferstehen hat er unserer Welt das Himmelreich gebracht. Ihm sei Ehre in Ewigkeit!

Ki. Bl., Dez. 2010

22. DEZEMBER

**Saget den verzagten Herzen:
Seid getrost, fürchtet euch nicht!
Seht, da ist euer Gott!**

Jes. 35,4 a

Manchmal haben wir Menschen guten Zuspruch nötig! Vor allem dann, wenn die Herzen verzagen wollen, wenn der Lebensmut niedersinkt wie ein welkes Blatt oder wenn sich nirgends mehr ein Lichtblick zeigt. Krankenhausseelsorger kennen das, und die Helfer im Katastropheneinsatz auch. Dann, und vor allem dann, ist guter Zuspruch fast mehr als selbstlose Hilfe.

Aus längst vergangenen Zeiten klingt ein guter Zuspruch zu uns herüber und möchte uns durch diesen Monat begleiten: „Saget den verzagten Herzen: Seid getrost, fürchtet euch nicht! Seht, da ist euer Gott!"

Damals hatten die Babylonier das Nachbarland mit Krieg überzogen, die Bewohner als Gefangene fortgeführt, das Land und die Ortschaften verwüstet. „Wird das auch unser Schicksal sein?", fragen sich die verzagten Herzen. „Wer ist der, der uns helfen kann?" Der Gottesmann Jesaja gibt Antwort: „Fürchtet euch nicht. Seht, da ist euer Gott!"

Ein Zuspruch und ein Hinweis. Untrennbar sind diese zwei. Ohne das zweite bleibt das erste eine Vertröstung. Der Prophet hatte diese Erkenntnis: Das Zugreifen der Babylonier war Gottes Zugriff. Und wo Er zugreift, ist es zum Fürchten. Merkwürdig nur, dass die Engel auf dem Hirtenfeld in Bethlehem in der Heiligen Nacht genauso singen: „Fürchtet euch nicht!" Hier war auch ein Eingreifen Gottes, sicherlich auch zum Gericht, aber vornehmlich zum Heil der Welt. „Euch ist heute der Heiland geboren!" Es gilt seither: Da in dem Kind in der Krippe, da ist Gott. „Sehet doch da, Gott will so freundlich und nah zu den Verlorenen sich kehren." – so singt Gerhard Tersteegen in seinem uns lieb gewordenen Weihnachtslied.

Doch gerade dieser Hinweis – „Da ist euer Gott!" – gibt mir zu denken. Es ist ungemein schwer, Gott zu erkennen in einer Welt, die auf Politik und Geld, auf Aufrüstung, Waffen und verbesserte Kriegstechnik setzt, die ohne Computer und Kernenergie, so scheint es, überhaupt nicht mehr weiter kann, und die durch Gentechnik daran arbeitet, den „vollkommenen Menschen", Marke Eigenbau, zu fabrizieren!

Dennoch gilt es: Da bist Du, Gott. Für mich: Wo sich Gemeinde um Dein Wort sammelt, wo wir gemeinsam singen und beten und feiern, manchmal auch da nur an einem Grab – da bist Du, Gott! Wir danken Dir dafür und bitten: Lass uns auch im kommenden Jahr nicht allein.

Ki. Bl., Dez. 2002

**Gott spricht:
Ich will euch trösten,
wie einen seine Mutter tröstet.**
Jes. 66,13

Für mich ist in diesem wunderschönen Vers aus dem letzten Kapitel des Jesaja-Buches ein Buchstabe von größter Wichtigkeit. Das S! „Seine" steht hier, und nicht „eine". Und dieser wichtige Buchstabe kennzeichnet eine persönliche Bindung: Die gottgegebene Bindung zwischen Mutter und Kind. Es kann natürlich sein, dass eine Mutter irgendein Kind auch trösten kann. Doch nicht jede Mutter hat einen tröstenden Einfluss. Da sprechen die Volksmärchen, wie das vom Aschenputtel, eine deutliche Sprache.

Zwar ist mir nicht bekannt, wie dieser Satz im hebräischen Urtext lautet, doch hat Luther gewiss intuitiv die richtige Formulierung gefunden. Zugegeben, „einen" weist auf einen Knaben oder einen Mann hin, und daran scheint das Team, das die „Bibel in gerechter Sprache" erarbeitet hat, Anstoß genommen zu haben. Denn dort steht: „Wie eine Mutter tröstet, so will ich euch trösten." Die lebendige Erfahrung widerspricht der Wahrheit dieser Übertragung. Für ihre Kinder ist die Mutter allzeit die beste Trösterin. Und dies kann niemand in der Schule lernen, das schenkt unser Herrgott der Mutter als Zugabe zu ihrem ersten Kind, und das bleibt gültig für alle weiteren Kinder und bis an das Lebensende. Darum ist für mich das s an dieser Stelle der entscheidende Buchstabe.

Doch es könnte nun sein, dass ich gefragt werde: Wie tröstet denn eine Mutter ihr Kind? Eine berechtigte Frage. Wer jedoch eine Mutter hat oder hatte, wird ihrer jetzt gedenken. Denn jede Mutter entwickelt eine andere Art, ihr Kind zu trösten. Das hängt ganz wesentlich von den Lebensumständen ab. Eine Bäuerin auf dem Land tröstet ihre Kinder anders als eine Mutter in der städtischen Handwerksfamilie. Dennoch lassen sich kennzeichnende Züge herausfinden.

Zunächst einmal dies: Eine Mutter bleibt für ihr Kind in Rufnähe. Das heißt, jedes Kind braucht den Hörkontakt zu seiner Mutter. Manchmal sehe ich eine Mutter mit dem Kinderwagen. Das Kind blickt nach vorne, hätte also genug Ablenkung. Doch die Mutter spricht fast ununterbrochen mit ihrem Sprössling. Und der ist ruhig und vergnügt. In dem Augenblick, wo die Mutter nicht mehr spricht, wird das Kind unruhig und möchte sich umwenden. Und jedes Kind spielt im Nebenzimmer allein und zufrieden, solange es die Mutter in der Nähe hört. Umgekehrt aber schlafen viele Kinder im Kinderzimmer unruhig, weil in der Stille der Nacht die Rufnähe nicht da ist. Die Verbindung zur Mutter über das Gehör ist für beide tröstlich und lebenswichtig.

Über das zweite muss ich nicht viel reden. Alle wissen wir es: Kinder fühlen sich getröstet und zufrieden, wenn sie den warmen Körper der Mutter oder des Vaters spüren. Die körperliche Nähe ist nicht nur für Kinder, sondern auch für Erwachsene eine Ur-Erinnerung an das verlorene Paradies. Nirgends auf der Welt sind Kinder so zufrieden wie im Arm eines Elternteils oder im Bett der Mutter.

Und noch ein Letztes: Kinder haben das unbedingte Vertrauen: Meine Mutter meint es immer gut mit mir! Denn manchmal müssen Kinder auch etwas von ihren Eltern einstecken, etwas, das ihnen wehtut, ihrem Willen entgegen ist oder ihnen im Augenblick nicht passt. Das ist oftmals schmerzlich oder auch mit einem Widerspruch verbunden. Doch das herzliche Vertrauen kann auch solche Phasen in der Entwicklung des Kindes überwinden.

Alle gehen wir Weihnachten entgegen. In einigen Kirchen hat Maria, die Mutter Jesu, einen überbetonten Platz. Sie ist eben die Mutter des Gottessohnes. Durch sie ist der allmächtige Gott der verlorenen Menschenwelt nahe gekommen, rufnahe geworden und hat sich uns gleichsam vertrauensvoll „körperlich" genähert. Das hat Er getan. Und diese tröstliche Nähe haben wir erfahren, und sie will mit uns gehen, auch in das nächste Jahr, wie die tröstliche Nähe der Mutter. Das macht uns dankbar, zuversichtlich und vertrauensvoll. So zu leben wünschen wir uns alle.

Ki. Bl., Dez. 2008

Gott spricht: Siehe, ich will ein Neues schaffen, jetzt wächst es auf, erkennt ihr's denn nicht? Ich mache einen Weg in der Wüste und Wasserströme in der Einöde.

Jes. 43,19

Auf einer Gebirgswanderung kann es geschehen: Der Vater geht voran, die Familie folgt ihm, sorgsam auf den steinigen Pfad achtend. Plötzlich bleibt der Vater stehen: „Seht doch!" Und dann sehen es alle, das herrliche Panorama: Unten die dunklen Flecken des Waldes, dann die grünen Almwiesen, die in die Kulisse der aufragenden Felswände überführen, und darüber der blaue Himmel, über den weiße Wolken ziehen. Ein ganz herrliches Bild! Doch um das zu sehen und zu bewundern, mussten alle erst stehenbleiben und aufsehen.

Stehenbleiben und aufsehen, das meint der Prophet, wenn er seinen Landsleuten zuruft: „So spricht der Herr: Siehe ..." Das kann heißen: Bleibe einmal stehen, atme tief durch, hebe die Augen aus dem Trott deines Alltags, aus all dem, das dich beschwert und bedrückt, aus deinen Sorgen und Nöten und Problemen, die auf deiner Seele lasten. Jetzt steh einmal still und heb deinen Blick!

Und so dürfen wir heute dieses Bibelwort hören als einen Aufruf an uns. Denn wir sind in die letzten Tage des Jahres eingetreten. Uns ruft der Prophet zu: Seht einmal auf. Seht nicht nur auf das, was euch bewegt, sondern auf das, was Gott vorhat: „Ich will ein Neues schaffen ..."

Neues schaffen ist das Vorrecht Gottes. Wir können zwar ein neues Haus bauen, doch letztlich ist es in Form und Werkstoffen ein altes, gewohntes Haus. Neues schaffen ist das alleinige Vorrecht Gottes.

„Es wächst auf" – so wie das Winterkorn unsichtbar unter der schützenden Schneeschicht und völlig ohne unser Dazutun. Der Schöpfergott, der Neues schafft, ist immer und allezeit am Werk, in jedem Leben und in jedem Umfeld.

Wie das Neue aussieht, beschreibt der Seher in Bildern seiner Umwelt: „Ich mache einen Weg in der Wüste und Wasserströme in der Einöde." Sand- oder Steinwüsten zu durchqueren ist eine mühevolle, oft fast unmögliche Sache. Ein Wasserlauf in der Einöde ist kostbarer als eine Handvoll Edelsteine. Das will Gott tun: Eine Hilfe will ich dir sein, wenn dein Inneres einer Wüste gleicht und dein Leben dahinschmachtet. Sieh auf, sagt Gott, ich bin am Werk.

So wird mir dies Bibelwort zu einem Trost, wenn ich in die erste und dann auch in alle weiteren Flammen der Adventskerzen blicke. Denn in meinem Stillwerden und Aufblicken werde ich merken, fühlen und spüren: Der Herr wird etwas für mich und meine Lieben tun, für die Welt in ihrer Unruhe und in ihrem trügerischen Glanz, in der Geschichte, mit deren Bewältigung noch keiner zurechtgekommen ist.

Der Herr wird Neues schaffen als der Schöpfer und Erhalter der Welt, er wird Neues schaffen durch den Heiland, der uns die Vergebung gebracht hat, und er wird Neues schaffen durch seinen Geist, der allzeit am Werk ist.

Ja, Du, Herr, wirst Neues schaffen – auch in meinem Leben. In dieser tröstlichen Gewissheit darf ich dies Jahr beschließen und in ein neues eintreten. Dir, Herr, sei Dank!

Ki. Bl., Dez. 2003

Die auf den Herrn harren, kriegen neue Kraft, dass sie auffahren mit Flügeln wie Adler, dass sie laufen und nicht matt werden, dass sie wandeln und nicht müde werden.

Jes. 40,31

Da steht es nun, dieses herrliche Wort, das kaum noch zum alltäglichen deutschen Wortschatz gehört, das Wort „harren". – „Die auf den Herrn harren..." 24 Mal steht es in meiner Bibel, davon nur zweimal im Neuen Testament und immer im Bezug auf Gott, den Herrn. Harren ist mehr als warten. Harren hat immer ein klares Ziel.

Heinrich Böll hat in seinem *Irischen Tagebuch*, das vor 50 Jahren erschienen ist, in einer Erzählung am besten dargestellt, was „harren" beinhalten kann. Die junge Frau eines Landarztes an der Westküste Irlands hat ihre vier Kinder schlafengelegt und wartet auf ihren Gatten. Der ist in der stürmischen Nacht unterwegs zu einer Geburt. Seine junge Frau horcht auf das Toben des Sturmwindes. Sie kennt die Gefahren, die einem Fahrer in der Nacht bei solchem Sturm an der Küste drohen! Sie kennt die werdende Mutter, die nun ihr viertes Kind zur Welt bringen soll. Und dann murmelt sie: „Christus, erbarme dich ...". Auf dem Tisch liegt die Lokalzeitung. Sie liest die Namen der getauften Kinder und denkt an das Leben dieser Kinder. „Christus, erbarme dich ..." Dann liest sie die Namen der Neuvermählten. „Christus, erbarme dich ...". Und schließlich die Namen der Verstorbenen. Nach jedem Namen wiederholt sie: „Christus, erbarme dich ...!" Alle kennt si,e und alle hat sie in Gedanken vor den Herrn gebracht. Es ist weit nach Mitternacht, als ihr Gatte erschöpft, aber wohlbehalten heimkommt.

„Die auf den Herren harren, kriegen neue Kraft." – An manchen Tagen bin auch ich lustlos, matt oder niedergeschlagen, weil sich alles gleichsam gegen mich wendet. Und dann wünsche ich sie mir, die „neue Kraft". Etwas, das meine Entschlussfreudigkeit stärkt. Kraft, die mir Mut schenkt für die nächsten Vorhaben. Kraft, die mir aufhilft aus meiner Niedergeschlagenheit, und Kraft, die mir aus meiner Lähmung heraushilft. Kraft, nicht so sehr für den Körper, sondern mehr für Gemüt und Willen.

Ich denke an den Propheten Jesaja, der mit dem 40. Kapitel sein *Trostbuch* beginnt, das 15 Kapitel umfasst. Er schrieb diese Botschaft in einer trostlosen Zeit und für trostbedürftige Menschen. Darum bringt er auch alles, wirklich alles in Verbindung mit dem Herrn. Denn dieser Herr hat alles in seiner gütigen Hand: das Leben der Heranwachsenden, der Neuvermählten, der Sterbenden. Und diesem Herrn kann niemand seinen Willen und Ratschluss streitig machen.

„Die auf den Herrn harren, kriegen neue Kraft ...!" Das Christfest ist die Erfüllung einer langen Zeit des „Harrens auf den Herrn". Denn die Mutter des Heilands hatte nichts als die Verheißung des Engels: „Dein Kind wird Gottes Sohn sein." Und als dann die Hirten und die Weisen an der Krippe knieten, als dann ihr Sohn heilend und helfend durchs Land zog, und als dann der Verheißene qualvoll starb und siegreich auferstand, da hatte ihr Harren auf den Herrn seine Bewährung bestanden.

Wir beschließen ein langes Jahr und beginnen ein neues. Dankbar blicken wir zurück: Es kam immer wieder „neue Kraft". Und indem wir auf den Herrn „harren", blicken wir getrost vorwärts. In unserem „Laufen" werden wir gewiss manchmal matt, und in unserem „Wandeln" kann es geschehen, dass wir müde werden. Doch wir dürfen auf den Herrn harren, allzeit und an jedem Tag. Auch im Jahr, das kommt!

Und dann steht hier noch: „wie Adler". Für alle jungen Adler gibt es einen wichtigen Augenblick: Sie müssen lernen, sich aus dem Horst, in dem sie heranwuchsen, gleichsam ins Nichts fallen zu lassen. Doch nur so lernen sie, dass die Luft sie trägt und eigentlich ihr Lebenselement ist.

Herr, dass ist das rechte „Harren" für mich: Getrost vertrauen, dass Du mich festhältst. Das du mir neue Kraft schenkst, dass ich noch ein Stück weiter laufen darf mit Deiner Hilfe, und dass ich getroste Schritte tun kann, auch wenn die Welt manchmal trostlos scheint. Denn: Auf dich darf ich harren! Dir sei Dank.

Ki. Bl., Dez. 2007

**Gott spricht:
Für euch aber, die ihr meinen Namen fürchtet, wird die Sonne der Gerechtigkeit aufgehen, und ihre Flügel bringen Heilung.**
Mal. 3,20a

Ein geheimnisvolles Verheißungswort ist uns zum Nachdenken aufgegeben! Denn wir können den Propheten, dem man nach 3,1 den Namen „Maleachi" („mein Bote") gab, nicht mehr befragen, was er mit dem „Aufgehen der Sonne der Gerechtigkeit" gemeint hat. Dennoch sollten wir die drei Kapitel dieses letzten Buches des Alten Testaments einmal aufmerksam lesen, zumal der Prophet so beginnt: „Ich habe euch lieb, spricht der Herr" Und das ist für alle verständlich.

Irgendwo aber spricht diese Liebe Gottes zu den Menschen auch aus unserem Vers, freilich nicht allgemein und umfassend, sondern mit einer Einschränkung: „Für euch, die ihr meinen Namen fürchtet …" Hier sind Leute angesprochen, die Ehrfurcht vor dem Heiligen haben, die wissen und begreifen, dass es eine geschenkte Gnade ist, wenn der Unnahbare uns in seiner Liebe nahe kommt. Euch, die ihr Ehrfurcht vor euren Herrn habt, euch gilt diese herrliche Verheißung. Jetzt fühle auch ich mich angesprochen!

Und da fällt mir zuerst das schöne Kirchenlied ein (Nr. 243): „Sonne der Gerechtigkeit, gehe auf in unsrer Zeit". Dieses Lied deutet die Bildwörter unseres Bibelverses. Die „Sonne der Gerechtigkeit" wird mit „Jesus Christus" gleichgesetzt.

Die Fortsetzung und Einheit zwischen dem Alten und dem Neuen Testament ist gefunden. „Zu euch, die ihr Ehrfurcht habt vor Gott, wird Christus kommen." Ja, das ist schon verständlicher, denn in diesem Monat begehen wir das Weihnachtsfest, und es hat uns wie in jedem Jahr ergriffen und erfreut.

Zwei Aussagen jedoch lassen mich nachdenklich werden. Einmal diese: Die Flügel der Sonne bringen Heilung. Wunderschön ist das gesagt, fast wie der Werbetext für Reisen in südliche, sonnige Gegenden. Die Strahlen des Sonnenlichtes haben Heilkraft. Sonnenbaden mit Maß sorgt wirklich für Heilung von Leib, Seele und Geist. Und wenn dann noch dazu die „Sonne" der Freundlichkeit, Güte und Geduld unser Zusammenleben in Familie, Schule und Betrieb erleuchtet, dann brauchen wir selten einen Arzt.

Die zweite meiner Überlegungen betrifft das schillernde Wort „Gerechtigkeit", das bei Gericht, im politischen Raum und im Zusammenleben von Völkern und Nationen einen so überaus hohen Stellenwert hat. „Gerechtigkeit" ist, was vor dem „Recht" richtig ist. So verstehen wir diese so ernste Sache. Nur: Das Recht machen wir Menschen, und in jedem Land gilt ein anderes Recht.

Demgegenüber aber sagt Jesus schon bei seiner Taufe: Meinem Leben gebührt es, „alle Gerechtigkeit" zu erfüllen. Und diese Erfüllung geschah am Karfreitag. Die Erfüllung aller Gerechtigkeit ist die Freudenbotschaft des Christtages. „Große Freude allen, die guten Willens sind!" Hier ist auch mein eigenes kleines schwaches Leben gefordert.

Ja, Herr, oft genug habe ich guten Willen, doch die Kraft zum Erfüllen bleibt auf der Strecke. Lass mich darum Deine Nähe spüren, so wärmend wie die streichelnden Sonnenstrahlen auf meiner Haut. Und lass mich auch Wärme und Freude bringen denen in meinem Haus und auch denen, mit denen ich lebe. Und lass Deine Gerechtigkeit leuchten über allem Leid, aller Not und Ungerechtigkeit unserer Welt, damit Menschen Heilung finden bei Dir.

Ki. Bl., Dez. 1980

**Ihr werdet Wasser
schöpfen voll Freude
aus den Quellen des Heils.**
Jes. 12,3

Wasser schöpfen ist manchmal eine schwere Arbeit. Ich denke da an den Brunnen im Großschenker Pfarrhaus. Der ist 16 Meter tief, und man muss kräftig am Brunnenrad drehen, bis ein Eimer Wasser oben ist. In den Oasen Afrikas werden oft Kamele vorgespannt, die aus großer Tiefe Wasser in einem Ledersack heraufziehen. Die Freude ist groß, wenn Wasser da ist und benützt werden kann! Denn in den warmen Ländern, wo Jesaja lebte, steht nicht immer Quellwasser zur Verfügung; oft mussten sich die Bewohner mit abgestandenem Wasser aus Zisternen begnügen, in die das Regenwasser floss. So verstehen wir den Propheten besser, wenn er in seinem Danklied singt: „Gott ist mein Heil, ich bin sicher und fürchte mich nicht; denn Gott ist meine Stärke und mein Psalm und mein Heil. Ich danke dir, Herr, dass sich dein Zorn gewendet hat und du mich tröstest. Ihr werdet mit Freuden Wasser schöpfen aus den Heilsbrunnen!"

Wasser schöpfen aus einem Brunnen, der von einer unterirdischen Quelle gespeist wurde, war damals sicher eine Sache des Überlebens. Wir heute, mit unseren Wasserleitungen, können diese Aussage in Gedanken kaum noch nachvollziehen. Weil damals Wasser zum Wichtigsten zählte – und an dieser Tatsache hat sich bis heute nichts geändert! –, darum wird das Wasser dem Propheten zu einem Bild des Glaubens für das Letzte, das nur Gott schenken kann; zu einem Bild für die immerwährende Verbindung zwischen dem Schöpfer und dem Geschöpf, ja letztlich für den immerwährenden Zusammenhang zwischen dem gebenden Gott und mir, dem nehmenden Menschen.

„Ihr werdet Wasser schöpfen voll Freude aus den Quellen des Heils" – das ist eine Verheißung, ein wundervoller Ausblick auf etwas, was sich irgendwann in der Zukunft erfüllen wird und was dann den gegenwärtigen, vielleicht mangelhaften Zustand in einen Zustand der Fülle und der Freude wandeln wird durch das, was dann der Herr geben wird.

Für den Monat Dezember und für uns als Christen sind zwei Wörter von tiefer Wichtigkeit: „Voll Freude werdet ihr einmal Wasser schöpfen." Gerne bezeichnen wir den letzten Monat eines Jahres als den „Monat der geschenkten Freude". Und wohl uns, wenn es uns gelingt, Freude an Freunde zu verschenken, und noch mehr, wenn wir uns öffnen können, Freude zu empfangen. Denn nur dort, wo sich Menschen von Herzen freuen können und wo sie bereit sind, Geschenktes „voll Freude" zu empfangen, nur dort kann sich unser wechselvolles Leben mit seinen Höhen und Tiefen, Leiden und Freuden, Leben und Sterben richtig entfalten. Ohne Freude verkümmert der Wurzelgrund unseres Seins. Und alle Weihnachtsgeschichten, von Älteren erzählt, sprechen von der tiefen einmal erlebten Kinderfreude an diesem Fest. Darum machen die Wörter „voller Freude" die richtige Verbindung zum heurigen Weihnachtsfest. Und was ich wünsche, für mich und viele, viele andere ist eben dieses: Dass ein Lichtstrahl der Freude für kürzere oder vielleicht auch für längere Zeit unser Leben erhelle und erfreue und – wenn es sein kann – die in diesem Jahr angehäuften Nöte und Leiden, Krankheiten und Trennungen in ein gnädiges und erfreuliches Licht hüllt, das uns dann, genauso wie ein Schluck reines Quellwasser, Kraft schenkt für weitere Schritte auf einem Weg, dessen Richtung und Ende für uns nicht absehbar sind.

Ja, Herr, Du weißt es und hast es den Propheten vor Jahrtausenden aussprechen lassen: Wir benötigen ein Wasser, das immer nachfließt und niemals aufgebraucht werden kann, ein Wasser, das Körper und Seele, Verstand und Geist, körperliche und geistliche Existenz gleichermaßen erfreut. Und hat nicht unser Heiland, dessen Geburtstag wir am Christtag feiern, von dem „lebendigen Wasser" zur Samariterin gesprochen, das nur Er allein geben kann? Darum schenke mir und anderen das Wasser der Freude, des Vertrauens und der Hoffnung auch für den Weg und die Tage des kommenden Jahres, das Deine Güte schenken wird.

Ki. Bl., Dez. 2006

Gott spricht Recht im Streit der Völker, er weist viele Nationen zurecht. Dann schmieden sie Pflugscharen aus ihren Schwertern und Winzermesser aus ihren Lanzen.

Jes. 2,4

Etwa Mitte des 20. Jahrhunderts, also um 1950, als die Führung der damaligen Sowjetunion darauf vertraute, der Welt Frieden bringen zu können, hat ein sowjetischer Bildhauer diesen biblischen Vers (vergleiche auch Micha 4, 3) für ein monumentales Bildwerk verwendet. Ein muskulöser nackter Mann schwingt einen mächtigen Schmiedehammer, mit dem er ein riesiges Kriegsschwert zu einer Pflugschar umschmiedet. Den Namen des Künstlers habe ich vergessen, doch das Bild dieser beeindruckenden Bronzeplastik ging damals als Postkarte um die Welt.

Viel ist inzwischen machbar geworden – warum sollte nicht auch der Frieden zwischen den Völkern „machbar" sein? Auch nach den schrecklichen Ereignissen des Zweiten Weltkriegs? Durch Konferenzen und politische Maßnahmen könnte er doch verwirklicht werden. Heute wissen wir: Der Friede zwischen Völkern und Nationen bleibt ein Wunschtraum!

Der „böse Nachbar"

Schon Friedrich Schiller schrieb 1804 in seinem gesellschaftskritischen Drama *Wilhelm Tell* den zum Sprichwort gewordenen Satz: „Es kann der Frömmste nicht in Frieden bleiben, wenn es dem bösen Nachbar nicht gefällt." Das ist bis heute so. Alle großen und kostspieligen Friedenskonferenzen haben nur eines verdeutlicht: Solange der Zeigefinger auf den „bösen Nachbarn" weist („Du bist schuld!"), kann es keinen Frieden geben zwischen Menschen, Völkern und Nationen. Der „böse" Nachbar jedoch ist meistens meine Erfindung. Vielleicht ist meine vermeintlich böse Nachbarin ein gute Mutter, eine verträgliche Kollegin und eine feinfühlige Ehefrau, nur ich mache sie zur „zanksüchtigen Person", weil ich sie durch die Brille meiner persönlichen Meinung hindurch betrachte. Dann aber müsste der Frieden, dieser Menschheitstraum, bei mir seinen Anfang nehmen.

Friede auf Erden

So klang es über dem Hirtenfeld in Bethlehem, als der Heiland im Stall zur Welt kam: „Ehre sei Gott in der Höhe und Friede auf Erden ..." Von dem in Bistritz in Nordsiebenbürgen gebürtigen Maler Norbert Thomae (1887-1977) gibt es ein eindrucksvolles Gemälde: „Kirchgang in Mettersdorf". Dieses in leuchtenden Farben gemalte Meisterwerk zeigt im Hintergrund das Gotteshaus der damals sächsischen Gemeinde und im Vordergrund die in ihre farbenfrohen Trachten gekleideten Gemeindeglieder, die – aus dem Gottesdienst kommend – heimgehen. Aus ihren Gesichtern spricht der empfangene Frieden, den sie zu ihren Wohnstätten mitnehmen. Gelegentlich des 20. Sachsentreffens im September 2010 war in Bistritz eine umfassende Ausstellung der Gemälde von Norbert Thomae zu sehen. Sie hat mir tiefe und bleibende Eindrücke vermittelt.

So soll es einmal kommen!

„Friede auf Erden" ist ein Geschenk des Herrn. IHM, dem Herrn, steht es zu, „Recht zu sprechen im Streit der Völker und Nationen zurecht zu weisen." Er ist eben der Herr, auch über die Größen „Volk und Nation", die wir zwar mit politischen Farben bemalen können, die aber dennoch auch ein Geschenk von Ihm sind, denn jeder Mensch entstammt einem Volk und gehört zu einem Volk. In unserem Spruch steht das Wörtchen „dann". „Dann schmieden sie Pflugscharen aus ihren Schwertern und Winzermesser aus Lanzen!" Dann werden Kriegswerkzeuge überflüssig, dann, wenn der Herr allein Streit geschlichtet, wenn der Herr das „letzte Wort" gesprochen hat!

Ki. Bl., Nov. 2010

29. DEZEMBER

**Gott spricht:
Siehe, ich will ein Neues schaffen,
jetzt wächst es auf, erkennt ihr's denn nicht?
Ich mache einen Weg in der Wüste
und Wasserströme in der Einöde.**
Jes. 43,19

Dieses Prophetenwort, gesprochen vor nahezu 2500 Jahren, möchte uns durch die letzten Tage des Jahres begleiten. Doch so ganz leicht ist das nicht, Neues zu schaffen. Modeschöpfer wissen das. Und was die manchmal als „Neues" hervorbringen, bringt nicht nur mich zum Lachen. Aber auch die Konstrukteure neuer Autos haben es nicht leicht; das neue Modell soll ja nicht nur extravaganter, sondern auch wirklich besser sein.

Neues zu schaffen gelingt uns Menschen kaum. – „Ich will ein Neues schaffen", spricht Gott. Damit macht Er von seinem Vorrecht Gebrauch. Nur Er kann wirklich Neues schaffen. Wir Menschen geben nur Verändertes als neu aus.

„Ich will ein Neues schaffen, jetzt wächst es auf, erkennt ihr's denn nicht?"

Wie Neues entsteht und zustande kommt, erfährt man oft erst nachher. Ich hatte einmal im Herbst sorgsam die winzigen Samen von Steinröschen gesammelt. Im Frühjahr säte ich sie aus. Merkwürdig, kein Samenkörnchen ging auf. Nur die Pflanzen wuchsen, die sich selbst versät und dann Schnee und Frost überdauert hatten. Gleichsam unerkannt hatten die Samen Wurzeln geschlagen und waren aufgewachsen.

Bei vielem ist es so: Unerkannt wächst Neues. Wir Menschen sind auch „unerkannt" im Schoß unserer Mutter bis zur Geburt herangewachsen. Unser Heiland Jesus Christus hat dies mit uns gemeinsam: Eine liebende, irdische Mutter, die ihn – Gott sei Dank – behalten, großgezogen und bis zu seiner Grablegung begleitet hat. Das sollen wir am Heiligen Abend bedenken und niemals vergessen. Denn seit Christi Geburt in Bethlehem gilt es und wird Gegenwart im Leben vieler geplagter Menschen: Gott schafft Wege, wo menschliche Wege am Ende sind. Gott schenkt Kraft, wo Menschen hilflos am Verschmachten sind. Gott lässt uns den Kopf heben, wo wir die Hoffnung aufgegeben haben. Und Er gibt Mut für die nächste Wegstrecke, die Er uns schenkt.

Ja, Herr, so habe ich es erfahren, nicht nur in der Deportation in Russland, sondern in allen Jahren meines Lebens. Darum darf ich Dir weiter vertrauen; darum kann ich auf Neues hoffen, wo so viel Altes in unseren Tagen zerbricht und vergeht; und darum möchte ich voll Zuversicht auf das blicken, was Du, Herr, unserer Welt an Neuem schenken willst.

Und noch um eines möchte ich bitten: Nicht dass ich Dein „Neues" jetzt schon erkennen kann, sondern, dass meine Augen es sehen, wenn es da ist! Und dass ich dann darüber auch ein wenig froh werde und Vertrauen gewinne in Dein Handeln an mir und meiner Welt. Das könnte dann mein Leben befreien, meine Gedanken erhellen, meinen Lebensmut beflügeln und mein Vertrauen auf einen festen Grund stellen. Dann kann ich getrost den Schritt in das neue Jahr tun, zuversichtlich und im Vertrauen auf Dich. Denn Du wirst Neues schaffen, ja, Du wirst es tun, so wie Du das bisher getan hast. Lass mich das erwarten.

Ki. Bl., Dez. 2004

**Was bei den Menschen unmöglich ist,
das ist bei Gott möglich.**
Lk. 18,27

Und wieder ist ein langes Jahr vergangen –
Ein neues klopft ganz sacht an meine Tür –
Es fragt mich leis': Wirst du sein End erlangen?
Du bist ja doch schon lange hier!
Ich hab's erlebt: Gar vieles ist geschehn.
Und kam ganz anders, als ich es mir vorgenommen!
Nur nachher aber konnte ich es sehn:
Gott hat es recht gefügt, zu meinem frommen!
So wird denn auch in diesem, kaum begonn'nen Jahr
gar manches mir unmöglich scheinen –
Doch wird's wohl täglich immer wieder wahr,
dass vieles völlig anders sich erfüllet, als wir meinen!
So wie es ganz und gar unmöglich schien,
dass Christus aus dem Grab wird auferstehn,
so bringt der Herr auch Totes zum Erblühn! –
Denn: Auch in diesem Jahr
SEIN WILLE wird geschehn!
Und – einmal – werd' ich dankend IHN im Lichte sehn!

Jahreslosung 2009

31. DEZEMBER